主 编 简 介

　　齐树洁，河北武安人，1954 年 8 月生。1972 年 12 月自福建泉州一中应征入伍，1978 年 4 月从新疆军区某部退役，同年 7 月参加高考。1982 年 7 月毕业于北京大学法律系，获法学学士学位。1990 年 8 月毕业于厦门大学民商法专业，获法学硕士学位。2003 年 11 月毕业于西南政法大学诉讼法专业，获法学博士学位。曾在西南政法学院、中国人民大学、香港大学、澳门大学、台湾政治大学、菲律宾雅典耀大学、英国伦敦大学、德国弗莱堡大学、法国巴黎第二大学、美国佛罗里达大学研修和访问。现为两岸关系和平发展协同创新中心教授，厦门大学法学院教授、博士生导师、司法改革研究中心主任，兼任中国民事诉讼法学研究会副会长、中国仲裁法学研究会副会长、澳门科技大学法学院博士生导师。

Access to Justice
厦门大学司法制度研究丛书

总主编 齐树洁 陈 斯

国家社会科学基金项目成果（项目批准号：11BFX133）

台湾地区民事诉讼制度
Civil Procedure in Taiwan

福建天衡联合律师事务所资助出版

齐树洁 主编

撰稿人（以撰写章节先后为序）

齐树洁　熊云辉　罗发兴　林毅坚
丁启明　刘君博　邹郁卓　黄忠顺
詹爱萍　许林波

厦门大学出版社 国家一级出版社
XIAMEN UNIVERSITY PRESS 全国百佳图书出版单位

图书在版编目(CIP)数据

台湾地区民事诉讼制度/齐树洁主编. —厦门:厦门大学出版社,2016.12
(厦门大学司法制度研究丛书)
ISBN 978-7-5615-6369-4

Ⅰ. ①台… Ⅱ. ①齐… Ⅲ. ①民事诉讼法-研究-台湾 Ⅳ. ①D927.580.510.4

中国版本图书馆 CIP 数据核字(2016)第 295166 号

出 版 人	蒋东明
责任编辑	李 宁
装帧设计	蒋卓群
责任印制	许克华

出版发行 厦门大学出版社

社 址 厦门市软件园二期望海路 39 号
邮政编码 361008
总 编 办 0592-2182177 0592-2181406(传真)
营销中心 0592-2184458 0592-2181365
网 址 http://www.xmupress.com
邮 箱 xmupress@126.com
印 刷 厦门市万美兴印刷设计有限公司

开本 720mm×1000mm 1/16
印张 31
插页 2
字数 550 千字
版次 2016 年 12 月第 1 版
印次 2016 年 12 月第 1 次印刷
定价 78.00 元

本书如有印装质量问题请直接寄承印厂调换

厦门大学出版社
微信二维码

厦门大学出版社
微博二维码

出版说明

厦门大学法律系(现为法学院)创办于1926年,其后的发展几经坎坷,历尽艰辛。自1979年复办以来,法学院在重视提高诉讼法学教学质量的同时,始终密切关注并积极参与我国诉讼法律制度的建设及诉讼法学科的发展。近20年来,法学院教师出版、发表了许多专著、教材和学术论文,内容涉及民事诉讼、刑事诉讼、行政诉讼、海事诉讼、仲裁制度、破产制度、台港澳诉讼制度以及司法改革等方面,在法学界产生了较大影响。1999年,经国务院学位办批准,厦门大学开始招收诉讼法专业硕士研究生。2001年5月,为适应诉讼法教学和科研的需要,提升学术研究水准,促进诉讼法学科的发展,并为我国正在进行的司法改革摇旗呐喊,尽绵薄之力,我发起编写"厦门大学法学院诉讼法学系列"。受20世纪90年代英国民事司法改革的启示,我们将本丛书的主题确定为"接近正义"(Access to Justice)。

本系列第一辑以民事诉讼法为主题,包括《民事程序法》、《民事司法改革研究》、《民事证据法专论》、《仲裁法新论》、《英国证据法》、《ADR原理与实务》(再版改名为《多元化纠纷解决机制》)、《强制执行法》、《破产法研究》等8种,已于2004年6月全部出齐并先后重印或再版。这套书的出版在法学界引起了很大的反响,受到专家和读者的好评,并被多所法律院校采用为教材。2002年9月,英国文化委员会和英国驻华大使馆获知《英国证据法》出版的消息,特意发来贺信,对该书的出版表示祝贺并予以高度评价。① 2003年,《仲裁法新论》获得厦门市第五次社会科学优秀成果二等奖;《英国证据法》获得福建省第五届社会科学优秀成果三等奖。2004年,《民事程序法》《英国证据法》同时获得"首届中国优秀法律图书奖"。2006年,《民事程序法》入选普通高等教育"十一五"国家级规划教材。

第二辑在继承第一辑写作风格的基础上,有所发展和创新。为适应我国司

---

① 英国文化委员会和英国驻华大使馆的贺信称:" We are extremely excited about the publication of Evidence Law in the UK. The enlightening piece of work, being the first of its kind to elaborate on UK evidence law, is obviously a breakthrough in its particular field of study. "

法改革的新形势,这一辑以司法制度及其改革为主题,共计 10 种,包括《程序正义与司法改革》《公证制度新论》《环境纠纷解决机制研究》《多元化纠纷解决机制原理与实务》《英国司法制度》《美国司法制度》《德国司法制度》《民事审前程序》《台港澳民事诉讼制度》《调解衔接机制理论与实践》,已于 2010 年 6 月全部出齐。其中,《程序正义与司法改革》《公证制度新论》于 2007 年同时获得福建省优秀法学成果一等奖,《程序正义与司法改革》《多元化纠纷解决机制原理与实务》于 2008 年分别获得厦门市第七次社会科学优秀成果二等奖和三等奖。

"厦门大学法学院诉讼法学系列"第一辑、第二辑共计 18 种书,总字数 1000 余万字,涉及面广,工程浩大,影响深远。数百名作者呕心沥血,不计名利,历时 10 年,终于大功告成。这是厦门大学诉讼法学科建设的一件大事,值得庆贺和纪念。

在此基础上,厦门大学法学院诉讼法学科与东莞市第一人民法院合作,决定共同编写"厦门大学司法制度研究丛书",由我和陈斯院长(厦门大学法学院兼职教授)担任丛书的总主编。本丛书以司法改革、多元化纠纷解决机制为主题,拟编写并出版十余种相关著作。

《台湾地区民事诉讼制度》系新丛书之一种,也是我主持的 2011 年度国家社会科学基金项目"台港澳民事诉讼制度改革研究"(项目批准号:11BFX133)的最终成果之一。台湾地区民事诉讼制度理念先进、体系严密、制度完整、学说丰富,值得研究和借鉴。近年来,台湾地区为适应社会经济发展和司法实践的需要,多次修改"民事诉讼法"及相关法规,不断完善民事纠纷解决机制,成效显著,引起大陆学界的广泛关注。

厦门大学法学院与台湾地区法学界长期保持密切的联系,学术交流频繁,在台湾法律制度、两岸互涉法律问题研究等方面成果显著。《台湾地区民事诉讼制度》一书就是我们多年来关注台湾地区民事诉讼制度改革与发展的一项成果。本书根据最新的立法和司法文件,结合近年来我们在台湾地区调研所获得的最新资料,系统地阐述了台湾地区民事诉讼制度的基本原理、诉讼程序、审判实务以及相关制度,介绍其诉讼理论、司法改革的发展动态,以期为两岸民间往来、学术交流、诉讼活动乃至司法互助提供参考和借鉴。值得一提的是,博士生丁启明同学利用在台湾政治大学交流 3 个月的机会,向知名学者请教,收集了大量的相关资料,协助主编校对了部分书稿,为本书的顺利完成作出很大的贡献。

本丛书的出版得到了厦门市中级人民法院、东莞市中级人民法院、福州市中级人民法院、泉州市中级人民法院、三明市中级人民法院、莆田市中级人民法院、漳州市中级人民法院、厦门市司法局、厦门仲裁委员会、厦门市公证处、泉州市公证处、北京市天元律师事务所、广东深圳君强律师事务所、福建厦门大道之行律师事务所、上海昊理文律师事务所、厦门大学法学院、厦门大学出版社的鼓励、支持和帮助；福建天衡联合律师事务所为本书的出版提供资助，在此一并表示衷心的感谢。司法改革任重而道远，我们将不畏艰难，奋力前行。

尽管作了很大的努力，但由于作者的学识和能力所限，本丛书的不足之处在所难免，恳请专家、读者批评指正。

齐树洁　谨识

2016 年 4 月 6 日

厦门大学 95 周年校庆之日

于厦门大学法学院

丛书总序

东莞法院与厦门大学法学院的合作已经有好些年了,除了厦门大学法学院在社会的影响力外,更重要的原因在于齐树洁教授持续不断的推动。齐教授是个非常和善但治学却极为严谨的学者。我们在研究兴趣点上有很多的共通之处,其中最重要的是我们都感到研究法律除了需要扎实的理论功底外,司法实践是法科学生理解法律从而真正进入法律之门的必要途径。而要实现这一点,加强院校与司法实务部门的合作是最便捷也是最为有效的路径。对于长期在审判第一线工作的法官来说,能够在理论上得到提升,从而提高办案水平亦是其最为渴望的事情。显然,与院校交流是一个有效的办法。2009 年之前,我们的合作主要是进行课题研究以及指导学生实习,合作出书只是口头上说说,并没有付诸行动。自从我从中级法院调到第一法院工作后,面对着法官们辛勤工作之余撰写的文章,深感其内容丰富且有现实意义,意识到如能将其结集出版可谓善莫大焉。其意义在于,一是可以好好总结。从人均案件量来看,2009 年东莞法官人均结案达 355 件,可以说,东莞的法官几乎是全国最忙的法官,东莞法院极其丰富的案件资源是学术界认识分析探究中国司法或者法律实践最好的素材,其中许多纠纷可能是中国最先碰到的问题,而这些法官的经验确实有必要好好总结。二是为了分享。我希望这些成果能够让全社会尤其是法律职业从业者一起来分享,因为东莞的今天或许是内地很多城市的明天,东莞法官今天面临的问题很有可能就是内地法官或者其他法律工作者明天面临的问题。从这个角度看,将东莞的经验公开实在是多赢的事情。根据齐树洁教授的建议,我们还会组织更多的学者参与撰写这套丛书,使其内容更加充实,既立足当下又面向未来。经验与学术结合、理论与实践互动将是这套丛书的主要特点。

在这套丛书里,对实务问题的研究是一个重点。我们把视角主要放在了东莞,除了因为合作主体的因素,还因为东莞是个非常特殊的地方。

东莞是个全新的城市,但说它"新"并不意味着没有根基,实际上东莞建郡已经有 1700 多年的历史。近代史的开篇之地便在东莞,史家均认为"虎门销烟"开启了中国近代社会的新篇章,而虎门正是东莞的一个镇。让人们感到东莞的"新"完全是基于30年来的改革开放。由于开放的缘故,东莞顺利承接了国际制造产业的转移,同时也接纳了国际通行的游戏规则,包括尊重规则信守合同的法治准则,市场经济的基本要素在东莞得到了充分的吸收和交融。而市场经济作为法治经济的特点不仅在于主体平等和交易自由,更重要的是重规则和秩序,这些因素既推动了经济的发展,同时也有效地促进了司法权威在东莞的树立。东莞——这个地处南国的边陲小镇,一个长期以农业为立身之本的乡土小城,一个远离中央权力并且缺少自然资源的小地方,居然在30年的时间里以年均约22%的增长率一举进入中国经济最为发达的城市之列。显然,取得这些成就不可能完全依靠地理条件和社会环境,市场经济法则的建立亦是其中重要原因。也正是因为对司法的信任,人们对纠纷解决更多地借助了司法途径,东莞法院的收案于是从早先的每年1000多件上升到去年的12万件。当然,与此相适应的是人们对司法公正的迫切要求。正是由于有了这一特殊的社会背景,东莞法院的法官们天然地对精研法律有着更高的热情,对如何恪守正义也有着更为深刻的理解和要求。

由于司法本身固有的中立性、终极性等特点,它一直充当着社会矛盾的化解器与社会动荡的减震器,正所谓天下之公器也。司法对社会的极端重要性同样也促成人们对司法机关尤其是对法官的特殊要求。专业性是其最突出的一部分。假设没有专业性的要求,那么法官就完全失去了其特殊性,法官也就无法成为德沃金所言的"法律帝国的王侯"。正是因为这一点,一个学识渊博的法官尤为令人景仰。在学识与经验的结合上,人们对法官的要求恐怕是所有行业中最高的,这点在英美法系国家尤其明显。在那里几乎所有最为杰出的法官无一例外都是优秀的法学家,这些人既是法律的界碑,同时也引领着法律的未来。

所以,我认为,在很大的程度上,学者与法官的追求是非常近似的,在他们的领域里,对专业或者学术的研究是无止境的。学者或者法官的专业学养越深厚,他们对这个领域乃至这个社会的贡献就越大,因为他们的思想可以变成人类共同的财富。

自从进入新世纪以来,东莞法院一向倡导的"培养专家型法官,打造学习型法院"的建院方针初见成效,法官精英开始显露头角,与院校的交流也日渐增多,东莞法院已经成为国内多家法学院校的研究基地。正是基于这个前提,东莞法院与厦门大学法学院的合作提升到了一个新的层面,我们开始共同享用双方的成果,而且这种共享并不是短期的或者是个别的,如果条件允许,这种合作将是长期的。

　　实际上,几乎没有人怀疑对法院审理的案件进行总结和分析是法官提高业务水准的重要路径。正是基于这种简单思维,我几乎每年都会将所审理过的案件进行简单的梳理,择其要者作一分析。如今,我又将这一要求作为任务下达给了东莞市第一法院的全体法官,当然,也包括我自己。而所有的这些成果已经成为或者将会成为我们这套丛书的内容。

　　我一直希望我们的法官也可以成为这样的人,他们既是学者也是法官,他们既精通理论又熟悉实务操作,既了解社情民意又深谙法律精髓,他们既能在象牙塔钻研学问,又可以在尘世间挥洒人生。一句话,他们既可以出世也可以入世。这是何等潇洒的一种精神境界!

　　基于这种理想的追求,我一直希望成为沟通理论与实务界的桥梁。近年来,中国最顶尖的法学家,包括我们熟知的江平先生,梁慧星、王利明、朱苏力、贺卫方、张卫平、王亚新教授等学者都是通过这座桥梁到了东莞,并在东莞法院播下了法律学术的种子,而那些长期在一线审判的法官们也将他们的司法实践经验馈赠给了学术界。

　　其实法律本来就是一门实践性的科学,而法官与学术的这种天然密切联系更加加强了东莞法院法官们对法律学术与实务沟通的认识。东莞这个改革开放的前沿地带所面临的前沿问题,迫使东莞的法官必须在学术和经验之中穿行和求索。值得我们欣慰的是,与我们同行的除了司法界的同行外,还有像厦门大学这样的院校,有齐树洁教授这样的学者,他们也在和我们一起穿行一起探索;而我们一起探索共同研究的所有收获都会成为全体法律人乃至全人类的共同财富。

　　也许,目前我们能够做的就只有这些。不可否认,这一切都还很不完美,然而千里之行,始于足下,由于参与者的真诚和努力,我们有理由为这一点一滴的成就感到骄傲。

陈斯　谨识

2010 年 4 月 30 日

本书作者简介

（以撰写章节先后为序）

齐树洁 两岸关系和平发展协同创新中心教授，厦门大学法学院教授、博士生导师，司法改革研究中心主任，法学博士（西南政法大学）。撰写绪论、第四章、第七章、第八章、第十章。

熊云辉 江西财经大学法学院讲师，法学博士（厦门大学），台湾政治大学访问学者。撰写第一章、第六章、第九章。

罗发兴 北京大成（厦门）律师事务所律师，法学博士（西南政法大学）。撰写第二章。

林毅坚 厦门大学嘉庚学院讲师，法学博士（厦门大学）。撰写第三章。

丁启明 厦门大学法学院诉讼法博士研究生，台湾政治大学访问学者，香港大学访问学者。撰写第五章、第十八章。

刘君博 中央财经大学法学院讲师，法学博士（清华大学），台湾大学访问学者，加拿大卡尔加里大学访问学者。撰写第十一章、第十三章。

邹郁卓 广东财经大学法学院讲师，法学博士（厦门大学）。撰写第十二章。

黄忠顺 清华大学法学院博士后研究人员，法学博士（中国人民大学）。撰写第十四章、第十五章。

詹爱萍 一级公证员，法学博士（西南政法大学）。撰写第十六章。

许林波 司法文明协同创新中心（中国政法大学）诉讼法博士研究生。撰写第十七章。

福建天衡联合律师事务所简介

福建天衡联合律师事务所（以下简称"天衡"）是一家立足于海峡西岸的高端商事律师事务所，以"管理风险，创造价值"为服务理念。天衡业绩自 2001 年起至今稳居福建省首位，是海峡西岸规模最大、综合实力最强的律师事务所之一。天衡在福建厦门、上海浦东、福建福州、福建泉州、福建龙岩设立五个大型办公室，办公面积超过 7000 平方米，员工超过 300 名，执业律师超过 200 人，同时荣膺中国律所的两项最高荣誉——"全国优秀律师事务所""部级文明律师事务所"。

服务能力

天衡律师长期致力于为客户提供高效、专业、务实的综合解决方案，以团队及专业部门形式为客户提供全面支持的服务，获得众多企业、集团的认可。天衡在资本市场与金融、并购重组、房地产与建筑工程、政府法律顾问、劳动＆HR、互联网、家族财富传承、海事海商、海外投资、知识产权、刑事等领域的法律服务水平处于地区领先地位。

国际业务协作体系

天衡与全国各省排名领先的律师事务所及国际律师事务所建立了中世律所联盟（SGLA），为客户提供境内外跨区域的高质量法律服务。此外，天衡还与新加坡、欧盟各国、美国、加拿大、澳大利亚等国家和我国香港特别行政区、澳门特别行政区、台湾地区律师事务所建立了广泛的合作关系。

业绩与规模

天衡业绩自 2001 年起至今稳居福建省首位,并且在客户的信任与支持下,以年均超过 20% 的增速快速发展。2014 年,天衡成为福建省首家亿元律师事务所。国际权威评级机构《亚洲法律杂志》(ALB)多次将天衡评为"中国十佳成长律所"并跻身"中国最大律所前 30 名"。

服务理念

"管理风险,创造价值"是天衡的服务理念。重大项目往往投资数额大、周期长、涉及主体众多、流程较为复杂、法律风险多样,法律意识及合同管理水平的不足可能给企业带来难以预测的法律风险。法律风险不仅会造成财产损失,同时也会给企业在时间成本、精力投入、声誉方面带来难以估量的负担。

天衡律师团队具有丰富的项目风险管理经验和相关资源,在预防风险发生与危机应对等方面都有难以超越的优势,能有效防范及降低法律风险,并在法律风险发生后尽快采取措施,争取对客户有利的解决结果,为客户创造有形和无形的价值。

厦门办公室
地址:厦门市厦禾路 666 号海翼大厦 A 幢 16、17 楼
上海办公室
地址:上海市浦东新区浙桥路 277 号 3 幢 1519 室
福州办公室
地址:福州市广达路 108 号世茂国际中心 10 楼
泉州办公室
地址:泉州市浦西万达广场写字楼甲 B41 层
龙岩办公室
地址:龙岩市新罗区华莲路 55 号紫金大厦 13 层

目 录

绪　论

　　民事诉讼是一项重要的司法制度,其目的在于通过法院的审判程序解决民事纠纷,保护人民的权利。在社会急剧变迁、价值日益多元的新形势下,民事诉讼及其相关制度必须与时俱进,只有更新司法理念,不断改革与完善,才能适应社会经济发展的需要和民众多元化的利益需求,更有效地解决争议,保障人民的权益。

　　由于历史和现实的原因,我国大陆和台湾地区实行不同的法律制度,各有其特点和长处。从总体上看,我国台湾地区的法制基于大陆法系的传统,向来以德国、日本等国家的立法、判例和学说为参照,体系严密、内容完备、学说丰富。近年来,台湾地区频繁修改其"民事诉讼法",引起大陆学界的关注,其中的经验教训值得研究和借鉴。

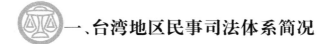

一、台湾地区民事司法体系简况

　　台湾地区的民事法院分为"最高法院"、"高等法院"、地方法院三级。各法院之间就一定的诉讼事件,依法划分其可以受理的权限关系,称为法院的管辖。法院就某诉讼事件,依法有掌管其裁判的权限,称为该法院有管辖权。

　　台湾地区关于管辖权的规定多见于"法院组织法"和"民事诉讼法"条文之中,但是在"海商法"第101条、"公职人员选举罢免法"第108条和第109条中亦有涉及。值得一提的是,根据2008年7月1日起施行的"智慧财产法院组织法"的规定,台湾地区智慧财产案件的第一审和第二审由普通法院移出,而由 2008 年 7 月 1 日成立的智慧财产法院管辖,其第三审仍由"最高法院"管辖。① 智慧财产法院虽然在组织上独立于民事普通法院及行政法院,但其仍属于民事审判权及行政审判权的一部分,而非另有独立的审判权。② 根据 2012 年 6 月 1 日起施行的"少年及家事法院组织法"的规定,高雄少年法院于 2012 年 6 月 1 日改制为高雄少年及家事法院。

根据台湾地区"民事诉讼法"第 27 条的规定,确定法院的管辖,以起诉时为准。此即管辖恒定原则。台湾地区 2007 年 7 月 4 日修改"行政诉讼法"时,将"审判权错误"的处理改采移送制。为与该规定相配合,2009 年 1 月 21 日修订的台湾地区"民事诉讼法"增设第 31 条之一,规定:"起诉时法院有受理诉讼权限者,不因诉讼系属后事实及法律状态变更而受影响。诉讼已系属于不同审判权之法院者,当事人不得就同一事件向普通法院更行起诉。"

下文简要介绍台湾地区的法院体系及管辖制度。

(一)司法机构体系

1."司法院"

台湾当局设立"行政院""立法院""司法院""监察院""考试院",五院分别行使行政、立法、司法、弹劾、考试五权。"司法院"作为五院之一,具有独特的地位。

"司法院"是台湾地区的"最高司法机关",设"院长""副院长"各 1 人,并设正、副秘书长各 1 人。"司法院"设大法官会议,由大法官 17 人组成。"司法院"所属机关包括普通法院、行政法院、公务员惩戒委员会和各种委员会。根据"宪法"增修条文第 5 条第 1 项前段的规定,"司法院"院长由"总统"提名,经"立法院"同意任命,并任大法官。院长综理院务,监督所属机关,但对于辖属司法机关所独立行使的职权,则不得任意干涉。"司法院"虽然在"宪法"上拥有"最高司法机关"的尊崇地位,但是目前仅具备单纯行政机关的性质,作为

---

① 有论者指出:"智慧财产权之保护是经济时代竞争力的重要基石。台湾借由专业法院的建立及智慧财产诉讼制度之改革,持续加强并落实对智慧财产之保护,带动台湾智能财产及知识经济之发展……台湾智慧财产法院审理特色和成效将为大陆升级优化知识产权保护制度提供丰富的实践素材和参考借鉴。"参见何晓慧:《比较与建构:完善司法保障机制的路径解析——2015 年海峡两岸司法实务研讨会综述》,载《人民法院报》2015 年 11 月 26 日第 5 版。

② 沈冠伶:《民事程序法之新变革》,台湾新学林出版股份有限公司 2009 年版,第 4 页。

"最高法院""最高行政法院"和"公务员惩戒委员会"的主管机关。根据"司法院大法官"的解释,"司法院"应为最高审判机关,始符"制宪"本旨。"司法院大法官"释字第 530 号解释称,"宪法"第 77 条规定:"'司法院'为最高司法机关,掌理民事、刑事、行政诉讼之审判及公务员之惩戒。"而"司法院组织法"规定,"司法院"设置大法官 17 人,审理解释"宪法"及统一解释法令案件,并组成"宪法"法庭,审理政党"违宪"之解散事项;于"司法院"之下,设各级法院、行政法院及公务员惩戒委员会。因此,"司法院"除审理上述事项之"大法官"外,其本身仅具"最高司法行政机关"之地位,致使"最高司法审判机关"与"最高司法行政机关"分离。为期符合"司法院"为最高审判机关之"制宪"本旨,"司法院组织法""法院组织法""行政法院组织法"及"公务员惩戒委员会组织法",应自本解释公布之日起 2 年内检讨修正,以副"宪政"体制。为符合释字第 530 号解释的意旨,"司法院"正在组织落实"宪法"规定,着手修改包括"司法院大法官案件审理法"等法律,希望能将"司法院"法庭化,以符合"宪法"的规定。

"司法院"拥有广泛的职权,包括民事、刑事、行政诉讼审判权、公务员惩戒权、"宪法"及法律命令解释权等等。此外,其下设的各种委员会还各自行使专门的职责。由于其所管属各司法机关在"宪政体制"以及权力分立运作上仍然属于司法权作用的一部分,所以"司法院"所属各司法机关所行使的职权,在"宪法"上仍然应当属于"司法院"的职权。①

2."大法官"("大法官会议")

1993 年之前的"大法官会议"由"司法院"大法官以合议的方式审理"司法院"解释"宪法"与统一解释"法律"及命令等大法官解释案件。严格地说,"大法官会议"仅于 1949 年至 1993 年间为解释"宪法"与统一解释"法律"及命令的主体,目前解释的主体是"司法院大法官"。大法官解释"法律"的依据经过三次变化,即 1949 年至 1958 年根据"司法院大法官会议规则";1958 年至 1993 年根据"司法院大法官会议法";1993 年至今根据"司法院大法官审理案件法"。在前两部法规施行时期,由"大法官会议"掌理"司法院"解释"宪法"及统一解释"法律"与命令的事项,1993 年"司法院大法官审理案件法"公布后,改为由"司法院大法官"以会议的方式合议审理有关解释"宪法"与统一解释"法律"及命令的案件。因此,严格地说,目前所谓的"大法官会议"仅指由"司法院"大法官以合议的方式召开的会议,而非作成解释的机关,但民众一般习

---

① 史庆璞:《法院组织法》,台湾五南图书出版公司 2012 年第 3 版,第 13 页。

于旧称,仍常沿用"大法官会议"的名称。截至 2015 年 7 月,"大法官"已作出 731 件解释。

大法官须超出党派以外,独立行使职权,不受任何干涉。其主要审理以下四类案件:(1)解释"宪法"案件;(2)统一解释"法律"及命令案件;(3)"总统""副总统"弹劾案件;(4)政党"违宪"解散案件。

依"司法院组织法"第 4 条第 1 项之规定,大法官应具备下列资格之一:(1)曾任"最高法院"法官 10 年以上而成绩卓著者;(2)曾任"立法委员"9 年以上而有特殊贡献者;(3)曾任大学法律主要科目教授 10 年以上而有专门著作者;(4)曾任国际法庭法官或有公法学或比较法学之权威著作者;(5)研究法学,富有政治经验,声誉卓著者。具有前项任何一项资格之大法官,其人数不得超过总名额的 1/3。

声请"大法官"解释有两种情形:一是声请解释"宪法";二是声请统一解释。

声请解释"宪法",须具备以下条件:(1)"宪法"上所保障之权利,有遭受不法侵害的情形。(2)经过法定的诉讼程序,并在用尽审级救济途径后,取得最终确定的终局裁判。如果依法可以上诉而未上诉以致裁判确定,就是没有用尽审级救济途径,也就不可以根据此种裁判提出声请。(3)认为确定终局裁判所适用的法律或命令,有抵触"宪法"的疑义。具备以上条件的,可以书面向"司法院"声请解释"宪法"。

声请统一解释应具备以下条件:(1)有权利遭受不法侵害的情形。(2)经过法定的诉讼程序,并在用尽审级救济途径后,取得最终确定的终局裁判。如果依法可以上诉而未上诉以致裁判确定,就是没有用尽审级救济途径,也就不可以根据此种裁判提出声请。(3)认为法院所作的确定终局裁判与其他审判系统法院的确定终局裁判,在适用同一项法律或命令时所表示的见解有所不同。例如,审理民、刑诉讼的普通法院与审理行政诉讼的行政法院,就是不同审判系统的法院,当两者间的法律见解不同时才可以声请统一解释。同一审判系统的法院之间,例如"最高法院"与"高等法院"之间,"高等法院"与台湾"高等法院"台中分院之间,或"最高行政法院"与台北"高等行政法院"之间的见解歧异,就不能声请统一解释。(4)应在裁判确定后 3 个月内提出声请。具备以上条件,可以书面向"司法院"声请统一解释。

(二)各级法院及其管辖

1.**"最高法院"**

在台湾地区的"宪法"中,并未规定"最高法院"的地位。依照"宪法"的规定,"司法院"为"最高审判机关",掌理民、刑事以及行政诉讼之审判以及公务员之惩戒。但事实上,真正掌握最高司法审判权的是"最高法院"。"司法院"从来不审判具体的案件,仅仅掌管关于司法方面的行政及管理的政策、改革和监督事项。"最高法院"就其受理的案件,对所适用的法律或命令,确信有抵触"宪法"之疑义时,得以裁定停止诉讼程序,声请"大法官"解释("司法院大法官审理案件法"第5条第2项)。

"最高法院"由院长和法官若干人组成,现设有民事庭5个,刑事庭3个。"最高法院"有权管辖下列案件:不服"高等法院及其分院"第一审判决而上诉的刑事诉讼案件;不服"高等法院及其分院"第二审判决而上诉的民事、刑事诉讼案件;不服"高等法院及其分院"裁定而抗告的案件;非常上诉案件①;其他法律规定的诉讼案件。

2."高等法院及其分院"

台湾地区"法院组织法"第31条规定:"省、直辖市或特别区域各设高等法院。但得视其地理环境及案件多寡,增设高等法院分院;或合设高等法院;或将其辖区之一部划归其他高等法院或其分院,不受行政区划之限制。"据"法院组织法"第7条之授权,"高等法院及其分院"管辖区域之划分或变更,由"司法院"定之。"高等法院"之设立区域,原则上以一"省"、一"直辖市"或一特别区域之行政区划为划分标准,但也有例外。如果基于幅员辽阔或人口总数等地理环境及受理案件性质以及数额多寡等因素的考量,亦得在同一"省""直辖市"或特别区域内增设"高等法院"分院或合设"高等法院",或将某一"高等法院"辖区之一部分划归其他"高等法院"或其分院管辖,不受"省""直辖市"以及特别区域辖区划分之限制。

台湾"高等法院"不仅是台湾所有地方法院的第二审法院,还是金门、连江地方法院的第二审法院。台湾"高等法院"下设花莲分院、台中分院、台南分院、"福建厦门分院"。"福建厦门分院"负责管辖金门地方法院、连江地方法院

---

① "非常上诉"是刑事诉讼之特别程序,原则上是为求被告之利益而设计,必须在刑事确定判决有违反法令情事,且对被告不利,可按其案情,分别为无罪、免刑、免诉等有利之谕知,以确保被告在法律上应有之法律帮助。该制度源自于法国的"为法律上诉"(1790年)以及"为公益上诉"(1791年《法国宪法》第27条),嗣后在1808年时扩大为一般违背法令的救济程序("治罪法"第441条、第442条),后来在1959年时移植到"刑事诉讼法"第620条、第621条。日本亦仿法国立法例,于1837年颁布的《治罪法》中设置"非常上告"。设置非常上诉制度的主要目的有两点:一是纠正裁判错误、平反冤狱,二是统一法律见解之适用。

的上诉案件。

台湾地区"法院组织法"第32条规定,"高等法院"管辖如下案件:"(1)关于内乱、外患及妨害国交之刑事第一审诉讼案件。(2)不服地方法院及其分院第一审判决而上诉之民事、刑事诉讼案件。但法律另有规定者,从其规定。(3)不服地方法院及其分院裁定而抗告之案件。(4)其他法律规定之诉讼案件。""高等法院"分院的管辖事项,与"高等法院"同。

3.地方法院

"法院组织法"第9条规定:"地方法院管辖事件如下:一、民事、刑事第一审诉讼案件。但法律别有规定者,不在此限。二、其他法律规定之诉讼案件。三、法律规定之非讼事件。"

地方法院行使司法权,需要在设定的一定地区内管辖该地区的诉讼案件和非诉讼案件。此种地区,即所谓的设立区域,也被称为是管辖区域或者土地管辖。地方法院的设立区域,原则上系以一"直辖市"或者一县(市)之行政区划为标准,使法院土地管辖之界限与行政区域配合,便利人民实施诉讼。例如,桃园县设立一所桃园地方法院,彰化县设立一所彰化地方法院。但是,为了便民及节省司法资源,也可以根据地理环境以及案件的多少,增设地方法院分院或合并设立地方法院,或者将其管辖区的一部分划归其他地方法院或其分院,不受"直辖市"或者县(市)行政区划的限制。①

地方法院审判案件一般由1名法官独任审判,案情重大者则由3名法官合议审判。

4.法院的内部组织

台湾地区各级法院的内部组织,依其"法院组织法"的规定大致可以分为以下几类:(1)审判类,如民事庭、刑事庭、行政诉讼庭及简易庭,必要时可以依据有关法令另设专业法庭或指定专人处理专业案件。(2)检察类:各级法院内均设检察署。②(3)执行类:如民事执行庭、提存所等。(4)服务类:如公设辩护人室、观护人室、公证处之类。(5)管理类:如人事室、会计室、统计室、资讯室等等。(6)程序类:如各级法院设有登记处、书记处、通译、技术、执达、录事、法警等人员或室处。

这些组织的设置,各级法院不尽一致,原则上视案件多寡以及需要而定。

---

① 史庆璞:《法院组织法》,台湾五南图书出版公司2012年第2版,第178页。

② 在台湾地区,司法实务上承认检察机关为广义的司法机关。"司法院"释字第13号、第325号以及第384号解释,均直接或间接地肯定检察机关应归属于司法机关。

"高等法院"以上一般不设观护人室、提存所、公证处等。1980 年,台湾地区实行"审检分隶",其"高等法院"以及以下各级法院从原隶属于"司法行政部"改属"司法院"。检察机关仍然隶属于"司法行政部"(现为"法务部")。①

　　为适应近年来经济、科技的发展以及审判实践的需要,弥补法官知识的不足,"司法院"颁布了"专家咨询要点",规定有关医疗、营建工程、智慧财产及科技、环境保护及公害、证券金融、海事、劳工、家事、性侵害、交通、少年等民事、刑事及行政第一审、第二审诉讼案件,得由法院依职权遴选专家参与审判之咨询。应当注意的是,受邀进行咨询的专家仅限于提供专业上的意见,不参与事实认定及法律判断。②

　　2012 年 1 月,台湾地区公布"人民观审试行条例(草案)";2014 年 7 月,有关部门将"人民观审制"改为"人民参审制",但是其实质内容没有改变。台湾地区试行的人民参审制,是指按照一定的标准和程序,从普通民众中选出一定数量的人士担任参审员,由他们与职业法官一起参与某些重罪案件的审理程序。参审员就案件事实的认定、法律适用和量刑问题发表意见,为法官裁判案件提供参考。人民参审制的试行标志着台湾地区在探索民众参与司法方面迈出了新的步伐。③

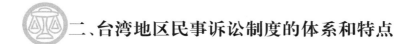

二、台湾地区民事诉讼制度的体系和特点

(一)台湾地区民事诉讼制度的体系

　　台湾地区学者认为,民事诉讼系指司法机关基于私人之要求,调查其法律上要件是否具备,以确定私权为目的之法律上之程序。从司法机关方面而言,民事诉讼系以维持私法法规、保护私人利益为目的之程序。从私人方面而言,民事诉讼系私人对于司法机关,要求就其私法上之利益,为利己之保护行为之

---

① 曾宪义主编:《台湾法概论》,中国人民大学出版社 2007 年版,第 39 页。
② 史庆璞:《法院组织法》,台湾五南图书出版公司 2012 年第 2 版,第 94 页。
③ 胡夏冰:《台湾人民参审制的基本内容》,载《人民法院报》2014 年 10 月 17 日第 8 版。

程序。① 台湾地区"民事诉讼法"(以下简称"台湾民诉法")可分为实质意义上的"民诉法"和形式意义上的"民诉法"。从形式意义上而言,专指现行的"民事诉讼法典";从实质意义上而言,泛指包括"民事诉讼法典"在内的其他有关民事诉讼程序的一切法规。② 其他有关民事诉讼的法规包括"民事诉讼法施行法""民事诉讼须知""办理民事诉讼事件应行注意事项""各级法院办案期限规则""民事保全程序事件处理要点""强制执行法""办理强制执行事件应行注意事项""破产法""非讼事件法""非讼事件法施行细则""公证法""公证法施行细则""仲裁法""消费者债务清理条例""乡镇市调解条例""家事事件法""智慧财产案件审理法"等。这些法规与"民诉法"共同构成一个完备的法律体系,保障民事诉讼的有序、协调运行。

成文法是台湾地区主要的法律渊源,但应该注意的是,判例在台湾法制中占有重要的地位。虽然对于"最高法院"判例的效力,在法律上尚无定论,但是学者的学术著作均对判例的法律见解表示相当的重视。例如,林纪东先生认为:"'最高法院'有关某一法例的判例和'司法院'有关某一法条的解释,是具有拘束力的解释,为行政机关和司法机关适用该条例的准据,关系亦甚重要。"王泽鉴先生认为:"'最高法院'以法典守其经,以判例通其变,贡献甚巨。"③郑玉波先生认为:"判例既成之后,即不得轻予变更,故法院之判决先例,遂有事实上之拘束力。"④根据台湾地区"法院组织法"的规定,"最高法院"有权编辑判例亦有权变更判例。⑤ 因此,研究台湾民事诉讼制度,除了研读法典文本之

---

① 杨与龄:《二十年来之民事诉讼法》,载杨建华主编:《民事诉讼法论文选辑》,台湾五南图书出版公司1984年版,第83页。

② 常征主编:《台湾现行法律概述》,陕西人民出版社1990年版,第395页。

③ 转引自胡大展主编:《台湾民法研究》,厦门大学出版社1993年版,第48~49页。

④ 郑玉波:《民法总则》,台湾三民书局1979年版,第16页。

⑤ 台湾地区"法院组织法"第57条规定:"'最高法院'之裁判,其所持法律见解,认有编为判例之必要者,应分别经由院长、庭长、法官组成之民事庭会议、刑事庭会议或民、刑事庭总会议决议后,报请'司法院'备查。'最高法院'审理案件,关于法律上之见解,认有变更判例之必要时,适用前项规定。"

外,还必须注重分析其"最高法院"的有关判例。①

"台湾民诉法"是台湾地区法律体系的重要组成部分。现行"民诉法"分为八编。第一编为总则,分为四章:第一章法院;第二章当事人;第三章诉讼标的价额之核定及诉讼费用;第四章诉讼程序。第二编为第一审程序,分为四章:第一章通常诉讼程序②;第二章调解程序;第三章简易诉讼程序;第四章小额诉讼程序。第三编为上诉审程序,分为两章:第一章第二审程序;第二章第三审程序。第四编为抗告程序。第五编为再审程序。第五编之一为第三人撤销诉讼程序。第六编为督促程序。第七编为保全程序。第八编为公示催告程序。

(二)"台湾民诉法"的特点

"台湾民诉法"参照德国、日本等国民事诉讼法,斟酌中国民俗而制定,具有中华法系的特色。该法历来以大陆法系国家尤其是以德国的立法为参照,广泛借鉴德国、日本等大陆法系国家法制改革和发展的经验,许多修订直接来源于德国,有着明显的法律移植的痕迹。有的学者甚至认为,这是"台湾民诉法"的一个特征。③ 不仅如此,"台湾民诉法"还受到英美法系各国法律的影响,例如,其法院调解制度受到美国法院附设 ADR 的影响,其小额程序的设计参考了美国的相关立法例,其第三人撤销诉讼制度借鉴了法国非常上诉制度中的第三人撤销之诉。与此同时,"台湾民诉法"秉承中华法系的基本精神,

① 台湾学者撰写的法学著作中,在解释法律规定时,大多引用相关的"最高法院"判例并作法理上的分析。兹举一例。"最高法院"2013 年度台上字第 106 号判决称:"法院于确定判决理由中,对诉讼标的以外当事人所主张或抗辩之重要争点,本于当事人完足举证及辩论之结果,已为实质之判断者,除有显然违背法令,或当事人提出新诉讼资料足以推翻原判断之情形外,于同一当事人间,就该重要争点有关之他诉讼,不得再为相反之主张,法院亦不得作相异之判断。此源于诉讼上之诚信原则及当事人公平之诉讼法理,避免纷争反复发生,以达'一次解决纷争'所生之一种判决效力(拘束力),即所谓'争点效',亦当为程序法所容许。"转引自姜世明:《民事诉讼法》(下册),台湾新学林出版股份有限公司 2015 年第 3 版,第 308 页。

② 关于通常诉讼程序的规定十分详尽,分为四节:第一节起诉;第二节言词辩论之准备;第三节证据;第四节和解;第五节判决。值得一提的是,"台湾民诉法"关于证据制度的规定尽管只有一节,但其条文数量多达 109 条。相比较之下,大陆《民事诉讼法》专设一章规定证据制度,但是其条文数量仅有 19 条。

③ 台湾民事诉讼程序架构具有"亲德性"。参见田平安主编:《民事诉讼法原理》,厦门大学出版社 2012 年第 5 版,第 411 页。

并对其进行了现代化的改造。例如,台湾地区立法和司法机关历来强调调解,并在第一审程序中专章规定调解程序,与其他审判程序并列。[①] 有人批评其体例上的不合理性,但由于该设计的目的在于彰显调解的重要性,因而体例上是否妥当就显得不那么重要了。"台湾民诉法"从内容带形式都受到两大法系的影响,但总体而言(它)属于大陆法系的民事诉讼范畴,具有如下特征:

1. 从形式上看,体系庞大,结构独特

(1)"台湾民诉法"未将审判程序规定为一编,而是将第一审程序、上诉审程序、抗告程序、再审程序和其他非审判程序并列,各种程序之间各自独立,互不联系。这种体系设置不仅使编目繁复,而且在内容的编排上缺乏归类性和整体感。[②]

(2)实行三审终审制,将对判决的声明不服称为上诉,对裁定的声明不服称为抗告,分别适用上诉审程序和抗告程序。上诉审程序包括第二审程序和第三审程序。立法上强调"发挥第一审的事实审功能,健全第二审的事后审功能;完善第三审的法律审功能",并辅之以飞跃上诉等柔性机制。

(3)采取"审执分立"制。在"民诉法"之外另行制定"强制执行法"。执行程序不属于诉讼程序,而是非讼程序。

(4)将涉外民事诉讼的特别规定分散在各章节中。

(5)对于现代非讼事件,专门制定"非讼事件法",适用于登记、财产管理等民事非讼事件及公司、海商、票据等商事非讼事件。

(6)统合家事诉讼程序、家事非讼程序立法。2012 年 1 月 11 日,台湾地区颁布"家事事件法"(自 2012 年 6 月 1 日起施行)。该法共 200 条,分为总则、调解程序、家事诉讼程序、家事非讼程序、履行之确保及执行、附则等六编。据学者的评论,该法对于妇幼权益的保障及妥适、专业、统合处理家事纷争,向

---

① "和"是中国传统文化的核心。台湾地区民事诉讼立法重视调解,并将传统的调解制度和现代司法相结合,这既是对中国传统文化的继承,也是传统文化的现代转型。关于台湾地区调解制度的发展概况,参见吴光陆:《台湾地区民事诉讼调解制度概述》,载张卫平、齐树洁主编:《司法改革论评》(第 14 辑),厦门大学出版社 2012 年版;史长青:《台湾地区乡镇市调解制度之考察》,载齐树洁主编:《东南司法评论》(2012 年卷),厦门大学出版社 2012 年版。

② 汤维建主编:《民事诉讼法》,北京大学出版社 2008 年版,第 605 页。

前迈开了一大步,可称为家事司法制度改革的一个重大里程碑。① 学者结合新法颁行后"最高法院"的相关判决提出,目前审判实务确已相当程度地贯彻了民事诉讼制度的改革理念,并落实"家事事件法"的立法意旨。②

2. 从内容上看,"台湾民诉法"以确认私权为目的,但内容复杂,程序烦琐

"台湾民诉法"的具体制度包括当事人、管辖、证据等,具体程序包括诉讼程序和非讼程序。其中,诉讼程序包括第一审程序、上诉审程序、抗告程序及再审程序等,非讼程序包括调解程序、执行程序等。各种制度和程序历经多次修改,日益严密,相关判例众多,由于其复杂性,可能不便于为民众所掌握。

"台湾民诉法"最突出的特点是以确认私权为目的,一切程序内容是以此为中心而设计的。③ 保护私法上的权利和利益是"民诉法"的主要目的。一切有关财产关系与财产相关的人身关系诉讼都归入"民诉法"及相关法规的调整范围。台湾地区近年来设立了一些独具特色的民事诉讼制度,如当事人选定法官制度④、第三人撤销诉讼制度等,体现了新的司法理念。

---

① 关于台湾地区"家事事件法"的具体评论,参见陈重阳:《台湾民事诉讼法学之近代发展——从程序保障权谈家事事件法之制定》,载《海峡两岸法学研究——两岸法治经验之回顾与前瞻》(第1辑),九州出版社2013年版。

② 许士宦:《2013年民事程序法发展回顾:家事及民事裁判之新发展》,载《台大法学论丛》2014年第11期。

③ 杨与龄:《二十年来之民事诉讼法》,载《法令月刊》1980年第10期。

④ 台湾地区2003年公布"民事诉讼合意选定法官审判暂行条例",允许当事人在地方法院的小额诉讼程序、简易诉讼程序、普通诉讼程序中合意选定法官。这是台湾地区民事诉讼制度改革的一项新举措。大陆学者纷纷介绍这项制度,并给予了很高的评价。有学者甚至称之为世界司法史上的一大创举。参见刘学在:《台湾民事诉讼中合意选择法官制度透视》,载《国家检察官学院学报》2004年第4期;廖中洪、葛颂华:《选定法官和法定法官——由台湾地区选定法官制度谈祖国大陆民事程序改革》,载《西南政法大学学报》2004年第6期。然而,该制度运行的实际效果却不够理想,未能达到立法者预期的目的。参见姜世明:《对于民事诉讼中合意选任法官制度之评估》,载《民事诉讼论坛》(第1卷),知识产权出版社2006年版。由于该条例欠缺相关制度的配合,产生法定法官原则之背反的争议,可能造成一地多制之法不安定性,因而施行不过数年即被废止。废止的根本原因,在于论者执着于学术理想而将程序选择权过于美化,对实施时可能发生的困难缺乏清醒的认识,以至于与现实脱节。参见邱联恭等:《程序选择权之法理——民诉法研究会第46次研讨会记录》,载《法学丛刊》1993年第3期。

三、"台湾民诉法"的改革与发展

"台湾民诉法"以民国时期国民政府颁布的《民事诉讼法》为基础,60 多年来经过十余次修订。其修改之频繁,实属罕见,由此招致了广泛的质疑,其中的原因值得思考。有学者认为,"台湾民诉法"变更的高频性是外部压制性和内部生发性的双重结果;[①] 有学者指出,台湾当局"迫于国际环境、社会结构、经济发展以及人文观念,均有重大变迁,加上与世界各国交流频繁、科技进步迅速及教育与生活水准之提高、人际关系亦趋复杂,权利义务纠纷亦形多样",于是通过修订法律,以期"对现行民事诉讼制度通盘检讨以符合世界潮流并适应社会需要"。[②] 另有学者认为,"台湾民诉法"的发展有两个明显的研究取向。其一是逐渐树立台湾法学的自主性,避免全盘继受。在选择性继受德、日等外国学理的同时提出独创性理论。其二是巩固纠纷当事人的程序主体性,避免审判客观化。不仅致力于防止发生突袭性裁判、充实程序保障之内容,而且兼顾当事人之实体利益与程序利益、赋予其在起诉前或诉讼上平衡追求该二利益的机会。[③]

自 20 世纪 80 年代以来,"台湾民诉法"修订更加频繁。突袭性裁判防止论、程序主体权论及新程序保障论等新理论相继被提倡,并不断拓深,进而发展为"民诉法"修正的理论基础。[④] 下文简要介绍 20 世纪 80 年代以来"台湾民诉法"的修订情况,从中找寻"台湾民诉法"发展之轨迹,以求得到某些启示。

(一)1983 年 11 月的修改

台湾地区"民法"总则于 1982 年 1 月 4 日修正,自 1983 年 1 月 1 日起施行。此次修正基于公益的维护,增设检察官参与若干民事诉讼事件的规定。为配合"民法"总则的修正,台湾地区"司法院"向"立法院"提出法律修正案,经"立法院"三读通过后,于 1983 年 11 月 9 日公布施行。修改的主要内容为:依

---

① 田平安主编:《民事诉讼法原理》,厦门大学出版社 2012 年第 5 版,第 411 页。
② 阮咏芳、王文杰:《台湾民事诉讼程序类型之新发展》,载陈刚主编:《比较民事诉讼法》(第 1 卷),西南政法大学 1999 年印行。
③ 许士宦:《战后台湾民事诉讼法学发展史》,载《月旦民商法杂志》2012 年第 3 期。
④ 曾宪义主编:《台湾法概论》,中国人民大学出版社 2007 年版,第 108 页。

据"民法"第 8 条及第 14 条之规定,检察官于宣告死亡事件及宣告禁治产事件,亦得为申请人。检察官参与民事事件时为当事人,如有应负担诉讼费用的情形,由台湾当局支付费用。

(二)1984 年 6 月的修改

第三审上诉制度的目的,在于求得法院裁判的妥适与适用法律的一致,但上诉如果过于随意,或对案件的发回更审不加限制,势必徒增当事人讼累,不利于对当事人正当权益的保护。为避免案件久拖不决,减轻当事人的讼累及法院的负担,台湾地区于 1984 年对"民诉法"部分条文进行修正,并于同年 6 月 18 日公布施行。修改的主要内容为:(1)提高上诉利益数额,以应实际之需要。修订前的"民诉法"第 466 条规定:对于财产权诉讼之第二审判决,如因上诉所得受之利益不逾新台币 8000 元者,不得上诉。因台湾经济的迅速发展,财产权纠纷剧增,为此参照经济状况及司法实际情形,将数额提升至 10 万元新台币,并规定"司法院"得因情势需要,以命令减至 5 万元新台币,或增至 15 万元新台币。(2)规定在第三审程序中,除第 469 条第 1 款至第 5 款之情形外,第二审判决违背法令而不影响裁判之结果者,不得废弃原判决。(3)规定"不得上诉于第三审法院之事件,其第二审法院所为裁定,不得抗告"。

(三)1986 年 4 月的修改

为贯彻"男女平等"及"一夫一妻"的原则,并加强对子女权益的保护,台湾地区对"民法"亲属、继承两编进行了修改,修正了关于夫妻住所、重婚效果、子女否认及强制认领等规定,于 1985 年 6 月 3 日公布施行。为了配合"民法"的修改,"司法院"对"民事诉讼法"进行了修正,包括将"夫或妻"改为"夫、妻";将"夫"改为"夫妻之一方";将"夫死亡时"改为"被继承人死亡时"等。修正草案于 1986 年 4 月 25 日公布施行。

(四)1990 年 8 月的修改

此次修正,专为修改调解程序及简易诉讼程序,其目的在于使调解程序能切实发挥"预防司法"疏减讼源的作用,使简易诉讼案件能速审速结。台湾地区"司法院"提出修正草案之后,反复征求"最高法院""高等法院"的意见,最后经"立法院"三读通过,于 1990 年 8 月 20 日公布施行。这次修正的幅度较大,因而对台湾地区的民事审判制度产生了较大的影响。调解程序共修正 10 条,简易程序共修正 3 条,新增 10 条。调解程序部分的修正要点如下:扩大应经调解事件之范围;提高调解当事人不到场罚款金额以促使调解成立;弹性规定调解之处所;当事人提起宣告调解无效或撤销调解之诉时得就原调解事件合并起诉或提起反诉;以调解方案代替调解裁定、调解不成立后,起诉或视为起诉之事件明定自声请调解时视为已经起诉。简易程序部分的修正要点如下:扩大简易诉讼程序之范围;规定简易诉讼程序应尽速辩论终结以求简易程序之速审速结;简化言词辩论笔录之制作;增列法院得依职权为一造辩论之规定;简化简易事件判决书之记载;简易事件之第二审上诉或抗告程序改由地方法院合议庭审判;增设简易事件第二审裁判其上诉利益额逾通常程序第三审上诉额时得例外经许可提起上诉或抗告;规定曾向"最高法院"提起第三审上诉或抗告后不得再以同一理由提起再审之诉或声请再审;增列重要证物漏未斟酌得为再审理由。

(五)1996 年 9 月的修改

1996 年,修正公布第 363 条,内容涉及准文书的规定,增加第 2 项,即"文书或前项物件,须以科技设备始能呈现其内容或提出原件有事实上之困难者,得仅提出呈现其内容之书面并证明其内容与原件相符"。本次只修改了一个条文,但是却深刻地反映了现代科技发展对民事诉讼制度的影响。

(六)1999 年 2 月的修改

1999 年对有关证据、调解及集中审理的程序作了修改。其修法背景在于民事案件激增,导致法官工作负荷过重。[①] 而与此同时,法院调解制度未能充分发挥其功能,法院调解率自 1990 年后每况愈下。因此,以各种途径疏减案源,使法官工作负荷合理化,提高司法效率,便成为当务之急。此次修法涉及法院调解的内容颇多,包括调整强制调解的范围,加强调解委员的职责,增列鼓励调解的措施等,已对台湾地区民事审判的理念及实务产生了重要的影

---

① 根据台湾地区"司法院"制定的"法官每月办案标准表",地方法院法官审理民事案件,每月结案合理标准为 30 件,"高等法院"法官为 16 件,"最高法院"法官为 10 件。但实际上,1988—1996 年,台湾地区各地方法院法官每人每月平均结案数为 94～172 件,"高等法院"法官每月结案为 19～21 件,"最高法院"法官每月结案为 2～24 件。参见"司法院"司法行政厅编:《司法业务年报——案件分析》,1999 年印行,第 143～150 页。

响。① 此次修法还对简易诉讼程序作了调整,增设小额诉讼程序②,加强第三审法律审功能。此外,为配合"民法"亲属编的修正,明定得于婚姻事件附带请求子女亲权之酌定,采取非讼法理。法院得职权调查证据以保护未成年子女权益,法院得依职权决定父母对未成年子女权利义务之行使。

(七)2000 年 2 月的修改

此次修正主要为达成审理集中化,并发挥各审级应有之功能,健全诉讼制度,进而提升裁判质量及司法公信力。主要内容包括:明定诉讼文书得以电信、传真或其他科技设备传送;增订证人得以书状陈述且法院得以科技设备讯问、准备书状直接送达对造;增订当事人恒定原则之例外即受让人得两造之同意可声请代当事人承受诉讼;扩大容许声请证据保全之范围以发挥证据保全之功能;扩大法官行使阐明权之范围,使诉讼可妥适进行,以防止突袭性裁判;扩大可提起将来给付之诉及确认之诉之范围,并放宽诉之变更、追加及反诉之限制,以求纷争一次性解决;修正自由顺序主义改采适时提出主义;充实自由心证主义并以经验法则及论理法则限制之;修正书状应记载事项以达审理集中化,充实准备程序,增订书状先行、整理并协议简化争点程序;合理分配举证责任,增订证明妨碍制度,充实证据调查程序以保障当事人程序权;增订撤回和解退还部分裁判费制度;增订证据保全程序之诉讼契约;为配合适时提出主义,规定原则上于二审不得提出新的攻击及防御方法;提高第三审诉讼利益额并于第三审采律师强制代理制度等等。

(八)2003 年 2 月的修改

此次修正被认为是对台湾地区民事诉讼法律制度所作的重要改进和完善,它对"民诉法"关于财产权诉讼部分进行了全面性、根本性的修正,完成了民事诉讼制度之世纪性大变革。③ 修改的内容涉及总则部分、第一审至第三审部分及抗告、再审、保全及公示催告等。其具体内容包括:为便利当事人进行诉讼,保障弱势当事人的权益,增订对于合意管辖之限制;落实选定当事人

---

① 齐树洁:《台湾法院调解制度的最新发展》,载《台湾研究集刊》2001 年第 1 期。

② 关于台湾地区小额诉讼程序的设立及其运作情况,参见熊云辉:《台湾地区小额诉讼制度的发展及其借鉴意义》,载张卫平、齐树洁主编:《司法改革论评》(第 19 辑),厦门大学出版社 2015 年版。

③ 许士宦:《新修正民事诉讼法上程序保障之新开展——以民事诉讼法总则编之修正为中心》,载台湾《月旦法学教室》2003 年第 6 期。

制度、扩大诉讼制度解决纷争之机能,共同利益之人得选定当事人起诉或被诉;诉讼标的对于数人必须合一确定而应共同起诉的,如其中一人或数人拒绝同为原告,法院得裁定追加为被告;扩大诉讼参加制度之功能,增订参加人得提起再审之诉,明定诉讼裁判与参加人及其辅助之当事人间之效力,增设诉讼告知制度;充实诉讼代理制度,发挥律师功能,明定一、二审诉讼程序除审判长允许外,应委任律师为诉讼代理人,新增当事人得就特定诉讼于委任书表明其委任不受审级限制,以减轻当事人劳费,明定受法院或审判长依法选任之诉讼代理人有为一切诉讼之权;增设诉讼标的价额核定及诉讼费用专章,为便利诉讼费用之征收及计算,将原独立于"民事诉讼法"之"民事诉讼费用法"纳入;充实诉讼救助制度,保障人民诉讼权,落实文书送达制度,确保应受送达人之权益;增订裁定停止诉讼制度之原因;简化裁判书类的制作,减轻法官的负担;贯彻合议制度,新增不同意见记载于评议簿之规定;尊重当事人程序主体权,加强保障当事人及第三人隐私及营业秘密;充实和解制度扩大解决纷争机能;原则上禁止第二审提出新攻击防御方法;发挥第三审功能,增设飞跃上诉制度①和上诉许可制度②;充实再审程序,增设第三人撤销诉讼制度,保障受判决效力所及第三人的利益;充实督促程序,便利当事人行使权利;强化保全程序,扩大假扣押、假处分机能制度等等。③

(九)2007 年 3 月的修改

2007 年,为鼓励当事人通过和解、调解等程序解决纷争,立法机关对"民诉法"作了如下修正:(1)提高撤回及成立和解、调解申请退还所缴裁判费或申请费之比例。退还比例由原来的 1/2 提高到 2/3;(2)扩大强制调解的时间范围;(3)弹性运用调解制度;(4)扩大合意移付调解的范围。

---

① "台湾民诉法"第 466 条之四规定:"当事人对于第一审法院依通常诉讼程序所为之终局判决,就其确定之事实认为无误者,得合意径向第三审法院上诉。前项合意,应以文书证之,并连同上诉状提出于原第一审法院。"

② "台湾民诉法"第 469 条之一规定:"以前条所列各款外之事由提起第三审上诉者,须经第三审法院之许可。前项许可,以从事法之续造、确保裁判之一致性或其他所涉及之法律见解具有原则上重要性者为限。"

③ 姜世明:《泛论台湾地区民事诉讼法之历次修正》,载张卫平、齐树洁主编:《司法改革论评》(第 14 辑),厦门大学出版社 2012 年版。

(十)2009 年 7 月的修改

2009 年 7 月的修改集中在人事诉讼程序,增订及修正共 54 条。这是继 2003 年"民诉法"修正以来的最大变动。修正内容主要包括:(1)修正第九编第三章章名。为配合"民法"将"禁治产宣告"制度改为"监护宣告"制度,并增加"辅助宣告"制度,修正第九编第三章章名为"监护及辅助宣告事件程序"(原章名为"禁治产事件程序"),并将本章条文中之"禁治产"用语改为"监护"。(2)受辅助宣告人所为诉讼行为之规范。(3)受监护宣告人于婚姻事件中之诉讼代理。关于受监护宣告之人于婚姻事件之诉讼,为配合"民法"将监护改由法院监督,删除亲属会议之规定,第 571 条增订于监护人为配偶或为起诉之第三人而为婚姻事件之当事人时,法院得依声请或依职权为受监护宣告之人选任特别代理人,代为诉讼行为;监护人违反受监护人之利益而起诉时,法院应以裁定驳回之。(4)增订终止收养无效、撤销终止收养之诉之管辖法院。为配合 2007 年 5 月修正之"民法"第 1080 条第 2 项、第 1080 条第 3 项新增关于终止收养无效、撤销终止收养之规定,修正后的"民诉法"第 583 条增订终止收养无效、撤销终止收养之诉之管辖法院规定。(5)修正子女提起否认婚生推定诉讼之相关规范。为配合 2007 年 5 月修正之"民法"第 1063 条关于子女得提起否认推定生父之诉之规定,"民诉法"增订有关诉讼之管辖法院、被告适格、继承权被侵害之人得提起诉讼、起诉期限及承受诉讼等规定。

(十一)2013 年 5 月的修改

由于 2012 年制定公布的"家事事件法"就家事诉讼程序、家事非讼程序及家事调解程序合并立法,其第三编第二章、第三章及第四编第九章至第十一章就婚姻、亲子关系、宣告死亡、监护及辅助宣告等事件已有整体规范,自应配合删除及修正"台湾民诉法"相关条文。此次修法删去第九编"人事诉讼程序"。此外,为适应实务上的需要,修正法院职员回避、对司法事务官处分所为异议之规定,并增订诉讼上和解或调解效力所及之第三人撤销诉讼程序、移付调解有无效或得撤销原因时之救济程序等。

(十二)2015 年 7 月的修改

此次修法的主要目的在于完善督促程序,解决司法实践中支付命令被滥用等问题。该修正案于 2015 年 6 月 15 日获得通过,于 2015 年 7 月 1 日公布施行。其修正要点如下:(1)强化支付命令声请人的释明责任,要求声请人释明其请求;(2)强化有关支付命令效力的教示,明定支付命令应记载的事项包含"债务人未于不变期间内提出异议时,债权人得依法院核发之支付命令及确定证明书声请强制执行";(3)关于支付命令的效力,就债务人对于支付命令未于法定期间内合法提出异议时,将旧法规定"支付命令与确定判决有同一之效力"修正为"支付命令得为执行名义",即仅承认支付命令具有执行力,不再具有与判决相同的既判力;(4)明定债务人另提起确认债权不存在之诉时,法院依债务人的声请,得许其提供相当并确实的担保,停止强制执行。

综观"台湾民诉法"的历次修订,其中有的是为了配合"民法"的施行,如1983年、1986年及2009年7月的修正;有的是为了适应经济社会发展的需要,如1984年的修正;有的是为了适应世界范围司法改革之要求。自20世纪末以来,针对诉讼延迟、成本高昂等"司法危机",各国和地区纷纷进行以简化程序、提高诉讼效率的民事司法改革,台湾地区也不甘落后,"带着匡复社会正义、赶超德日等国的内心信仰与情怀",检讨"民诉法"的不足,引进小额诉讼程序,修正简易程序,充分发挥调解的作用,以构建多元化纷争解决机制。"台湾民诉法"的历次修订以"新""速""实""简"四字为基本准则,以"减轻人民讼累、简化诉讼程序、防止滥用诉权、便利当事人诉讼"为修法宗旨,其中有很多便利当事人的规定,但也有一些不大适合实际需要的内容。多数学者认为,通过不断修正,台湾民事诉讼制度逐渐适应本岛的需要,正日益走向成熟。有学者称,"台湾民诉法"正逐渐"摆脱20世纪前叶所采抄袭性继受模式,而改向于更加本地化,以因应社会独特之时代需求。同时于其横亘20年之长期修法期间,民事程序法学亦呈现理论进展上之独创性,而有自母法断奶化之新容貌"[1]。但也有一些学者对近年来的频繁修法以及修法的理念和技术提出尖锐的批评。例如,姚瑞光先生指出:"立法、修法之品质,低劣至此,殊堪浩叹";"同一修法者,在短期间内就第二审审判应采之制度,频频变更,足见修法者事先尚未研议成熟,即随心所欲,率意修法"。[2]

---

[1] 许士宦:《程序保障与阐明义务》,台湾新学林出版股份有限公司2003年版,第3页。
[2] 姚瑞光:《民事诉讼法论》,台湾大中国图书股份有限公司2004年版,第579页、第638页。

四、台湾地区民事诉讼制度改革的启示

　　台湾地区民事诉讼制度的改革历时二十年,工程浩大;目标明确,逐步推进。修法者坚韧不拔、锲而不舍的精神令人钦佩。然而,法律的生命不在于逻辑,而在于实践。法律中的新理念、新制度固然重要,而新法的实施效果更值得关注。正如台湾地区"最高法院"林大洋法官所指出的:"在实务上,除了阐明权之行使……早已普遍运用外,其余诸如听审请求权、适时审判请求权、武器平等原则、心证公开论及突袭裁判防止论,皆属全新之产物。新法实施近十年来,其实践之情形及成效究竟如何,自有加以检视之必要。"①

　　他山之石,可以攻玉。在全面推进依法治国、深化司法改革的新形势下,我国大陆民事诉讼及其相关制度亟待全面修改。为使今后的立法更有成效,少走弯路,应当借鉴台湾地区历次修法的成功经验,扬长避短,推陈出新。在我们看来,台湾地区20年来对"民诉法"的修正,至少有以下几点具有启示意义:

　　1.每一次修法都有明确的纲领,包括修正缘由、修正原则、修法目的、修正要点等,举行修法公听会并将与会者发言要点公布于众。例如,2000年的修法原则称:便利当事人使用诉讼制度,预防纷争的发生或扩大,扩大诉讼制度解决纷争的功能,促使诉讼妥适进行,疏减讼源。② 又如,2003年的修正要点如下:(1)修正管辖规定,便利当事人遂行诉讼,保障弱势当事人权益,提高人民对裁判之信赖度。(2)落实选定当事人制度,扩大诉讼制度解决纷争之功能。(3)明定诉讼标的对于数人必须合一确定而应共同起诉,如其中一人或数人拒绝同为原告时,法院得为必要处置,以保障其他人之诉讼权。(4)扩大诉讼参加制度之功能。(5)充实诉讼代理制度,发挥律师功能。(6)增设诉讼标的价额之核定及诉讼费用专章,以利诉讼标的价额之核定与诉讼费用之征收。(7)落实诉讼救助制度,贯彻"宪法"保障人民诉讼权、财产权及平等权之精神。(8)落实文书送达制度,确保应受送达人之权益。(9)增订裁定停止诉讼程序之原因并尊重当事人之程序选择权。(10)简化裁判书类制作,减轻法官负担。

---

①　林大洋:《程序权保护原则在实务之发展》,载台湾《中律会讯》2009年第6期。

②　《民事诉讼法修订资料汇编》,台湾五南图书出版有限公司2000年版,第3～5页。

(11)为贯彻合议制度并提升裁判品质,增订行合议审判之判决,法官于评议时所持法律上意见与多数意见不同时,经记明于评议簿并于3日内补具书面者,判决应附记该少数意见。(12)尊重当事人之程序主体权,加强保障当事人之权利。(13)配合"法院组织法"增设司法事务官,增订司法事务官之处理程序。(14)加强保障当事人及第三人之隐私和业务秘密。(15)充实和解制度,扩大和解制度解决纷争之功能。(16)为有效遏止滥诉情形,保障对造当事人之权益,并合理分配司法资源,增订当事人之诉或上诉显无理由,或其上诉仅系以延滞诉讼终结为目的者,法院得处原告、上诉人或其当事人新台币6万元以下之罚锾。(17)发挥第三审法律审之功能,健全民事诉讼制度。(18)增设异议程序,健全抗告程序,加强保障受裁定人之权利。(19)充实再审程序,兼顾维持确定判决安定性及保障当事人权利。(20)增设第三人撤销诉讼程序,保障受判决效力所及第三人之权益。(21)充实督促程序,便利当事人行使权利。(22)强化保全程序,扩大假扣押、假处分制度之功能。[①]

2.在修订旧制度、增设新制度时,注重保障当事人的诉权,尽力满足人民接近、利用法院之机会平等的要求。"台湾民诉法"最近几次修正均强调平衡保障当事人的程序利益与实体利益,尊重当事人程序选择权,强化法院对于当事人的扶助照顾义务,使当事人在诉讼程序上享有地位平等、机会平等及风险平等。[②] 例如,为保障贫困当事人获得法律保护的权利,台湾地区于2004年制定了"法律扶助法"(2009年第一次修正,2015年第二次修正)。该法第1条规定:"为保障人民权益,对于无资力或因其他原因,无法受到法律适当保护者,提供必要之法律扶助,特制定本法。"第2条规定:"本法所称法律扶助,包括下列事项:一、诉讼、非讼、仲裁及其他事件之代理、辩护或辅佐。二、调解、和解之代理。三、法律文件撰拟。四、法律咨询。五、其他法律事务上必要之服务及费用。六、其他经基金会决议之事项。"有学者指出,为贯彻"宪法"保障人民诉讼权、财产权及平等权的精神,避免当事人因支出诉讼费用致生活陷于困窘,难以维持自己及其共同生活亲属的基本生活,甚至因此放弃使用诉讼制

---

① 《民事诉讼法修订资料汇编》,台湾五南图书出版股份有限公司2003年版,第7～18页。

② 沈冠伶:《诉讼权保障与裁判外纷争处理》,北京大学出版社2008年版,第27～30页。

度,自应不断推动诉讼救助制度之发展。①

　　3.在完善诉讼制度的同时,重视调解制度的完善以及诉讼与非诉讼制度的衔接。为有效解决民事纠纷,使当事人得以最节省劳力、时间、费用的方式追求正义,台湾地区的民事诉讼制度致力于在诉讼程序与诉讼外和解程序的两级之间,寻求更多的制度可能性,共同构成纠纷处理制度之光谱。② 台湾的法院调解制度经过近年来的多次修正,不断更新纠纷解决的理念,总结审判及调解的实务经验,借鉴国外最新立法例,已日臻完善,在许多方面独具特色,值得研究借鉴。从总体上看,其观念(例如,尊重当事人意思自治、鼓励诉讼外解决争议、倡导尽力和解等)比较先进,符合世界潮流;其体系(例如,审判与调解的关系、调解与和解的关系、法官与调解委员的关系等)比较严密,有利于保证司法公正及高效;其规定(例如,强制调解的范围、经双方合意后可将诉讼事件移付调解、法官依职权提出解决争议的方案等)比较具体,便于实际操作。 近年来,我国大陆重新审视调解制度的功能,着力改革与完善法院调解制度,其中的许多新措施(如诉前调解、委托调解、司法确认等)均参考和借鉴了台湾地区这方面的成功经验。

---

　　① 姜世明:《民事程序法之发展与宪法原则》,台湾元照出版有限公司 2009 年第 2 版,第 223 页。
　　② 沈冠伶:《诉讼权保障与裁判外纷争处理》,台湾元照出版有限公司 2012 年版,第 1 页。

第一章 民事诉讼的基础理论

 一、民事诉讼基础理论的演变

　　台湾地区民事诉讼制度以民国时期制定的《民事诉讼法》为基础。在制定该法时，立法者概括继受德、日等大陆法系国家的民事诉讼法和民事诉讼的基础理论，包括辩论主义、处分权主义、自由心证主义等立法原则。就辩论主义而言，在德国民事诉讼理论中，阐明权为辩论主义之例外。台湾地区"民事诉讼法"（以下简称"台湾民诉法"）也有类似的规定，如该法第 199 条规定："审判长应注意令当事人得为适当完全之辩论。审判长应向当事人发问或晓谕，令其陈述事实、声明证据或为其他必要之声明及陈述；其所声明或陈述有不明了或不完足者，应令其叙明或补充之。"就处分权主义而言，《德国民事诉讼法》有如下规定：民事诉讼只依申请才开始、双方当事人的申请对法院应裁判的内容具有决定意义（第 308 条第 1 款）并且双方当事人不经主诉中的判决也可通过诉之撤回（第 269 条）、通过终结声明或者通过诉讼和解而结束诉讼；双方当事人可通过舍弃（第 306 条）和通过认诺（第 307 条）不经法院对争议材料进行审查而引致实体裁判。① "台湾民诉法"在制定时也规定了不告不理、撤诉、和解、认诺等相应的制度。就自由心证而言，《德国民事诉讼法》第 268 条第 1 款规定："法院在考虑辩论所有内容以及证据调查结果的情况下，应根据自由确信来判断某事项事实主张应看作真实还是不真实。形成司法确信的理由，在判决书中应予说明。""台湾民诉法"也作了类似的规定，如该法第 222 条规定："法院为判决时，应斟酌全辩论意旨及调查证据之结果，依自由心证判断事实之真伪。但别有规定者，不在此限。得心证之理由，应记明于判决。"

---

　　① ［德］汉斯-约阿希姆·穆泽拉克：《德国民事诉讼法基础教程》，周翠译，中国政法大学出版社 2005 年版，第 63 页。

因此,从立法基础看,"台湾民诉法"深植于民事诉讼的传统基础理论。这些基础理论除了上述辩论主义、处分权主义、自由心证主义之外,还包括言词主义、直接审理主义、公开审理主义等等。这些理论是在欧洲大陆国家反对教会黑暗统治、进行资产阶级革命过程中逐渐在民事诉讼中确立的。从源头上看,"台湾民诉法"在制定之初就直接吸纳了西方民事诉讼的文明成果。

之所以将辩论主义、处分权主义、自由心证主义等基础理论称为"传统"理论,一是因为这些理论已构成"台湾民诉法"的根基,无论在法律修改还是司法实务上均持续发挥着重要的作用,至今已有长达 80 多年的漫长历史;二是因为该法在迈向 21 世纪的过程中,根据新的民事诉讼理论进行了大规模的修改。例如于 1999 年完成调解程序、简易程序的修改,并增设小额诉讼程序;2000 年完成集中审理和证据制度的修改,2003 年在前两次修改的基础上,继续修改其余内容。至此,"台湾民诉法"完成了彻底的修订。2007 年和 2009 年又作了局部修改。2013 年将人事诉讼程序予以删除。2015 年修改了当事人恒定、支付令等个别条文。从总体上看,"台湾民诉法"已经实现彻底转型,从体例结构到内容安排都根本不同于民国时期的《民事诉讼法》。该法之所以能完成根本性、全面性的修改,根本原因在于以一套新的民事诉讼理论体系作为指导。

1980 年,台湾地区成立了由学者和实务界专家组成的民事诉讼法研究会,通过举办定期性、经常性的研讨会,逐渐对费用相当性原则、程序利益保护论、听审请求权、程序选择权等理论问题形成共识。[①] "司法院"民事诉讼法研究修正委员会负责修正草案的起草,而该委员会成员大多都来自民事诉讼法研究会,因此上述共识性理论也就成为民事诉讼法修正草案的指导理论。在新理论的指导下,台湾地区在较短的时间内就完成了"民事诉讼法"的全面修改。不仅如此,这些理论还成为评价、解释司法实务的先导理论。下文结合有关法条阐述"台湾民诉法"的传统理论基础和新理论基础,其中以新理论基础为阐述的重点。

---

① 1990 年,参加民事诉讼法研讨会的人士共同捐助基金,成立"财团法人民事诉讼法研究基金会";经报请"法务部"许可,于 1991 年正式成立财团法人,并经台北地方法院完成设立登记手续。参见陈重阳:《台湾民事诉讼法学之近代发展——从程序保障权谈家事事件法之制定》,载《海峡两岸法学研究——两岸法治经验回顾与前瞻》(第 1 辑),九州出版社 2013 年版。

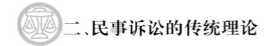

二、民事诉讼的传统理论

（一）处分权主义

基于私法自治原则，当事人可以自由处分私法上的权利，发生私权纠纷时，当事人是否起诉或终结诉讼，何时或于何种范围对何人起诉，原则上由当事人自由决定，不能由法院代为决定。承认当事人对于民事诉讼有发动权之主义，称为处分权主义。法院不得依职权自行进行民事诉讼，其仅处于被动的地位，谓之"无原告即无法官"或"不告不理原则"。与此相对的乃是职权原则，依此原则，程序的启动、范围及终结由法院依职权决定。在处分权主义体制下，当事人可决定是否提起诉讼，亦有权决定其起诉的内容与范围，法官应受当事人声明拘束，不能作出诉外裁判。原告于诉讼程序进行中，原则上对其诉讼是否续行①、停止②或如何终结有自由决定权，对其起诉请求权可自由处分。当事人可决定是否撤回③、诉讼上和解④、认诺、舍弃⑤，或决定由法官以裁判终结程序，而能对诉讼的终结有决定的权利。

除此之外，"家事事件法"对于人事诉讼的部分案件扩大了当事人处分的权限。如对于离婚诉讼、终止收养纠纷，传统上对当事人处分权有所压制，但

---

① "台湾民诉法"第419条第1项规定："当事人两造于期日到场而调解不成立者，法院得依一造当事人之声请，按该事件应适用之诉讼程序，命即为诉讼之辩论。但他造声请延展期日者，应许可之。"

② "台湾民诉法"第189条规定："当事人得以合意停止诉讼程序。"

③ "台湾民诉法"第262条第1项规定："原告于判决确定前，得撤回诉之全部或一部。""台湾民诉法"第459条第1项规定："上诉人于终局判决前，得将上诉撤回。"

④ "台湾民诉法"第377条之一规定："当事人和解之意思已甚接近者，两造得声请法院、受命法官或受托法官于当事人表明之范围内，定和解方案。"

⑤ "台湾民诉法"第384条规定："当事人于言词辩论时为诉讼标的之舍弃或认诺者，应本于其舍弃或认诺为该当事人败诉之判决。"

"家事事件法"对此予以放宽,甚至允许达成诉讼上和解①,亦可为舍弃或认诺②。

总之,在"台湾民诉法"上,处分权主义包括以下三层内容:一是诉讼是否开始由当事人决定;二是有关本案审判对象范围的表明或特定由当事人决定,多由原告主导;三是诉讼程序的终结、终了由当事人决定。③

(二)辩论主义

民事诉讼中对于裁判所必需的事实及证据资料,均由当事人负责主张及收集提出,法院原则上仅得基于提出的诉讼资料作出判决,此项原则称为辩论主义。反之,由法院负责收集提出法院裁判所需要的主要事实及证据资料的原则,则称为职权探知主义。辩论主义与职权探知主义是对立的两大基本原则,各有其适用的范围。辩论主义适用于财产权诉讼的领域,职权探知主义适用于非讼程序。由辩论主义派生出下列三项原则:一是法院不得将当事人所未主张的事实作为判决基础的资料;二是法院对于当事人不争执的事实(自认的事实),不必调查事实的真伪,应以之作为判决的资料;三是法院就当事人争执的事实依证据为认定时,须依当事人所声明的证据为之。④

财产权诉讼采辩论主义的理由如下:其一,基于当事人的自利心及事证的接近,乃认为由当事人主导程序最合乎目的性。其二,辩论主义系资本主义及自由主义下的民事理念,配合私法自治原则,承认当事人有权利进行自由处分,而将程序上诉讼资料交由当事人主导。当事人对于事实、证据的处分,即等同于其对权利的处分。其三,基于国家资源有限,难以无限制地投入人力、物力资源,持辩论主义较能减省国家资源的支出。⑤ 在台湾民事诉讼学界,也有学者认为辩论主义的法理根据在于可以防止发生突袭性裁判,这种突袭性裁判不仅包括认定事实的突袭,也包括防止发生促进诉讼的突袭。通过辩论

---

① "家事事件法"第 45 条规定:"当事人就离婚、终止收养关系、分割遗产或其他得处分之事项得为诉讼上和解。但离婚或终止收养关系之和解,须经当事人本人表明合意,始得成立。前项和解成立者,于作成和解笔录时,发生与确定判决同一之效力。"

② "家事事件法"第 46 条规定:"当事人于言词辩论期日就前条第一项得处分之事项,为舍弃或认诺者,除法律别有规定外,法院应本于其舍弃或认诺为该当事人败诉之判决。"

③ 邱联恭:《口述民事诉讼法讲义》(三),作者自版,2015 年第 3 版,第 12～13 页。

④ 陈计男:《民事诉讼法论》(上),台湾三民书局 2014 年第 6 版,第 292 页。

⑤ 姜世明:《民事诉讼法》(上册),台湾新学林出版股份有限公司 2015 年第 4 版,第40 页。

主义,给当事人主张事实的机会,不仅是为了发现真实,而且也是给当事人追求程序利益的机会,以促进诉讼。可见,采用辩论主义有助于寻求实体利益与程序利益的平衡点上的真实。①

辩论主义可谓"台湾民诉法"的基本原则之一。该法第 388 条规定:"除别有规定外,法院不得就当事人未声明之事项为判决。"第 279 条规定:"当事人主张之事实,经他造于准备书状内或言词辩论时或在受命法官、受托法官前自认者,无庸举证。"此外,该法第 193 条第 1 项规定当事人应为事实上的陈述。事实的主张为当事人的责任,而非法院的责任。第 196 条第 1 项规定当事人应于适当时期提出攻击防御方法。攻击防御方法包括事实的主张,故事实的主张属于当事人的责任。至于人证、鉴定、勘验的要求,皆为当事人的责任。

需要指出的是,"台湾民诉法"经过跨世纪修改后大幅度扩充了法院的阐明义务。重要条文如前文所引第 199 条之一的规定。此外,该法第 244 条第 4 项规定:"第一项第三款之声明,于请求金钱赔偿损害之诉,原告得在第一项第二款之原因事实范围内,仅表明其全部请求之最低金额,而于第一审言词辩论终结前补充其声明。其未补充者,审判长应告以得为补充。"关于确认之诉转换的阐明,第 247 条第 4 项规定:"前项情形,如得利用同一诉讼程序提起他诉讼者,审判长应阐明之。"第 288 条第 2 项规定:"法院不能依当事人声明之证据而得心证,为发现真实认为必要时,得依职权调查证据。"有学者认为,上述规定表明"台湾民诉法"已采用协同主义审理原则。② 该法为实现集中审理主义及适时提出主义的理念,更注重加强法院与当事人的分工合作,使之共同协力于发现真实及促进诉讼。③ 当事人方面,既课以迅速进行诉讼的协力义务,又课以事实证据提出的协力义务,而在法院方面,则系加强其实体及形式

---

① 邱联恭:《司法之现代化与程序法》,作者自版,2001 年印行,第 221 页。

② 许士宦:《集中审理与审理原则》,台湾新学林出版股份有限公司 2009 年版,第 147 页。

③ 协同主义要求法官与当事人之间形成一种互动或协作的关系,法官和当事人协同完成诉讼资料的收集,以发现案件真实。对当事人而言,其在民事诉讼中的主要任务是提出事实,为避免程序利益的损失,同时负有诉讼促进义务。当事人对法院或对方当事人提供的协力主要是在案件事实的解明方面,即要求非负举证责任的一方当事人在一定要件下,对厘清案件事实负有就相关事实进行说明陈述,以及提出相关证据资料、忍受勘验等义务。为实现实质公正,各国和地区借助于法官的阐明义务和当事人的真实义务以及协力义务,达致双方当事人之间的力量平衡。参见辜恩臻:《论当事人协力义务的正当性与制度构建》,载齐树洁主编:《东南司法评论》(2008 年卷),厦门大学出版社 2009 年版。

的诉讼指挥权,甚至加重法院的阐明义务而扩充其范围。该法还要求法院于调查证据前,应将有关的争点晓谕当事人。此项争点晓谕程序系为防止突袭性裁判,并落实争点集中审理主义而设。为贯彻集中审理主义,该法将法院表明法律见解的义务更加具体化,要求法院于调查证据前,在必要的范围内,为防止突袭,应并将法律上的争点晓谕当事人,而非仅晓谕事实上或证据上的争点即为已足。对于"民事诉讼法"已改采协同主义的见解,学界存在反对意见,认为该法系采行修正的辩论主义,其见解如下:(1)法官原则上仍应以当事人主张之事实作为裁判基础,"台湾民诉法"第 278 条第 1 项规定之例外,不宜放宽解释,因而对于职务上已知的事实,不应包括法官个人所知或在一般财产事件中,不属于法院应依职权调查证据的范围,法院却裁量或任意为职权调查所获之资料。当事人未主张的事实,即使经法院阐明,亦不能予以利用。(2)法官原则上对于违反真实的自认,予以尊重,此乃私法自治下处分权之当然推理,但若违反公众周知或客观上显著的事实者,不在此限。(3)仅在部分条件下承认法官得依职权调查证据。例如法有明文规定应依职权调查证据者、具有公益性之应职权调查或审酌的事项、家事程序或具有公益性及有武器不平等的事件等。①

(三)自由心证主义

法官于审判中判断事实真伪的方法,在立法例上有所谓自由心证主义与法定证据主义之分。有学者认为,凡证据的判断,一任法院自由的,称为自由心证主义;反之,凡关于证据方法的种类及其证据的价值(即证据力)均由法律定之,法院判断事实的真伪,必须依其规定,不得自由判断者,称为法定证据主义。② 也有学者认为,法官审酌审理中的当事人辩论趣旨及调查证据结果,本其自由意志形成确信,以判断事实真伪的主义称为自由心证主义。所谓法定证据主义,系指利用证据法则明定某一定事实必须以一定证据方法始得认定,证据的证据力亦以证据法则加以限制,法官仅能依法定的证据法则判断事实真伪,不许法官自由判断事实真伪的主义。

法定证据主义系由德国普通法时期及中世纪的法国、意大利等国所采取,固可避免法官专断,但对于事实关系错综复杂的现代诉讼,则难以据此获得事

---

① 姜世明:《民事诉讼法》(上册),台湾新学林出版股份有限公司 2015 年第 4 版,第 45 页。

② 陈计男:《民事诉讼法论》(上),台湾三民书局 2014 年第 6 版,第 300 页。

实真相。1848 年,法国大革命以后的《刑事诉讼法》采取自由心证主义。受此影响,德国 1877 年制定的《民事诉讼法》采用自由心证主义。"台湾民诉法"亦确立了自由心证主义。如该法第 222 条第 1 项规定:"法院为判决时,应斟酌全辩论意旨及调查证据之结果,依自由心证判断事实之真伪。但别有规定者,不在此限。"考虑到自由心证主义具有发现真实的特殊性与弹性,若不适当限制,易沦为恣意裁判。故该法同条第 3 项规定:"法院依自由心证判断事实之真伪,不得违背论理及经验法则。得心证之理由,应记明于判决。"同时对于一些特定情形,则采法定证据主义。如该法第 42 条规定:"诉讼当事人之选定及其更换、增减,应以文书证之。"第 219 条规定:"关于言词辩论所定程式之遵守,专以笔录证之。"

　　自由心证主义的运用包括以下三个方面的内容:一是证据方法与证据能力的无限制性。证据方法的采用,原则上法律不加限制。是否采用人证、物证,完全是法官的自由。在法定证据主义盛行的早期,曾出现过证人证词不可相信的年代。如今则不限制。如证明买卖合同订立与否,以人证或物证证明均可。至于采取违法的方法取得证据可否当作证据方法,有无证据能力,在理论上和实务上并无一致的看法,视具体情形而定。二是证据力的自由判断。这是指如何斟酌证据以认定待证事实,以及如何就证据的证据力作出评价,完全由法官自由判断,即证据力自由评价原则。为了使自由心证的判断客观化,法官应依论理法则及经验法则为之,并将形成心证的理由记明于判决中。三是全辩论意旨的斟酌。法官在言词辩论终结之时,回顾言词辩论的全部过程,经整体性观察,将其所感受的认识内容,作为形成心证的基础资料。此基础资料以辩论中所显现为限。法官斟酌全辩论意旨的目的,既是为了终局性认定事实,也是为了对当事人某项诉讼行为予以合理解释或探求其本意。四是经验法则或论理法则的发现或选择是法官的自由。法官认定事实如违反经验法则或论理法则,当事人可以提起第三审上诉。"台湾民诉法"第 467 条规定:"上诉第三审法院,非以原判决违背法令为理由,不得为之。"第 468 条规定:"判决不适用法规或适应不当者,为违背法令。"此处所称"法令"包括实体法和程序法。违反经验法则或论理法则而认定事实属于违反法令,故可上诉于第三审。不过,应注意的是,将违背经验法则作为上诉理由时,其上诉理由应具体指摘事实认定之何部分违背何种内容旨趣的经验法则,不应仅予以抽象地主张。

（四）"武器平等"原则

"武器平等"原则的基础在于"宪法"上的法治原则、平等权原则。法治原则、平等权原则要求法律应保障诉讼当事人之间的"武器平等"，保障资力较低劣的诉讼当事人获得诉讼救助，以确保当事人平等地接近法院、获得司法救济的权利。

诉讼法意义上的"武器平等"原则，是指诉讼当事人无论为原告还是被告，即使在诉讼外属于不同阶层的社会关系，在诉讼中地位上一律平等，法官有义务通过客观公正的程序，无成见地使用、评价当事人的主张，无偏私地运用法律及履行程序上的义务，以确保当事人地位的平等。如进一步分析，可将该原则区分为形式意义上的"武器平等"与实质意义上的"武器平等"。前者是指当事人一方在法官面前不具有优于或劣于他造的地位，无论是原告还是被告均一律平等，不因身份、阶级、地位的差异而不同，这是程序法建构应考量的原则。但对于是否允许法官对具体个案干预以及采用何种方式干预以促进平等，理论上仍存有疑问。后者则强调当事人在法院前处于实质性程序地位的平等，不仅强调在立法制度上当事人应获得同等的地位，而且强调在程序上的机会平等性。[①] 据此，法院应注意调适当事人事实上的不平等，保障当事人有同等运用程序的机会，即实现实质的诉讼指挥权之强化。[②]

"武器平等"是"台湾民诉法"上的一项指导性原则。"台湾民诉法"第107条规定："当事人无资力支出诉讼费用者，法院应依声请，以裁定准予诉讼救助。但显无胜诉之望者，不在此限。法院认定前项资力时，应斟酌当事人及其共同生活亲属基本生活之需要。"第277条规定："当事人主张有利于己之事实者，就其事实有举证之责任。但法律别有规定，或依其情形显失公平者，不在此限。"2009年通过的"法律扶助法"以保障人民合法权益，对于无资力或因其他原因无法得到法律适当保护的人提供必要的法律扶助为立法目的。该法所

---

① 姜世明：《民事程序法之发展与宪法原则》，台湾元照出版有限公司2009年第2版，第168～169页。

② 王福华教授认为，法官的诉讼指挥权的强化包括实质的诉讼指挥权和形式的诉讼指挥权两个方面。前者即法官的阐明权，法官通过对当事人提出的主张和证据进行适当的提醒、修正或催促等方法而采取的释明措施，帮助当事人整理和形成审理对象，属于涉及诉讼实体内容方面的诉讼指挥权。后者包括法官在庭审中维持法庭秩序、主持程序进行的权限，也包括程序如何具体展开的种种权力。参见张国香、王潇：《聚焦庭审方式改革，探寻公正效率之策》，载《人民法院报》2015年5月29日第7版。

规定的法律扶助包括法律咨询、调解、和解、法律文件撰拟、诉讼或仲裁的代理或辩护、其他法律事务上必要的服务及费用的扶助等。上述条文皆体现了"武器平等"原则的运用。

(五)公开审理主义

审判的公开,有利于确保裁判的透明、公平,使一般民众知悉法院审理诉讼的情况,信赖法院执法的公正,提高法院的威信;又可使当事人、证人及鉴定人等,对于公众有所顾忌,不敢有不实陈述,从而有助于事实真相的发现。公开审理主义为"台湾民诉法"上一贯之原则。"法院组织法"第 86 条规定:"诉讼之辩论及裁判之宣示,应公开法庭行之。但有妨害国家安全、公共秩序或善良风俗之虞时,法院得决定不予公开。"该法第 87 条规定:"法庭不公开时,审判长应将不公开之理由宣示。于此情形,审判长仍得允许无碍之人旁听。"公开审理主义有两层含义:一是法庭审判时允许不特定人旁听的公开主义,二是程序法上所谓的当事人公开主义。上述"法院组织法"第 86 条、第 87 条的规定属于公开审理主义的第一层含义。

公开审理主义的第二层含义,即当事人公开主义,是指诉讼当事人就法院及对造于该诉讼程序所为之诉讼行为有获知的权利,于法院讯问证人调查证据时得在场,并有阅览全部诉讼笔录的权利。换言之,诉讼当事人于法院的调查证据及辩论期日,有受合法传唤到庭参与诉讼程序的权利。法院虽因诉讼事件的性质,例如有妨害公共秩序之虞,审判不公开而禁止第三人在法庭旁听,但对于诉讼当事人双方而言,法院不能拒绝诉讼当事人在场。

"台湾民诉法"上的传统理论,除了上述五个方面的内容外,还有直接审理主义、言词审理主义、对席判决主义等等。这些传统理论依然是"台湾民诉法"的重要基础,虽然该法已经进行较为彻底的修正,但是传统的理论依然历久弥新。限于篇幅,在此未能一一展开论述。

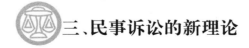

三、民事诉讼的新理论

(一)费用相当性原则

费用相当性原则是指在当事人利用诉讼程序或法官运作审判制度的过程中,不应使当事人或法院遭受难以预期的浪费或利益牺牲,否则受此牺牲者得拒绝使用此种制度。根据该原理,程序制度的运作应致力于谋求提升权利保护过程的效率,使制度使用者得仅支出与其权利相适应的费用。[①]

费用相当性原则旨在避免耗费过多的时间、劳费、金钱进行诉讼,立法如违反比例原则追求当事人实体利益,不仅延宕原告实体权利的实现或造成被告过度承受应诉负担,且因司法资源分配不合理,将使其他私法纷争当事人畏惧使用法院,进而妨害他人接近法院以行使诉讼权利,有违平等原则。"台湾民诉法"所设立的强制调解、限制审级并简化证据调查的简易诉讼程序、不同审理程序转换的容许与禁止、客观诉的合并、攻击防御方法的适时提出主义与失权效、第二审采取严格的续审制、职权宣告假执行等制度均为费用相当性原则的体现。

(二)程序利益保护论

"台湾民诉法"向来以保障私权为目的,但基于"宪法"第 16 条保障人民诉讼权的基本权利以及司法资源的有限性,不应对单个案件耗费过多的时间。所谓诉讼权之保障,或保障人民享有使用诉讼制度、使用法院的机会,多是针对发现客观真实与达成慎重而正确的裁判而言。如果当事人在诉讼程序中耗费过多劳力、时间与费用,使其支出的程序费用超过通过诉讼实现的实体利益,则有损于当事人所享有的程序利益。

程序利益保护为修法过程中所引进的法理,是指根据"宪法"有关保障自由权、诉讼权、财产权、平等权及生存权等基本权利的规定,当事人及程序利害关系人应被赋予程序主体地位、享有程序主体权。基于程序主体性原则,立法者及程序制度运作者(法官),就关系到程序主体利益、地位、责任或权利义务的审判程序、纷争解决程序,应从实质上保障其有适时、适式参与该程序以影响裁判形成的机会。[②] 为此,就诉讼程序如何利用与运作而言,程序主体者除可请求受诉法院实现其系争实体利益以贯彻此利益所彰显的基本权外,还可请求法院保护其衍生于该基本权且独立并存于上述实体利益的程序利益。通常此程序利益是指因简化程序的利用或避不使用烦琐、欠缺实益的程序所可节省的劳力、时间或费用而言,如果诉讼程序运作未能致力于此,或反而造成劳力、时间或费用的浪费,即属于当事人遭受了程序上的不利益。发生此种不

---

① 　邱联恭:《司法之现代化与程序法》,作者自版,2001 年印行,第 272 页。

② 　邱联恭:《程序利益保护原则(上)——阐释其如何成为前导民事诉讼法修正走向之法理》,载《月旦法学教室》2002 年第 1 期。

利益,不仅对于系争实体利益,也对系争标的之外同受"宪法"保障的基本权造成减损、消耗、限制。为此,立法者在设计诉讼制度时或法院在运作程序时,均应尽力使程序主体有平衡追求程序利益的机会。

(三)听审请求权

听审请求权,又称合法听审权,是根源于人性尊严、法治原则的公民基本权与程序法原则。听审请求权是德国法上的概念,被作为公民的基本权之一规定在德国宪法中。后被广泛运用于司法实务中,实务界将其视为程序法上的一般原则。台湾地区民事诉讼法学引入德国听审请求权理论并加以发展,使之成为民事诉讼法修改的先导理论,并指出保障听审请求权有利于确立当事人诉讼主体的地位。① 听审请求权的基本内容如下:

1. 知悉权。知悉权包括以下三个方面的内容:一是诉讼系属的合法通知,指法院应依民事诉讼法有关送达规定通知当事人;二是对相对人陈述内容知悉的权利,即对于一方当事人的陈述,其他程序参与人应有知悉的权利,而法院就此负有通知的义务;三是阅卷权,所有对判决有重要影响的相关资料,除法院内部文件外,皆应允许当事人阅视。

2. 陈述权。陈述权可分为积极的陈述权和消极的陈述权。前者指当事人可以在法院前进行主张、说明和表示意见的权利,法院应保障程序参与者对有关攻击防御的重要事项进行陈述的权利;后者则指作为裁判依据的诉讼资料,法院必须确定当事人已获得听审请求权的保障,否则不能作为裁判的依据。换言之,在保障当事人听审请求权的前提下,所获得的诉讼资料才可以作为裁判的依据;若利用未经当事人主张的事实,即构成违反听审请求权。

3. 法院审酌义务。听审请求权内容除前述两项原则外,还包括法院审酌义务。该义务可细化为两点:其一,法院必须对当事人的陈述适时地评价和审酌。如果规定了书状提出期间,法院即不得在期间届满前进行裁判。若法院于期间届满前作出裁判,即意味着法院未审酌尚在时限内但未提出的书状,构成违反听审请求权。其二,附具理由义务。法院判决时,必须将所知悉的当事人陈述在判决中予以详细说明,以使当事人和上级法院有监督审查的基础。此乃法治社会中司法权行使的基本要求。

---

① 姜世明:《民事程序法之发展与宪法原则》,台湾元照出版有限公司 2009 年第 2 版,第 87~89 页。

4.突袭性裁判之防止。突袭性裁判理论是邱联恭先生在 20 世纪 80 年代提出的,经过 30 多年的发展,已成为"台湾民诉法"的重要理论之一。所谓突袭性裁判,是指法官违反有关事实上与法律上的阐明义务,而以当事人未受适当程序保障下所得的事实或法律见解为其裁判依据,"以致造成法院所为之裁判乃非当事人基于诉讼所存资料依通常情形所得预期裁判结果之意外效果"①。也有人认为,突袭性裁判是指如下情形:"隐存于形成心证过程及判决的一定谬误及不完全,原可经由当事人及时提出较充分的攻击防御方法,或陈述必要的意见(包括证据分析),而适时予以治愈或补全,借以避免经济上浪费或错误、不完全的发生时,则因未适时赋予当事人(律师)提出攻击防御方法或陈述意见以促使治愈或补全该谬误或不完全的机会,将终致该谬误或不完全仍然残存。在此情形,当事人为谋补救该残存误谬或不完全之裁判,乃不得不更付出原可节省之劳力、时间、费用。此种隐含谬误或不完全之裁判,系在未赋予当事人上述机会的情形下所作成,属所谓突袭性裁判。"②其主要类型包括发现真实的突袭、适用法律的突袭和促进诉讼的突袭。

第一,发现真实的突袭。发现真实的突袭是指未使当事人在言词辩论终结以前,充分认识、预测法院有关发现真实的心证形成活动,导致当事人未能就发现真实进行充分的攻击防御或提出意见。此种突袭裁判又可分为认定事实的突袭和推理过程的突袭两种。③ 认定事实的突袭是指未使当事人在言词辩论终结以前,充分认识、预测法院所要认定的事实或该事实的具体内容,致当事人在未能就不利己的事实进行充分攻击防御的情况下而作出裁判。例如,当事人争执的法律关系为 A,结果法官裁判的法律关系却为 B,即属于认定事实的突袭。推理过程的突袭是指在言词辩论终结前,未能使当事人充分预测法院就某事实存否的判断过程(对于有关某事实存否或真伪不明之心证形成资料,法院所得之理解、判断),法院在当事人未能适时提出充分的资料或陈述必要意见(含证据分析)等情况下作出裁判。在事实审理过程中法官一般要进行三个阶段的推理判断,一是经过举证、质证后,法官就事实存否获得有关心证度的判断,二是对是否达到证明度(证明标准)的判断,三是心证度是否达到证明度的判断。在这三个推理过程中,当事人未能预测到其中一个判断

---

① 姜世明:《论合法听审权——以在民事程序法之实践为中心》,载《法学丛刊》2002 年第 4 期。

② 邱联恭等:《突袭性裁判》,载《法学丛刊》1981 年总第 102 期。

③ 邱联恭:《程序制度机能论》,作者自版,2008 年印行,第 5 页。

过程,即构成推理过程的突袭。

第二,适用法律的突袭。适用法律的突袭是指法院在裁判行为中,就有关适用法律的部分,因未适度阐明、指示以保障当事人陈述意见的机会,导致该裁判所依据的法律非为当事人所预期。换言之,由于法院裁判前未向当事人阐明法律观点,使当事人丧失了就该法律观点表达意见的机会,从而未预测到法院依据此法律观点作出的裁判。传统观点认为,"你给我事实,我给你权利",法官应当知法,只要当事人提供证据证明事实,法官依法而断,毋庸将裁判的法律依据告诉当事人。但依据德国、日本等国的新学说,法官对于在证据调查后所形成的法律观点,应向当事人阐明,给予当事人表达意见的机会,如未给予此机会而作出裁判,即构成法律性突袭裁判。

第三,促进诉讼的突袭。促进诉讼的突袭是指未适时使当事人预测法院的裁判内容或判断过程,致当事人未及时地提出有利于己的资料或意见,以避免程序上造成劳力、时间、费用的不必要的支出或不该有的节省等情况下而作出裁判。由于当事人未能适时预测到法院裁判的内容或判断结果,据此提出的资料,使法院未能选择更节省劳力、时间、费用的程序。如果预测到了法院裁判的结果,当事人就可以提供有利于节省劳力、时间、费用的资料,请求采用更简单的程序予以审理。例如,本应适用简易程序的,结果适用了复杂的程序;本来可以在一审以和解结案的,结果却拖到二审程序、再审程序;本来在审判的早期就可以终止诉讼的,结果却走完了整个程序等,都构成促进诉讼的突袭。

总之,法院在裁判相关诉讼资料时,应当保障当事人的知悉权、阅览权、陈述权。对于法院裁判有重要性的事实、法律争议,当事人均应有机会影响之。听审请求权亦要求法院对于当事人所提出的攻击防御,加以认识、审酌且须于判决中附具理由说明。

(四)程序选择权论

基于人性尊严与人民主体原则,以及"宪法"保障的自由权、诉讼权、财产权等基本权利,故在处分权主义的范围内,原则上承认当事人就各程序中所涉的实体利益与程序利益,有一定的自由处分权,从而可以要求立法者及法院提供相当的机会,使当事人用来平衡追求该两种利益,亦即强化当事人的程序主体地位。

为此,法院应使当事人有机会选择较有助于平衡追求实体利益与程序利益之程序制度,包括当事人一方可依不同利益衡量选择不同的纠纷解决程序,如诉讼制度、非讼制度或诉讼外纠纷解决机制,也可由当事人双方共同选择程序的进行方式,如合意选择适用或改用程序,以减少程序劳费的方式追求程序利益。此类以合意改变立法上的民事诉讼规范,乃与诉讼契约论的发展有关。① 有学者指出,应在认知上述法理对于立法论及解释论具指导原理性之前提下,以程序选择权论为据点,全面地检视以往民事程序理论及实务运作的利弊得失,进而重新定立相关的程序法理。②

(五)非讼法理之嵌入

民事诉讼程序向来多采彻底当事人主义的程序法理,如处分权主义、辩论主义等。但第一次世界大战之后,情况有所变化,当事人主义的适用造成了诉讼拖延,减少或阻碍了其他人平等使用法院解决纷争的机会,从而产生了对当事人主义进行适度限制的需要。因此,有必要让诉讼当事人负有某种程度的协力义务,以协助法院促进诉讼,并且扩大法官的裁量权限,以抑制浪费司法资源的诉讼。根植于诉讼经济原则的非讼化理论,可分为程序上的非讼化与实体上的非讼化。前者是指只利用裁定、抗告而非判决、上诉等方式解决纷争,同时采用间接主义、职权主义、书面主义、不公开主义等原则,以有助于节省劳力、时间和费用;后者是指承认法官对权利义务存否及其范围的判断有裁量权,亦即将实体法上要件予以抽象化、概括化,而授予法官裁量权,由法官来决定权利的内容。

(六)集中审理原则

集中审理原则,是指"诉讼之本案审理应尽可能使程序集中化,并以开一次言词辩论期日即可终结为理想"③。根据该原则所确立的审理方式,是以实现短时间内终结某一事件为目标,就该事件的辩论,或集中于一次言词辩论期日内完成,或连续召开数次言词辩论期日而没有时间上的间隔,且该数次期日之间不审理其他事件。在这种情况下,法院对案件的审理必须连续不断地进行,一案审理终结后才可以审理其他案件,所以又称继续审理主义,这与台湾地区法院向来所用的并行审理主义、分割审理主义不同。为达到审理集中的

---

① 姜世明:《任意诉讼及部分程序争议问题》,台湾元照出版有限公司2009年版,第86～87页。

② 邱联恭:《程序选择权论》,作者自版,2000年印行,第54页。

③ 邱联恭:《程序制度机能论》,作者自版,2008年印行,第239页。

目的,法院需要将诉讼中产生的事实、证据与法律上的争点在短时间内加以整理,尽量缩短审理时间,减少开庭次数。

审理集中化的功能在于以下几个方面:第一,有利于节省劳费,避免当事人遭受程序上的不利益。集中审理可避免重复审理、调查证据,法官和当事人毋庸重复阅览已有的案卷笔录或附卷材料,从而为当事人节省劳费,避免重复开庭的负担。集中审理可使当事人及其代理律师减少到庭的次数,且节省等候开庭的时间。第二,有利于提升事实认定的正确性,从而提升裁判的品质。实现集中审理,法院可以对特定的争点事实集中讯问相关证人、调查相关证据,及时地形成心证,避免分割审理所造成的遗忘、记忆模糊。通过集中审理,当事人与其他诉讼参与人在记忆保持新鲜的情况下共同开庭,法院比较容易化解他们彼此之间的误解,从而避免误判。第三,有利于赋予当事人平衡追求实体利益和程序利益的机会,提升当事人及其他诉讼参与人对裁判的信服度、接纳度。因为在集中审理的法庭上,所有的人都目睹了案件的审理过程,掌握了案件的全貌,从而可以形成与法官相同或相近的心证、判断。通过这种方法作出的法院判决不太会被提起上诉。第四,有利于贯彻言词审理、直接审理主义。通过集中审理,法院可在当事人和其他诉讼参与人都在场且记忆较新的情形下,当场阐明相关争点或不明了之处,并使当事人能够陈述意见,从而充分发挥直接审理主义、言词审理主义的功能。

集中审理在台湾地区立法上的确立,很大程度上受到日本法和德国法的影响,可谓"双重继受"。① 该制度一方面引进日本民事诉讼法的争点集中审理,充实争点整理程序,设置了准备性言词辩论期日、书状先行程序、准备程序和争点简化协议程序,其中准备性言词辩论期日相当于日本的准备性言词辩论,准备程序相当于日本的辩论准备程序,书状先行程序相当于日本的准备书状先行程序;另一方面则是引进了德国法的严格失权规定,作为实现争点整理程序的手段,相关规定包括第 196 条、第 268 条之二第 2 项、第 276 条、第 444条之一第 5 项、第 447 条等,其中第 196 条相当于《德国民事诉讼法》第 296 条第 2 项,第 268 条之二第 2 项相当于《德国民事诉讼法》第 296 条第 1 项,第444 条之一第 5 项相当于《德国民事诉讼法》第 530 条,第 447 条相当于《德国民事诉讼法》第 531 条。可以说,台湾地区的集中审理制度是由日本的争点集

---

① 吴从周:《民事法学与法学方法》(第 1 册),台湾一品文化出版社 2008 年版,第46 页。

中审理和德国的失权制度构成的。① 从目标来看，集中审理不要求像德国那样集中于言词辩论一次期日而终结诉讼，而是要求将审理程序区分成争点整理与调查证据两个阶段，以便审理有计划地进行。这种集中审理模式虽无法一次辩论终结诉讼，但可减少开庭次数，被称为审理集中化，更具体地说是争点集中审理主义。由于大幅度扩大阐明权，使其性质上趋向以义务为主，并强化当事人的协力义务，进而动摇了辩论主义的根基，滑向协同主义的方向。② 这种民事诉讼发展的新方向受到了很多学者的批判。

四、新理论对"台湾民诉法"的影响

上述民事诉讼新理论指导了"台湾民诉法"的历次修改，并成为该法新的理论基础。一些新制度、新法条的立法理由直接采用了程序选择权、程序利益保护等新理论概念。下文介绍受到新理论影响的若干具体制度。

(一)费用相当性原则对修法的影响

费用相当性原则主要体现在以下程序中：

1.调解程序。包括通过扩大简易程序事件适用范围以扩大起诉前强制调解事件、删除调解不成立应再调解的规定、提高调解程序中当事人不到场的罚金③、规定可在法院以外其他处所调解、明确当事人于调解成立后可向法院提起调解无效或撤销之诉④、法官可于双方意思已接近时适当介入⑤、将调解不

———————

①　魏大喨：《民事集中审理访视报告》，台湾"高等法院"2005 年印行，第 24 页。

②　林青松：《民事诉讼法》，台湾新保成出版事业有限公司 2014 年版，第 55 页。

③　"台湾民诉法"第 409 条规定："当事人无正当理由不于调解期日到场者，法院得以裁定处新台币三千元以下之罚锾；其有代理人到场而本人无正当理由不从前条之命者亦同。前项裁定得为抗告，抗告中应停止执行。"

④　"台湾民诉法"第 416 条第 2 项、第 3 项规定："调解有无效或得撤销之原因者，当事人得向原法院提起宣告调解无效或撤销调解之诉。前项情形，原调解事件之声请人，得就原调解事件合并起诉或提起反诉，请求法院于宣告调解无效或撤销调解时合并裁判之。并视为自声请调解时，已经起诉。"

⑤　"台湾民诉法"第 417 条规定："关于财产权争议之调解，当事人不能合意但已甚接近者，法官应斟酌一切情形，其有调解委员者，并应征询调解委员之意见，求两造利益之平衡，于不违反两造当事人之主要意思范围内，以职权提出解决事件之方案。"

成立再起诉的诉讼系属时点明确为声请调解时等①。

2. 小额程序。为保护人民财产权、诉讼权、平等权,使民众能够对其日常生活中发生的小额事件,通过迅速、简便、经济的诉讼程序解决,立法者认为简易程序仍嫌繁复,故设立小额程序。适用小额程序的事件为诉讼标的金额或价额为新台币 10 万元以下的事件,超过此数额事件也可由当事人合意适用;立法明文禁止当事人将大额事件割裂为小额事件以适用小额程序,除非原告已说明就余额不再主张;限制诉之变更、追加之范围;就小额程序进行而言,包括限制附合契约中之合意管辖条款、允许表格化诉状、夜间或休息日开庭、实行当事人讯问等制度,以求迅速发现真实、实现衡平裁判。为贯彻费用相当性原则,避免法院耗费过多的时间、费用,规定法院经两造同意或调查证据的时间费用与当事人请求显不相当时,可不调查证据而公平裁判,鼓励和解与简化判决书记载;就小额程序救济部分,规定以地方法院合议庭为第二审,上诉或抗告须以裁判违反法令为由,限制当事人在第二审变更、追加之诉,原则上第二审应自己作出判决,审理可不经言词辩论等。

3. 简易程序。简易程序中的费用相当性原则主要包括以下内容:将适用简易程序的诉讼标的金额或价额,修正为上诉第三审利益额以下,以配合"民诉法"第 466 条的规定,并扩大适用简易程序的案件类型;同时增订法院认为适当时可裁定改用通常诉讼程序②、简易诉讼程序应以一次期日辩论为原则、简化简易程序言词辩论笔录③;为达速审速结目的,规定当事人一方言词辩论期日不到场即可作出一造辩论判决,简化简易事件判决书的记载;规定简易程序原则上二审审结,若因诉之合并、变更、追加或提起反诉,而使诉之全部或一部分不适用简易程序的,除当事人合意外,法院应改为通常程序。

---

① "台湾民诉法"第 419 条第 2 项、第 3 项规定:"前项情形,视为调解之声请人自声请时已经起诉。当事人声请调解而不成立,如声请人于调解不成立证明书送达后十日之不变期间内起诉者,视为自声请调解时,已经起诉;其于送达前起诉者,亦同。"

② "台湾民诉法"第 427 条第 5 项规定:"第二项之诉讼,案情繁杂或其诉讼标的之金额或价额逾第一项所定额数十倍以上者,法院得依当事人声请,以裁定改用通常诉讼程序,并由原法官继续审理。"

③ "台湾民诉法"第 433 条之二规定:"言词辩论笔录,经法院之许可,得省略应记载之事项。但当事人有异议者,不在此限。前项规定,于言词辩论程序之遵守、舍弃、认诺、撤回、和解、自认及裁判之宣示,不适用之。"

(二)程序利益保护论对修法的影响

程序利益论作为修法的指导原则,对诸多条文的修正产生了影响。就择定审判对象范围部分,包括法官阐明义务的要求、金钱赔偿损害请求数额的嗣后补充①、自由心证定损害赔偿数额②等。就促成纷争解决方式选用部分,包括扩充诉讼前证据保全、保全证据期日争点协议之程序、程序转换之程序利益追求(如合意委任酌定调解条款和合意移付调解)、当事人可以合意将通常程序改用简易或小额程序等。小额事件的事实认定部分,包括两造合意或调查证据所需时间、费用与当事人的请求显不相当时,可由法院依公平原则作出裁判。此外,诉讼上请求范围、协议简化争点与促进诉讼义务③、合并审判制度④、证据调查程序⑤等,亦按照诉讼经济及程序利益原则进行修正。其中协议简化争点与促进诉讼义务可见于大幅度充实的审前准备程序中,在其他地

---

① "台湾民诉法"第244条第4项规定:"第一项第三款之声明,于请求金钱赔偿损害之诉,原告得在第一项第二款之原因事实范围内,仅表明其全部请求之最低金额,而于第一审言词辩论终结前补充其声明。其未补充者,审判长应告以得为补充。"

② "台湾民诉法"第222条第2项规定:"当事人已证明受有损害而不能证明其数额或证明显有重大困难者,法院应审酌一切情况,依所得心证定其数额。"

③ "台湾民诉法"第270条之一规定:"受命法官为阐明诉讼关系,得为下列各款事项,并得不用公开法庭之形式行之:一、命当事人就准备书状记载之事项为说明。二、命当事人就事实或文书、对象为陈述。三、整理并协议简化争点。四、其他必要事项。受命法官于行前项程序认为适当时,得暂行退席或命当事人暂行退庭,或指定七日以下之期间命当事人就双方主张之争点,或其他有利于诉讼终结之事项,为简化之协议,并共同向法院陈明。但指定期间命当事人为协议者,以二次为限。当事人就其主张之争点,经依第一项第三款或前项为协议者,应受其拘束。但经两造同意变更,或因不可归责于当事人之事由或依其他情形协议显失公平者,不在此限。"

④ "台湾民诉法"第255条规定:"诉状送达后,原告不得将原诉变更或追加他诉。但有下列各款情形之一者,不在此限:一、被告同意者。二、请求之基础事实同一者。三、扩张或减缩应受判决事项之声明者。四、因情事变更而以他项声明代最初之声明者。五、该诉讼标的对于数人必须合一确定时,追加其原非当事人之人为当事人者。六、诉讼进行中,于某法律关系之成立与否有争执,而其裁判应以该法律关系为据,并求对于被告确定其法律关系之判决者。七、不甚碍被告之防御及诉讼之终结者。被告于诉之变更或追加无异议,而为本案之言词辩论者,视为同意变更或追加。"

⑤ "台湾民诉法"第305条第2项、第3项规定:"证人须依据文书、资料为陈述,或依事件之性质、证人之状况,经法院认为适当者,得命两造会同证人于公证人前作成陈述书状。经两造同意者,证人亦得于法院外以书状为陈述。"

方也多予以考虑。例如,"民诉法"第 466 条第 1 项规定:"对于财产权诉讼之第二审判决,如因上诉所得受之利益,不逾新台币一百万元者,不得上诉。"第 247 条规定:"确认法律关系之诉,非原告有即受确认判决之法律上利益者,不得提起之;确认证书真伪或为法律关系基础事实存否之诉,亦同。前项确认法律关系基础事实存否之诉,以原告不能提起他诉讼者为限。前项情形,如得利用同一诉讼程序提起他诉讼者,审判长应阐明之;原告因而为诉之变更或追加时,不受第二百五十五条第一项前段规定之限制。"

(三)听审请求权对修法的影响

听审请求权体现于诸多修法条文。如有关知悉权的规定体现于送达规定、将诉讼系属事项通知诉讼标的移转之第三人①、诉之言词撤回以笔录送达②、准备书状缮本通知被告等;有关陈述权规定体现于追加当事人赋予陈述意见机会、法官阐明权之完全行使、法官阐明义务之扩充、法院职权调查证据应给予当事人陈述意见的机会、证明妨碍致不利认定应给予当事人陈述意见的机会③、命当事人退庭之讯问、当事人对违背文书提出义务的后果可辩论④;有关法院审酌义务的规定体现为法院心证之理由应记载于判决中⑤。

(四)程序选择权论对修法的影响

该理论运用于许多条文中,如合意管辖、审判权争议时合意由普通法院审判⑥、合意不公开审判以保护隐私、争点简化协议、合意选定鉴定人等;又如承

---

① "台湾民诉法"第 254 条第 4 项规定:"法院知悉诉讼标的有移转者,应即以书面将诉讼系属之事实通知第三人。"

② "台湾民诉法"第 262 条第 3 项规定:"以言词所为诉之撤回,应记载于笔录,如他造不在场,应将笔录送达。"

③ "台湾民诉法"第 282 条之一规定:"当事人因妨碍他造使用,故意将证据灭失、隐匿或致碍难使用者,法院得审酌情形认他造关于该证据之主张或依该证据应证之事实为真实。前项情形,于裁判前应令当事人有辩论之机会。"

④ "台湾民诉法"第 345 条规定:"当事人无正当理由不从提出文书之命者,法院得审酌情形认他造关于该文书之主张或依该文书应证之事实为真实。前项情形,于裁判前应令当事人有辩论之机会。"

⑤ "台湾民诉法"第 222 条第 4 项规定:"得心证之理由,应记明于判决。"

⑥ "台湾民诉法"第 182 条之一第 1 项规定:"普通法院就其受理诉讼之权限,如与行政法院确定裁判之见解有异时,应以裁定停止诉讼程序,声请'司法院'大法官解释。但当事人合意愿由普通法院为裁判者,由普通法院裁判之。"

认证据契约、证据保全程序中的协议(包括诉讼前阶段的争点协议、诉讼标的协议、协议执行力的赋予①)的效力;以及明文规定了当事人有以下选择权,如声请酌定和解方案②、起诉前可合意调解、合意适用简易程序、合意适用小额程序、合意飞跃上诉③等等。

此外应当说明的是,台湾地区于 2003 年制定了"民事诉讼合意选定法官审判暂行条例",允许当事人在诉讼中合意选定法官。当事人以合意方式选定其信赖的法官,其功能在于减少上诉与增强对司法的信赖。合意选定法官制度的法理基础即为程序选择权。不过,由于该条例欠缺相关制度的配合,产生法定法官原则之背反的争议,且可能造成一地多制之法不安定性,因而施行不过数年即被废止。④ 废止的根本原因,在于论者执着于学术理想而将程序选择权过于美化,对实施时可能发生的困难缺乏清醒的认识,以至于与现实脱节。其实程序选择权提出之时便被学界批评过于理想。⑤ 据参与制定的范光群先生介绍,民事诉讼法修正委员会在讨论是否设立合意选定法官制度时,作为法官代表的委员就表示反对,只是因为得到民间的专家委员的支持而以"试行"方式实施。⑥

(五)非讼法理对修法的影响

运用非讼法理的条文可分为三个部分。其一体现于简式诉讼程序中。如

---

① "台湾民诉法"第 376 条之一规定:"本案尚未系属者,于保全证据程序期日到场之两造,就诉讼标的、事实、证据或其他事项成立协议时,法院应将其协议记明笔录。前项协议系就诉讼标的成立者,法院并应将协议之法律关系及争议情形记明笔录。依其协议之内容,当事人应为一定之给付者,得为执行名义。"

② "台湾民诉法"第 377 条之一规定:"当事人和解之意思已甚接近者,两造得声请法院、受命法官或受托法官于当事人表明之范围内,定和解方案。前项声请,应以书状表明法院得定和解方案之范围及愿遵守所定之和解方案。"

③ "台湾民诉法"第 466 条之四规定:"当事人对于第一审法院依通常诉讼程序所为之终局判决,就其确定之事实认为无误者,得合意径向第三审法院上诉。前项合意,应以文书证之,并连同上诉状提出于原第一审法院。"

④ 姜世明:《任意诉讼及部分程序争议问题》,台湾元照出版有限公司 2009 年版,第123 页。

⑤ 邱联恭等:《程序选择权之法理——民诉法研究会第 46 次研讨会记录》,载《法学丛刊》1993 年第 3 期。

⑥ 编辑委员会:《程序正义、人权保障与司法改革:范光群教授七秩华诞祝寿论文集》,台湾元照出版有限公司 2009 年版,第 454 页。

调解程序中法官职权调查证据①、调解方案的提出②,简易程序中如一次期日辩论终结为原则、便宜通知证人到场程序,小额诉讼中衡平裁判③等。其二为实体法的非讼化,如确定判决因情势变更而被更行起诉请求变更原判决④、审酌事实、衡平定损害数额⑤。其三为程序法的非讼化,如保全证据程序两造协议笔录、法官提出和解方案,前者为第 367 条之一的规定,后者为第 377 条之二的规定。

(六)集中审理原则对修法的影响

集中审理的三大支柱分别是失权制度、阐明制度和争点整理程序。通过多次修法,这三种制度已相继在"民诉法"中得到确立。

1.失权制度。失权制度是 2000 年修法时确立,将自由顺序主义改采适时提出主义,以促进诉讼,防止诉讼延滞,其核心内容是将当事人未于适当时机提出的攻击防御方法排除于诉讼之外。2003 年修法时又对第二审程序的失权规定作了重要修改。失权制度的相关规定,如第 196 条关于失权的一般原则性规定、第 276 条关于准备程序失权的规定、第 268 条之一关于第一审程序失权的规定、第 444 条之一及第 447 条关于第二审程序的失权规定等等,上述规定构成了体系完整的民事诉讼失权制度。

2.阐明制度。为使诉讼过程流畅且适当进行,应赋予法院诉讼指挥权。阐明权即为法院行使诉讼指挥权、防止突袭性裁判的重要方式。"台湾民诉法"第 199 条规定:"审判长应注意令当事人就诉讼关系之事实及法律为适当

---

① "台湾民诉法"第 413 条规定:"行调解时,为审究事件关系及两造争议之所在,得听取当事人、具有专门知识经验或知悉事件始末之人或其他关系人之陈述,察看现场或调解标的物之状况;于必要时,得由法官调查证据。"

② "台湾民诉法"第 417 条规定:"关于财产权争议之调解,当事人不能合意但已甚接近者,法官应斟酌一切情形,其有调解委员,并应征询调解委员之意见,求两造利益之平衡,于不违反两造当事人之主要意思范围内,以职权提出解决事件之方案。"

③ "台湾民诉法"第 436 条之十四规定:"有下列各款情形之一者,法院得不调查证据,而审酌一切情况,认定事实,为公平之裁判:一、经两造同意者。二、调查证据所需时间、费用与当事人之请求显不相当者。"

④ "台湾民诉法"第 397 条规定:"确定判决之内容如尚未实现,而因言词辩论终结后之情事变更,依其情形显失公平者,当事人得更行起诉,请求变更原判决之给付或其他原有效果。但以不得依其他法定程序请求救济者为限。"

⑤ "台湾民诉法"第 222 条第 2 项规定:"当事人已证明受有损害而不能证明其数额或证明显有重大困难者,法院应审酌一切情况,依所得心证定其数额。"

完全之辩论。审判长应向当事人发问或晓谕,令其为事实上及法律上陈述、声明证据或为其他必要之声明及陈述;其所声明或陈述有不明了或不完足者,应令其叙明或补充之。"此外,为防止法律适用及促进诉讼的突袭,规定法官负有表明法律见解的义务,从而使阐明的性质由法官的权力转变为义务。例如,第199条之一规定:"依原告之声明及事实上之陈述,得主张数项法律关系,而其主张不明了或不完足者,审判长应晓谕其叙明或补充之。被告如主张有消灭或妨碍原告请求之事由,究为防御方法或提起反诉有疑义时,审判长应阐明之。"

3. 争点整理。所谓争点整理,是指对双方当事人争执的内容进行厘清的活动和过程。通过争点整理了解双方所主张的诉讼资料(包括事实和证据主张)内容为何、争执为何,以便法院与诉讼当事人就此形成共识,从而使法院在证据调查、言词辩论期日得以聚焦于争点的审理,当事人也应就争点集中攻防。[1] 争点整理不仅包括事实、证据争点的整理,还包括法律争点的整理。例如,"台湾民诉法"第296条之一第1项规定:"法院于调查证据前,应将诉讼有关之争点晓谕当事人。"该规定将诉讼程序分为争点整理程序与证据调查程序。第270条之一规定:"受命法官为阐明诉讼关系,得为下列各款事项,并得不用公开法庭之形式行之:……三、整理并协议简化争点。"争点整理程序的目的在于先行就特定当事人的诉讼请求,确认哪些事实具有诉讼上待证的必要,以便言词辩论阶段进行有效的攻击防御。证据调查程序,仍需决定何种证据需要调查,从而需根据证据调查情况再进行争点整理。在法律适用层面上,法院通过自由心证形成自己的法律见解,为免造成法律适用的突袭,亦须就特定法律争点与当事人讨论并适时公开心证。

---

[1]　邱联恭:《争点整理方法论》,作者自版,2001年印行,第23～26页。

第二章 管辖制度

一、概述

民事诉讼中的管辖,是指就某一诉讼事件分配给各法院审判的标准。法院对某一诉讼事件依法掌管其审判权限的,称为该法院有管辖权。管辖权是在不同级法院以及同级不同的法院之间划分审理权限的标准,对于合理分配法院负担和方便当事人起诉、应诉等具有重要的意义。在台湾地区,法院依其管辖权的归属,可分为普通法院与特别法院两种类型。前者指管辖民事、刑事及其他法律规定的诉讼案件审判的司法审判机关(包括"最高法院"及其以下各级法院或分院);后者指掌理"宪法"解释及"宪法"审判事项的"宪法"法庭,以及管辖行政诉讼案件审判的"最高行政法院"及其以下的"高等行政法院",管辖公务员惩戒案件审议的公务员惩戒委员会等司法审判机关。

(一)管辖权与审判权的区别和联系

管辖权不同于审判权。审判权是指法院的整体权限,法院对某一具体事件有权裁判即谓有审判权,它是划分法院与法院外其他组织(如仲裁机构)权限的标准。在台湾地区,有时也将不同法院体系(如民事法院体系与行政法院体系)的划分标准称为审判权。① 审判权是管辖权的基础,管辖权以法院有审判权为前提。

(二)普通法院与行政法院之间审判权冲突的解决

普通法院与行政法院属于不同的法院体系,如因私权关系发生争议,应由

---

① 史庆璞:《法院组织法》,台湾五南图书出版股份有限公司 2012 年第 3 版,第59 页。

普通法院审判,如因公法关系发生争议,应由行政法院审判。[1] 二者之间就诉讼事件的冲突本应作为管辖权冲突,但在台湾地区一般称为审判权冲突。解决普通法院与行政法院审判权冲突的规则包括:(1)普通法院若认为某一诉讼事件其没有审判权,且认为审判权在行政法院,不能裁定驳回,而应裁定移送行政法院。反之,如果是行政法院认为审判权在普通法院,应裁定移送普通法院。(2)为使此种审判权争议及早确定,一方面要求法院就当事人所提出有无审判权的争议必须先为裁定,另一方面允许当事人对法院裁定提出抗告声明不服;此外,为赋予当事人程序保障,法院在裁定作出前必须先征询当事人的意见。(3)在普通法院移送行政法院的移送裁定或者行政法院移送普通法院的移送裁定确定后,受移送的法院若认为其没有审判权,原则上应申请大法官会议解释解决,但允许双方当事人合意直接选择由普通法院审理,而不必再经大法官会议解释。[2] (4)经"司法院"大法官解释普通法院无受理诉讼权限的,普通法院应将该诉讼移送至有受理诉讼权限之法院。(5)为防止平行诉讼,诉讼已系属于不同审判权的法院,当事人不得就同一事件向普通法院更行起诉。此外,普通法院认其有受理诉讼权限而为裁判并经确定的,其他法院受该裁判的羁束,不得再为相反认定而行使审判权,学说上称此为"优先原则"。

(三)管辖权恒定原则

管辖权恒定原则,是指确定法院管辖以起诉时为准,依起诉时的情事法院有管辖权,则即使以后确定管辖的情事发生变更,法院也不丧失其管辖权的原则。"起诉时"是指诉讼系属时,即于诉状提交于法院时发生。管辖权恒定原则旨在避免因被告的故意行为造成法院无管辖权的结果,并可防止诉讼因发生管辖问题而拖延。对于起诉前应经法院调解的事件,经债务人住所地法院调解不成立,债权人于不变期间内起诉,而债务人以住所地已变更为由抗辩原法院无管辖权的,解释上应依照"台湾民诉法"第419条第3项的规定视为调解申请时已经起诉,从而认为原法院有管辖权。对于支付命令程序转为诉讼程序,应作相同的理解。

---

[1] 吴明轩:《民事诉讼法》(上),台湾元照出版公司2013年第10版,第102页。

[2] 允许当事人选择普通法院为裁判,既有利于减轻大法官的负担,又可避免公、私法难以区分所致权限冲突不易解决的状况发生。参见许士宦:《新民事诉讼法》,北京大学出版社2013年版,第62页。

(四)管辖权竞合

管辖权竞合,是指多个法院对同一诉讼事件均有管辖权。管辖权竞合的发生主要有三个原因:(1)作为确定管辖法院的被告住所、不动产所在地、侵权行为地等跨连或散在数法院管辖区域内。(2)普通审判籍或特别审判籍法院有数个。例如,在普通审判籍中,如果诉之原因事实发生在被告居所地的,而被告住所地和居所地位于不同法院管辖区域的,则被告住所地法院和被告居所地法院均有管辖权。再如,在特别审判籍中,因海难救助涉讼,救助地和被救助的船舶最初到达地位于不同法院管辖区域的,则救助地和被救助的船舶最初到达地的法院均有管辖权。(3)普通审判籍与特别审判籍位于不同法院管辖区域内。由于特别审判籍并不能优先于普通审判籍适用,当普通审判籍与特别审判籍位于不同法院管辖区域内时,就可能出现管辖权竞合。

管辖权竞合的处理原则是由原告选择向其中一个法院起诉。法院应依原告主张的事实依据法律关于管辖的规定判断管辖权的有无,判断标准与原告请求是否成立无关。① 未经选择的法院并不因此丧失管辖权,如果原告已向其中一个法院起诉,在诉讼系属中不能再向其他法院起诉,但是如果原告向其中一个法院起诉而因不合其他诉讼要件被驳回后,原告可再向其他有管辖权的法院起诉,只要符合其他诉讼要件即可。

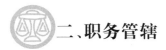

二、职务管辖

职务管辖又称为审级管辖,是指依据各级法院掌管诉讼的审判职务之不同而区分的管辖。职务管辖又可分为普通职务管辖和特别职务管辖。

(一)普通职务管辖

普通职务管辖,是由于法律上对民事诉讼事件设有上诉制度而产生的,即不同审级的管辖法院之确定问题,因而又被称为审级管辖。台湾地区法院的审级原则上采三级三审制度。对于一审诉讼事件,由地方法院(或其分院)管辖;对于第二审的上诉事件或抗告事件,原则上由"高等法院"(或其分院)管

---

① 林洲富:《法院管辖权之竞合与选择》,载《月旦法学教室》2015 年第 5 期。

辖;对于第三审的上诉事件或抗告、再抗告事件,由"最高法院"管辖。

对于简易诉讼程序的诉讼事件,其第二审上诉事件或抗告事件,仍由地方法院或其分院管辖,但与第一审采独任制不同的是,第二审采合议制;对于不服地方法院或其分院合议庭的第二审裁判的上诉事件或抗告事件,依"台湾民诉法"第 436 条之二的规定,"最高法院"为第三审管辖法院。

对于小额程序的诉讼事件,其第二审上诉事件或抗告事件,仍由地方法院或其分院管辖,其审判形式为合议制。对于小额诉讼的第二审裁判,禁止上诉或抗告。

(二)特别职务管辖

特别职务管辖,是指法院就特别民事诉讼事件所做的特别管辖。例如,对于再审之诉、第三人撤销之诉、保全程序的管辖。

再审之诉,专属于判决的原法院管辖。由于再审之诉可同时对于不同审级的法院就同一事件所为的确定终局判决提起,此时若由各法院分别审理再审之诉将会造成不便,因而规定对于审级不同的法院就同一事件所为判决提起再审之诉的,专属上级法院合并管辖。但对于第三审法院的判决,提起再审之诉的事由系"台湾民诉法"第 496 条第 1 项第 9 款至第 13 款事由的,因涉及事实调查,因此,专属第二审法院管辖,而不由第三审法院管辖。

第三人撤销之诉,专属于最后事实审法院管辖。第三人撤销之诉,就该第三人有无法律上利害关系、是否非因可归责于己的事由而未参加诉讼、所提出的攻击防御是否足以影响原确定判决的结果等事项,往往涉及事实认定和证据调查,因此,其管辖规定为最后事实审法院,即通常为原第二审法院管辖,但若未经第二审法院判决,则专属原第一审法院管辖。[①]

台湾地区第一审民事诉讼事件均由地方法院管辖。在德国、日本因采四级三审制,地方法院之下,仍有初级法院或简易法院,第一审案件根据其性质是否为简易、轻微和诉讼标的金额之高低,决定由地方法院或者区法院(或简易法院)管辖,此谓之事物管辖。而台湾地区仅三级法院,第一审民事诉讼事件均由地方法院管辖,不存在事物管辖的问题。但台湾地区自 2007 年设立智慧财产法院后,则存在根据案件类型是否为智慧财产事件而引发第一审和第二审是否由智慧财产法院管辖的问题。

---

① "台湾民诉法"第 507 条之二增订理由(2003 年)。

台湾地区 2007 年 3 月 28 日公布的"智慧财产法院组织法",规定智慧财产法院掌理智慧财产事件的民事诉讼、刑事诉讼及行政诉讼的审判事务。该法第 3 条第 1 项的规定,智慧财产法院管辖的民事诉讼案件为智慧财产案件的第一审和第二审民事诉讼事件。该法第 20 条规定,对于智慧财产事件的第二审裁判,除另有规定外,得上诉或抗告于第三审法院(即"最高法院"民事庭)。

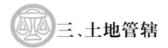 # 三、土地管辖

(一)含义和分类

土地管辖,是指以土地区划划分法院的管辖区域,并将与该管辖区域有相关联系的民事事件划归该区域法院管辖的一种管辖标准。

在土地管辖中,诉讼应向何地法院起诉,取决于被告和事件性质与法院所在地的关系。被告和事件性质与法院管辖区域发生的审判关系称为审判籍。以被告与法院管辖区域的关系而确定审判权的,称为普通审判籍。以事件性质与法院管辖区域的关系而确定审判权的,称为特别审判籍。某地域为某人的普通审判籍,即意味着某地域所在地法院对以该人为被告的除专属管辖外的一切诉讼事件具有土地管辖权。某地域为某诉讼事件中某人的特别审判籍,即意味着某地域所在地法院对以该人为被告的该诉讼事件具有土地管辖权。

普通审判籍所在地法院可以管辖被告除专属管辖外的一切诉讼事件,而特别审判籍所在地法院,仅就特定事件具有管辖权。被告普通审判籍所在地法院的管辖权,仅为法律所规定的专属管辖所排除,不因特别审判籍而被排除。如某一诉讼既有普通审判籍,又有特别审判籍,二者不在同一法院管辖区域内的,则属于"台湾民诉法"第 22 条所称的"数法院有管辖权,原告可向任一法院(即普通审判籍所在地法院或特别审判籍所在地法院)起诉"的情形。需要注意的是,特别审判籍并无优先于普通审判籍的效力。①

---

① 台湾地区"最高法院"2009 年度台抗字第 827 号民事裁定。

(二)普通审判籍

为防止原告滥行起诉,并顾及被告应诉的便利,故以被告的住居所或事务所、营业所定其普通审判籍,此为"以原就被"之原则。[1]

1. 自然人的普通审判籍

自然人普通审判籍的确定顺序依次为:被告住所地、被告居所、被告在台湾地区最后住所、"中央政府"所在地。以下详细介绍:

(1)被告住所地。被告以久住的意思住于一定的地域,该地即为其住所地。以自然人为被告的诉讼,原则上由被告住所地法院管辖,此为基于保护被告利益,防止原告滥诉之目的。未成年以其父母的住所为住所,妻则以其夫的住所为住所。[2] 住所的认定兼采主观主义与客观主义的精神,如当事人主观上有久住一定地域的意思,客观上也有住于该地域的事实,则该地域即为其住所。住所不以户籍登记为要件,但如果没有客观的事证足认当事人已久无居住该原登记户籍的地域,并已变更意思以其他地域为其住所,则一般仍推定该户籍登记的地域为其住所地。[3]

(2)被告居所地。居所一般是因一定的目的所居住的地域。由被告居所地法院管辖的情形有两种:其一,诉之原因事实发生在被告居所地;其二,被告在台湾地区现无住所或住所不明。其中第一种情形属于可选择由被告住所地法院管辖,也可选择由被告居所地法院管辖。而第二种情形由于被告在台湾地区无住所或其住所不明,因而只能由被告居所地法院管辖。第一种情形之所地规定可以选择由被告居所地法院管辖,是因为若坚持以"住所"为自然人普通审判籍,以中国人乡土观念深厚,多不愿废止其祖籍所在地的住所,但事实上又因社会结构改变,多数人离开住所在就业所在地设有居所,因此,如果仍坚持由被告住所地法院管辖,对于当事人反而不便,因此,对于诉之原因事实发生在被告居所地的,可以被告居所地为其审判籍。[4] 需要注意的是,确定法院管辖,应以起诉时为准,如果被告在其居所地发生诉之原因事实后,在起

---

[1] 杨建华原著、郑杰夫增订:《民事诉讼法要论》,北京大学出版社 2013 年版,第23 页。

[2] 林家祺:《民事诉讼法新论》,台湾五南图书出版股份有限公司 2015 年第 3 版,第12 页。

[3] 台湾地区"最高法院"2011 年度台上字第 1373 号民事判决。

[4] "台湾民诉法"第 1 条修正理由(2003 年)。

诉前已经离去并废止该居所,则该原因事实发生地于起诉时已经不是被告的居所地,该地法院不能以此行使管辖权。

(3)被告在台湾地区的最后住所。被告在台湾地区现无住所或住所不明,且无居所或居所不明,以其在台湾地区的最后住所,视为其住所。所谓最后住所,是指曾经为被告的住所,当原告起诉时,其已废止该住所而在台湾地区无住所,且该住所系其在台湾地区曾有的住所中最后所设的住所。

(4)"中央政府"所在地。在外国享有治外法权的台湾地区人,由于其不受外国法院的审判,原告无法向其住所地的外国法院起诉,当其为被告时,不能依前面规则确定管辖法院时,以"中央政府"所在地为其审判籍。

2.法人及其他团体的普通审判籍

根据"台湾民诉法"第2条的规定,不同法人的普通审判籍分别按以下确定:

(1)公法人。公法人是指依公法所组成的法人。对于公法人之诉讼,由其公务所所在地的法院管辖。

(2)台湾当局或地方机关。根据"台湾民诉法"第40条第4项的规定,台湾当局或地方机关有当事人能力。对于以台湾当局或地方机关为被告的诉讼事件,由该机关所在地之法院管辖。

(3)私法人或其他可以为诉讼当事人的团体。私法人是依私法所组成的法人。私法人可分为由人集合的社团法人和由财产集合的财团法人。其他可以为诉讼当事人的团体,是指设有代表人或管理人的团体。对于私法人或其他可以为诉讼当事人的团体之诉讼,由其主事务所或主营业所所在地为审判籍。所谓总事务所(主事务所),指章程业经注册的合法总事务所,如果事实上任意迁移未经变更章程依法注册的总事务所,即使实际上为办理该法人的处所,也无拘束起诉的原告必应在该处所的法院起诉之理。

(4)外国法人或其他可以为诉讼当事人的团体。对于外国法人或其他可以为诉讼当事人的团体之诉讼,即使主事务所或主营业所在外国,也由其在台湾地区的主事务所或主营业所所在地的法院管辖。

(三)特别审判籍

特别审判籍是就特定诉讼事件所生的审判籍。特别审判籍有以下几种:

1.因财产权涉讼的特别审判籍

诉讼根据其诉讼标的的不同,可分为财产权诉讼和非财产权诉讼。以财产上权利或法律关系为诉讼标的的诉讼称为财产权诉讼。财产权诉讼和非财产权诉讼的区分在诉讼法上具有重要的意义,"台湾民诉法"上关于裁判费征收、是否适用小额诉讼程序、第三审上诉的限制、是否可为假执行宣告等事项上因诉讼是否为财产权诉讼而存在不同。除此之外,在审判籍上财产权诉讼也有特别的规定。

(1)对于在台湾地区现无住所或住所不明之人,因财产权涉讼的特别审判籍。对于在台湾地区现无住所或住所不明之人,因财产权涉讼的,可由被告可扣押之财产或请求标的所在地之法院管辖。被告的财产或请求标的如为债权,以债务人住所或该债权担保之标的所在地,视为被告财产或请求标的之所在地。由于财产权诉讼,将来胜诉判决的执行即为财产权的给付,因此,对于被告有可扣押之财产或请求标的的,可方便将来强制执行。根据上述规定,可由被告可扣押之财产或请求标的所在地之法院管辖的特别审判籍应满足以下条件:其一,被告在台湾地区现无住所或住所不明之人。至于有无居所或有无最后住所则在所不问。其二,需因财产权涉讼。其三,被告在法院所在地有可扣押的财产。如被告在法院所在地有财产,但系法律上禁止扣押的财产或请求标的,则不符合此处的条件。至于可扣押的财产与财产权诉讼有何关系在所不问。

(2)对于寄寓人的特别审判籍。对于生徒、受雇人或其他寄寓人,因财产权涉讼的,可由寄寓地的法院管辖。寄寓地,是指寄寓人并无设定其住所于该地的意思,但寄寓人因各种工作关系或学习关系,性质上必须较长久滞留于他人之一定处所。[①] 关于寄寓人的特别审判籍之规定,既不会造成寄寓人应诉不便,也可便利于原告起诉。

(3)对于现役军人或海员的特别审判籍。对于现役军人或海员因财产权涉讼的,可由其公务所、军舰本籍或船籍所在地法院管辖。现役军人或海员因经常需要随军队或船舰迁移,流动性较大,依住所地或居所地诉讼可能不便,因而规定由公务所、军舰本籍或船籍所在地法院管辖。现役军人即正在服役的军人,海员为"海商法"第2条规定的海员和船长,公务所指军人服役的处所,军舰本籍依军舰本籍法令确定,船籍依"船舶法"规定的船籍港确定。

2.因业务涉讼的特别审判籍

对于设有事务所或营业所之人,因关于其事务所或营业所之业务涉讼者,可由该事务所或营业所所在地之法院管辖。这是针对设有事务所或营业所的

---

① 姜世明:《民事诉讼法》(上册),台湾新学林出版社2015年第4版,第83页。

特别审判籍,该规定有利于法院调查证据,且通常不会对被告造成不便利。

适用该审判籍必须具备的条件包括:(1)以设有事务所或营业所的人为被告;(2)因关于该事务所或营业所的业务所生诉讼。因业务契约或非契约(如侵权)所生的诉讼均包括在内。

3.关于船舶事件的特别审判籍

因船舶涉讼的特别审判籍包括两种情形:

(1)对于船舶所有人或利用船舶人,因船舶或航行涉讼的,可由船籍所在地的法院管辖。对于因船舶或航行而对船舶所有人或利用船舶人提起诉讼的,由船籍所在地法院管辖,是因为船籍所在地是船舶与陆上关系最为密切之地。

(2)因船舶债权或以船舶担保之债权涉讼的,可由船舶所在地的法院管辖。因船舶债权或以船舶担保之债权涉讼的,多涉及船舶和附属物的扣押,由船舶所在地法院管辖,有助于及时对船舶的保全措施,防止船舶离开停泊地使债权人追索债权困难。此处的"船舶债权"指的是"海商法"第24条所规定的债权涉讼情形,包括:船长、海员及其他在船上服务之人员,本于雇佣契约所生之债权;因船舶操作直接所致人身伤亡,对船舶所有人的赔偿请求;救助之报酬、清除沉船费用及船舶共同海损分担的赔偿请求;因船舶操作直接所致陆上或水上财物毁损灭失,对船舶所有人基于侵权行为之赔偿请求;港埠费、运河费、其他水道费及引水费。需注意的是,船舶所在地与船籍所在地不一定相同。

4.因社员资格涉讼的特别审判籍

公司或其他团体或其债权人,对于社员或社员对于社员,于其社员之资格有所请求而涉讼的,可由该团体主事务所或主营业所所在地的法院管辖。团体或其债权人或社员,对于团体职员或已退社员有所请求而涉讼的,准用该规定。此处的社员指公司或团体的成员,包括股东、合伙人、会员等。此处的团体职员并非团体的一般职员或职工,而是指团体有代表权的职员。此类诉讼的特别审判籍规定,系为避免公司或团体对众多股东或社员或团体职员分别在各地法院诉讼的不便。

5.涉及不动产的特别审判籍

因不动产涉讼既有专属管辖,又有特别审判籍。"台湾民诉法"第10条规定:"因不动产之物权或其分割或经界涉讼者,专属不动产所在地之法院管辖。其他因不动产涉讼者,得由不动产所在地之法院管辖。"此处第1项为不动产专属管辖规定,第2项为不动产特别审判籍管辖规定。不动产专属管辖和不动产的特别审判籍,均由不动产所在地法院管辖,但不动产专属管辖中只能由不动产所在地法院管辖,而不动产的特别审判籍中原告可选择向不动产所在地法院起诉,亦即,原告可向不动产所在地法院起诉,也可向被告普通审判籍法院起诉。不动产专属管辖将在下文另行介绍,此处仅介绍特别审判籍管辖。

不动产的特别审判籍适用的是不动产专属管辖范围以外的因不动产涉讼的案件,即不动产物权或其分割或经界涉讼以外的不动产诉讼,主要为不动产债权之诉。例如,因买卖不动产而提起的交付不动产之诉,因租赁不动产而提起的返还不动产之诉,因不动产受损害而提起的损害赔偿之诉等。

此外,不动产的特别审判籍还适用于对于同一被告因债权及担保该债权之不动产物权涉讼情况下的合并管辖。根据"台湾民诉法"第 11 条的规定,对于同一被告因债权及担保该债权之不动产物权涉讼者,得由不动产所在地之法院合并管辖。此等不动产担保物权本应属专属管辖,而债权诉讼本应属普通审判籍管辖或其他特别审判籍,但当原告对同一被告提出担保某债权的不动产物权诉讼时,欲再提出该债权诉讼时,基于两个诉讼被告之相同和诉讼标的之密切关联,基于诉讼经济的考虑,二者可合并向不动产所在地法院提出,由不动产所在地法院合并管辖。

6. 因契约涉讼的特别审判籍

因契约涉讼的,如经当事人定有债务履行地,可由该履行地之法院管辖。因契约涉讼由当事人约定的债务履行地作为特别审判籍,是为了方便当事人诉讼和方便证据调查。因契约涉讼包括确认契约是否成立、契约的解除、契约的履行以及不履行所产生的请求承担违约责任、主张契约无效或解除所生的返还请求权等诉讼。债务履行地如何判断? 此处债务履行地必须是当事人在契约中明定的,台湾地区"民法"第 314 条[①]所规定的法定债务履行地非此处的债务履行地。在双方契约中,如果双方各自债务履行地不同,应以原告主张的债务为基准确定履行地,例如在确认之诉或给付之诉中,以被告的债务履行地为准,在消极确认之诉中,则以被告主张原告的债务履行地为准。[②]

为避免格式条款中对弱势一方设定不利的管辖条款,根据"台湾民诉法"第 436 条之九的规定,小额诉讼案件中一方为法人或商人的,于其预定用于同

---

① 台湾地区"民法"第 314 条规定:"清偿地,除法律另有规定或契约另有订定,或另有习惯,或得依债之性质或其他情形决定者外,应依左列各款之规定:一、以给付特定物为标的者,于订约时,其物所在地为之;二、其他之债,于债权人之住所地为之。"

② 陈计男:《民事诉讼法论》(上册),台湾三民书局 2014 年第 6 版,第 52 页。

类契约的条款,约定债务履行地定管辖法院时,不适用"台湾民诉法"第12条的特别审判籍规定,但双方当事人均为法人或商人的,不在此限。

7. 因票据涉讼的特别审判籍

本于票据有所请求而涉讼的,可由票据付款地的法院管辖。此处的票据指的是台湾地区"票据法"第1条所规定的汇票、本票和支票。此处的"本于票据有所请求",是指以票据上的债务为诉讼标的的给付诉讼,例如持票人请求付款和行使票据追索权的诉讼。对于基于票据基础法律关系(原因关系)而提出的请求,例如,支票付款人基于其与发票人之间的委托关系,请求发票人偿还资金的给付之诉,不属于此处的"本于票据有所请求"。此处规定的"票据付款地"指的是票据上记载的付款地,或者在票据未记载时依据法律拟制的付款地("票据法"第24条第6项、第120条第5项)。

8. 因财产管理涉讼的特别审判籍

因关于财产管理有所请求而涉讼的,可由管理地的法院管辖。对于财产管理涉讼的诉讼事件规定管理地为特别审判籍,有利于法院对事实的调查。财产管理可能基于契约、无因管理或者法律规定而发生。因财产管理而有所请求,包括财产管理请求计算报告、偿还费用、返还管理权、解除管理权等所生请求。

9. 因侵权行为涉讼的特别审判籍

因侵权行为涉讼的,可由行为地之法院管辖。这里的行为地包括实施行为地和结果发生地。[①] 对于海上事故和空中事故该条另外规定了特别审判籍。

因船舶碰撞或其他海上事故,请求损害赔偿而涉讼的,可由受损害的船舶最初到达地,或加害船舶被扣留地,或其船籍港的法院管辖。此项特别审判籍限于侵权行为为原因的损害赔偿。此项规定系因海上事故可能发生于公海或者因船舶系航行之物常处于动态位置,为被害人利益和法院调查执行方便,而规定上述特别审判籍。

因航空器飞航失事或其他空中事故,请求损害赔偿而涉讼的,得由受损害航空器最初降落地,或加害航空器被扣留地的法院管辖。此项特别审判籍规定旨在便利法院的调查和强制执行。需要注意的是,台湾地区"民用航空法"第97条对于航空事故所生损害赔偿诉讼的管辖法院设有特别规定,优先于

---

① 台湾地区"最高法院"1967年度台抗字第369号判例。

"民法"和"民事诉讼法"的规定适用。台湾地区"民用航空法"第 97 条的特别规定包括:(1)因"民用航空法"第 89 条(即航空器失事致人死伤,或损毁他人财物时,航空器所有人的无过失赔偿责任)所产生损害赔偿的诉讼,可由损害发生地的法院管辖。(2)因"民用航空法"第 91 条(即乘客于航空器中或上下航空器时,因意外事故致死亡或伤害及因运送迟到而致损害时,航空器使用人或运送人的损害赔偿责任)所产生损害赔偿的诉讼,可由运送契约订定地或运送目的地的法院管辖。对于不属于"民用航空法"第 97 条规定的情形的,则仍适用"台湾民诉法"的管辖规定。

10. 因海难救助涉讼的特别审判籍

因海难救助涉讼的,可由救助地或被救助之船舶最初到达地之法院管辖。海难救助指台湾地区"海商法"第 5 章海难救助的情形。因海难救助涉讼,包括救助人请求给付报酬之诉或被救助人请求确认给付报酬义务不存在之诉,救助或捞救人请求确定报酬数额或分配报酬比例之诉等。

11. 因登记涉讼的特别审判籍

因登记涉讼的,可由登记地之法院管辖。因登记涉讼由登记地法院管辖便于法院对证据的调查。因登记涉讼,指一切依法律规定需登记的事件涉讼,包括不动产物权登记、夫妻财产制契约登记、法人登记、船舶登记、航空器登记、户籍登记等。

12. 因遗产事件涉讼的特别审判籍

由于台湾地区"家事事件法"第 3 条第 3 项第 6 款将因继承回复、遗产分割、特留分、遗赠、确认遗嘱真伪或继承人因继承所生请求事件列为家事事件,并于"家事事件法"第 70 条明定其管辖法院,且依该法第 196 条的规定应优先适用"台湾民诉法"。因此"台湾民诉法"第 18 条进行了修正,修正后仅对"家事事件法"规定以外的其他因死亡而生效力的行为涉讼之管辖作出规定。①以下分别介绍"台湾民诉法"和"家事事件法"的规定:

(1)"台湾民诉法"第 18 条关于因自然人死亡而生效力的行为涉讼的管辖规定和第 19 条关于遗产负担涉讼的管辖规定。如前所述,由于"家事事件法"的特别规定,此处的"因自然人死亡而生效力的行为"指的是"家事事件法"规定以外的其他因死亡而生效力的行为,包括死因赠与、死因契约等情形。依照

---

① 林家祺:《民事诉讼法新论》,台湾五南图书出版股份有限公司 2015 年第 3 版,第 29 页。

"台湾民诉法"第18条的规定,此类诉讼的特别审判籍管辖规定为自然人死亡时住所地的法院。自然人住所地法院,不能行使职权,或诉之原因事实发生在被继承人居所地,或被继承人为台湾人,于继承开始时,在台湾地区无住所或住所不明的,准用"台湾民诉法"第1条规定确定管辖法院,即由被继承人居所地的法院管辖,无居所或居所不明的,以其在台湾地区最后的住所,视为其住所。依照"台湾民诉法"第19条的规定,因遗产上的负担涉讼,如其遗产的全部或一部分,在第18条所定法院管辖区域内的,可由该法院管辖。这里所称的"因遗产上的负担涉讼"指的是被继承人在继承开始前所负义务,或继承开始后,遗产债权人与继承人之间就遗产所生的法律关系(如因执行遗嘱所产生的费用),而以继承人、遗产管理人或遗嘱执行人等为被告提起的诉讼。

(2)台湾地区"家事事件法"第70条的管辖规定。因继承回复、遗产分割、特留分、遗赠、确认遗嘱真伪或继承人因继承所生请求事件可由下列法院管辖:①继承开始时被继承人住所地法院;被继承人于台湾地区无住所的,其在台湾地区的居所地法院。②主要遗产所在地的法院。

13. 共同诉讼的特别审判籍

根据"台湾民诉法"第20条的规定,共同诉讼的被告数人,其住所不在一法院管辖区域内的,各该住所地的法院均有管辖权。但依第4条至第19条规定有共同管辖法院的,由该法院管辖。第20条的规定前一句为共同诉讼的特别审判籍规定,后一句为一种既不是特别审判籍也不是专属管辖的审判籍规定。

根据共同诉讼的特别审判籍的规定,各被告住所地法院均有管辖权,选择权在原告。共同诉讼特别审判籍必须满足如下条件:其一,被告为数人;其二,数被告的住所不在同一法院管辖区域内;其三,依第4条至第19条规定数被告没有共同管辖法院的。如果数被告的住所在同一法院管辖区域内,则适用普通审判籍规定,由该同一法院管辖。如果数被告的住所不在同一法院管辖区域,但依第4条至第19条规定数被告有共同管辖法院的,则由该共同管辖的法院管辖,也不适用共同诉讼的特殊审判籍规定。

值得注意的是第20条后一句所规定的管辖并不属于特别审判籍,如果是特别审判籍的管辖,则原告既可以向特别审判籍所在地法院起诉,也可以向普通审判籍所在地法院起诉,但此处的原告只能向该共同管辖的法院起诉,而不能选择向普通审判籍法院起诉。同时,该规定的管辖也不是专属管辖,尽管原告只能向该共同管辖的法院起诉,但由于其不能排除合意管辖的适用,因此不能认为是专属管辖。综上所述,第20条后一句的管辖应理解为共同诉讼的一种既不是特别审判籍又不是专属管辖的独立审判籍规定。

14.其他特别审判籍

其他特别审判籍及其规定的条文包括:(1)主参加诉讼的特别审判籍为本诉讼系属之法院("台湾民诉法"第 54 条);(2)客观诉之合并的特别审判籍为其中一诉讼有管辖权的法院("台湾民诉法"第 248 条);(3)诉之变更追加的特别审判籍为原诉讼系属之法院("台湾民诉法"第 257 条);(4)反诉的特别审判籍为本诉系属之法院("台湾民诉法"第 259 条)。

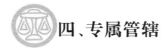

四、专属管辖

(一)专属管辖的含义和类型

专属管辖是基于公益,法律规定某种诉讼事件属于固定法院管辖的管辖制度。"台湾民诉法"规定的专属管辖的诉讼事件类型和专属管辖法院以及法律依据主要有以下几种:(1)不动产物权之诉专属于不动产所在地法院管辖("台湾民诉法"第 10 条);(2)再审之诉专属于判决之原法院管辖("台湾民诉法"第 499 条);(3)支付命令专属于依"台湾民诉法"第 1 条、第 2 条和第 6 条确定的法院管辖("台湾民诉法"第 510 条);(4)撤销除权判决之诉专属于原法院管辖("台湾民诉法"第 551 条)。

(二)专属管辖与任意管辖法律效果的区别

与专属管辖相对的为任意管辖,任意管辖是允许当事人合意改变管辖法院的管辖制度。二者法律效果上的区别包括:(1)是否允许当事人协议其他法院管辖,专属管辖的诉讼事件排除当事人之间的合意管辖,而任意管辖的诉讼事件允许当事人之间合意管辖。(2)与任意管辖不同的是,专属管辖属法院应依职权调查的事项。(3)因管辖原因受移送的法院不得将诉讼再移送其他法院,但若该诉讼事件系专属管辖范畴,且受移送的法院非该诉讼事件之专属管辖法院时,可将其移送至专属管辖法院。(4)专属管辖排除应诉管辖的适用。被告不抗辩法院无管辖权而为本案的言词辩论的,如果该诉讼事件属任意管辖的,则即使受诉法院无管辖权,也因被告应诉而取得管辖;但如果该诉讼事件属专属管辖的,则受诉法院不能因此取得管辖权。(5)二审法院可以以一审法院违背专属管辖为由废弃原判决。而对于不属于专属管辖而属任意管辖的诉讼事件,即使一审法院无管辖权,二审法院也不能废弃原审判决。(6)违背专属管辖,可成为上诉第三审的理由;而违背任意管辖,不能成为上诉第三审的理由。①

(三)不动产物权专属管辖

1. 不动产专属管辖的三种类型

关于不动产关系的审判籍,罗马法采任意管辖主义,而日耳曼法则采专属管辖主义。"台湾民诉法"第 10 条对不动产关系区分物权关系和非物权关系,属于物权关系的三种诉讼(包括因不动产的物权涉讼、不动产分割涉讼、不动产经界涉讼)被规定为专属管辖,须由不动产所在地法院管辖;非物权关系的不动产诉讼因不动产之债权涉讼的,被规定为特别审判籍,可由不动产所在地法院管辖,也可由其他普通审判籍法院管辖。

不动产物权,除包括台湾地区"民法"第 66 条第 1 项规定的土地及其定着物的物权,还包括准不动产物权(如矿业权、渔业权等)。不动产分割涉讼指的是作为共有物的不动产分割之诉。不动产经界诉讼指的是不动产界线或设置界标之诉。②

2. 几种存在争议的情形

(1)对于不动产的物上请求权涉讼是否属于物权关系诉讼而采专属管辖?此项争议,通说认为物上请求权是基于物权所生的请求权,与物权不可分,因此应当属于物权关系。但否定观点认为,物上请求权的诉讼中对方当事人对于不动产物权本身未必有所争执,且专属管辖对于当事人颇为不便,因此不能从宽解释。

(2)对于因不动产占有而涉讼是否属于不动产专属管辖?通说认为占有是一种事实而非权利,因而不属于不动产物权,不适用不动产专属管辖规定。

(3)对于涂销土地所有权移转登记之诉是否属于不动产专属管辖?实务上采肯定说,认为属于不动产专属管辖之范围。③ 但有反对意见认为,此种情形应当属于"台湾民诉法"第 17 条因登记而涉讼的特别审判籍情形。

(4)对于基于债权所生的不动产物权移转登记请求权涉讼的是否属于不

---

① 齐树洁主编:《台港澳民事诉讼制度》,厦门大学出版社 2014 年第 2 版,第 47 页。

② 不动产经界诉讼,本为非讼事件,但因所涉标的价值较高,为求慎重,列为诉讼事件,此乃谓"非讼事件之诉讼化",且以形成之诉的形式为之,因此称为"形式的形成诉讼"。

③ 台湾地区"最高法院"1985 年度台上字第 280 号判例。

动产专属管辖？实务中采否定观点，认为此系因债权而生的请求权，不是基于物权而生的请求权。①

（四）智慧财产法院的管辖

智慧财产法院对于智慧财产民事事件的管辖是否为专属管辖？台湾地区"司法院"于2008年4月20日公布的"智慧财产案件审理细则"第9条规定："智慧财产民事、行政诉讼事件非专属智慧财产法院管辖，其他民事、行政法院就实质上应属智慧财产民事、行政诉讼事件而实体裁判者，上级法院不得以管辖错误为由废弃原裁判。"

根据"智慧财产案件审理细则"第9条的说明，就智慧财产案件民事事件，智慧财产法院的管辖优先于地方法院管辖。当事人如就智慧财产案件民事事件直接向地方法院起诉，地方法院应以管辖错误移送智慧财产法院；如地方法院未移送而径为实体裁判的，并非违背法令，上级法院不得以此废弃原裁判。但有学者指出，既然将智慧财产法院定性为非专属管辖，若原告选择向地方法院起诉，难以认为管辖错误，就不存在"民事诉讼法"第28条的移送管辖问题。如果被告不提出管辖抗辩，则可成立"应诉管辖"；如果被告提出管辖抗辩，根据上述优先管辖原则，地方法院应将智慧财产案件移送智慧财产法院。②"司法院"2008年颁布的《智慧财产诉讼新制问题及解答汇编》将智慧财产诉讼案件的民事事件定位为非专属管辖，并允许当事人合意由普通法院管辖智慧财产诉讼案件，同时允许拟制合意管辖的适用。但有学者认为，尽管智慧财产诉讼案件为非专属管辖案件，但设置智慧财产法院的目的在于保障审理的专业性，如果允许当事人合意选择或拟制合意选择普通法院管辖，将与设置专业法院的目的背道而驰，因而对于智慧财产诉讼案件尽管非属专属管辖，但不应允许当事人合意选择普通法院管辖，也不宜适用拟制合意管辖而由普通法院管辖。③

（五）违背专属管辖是否可提起再审

违背任意管辖，不能提起再审之诉，此并无争议。但对于违背专属管辖，是否可提起再审之诉，学说和实务存在争议。

---

① 台湾地区"最高法院"1982年度台上字第4722号判例。
② 姜世明：《民事诉讼法》（上册），台湾新学林出版社2015年第3版，第67页。
③ 吴明轩：《民事诉讼法》（上），台湾元照出版公司2013年第10版，第89~90页。

实务上采肯定说,认为违背专属管辖规定属于消极的不适用法规,显然影响到裁判和当事人的权益,属"台湾民诉法"第 496 条第 1 项第 1 款所定适用法规显有错误的范围。

但学说上采否定说,认为违背专属管辖而为本案判决并非当然无效,而仅仅是可以在上诉审中争执,且因不属于再审事由,一旦判决确定,该欠缺即为补正。也有学者认为从程序的安定性考量,再审事由有关"适用法规显有错误"应从严解释,专属管辖虽然在理论上赋予高度的公益性考量,但是除非该等违反已经造成裁判结果的不正确或当事人对于裁判公正性已经产生重大怀疑,否则违反专属管辖应无必然可作为再审事由之理。①

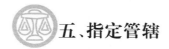

五、指定管辖

(一)含义和意义

指定管辖,又称裁定管辖,是指有管辖权的法院,因法律或事实上原因不能行使管辖权或因特别情形由其审判可能影响司法公正,或因管辖区域境界不明,致不能辨明有管辖权的法院时,而由上级法院指定其他法院管辖的制度。"台湾民诉法"对法院管辖有较为详细的规定,即通过普通审判籍、特别审判籍和协议管辖、专属管辖等制度确定管辖权。然而,对于具体的诉讼事件,有时难免发生有管辖权的法院无法管辖或不适宜管辖或无法辨别管辖等特殊情形,此时,应当有一定的机制确定管辖法院,此即为指定管辖的设立原因。

(二)发生的原因

根据"台湾民诉法"第 23 条的规定,指定管辖的原因有两种:

1.有管辖权的法院因法律或事实原因不能行使管辖权或因特别情形由其审判恐影响公安或难期公平。所谓"有管辖权的法院",是指依照有关管辖规定对该诉讼事件应有管辖权的法院。所谓"因事实上原因不能行使审判权",是指有管辖权法院因天灾、战争或病疫等原因无法执行其职务。所谓"因法律

---

① 姜世明:《民事程序法实例研习》(二),台湾元照出版公司 2010 年版,第 164~166 页。

上原因不能行使审判权",例如有管辖权法院依回避规定致全体法官回避或因部分法官回避致不能组成合议庭执行职务。所谓"因特别情形由其审判恐影响公安或难期公平",是指有管辖权的法院,依照当地客观情形观察将有影响公安之虞或难期公平。[1] 有学者对该规定提出批评,认为民事诉讼事件没有因一次辩论而定胜负,并不存在"恐影响公安"的畏惧,司法史上未闻曾有此情事,在立法例上也没有与此相同或类似的规定。[2] 上述情形不论在第一审法院或第二审法院发生,且不论该诉讼程序是否已经开始,是否专属管辖,均可申请或请求指定管辖。

2.因管辖区域境界不明,致不能辨明有管辖权的法院。所谓"因管辖区域境界不明,致不能辨明有管辖权的法院",例如因深山中的土地提起诉讼,而该土地属于何处区域不明,致使管辖界限不明而无法确定管辖法院的。倘若法院管辖界限清晰,仅因被告行踪飘忽,致使住居所不明,不属于此处的管辖区域境界不明,不适用指定管辖。[3] 倘若系讼争不动产跨越两个法院管辖区域,则属于"台湾民诉法"第21条规定的管辖竞合,各该法院均有管辖权,不属于指定管辖的适用范围。

如果不存在上述两种原因,则不能申请指定管辖。例如,受诉法院有无管辖权当事人有争执时,应由该法院依法裁判,不能向直接上级法院申请指定管辖。再如,有管辖权的法院已裁判认为无管辖权的,当事人可依上诉程序予以救济,不得申请指定管辖。

(三)指定管辖的程序

指定管辖由当事人申请或由受诉法院请求。当事人申请指定管辖可于起诉前或起诉后申请。当事人申请指定管辖,以书状或言词向受诉法院或直接上级法院申请,如果直接上级法院不能行使职权,则向受诉法院或再上级法院申请。

裁定指定管辖的法院原则上为行使审判权有障碍或管辖区域境界不明法院的直接上级法院,例如"高等法院"分院辖区内的地方法院存在指定管辖事由时,其直接上级法院为该"高等法院"分院而非"高等法院"本院。再如,在管辖区域境界不明时,如涉及的数地方法院不属于同一"高等法院"或其同一分

---

① 台湾地区"最高法院"2007年度台声字第309号民事裁定。

② 姚瑞光:《民事诉讼法论》,台湾弘扬图书有限公司2012年版,第53页。

③ 台湾地区"最高法院"1955年度台声字第30号判例。

院,其直接上级法院并非"高等法院"本院,而是"最高法院"。如果直接上级法院不能行使职权的,由再上级法院指定。

受理当事人指定管辖申请的法院,如认为申请不合法或申请合法但无理由的,应裁定驳回申请。对该裁定不服的,可依"台湾民诉法"第482条的规定提起抗告。如受理指定管辖申请的法院认为申请合法且有理由的,则裁定指定某一法院管辖,对该裁定当事人不得声明不服。受指定法院受该裁定拘束,并因该裁定而取得管辖权或被确定有管辖权,不得以无管辖权为由移送至其他法院。

由于有管辖权的法院有时不止一个,因而就可能产生如下问题:如果在起诉前发生指定管辖的上述原因事实时,但其他有管辖权的法院不存在发生指定管辖的原因事实时,应由其他有管辖权的法院管辖,不需要也不应该通过指定管辖程序指定;但如果是在起诉后才发生指定管辖的上述原因事实时,由于已经诉讼系属,即使其他有管辖权的法院不存在发生指定管辖的原因,也应当通过指定管辖的程序确定新的管辖法院。

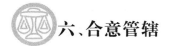

六、合意管辖

(一)含义和意义

合意管辖,是指由当事人在法律允许的范围内以合意的方式确定管辖法院的制度。合意管辖是为了弥补法律直接规定管辖的不足,尽管法律规定管辖往往出于方便当事人和方便法院审理之考虑,但实际上仍可能有考虑不周之处。为尊重当事人的程序选择权和在诉讼法上的主体权,立法者乃赋予当事人在一定范围内合意选择管辖法院的权利。

(二)合意管辖的要件

合意管辖受一定限制,合意管辖必须符合下列条件:

1.仅得针对第一审法院为合意管辖法院。由于第二审法院为第一审法院的直接上级法院,确定第一审法院即可确定第二审法院,但第二审法院对应的第一审法院不止一个,因此合意管辖不能针对第二审法院,只能针对第一审法院。而且职务管辖涉及审级制度,当事人不得合意定之。[1]

2.仅得针对非专属管辖的诉讼事件为合意管辖约定。专属管辖涉及公益,不允许当事人约定改变专属管辖。如果当事人违反专属管辖而为合意管辖,并向合意管辖法院起诉的,受诉法院应以其无管辖权为由将案件移送至专属管辖法院。如果受诉法院未注意而作出本案判决,上诉法院应将该判决废弃,并将事件移送于专属管辖法院。

3.仅得就关于一定法律关系而生的诉讼事件为合意管辖约定。当事人不得就双方之间不特定的一切诉讼为合意管辖,例如约定双方当事人所有不特定交易关系由某法院管辖,则不产生效力。只要是基于一定法律关系而生的诉讼事件,不论是契约或侵权关系,均可合意管辖。例如,可合意约定某运送契约或某侵权行为的管辖法院。

4.须就一定的法院为合意管辖法院,不得广泛就任何第一审法院为合意管辖法院。当事人就合意管辖的法院可以约定为一个,也可以约定为数个,但必须是一定范围的,而不能是广泛的任何法院。例如,在契约书上约定“本件发生争议时,由债权人指定的法院为合意管辖法院,债务人无异议”,即属于广泛就任何第一审法院为合意管辖法院,不生合意管辖的效力。[2]

5.须有当事人的合意且其合意以文书形式为之。当事人必须具有合意,且为避免产生争议,该合意必须以文书的方式为之,口头合意不产生效力。

(三)合意管辖的约定类型

除专属管辖外,无论是法定管辖的法院还是法定管辖法院以外的法院,当事人均可以合意选择。合意管辖有以下几种类型:

1.在数个有法定管辖权的法院中选择法院作为合意管辖法院。在这种情形下,未合意选择的其他有法定管辖权的法院不再具有管辖权。如果合意选择的法院有数个,则数个法院均有管辖权。

2.合意选择有法定管辖权的法院之外的法院作为管辖法院。在这种情形下,合意选择的法院当然具有管辖权。但具有法定管辖权的法院是否具有管辖权则取决于当事人有无排他的合意。如果当事人合意管辖的文书中明确仅希望在法定管辖法院外增加合意选择的法院,则有法定管辖权的法院仍然有

---

[1] 杨建华原著、郑杰夫增订:《民事诉讼法要论》,北京大学出版社 2013 年版,第36 页。

[2] 台湾地区“最高法院”1997 年度台抗字第 139 号民事裁定。

管辖权,合意选择的法院也有管辖权,当事人可选择其一起诉。如果当事人合意管辖的目的在于排除有法定管辖权法院的管辖,则有法定管辖权的法院不再有管辖权。如果当事人意思不明,应理解为当事人排除有法定管辖权的法院之管辖。①

3.合意选择数法院,数法院中有法定管辖权的法院,也有法定管辖权的法院以外的其他法院。在这种情形下,如果选择的有法定管辖权的法院仅为部分,则应视为排除其他有管辖权的法院。

(四)不公平合意管辖的制度防范

为了避免强势的一方利用其优势地位滥用合意管辖,根据"台湾民诉法"第28条第2项的规定,如果当事人一方为法人或商人,依其预定用于同类契约的条款成立合意管辖,按该情形显失公平,对方当事人在本案言词辩论前,可申请移送于其他法定管辖法院。但双方当事人均为法人或商人的,不受此限制。

在小额诉讼程序中也有类似的规定,根据"台湾民诉法"第436条之九的规定,小额事件的一方当事人为法人或商人,在其预定用于同类契约的条款,约定债务履行地或以合意定第一审法院时,不适用"台湾民诉法"第12条和第24条的规定(即不由债务履行地法院管辖,也不能合意管辖)。但如果双方当事人为法人或商人,则不受此限制。该规定是为了避免非法人或商人的一方居于经济弱势地位,被迫接受约定债务履行地,或以合意定第一审管辖法院的不公平条款。

(五)合意管辖效力是否及于继受人

合意管辖的效力,原则上及于当事人及其一般继受人,但不及于其他第三人。破产管理人或代位权人虽为第三人,但其起诉所行使的权利系破产人或债务人的权利,故破产人或债务人曾经定有合意管辖的,其效力及于破产管理人或代位权人。

至于合意管辖的效力是否及于特定继受人,理论上存在争议。通说认为应当区分诉讼标的法律关系为债权或物权而定。如果诉讼标的为债权法律关系,通说认为合意管辖对于债权关系,乃为行使债权方法的协议,其效果从属

---

① 陈计男:《民事诉讼法论》(上册),台湾三民书局2014年第6版,第69页。

于债权关系,因此,债的关系转移,合意管辖效果也随之转移。如果诉讼标的为物权法律关系,通说认为,物权关系基于物权法定主义,非当事人所能自行决定其内容,因此,合意管辖效力不及于特定继受人。

(六)合意由外国法院管辖的问题

当事人合意由外国法院管辖,只要不违背专属管辖,应承认其效力。合意由外国法院管辖,并不会直接对台湾地区的法秩序之维护造成损害,这是因为如果外国法院作出的判决存在"台湾民诉法"第402条的情形,则不认该外国判决的效力,而且如果外国判决需要在台湾地区强制执行,仍需要台湾地区法院以判决许可其执行,才具备执行名义的要件。

除了不能违背专属管辖外,有学者认为涉外民事诉讼事件当事人合意由外国法院管辖还需具备以下条件:双方当事人就特定法律关系以书面作出国际管辖的合意;合意管辖所指定的法院地国与该诉讼事件存在涉外要素的连接关系;该外国法律规定该外国法院有管辖权。[①] 另有学者将台湾地区对该外国法院的判决并非不能承认其效力[②],也作为合意由外国法院管辖的条件之一。[③]

(七)拟制的合意管辖

拟制的合意管辖又称应诉管辖,是指当原告向无管辖权的第一审法院起诉后,被告不抗辩法院无管辖权而为本案言词辩论,该法院即成为有管辖权的法院。当原告向无管辖权的法院起诉时,被告有提出抗辩的权利,若被告不提出抗辩而为本案言词辩论,应视为与合意管辖相同,故称为"拟制的合意管辖"。

这里的本案言词辩论,是指被告以言词对原告请求有无理由的辩论(即为实体上的陈述),倘被告仅就起诉的合法与否为辩论,或就其他诉讼要件的欠缺为辩论,均不属于本案的言词辩论。倘被告仅于书状就为诉讼标的的法律关系为实体上陈述内容的记载,而未于言词辩论期日或准备程序期日以言词

---

① 陈荣宗、林庆苗:《民事诉讼法》(上),台湾三民书局2013年第8版,第148页。

② 根据"台湾民诉法"第402条的规定,如果某外国不承认台湾地区的确定判决,则台湾地区对该外国法院的确定判决也不承认其效力。

③ 姚瑞光:《民事诉讼法论》,台湾弘扬图书有限公司2012年版,第59~60页。

加以引用,则不属于此处的"被告已为本案之言词辩论"①。

与合意管辖不能变更专属管辖一样,拟制的合意管辖也不能变更专属管辖,如果诉讼事件属于专属管辖的范围,原告向非专属管辖的法院起诉的,即使被告未抗辩而为本案的言词辩论,也仍不能成立拟制的合意管辖。

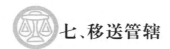

七、移送管辖

(一)含义和意义

移送管辖是指受诉法院无管辖权时法院依申请或依职权将诉讼事件移送有管辖权法院的制度。如果没有移送管辖制度,则对于无管辖权的诉讼事件法院将以欠缺诉讼要件为由裁定驳回,但裁定驳回有损诉讼经济和原告利益(如时效利益),因而设立移送管辖制度。

(二)移送管辖的程序

1.移送管辖的主体和时间

移送管辖可大致分为三种情形,这三种情形下可启动移送管辖程序的主体和时间略有不同:

(1)对于属于专属管辖的诉讼事件,受诉法院无管辖权的,当事人可申请移送诉讼,法院也可依职权移送诉讼。而且只要是在法院作出判决之前,均可移送。需要注意的是,对于支付令,如果不是向其专属管辖法院申请,法院应以裁定驳回,而不需要移送诉讼。

(2)对于不属于专属管辖的诉讼事件,当事人合意管辖,但一方当事人为法人或商人而对方当事人不是法人或商人时,依其预定用于同类契约的条款成立合意管辖,按该情形显失公平,对方当事人在本案言词辩论前,可申请移送于其管辖法院。亦即该情形下,只有对方当事人可申请移送诉讼,法院不能依职权移送诉讼。

(3)对于不属于专属管辖的其他诉讼事件,受诉法院无管辖权的,当事人可申请移送诉讼,法院依职权移送诉讼受到限制,必须在被告于本案言词辩论前抗辩法院无管辖权时法院才可移送诉讼。如果被告未提出管辖权抗辩且为

---

① 台湾地区"最高法院"2004 年度台抗字第 539 号。

本案言词辩论的,则在被告言词辩论后当事人不能申请移送诉讼,法院也不能依职权移送诉讼。因为被告未为管辖权抗辩且为本案言词辩论,无管辖权的受诉法院因拟制的合意管辖而取得管辖权。

2. 移送管辖的作出形式与救济

法院依申请或依职权移送诉讼,均应以裁定的形式作出。作出裁定前,法院若认为有必要,可组织关于管辖权与否的言词辩论。当法定管辖法院为多数时,被告并无选择管辖法院的权利,究竟移送哪一个法院为宜,应由法院斟酌个案具体情形后作出决定。①

如果法院作出移送诉讼的裁定,当事人可提出抗告;如果法院驳回移送诉讼的申请,当事人不得声明不服,即不得提出抗告。如果法院作出移送管辖的裁定,当事人提出抗告后,抗告法院认为第一审法院有管辖权而以裁定废弃第一审法院所为的移送诉讼裁定,根据"台湾民诉法"第 28 条第 3 项的立法本旨,对该抗告法院的裁定,当事人不得声明不服。②

(三)移送管辖的效力

1. 移送诉讼的裁定确定时,受移送的法院受其羁束,受移送的法院不得将诉讼再移送至其他法院,但若该诉讼事件属于专属管辖的范畴,且受移送的法院非该诉讼事件之专属管辖法院时,则受移送法院不受移送诉讼裁定羁束,应将诉讼再移送至专属管辖法院。

2. 移送诉讼的裁定确定时,视为该诉讼自始即系属于受移送之法院,以使原告在法院起诉所为的诉讼法和实体法上的效果不受影响,当事人和法院所为的诉讼行为不失效力,受移送法院按照此前诉讼进行程度续行程序。但因法律规定未参与判决基础的言词辩论的法官不得参与裁判,如果移送诉讼前已进行了言词辩论,则受移送法院应更新诉讼程序。即由当事人陈述以前辩论的要领,或由书记官朗读以前笔录代之。

3. 不影响移送前就急迫情形下的必要处分。移送诉讼的裁定确定后,尽管移送法院对诉讼事件无管辖权,但由于裁定确定后至移送至受移送法院之前,被告仍可能为不利于原告的行为,如果待受移送法院处理,往往会丧失时机,因而移送法院此时仍应依当事人声请或依职权为必要处分。为此,"台湾

---

① "台湾民诉法"第 28 条修正理由(2003 年)。

② 台湾地区"最高法院"2006 年度台抗字第 90 号裁定、1985 年度台抗字第 467 号裁定。

民诉法"第29条规定:"移送诉讼前如有急迫情形,法院应依当事人声请或依职权为必要之处分。"这里的"必要处分"指的是保全证据、假扣押、假处分等。

4.移送诉讼裁定确定后,书记官应将裁定正本附入卷宗,送交受移送法院。如为一部分移送,应将该部分卷宗送交。

第三章 当事人制度

一、概述

当事人制度是民事诉讼程序的重要组成部分。所谓当事人,是指以自己的名义要求法院解决纠纷、保护权益的人及其相对人。在程序正义价值被普遍认同的当前语境下,当事人对于程序过程的重视不亚于对最后结果的重视。而作为各种程序所要求的程序正义,其核心要素至少应包括程序参与,亦即对于程序之结果具有利害关系之人(当事人或关系人),应有参与程序的机会,以便在程序中提出对自己有利的主张并进行相应的论证,从而影响案件的审判结果。由此可见,当事人问题是否得以妥善解决,直接关系到民事诉讼的实效。

(一)当事人的确定

民事诉讼以对立当事人为基本结构,故在具体的诉讼事件中,何人为当事人应有相应的制度得以明确。当事人的确定,对于地域管辖、回避、当事人能力、诉讼能力、举证责任等均有重要的影响。

在台湾地区,关于当事人的确定,尤其是对于出现冒名诉讼、同名同姓之混淆者的情况,学说上对此持有不同的见解(包括意思说、行动说、表示说、折中说等)。① 在实务中,关于当事人的确定,台湾地区采与德、日相同的表示说。具体而言,在特定的诉讼或其他声请程序中,以原告在诉状或声请状记载的人即为当事人。在诉讼进行中,如果发现原告在诉状中所表明的当事人不

---

① "表示说"认为当事人之认定,应就原告之起诉状作全体观察,从客观上判断何人请求确定司法上之权利义务关系;"行动说"以现实上有当事人之行动者,即以之为当事人;"意思说"以原告或法院之意思,欲以何人为当事人者,即以该人为当事人。参见杨建华原著、郑杰夫修订:《民事诉讼法要论》,北京大学出版社 2013 年版,第 49 页。

明确时,应客观地探求原告起诉之意,以便使当事人得以确定。①

(二)当事人能力与诉讼能力

1. 当事人能力

当事人能力制度的机能决定了该制度的意义。那么当事人能力制度的机能何在？有台湾学者指出,当事人能力的机能应在于"决定何者作为诉讼上主体能有效地使纷争当事人适用诉讼制度以解决纷争,并平衡兼顾其实体利益与程序利益,以落实宪法上诉讼权及其他基本权利之保障"②。

民事诉讼当事人的能力是以自己的名义请求法院保护民事权利的能力,是主体得以成为民事诉讼当事人的资格。为使权利保护之道臻于完备,凡有民事权利能力的人,法律必赋予其当事人能力。"台湾民诉法"第40条对当事人能力作了规定:有权利能力者,有当事人能力。据此,台湾地区的当事人能力可划分为实质当事人能力与形式当事人能力两种。

(1)实质当事人能力。因在实体法上有权利能力而具备当事人能力的,称为实质当事人能力。有实质当事人能力的包括:

自然人。依据"台湾民法"的规定,自然人的权利能力始于出生、终于死亡,故自然人于出生后至死亡前,皆有当事人能力。外国人于法令限制内有权利能力,其当事人能力的范围与之相同。

法人。根据台湾地区"民法"的规定,法人于法令限制内有权利能力,但不享有专属于自然人之权利义务,因此,法人在法令限制范围内有当事人能力。经过认许的外国法人,于法令限制内与同种类的台湾地区法人有同等的权利能力,因此,海外法人仅在法令限制的范围内有当事人能力。"台湾民诉法"2003年修改时,增加了关于"台湾当局或地方机关"亦具有当事人能力的规定。这些机关本属权力机关,原无独立的人格,没有权利能力,不能成为诉讼的主体。"惟实务上台湾当局或地方机关基于法律之授权执行其职务,皆系以

---

① 例如,在台湾地区的诉讼实务中,若出现原告所列被告住址查无此人的情况,是径自采用公告送达方式进行相应的实体判决抑或是先进行宣告失踪为宜？再比如,在迁让房屋的诉讼中,对于骚扰性的房地霸占集团,原告难以查明该类型的被告之详细信息,则应否容许原告以其他特定之方式予以补足？凡此种种,均有待依原告起诉之意思审慎斟酌。

② 沈冠伶:《程序保障与当事人》,台湾元照出版有限公司2012年版,第186~187页。

其机关名义在私法上行使权利或负担义务"①,因此,若不赋予他们诉讼主体地位,就无法有效地维护交易安全,且有违诉讼经济原则。因此,台湾地区历来的司法解释及判例均认可"台湾当局或地方机关"代表公法人起诉或应诉。

胎儿。"台湾民诉法"第 40 条第 2 项规定,胎儿,关于其可享受之利益,有当事人能力。据此,胎儿并不具备同自然人一样的当事人能力,仅关于其可享受之利益,有当事人能力。因为从严格意义上说,其尚未出生,自然就无民事权利能力。那么,胎儿"可享受之利益"指代的是什么呢? 依据台湾"民法"的规定,为保护胎儿的利益,对于法律上的某些权利(如损害赔偿权、继承权),承认胎儿具有民事权利能力,规定"胎儿以将来非死产者为限,关于其个人利益之保护,视为既已出生"("民法"第 7 条),"胎儿为继承人时,非保留其应继份,他继承人不得分割遗产。胎儿关于遗产之分割,以其母为代理人"("民法"第 1166 条)。胎儿尚未出生的,诉讼时应写明"××(母)的胎儿"字样,并以其母为法定代理人。②

值得一提的是,前述权利能力受限制的法人、外国人、海外法人,对于其当事人能力是否也受限制的问题,实务中认为应视其诉讼标的的具体法律关系而定。③

(2)形式当事人能力。在实体法上没有权利能力但被赋予当事人能力的,称为形式当事人能力。这主要指的是非法人团体。

非法人团体的当事人能力问题,是台湾地区的民事诉讼当事人能力诸多问题中争议性较大的一个。非法人团体不是民事主体,在民法上并无权利能力。但是社会上用该团体名义进行交易活动的为数不少,如不赋予其当事人能力,对交易活动将产生不良影响。因此之故,考虑诉讼方便的社会实际需要,程序法承认其有形式当事人能力。即"台湾民诉法"第 40 条第 3 项所规定的,"非法人之团体,设有代表人或管理人者,有当事人能力"。

从"台湾民诉法"的现有规定来看,赋予非法人团体当事人能力的做法,体现了扩大当事人能力主体的价值取向,不再局限于将诉讼上的当事人能力严丝无缝地绑定于实体法上的权利能力之上,富有扩大程序主体权、强化程序正

---

① 这些机关主要包括政府机关、公营事业、学校、军队等。

② 齐树洁、谢岚:《台湾地区民事诉讼当事人制度述评》,载《台湾研究集刊》2000 年第 3 期。

③ 例如,外国人取得土地所有权应受相关土地法律的限制,但对于他们提起的确认土地非其所有或其土地抵押权不存在之诉,则应认为其有当事人能力。参见赵旭东、董少谋:《港澳台民事诉讼法论要》,厦门大学出版社 2008 年版,第 257 页。

义的远见卓识与胆魄。

关于"台湾民诉法"第40条第3项所规定的非法人团体,究竟应具备怎样的特征?亦即非法人团体应具备哪些要件?对此问题,存在不同的见解。一般而言,非法人团体应具备如下条件:设有代表人或管理人;有一定组织、名称及事务所或营业所;团体必须有一定之目的及继续之性质;该团体应有独立的财产。在实务中,一般将律师公会、同产会、同学会、学术团体、合伙、未经认许的外国法人、分公司(在业务范围内)、未登记公司及法人宣告破产、祭祀公业①、村办公处或里办公处、公寓大厦管理委员会等均认定为具有当事人能力的情形。②

2.诉讼能力

在诉讼能力方面,主要见于台湾地区"民法""民诉法"等相关规定中,主要涉及自然人(包括外国人)、法人、非法人团体的诉讼能力。依据"台湾民诉法"第45条的规定,"能独立以法律行为负义务者,有诉讼能力"。至于能否独立以法律行为负担义务,取决于实体法对民事行为能力的规定,依"民法"有行为能力者,即有诉讼能力。

(1)自然人。根据"台湾民法"和"台湾民诉法"的规定,自然人中的成年人(满20岁为成年人)、已婚的未成年人、经允许独立营业的限制行为能力人具有诉讼能力。③ 无诉讼能力之人的诉讼行为应由其法定代理人为之。④ 对无法定代理人或其法定代理人不能行使代理权之无诉讼能力人,法院得依申请选任特别代理人("民诉法"第51条)。依判例,申请选任特别代理人属诉讼行为,无诉讼能力人本人不得为之。对于外国人,"台湾民诉法"第46条规定,外国人依其本国法律无诉讼能力、而依台湾地区法律有诉讼能力者,视为有诉讼能力。

(2)法人与非法人团体。法人与非法人团体的诉讼能力问题比较复杂。关于法人(包括财团法人及社团法人)是否有诉讼能力,台湾学者间颇有争议。

---

① 祭祀公业以其管理人为当事人。在实务中,合伙及祭祀公业并不必然地要求严格遵照非法人团体的要件特征、要求予以检验及确定。例如,某些祭祀公业虽未按照相关条例规定向主管机关登记为祭祀公业法人,但仍有可能被法院认定为法人团体,具有当事人能力。参见台湾地区"最高法院"2008年度台上字第2070号民事判决。

② 吴明轩:《民事诉讼法》(上册),作者自版,2013年第10版,第143页。

③ 满7岁未满20岁的限制行为能力人,经过法定代理人的允许为独立营业,仅关于他营业上之行为有行为能力,所以在营业上相关之行为部分,其具有诉讼能力。

④ 没有诉讼行为能力的人包括:未满7岁的未成年人、受监护宣告之人、胎儿。

立法理由称,法人无诉讼能力,不得自为诉讼行为。诉讼行为应由其代表机关为之。至于非法人团体,一般认为非法人团体无诉讼能力,其诉讼行为应准用"民诉法"关于法定代理之规定,由代表人或管理人为之。代表人或管理人为数人,在诉讼上能否单独代表非法人团体,亦应依"民法"及其他法令之规定判断,法令未规定者,解为均得单独代表该团体。此外,根据"台湾民诉法"第52条的规定,依法令得为诉讼上行为之代理人准用"民诉法"关于法定代理人之规定。

（3）法律规定有诉讼能力的。根据"台湾民诉法"的相关规定,养子女、被认领子女、受禁治产宣告人,就其相应权项所提起的诉讼,即使他们不能独立以法律行为负担义务,法律上也承认他们有诉讼能力。[①]

（4）外国人。根据"台湾民诉法"第46条的规定,外国人依其本国法律规定无诉讼能力,而依台湾地区法律有诉讼能力者,视为有诉讼能力。

（三）当事人适格之原理

1. 当事人适格的概念

当事人适格,是指当事人就特定诉讼,能够以自己的名义为原告或被告的资格。有学者指出,所谓当事人适格,系指当事人于进行具体诉讼时依法应具有的法律关系资格或权利义务地位。[②] 德国学者称此种法律关系的资格或权利义务之地位为诉讼实施权,奥地利学者则称之为诉讼适格。

必须注意的是,当事人和当事人适格（正当当事人）在民事诉讼法上是两个不同的概念,既相区别又相联系。[③] 当事人这一概念强调提起诉讼的自由,指形式上的当事人,即谁提起诉讼,向谁提出诉讼请求,换言之,只要是起诉状中所列的原告和被告便可视为本案的当事人,因此,这一概念侧重得更多的是程序上的意义;而当事人适格是指对于本案的诉讼标的,何人有作为当事人起诉或应诉的资格,其侧重于当事人在诉讼中与诉讼标的或一定法益的关联性。

另有学者指出,"本案适格"是指拥有或负担为诉讼标的的实体法上的权

---

① 例如,养子女就收养无效、撤销收养、确认收养关系是否成立以及终止收养关系之诉,被认领子女就认领无效或撤销认领之诉,受禁治产宣告人就撤销禁治产宣告之诉,在法律上视为有诉讼能力。

② 陈荣宗、林庆苗:《民事诉讼法》(上),台湾三民书局股份有限公司2013年第8版,第169页。

③ 齐树洁:《民事程序法研究》,科学出版社2007年版,第58页。

利或义务,在实体法上拥有权利者为积极适格,负担义务者为消极适格。本案适格并非诉讼要件,而是诉讼实体上有无理由的问题,应依实体法上的权利义务关系为判断。①

2.决定当事人适格之一般原则

台湾地区有关当事人适格的问题,深受德、日学说的影响。一般认为,当事人适格指诉讼之当事人就诉讼标的之法律关系有为诉讼之权能而言,或称为正当当事人。至于具体诉讼中当事人是否适格,应按实体法和诉讼法的规定来决定。但是,诉讼当事人是否适格在理论与实务中均不易判定。有学者指出,即使是已有多年实务经验者,亦常对此问题有所误认,因其只能就具体的诉讼个别地决定之,以一原则或数原则绝不可能概括地决定所有诉讼之当事人是否适格,为此,应根据不同类型的诉的法律属性及相应特征来确定当事人适格问题。②

3.当事人适格之性质及其欠缺之效果

在性质上,当事人适格究竟是诉讼合法要件还是权利保护要件,存有争议。台湾地区通说和实务上一般认为,当事人适格是权利保护要件,基于这种"权利保护要件"理论,对当事人不适格的诉讼,应以诉讼无理由而驳回。当事人适格之存否,涉及当事人有无诉讼实施权之审查,而当事人具备诉讼实施权属于法院就诉讼为本案判决(请求有无理由判断)的前提要件。因此,法院于诉讼中(不论何审级)应随时依职权调查。详言之,当事人是否适格,属于法院应依职权调查之事项,无论诉讼进行到何种程度,均应调查当事人有无诉讼实施权。调查结果认为当事人适格有欠缺的,同样应以诉讼无理由,用判决驳回原告的诉讼请求。

需指出的是,当事人是否适格,依据原告起诉主张的事实决定,不依法院判定的结果来决定,因此,就原告起诉主张的事实,如果当事人均属适格的,即使诉讼结果认定原告没有其所主张的权利,也不得以当事人不适格为理由驳回原告之诉。此外,因社会情势多变,故具体诉讼的当事人适格问题亦无定式,因此,应通过立法、司法及学理的多重努力,共同为不断变化的当事人适格问题作诠释。

若当事人适格所有欠缺,法院是否应给予原告补正的机会,抑或得径行驳

---

① 陈启垂:《当事人能力、当事人适格、诉讼能力(上)》,载《月旦法学教室》2010 年第11 期。

② 姚瑞光:《民事诉讼法论》,作者自版,2012 年印行,第111～116 页。

回原告之诉？实务见解认为可径行驳回原告之诉，而且认为除在选定当事人的情形，因法律有特别规定而应予以补正机会外，于其他情形法院未给予原告补正机会的并不违法。但学术观点大多认为应当给予当事人补正的机会，而不应直接依据"民诉法"第 249 条第 2 项以显无理由予以驳回，因当事人适格本是本案判决的前提要件，应从便利起诉以解决纷争、主张权利的观点从宽承认当事人有补正的机会。如此方可保护原告因起诉所得的利益效果、遵守除斥期间等实体利益以及裁判费的预缴等程序利益，并促使纷争获得真正的解决。因而只需在性质上补正的，法院应给予补正的机会，且没有就"选定当事人的当事人适格欠缺"以及"选定当事人以外的当事人适格欠缺"予以区别对待的必要。

（四）当事人适格的功能与意义

当事人适格制度的存在，有利于排除不适格的当事人，防止诉权滥用，避免无意义的诉讼程序，减少诉讼拖延，减轻诉讼资源的浪费。在更深层次的意义上，该制度可通过拟制适格的方式优化当事人组成，例如"基于一定之政策考虑，法律上强制多数人必须一共起诉或应诉，否则将欠缺当事人适格之要件"[①]，比如台湾地区的固有必要共同诉讼就是基于这种运作机理的诉讼类型。

一般认为，具有当事人能力者，未必是适格的当事人；反之，当事人适格者，则必有当事人能力。当事人适格与否的问题应由法院依职权调查。在实务中，可能存在当事人能力及诉讼能力欠缺的问题。当事人能力在起诉时即欠缺的，如果其诉讼系属于一审法院，根据"台湾民诉法"第 249 条第 1 项第 3 款的规定，法院应以裁定驳回。当事人能力在起诉后始欠缺的，如当事人死亡、法人合并等情形，则由法律另设的停止诉讼及承受诉讼的制度加以规范，所以法院不得以当事人能力欠缺为由而以原告之诉为不合法裁定驳回原告之诉。至于诉讼能力欠缺的问题，一般认为，无诉讼能力人自己所为、无诉讼能力人委托的诉讼代理人所为、对无诉讼能力人之诉之行为，均属无效。

对主体资格有欠缺的诉讼行为，"台湾民诉法"第 48 条、第 49 条及第 249 条规定了三种对策：(1)有权人之追认，即对于能力、法定代理权或为诉讼所必要之允许有欠缺之人所为之诉讼行为，经取得能力之本人，取得法定代理权或

---

① 黄国昌：《程序法学的实证研究》，台湾元照出版有限公司 2012 年版，第 67 页。

允许权之人,法定代理人或有允许权人之承认,溯及于行为时发生效力;(2)法院审判长命其补正并可依诉讼进程灵活处理。即能力、法定代理权或为诉讼所必要之允许有欠缺而可以补正者,审判长应定期间命其补正;如恐久延致当事人受损害时,得许其暂为诉讼行为;(3)诉讼要件不符且逾期不补正或补正不能的,裁定驳回。主体资格欠缺而逾期不补正,或依其性质不能补正者,为"诉不合法",法院应以裁定驳回。①

此外,根据"台湾民诉法"第 208 条的规定,当事人欠缺陈述能力者,法院得禁止其陈述。前项情形,除有诉讼代理人或辅佐人同时到场者外,应延展辩论期日;新期日到场之人再经禁止陈述者,得视同不到场。

当事人适格理论对于单一之诉并没有解释上的难度,而且运作良好,这是因为单一主体之间围绕民事争议进行的诉讼是单独诉讼,是民事诉讼的基本形式,当事人的确定比较简单。近年来,为回应因民事法律关系的复杂性、特殊性以及对诉讼经济考虑所衍生之需求,台湾地区对传统的当事人适格理论予以适度扩张,设计出特殊的诉讼形式,这就是共同诉讼、诉讼参加和群体诉讼。这样的制度设计,与台湾地区所持的当事人适格的衡量标准有很大的关系。不恰当的当事人适格之衡量标准将会对诉权保障产生障碍,反之,则能更有效地保护当事人的诉权。适格当事人是满足一定实体要件的民事诉讼概念,是沟通实体实施权与诉讼程序权的一座桥梁。对于如何判断程序当事人是否属于适格当事人(包括适格原告或适格被告),在诉讼法的适格理论发展过程中存在两种衡量标准:以管理权为基础的诉讼实施权标准以及诉的利益标准。诉的利益标准的提出,是对"程序当事人同实体适格当事人相区别"理论作出的回应,而诉的利益范围的日渐扩大,则是对这一理论的后续保障,这也使当事人适格的扩张具备了现实合法性和正当性。② 从"台湾民诉法"的规定与历次修法的过程中,可以看出立法者对于当事人适格问题采取的是"诉的利益"的标准。

---

① 林家祺:《民事诉讼法新论》,台湾五南图书出版股份有限公司 2015 年第 3 版,第 74～75 页。

② 齐树洁、苏婷婷:《公益诉讼与当事人适格之扩张》,载《现代法学》2005 年第 5 期。

二、共同诉讼

共同诉讼的存在,对于审判实务具有特殊的意义。首先,共同诉讼将实质上的多个诉讼,以同一诉讼程序合并辩论裁判,使法院达到集中审理之目标,既方便了法院审判及当事人权利的保护,同时也节省了法院及当事人的时间费用,符合诉讼经济的基本原则;其次,将具有牵连的不同诉讼由同一法官合并辩论及裁判,可以避免多数当事人之间的相关诉讼结果的差异,即防止裁判的相互抵触,避免法院裁判威信及当事人权益的维护受到不该有的影响。最后,基于实体法上的规定,有时候从实体法上权利义务的争议性质考虑,因其涉及多数权利主体,需要同时裁判才能解决,此时采用共同诉讼,方能更好地解决实体上的争议。共同诉讼的法理梳理过程,刚好也合乎当事人制度的发展朝向。19世纪德国学者考拉(Kohler)提出形式当事人理论,将起诉与应诉行为作为判断当事人概念的标准,当事人的地位不应依赖于客观的权利状况,而仅应依赖于当事人的主张。[①] 这种形式当事人理论再加上适当实质当事人判断标准的奉行,有助于解决现代型诉讼中的部分难题。共同诉讼便是其中一例。

(一)共同诉讼的界定

1.共同诉讼的概念与要件

共同诉讼,是指原告或被告至少一方为两人以上的诉讼。共同诉讼是多数主体进行的诉讼,但在形式上却又表现为一诉。共同诉讼产生的原因是多样的。例如,在起诉时,一方或双方当事人人数众多,可引起共同诉讼;在主参加诉讼、诉讼承受及诉之追加等情形中,也可发生共同诉讼。

关于共同诉讼的要件,主要分为主观要件和客观要件两个方面。对此,"台湾民诉法"第53条至第57条对共同诉讼作了规定。两人以上于下列各款情形,得为共同诉讼人,一同起诉或一同被诉:(1)为诉讼标的之权利或义务,为其所共同者。即该众人就诉讼标的之法律关系,共同享有权利或共同负担

---

① 谢文哲、宋春龙:《再论非正当当事人的识别及其处理模式——兼论我国非正当当事人处理模式构建的合理性》,载《海峡法学》2015年第1期。

义务。(2)为诉讼标的之权利或义务,本于同一之事实上及法律上原因者。即诉讼标的之权利或义务对该众人而言,都是基于同样的事实而发生的,而且法律上的原因也一样。(3)为诉讼标的之权利或义务,系同种类,而本于事实上及法律上同种类之原因者。即诉讼标的之权利义务及其产生原因,属于同一种类的,也可以进行共同诉讼。为防止该条款被滥用,"台湾民诉法"第53条第1项第3款同时规定,其运用必须以被告之住所在同一法院管辖区域内,或有第4条至第19条所定之共同管辖法院者为限。

2.共同诉讼的分类

关于共同诉讼的形式,依据共同诉讼人相互间的牵连性进行区分,主要分为必要共同诉讼(为诉讼标的之权利或义务,为其所共同者)、类似必要共同诉讼(为诉讼标的之权利或义务系同种类,而本于事实上及法律上同种类之原因者)、普通共同诉讼(为诉讼标的之权利或义务,本于同一事实上及法律上原因者,但以法院有管辖权者为限)、主参加诉讼(就他人间之诉讼标的全部或一部分,为自己有所请求者,或主张因其诉讼之结果,自己之权利将被侵害者,得于第一审或第二审本诉讼系属中,以其当事人两造为共同被告,向本诉讼系属之法院起诉)。

(二)普通共同诉讼与必要共同诉讼

依各诉讼人对诉讼标的之法律关系是否必须合一确定为标准,分为普通共同诉讼和必要共同诉讼。

1.普通共同诉讼

普通共同诉讼,是指各共同诉讼人与相对人之间有各自的诉讼请求,诉讼标的不必合一确定的诉讼。普通共同诉讼是一种诉讼形式上的合并,以便于同时辩论及裁判而已,其实质仍为数个诉讼,所以各共同诉讼人之间是相互独立的,但在主体合并的前提下,言词辩论、调查证据及其他审理程序都共同进行,因此,普通共同诉讼也具有特定的牵连性,如有共通的主张、共通的证据等。

关于普通共同诉讼的独立性,主要表现如下:(1)各共同诉讼人是否具备诉讼成立要件及权利保护要件,应分别进行调查,其中一人的欠缺并不影响其他人;与此同时,其中一人的诉讼行为所发生的法律效果,并不及于其他共同诉讼人;(2)共同诉讼人可以各自独立实施诉讼行为;(3)法院对各共同诉讼人所作的裁判,在时间上不必同时作出,在内容上也可以互不一致;(4)诉讼费用由各共同诉讼人共同承担。

2.必要共同诉讼

必要共同诉讼,是指诉讼标的的法律关系,对于各共同诉讼人之各人必须合一确定,或其各人必须一同起诉或一同被诉的诉讼。必要共同诉讼可以分为固有必要共同诉讼和类似必要共同诉讼。

固有必要共同诉讼是指诉讼标的对于共同诉讼之各人必须合一确定,且依法律规定必须数人一同起诉或一同被诉,当事人始为适格者。例如,依据"台湾民诉法"的相关规定,第三人提起婚姻无效、撤销婚姻或确认婚姻是否成立之诉,应以夫妻为共同被告。但在实务中,台湾地区"最高法院"仍有见解认为,如有事实上不同意或无法取得同意时,则应有所例外,而认为符合当事人适格。

类似必要共同诉讼,是指数人就诉讼标的虽不必一同起诉或一同被诉,但若数人一同起诉或一同被诉者,则诉讼标的对于全体共同诉讼人必须合一确定,不得为相异之判决。例如,股份有限公司的多数股东为共同原告请求宣告股东会决议无效之诉,数人共同提起确认婚姻无效之诉、撤销婚姻之诉或确认婚姻成立或不成立之作,即为类似必要共同诉讼。

(三)选定当事人诉讼

选定当事人制度是旨在解决人数众多的群体诉讼的一项当事人制度。其最初规定在日本民事诉讼法中,后来才被台湾地区的民事诉讼法所借鉴。台湾的选定当事人诉讼制度是由 1935 年的"民事诉讼法"始创,系利用英国法之代表诉讼(representative action),以信托法之原理而制定的制度。"台湾民诉法"第 41 条至第 44 条确立了选定当事人进行诉讼的制度,即多数有共同利益之人,得由其中选定一人或数人为全体起诉或被诉,被选定之人即以自己的名义为当事人而为诉讼行为。至于其他个人在选定当事人后,即不得自己直接为诉讼行为,遇有死亡或有诉讼当然停止事由发生时,亦不影响诉讼续行,其确定判决对于其他各人也同样产生效力。同时,由于选定当事人是依多数共同利益人的意思而选定,并非因法律规定而当然发生的,所以学者称之为任意之诉讼担当人。

"台湾民诉法"第 41 条第 1 项规定,多数有共同利益之人,不合于前条第 3 项(即"非法人之团体,设有代表人或管理人者,有当事人能力")所定者,得由其选定一人或数人为选定人即被选定人全体起诉或被诉。

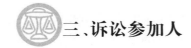

三、诉讼参加人

在一般情况下,民事诉讼程序仅在原、被告双方当事人之间展开。但如果双方当事人争议的事项涉及第三方时,则必须另行提起诉讼加以解决。[①] 但将这种牵涉三方当事人之间相互牵连的事项,在不同诉讼程序中展开,不仅不符合诉讼经济的原则,更深层次的隐忧是裁判结果可能产生矛盾。因此,"台湾民诉法"设置了诉讼参加人制度。

所谓诉讼参加人,是指第三人为保护自己的权利,加入他人间已经系属的诉讼而为诉讼行为之人。参加人为自己的独立请求,以该诉讼的原、被告双方为共同被告,以直接保护自己的权利为目的而为之的诉讼称为主参加诉讼。参加人为辅助当事人一方,以间接保护自己的权利为目的而为之的诉讼称为辅助参加诉讼,亦称为从参加诉讼。

(一)主参加诉讼

与德国民事诉讼法的立法例一样,台湾地区的主参加诉讼被置于共同诉讼一节。从本质上说,主参加诉讼实际上是独立于本诉讼的另一共同诉讼。正如有学者指出的:"民事诉讼程序仅承认原、被两造当事人存在,若私法上之争执,涉及三造当事人时,则必须另行提起诉讼解决,在三造当事人间相互牵连之事项,于不同诉讼程序进行,不仅不符合诉讼经济之原则,且其裁判结果亦可能发生矛盾,故本法第54条承认此特殊类型之共同诉讼存在。"[②]

根据"台湾民诉法"第54条的规定,主参加诉讼须具备如下要件:

其一,必须是就他人间之诉讼标的全部或一部分,为自己有所请求或主张,或主张因其诉讼之结果,自己之权利将被侵害。其二,必须于本诉讼系属中提出主张。主参加诉讼的提起,必须于他人之间的诉讼已系属于第一审或第二审法院提出。亦即他人之间已先有第一诉讼关系存在,而第三人以第一诉讼关系中的双方当事人为被告提起诉讼,从而形成第二诉讼关系。所以,如

---

① 这种牵涉可能是第三人欲以原、被告双方为被告提起诉讼,也可能是第三人仅是辅助原、被告双方当事人中的一方。

② 杨建华原著、郑杰夫修订:《民事诉讼法要论》,北京大学出版社2013年版,第94页。

果他人之间的诉讼已经结束,则不存在提起主参加诉讼的可能。其三,必须以本诉讼的原、被告双方为共同被告。依据"台湾民诉法"第54条的规定,主参加诉讼应以诉讼系属中的双方当事人为被告,不得仅以其中一方为被告,也不得以双方当事人以外的第三人为共同被告。其四,必须向有管辖权的法院起诉。主参加诉讼的提起,应由本诉讼系属的第一审或第二审法院管辖,而不再考虑其原属的管辖法院。

另有学者认为,"台湾民诉法"第54条规定的第三人提出民事诉讼的制度在诉讼的要件类型与系属法院上,与德国体系的主参加诉讼有所不同,而更趋近于日本的独立当事人参加诉讼制度。①

(二)从参加诉讼

从参加是指就两造之诉讼有法律上的利害关系之第三人,为辅助一造起见,于该诉讼系属中,得为参加。根据"台湾民诉法"第58条的规定,从参加应当具备以下条件:其一,参加人须是当事人以外的第三人,且针对他人之间业已存在的诉讼而加入;其二,对双方当事人的诉讼有法律上的利害关系;其三,参加诉讼是为了辅助一方当事人。

根据"台湾民诉法"第58条至第60条的规定,从参加诉讼的程序如下:

从参加人参加诉讼,应向本诉讼目前所在的法院提出参加书状,参加书状应写明下列各事项:本诉讼及当事人;参加人于本诉讼之利害关系;参加诉讼之陈述。从参加诉讼可以与上诉、抗告或其他诉讼行为合并提出。法院应将参加书状送达于两造。当事人对于第三人之参加,可以申请法院驳回。但对于参加未提出异议而已为言词辩论者,不在此限。当事人对法院就此项申请所作之裁定,可以提出抗告。在驳回参加之裁定未确定前,参加人可以实施诉讼行为。

根据"台湾民诉法"第63条的规定,参加人对其所辅助的当事人不得主张本诉的裁判不当,但有几种例外情况:(1)参加人因参加时诉讼程序的限制而不能使用攻击或防御方法的;(2)参加人因被参加人的行为而不能使用攻击或防御方法的;(3)当事人因故意或重大过失不使用参加人所不知道的攻击或防御方法的。

---

① 刘玉中:《第三人作为当事人主动加入诉讼之探讨——以我国民事诉讼法第54条规定为核心》,载《台北大学法学论丛》2014年第3期。

（三）诉讼告知

诉讼参加可以使案件诉讼获得较多的诉讼数据，对于参加人与其辅助的当事人之间，可以发生一定的效力。对于参加人本身来说，也可以借此间接保护自己的权利，符合诉讼经济的原则。但如果利害关系人不知道有诉讼系属事实，或者虽然知道却没有参加，就无法实现前述目的。由此，诉讼告知制度应运而生。

依据诉讼告知制度，当事人可以在诉讼过程中将诉讼告知给因自己败诉而有法律上利害关系的第三人，督促其参加诉讼。"台湾民诉法"第65条规定了诉讼告知制度。依学界通说，诉讼告知的性质，是将诉讼系属之事通知第三人的一种事实行为而非要求第三人参加诉讼的请求行为，这是告知人的权利而非其义务。① 因此，如果告知人不予告知，无须负任何法律责任。诉讼告知的目的：一是促进第三人参加诉讼辅助告知人一方，二是致使第三人受到本诉判决结果的拘束。

根据"台湾民诉法"第66条的规定，诉讼告知应该以告知书状向法院提出，由法院将该书状缮本送达于第三人及对方当事人。书状中应当载明告知诉讼的理由及诉讼程度。受告知人收到告知书状后，并不当然有参加诉讼之义务。如果认为应该参加的，则依照法定程序向相关法院提出申请。法院在告知参加人时，如果认为受告知人应当参加的，可以在其参加前，先裁定停止诉讼程序。如果参加人不参加或者逾期参加的，则可以视同为已经参加诉讼，准用"民诉法"第63条的规定，以贯彻告知参加的法律效果。

四、诉讼代理人及辅佐人

诉讼法上的代理人，指的是以自己的名义为诉讼行为或受诉讼行为，但其效果直接归属于当事人的人。诉讼法上的代理人有法定代理人、特别代理人和诉讼代理人之分。②

---

① 林家祺：《民事诉讼法新论》，台湾五南图书出版股份有限公司2015年第3版，第118页。

② 在"台湾民诉法"的规定中，诉讼代理人专指委托代理人一种，不包括法定代理人（包括准法定代理人）、特别代理人。

（一）法定代理人

根据"台湾民诉法"第47条的规定,所谓诉讼法上的法定代理人,指的是代理权由法律规定而产生的人。无诉讼能力人"不得自为诉讼行为",而应由其法定代理人代理进行诉讼活动。至于什么样的人可以作为法定代理人,则依照台湾地区民法及其他法令的规定。

关于法定代理人的权限范围,"台湾民诉法"没有明确的规定,可以理解为法定代理人可以进行一切诉讼行为,例如放弃诉讼请求、自认、撤诉、和解等。当同一个当事人有数个法定代理人时,究竟应当适用共同代理或者单独代理,也由台湾地区"民法"及其他法令予以规定。在实务中,一般多认定为单独代理。

根据"台湾民诉法"第48条的规定,对于能力、法定代理权或为诉讼所必要之允许有欠缺之人所为之诉讼行为,经取得能力之本人,取得法定代理权或允许权之人,法定代理人或有允许权人之承认,溯及于行为时,发生效力。法定代理权的欠缺与否,由法院依职权加以调查。对于法定代理权可以补正的,应当依照"台湾民诉法"第49条的规定,确定期间命其补正,如可能因久拖而导致当事人受到损害时,应当允许欠缺法定代理权的人"暂为诉讼行为"。关于诉讼之法定代理及为诉讼所必要之允许①,依"民法"及其他法令之规定。("台湾民诉法"第47条)。

与法定代理人相关联的一个概念是"准法定代理人",其解决的是法人及非法人团体的当事人能力及诉讼能力问题。具体而言,对于法人来说,其原本就具有诉讼能力,但因为民事诉讼法上没有法人代表人的规定,所以准用法定代理人的规定;对于非法人团体来说,非法人团体虽然有当事人能力,但是没有诉讼能力,所以其诉讼行为及受诉讼行为,应由代表人或管理人进行,因此,也准用法定代理人的规定。例如,根据"台湾民诉法"第52条的规定,非法人团体的代表人或管理人,以及依法令应为诉讼上行为的代理人,准用法定代理人的规定。

（二）特别代理人

关于特别代理人,是指无诉讼行为能力人因无法定代理人或其法定代理

---

① 此处意指法定代理人在进行诉讼时,若有相应的法定程序,则应当按照法定程序进行。例如,监护人提起诉讼,应得到亲属会议的允许。

人不能行使代理权,而申请法院选任代行诉讼行为的人。特别代理人制度的存在,是为了弥补法定代理人制度"力有不逮"的部分,这种补充规定,对于无诉讼行为能力人在进行诉讼行为时的权利保护尤为重要。

根据"台湾民诉法"第 51 条的规定,无诉讼行为能力人向法院申请特别代理人的原因有两个方面:其一,在被告方面,对无诉讼行为能力人为诉讼行为,因其没有法定代理人或法定代理人无法行使代理权,担心长久拖延将招致损害;其二,在原告方面,无诉讼行为能力人有为诉讼之必要,而没有法定代理人或法定代理人无法行使代理权,则其亲属或利害关系人,可以向受诉法院审判长申请选任特别代理人。特别代理人的权限小于法定代理人。

关于特别代理人的选任,也依据无诉讼行为能力人是充当原告或被告而有所区分。如果无诉讼行为能力人充当被告,则其特别代理人的选任由提起或拟提起该诉讼的原告向法院的审判长提出;如果无诉讼行为能力人充当原告,则由无诉讼行为能力人的亲属或利害关系人提出。

关于特别代理人的选任申请,可以在起诉前或者起诉后提出。从特别代理人产生的缘由及目的来看,特别代理人的权限应与法定代理人相同。但是特别代理人的产生毕竟是由法院进行选任的,与一般法定代理人与当事人有某项关系的情形不同,因此,攸关当事人权益主张的放弃诉讼请求、自认、撤诉及和解等事项,特别代理人无权进行。

(三)诉讼代理人

诉讼代理人是指依当事人的委托而以当事人的名义实施诉讼行为的人。关于诉讼代理人的资格,根据"台湾民诉法"第 68 条的规定,律师与非律师均可以充当诉讼代理人,但若非律师充当诉讼代理人的,法院可以裁定加以禁止。

关于诉讼代理权的范围,根据"台湾民诉法"第 69 条的规定,诉讼代理人,应于最初为诉讼行为时,提出委任书。但由当事人以言词委任,经法院书记官记明笔录者,不在此限。诉讼代理权的行使依据所获授权额度行事。如果是特别授权,则诉讼代理人可作出舍弃、认诺、撤回、和解、提起反诉、上诉或再审之诉等行为。如果是一般授权,则无前述各项权利。

关于诉讼代理权的效力问题,根据"台湾民诉法"第 71 条至第 73 条的规定,诉讼代理权具有如下效力:其一,两个以上的诉讼代理人,均可单独代理当事人;其二,诉讼代理人事实上之陈述,经到场之当事人本人,实时撤销或更正者,不生效力;其三,诉讼代理权,不因本人死亡、破产或诉讼能力丧失而消灭;

法定代理有变更者亦同。

关于诉讼委托的解除，根据"台湾民诉法"第 74 条的规定，必须以书状向法院提出，由法院送达于对方当事人，解除委托应通知对方当事人，否则不发生效力。由诉讼代理人解除委托的，自作出解除意思表示之日起 15 日内，仍然应当实施防卫当事人权利所必要的行为，以避免当事人利益因此而受到损害。

关于诉讼代理人是否具有诉讼代理权，应由法院依职权予以查明。根据"台湾民诉法"第 75 条的规定，如果法院于诉讼代理权认为有欠缺而可以补正者，应定期间命其补正，但得许其暂为诉讼行为。

（四）辅佐人

根据"台湾民诉法"第 76 条的规定，辅佐人是指经过法院许可，于期日内由当事人或诉讼代理人偕同到场，辅佐当事人进行诉讼行为的人。由此可见，辅佐人的要件应包括：其一，辅佐人必须依附于当事人、诉讼代理人；其二，辅佐人的身份须经法院的许可；其三，辅佐人必须于期日内偕同到场。

辅佐人的立法目的主要是为补足当事人或诉讼代理人对专门性技术知识陈述能力的不足，或为辅助当事人因言语障碍、听力缺陷所致陈述能力的不足，而准许有此种陈述能力的人于期日偕同出庭，以保护当事人利益及顺利进行诉讼。[1] 辅佐人因被辅佐人而存在，所谓"偕同"，意指辅佐人无法单独存在，应自始至终与被辅佐人同在，否则无法以辅佐人身份实施诉讼行为。而且辅佐人必须经法院的许可方能存在，自然也会因法院的随时撤销而丧失其辅佐人资格。

辅佐人实施的诉讼行为，应以被辅佐人在期日内的权限为限度。如果被辅佐人无权实施某项行为，则辅佐人理当也无权实施该行为。在不突破被辅佐人的权限前提下，辅佐人可以为哪些诉讼行为？对此"台湾民诉法"没有明确的限制。有关诉讼事项的说明、主张、庭审过程中的事实和证据的相关抗辩、诉讼标的的舍弃、撤回起诉与上诉等，辅佐人都可以进行。

值得注意的是，根据"台湾民诉法"第 77 条的规定，辅佐人所作的陈述，当事人或诉讼代理人如果不即刻撤销或更正的，则视为当事人或诉讼代理人自己所作的陈述。基于此，辅佐人类似于当事人或诉讼代理人的发言人，关于辅

---

[1]　姜世明：《民事诉讼法》（上册），台湾新学林出版社 2015 年第 4 版，第 291 页。

佐人的陈述,其结果直接归属于当事人或者诉讼代理人。

五、当事人适格之扩张

　　现代社会的群体纠纷增多,就产生了解决多数人纠纷的群体性诉讼制度。群体性诉讼制度的设计是通过当事人适格的扩张实现的。立法赋予群体纠纷中的多数人选定的当事人或代表人有当事人适格。被选定的代表人承担诉讼实施权,其他人则退出诉讼。因此,被选定的代表人适格与否,关涉全体当事人的利益,也关涉最终判决效力扩张的正当性。因此,不仅当事人适格制度可对非正当当事人予以识别和排除,使司法资源得到充分利用,同时当事人适格之扩张可以扩大司法解决纠纷之功能。这一点对矛盾日益复杂的现代社会情势来说至关重要。

　　有鉴于此,许多国家一改传统民事诉讼的固有理念和做法,发展当事人适格理论,救济因同一事件而遭受损害的众多当事人,现代型诉讼便应运而生。[①] 在台湾地区,多数人进行民事诉讼主要有三种形式:选定当事人制度;20 名以上消费者可通过消费者保护团体提起消费诉讼;多数人构成"设有代表人或管理人之非法人团体"的,以该团体名义诉讼。

(一)选定当事人诉讼

　　选定当事人制度旨在解决人数众多的群体诉讼,是日本受英国信托法的影响之后,在其国内民事诉讼法中独创的一项诉讼制度,后来才为台湾地区的民事诉讼法所借鉴。[②] "台湾民诉法"第 41 条至第 44 条设定选定当事人进行诉讼的制度,即多数有共同利益之人,得由其中选定一人或数人为全体起诉或

---

①　陈贤贵:《现代型诉讼与当事人适格理论的新发展》,载《河北法学》2012 年第 9 期。
②　李麒:《论日本公益信托制度》,载《法令月刊》2013 年第 4 期。

被诉,被选定之人即以自己的名义为当事人而为诉讼行为。① 至于其他个人于选定当事人后,即不得自己直接为诉讼行为,遇有死亡或有诉讼当然停止事由发生时,亦不影响诉讼续行,唯其确定判决对于其他各人亦生效力。同时,由于选定当事人是依多数共同利益人的意思而选定,并非因法律规定而当然发生的,故学者乃称之为任意之诉讼担当人。"台湾民诉法"第41条第1项明确规定,多数有共同利益之人,不合于前条第三项(即"非法人之团体,设有代表人或管理人者,有当事人能力")所定者,得由其选定一人或数人为选定人即被选定人全体起诉或被诉。

由此可见,适用选定当事人制度必须具备以下几个要件:(1)有多数当事人之存在。选定诉讼当事人必须有多数共同利益人存在为前提。所谓的"多数"是指两人以上而言。(2)该多数人就该诉讼有共同之利益。所谓共同利益,台湾学者大都认为,是指多数人有得为共同诉讼之关系,且其主要攻击防御方法相同的情形而言。多数人得依"台湾民诉法"选定一人或数人为全体起诉或被诉者,必须有共通之应受判决事项之声明,而法院本于该诉之声明所为判决主文亦必须为全体可通用始可。(3)由共同利益人选定其中一人或数人为选定当事人(并未要求"全体一致选定")。为扩大选定当事人制度之功能,容许共同利益人分组选定不同之人,或仅由部分共同利益人选定一人或数人,而与未参与选定之其他共同利益人一同起诉或被诉。

选定当事人及选定后的更换、增减,均应以书面方式证明,但非经通知他造,不发生效力。根据"台湾民诉法"第44条之二的规定,因公害、交通事故、商品瑕疵或其他本于同一原因事实而有共同利益之多数人,依第41条之规定选定一人或数人为同种类之法律关系起诉者,法院得征求原被选定人之同意,或由被选定人声请经法院认为适当时,公告晓示其他共同利益人,得于一定期间内以书状表明其原因事实、证据、应受判决事项之声明及并案请求。其请求之人,视为已依第41条为选定。其他有共同利益之人,亦得声请法院依前项规定公告晓示。并案请求之书状,应以缮本或影本送达于两造。第1项规定

---

① 关于2003年"台湾民诉法"修改中增设的第44条之一的规定,有学者持相反看法,指出其并不是选定当事人制度。因为选定当事人,"系共同诉讼简化之方法……必须'由其中选定一人或数人,为……全体起诉或被诉',不得,亦不可能选定非共同诉讼人之'外人'为当事人。……2003年修正时增设第44之一条规定'社团之社员……得选定该法人为选定人起诉',显非选定'其中'之人为当事人,而系选定非共同诉讼人之'外人'为当事人,根本不应称为选定当事人"。参见姚瑞光:《近年修正民事诉讼法总评》,台湾海宇文化事业有限公司2006年版,第7~8页。

的期间至少应有 20 日,公告应粘贴于法院公告处,并登载公报、新闻纸或其他相类之传播工具,其费用由台湾当局垫付。原被选定人不同意者,法院得依职权公告晓示其他共同利益人起诉,由法院并案审理。

为保护消费者利益,1994 年颁行的台湾地区"消费者保护法"对选定当事人的方式作了修订。根据该法第 54 条的规定,同一消费关系而被害之多数人选定当事人后,法院得征求原被选定人同意后公告晓示。其他被害人得于一定期间内,以书状表明被害之事实、证据及应受判决事项之声明,并案请求赔偿。其请求之人视为已依"民诉法"第 41 条为选定。显然,该规定有助于扩大选定当事人制度的适用范围。① 例如,消费者保护团体即可以依据"消费者保护法"第 49 条第 1 项的规定,提起该法第 50 条规定的损害赔偿诉讼或第 53 条规定的不作为诉讼。

根据"台湾民诉法"第 50 条的规定,被选定人如有依"台湾民诉法"第 48 条、第 49 条所规定的"主体资格欠缺"的情形者,得依"民诉法"的规定追认,法院亦得定期命其补正。法院不得于期满前,以当事人不适格为由驳回其诉。若被选定人与选定人之间的诉讼标的不属于固有必要共同诉讼的性质,则即使被选定人的代表资格有欠缺且未按期补正,法院也不得据以驳回被选定人本人之诉。但是,若被选定人与选定人之间的诉讼标的属于固有必要共同诉讼的性质,逾期不补正,则法院可以"诉无理由"驳回被选定人的请求。被选定人有数人时,该数人须共同为诉讼行为。若其中有因死亡或其他事由丧失其资格的,其他被选定人得为全体为诉讼行为。被选定人为全体起诉或被诉,对该案件有进行诉讼的权利,但非得全体之同意,不得为舍弃、认诺、撤回或和解。

(二)损害赔偿诉讼

关于损害赔偿诉讼,"消费者保护法"第 43 条至第 46 条规定了消费者与企业经营者间因商品或服务所生争议的申诉与调解程序。第 47 条至第 53 条则是有关消费诉讼的相关规定。其中包含"消费者保护法"第 50 条消费者损害赔偿诉讼,第 53 条不作为诉讼及第 54 条选定当事人诉讼等规定。此类关于多数人因同一原因事实而受害的情形,"台湾民诉法"原本就设有选定当事人制度,即第 41 条至第 44 条之规定,2003 年 2 月又增设第 44 条之一、第 44

---

① 刘学在:《台湾地区消费者团体诉讼制度评析》,载《法学评论》2012 年第 6 期。

条之二、第 44 条之三,规定得以公益社团为被选定人,如因公害、交通事故、商品瑕疵或其他本于同一事实而有共同利益之多数人,得利用他人已起诉之事件,并案请求以达纷争一并审理与解决之目的。尤其值得注意的是,"民诉法"第 44 条之三就公益团体之不作为诉讼作了统一性的规定。

消费者与企业经营者因消费关系而提起的诉讼,包含消费者基于"消费者保护法"第 7 条关于产品服务责任,第 11 条关于定型化契约条款的争议,第 19 条关于邮购、访问买卖之争议,第 51 条关于惩罚性赔偿金的请求,对于企业经营者所提起"消费者保护法"第 50 条、第 53 条、第 54 条,"民诉法"第 41 条,第 44 条之一、第 44 条之二、第 44 条之三等类型之诉讼。此外亦包括"消费者保护法"第 49 条所定合于法定资格之消费者保护团体所提起,"消费者保护法"第 50 条及第 53 条所规定的诉讼。

"消费者保护法"第 50 条分六项对消费者保护团体为保护消费者权益提起损害赔偿之诉问题作了规定。[①] 即消费者保护团体对于同一之原因事件,致使众多消费者受害时,得受让 20 人以上消费者损害赔偿请求权后,以自己的名义,提起诉讼。消费者得于言词辩论终结前,终止让与损害赔偿请求权,并通知法院。前项诉讼,因部分消费者终止让与损害赔偿请求权,致人数不足 20 人者,不影响其实施诉讼之权能。第 1 项让与之损害赔偿请求权,包括"民法"第 194 条、第 195 条第 1 项非财产上之损害。前项关于消费者损害赔偿请求权之时效利益,应依让与之消费者单独个别计算。消费者保护团体受让第 3 项所定请求权后,应将诉讼结果所得的赔偿,扣除诉讼及依前条第 2 项规定支付予律师之必要费用后,交付该让与请求权之消费者。消费者保护团体就第 1 项诉讼,不得向消费者请求报酬。

此外,"消费者保护法"第 52 条规定:"消费者保护团体以自己的名义提起第 50 条诉讼,其标的价额超过新台币 60 万元者,超过部分免缴裁判费。"对于上述规定,存在较多争议的是第 50 条第 1 项关于此类诉讼的性质之规定,或

---

① 范姜群生主编:《消费者保护法判决函释汇编》(十一),"行政院"消费者保护委员会 2010 年版,第 512 页。

者说消费者保护团体何以成为适格当事人的问题。① 从第 50 条第 1 项的规定可知,消费者保护团体并不能直接代替消费者提起损害赔偿之诉,而需 20 人以上的消费者让与损害赔偿请求权后,其才能以自己的名义提起诉讼,成为适格的当事人。但对于此条所规定的消费者团体诉讼之性质,理论上存在各种争议:"债权的信托让与"与"任意诉讼担当"结合说;②任意诉讼担当说;③债权附条件说④等等。但一般认为消费者保护团体提起消费者损害赔偿诉讼,系基于消费者与消费者保护团体间之"诉讼信托"关系。⑤

(三)不作为之诉

根据"台湾民诉法"第 44 条之三的规定,以公益为目的之社团法人或财团法人,经其目的事业主管机关许可,于章程所定目的范围内,得对侵害多数人利益之行为人,提起不作为之诉。前项许可及监督办法,由"司法院"会同行政院定之。

"消费者保护法"的规定与"民诉法"的规定紧密衔接。根据"消费者保护法"的规定,消费者保护团体具有诉讼主体资格。该法第 2 条第 6 项明确指出消费者保护团体是以保护消费者为目的而依法设立登记的法人,第 28 条第 8 项指出消费者保护团体的任务之一就是处理消费争议,提起消费诉讼。第 49 条规定,消费者保护团体在满足法定条件下,经消费者保护官同意,得以自己的名义提起第 50 条规定的损害赔偿之诉或第 53 条规定的不作为之诉。所谓"法定条件"主要是消费者保护团体的资质限定,包括:(1)许可设立 3 年以上;(2)经申请消费者保护委员会评定优良;(3)设有消费者保护专门人员;(4)符

---

① 杨淑文教授指出,"消费者保护法"于 1994 年立法时,没有采此种较正确之法定诉讼担当之立法方式,而系由消费者让与实体法上之权利,而让与之目的又非在令消费团体终局地享有,仅是基于代为诉讼而暂时让与。虽亦可达到由消费者保护团体代为提诉之目的,但亦因而衍生此种消费诉讼类型性质究何所属或消费者中之一人终止让与损害赔偿请求权时之诸多争议。引自杨淑文教授 2012 年 12 月 16 日在厦门大学所作的"消费争议与消费诉讼"讲座。

② 杨建华:《问题研析民事诉讼法》(五),台湾三民书局 1998 年版,第 279~281 页。

③ 骆永家、曹鸿兰等在"台湾民诉法"研究会第 52 次研讨会上的发言,载《民事诉讼法之研讨》(五),台湾三民书局 1996 年版,第 299 页、第 302 页。

④ 曾华松在"台湾民诉法"研究会第 52 次研讨会上的发言,载:《民事诉讼法之研讨》(五),台湾三民书局 1996 年版,第 320 页。

⑤ 陈贤贵:《台湾团体诉讼制度比较研究——以消费者诉讼为中心》,载《西北工业大学学报》2012 年第 2 期。

合下列要件之一，社员人数 500 人以上之社团法人或登记财产总额新台币1000 万元以上之财团法人。"消费者保护法"第 53 条规定，消费者保护官或消费者保护团体，就企业经营者重大违反本法有关保护消费者规定的行为，可向法院诉请停止或予以禁止。

此外，不作为之诉采用律师强制代理制度，且由许可设立消费者保护团体之主管机关对其实施监管。如"消费者保护法"第 49 条第 2 项、第 3 项所规定的，消费者保护团体依前项规定提起诉讼者，应委任律师代理诉讼。受委任之律师，就该诉讼，不得请求报酬，但得请求偿还必要之费用。消费者保护团体关于其提起之第一项诉讼，有不法行为者，许可设立之主管机关得撤销其许可。

关于某一公益法人提起不作为之诉后，其他公益法人可否就同一侵权行为提起同一内容的不作为之诉？对此，从法理上看，公益法人提起不作为之诉，是其固有的权利，本不影响其他公益法人就同一侵害行为提起同一内容之不作为之诉。但若基于诉讼成本的考量，则应就此种情形详加分析。通说主张，若基于同一原因事实而提起的不作为之诉，则应不许可后来的公益法人提起诉讼；如果已经合法提起数个不作为诉讼，若系属于同一法院，宜合并审理；若系属于不同法院，也宜由受诉在先的法院或上级法院通知系属在他法院的原告参加诉讼，而停止其他诉讼。此外，某一公益法人提起的不作为之诉，如果遭遇败诉判决，除其他公益法人曾参加该诉讼，不得主张本诉的裁判不当外，不受该判决的拘束，可以另行提起不作为之诉；如果获得胜诉判决，就不再存在提起不作为之诉的诉之利益，则应不准许。

(四)当事人适格扩张之启示

在一定意义上，当事人适格之扩张，是社会转型中的纠纷解决机制对世界范围内频发的群体性事件的一种回应。挑战和机遇并存的现代社会，正处于从工业社会向风险社会蜕变的阵痛期。在完成现代化的自我创新过程中，工业社会终将被淘汰，风险社会将成为社会发展的新阶段。群体性突发事件的产生主要与风险社会理论和集群行为理论密切相关。[①] 社会控制机制弱化、利益群体、社会阶层之间的冲突加剧，使得群体性突发事件接续爆发。层出不穷的纠纷考验着纠纷解决机制的张力。作为民事诉讼制度之重要组成部分的

---

① 郭星华等：《社会转型中的纠纷解决》，中国人民大学出版社 2013 年版，第 292 页。

当事人理论及当事人适格理论,如何有效地回应不断骤变的社会情势?只有进行改革才是唯一的出路。①

　　台湾地区的当事人适格理论经历了不同阶段的发展,每一次发展都能因应社会变更之需求,既尽力与世界局势接轨,又注重结合本土特色,稳健地进行改革。例如,台湾地区的当事人适格之扩张主要表现在群体诉讼过程中,回应群体诉讼之需求,其中尤以消费者诉讼等公益团体诉讼最为突出。在消费领域,由于商品之大量制造而产生之瑕疵商品,亦往往衍生多数人受害之情形,如水污染、土壤污染等公害事件。② 又如食品、药品、交通事故、预售屋交易衍生之纷争等,大量受害人出现。此外,亦有许多受害人受有小额、微量之损害,个别提出诉讼不符合"费用相当性"之原则。因此,针对同一事实上原因而受害之多数消费者或受害人,可利用何种诉讼程序合并起诉以求一次解决纷争,避免个别消费者求助无门之情形发生,是非常重要的命题。为此,立法上作了回应,"消费者保护法"和"民诉法"对公益团体提起不作为之诉的程序作了规定,以维护不特定多数人的集合性利益和社会公益。③

　　为了更好地应对群体性事件,保护公益和私益,但各个国家和地区显然有自己的侧重选择。为此,在考察台湾地区当事人适格之扩张的同时,可将台湾地区的选定当事人诉讼与美国的集团诉讼作一个对比,以透析其制度选择背后的玄机。

　　选定当事人制度是从具有共同利益的多数人中选出为全体共同利益人作为进行诉讼的原告或被告。被选定的当事人由有共同利益的全体当事人选定,一经选定的当事人就具有起诉或被诉以及进行其他诉讼行为的资格,其他当事人则自然退出诉讼,只接受判决结果的拘束。其本质是共同诉讼的延伸。选定当事人诉讼是多数人诉讼的一种形式,以有共同利益的多数人存在为前提,只是在一方人数众多时和为防止诉讼拖延之目的,才可采用选定当事人制度。而集团诉讼是一种独立的诉讼形式,从外形到内容不再是共同诉讼,集团

---

　　① 台湾民事诉讼制度的改革历时 20 年,工程浩大,目标明确,尤为可贵的是注重满足人民接近、利用法院之机会平等的要求,保障当事人的诉权。参见齐树洁:《台湾地区民事诉讼制度改革述评》,载《法治研究》2011 年第 1 期。

　　② 台湾地区"司法院"编:《"司法院"大法官解释》(三十一),"司法院"2014 年印行,第 359～360 页。

　　③ 刘学在:《台湾地区公益团体提起不作为之诉制度研究》,载《国家检察官学院学报》2012 年第 6 期。

诉讼的成员间有共同的事实问题或法律问题即可成立集团诉讼,不一定存在
共同利益关系,条件更宽泛。集团诉讼与选定当事人制度在功能上有所区别,
尤其在损害赔偿方面,集团诉讼制度已成为驱动个人利益来实现一定公共目
的和公共政策的手段,这恰恰体现了美国集团诉讼的政策功能,折射出象征
"美国精神"的实用主义色彩。①　而选定当事人请求损害赔偿要以特定的受害
者和具体权利内容为要件,故而难以实现从保护个人利益迈向公共利益的灵
活跨越。因此,台湾地区的群体性纠纷解决机制尚待进一步完善。

①　张芝梅:《美国的法律实用主义》,法律出版社 2008 年版,第 13 页。

第四章　证据制度

 一、概述

（一）证据的概念

在我国台湾地区，证据因其内容、作用、证明的对象以及种类不同而有不同的意义。学者对"证据"概念有明显的分歧。有人认为："证据是指可以证明待证事实的一切资料的总称，即为使法院认定当事人主张事实之真伪，以及获得特别法规知识或经验法则内容之一切资料之总称。"① 有人认为，"证据"一词不仅表示"证据资料"还表示"证据方法"，"证据一语之意义，多用于表示证据方法或证据资料"。② 一般认为，台湾地区目前使用的"证据"一语主要包括三个方面的含义：证据方法、证据资料和证据原因。

证据方法是指证明的手段与种类，通常涉及严格证明或证据能力层面的问题，可分为人证与物证两种。③ 讯问人而供述的证据，称为人证，如证人、鉴定人、当事人本人；就人以外有体物调查所得的证据，称为物证，如文书、勘验物。

证据资料是依据调查程序就证据方法进行调查后所获得的结果与材料。例如证人讯问后的证言、鉴定意见、书证的内容、勘验的结果以及当事人接受讯问的陈述。证人、鉴定人、证书、勘验物、当事人等，其本身并非证据资料。此外还有法院依调查证据方法以外的行为所得到的结果，例如嘱托调查所得到的复函或调查报告；依调查证据方法之外的行为而取得的资料，如机关的复

①　陈计男：《民事诉讼法论》（上），台湾三民书局 2014 年第 6 版，第 464 页。
②　陈荣宗、林庆苗：《民事诉讼法》（中），台湾三民书局 2014 年第 8 版，第 478 页。
③　姜世明：《民事诉讼法》（下册），台湾新学林出版股份有限公司 2015 年第 3 版，第 3 页。

函或其他团体的调查报告,也属于证据资料的范畴。

证据原因是指使法官能够形成心证的理由。法官在其判决中必须载明其认定待证事实的证据原因或其心证的理由,否则可能会因为判决不完备而违法。证据原因不仅指证据资料,还包含辩论意旨。

综上可见,在台湾的证据制度理论中,"证据"一词含义丰富,既指法院调查的对象,又指调查后所得的资料,还包含心证的形成原因。

(二)证据的分类

1. 直接证据与间接证据

根据证据与案件主要事实之间的关系,证据可分为直接证据与间接证据。直接证据,是指能够直接证明案件主要事实的证据。间接证据,又称旁证或情况证据,是指以间接方式与案件主要事实相关联的证据,也就是必须与其他证据连接起来才能证明案件主要事实的证据。若能利用直接证据,而以直接证明方式举证,固然最合目的性。但在司法实践中,当事人对于待证事实的举证时,能够利用直接证据进行直接证明的较为难得;多数仍需借由间接证据对待证事实加以证明,因而间接证据在民事诉讼中居于十分重要的地位。①

2. 本证与反证

根据证据与举证责任的关系可将证据分为本证与反证。有举证责任的当事人所举的证据,称为本证。当事人为推翻他造主张的事实,而证明与他造相反的事实所举的证据,称为反证。

本证与反证的本质区别在于,本证必须使法院的心证达到完全确信的程度,方可认为已经尽到举证责任,反证的证明度只要达到使法院的心证发生动摇即可。本证若仅使事实关系陷入真伪不明的状态,法院无法确信该事实为真实,其不利益归于举本证的当事人。反证因其目的在于推翻或者削弱本证的证据能力,防止法院达到确信程度,因此,只要使本证的证明事项陷于真假不明的状态,就达到了其举证的目的。在此情形下,法院仍应确定待证事实为真假不明,其不利的后果由举本证的当事人承担。

3. 证明与释明

根据证据的证明力可将证据分为证明与释明。证明是指举证使法院完全确信事实,这种确信是相对的,仅须依普通的经验法则,主观上信其真实即可。

---

① 姜世明:《间接证明之研究》,载《政大法律评论》2013 年第 12 期。

释明是指举证使法院对案件事实形成低度的确信,认为"大概如此"。[①] 释明事实的主张所使用的证据必须是可以使法院相信其主张为真实的、一切可以即时调查的证据。当事人提出证据,虽未能使法院达到确信的程度,但可使其产生较为薄弱的心证,信其"大概如此"即可。

4. 严格证明与自由证明

严格证明是指依法律所规定的证据方法及法定程序进行调查的证明。自由证明是指不依法律规定的证据方法及调查证据程序进行的证明。此种区别在刑事诉讼中早已存在,后为民事诉讼法学者所采用。有关诉讼标的法律关系或权利主张所需要证明的事实,必须依严格证明。外国法、地方法令、特殊习惯法、特殊专门性的经验法则成为证明对象时,不必依严格证明,只需依自由证明。

(三)证据的对象

证据的对象又称证明对象、待证事实、证明标的、证明客体,是指在诉讼中证明主体必须运用证据以一定证明方法加以证明的案件事实和有关事实。根据台湾地区的诉讼理论和实践,证明对象主要有以下三类:

1. 事实

事实是民事诉讼证明对象的主要部分,主要是指民事法律关系发生、变更和消灭的事实,包括当事人主张的事实以及法院依职权调查的事实。作为证明对象的事实,应具备以下两个要件:首先,必须是关于具体法律关系发生、变更、消灭的特定事实,包括实体法和程序法的事实。虽然作为证据证明对象的事实一般是足以发生、变更和消灭法律关系的过去事实,但是在一定情况下,当现在事实是具体法律关系发生和存续所必要的条件时,现在事实也可以成为证明对象。其次,必须有证明的必要。所谓证明的必要,即该项事实未经当事人自认,又非法院明显已知的事实。只有在法律上具有重要意义的事实,才能产生法律效果,才有证明的必要。具体而言包括以下三项:(1)关于诉讼成立要件的事实。例如确定法院管辖权的事实、原被告是否有诉讼能力的事实等。(2)关于权利保护要件的事实。如关于当事人适格要件的事实,关于法律上利益要件的事实,关于诉讼标的的法律关系要件的事实等。(3)关于证据的事实。例如,证人或鉴定人因与当事人有特殊关系足以影响其证言或鉴定的

---

① 王伟霖:《论营业秘密案件之定暂时状态处分》,载《月旦法学杂志》2012 年第10 期。

证明力时,关于其特殊关系的事实。

2.法规

原则上,对于法律的适用应由法官依职权进行。法院的职权在于适用法律作出裁判,因此,对法律上如何规定,如何解释,法官有了解的义务。一般而言,法律不是证明对象,当事人对之不负举证责任,只有当习惯、地方法规、外国法不为法院所尽知,但法院若不知此类习惯或法规的内容事项,就无法进行解释或适用时,当事人如果主张适用法院所不知道的习惯、地方法规、外国法,就必须证明该规定的存在以及内容。此时,此类法院所不知道的习惯等,即成为证据的对象。所谓习惯是指多数人关于同一种类继续并反复为同一行为的事实。地方法规,是指地方政府或自治团体所制定的法律规章。外国法的适用通常是指当法院审理涉外民事案件时,所应适用的法律为外国法的情形,此时,该项法律的存在与否及其内容均应由当事人举证,因此成为待证对象。

3.经验法则

所谓经验法则是指人类在长期生产、生活以及科学实验中由经验归纳所获得的有关事物因果关系或性质状态的知识或法则。经验法则是证据法上的核心议题,有关自由心证、间接证据及表见证据等制度均有赖于经验法则的确立和适当的运用。[1] 对于经验法则的性质属于事实还是法律,台湾学者之间存在一定的争议。如果认为经验法则属于法律,法院即得以私人知识而利用,故法院不知时,只需经自由的证明即可,且不受当事人自认的约束;如有违反时,属于判决违背法令,可以作为上诉第三审之理由。如果认为经验法则属于事实,则不得利用法官的私人知识,一般人不明了时,须经严格的证明,但因使用辩论主义,故可以自认;如有违反时,仅属于事实认定的错误,不构成违背法令。有些经验法则属于日常生活上的一般常识,有些则属于科学、技术、艺术等专门学问方面的特殊知识。对不涉及专门学问的一般经验法则,法院应有知道及适用的义务,当事人不必举证。而对于专业知识方面的法则不能期待每位法官都知晓,因此属于专门学识的经验法则的适用判断,应听取专家的意见或应进行鉴定,否则难以获得客观的事实。至于专家意见或鉴定结果的取舍,则属于法官自由心证的问题。

---

[1] 姜世明:《论经验法则》,载《政大法律评论》2009 年第 2 期。

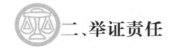

二、举证责任

(一)举证责任的意义

当事人在诉讼时,因其主张的事实不明将受到不利的裁判,因此必须尽力就该事实提出有关证据,使法院确信其主张是真实的。若原告与被告双方当事人就所主张的事实均无法举证,法院不能因此判决双方均败诉,负举证责任的一方应承担败诉的结果。①

举证责任有主观举证责任和客观举证责任之分。当双方举证都未能证明自己的诉讼主张时,法院无法依自由心证判断该事实,但法院不可以此为理由拒绝审判,而必须将该不利益由一方当事人负担,即由其承担败诉的后果。该责任即为客观举证责任,其功能在于克服事实真伪不明的情况。② 主观举证责任是指法律规定,当事人应就有关事实予以举证的义务。一般认为,客观举证责任居于主要地位,且由其决定主观举证责任的范围。关于主观举证责任的必要性问题,台湾地区的学者认为,无论在法院行使阐明义务使当事人举证,或当事人双方以准备书状记载攻击或防御方法,均承认主观举证责任的概念。③

(二)证明标准与自由心证

证明标准是指诉讼中对案件事实的证明所要达到的具体要求。所谓自由心证,是指法官根据证据材料进行事实认定时,能够不受法律上的约束而进行自由的判断。自由判断是指法律不设定具体的规则来指示法官在根据证据认定事实时必须做或者不得做某种判断。学者认为,自由心证是相对于法定证据原则而言的,法定证据原则一般在法律上预先规定不同种类证据具有不同

---

① 廖蕙玟:《契约当事人与免责要件举证责任之分配》,载《月旦法学教室》2013年第9期。

② 姜世明:《民事诉讼法基本制度:第三讲——部分民事证据法理之变迁》,载《月旦法学教室》2011年第8期。

③ 姜世明:《新民事证据法论》,台湾新学林出版社2009年第3版,第135页。

的价值,法官必须按照法律预先规定的层次来进行证据评价。[1]

"台湾民诉法"深受德国、日本的影响,长期采用大陆法系的职权主义模式,其改革的趋势是吸收英美法系国家当事人主义的长处,以改进现行诉讼制度。在证据制度方面,台湾地区传统上采自由心证制度,近年来受英美法系诉讼制度的影响,对于被告人的自白以及各种证据的采用,也有一些法定证据规则。

"台湾民诉法"第 222 条规定:"(1)法院为判决时,应斟酌全辩论意旨及调查证据之结果,依自由心证判断事实之真伪。但别有规定者,不在此限。(2)当事人已证明受有损害而不能证明其数额或证明显有重大困难者,法院应审酌一切情况,依所得心证定其数额。(3)法院依自由心证判断事实之真伪,不得违背论理及经验法则。(4)得心证之理由,应记明于判决。"从本条规定中可以看出,首先,法律对法院采用何种证据方法并无限制。其次,法院对证据力的评价在不违背伦理或经验法则的前提下,可作出自由判断。但是为了防止法官滥用职权,得出心证的过程及理由,应当于判决书中明白记载。再次,当事人能够证明其确实受到损害,但是不能证明其受损数额时,法院应斟酌案件的损害事实以及一切有关情况,依自由心证作出数额的判断。最后,法院应当斟酌案件全过程的辩论意旨以及证据调查的结果,依自由心证判断事实的真伪。

(三)举证责任的分配

当事人对何种事实在何种范围内应负举证责任,即何种事实应由当事人负举证责任,称为举证责任的分配。

关于举证责任的分配原则,"台湾民诉法"在第 277 条作了简略的规定:"当事人主张有利于己之事实者,就其事实有举证之责任。但法律别有规定,或依其情形显失公平者,不在此限。"至于举证责任如何分配,"台湾民诉法"未作详细的规定。学界认为,诉讼成立要件的事实和保护必要的事实、当事人适格的事实应由原告负举证责任。对于为诉讼标的之法律关系的事实,在给付之诉、形成之诉和积极确认之诉中,原告应对具体法律关系的权利发生(存在)的事实负举证责任,被告应对其主张的权利障碍事实或权利消灭事实负举证

---

① 王亚新:《社会变革中的民事诉讼》,中国法制出版社 2001 年版,第 294 页。

责任。① 在消极确认之诉中,原被告的举证责任与积极确认之诉的举证责任相反,即原告应对权利障碍事实或权利消灭事实负举证责任,被告应对权利发生或存在事实负举证责任。对于附条件的法律行为,就附条件的事实及条件成就的事实,除附停止条件成就的事实原则上应由原告举证外,其余附条件(停止或解除条件)的事实及解除条件成就的事实,原则上应由被告举证,在消极确认之诉则相反。另有学者指出,"台湾民诉法"第 277 条中"有利"与否的判断,应同时从诉讼法上的观点进行解说,以兼顾保护程序利益的要求,而不应仅以规范说、法律要件分类说等纯粹实体法的观点为标准。②

值得注意的是,2000 年台湾地区修订"民事诉讼法"第 277 条时增设"但书":"但……依其情形显失公平者,不在此限。"这说明"一方面由立法者在立法时就举证责任预先公平衡量之立法,使当事人于举证与诉讼之结果,固有其预测可能性;另一方面授权法官依个案情形,考量倘按通常举证责任分配原则,将对举证之当事人造成显然不公平时,使其可依衡量减轻该当事人之举证责任,以达到判决公正之目的"③。

2000 年修法时所增设的关于妨碍举证的规定,也应予以注意。根据"台湾民诉法"第 282 条之一的规定,当事人以不正当手段妨碍他造举证活动的,例如故意将证据灭失、隐匿或致使难以使用的,法院可审酌情形,认定他造关于该证据的主张或依该证据应证的事实为真实,以示制裁。立法理由认为,当事人以不正当手段妨碍他人的举证活动显然违反诚实信用原则,为防止当事人利用这种不正当手段取得有利的诉讼结果,并兼顾当事人之间的公平,有必要予以规范。④

(四)无须举证的事实

当事人对有利于自己主张的事实负有举证责任,是举证的一般原则。在此之外,"台湾民诉法"第 278 条至第 282 条规定了若干例外事项,当事人对这些事项毋庸举证。

---

① 高点法学编辑委员会:《给付型不当得利之举证责任分配》,载《判解集》2011 年第 3 期。

② 许士宦:《新民事诉讼法之争点(五)——行为责任之举证责任(下)》,载《月旦法学教室》2012 年第 2 期。

③ 董少谋主编:《中国民事诉讼法学》,厦门大学出版社 2007 年版,第 556 页。

④ 姜世明:《证明妨碍之研究——民事诉讼法第二百八十二条之一之发展评估》,载《万国法律》2001 年第 1 期。

1.已显著或已知的事实

事实于法院已显著或为其职务上所知者,毋庸举证。"已显著",是指事实为一般人所周知;"职务上所已知的事实",是指法官因职务上的行为而知悉或认识的事实。对这两类事实当事人可不必举证。此类事实虽然不是由当事人提出的,但是法院仍应在裁判作出前使当事人就此事实有辩论的机会。该规定既赋予法院认定显著事实的职权,又给予当事人对法院认定的事实陈述意见,进行辩论和提供反证的机会。通过规定利害关系相对方当事人的质疑机制,防止法官擅断以及滥用职权认定事实,并为当事人提供有效的救济途径。

2.自认及其撤销

当事人对于对方当事人主张的不利于己的事实,于诉讼上承认其为真实的陈述,称为自认。当事人主张的事实,经对方当事人在准备书状内或言词辩论时或在受命法官、受托法官前自认者,毋庸举证。① 依承认的场合的不同,可将自认分为诉讼上的自认和诉讼外的自认。与诉讼外自认相比,诉讼上的自认必须具备以下三个要件:第一,自认必须是自发的,即自己的主张与对方的主张是一致的,且这种自认是出于当事人的自愿而不是受胁迫而为;第二,必须在准备书状内或言词辩论时或在受命法官、受托法官前自认;第三,必须是对自己不利的事实作出自认。当事人作出的自认必须是完全的自认,不能有所附加或限制。若当事人对自认有所附加或限制,是否应认定为自认,由法院审酌情形予以判断。当事人对于自己在审判上作出的自认,对当事人双方和法院都有约束力,不得随意撤销。但是如果自认人能够证明其自认与事实不符或经对方同意的,可以撤销自认。

诉讼上的自认与认诺不同:自认的对象为事实,认诺的对象则是他造关于诉讼标的的请求;当事人对他造主张的事实作出自认后,仅发生免除他造就该事实主张举证责任的效果,未必获得败诉,而当事人就诉讼标的进行认诺时,法院即应依其认诺作出该当事人败诉的认诺判决;诉讼上的自认,当事人双方均可作出,而认诺则专指被告对于原告的请求所作出的同意;自认可在准备书状内或言词辩论时或在受命法官、受托法官前作出,而认诺则需在言词辩论时作出。

3.拟制自认

当事人对于对方主张的事实,在言词辩论时不争执的,视同自认,但因当

---

① 姜世明:《自认及拟制自认之实务见解解析》,载《月旦法学杂志》2012 年第 6 期。

事人的其他陈述可以认为是进行了争执的,不在此限。① 当事人对于对方当事人主张的事实,作出不知或不记忆陈述的,是否视为自认,由法院审酌情形进行判断。当事人对于对方主张的事实,已于相当时期受合法的通知,而于言词辩论期日不到场,也没有提出准备书状争执的,也视同自认。但不到场的当事人是依公示送达通知的,不在此限。

拟制自认并非真正的自认,但在适用辩论主义的程序中,大多承认拟制自认制度。辩论主义、真实义务、陈述义务、诉讼促进义务及具体化争执义务等程序法原则与义务均与拟制自认存在关联性。②

4. 推定的事实

推定可分为法律上的推定和事实上的推定。其中,法律上的推定又可分为法律上事实的推定及法律上权利的推定。事实上的推定是指法官基于伦理法则、经验法则的盖然性,从证据或间接事实推认应证事实。③ 法律上的推定,其效力在于没有相反的证据之前,法院可以依法推定,或假设其推定事实存在。事实上的推定,其效力在于减轻或免除主张者的举证责任。如对方当事人提出可受容许的反证,则推定停止生效,而由审理者根据双方的证据作出判断。

上述事实可以免除当事人的举证责任。但是,对于习惯、地方制定的法规以及外国的现行法属于法院所不知道的,当事人仍负有举证责任,法院也可以依职权予以调查。法院依职权调查应当依照以下程序:首先,声明证据。法院调查取证原则上应本于当事人的声明进行。声明证据一般应于言词辩论时进行,但为使诉讼不致拖延,声明证据在言词辩论期日前也可以进行。对当事人声明的证据,法院应进行调查,但法院认为不必要的,则不需要调查。其次,调查证据。其途径有如下几种:(1)受诉法院的调查。依照直接审理主义,调查证据应当在受诉法院进行。因此,对当事人声明的证据,法院应当进行调查;调查当事人声明的证据,法院不能取得心证或由于其他情形认为必要时,应当依职权进行调查。(2)法院在认为适当时,可以嘱托其他法院指定法官调查证据。受托法院如果知晓应当由其他法院调查证据时,可以代为嘱托该法院。(3)嘱托机关团体调查。法院可以嘱托机关、学会、商会、交易所或者其他团体进行必要的调查。(4)嘱托外国有关机构调查。应当在外国调查证据的,法院

---

① 高点法学编辑委员会:《拟制自认与追复》,载《判解集》2013 年第 3 期。
② 姜世明:《论拟制自认》,载《成大法学》2005 年第 6 期。
③ 邱联恭:《口述民事诉讼法讲义》(三),台湾元照出版公司 2010 年版,第 190 页。

可以嘱托该国的管辖机关,或由驻在该国的有关人员调查。外国机关调查证据即使违背该国法律,但如果并不违背台湾地区"法律"的,仍然具有证据的效力。

三、证人

(一)证人的概念

第三人依法院的命令,在他人诉讼的时候,陈述自己亲历亲察的具体事实,这种证据的调查方法称为人证。报告事实的第三人即为证人,其陈述的事实称为证言。广义的证人指一切向司法机关陈述与案件有关情况的人,包括诉讼当事人、鉴定人和勘验检查人;狭义的证人仅指了解案件事实情况的第三人,不包括诉讼当事人、鉴定人和勘验检查人。英美法系多采用广义的证人概念,大陆法系一向采用狭义的证人概念。此处所称证人属于狭义的证人。

(二)证人的义务

根据"台湾民诉法"的规定,除法律另有规定外,不问国籍、地位,在他人的诉讼中,案件事实的知情人都有作为证人的义务。证人的义务主要有以下几点:

1.到场的义务

证人有受法院的通知到指定场所接受讯问的义务。此项义务不能委任代理人到场或以书面陈述代替,除非法律另有规定。法律规定的例外情况主要有四种:(1)台湾地区领导人为证人的时候,应当在其所在地讯问。(2)证人有法定情形不能到场,或有其他必要情形时,可在其所在地讯问,或提交书面证言或视听资料或通过双向视听传输技术手段作证。但是无论证人是通过书状陈述还是通过设备讯问的,均应具结。若证人以书状作出陈述,应将结文附于书状,经公证人认证后提出。以科技设备进行讯问的,亦应于讯问前或讯问后具结。(3)证人如果在讯问期日前明确拒绝证言的,无须在期日到场。(4)享有治外法权的人,没有到场作证的义务。

2.证言义务

证人经合法通知到场后,对审判长、受命法官、受托法官的讯问,有作出陈述的义务。对于讯问的事项无论是否知悉,除有法定事由外,均应陈述作答,不得以沉默应对。否则即违反证人的陈述义务,应承当相应的法律后果。

有下列情形之一者,可以拒绝作出证言:(1)证人为当事人的配偶、前配偶、未婚配偶或四亲等内的血亲、三亲等内的姻亲或曾有此亲属关系的;(2)证人所为证言,对证人或与证人有前述关系的人足以产生财产上的直接损害;(3)证人所为证言,足以使证人或与证人有前述关系或有监护关系的人受刑事追诉或蒙耻辱的;(4)证人就其职务上或业务上有秘密义务之事项受讯问的;(5)证人非泄漏其技术上或职业上之秘密不能为证言的。

拒绝作出证言的制度,目的在于维护证人与亲属间的情谊、职务上的义务,或为避免证人因作证而遭受损害。但若不设例外,则不利于解决作证的实际需要。为此,"台湾民诉法"规定了若干证人不得拒绝证言的例外情形。第308条规定,证人即使有第307条第1款或第2款规定的情形,关于下列各项事项,仍不得拒绝证言:(1)同居或曾同居人关于出生、死亡、婚姻或其他身份上的事项;(2)因亲属关系所生财产上的事项;(3)为证人而知悉的法律行为的成立及其内容;(4)为当事人之前权利人或代理人,而就相争的法律关系所为的行为。

证人虽有前述拒绝作证的第4种情形,如其保密责任已经免除,不得拒绝证言。证人拒绝证言,应陈明其拒绝的原因、事实,并予以说明。但法院酌量情形,可令具结以代说明。证人拒绝证言时,如当事人不在场,法院书记官应将证人拒绝证言的事由通知当事人。

对于具备上述拒绝事由的证人,审判长应于讯问前或知有前述情形时告知该证人。证人拒绝证言是否正当,由受诉法院讯问到场当事人后作出裁定。对于拒绝证言是否正当的裁定,可以抗告;抗告中应停止执行;如果拒绝证言经裁定为不当,则证人仍需作证。

此外,以公务员或曾为公务员的人为证人时,就其职务上应保守的秘密事项进行讯问的,应征得其长官的同意。如未同意,则可以拒绝证言。

3. 具结义务

证人作证时应保证其陈述真实无伪,此项表示称为具结。

(1)具结义务的免除。证人作证时均负具结义务,但下列情形例外:证人未满16周岁或有精神障碍的;证人有前述第307条第1款至第3款规定的情形的;证人是当事人的受雇人或同居人的;证人对诉讼结果有直接利害关系的。

(2)具结的程序。首先,审判长在讯问前,应命证人各别具结。但对其应否具结有疑义时,也可以在讯问后再命其具结。在证人具结前,审判长应告之以具结的义务及伪证的处罚。其次,证人应当朗读结文,如有不能朗读者,由书记官朗读,并说明其意义。结文应由证人签名,如不能签名者,由书记官代书姓名并记下其事由,命证人盖章或按指印。

证人以书状作出陈述的,其具结应于结文内记载系据实陈述并无匿、饰、增、减,如有虚伪陈述,愿受伪证之处罚等语,并由证人签名。

(三)对证人违反义务的制裁

1. 违背到场义务

证人受合法的通知,无正当理由而不到场的,法院得以裁定处新台币 3 万元以下罚款。裁定的作出不影响法院再次通知证人到场。证人已受前项裁定,经再次通知仍不到场的,可以再处新台币 6 万元以下罚款,并可以拘提。拘提证人准用台湾地区"刑事诉讼法"关于拘提被告的规定;若证人为现役军人,应以拘票嘱托该管长官执行。处以证人罚款的裁定,可以抗告;抗告中应停止执行。

2. 违背证言义务

证人不说明拒绝的原因、事实而拒绝证言,或在法院作出的认定拒绝为不当的裁定已确定后仍拒绝证言的,法院得以裁定处新台币 3 万元以下罚款。此项裁定,可以抗告;抗告中应停止执行。

3. 违背具结的义务

证人不说明拒绝的原因、事实而拒绝具结的,法院得以裁定处新台币 3 万元以下罚款。

(四)证人的讯问方式

1. 个别讯问

讯问证人,应与其他证人分别进行。但审判长认为必要时,可以命该证人与其他证人或当事人对质。证人在期日终止前,非经审判长许可,不得离开法院或其他讯问的处所。

2. 连续陈述

审判长应命证人就讯问事项的始末作连续陈述,非经审判长许可,证人不能用朗读文件或用笔记代替陈述。证人就讯问事项的始末作出连续陈述后,对其陈述不明了、不完整或者有疑问时,审判长可以对证人的陈述不明了之处或推究证人得知事实的原因,作必要的发问。

3. 当事人发问

讯问证人时,当事人可以请求审判长对证人作必要的发问,也可在向审判长陈明后自行对证人发问。审判长认为当事人的发问有不当情形的,可以限制或禁止其发问。当事人、代理人、辅佐人、参加人、证人对发问的允许与否或禁止有异议的,法院应就其异议作出裁定。对此裁定可以抗告。

4. 当事人退庭

法院如果认为证人在当事人前不能尽其陈述的,可以在其陈述时命当事人退庭。但证人陈述完毕后,审判长应命当事人入庭,并将证言内容告知当事人。命当事人退庭属于法院的权限,应由法院裁定,对此裁定不得抗告。

(五)证人的权利

证人可请求法定的日费及旅费。所谓日费及旅费包括到庭费、滞留费、在途食宿车船费,滞留日期内之食宿费等。此项费用为诉讼费用的一部分,应当由败诉方当事人负担,法院也可以命当事人预先缴纳。但被拘提或无正当理由拒绝具结或作出证言者不能请求日费及旅费。证人请求法定日费及旅费,应于讯问完毕后 10 日内提出申请。其请求没有一定的程式,应向调查证据的法院或受托法官提出。如果超出此期间,其请求权丧失。如果证人自己无力垫付旅费,也可以请求预先酌情给付。证人提出请求后,法院应就其请求作出裁定。

四、鉴定

鉴定是指为辅助法官对事物的判断能力,命有特别学识经验的第三人,利用其专门的知识、技能经验,陈述特别规律或经验法则的证据调查程序。即以鉴定人为证据方法,以鉴定人的鉴定意见为证据资料,从而证明待证事项的制度。鉴定意见不是对案件事实的客观记录或描述,而是鉴定人在观察、检验、分析等科学技术活动的基础上得出的主观性认识结论。这也是鉴定意见与证人证言和勘验笔录的主要区别。证人讲述的是自己以看、听等方式感知的案件事实,勘验检查人员记录的是自己观察到的案件事实,而鉴定人提供的是自己关于案件事实的意见。因此,鉴定结论又称专家意见。

法院在调查证据之时,对于某些涉及专门知识或经验的特殊事项,无法判断该项事项的真伪或存在,因此,必须借助于鉴定人的专门知识,帮助法官认定案件事项。这种调查证据的制度即为鉴定制度。鉴定是为司法证明服务的一种特殊的科学认识活动。鉴定的任务是要解决案件中的专门问题。随着时代的发展,当今社会科技发达,各种专门知识激增,鉴定制度的重要性日益显著。

(一)鉴定人与证人

鉴定人是指受法院选任而以自己的专门知识,在他人的诉讼程序中,向法院陈述关于特别规律或经验法则的意见或者就特定事项提供判断意见的第三人。鉴定的主体必须是在相关学科领域内具有鉴定资格的专业人士。鉴定人与证人的调查程序有很多相同之处。因此,"台湾民诉法"第 324 条规定:鉴定,除别有规定外,准用关于人证的规定。但比较而言,鉴定人与证人仍有一些区别:第一,证人是指陈述自己所见所闻事实的人,在性质上是不可替代的;鉴定人是指以专门知识经验判断事实而陈述其自己见解的人,凡是有专门知识的同行专家,法院都可同时或者先后选任其为鉴定人。在性质上鉴定人具有显著的替代性。第二,证人具有不可替代性,证人在由于当事人的申请而被传唤时,若其不到场,可以拘提之。但鉴定人只能由法院选任和撤换,对鉴定人不能适用拘提,鉴定人可以以书面材料的形式陈述其意见。第三,证人仅限于自然人,证人的具结可在法院讯问之后作出,讯问时应当与其他证人分别讯问。鉴定人可由法人、机关团体担任,其具结是在鉴定前作出的,讯问时可以命多数鉴定人共同陈述意见。第四,在证人作证时,当事人不得声明拒绝证人作证,在鉴定的情形,当事人可以作出拒却鉴定人的声明。这主要是基于程序公正的考量,理由与申请法官回避相同。

关于鉴定人的地位,台湾学界存有不同的看法。有认为是证据方法的,有认为是法院辅助人的,有认为依当事人声明进行鉴定的是证据方法,而依法院职权进行鉴定的为法院辅助人,也有认为鉴定人兼具证据方法及法院辅助人的性质。根据"台湾民诉法"第 326 条的规定,鉴定人由受诉法院选任。若当事人自行寻找专家进行鉴定,则不属于"民诉法"规定的鉴定。有学者认为未经选任,而在诉讼外就鉴定事项陈述意见的,可以作为证人到场陈述。不同意见则认为其性质与一般所称的证人定义不尽相同,提出可以以辅佐人形式或其他特别规定予以置入,以活络法庭上为追求真实所呈现的实质攻防体制。①

(二)鉴定人的义务

鉴定人的义务原则上与证人的义务相同,即具有到场义务、具结义务、陈述义务,但相对于证人的义务,鉴定人的义务还有以下几个特点:

1.只有具备鉴定所需的特别学识经验,或经机关委任有鉴定职务者,才有作为鉴定人的义务。并非所有人都能作为鉴定人,一般人不承担鉴定人的义务。

2.鉴定人无正当理由不到场,应受的制裁与证人相同,但是鉴定人可以由他人替代,法院没有强制他人作为鉴定人的必要,因此,对鉴定人不适用拘提。

3.被选任的鉴定人与证人一样,有陈述鉴定意见的义务,如果有与拒绝证言相同的原因,可以拒绝陈述鉴定意见。若鉴定人认为其能力不足以胜任,不陈述鉴定意见时,法院可免除其鉴定义务。此时法院应当另行选任其他鉴定人。

4.鉴定人应于鉴定前具结,在结文内记载必为公正、诚实之鉴定,如有虚伪鉴定,愿受伪证的相关处罚等语。若鉴定人在具结后又作虚伪陈述的,应负台湾地区"刑法"第168条所规定的伪证罪的刑事责任。②

(三)鉴定人的拒却

鉴定人的鉴定见解为证据资料,足以影响法院的裁判。若鉴定人与双方当事人之间有特定的亲属或利害关系,很难期待他们作出公正诚实的鉴定。为避免鉴定人的偏颇,"台湾民诉法"规定当事人可依申请法官回避的原因拒却鉴定人,但不得以鉴定人于该诉讼事件曾为证人或鉴定人为拒却的原因。

声明拒却鉴定人,应向选任鉴定人的法院说明其原因,并予以释明。对于法院作出的拒却不当的裁定,可以抗告。法院认为声明正当,当事人不得声明不服。拒却鉴定人的声明是否正当,应由受诉法院予以裁定。法院不能仅以进行讯问或者废止讯问,默示其以拒却为不当或者正当,否则该鉴定结果不能

---

① 姜世明:《浅谈民事程序中之鉴定——着重于实务见解发展及其问题提示》,载《月旦法学杂志》2011年第3期。

② 台湾地区"刑法"第168条规定:"于执行审判职务之公署审判时,或于检察官侦查时,证人、鉴定人、通译于案情有重要关系之事项,供前或供后具结,而为虚假陈述者,处七年以下有期徒刑。"

作为判决的基础和根据。

(四)鉴定的程序

法院开始鉴定程序可以依当事人的申请也可以依职权进行。当事人申请鉴定时,应当表明其申请鉴定的事实,由法院断定有无鉴定的必要。法院因阐明或确定诉讼关系时,可以依职权鉴定。

鉴定人由法院选任并确定其人数。法院在选任鉴定人前,可命令当事人陈述意见。当事人合意选定鉴定人的,应尊重当事人的合意,但法院认为该人选显然不适合时,不在此限。① 对已选任的鉴定人,法院可以撤换。关于选任鉴定人及撤换鉴定人的裁定,不得抗告。

法院选任鉴定人后,除当事人向法院申请拒绝鉴定人的情形外,法院应当依讯问证人的程序对鉴定人进行讯问。此时,法院应于鉴定前命鉴定人具结,并可命鉴定人出具鉴定书陈述意见,若鉴定书有需要说明的地方,可以命鉴定人到场说明。如果鉴定人有数人,法院可以命其共同或分别陈述意见。为了使鉴定能够顺利进行,鉴定所需数据在法院的,应告知鉴定人准其利用。法院在必要时,可依职权或依申请命证人或当事人提供鉴定所需数据。鉴定人因鉴定的需要,可申请调取证物或讯问证人、当事人,经法院许可后,鉴定人可对证人或当事人自行发问;当事人也可提供意见。

鉴定人除了可申请法定日费、旅费外,还可请求相应的报酬。鉴定所需费用,可预先酌情给予,但是必须由鉴定人提出请求。

除自然人为鉴定人外,必要时,法院也可以嘱托机关、团体或者商请外国机关、团体作出鉴定或审查鉴定意见。若有需要说明的事项,由该机关或团体所指定的人进行说明。这种鉴定程序称为嘱托鉴定。嘱托鉴定与一般鉴定不同,有关一般鉴定人的讯问、具结及处罚的规定,对嘱托鉴定均不适用。

(五)现代型诉讼的鉴定问题

由于现代社会科技进步、社会发展的结果,公害诉讼、制造物责任诉讼等各种现代型诉讼不断增加。此类诉讼的争点涉及高度的专门知识,通常无法利用一般常识判断,不得不依赖于鉴定,且鉴定意见对诉讼的成败往往具有决定性的作用。这种重要性导致了很多诉讼上的问题。例如,专家之间就专门

---

① 姜世明:《民事程序法实例研习》,台湾元照出版公司 2010 年版,第 169 页。

性的科学问题有对立的争论,面对不同的鉴定结果,非专家的法官应如何取舍;在专家稀缺的情况下,如何保证鉴定人的中立性等,这些问题都值得立法者、司法者和学者深思。

五、书证

书证者,乃法院通过阅读文书记载之内容,以了解文书作成者之思想(意思、认识、报告、感情等),进而依作成者之思想明了待证事实之谓。① 由此可见,书证是以文书为证据方法的证据资料。只要其所记载的内容可为人们认识和理解并能为一定案件事实提供证明,即为证据,而不论其载体为何物。

(一)文书的种类

1.公文书与私文书

根据文书的制作机关不同可将文书分为公文书与私文书。公务机关或公务员根据职务,依照法定方式作出的文书,称为公文书。非公文书的文书即为私文书。

2.勘验文书与报告文书

根据文书内容所发生的作用不同可将文书分为勘验文书与报告文书。勘验文书的制作属于法律行为,其形式上的证明力一旦被认定,实质上证明力即当然被认定。报告文书的内容是文书制作人的见闻、判断或感想,制作人将此内容利用文书进行表达,其内容是否与事实相符,当事人可以争辩,不能因为文书形式上的证明力被确定而当然确定文书实质上的证明力。

3.不同形式的文书

这是根据同一内容的文书,依制作方法以及文书相互间的关系可将文书分为原本、正本、缮本、影本、节本、译本、认证本等。一般而言,最初表示确定思想而做成的文书,称为原本。依原本抄缮的文书,称为缮本。对外与原本有同一效力的缮本,称为正本。将文书影印而成的,称为影本。节录原有文书内容的一部分的,称为节本。文书经公证证明其内容的,称为认证本。②

---

① 吕太郎:《民事诉讼之基本理论》,中国政法大学出版社 2003 年版,第 309 页。
② 庄柏林:《民事诉讼法概要》,台湾三民书局 2004 年版,第 147 页。

4. 准文书

准文书是指文书之外与文书具有相同效用的对象。现代科技发达,电脑、传真、录影、录像等电子工具能够保存或传输人类各种意识、思想活动的记录。利用这些电子工具保存或传输的记录与一般文书的物质性虽然有所不同,但是其功能与文书相同。这类设备保存的内容因有解读的可能,且能表述为文字写成书面形式,故在证据方法分类上应将其归入文书。只是因为其物体性质与一般的文书不同,应解释为准文书。其调查证据的程序,准用关于书证程序的规定。

(二)文书的证据力

台湾地区证据法理论区分书证的形式证据力与实质证据力。所谓文书的形式证据力是指可以证明文书确系作成者思想表现之效力,实质证据力则指能证明作成者的思想与待证事实间有何联系之效力。[①]

1. 形式上的证据力

文书的形式上的证据力因公文书与私文书的区别而有差异。对于台湾地区的公文书,法律一般推定其为真,即承认其形式上的证明力,法官不得依自由心证来认定。如果一方当事人对公文书的真伪提出质疑,法院可请制作文书的机关或公务员陈述其真伪。对于国外的公文书,由于台湾地区法院没有查知其制作程序和意旨的义务,因此,除了该文书经驻台湾地区的外交官员证明外,其形式证明力由法院斟酌情形予以断定。私文书的形式证明力应由举证人证明其真实性,但对方当事人对其真实性无争执的除外。对方当事人对私文书不争执其真伪,可认定该文书有形式上的证据力,而其是否有实质上的证据力,应由法院在命双方当事人进行适当的辩论之后作出判断。私文书经本人或其代理人签名、盖章或按指印或有法院或公证人认证的,推定为真。当事人就其本人的签名、盖章或按指印表示"不知"或"不记得"的,是否应当推定为真,由法院斟酌情形予以断定。

2. 实质上的证据力

对文书上记载的内容,由法院依自由心证判断是否与待证事实相一致。在下列情况下,可作如下判断:(1)生效的文书,由于其内容是由法律行为完成的,如果文书具有真确性,那么文书的内容也具有证据力,即当然有效,例如法

---

① 杨建华:《海峡两岸民事程序法论》,台湾月旦出版社 1997 年版,第 311 页。

院的判决。(2)报道性文书,即使该文书为真实,但是文书中记载的内容并非当然有效。(3)已经生效并且真正的公文书,具有证据力。(4)私文书如为真正的,也应分别视为生效性文书或者报道性文书。前者有实质上的证据力,后者并非当然具有证据力。

(三)文书提出的义务

文书持有人在诉讼程序中应提出相关的文书,此要求属于公法上的义务。"台湾民诉法"第 344 条规定:"下列各款文书,当事人有提出之义务:一、该当事人于诉讼程序中曾经引用者。二、他造依法律规定,得请求交付或阅览者。三、为他造之利益而作者。四、商业账簿。五、就与本件诉讼有关之事项所作者。前项第五款之文书内容,涉及当事人或第三人之隐私或业务秘密,如予公开,有致当事人或第三人受重大损害之虞者,当事人得拒绝提出。但法院为判断其有无拒绝提出之正当理由,必要时得命其提出,并以不公开方式行之。"规定文书提出义务的目的在于赋予举证当事人收集他造所持文书作为证据的机会,以及可以要求持有文书的他造开示与诉讼有关联的书证资料,以贯彻当事人间武器平等原则,保障其公平接近证据的证明权,并维持当事人在诉讼上的公平公正竞争,以期促进诉讼及发现真实。①

根据"台湾民诉法"第 345 条、第 349 条的规定,若当事人无正当理由拒不提出文书,法院得审酌情形,认定他造关于该文书之主张或依该文书应证之事实为真实;若持有文书的第三人无正当理由拒不提出文书,法院得以裁定处新台币 3 万元以下罚款;必要时并得以裁定命为强制处分;该项强制处分的执行,准用台湾地区"强制执行法"关于物之交付请求权执行的规定。所谓"正当理由",包括当事人未持有该文书、无提出文书义务及非因过失不能提出等情形。②

关于当事人违背文书提出义务的效果,有学者指出,法院究竟如何斟酌情形,认定他造主张为真实(拟制真实)应依各事件类型,斟酌持有人拒绝提出的事由、该文书作为证据的重要性、取代的可能性、他造接近证据的程度等因素,兼顾证明保障权、真实发现、促进诉讼、当事人间公平诉诸诉讼法上的基本要

① 姜世明:《文书提出义务及事案解明义务之竞合与限制》,载《月旦法学杂志》2010年第 10 期。

② 姜世明:《文书提出义务》,载《万国法律》2001 年第 6 期。

求,以期妥适调整当事人双方的利害而衡平各种利益。①

 六、勘验

(一)勘验的概念

勘验是指法官亲自体验物体而认识物体之性状,其方法为视、听、嗅、味、触等感觉,其物体包括一定物或人,勘验所得结果为法官对形、色、音、质、量等性质状态的认识。即以五官感觉作用,直接观察事物的形状现象,以获得证据资料。文书、物及人均可以作为勘验的对象,例如对于不动产查勘其使用状况,对人查看其受伤情况等。

对录音带、光盘等进行证据调查时,应将其视为文书而以调查书证的程序进行,还是视为勘验的对象而依勘验程序进行,学者之间颇有争论。有主张依勘验程序的,亦有认为应依书证程序的。实务上多以勘验程序进行,如录音带已经被制作成译文,则依书证程序进行。但如前文所述,录音带、光盘等物,一般认为应被纳入准文书的适用范围。

(二)勘验的程序

勘验除依当事人申请外,也可由法院依职权进行。当事人申请勘验时,应表明勘验的标的物以及勘验的事项。申请勘验的标的物如果由他方当事人或第三人所持有的,应申请命他方当事人或第三人提出。法院认为勘验事实重要,且举证人的申请正当的,应以裁定命对方当事人或者第三人提出勘验标的物。当事人无正当理由不提出勘验标的物的,法院可认定他造当事人关于该标的物的主张或依该勘验物应证明的事实为真实。第三人无正当理由不提出勘验标的物的,法院得以裁定处新台币 3 万元以下罚款,在必要时,并得以裁定作出强制处分。此项强制处分,准用台湾地区"强制执行法"关于物之交付请求权执行的规定。对强制处分的裁定可以提出抗告,抗告中应停止执行。

由机关保管或者公务员执掌的勘验标的物,不论其有无提出的义务,法院都可以调取。勘验的标的物如涉及公务员职务上应当保守的秘密时,应当得到该监督长官的同意。除对该勘验的标的物的提出经释明有妨害公共利益的

---

① 姜世明:《新民事证据法论》,台湾新学林出版社 2009 年第 3 版,第 12 页。

外,该监督长官不得拒绝同意;监督长官如予拒绝,法院应判断其有无拒绝的正当理由,必要时,可以命令其提出,并以不公开的方式进行。

原则上,勘验由受诉法院为之,若安排受命法官或受托法官就勘验标的物调查证据的,受诉法院可定其笔录内应记载的事项及应添附的勘验标的物("台湾民诉法"第367条、第350条、第354条)。受诉法院、受命法官或受托法官可命鉴定人参与勘验。必要时,勘验应将图画或照片附于笔录,并可将录音、录像或其他有关物品附于卷宗。

法院只有在因阐明或确定诉讼关系,或为使辩论快速终结,或不能依当事人声明的证据而得心证或因其他情形认为必要时,方可依职权进行勘验。

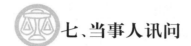

七、当事人讯问

法院讯问当事人本人,以其陈述为证据资料,这种证据方法称为当事人讯问。台湾地区2000年的"民事诉讼法"修正特增设第367条之一、第367条之二、第367条之三,以规定当事人讯问。立法理由认为,为达到争点整理及集中调查证据的目标,法院应尽可能地在诉讼中及早掌握案情全貌,近而整理、确定及简化争点,以便拟定审理方针及调查证据的范围。因当事人本人通常为最知悉纷争事实的人,其陈述最有可能提供原始的案情资料,而有助于法官迅速发现真实。①

(一)当事人讯问的程序

法院认为必要时,可以依职权讯问当事人。审判长可于讯问前或讯问后命当事人具结,并准用关于证人到场作证、宣誓具结的规定。当事人无正当理由拒绝陈述或具结,法院得审酌情形,判断应证事实的真伪。当事人经法院命其本人到场,无正当理由而不到场的,视为拒绝陈述。但命其到场的通知书系通过寄存送达或公示送达的除外。法院命当事人本人到场的通知书应记载不到场及拒绝陈述或具结的后果。前述规定对于当事人的法定代理人、法人的代表人、非法人团体的代表人或管理人及依法令得为诉讼上行为的代理人也

---

① 许士宦:《民事诉讼法修正后审判上处分权主义与辩论主义之新发展(下)》,载《台湾本土法学杂志》2007年第2期。

同样适用。

(二)当事人故意作出虚假陈述的处置

依前述规定具结而故意作出虚伪陈述,足以影响裁判结果的,法院可以裁定处新台币 3 万元以下的罚款。若该当事人或法定代理人于第二审言词辩论终结前,承认其陈述为虚伪的,法院得斟酌情形撤销原裁定。当事人讯问所作出的陈述在性质上属于证据资料,而"台湾民诉法"第 195 条所称当事人的陈述,则属于诉讼资料,两者有所不同。若当事人仅仅单纯违背第 195 条规定的真实陈述义务,尚不得依当事人讯问的处罚规定予以罚款。为了保障受处罚之人程序上的利益,法律规定对罚款的裁定可以提出抗告,抗告的过程中应停止执行。

(三)准用关于人证的规定

"台湾民诉法"关于讯问证人时对现役军人、在监所或拘禁处所之人的通知方法;对台湾地区领导人、不能到场证人及公务员的讯问方法;拒绝证言及不得拒绝证言的事由;拒绝证言的释明;分别讯问和对质;命连续陈述、法院及当事人的发问权、令当事人或特定旁听人退庭的讯问等规定,在当事人讯问程序中同样适用。

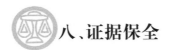

八、证据保全

证据保全是指当事人在起诉前或者起诉中尚未调查证据程序前,唯恐调查证据时,证据有可能毁损、灭失或以后难以取得的情况下,法院根据当事人的申请或者依职权主动采取措施对证据进行保护,以保证其证明力的一项措施。[①] 2000 年台湾地区修订"民事诉讼法"后,施行了新的民事证据保全制度。新制度在保全证据的范围、程序启动、条件、效力、功能及灵活度上均有其独特之处。

(一)证据保全的要件

证据有灭失或碍难使用之虞,或经他造同意者,或确定事、物的现状有法

---

① 　姜世明:《证据保全之要件审查》,载《月旦裁判时报》2015 年第 1 期。

律利益并有必要时可向法院申请保全。所谓灭失之虞,例如证人身患重病、生命垂危随时有死亡的可能;灾害事故现场即将清除等情形。所谓碍难使用之虞,例如证人将移居外国,证物将被移至国外的情形。法院在决定是否依声请人声请进行证据保全时,须进行利益衡量,就证据保全的利益人与相对人的负担进行权衡。如果对声请人而言,其有可能以通常程序取得证据方法的,则不认为具备证据危险。此外,即使证据没有灭失或者妨碍使用的情况,如果经诉讼相对方的同意,也可以采取证据保全。例如,船舶碰撞或交通肇事当事人可以在征得相对方同意后,声请法院保全证据,以确定责任归属及损害的程度,以杜绝日后争议。相对人的同意属于诉讼行为,原则上不得撤销或撤回。同意除以书面或言词形式向法院表示外,也可以对相对人直接作出意思表示。

2000 年的法律修正增订了"就确定事、物之现状有法律上利益并有必要者"进行证据保全的规定。这一规定的立法理由,特别强调预防诉讼及促进诉讼,以达到集中审理的目的。此类保全的证据方法限缩为鉴定、勘验及书证三种,不包括当事人讯问及人证,以免当事人滥用制度而损害他造权益。有学者认为上述规定较具弹性,在适用时的要件解释上应审慎进行,以免对相对人或第三人造成过重的负担。①

(二)证据保全的启动

证据保全程序可依当事人的申请启动,也可由法院依职权启动。当事人向法院申请证据保全既可以在起诉前,也可以在起诉后。② 保全证据的申请应表明下列事项:他方当事人,如不能指定他方当事人者,应说明不能指定的理由;应保全的证据;依该证据应证明的事实;应保全证据的理由。法院依职权启动证据保全程序只能在诉讼系属中。

(三)证据保全的管辖

证据保全的管辖可分为三种情况:一是在起诉前申请证据保全的,考虑到便于管辖,由受讯问人住居地或证物所在地的地方法院管辖。若申请人在起诉前未向受讯问人住居地或证物所在地的地方法院申请证据保全,而向其他法院提出申请的,该法院应作出移转管辖的裁定。二是起诉后申请证据保全

---

① 姜世明:《民事诉讼法论》(下册),台湾新学林出版公司 2015 年第 3 版,第 158 页。
② 高志明:《民事诉讼之证据保全》,载《万国法律》2007 年第 12 期。

的,由受诉法院管辖。三是在急迫情形下,即便在起诉后,也可以向受讯问人住居地或证物所在地的地方法院申请证据保全。

(四)证据保全的调查程序

关于证据保全的调查程序,修正后的"台湾民诉法"主要突出了程序保障的理念。其要求如下:在证据调查期日,法院应当通知申请人到场,除情况紧急或有碍证据保全的情况外,法院应当在证据调查期日前,将申请书、笔录及裁定送达给受申请人,并通知其于证据调查期日到场。法院应保障到场的当事人陈述意见的权利。为了保障当事人关于证据调查的权利,受申请人不明或调查证据期日来不及通知受申请人时,法院应当为其选任特别代理人。调查证据的笔录由作出保全裁定的法院保管,但诉讼系属于其他法院的,应当送交该法院。

(五)证据保全的效力

证据保全的效力主要是指依证据保全程序调查的证据对人、对事及在时间上的效力。

1.对人的效力

关于对人的效力,"台湾民诉法"未作明确的规定,依据证据共通原则,任何一方当事人所提出的证据,并非仅能作为有利于该方当事人的事实认定,即使是不利于该方当事人或有利于他方当事人的认定,亦无不可。因此,经保全的证据,双方当事人都可以利用。

2.对事的效力

对事的效力需要解决的问题是,在诉讼程序中,法院能否直接将证据保全程序的结果作为裁判的基础,是否需要重新进行证据调查。对此,"台湾民诉法"第375条之一规定,当事人对于保全证据程序中已讯问的证人,如果在言词辩论程序中申请再次讯问的,法院应当准许。但法院认为不必要的,则不在此限。对于除讯问证人以外的其他证据保全程序的结果,"台湾民诉法"未作规定。有学者认为,法院依证据保全程序调查证据的结果,与在诉讼程序中调查证据有同样的效力,只要经过当事人的言词辩论,就可以作为裁判的基础。

3.时间效力

为了保证申请证据保全的当事人及利害关系人的利益免受损害,当事人应在保全证据程序终结后30日内提起诉讼,否则法院可依利害关系人的申请,以裁定解除因保全证据所为文书、对象的留置或为其他适当的处置。同时,法院可依利害关系人的申请,要求保全证据的申请人负担程序费用,对这种程序的滥用行为加以制裁。

(六)证据保全程序中的协议

当事人于起诉前声请证据保全的,可利用法院所调查的证据及所收集的事证资料,了解事物或物体的现状,判断纷争的实际情况,此时如能就诉讼标的、事实、证据或其他事项达成协议,则当事人之间的纠纷可能因此而获得解决或避免扩大。此外,如果当事人将来提起本案诉讼,因当事人于证据保全程序中已就特定事实、证据或其他事项达成协议,则法院审理本案时也可以减少争点,从而节省法院及当事人进行诉讼的时间或费用,达到诉讼经济的目的。

"台湾民诉法"第 376 条之一规定,本案尚未系属时,于保全证据程序期日到场的双方当事人可以就诉讼标的、案件事实、证据及其他事项达成协议,法院应将其协议记明笔录;当事人就诉讼标的达成协议时,法院应将当事人协议的法律关系及争议情形记明笔录。按照协议内容,当事人应当为一定给付的,该协议可以成为执行名义;协议成立后,法院应当在 10 日内以笔录正本的形式送达当事人。

第五章　通常诉讼程序

"台湾民诉法"根据诉讼案件的性质和繁简程度,为第一审程序设置简易诉讼程序、小额诉讼程序、调解程序和通常诉讼程序。四种程序各有其适用范围,彼此并行不悖。简易诉讼程序与通常诉讼程序相对应,是对普通程序的简化,适用于较轻微的诉讼事件。为满足审理程序简速化、平民化、大众化的需要,又从简易程序中划分出小额诉讼程序,使民众就其日常生活中所发生的小额给付事件,能用简便、快速、经济的诉讼程序获得解决,以提升民众的生活品质。[①] 调解程序为诉讼前的程序,性质上属于非讼事件。通常诉讼程序则具有完整性,从诉讼程序的开始(如起诉、诉之变更和追加)到诉讼程序的进行(如言词辩论的准备、言词辩论)再到诉讼程序的终结(如和解、诉之撤回、判决),各阶段之间首尾衔接,构成一个完整的体系。

通常诉讼程序作为民事诉讼制度的核心性、基础性程序,具有广泛的适用性,简易程序未规定的事项,应适用通常诉讼程序的有关规定;上诉审程序未规定的事项,准用第一审通常诉讼程序的有关规定。1999 年至 2003 年,"台湾民诉法"进行了全面修订,对通常的诉讼程序进行了重大的改革。就事前程序保障而言,既充实陈述权、证明权及资讯权等论辩权,又扩大诉讼变更、追加权及反诉权等合并审判权。为保障当事人的程序利益,还加重了法官的阐明义务,在一定情形下要求其表明法律见解、公开心证,以利当事人平衡追求实体利益与程序利益,防止出现突袭性裁判。[②] 本章介绍第一审程序中的通常诉讼程序。

---

① 姜世明:《简易诉讼程序及小额诉讼程序》,载《月旦法学教室》2008 年第 1 期。

② 许士宦:《民事诉讼之程序权保障:以通常诉讼程序当事人之程序权为中心》,载《台大法学评论》2009 年第 12 期。

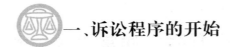

一、诉讼程序的开始

(一)起诉

1.起诉的方式

起诉的方式有多种,主要为书状。民事诉讼的提起,原则上应向法院递交书状,但简易程序可以采取言词方式。除此之外,还有一种拟制起诉方式,即不需要向法院递交专门诉状,当事人的某项行为即可视为起诉。如债务人对于支付命令在法定期间提出异议的,以债权人支付命令的申请视为起诉。又如当事人双方于期日到场而调解不成立的,法院依当事人一方的声请,按该事件应适用的诉讼程序,进行言词辩论。此时,根据"台湾民诉法"第419条的规定,在调解不成立的情形下,视为调解的声请人自声请时已经起诉。

2.诉状

起诉状的制作有一定的法定格式及应记载事项。原告或其代理人应依规定填写,并于起诉状之上签名或盖章。制作起诉状时,除提交给法院之外的,应按应受送达的被告人数制作并提出缮本或影印本。

诉状应载明下列事项:(1)必要记载事项。包括当事人及法定代理人,诉讼标的及其原因事实,应受判决事项的声明等。(2)任意记载事项。诉状内宜记载因定法院管辖及其适用程序所必要的事项。准备言词辩论的事项,也宜记载于诉状内。诉状不合程式规定或有其他欠缺的,法院应确定期间命其补正。

3.起诉成立的法律效力

起诉即产生诉讼系属。诉讼系属是指因原告向法院提交起诉状,使特定当事人之间就特定权利或法律关系的事件,开始由特定法院予以审理的状态。诉讼系属通常因起诉而产生,假处分、假扣押或申请强制执行等行为均不能产生诉讼系属,但调解的声请与支付命令视为起诉时,可产生诉讼系属。诉讼系属因终局判决的确定、诉之撤回、诉讼和解、当事人死亡而无人承受诉讼或依法律规定视为当然终结等事由而消灭。

起诉产生实体法上的法律效力,引起诉讼程序的发生,由此在当事人和法院之间产生一系列权利义务关系。就其内容而言,起诉表明一方当事人对另一方当事人主张实体法上的权利,故产生实体法上的效果,表现为权利保存的效力,如时效的中断、除斥期间的遵守、起诉不变期间的遵守和裁定期间的遵守;权利扩张的效力;权利强化的效力等。

起诉还产生程序法上的法律效力,包括管辖恒定①、当事人恒定②、重复起诉的禁止③、诉讼标的恒定(诉之变更、追加之禁止)、反诉提起的准许等。

(二)受理

法院受理起诉后,应当将事件编号,并依法院内部事务分配办法分案,将案件交予法官审理。法官对于原告的起诉,应审查诉讼要件是否具备:起诉状是否符合法定格式,如果不符合要求,可以要求当事人补正,逾期不补正的驳回起诉;当事人起诉的案件是否已经起诉,即是否在诉讼系属中,如果已经起诉,当事人不得再行起诉;当事人是否缴纳诉讼费用等。

有下列情况之一的,法院对当事人的起诉裁定予以驳回:诉讼事件不属于普通法院管辖的;诉讼事件不属于受诉法院管辖而法院不能依法移送管辖的;原告或当事人无当事人能力的;原告或被告无诉讼能力,未由法定代理人合法代理的;由诉讼代理人起诉而代理权有欠缺的;起诉不合程式要求或不具备其他要件的;起诉违反一事不再理原则的。

法院对原告之诉,依其所诉事实,认为在法律上显无理由的,可不经言词辩论,直接以判决驳回,同时还可处原告新台币6万元以下的罚款。有学者指出,依上述规定,无论欠缺的诉之利益是否显然,均应以判决驳回,只是显然欠缺者,得不经言词辩论直接驳回,非显然欠缺者,则依一般程序经言词辩论后,方可以诉无理由而驳回。④

(三)诉之变更和追加

原告起诉后又提起新诉,以代替原有之诉,称为诉之变更。诉的三要素(当事人、诉讼标的、诉的声明)有一项发生变更的,即为诉之变更。原告起诉

---

① "台湾民诉法"第27条规定:"定法院之管辖,以起诉时为准。"第31条之一第1项规定:"起诉时法院有受理诉讼权限者,不因诉讼系属后事实及法律状态变更而受影响。"

② "台湾民诉法"第254条第1项规定:"诉讼系属中为诉讼标的之法律关系,虽移转于第三人,于诉讼无影响。但第三人如经两造同意,得声请代当事人承当诉讼。"

③ "台湾民诉法"第253条规定:"当事人不得就已起诉之事件,于诉讼系属中,更行起诉。"

④ 吕太郎:《客观的诉之利益(下)》,载《月旦法学教室》2014年第8期。

后又提起新诉,以合并于原有之诉的,称为诉之追加。诉的要素有一项追加的,即为诉之追加。

对于诉之变更、追加制度的承认,其考虑因素主要是对被告的程序保障、原告的利益需要及法院的公益要求三者。① 一方面,变更与追加可能对被告造成突袭,冲击其程序利益及实体利益,而对于法院而言,亦容易造成延滞诉讼的不利影响,因此基本上采取"原则性禁止"的立法原则。② 另一方面,考虑到平衡原告利益,以及兼顾纠纷一次性解决的诉讼经济理念,"台湾民诉法"第255条第1项但书规定了7款例外,承认诉讼变更、追加的合法性。这种宽认主要是以请求的基础事实同一作为媒介,来达到立法上的政策目标。③

1. 一般要件

变更或追加的新诉,若非专属于其他法院管辖,不问受诉法院对新诉是否有管辖权,均得审判。原则上,新旧二诉必须能适用同种的诉讼程序,始为合法。④ 但作为例外,"台湾民诉法"第435条规定,在简易诉讼程序中追加应适用通常诉讼程序的新诉,或在通常诉讼程序中追加应适用简易诉讼程序的新诉,而两诉的诉讼标的均系应依金额确定适用何种程序的,可以进行诉之变更或追加。

2. 特别容许要件

"台湾民诉法"第255条规定了原告的诉之变更或追加应具备的特别要件。若有下列各种情形之一,法院可以允许原告进行诉之变更或追加:经被告同意的诉之变更或追加;请求的基础事实同一;扩张或减缩应受判决事项的声明;因情事变更而以其他声明代替最初的声明;该诉讼标的对于数人必须合一确定时,追加原非当事人的人作为当事人;诉讼进行中,对于某项法律关系的成立与否存有争议,而裁判应以该法律关系为依据,并请求对被告确定其法律关系的判决;诉之变更或追加不会对被告的防御及诉讼的终结造成重要妨碍;不变更诉讼标的,而补充或更正事实上或法律上的陈述。

---

① 姜世明:《民事诉讼法》(上册),台湾新学林出版股份有限公司2015年第4版,第357页。

② "台湾民诉法"第255条第1项前半段规定:"诉状送达后,原告不得将原诉变更或追加他诉。"

③ 黄国昌:《争点整理后之客观诉之变更追加——以"请求之基础事实同一"为中心》,载《民事诉讼法之研讨》(十六),台湾三民书局2009年版,第185页。

④ "台湾民诉法"第257条规定:"诉之变更或追加,如新诉专属他法院管辖或不得行同种之诉讼程序者,不得为之。"

关于上述第 2 款"请求的基础事实同一"应如何解释,学界仍存有争议,主要观点有"社会事实同一说""纷争关联说""判决基础事实同一说"等。有学者指出,为贯彻诉讼经济要求于诉之变更与追加中的重要性,宜将第二款"请求的基础事实同一"改为"有助于事件解决",以避免社会生活事实或纠纷事实的相关概念限缩在请求的基础事实同一的范围内。[①]

3.诉之变更和追加的审判程序

依"台湾民诉法"第 261 条之规定,诉之变更或追加,可在言词辩论时以言词提出。于言词辩论时提出的诉之变更和追加,应记载于言词辩论笔录中,他造不在场时,应将笔录送达。诉之变更和追加虽然可以不依起诉程序以诉状的形式提出,但起诉应具备的其他要件,例如应缴纳的裁判费等,仍然必须遵守。

法院应依职权调查原告之诉有无变更或追加,并决定是否准许其变更、追加。调查结束后,法院认为应当准许的,应依据一般规定,为变更的新诉安排辩论并作出裁判;在追加的情形,应就追加之诉与原有之诉安排辩论并作出裁判。在诉讼变更的情况中,新的诉讼取代原有之诉,原有之诉已不存在,法院无须对之予以裁判。在诉讼追加的情况中,新的诉讼加入原有之诉,从而使两者并存,法院必须一并予以裁判。[②]

如果法院认为不应准许原告的诉之变更和追加,或在新诉专属于其他法院管辖或不得适用同种诉讼程序等情形中,法院仅为原有之诉安排辩论并作出裁判,对新诉请则以裁定予以驳回。

当事人如果就诉讼有无变更、追加,或就应否准许诉之变更、追加发生争议,则属于中间争点的争执。法院如果认为诉并无变更、追加,或其变更、追加应予准许,则应以中间判决作出宣示[③],或于终局判决的理由中记载其法律上的意见。法院依据"民诉法"第 255 条第 1 项的但书规定而准许诉之变更或追加,或以诉为非变更或无追加而作出裁判的,当事人不得声明不服。这是由于此种裁判的性质属于对中间争点的裁判,不得独立声明不服,且不得因有对本

---

① 刘明生:《客观诉之变更与追加》,载《月旦法学杂志》2011 年第 6 期。

② 刘明生:《民事诉讼法实例研习》,台湾元照出版有限公司 2013 年第 2 版,第 217 页。

③ "台湾民诉法"第 383 条规定:"各种独立之攻击或防御方法,达于可为裁判之程度者,法院得为中间判决。请求之原因及数额俱有争执时,法院以其原因为正当者,亦同。诉讼程序上之中间争点,达于可为裁判之程度者,法院得先为裁定。"

案终局判决的上诉而附带声明不服。但若法院认为诉之变更追加不应准许而裁定驳回的,当事人对此项裁定可以依一般规定提起抗告。①

此外,"台湾民诉法"第 258 条第 2 项规定:"因不备诉之追加要件而驳回其追加之裁定确定者,原告得于该裁定确定后十日内声请法院就该追加之诉为审判。"原告提出诉之追加,其目的在于利用同一程序提起新诉,使法院能将新诉与原诉合并裁判。如果追加的新诉因不符合法定要件而被驳回之后,原告需要另行起诉,则不仅延滞时日,且有时可能因已逾请求权的时效或除斥期间而丧失诉讼上的重大利益,对于原告未免过于苛刻。因此,为保护原告起见,原告可以在驳回裁定确定后 10 日内向法院声请就追加之诉独立审判,追加之诉与原诉两者分别进行,追加之诉发生诉讼系属的效力时点,回溯至原告提出诉之追加时。

(四)反诉

1.反诉的概念与性质

被告利用原告提起的诉讼程序,在诉讼系属中,就与原告之诉有牵连的请求,对原告提起的诉讼程序,称为反诉。原告之诉称为本诉,被告所提之诉称为反诉。反诉虽然是利用本诉的程序提起的,但是反诉的性质仍为独立的诉讼。

2.提起反诉的合法要件

为防止诉讼延滞及保护被告利益,原告不得任意追加或变更起诉。若被告欲对原告提起反诉,也应符合诉讼经济与避免裁判抵触的目的。② "台湾民诉法"第 259 条规定:"被告于言词辩论终结前,得在本诉系属之法院,对于原告及就诉讼标的必须合一确定之人提起反诉。"第 260 条规定:"反诉之标的,如专属他法院管辖,或与本诉之标的及其防御方法不相牵连者,不得提起。反诉,非与本诉得行同种之诉讼程序者,不得提起。当事人意图延滞诉讼而提起反诉者,法院得驳回之。"由上述法条可知提起反诉应符合以下要件:

(1)提起反诉,须有原告的本诉系属于事实审法院,且限于言词辩论终结前

反诉的提起,以本诉已经系属于法院为前提,如本诉尚未系属,则无反诉

---

① 高点法学编辑委员会:《诉之变更、追加》,载《判解集》2011 年第 1 期。

② 林洲富:《提起反诉或确认之诉及诉之追加要件》,载《月旦法学教室》2014 年第 11 期。

可言,如果本诉的诉讼系属已经消失,亦没有提起反诉的余地。但如果已经在本诉系属中提起反诉,反诉已经合法存在,就不因本诉嗣后撤回而影响反诉的存在。此外,为追求本诉与反诉同时审理的诉讼经济并防止裁判矛盾,如果发生移送诉讼的情形,反诉也应当随同本诉移送。①

提起反诉的时间,仅限事实审法院言词辩论终结之前。由于第三审为法律审,因此不允许在第三审中提起反诉。反诉通常应于第一审言词辩论终结前提起,因此言词辩论终结后,本诉原告未有提起上诉前,无法提起反诉,须待本诉系属于第二审法院且于言词辩论终结前,方得提起反诉。为保护反诉被告得受第一审审判的审级利益,此时须经他造同意,方得反诉。有下列情形之一的,被告于第二审提起反诉,不必经本诉原告的同意:对某种法律关系的成立与否有争执,而本诉裁判应以该法律关系为依据,并请求确定其关系的;就同一诉讼标的有提起反诉利益的;就主张抵销的请求尚有余额部分,有提起反诉利益的。在上述情形中,当事人可援用第一审的诉讼资料,这对于一次性解决当事人之间的纷争及诉讼经济有所助益。②

(2)反诉事实须非专属于其他法院管辖,且与本诉适用同种诉讼程序

反诉事件的管辖不得违反专属管辖的规定,至于本诉系属的法院对反诉有无管辖权在所不问。反诉事件与本诉适用不同诉讼程序的,不得提起。法律另有明文规定禁止提起反诉的,从其规定。

如前文所述,第一审判决程序,除本章所述通常诉讼程序外,另有简易诉讼程序,利用较为简便的审理方法作出审判,二者在性质上并无本质的不同。若在仅依诉讼标的的金额或价额是否超过新台币 50 万元确定简易诉讼程序或通常诉讼程序的情形中,本诉为简易诉讼程序,反诉为通常诉讼程序的,除经当事人合意适用简易诉讼程序外,本诉及反诉全部适用通常诉讼程序。反之,在通常诉讼程序的本诉中,提起简易诉讼程序的反诉时,反诉仍应适用通常诉讼程序的规定。此类情形,不得认为"不得行同种诉讼程序"而不予准许反诉。

(3)反诉标的与本诉标的及其攻击防御方法之间有相牵连的关系

所谓反诉标的与本诉标的或攻防方法相牵连的情形,一般认为包括下列情形:反诉标的与本诉标的相牵连,如反诉标的的权利内容或其发生原因事实与本诉有共同点,反诉的法律关系为本诉标的的先决问题等;反诉标的与本诉

---

① 张文郁:《民事诉讼之反诉》,载《月旦法学教室》2006 年第 6 期。

② 姜世明:《民事诉讼法法》(上册),台湾新学林出版股份有限公司 2015 年第 4 版,第 80 页。

标的的攻击防御方法相牵连;法律关系同一,但非同一事件;权利由同一法律关系发生;数形成之诉目的同一;本诉与反诉相互排斥,或其中之一为先决问题;原因事实相同。①

（4）须由本诉的被告对本诉的原告提起反诉,或对本诉原告及就诉讼标的必须合一确定之人提起反诉

为维护诉讼经济,避免对原告及必要共同诉讼人的裁判造成歧义,并扩大反诉制度解决纠纷的功能,2000 年修法时,规定了本诉被告得对原告及就诉讼标的必须合一确定之人提起反诉。关于何为"诉讼标的必须合一确定之人","最高法院"判决认为:"是指以法律之规定必须数人一同被诉,否则当事人之适格即有欠缺者而言。"即认为仅限于反诉被告属于固有必要共同诉讼的情形。有学者指出,这种见解存在一定的问题。由于以本诉当事人以外的第三人作为反诉的被告,也属于广义的当事人追加的一种形态,既然承认原告可以在诉讼系属后追加、引进原非当事人的第三人作为被告,则基于反诉制度保障两造当事人程序上平等地位的精神,被告可以将本诉当事人以外的第三人作为反诉被告的,也应与诉之追加所承认的条件或范围相同,而包括反诉被告属于类似必要共同诉讼人的情形,以使当事人之间的纠纷能利用一个诉讼程序一次解决,扩大反诉制度解决纠纷的功能。②

3. 提起反诉的程序

反诉的性质是独立之诉,因此提起反诉时原则上应以反诉书状载明法律规定的事项,提交于法院。但为方便当事人提起反诉,法律规定提起反诉可在言词辩论时以言词提出。在言词辩论中以言词提起的反诉,应记载于言词辩论笔录中,如果他造不在场,应将笔录送达,以使反诉被告对反诉有充分的准备。

反诉如果是由本诉被告的诉讼代理人提起的,则诉讼代理人须经被告授予特别委任,否则不得提出。但本诉原告的诉讼代理人,对于反诉的应诉,则无须特别委任。此外,参加人不得对原告提起反诉。

除因利用原告本诉的诉讼程序提起,而受程序要件与容许要件的限制外,被告提起反诉应符合一般起诉的合法要件。例如,除非反诉的诉讼标的与本诉的诉讼标的相同,而依法不另外征收裁判费外,作为反诉原告的本诉被告,

---

① 高点法学编辑委员会:《反诉之限制》,载《判解集》2011 年第 3 期。

② 沈冠伶:《反诉之被告》,载《月旦法学教室》2006 年第 5 期。

应依法预交裁判费用,否则在规定期间内应补纳裁判费而不补正的,其反诉以不合法裁定驳回。①

4.法院对反诉的裁判

提起反诉是否具备合法要件,法院应依职权进行调查。法院认为反诉不合法的,应以裁定驳回。合法提起反诉后,原则上反诉应与本诉合并进行言词辩论,但法院酌情认为有分别辩论的必要时,也可以安排本诉与反诉分别辩论。本诉与反诉合并辩论的,原则上应合并裁判,其裁判内容应依法院审理结果,分别就本诉与反诉作出准许或驳回的谕知。

(五)诉之合并

诉之合并是指同一当事人为多数,或其诉讼标的为复数的情况下,实行合并审理,从而节省时间和费用,并避免法院作出相互矛盾的裁判。其中,同一诉讼当事人为多数的,称为主观之诉的合并,对同一被告主张数项标的的,称为客观之诉的合并。

1.诉的主观合并

(1)含义及目的

民事诉讼的主体结构是以原告一人与被告一人组成的对立关系;但基于实体法或诉讼法规定的原因,亦存在原告或被告的一造或双方有多数人的情形。这种在同一诉讼中存在多数原告或被告的诉讼形态称为共同诉讼,或称为诉的主观合并。判断是否为共同诉讼,是以形式当事人的单复数加以判断的,并非以实质当事人而定。

共同诉讼的目的可区分为实体法上的意义与诉讼法上的意义。就实体法的意义而言,共同诉讼具有实现实体法规范的意义。如实体法所规定的要求多数权利主体应一致同意方能行使的权利,具有维护现状稳定的意义等。因而对于当事人的适格亦有相对应的要求,从而使程序上各主体间相互影响,使实体法价值获得实现。就诉讼法的意义而言,共同诉讼具有防止审理重复及裁判矛盾的双重意义。有助于避免当事人多次提起诉讼,增加原告及被告的应诉负担与支出;并且可以使攻击防御资料共通使用,减轻法院负担,避免裁判矛盾。

---

① 黄国昌:《客观面之复杂诉讼形态:第三讲——反诉》,载《月旦法学教室》2009年第10期。

（2）共同诉讼的一般要件

共同诉讼的实体要件，依其规范主体间的实体权益关联性强度，可区分为三类：诉讼标的的权利或义务为多数人所共同；诉讼标的的权利或义务源于同一事实上及法律上的原因；诉讼标的的权利或义务是同种类，而源于事实上及法律上同种类的原因。共同诉讼的程序要件有三项：法院须就该数诉讼均有管辖权；该数诉讼均可适用同种类的诉讼程序；法律没有禁止诉讼合并的规定。

（3）共同诉讼的分类

共同诉讼人之间，依各共同诉讼人彼此间、共同诉讼人与诉讼标的间的关联性强弱不同，有的是基于实体法上的要求而共同行使权利的，有的是基于程序上的需要而要求在一次诉讼中解决纠纷的。台湾地区传统学说与实务见解以"合一确定"为基准，将共同诉讼区分为"固有必要共同诉讼""类似必要共同诉讼"以及"普通共同诉讼"三种类型。前两者适用或类推适用共同诉讼人相互影响原则，第三种类型则适用共同诉讼人独立原则。另有学者指出，共同诉讼人之间的关系十分复杂，上述三种类型未必能够全部覆盖，如共同诉讼人之间有利害关系，且其彼此关系比通常共同诉讼人紧密，但未达到"合一确定"的程度的"准必要共同诉讼"，以及共同诉讼人呈利害对立状态的"对立的共同诉讼人"等。①

2.诉的客观合并

（1）概说

诉的客观合并是指同一原告对于同一被告可以在同一诉讼程序中同时就多数不同的权利主张或法律关系提出起诉。"台湾民诉法"第248条规定："对于同一被告之数宗诉讼，除定有专属管辖者外，得向就其中一诉讼有管辖权之法院合并提起之。但不得行同种诉讼程序者，不在此限。"诉的客观合并是诉的客体的合并，其审理对象的多数，可能是复数声明、复数诉讼标的，也可能是单一声明、复数诉讼标的。

（2）客观合并的一般要件

原告提出诉的合并应具备如下合法要件：

第一，必须对同一被告提起。"台湾民诉法"第248条所规定的合并，是指多数诉讼标的或多数诉讼上请求的合并，与第53条规定的共同诉讼不同。若

---

① 吕太郎：《共同诉讼（上）》，载《月旦法学教室》2014年第12期。

原告在诉讼系属中追加另一诉讼标的,也构成客观合并,但此时还应符合第255条有关诉之追加的合法要件。

第二,受诉法院对数宗诉讼中的一宗有管辖权。合并起诉的数诉讼标的,须受诉法院对其中之一有管辖权,至于管辖权是法律规定或因当事人的合意而发生的,在所不问。但若合并起诉的数项诉讼标的其中有应专属于其他法院管辖的,该项诉讼标的不得合并起诉。该要件在家事事件程序的审理中不予适用。

第三,数宗诉讼可以适用同种诉讼程序。如前所述,诉讼程序有通常诉讼程序、简易诉讼程序、小额诉讼程序及家事事件程序之分。若合并的数诉讼标的,依法必须适用进行不同种类的诉讼程序,则法院无从合并审理。因各种程序的审理法理、程序及裁决与救济方式均不相同,若合并审理将徒增审判的混乱与延迟,因此不许进行诉之合并。但也存在例外情况,例如应依通常诉讼程序的诉讼,与应依诉讼标的的金额或价额而定其适用简易诉讼程序的诉讼,两者合并起诉时,依"台湾民诉法"第435条的类推解释,可以合并依通常诉讼程序进行审判。该要件在家事事件程序的审理中不予适用。

第四,法律没有禁止诉讼合并的规定。若法律有明文禁止与他诉合并起诉的规定者,不得违反规定而进行诉之合并。

(3)客观合并的审判

法院应依职权就诉的客观合并的要件进行调查。调查认为不具备合并要件的,法院应将各诉视为各别起诉情形,分别审理,不得认为其全部起诉不合法而以裁定驳回。例如,各诉讼的专属管辖各不相同的,即应分别以裁定移送于其管辖法院。数合并之诉如果具备合并要件,则法院应就各诉讼的诉讼要件是否具备进行审查,具备者进行实体审理。法院审判是以同一审判程序进行的,原则上于同一期日合并审理、合并裁判,但法院也可视情形分别辩论、分别裁判。

(4)客观合并的分类

单纯合并。同一原告对同一被告,合并提起多项具有独立性质的诉讼上的请求,要求法院就各请求均作出合并裁判的,称为单纯合并。这种合并形态,可谓诉之客观合并的原型,也是实务中最为常见的合并形态。[1] 一般分为

---

[1] 黄国昌:《客观面之复杂诉讼形态:第一讲——诉之客观合并》,载《月旦法学教室》2009 年第 5 期。

无牵连请求的合并和有牵连请求的合并。

预备合并。预备合并又称为假定合并，是指原告考虑其所提起的请求可能无理由，而同时提起不相容的其他请求。如果先位请求无理由，则要求对后位请求作出裁判；如果先位请求有理由，则不要求对后位请求作出裁判。[①] 预备合并分为基于同一事实产生不同法律效果的预备合并，以及基于不同事实产生不同法律效果的预备合并。

重叠合并。指相同原告对相同被告，主张两个以上可以相互并存的诉讼标的，以单一声明请求法院对各个诉讼标的均作出裁判。法院就各诉讼标的进行审理后，若认为一部分有理由、一部分无理由的，仍应就各诉讼标的作出裁判。[②]

选择合并。关于选择合并的概念，学界存在不同的见解。通说认为原告合并起诉，主张数宗给付不同的请求，仅由被告履行其一而得到满足的，为选择合并。但也有学者认为，原告于同一诉讼程序以单一的声明主张两个以上可分立的给付请求权或形成权为诉讼标的，请求法院择一诉讼标的作出同一内容的给付判决或同一法律关系的形成判决的，为选择合并。

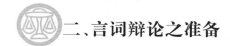

二、言词辩论之准备

为扩大民事审判功能，提高裁判效率，"台湾民诉法"于 2002 年修法时，将此前的并行审理方式改为集中审理制。其目标在于建构坚实的第一审及严格续审制的第二审，完成金字塔形诉讼制度的终极理想，以符合人民有受适时裁判权的宪法诉讼权保障宗旨。[③] 为达此目的，对于当事人的诉讼行为由过去的自由顺序主义修正为适时提出主义。

言词辩论之准备是诉讼促进义务的体现，即诉讼当事人应在法官的主导下进行充分的准备，以提高案件开庭审理的效率。其主要功能在于整理争点、固定证据和促进和解。

---

① 林洲富：《诉之追加要件与预备诉之合并》，载《月旦法学教室》2013 年第 8 期。

② 高点法学编辑委员会：《阐明权之行使与客观诉之合并》，载《判解集》2011 年第 10 期。

③ 魏大喨：《台湾实施民事诉讼集中审理之现状与展望》，载杨淑文等：《跨世纪两岸民事程序法之新视野》，台湾元照出版有限公司 2012 年版。

(一)准备书状

当事人因准备言词辩论的必要,应将其在言词辩论时欲提出的攻击或防御方法,以及对于他造的声明和攻击或防御方法,以书状的方式向法院提出并送达于他造。其目的是通过交换书状,获得对方当事人的诉讼资料,以做好言词辩论的准备,同时便于法院把握当事人之间的争点,迅速终结诉讼。

1. 准备书状的提出及记载

原告准备言词辩论的书状应记载下列事项:请求所依据的事实及理由、证明应证事实所用的证据,如果有多数证据,应当全部记载;陈述是否承认他造主张的事实及证据,如有争执,应说明理由。

被告收受诉状后,如认为有答辩的必要,应于 10 日内向法院提交答辩状,并以缮本或影本直接通知原告;如已指定言词辩论期日的,至迟应于该期日 5 日前提出答辩及通知原告。被告的答辩状应记载下列各款事项:答辩的事实及理由、证明应证事实所用的证据,如果有多数证据,应当全部记载;陈述是否承认他造主张的事实及证据,如有争执,应说明理由。

2. 准备书状的交换与争点的整理

所谓争点整理,是指厘清两造当事人之间的争点及其内容,借此使争点在整理主体间获得共识的活动或过程。就本案审理过程而言,是由法官整理两造主张的内容,确认其中有争执的部分及无争执的部分,以使争点具体、明确化。[1] 有学者指出,争点整理的贯彻,使得法官在诉讼中的角色由案件的裁判者转为案件的管理者,对于民事诉讼的审理模式会带来重大的改变。[2]

为整理争点,促进言词辩论迅速进行,台湾地区实行准备书状交换制度。审判长认为有必要时,可以暂不指定言词辩论期日,交由两造先行交换书状。根据"台湾民诉法"第 265 条至第 267 条的规定,当事人向法院提出书状的同时,应以缮本或影本直接通知他造。

当事人完成书状先行程序后,审判长或受命法官应迅速指定言词辩论期日或准备程序期日。法院于前项期日,应使当事人整理并协议简化争点。为便于审理的集中化,"台湾民诉法"第 268 条之一规定,审判长于必要时,可以指定期间命当事人就整理争点的结果提出摘要书状。书状应以简明文字,逐

---

① 邱联恭:《争点整理方法论》,作者自版,2001 年印行,第 81 页。
② 吕太郎:《争点整理与协议简化》,载杨淑文等:《跨世纪两岸民事程序法之新视野》,台湾元照出版有限公司 2012 年版。

项分段记载,以利于审理。为避免当事人将概括引用原有书状或言词陈述的书状提交给法院,妨碍诉讼程序的迅速进行,法律特别规定当事人"不得概括引用原有书状或言词之陈述"。此项规定受到一些学者的批评,认为其专求法官审判之便利,较第三审上诉理由之书写更繁更难,要求无法律知识之当事人撰写如此繁杂之书状,实为不通人情、人性之官僚立法。①

3. 未提出或延迟提出准备书状的法律后果

当事人未提出书状或声明证据的,法院可以依声请或依职权命该当事人以书状说明其理由。当事人未依前项规定说明的,法院得准用第 276 条的规定,使之发生失权效果,视为当事人放弃言词辩论时主张的权利,或于判决时依全部辩论意旨进行斟酌。

（二）准备程序

准备程序的目的在于阐明法律关系、整理争点及证据,以便在言词辩论的期日实现集中审理,使事件妥速终结。依合议审判方式进行的诉讼事件,法院于必要时指定一名庭员作为受命法官主持准备程序。受命法官依照有关规定行使诉讼指挥权。

准备程序有下述功能和任务:(1)阐明法律关系。设立准备程序的目的主要在于保障言词辩论的顺利进行,因此准备程序的主要任务就是阐明法律关系,明确争点。②（2）调查证据。证据调查原则上由受命法院进行,仅于例外情形由受命法官为之。这些例外情形包括:有必要在证据所在地进行调查的;依法应在法院以外的场所进行调查的;于言词辩论期日调查,有致证据毁损、灭失或碍难使用之虞,或显有其他困难的;两造合意由受命法官调查的。（3）进行诉讼上的和解。法院使受命法官试行和解时,受命法官得于准备程序的期日为当事人试行和解。和解成立的,法院书记官作成和解笔录经全体法官及书记官签名后,将和解笔录正本送达于当事人时,准备程序及诉讼即告终结。

如果诉讼关系已经明晰,争点及证据已整理完成,证据亦已调查完毕,事件已可进行辩论时,应即终结准备程序,并告知当事人,记载于笔录。当事人

---

① 姚瑞光:《民事诉讼法论》,作者自版,2012 年印行,第 405 页。

② 关于台湾地区争点整理立法及实务的介绍,参见黄湧:《两岸民事诉讼争点整理程序的差异及思考》,载张卫平、齐树洁主编:《司法改革论评》(第 14 辑),厦门大学出版社 2012 年版。

之一于准备程序的期日不到场的,法院应对于到场的一造进行准备程序,将笔录送达于未到场人。前述情形除有另外确定期日必要的外,受命法官可以终结准备程序。法院若认为有必要,可以命令重开已终结的准备程序。

准备程序笔录应记载下列事项:各当事人的声明及所用的攻击或防御方法;对于他造的声明及攻击或防御方法的陈述;"台湾民诉法"第270条之一第1项所列事项及整理争点的结果。

当事人在准备程序后进行言词辩论时,应陈述准备程序的要领。审判长也可以令书记官朗读准备程序笔录以代替当事人陈述。当事人没有在准备程序中主张的事项,于准备程序后进行言词辩论时,不得主张。但若有以下情形之一的,当事人未在准备程序中主张的事项,在准备程序中仍然可以提出:法院应依职权调查的事项;该事项不甚延滞诉讼的;因不可归责于当事人的事由不能于准备程序提出的;依其他情形显失公平的。

(三)法院在言词辩论前的处置

法院为使辩论易于终结,在必要时可以在言词辩论前,作出下列各项处置:命当事人或法定代理人本人到场;命当事人提出文书、物件;通知证人或鉴定人调取或命第三人提出文书、物件;进行勘验、鉴定或嘱托机关、团体进行调查;指派法官调查证据。法官应如何就特定诉讼事件进行的次序,安排优先顺位,使得当事人对于诉讼程序的进行时程具有一定的预测性,关系到能否落实集中审理的目标,须结合案件情况进行综合考量。[①]

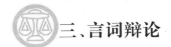

三、言词辩论

广义的言词辩论,是指法院、当事人及其他诉讼关系人于言词辩论期日所为的一切诉讼行为的总称。狭义的言词辩论,则是指除宣示裁判外,法院、当事人及其他关系人于言词辩论期日所为的一切诉讼行为。通常所谓言词辩论即就此而言。但有时也专指当事人于言词辩论期日所为之行为,这是最狭义的言词辩论。

---

① 　许政贤:《集中审理与案件管理——理论与实务的反思》,载杨淑文等:《跨世纪两岸民事程序法之新视野》,台湾元照出版有限公司2012年版。

"台湾民诉法"第 25 条规定:"被告不抗辩法院无管辖权,而为本案之言词辩论者,以其法院为有管辖权之法院。"所谓"本案之言词辩论",是指被告对于原告所主张的诉讼标的提出实质性抗辩,在理论上乃着重于辩论之实质内容是否针对诉讼标的。[①] 台湾地区"最高法院"2004 年台抗字第 539 号判决认为:"倘被告仅于诉状就为诉讼标的之法律关系为实体上陈述内容之记载,未于言词辩论期日或准备程序期日以言词加以引用,自难谓被告已为本案之言词辩论。"

(一)言词辩论的进程

言词辩论期日以朗读案由为始。首先由当事人声明应受裁判的事项。然后,当事人就诉讼关系作法律上和事实上的陈述,对他方当事人提出的事实进行陈述和辩论。当事人应当声明其所使用的证据,有权对违背诉讼程序的事项提出异议。在辩论中可以声请审判长发问或经审判长同意后自行发问。法院在言词辩论结束后,可以根据需要在宣示裁判前,再开言词辩论。

为便于诉讼程序的进行,或为防止裁判的抵触,法院可进行如下处置:(1)命令分别辩论。当事人以一诉主张的数项标的,法院可命分别辩论。但该数项标的或其攻击防御方法有牵连关系的除外。(2)命令合并辩论。当事人分别提起的数宗诉讼,其诉讼标的相牵连或可以通过一诉主张的,法院可命合并辩论。命合并辩论的数宗诉讼,可合并裁判。(3)命令限制辩论。当事人关于同一诉讼标的,提出数种独立的攻击或防御方法的,法院可命限制辩论。(4)采用通译。参与辩论人如不通中文,法院应使用通译;法官不通晓参与辩论人所用方言的,也应使用通译。参与辩论人如为聋、哑人,法院应用通译。也可以通过文字发问或使参与辩论人通过文字陈述。(5)禁止欠缺陈述能力的当事人、诉讼代理人或辅佐人陈述。(6)调查证据。法院调查证据,除另有规定外,应于言词辩论期日进行。

(二)当事人在言词辩论中的权利义务

1. 当事人在言词辩论中的权利

(1)异议权

"台湾民诉法"第 197 条规定,当事人对于诉讼程序规定的违背,可以提出异议。规定当事人在言词辩论中的责问权,目的在于维护当事人的程序利益。

---

① 　林家祺:《民事诉讼法新论》,台湾五南图书出版股份有限公司 2015 年第 3 版,第 39 页。

如果法院以违法行为作为前提而进行诉讼程序,当事人有权就该违法行为表示异议并主张无效。责问权的行使有两种情形:一是在仅为当事人利益而设立的诉讼程序中,对他造当事人、法院或其他诉讼关系人违背程序规定的行为,当事人作出明确表示的,责问有效。如果当事人已表示没有异议,或者知其违背或可知其违背而仍然进行本案辩论的,当事人丧失责问权。二是诉讼程序如果非仅为当事人的利益而设,若有违背程序规定时,无论当事人有无异议,有无就本案进行辩论,随时可提出异议。

(2)发问权

当事人在言词辩论中可以声请审判长进行必要的发问,也可以向审判长陈明后自行发问。但审判长认为当事人声请的发问或自行发问不当的,可以不发问或禁止当事人发问。参与辩论人如以审判长关于指挥诉讼的裁定,或审判长及陪席法官的发问或晓谕为违法而提出异议的,法院应就其异议作出裁定。此外,当事人还有权提出证据,对对方当事人的主张进行攻击和防御。

2.当事人在言词辩论中的义务

(1)真实义务

当事人应服从法官的指挥,并履行真实义务。"台湾民诉法"第 195 条规定:"当事人就其提出之事实,应为真实及完全之陈述。当事人对于他造提出之事实及证据,应为陈述。"

广义的真实义务包括真实陈述的义务与完全陈述的义务。真实陈述的义务是指当事人不可对明知不实的事项进行陈述,或明知对方当事人所述为真,却予以争执。完全陈述义务是要求当事人不可仅陈述于己有利的部分事实,即对其不利的部分,当事人亦应陈述。真实义务的适用对象为对事实部分的陈述,不包括对法律部分的陈述;且不仅当事人受真实义务规范,其法定代理人或诉讼代理人亦同。但对于完全陈述义务如何与辩论主义的基本法理相协调,以及如何在抗辩中确定当事人完全义务的界限,则是真实义务制度的重大难题。①

通说对于违反真实义务足以发生一定的法律效果持肯定见解,当事人违反真实义务可能发生民事程序法上的效果,也可能在民事、刑事实体法上发生法律效果。但其具体内容则存在争议,且就如何在诉讼法上发挥作用,学理上也存在不同的看法。一般认为,依确定当事人违反真实义务的时点可认为:在

---

① 姜世明:《诉讼行为论》,载《月旦法学教室》2005 年第 2 期。

证据调查与言词辩论阶段中,法院基于证据调查及当事人陈述等资料进行比对查证,确认当事人对于某陈述违反真实义务,此时可能发生诉讼法上的效果;若在言词辩论终结后,法院即使形成与某造当事人陈述不同的事实认定,并不当然推断该当事人违反真实义务,其是否构成违反,应视当事人所言是否与其当时所信相符,即其是否在陈述时说谎。此时所发现的违反真实义务情形与当事人诉讼后发现对造在诉讼中违反真实义务的情形,在法律效果的认定上可能向实体法效果发展。法院应通过阐明义务的履行,促使当事人即时遵守真实义务,避免当事人的损害与事后救济的负担。

（2）适时提出义务

当事人应适时提出攻击或防御方法。"台湾民诉法"第196条规定:"攻击或防御方法,除别有规定外,应依诉讼进行之程度,于言词辩论前适当时期提出。当事人意图延滞诉讼或因重大过失,逾时始提出攻击或防御方法,有碍诉讼终结者,法院得驳回之。攻击或防御方法之意旨不明了,经命其叙明而不为必要之叙明者,亦同。"

适时提出义务是以避免当事人拖延诉讼为出发点的,故其适用范围以辩论主义所行范围为限,如果是法院应依职权调查的事实,则无适用之余地。①

（三）法院和审判长在言词辩论中的职权

为保障诉讼程序合法、有效地进行,"台湾民诉法"赋予法院诉讼指挥权,以克服当事人主义诉讼模式的弊端。法院诉讼指挥权的范围十分广泛,除终局裁判之外的法院诉讼行为全部包含在内,主要有以下几种:有关进行诉讼的事项,例如期日的指定或变更;为整理及促进诉讼审理的有关事项,例如命分别辩论、合并辩论、限制辩论;为整理于期日所为的各种行为;为使诉讼关系明了所为的处置。例如"台湾民诉法"第203条规定的各项处置等。②

---

① 吕太郎:《适时提出主义》,载《台湾法学杂志》2001年第2期。
② "台湾民诉法"第203条规定:"法院因阐明或确定诉讼关系,得为下列各款之处置:一、命当事人或法定代理人本人到场。二、命当事人提出图案、表册、外国文书之译本或其他文书、物件。三、将当事人或第三人提出之文书、物件,暂留置于法院。四、依第二编第一章第三节之规定,行勘验、鉴定或嘱托机关、团体为调查。"

(四)法官的阐明义务

1.阐明义务的概念与性质

阐明是法官行使诉讼指挥权的最重要的手段,其目的在于摒除辩论主义的弊端及补救辩论主义的缺点,借以保护法律应加以保护的权利人,同时使法院的判决符合客观真实的结果。法官的阐明行为属于诉讼行为的一种,具有诉讼指挥的性质。

在古典辩论主义的诉讼传统中,法官阐明曾被称为"阐明权",具有"权限""权力""裁量权"等含义;但因民事诉讼的发展逐渐走向修正的辩论主义,法官与当事人的诉讼促进义务得到不断强化[1],因此,学者多将法官的阐明称为"阐明义务"。[2] 台湾地区"最高法院"的判例认为,法官的阐明实为义务,如有违背,其诉讼程序即构成重大瑕疵。

2.阐明制度的功能

民事诉讼程序原则上采取辩论主义,法院仅能依据当事人声明的范围,及当事人提供的诉讼材料作为裁判的基础。但因诉讼程序的复杂,当事人法律知识的有限,其于起诉后作出的声明及陈述,不免存在各种缺点。如声明或陈述的内容不明、不完善,声明或陈述错误或不适当,未作出必要的声明与陈述等。上述缺点在当事人没有以律师作为诉讼代理人时尤为明显。为弥补这种缺点,法官得运用其诉讼指挥权进行阐明,使得"应胜者能胜",以达到实现实质正义的诉讼目的。

目前,台湾地区的通说认为,法官阐明有突袭性裁判之防止、听审请求权之保障、审理集中化之达成、适时审判请求权之保障以及诉讼制度解决纠纷功能之扩大等功能,是与争点整理程序、失权制度并列的集中审理制度的三大支柱。[3]

---

① "台湾民诉法"第 199 条第 1 项、第 2 项规定:"审判长应注意令当事人就诉讼关系之事实及法律为适当完全之辩论。审判长应向当事人发问或晓谕,令其为事实上及法律上陈述、声明证据或为其他必要之声明及陈述;其所声明或陈述有不明了或不完足者,应令其叙明或补充之。"

② 廖蕙玟:《消灭时效抗辩之阐明》,载《月旦法学教室》2014 年第 7 期。

③ 姜世明:《争点简化协议之效力——着重于其与诉之变更追加等制度之体系冲突》,载《台湾法学杂志》2007 年第 5 期。

3.阐明义务的内容

(1)"台湾民诉法"第199条第2项的规定

令当事人陈述事实,声明证据,或作出其他必要的声明或陈述。法院开始进行辩论时,须明确当事人应受判决事项的具体内容。当事人不作出诉的声明时,审判长应促其作出声明,并令当事人就起诉原因事实或答辩事实、理由作出陈述,并声明证据,或作出其他必要的声明与陈述。审判长进行阐明的目的,是依据言词辩论原则,了解诉讼事件的具体内容,而非促使当事人提出新的主张。

当事人的声明或陈述不明确的,令其述明。即当事人作出的声明与起诉的原因事实不符,或其陈述含糊不清时,审判长应加以阐明,使诉讼事件明晰。否则不加阐明地勉强裁判,将可能导致裁判理由不足,当事人难服裁判。

当事人的声明或陈述不完备的,令其补充。即当事人作出的声明与陈述有矛盾之处或尚有重要欠缺的,审判长应加以阐明。例如当事人请求他造履行买卖契约,却未陈述买卖的标的物、对价及履约期,则审判长应作出阐明,令当事人补充陈述。

(2)"台湾民诉法"第199条之一的规定

为扩大诉讼解决纠纷的功能,使当事人可以利用同一诉讼程序彻底地解决纠纷,2000年的"民诉法"修正新增第199条之一。根据该条的规定,如果原告主张的事实,在实体法上可以主张数项法律关系而原告不知的,审判长应告知原告可以在该诉讼程序中一并主张;如果被告主张消灭或妨碍原告请求的事由,究竟是提出防御方法还是提起反诉存有疑义时,为达纠纷解决目的,并利于被告平衡追求其实体利益与程序利益,审判长应适时行使阐明权。

4.阐明的范围

传统上,台湾地区关于阐明制度的理论与实务观点多持较为保守的意见。但实践中,法官对当事人声明及主张的指示或说明,可能涉及较为广泛的对象。一般认为,对不明晰的部分进行适当的阐明,以及对诉讼资料补充进行阐明较无争议。前者是对当事人已经提出的声明或主张有不明确或矛盾之处的阐明,后者是强调法官的阐明应基于当事人已经作出的声明或阐述,方可作出补充诉讼资料的阐明。而关于除去不当声明的阐明,以及提出新诉讼资料的阐明,学界目前仍存在较大的争议。有学者指出,法官阐明的范围是由阐明的目的、功能与阐明的界限决定的。倘若法院超越阐明义务范围的界限进行阐明,应认法官违反其非偏颇性的要求,构成当事人申请法官回避的理由。①

(五)言词辩论的笔录

为确保证明言词辩论的经过及内容程序事项的存在,杜绝日后争执,安定此后的程序接续,使上诉审法院能够调查判断原审法院的审判是否合法,立法特别就言词辩论的笔录作了规定。言词辩论笔录系公文书的一种,具有完全的证明力。除有反证足以证明其记载失实以外,应认定其记载全属真实。

言词辩论笔录记载的事项可分为两类:一是形式上应记载的事项,包括辩论的处所及时间;法官、书记官及通译的姓名;诉讼事件;到场当事人、法定代理人、诉讼代理人、辅佐人及其他经通知到场之人的姓名;辩论为公开或不公开,如为不公开的,载明不公开的理由。二是实质上应记载的事项,包括诉讼标的之舍弃、认诺及自认;证据的声明或舍弃及对于违背诉讼程序规定的异议;依法应记载于笔录中的其他声明或陈述;证人或鉴定人的陈述及勘验所得的结果;不作裁判书附卷的裁判;裁判的宣示等。此外,当事人作出的重要声明或陈述以及经晓谕而不作出声明或陈述的情形,审判长可以命令记载于笔录中。

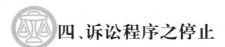

四、诉讼程序之停止

"台湾民诉法"在总则中对诉讼停止作了专门的规定,并根据诉讼程序中断、中止、休止等不同原因,将诉讼程序停止划分为当然停止、裁定停止和合意停止。② 除有法律特别规定外,所有的民事诉讼程序都可以适用总则关于诉讼程序停止的规定。诉讼程序当然停止或裁定停止期间,法院及当事人不得作出关于本案的诉讼行为。但于言词辩论终结后当然停止的,基于其辩论的裁判可以宣示。

(一)当然停止

当然停止是指诉讼程序于法定事由发生时,不问法院及当事人是否知悉,

---

① 刘明生:《论法院阐明义务之目的、功能与范围界限——以德国法为中心》,载《世新法学》2013 年第 6 期。

② 陈启垂:《诉讼程序的当然停止与裁定停止》,载《月旦法学教室》2004 年第 9 期。

不待法院或当事人的行为,诉讼的进行均当然停止。

1.当然停止的原因

诉讼程序发生当然停止的具体事由包括:当事人死亡时,诉讼程序在有继承人、遗产管理人或其他依法应续行诉讼之人承受其诉讼之前当然停止;法人因合并而消灭时,诉讼程序在因合并而设立或合并后存续的法人承受其诉讼之前当然停止;当事人丧失诉讼能力或法定代理人死亡或其代理权消灭时,诉讼程序在有法定代理人或取得诉讼能力的本人承受其诉讼以前当然停止;受托人的信托任务终了时,诉讼程序在新受托人或其他依法应续行诉讼之人承受其诉讼之前当然停止;基于一定资格以自己的名义为他人任诉讼当事人之人,丧失其资格或死亡时,诉讼程序在有同一资格之人承受其诉讼之前当然停止;依法被选定为诉讼当事人之人全体丧失资格时,诉讼程序在该有共同利益人全体或新被选定为诉讼当事人之人承受其诉讼之前当然停止;当事人受破产宣告时,关于破产财团的诉讼程序在依法有承受诉讼人或破产程序终结之前当然停止;法院因天灾或其他不可避免的事故不能履行职务时,诉讼程序在法院公告执行职务之前当然停止。

2.承受诉讼的程序

诉讼程序当然停止后,依法承受诉讼之人在可以承受诉讼时,应即作出承受声明。若应承受诉讼行为的人,斟酌诉讼的结果,认为会对自己不利,因而故意拖延不承认诉讼,此时对诉讼相对人即产生不利,不仅在作业上十分不便,亦是对司法资源的一种浪费。[①] 因此,法律特别规定,依法应当承受诉讼之人不声明承受诉讼,法院也可以依职权,以裁定命其续行诉讼。

声明承受诉讼,应向受诉法院提交法院书状,由法院送达他造。承受诉讼的声明有无理由,法院应依职权调查。法院认为其声明无理由的,以裁定驳回。诉讼程序于送达后当然停止的,其承受诉讼的声明,由原裁判法院作出裁定。对法院就承受诉讼之声明所作出的裁定,以及法院依职权命令续行诉讼的裁定,当事人可以提出抗告。

(二)裁定停止

裁定停止是指因出现法定原因,由法院裁判停止诉讼程序的进行。与前

---

① 林家祺:《民事诉讼法新论》,台湾五南图书出版股份有限公司 2015 年第 3 版,第 223 页。

述的当然停止相比,二者主要存在如下差异:首先,发生停止的法定原因时,法院在裁定停止中可以斟酌情形决定是否以裁定停止诉讼;而在法定停止中,法院必须当然停止诉讼程序,无裁量空间。其次,停止原因消灭后,法院在裁定停止中必须以裁定撤销停止后,方可以续行诉讼;但于当然停止中,法院不必以裁定撤销停止,可以依声请或依职权命令续行诉讼。

1. 裁定停止的原因

诉讼程序发生裁定停止的具体事由包括:当事人于战时服兵役,有停止诉讼程序的必要时,或因天灾、战事或其他不可避免的事故与法院交通隔绝时,法院得在障碍消灭前,裁定停止诉讼程序;诉讼的全部或部分裁判,以其他诉讼的法律关系是否成立为依据的,法院得在其他诉讼终结前,以裁定停止诉讼程序;普通法院就其受理诉讼的权限,如果与行政法院确定裁判的见解不同,则以裁定停止诉讼程序,并声请"司法院"大法官解释;诉讼中有犯罪嫌疑牵涉裁判时,法院得在刑事诉讼终结前,以裁定停止诉讼程序;当事人就已经系属于外国法院的事情提起诉讼,如有相当理由认为该事件在外国法院的判决中有承认效力的可能,并且被告在外国应诉并无重大不便,则法院在外国法院判决确定前,以裁定停止诉讼程序;在告知诉讼中,法院如认为受告知人可以作为参加者,得在其参加前以裁定停止诉讼程序;第三人依"台湾民诉法"第54条的规定提起主参加诉讼的,在该诉讼终结以前,法院以裁定停止本诉讼的程序。

2. 裁定停止诉讼及撤销停止诉讼的程序

诉讼程序的裁定停止,由法院依声请或依职权作出裁定。法院有权视具体情况裁定停止诉讼,其权衡因素应依裁判正确性、当事人程序利益与实体利益平衡,以及避免不必要的延滞诉讼为考量基础。

对停止诉讼的裁定,法院依声请或依职权撤销。该撤销不仅在停止事由消失时可以作出,在事由消失之前、法院认为必要的时候,也可以撤销。关于停止诉讼程序的裁定,以及撤销停止的裁定,当事人均可以提起抗告。

(三)合意停止

合意停止是指因当事人的合意或者因当事人双方迟误言词辩论期日而停止进行诉讼程序。从性质上看,这种合意属于诉讼契约的一种。[①]

---

① 　姜世明:《诉讼契约之研究》,载《东吴法律学报》2007 年第 7 期。

1. 当事人合意停止

当事人得以合意停止诉讼程序,但不变期间的进行,不受影响。该项合意应由两造向受诉法院或受命法官陈明。合意停止诉讼程序的当事人自陈明合意停止时起,如于 4 个月内不续行诉讼者,视为撤回其诉或上诉;续行诉讼而再以合意停止诉讼程序的,以一次为限。如再次陈明合意停止诉讼程序,不发生合意停止诉讼的效力,法院得依职权续行诉讼;如两造无正当理由仍迟误言词辩论期日,则视为撤回其起诉或上诉。

2. 法律拟制的合意停止

当事人两造无正当理由迟误言词辩论期日时,除另有规定外,视为合意停止诉讼程序。如于 4 个月内不续行诉讼,则视为撤回其起诉或上诉。前述诉讼程序停止期间,法院认为必要时可以依职权续行诉讼,如两造无正当理由仍然迟误不到,则视为撤回其起诉或上诉。

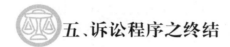

五、诉讼程序之终结

(一)和解

1. 和解的含义、性质

和解可分为诉讼外和解与诉讼上和解。诉讼外和解是指依据台湾地区"民法"第 736 条的规定,当事人约定相互让步,以终止争执或防止争执发生的契约。当事人于诉讼系属中,在受诉法院或受命法官、受托法官前,相互让步,达成合意,以终止其争执,同时又以终结诉讼之全部或者一部分为目的之行为,称为诉讼上和解。① 关于诉讼上和解的性质,有"私法行为说""诉讼行为说""私法行为和诉讼行为竞合说""私法行为和诉讼行为并存说"等不同的学说。实务见解所采用的"私法行为和诉讼行为并存说",目前为台湾地区通说。

2. 和解成立的合法要件

和解的成立要具备实体法要件和程序法要件,前者包括:当事人之间有相互让步,以终止争执的合意;和解的内容属于当事人可自由处分的权利;和解

---

① 杨建华原著、郑杰夫增订:《民事诉讼法要论》,北京大学出版社 2013 年版,第 293 页。

的内容不违反公序良俗和法律的强行性规定。后者包括：于当事人方面，应有诉讼能力，如由诉讼代理人进行和解，应经特别委任，必要共同诉讼人须由全体共同和解；于法院方面，应向受诉法院、受命法官或受托法官前进行和解；于诉讼标的方面，和解的内容应与诉讼标的有关，否则不属于诉讼上和解。

3. 和解的效力

"台湾民诉法"第 380 条规定："和解成立者，与确定判决有同一之效力。"这意味着和解和判决具有同样的羁束力、确定力和执行力。羁束力是指和解对当事人和法院都有约束力。即法院与当事人均不得任意撤销和更正，应受和解内容的拘束。确定力可分为形式上的确定力和实质上的确定力，前者是指当事人除依法提出继续审判的请求外，不得上诉或抗告，诉讼程序终结，诉讼系属消灭；后者是指法律关系已确定，当事人不得就该法律关系另行起诉，法院亦不得作出和和解内容相反的裁判。执行力是指当事人可就和解的内容，申请法院强制执行。

4. 瑕疵和解的救济

和解成立者，与确定判决有同一法律效力，当事人不得再行上诉或抗告；法院也不得再为任何裁判，但如果存在瑕疵，则必须赋予当事人适当的救济途径。"台湾民诉法"第 380 条第 2 项规定："和解有无效或得撤销之原因者，当事人得请求继续审判。"

请求继续审判的原因包括和解无效与和解可撤销。和解无效包括实体法上的无效和程序法上的无效。前者主要包括违反禁止性规定或有悖公共秩序、善良风俗等；后者包括：和解当事人欠缺当事人能力或诉讼能力；代理权有欠缺；和解当事人适格有欠缺；和解事项不得由当事人处分；和解内容非属普通法院权限。可撤销的原因主要包括：因欺诈或被胁迫而为意思表示成立的和解；因错误而为意思表示成立的和解，原则上不得成为继续审判的理由，但就某些特殊情形，例如，和解所依据的文件，事后发现为伪造或变造，而和解当事人若知其为伪造或变造即不为和解的；当事人发现就同一诉讼标的，在此前已有确定判决或和解或调解的，但当事人在和解时已知而仍和解时，不在此限；当事人之一对他方当事人的资格，或对于重要争点有错误而为和解的也可要求继续审判。

请求继续审判的合法要件包括：须由和解当事人请求；须遵守法定期间：当事人应于 30 日的不变期间内提起，此项期间应自和解成立之日起算；须向诉讼原系属法院提出请求。

法院受理继续审判的请求时，应审查其继续审判的请求是否合法，认为不合法的,应以裁定驳回其请求。如其请求合法,法院应指定言词辩论期日先就和解是否存在无效或可撤销的原因进行辩论。辩论之后,如认为无效或得撤销的原因不成立,由于原诉讼已因和解而终结,无须继续审判;如认为和解确有无效或得撤销的原因,得以中间裁定谕示要旨,或在终局判决理由中予以说明,同时准许继续审判而作出终局判决。

(二)诉之撤回

诉之撤回是指原告在判决确定前,向法院表示撤回其起诉,从而消灭诉讼系属的诉讼行为。诉之撤回是当事人行使处分权的体现,只要当事人向法院撤回起诉,诉讼程序即告终结,诉讼系属消灭。学者一般认为诉之撤回是一种单方诉讼行为,其性质属于与效行为,因此诉之撤回不能撤回,也不能附期限或附条件。

根据"台湾民诉法"第262条第1项的规定,诉之撤回应符合以下要件:(1)必须由原告作出;由原告代理人行使撤回诉讼的权利,须有特别授权;固有必要的共同诉讼,应由原告全体作出。(2)必须在判决确定前向法院提出。不论诉讼系属于任何审级,若判决尚未确定,原告皆可提出撤回。(3)若被告已进行本案的言词辩论,原告撤回起诉应得到被告的同意,否则不发生撤回诉讼的效力。(4)诉的撤回应以书状提出,但于期日得以言词向法院或受命法官提出。以言词所提出的诉之撤回,应记载于笔录中,如他造不在场,应将笔录予以送达。

诉之撤回的效力,在未经终局判决和经终局判决时有所差别:对于前者,诉一经撤回,诉讼系属消灭,视同未起诉,原告可以就同一事件另行起诉,但反诉不因本诉撤回而失去效力;对于后者,为防止原告滥行撤回诉讼,经本案终局判决后撤回诉讼的,禁止原告再行起诉。但是,法律并不禁止被告以原告的地位,就同一诉讼标的,以他造为被告提起新的诉讼。

(三)裁判

裁判作为一种最重要的法院诉讼行为,有广义和狭义之别。广义的裁判,除法院(包含审判长、受命法官、受托法官)的意思表示外,还包括法院书记官的意思表示(有关笔录的更正补充等)在内。狭义的裁判,则不包括书记官的意思表示。就其方法而言,广义的裁判包括判决、裁定和处分。判决是指法院基于必要的言词辩论,依法定程序作成书面材料并宣示,就当事人实体或程序上的争点所作出的使程序终结的诉讼行为。裁定是指法院原则上不必经过言词辩论及宣示,就当事人或其他诉讼关系人实体上或程序上的争点作出决定并使诉讼程序终结的诉讼行为,裁定不一定采取书面形式。处分是指审判长、受命法官、受托法官或法院书记官在程序进行中,就程序上的争点作出决定的诉讼行为。狭义的裁判仅指判决、裁定,不包括处分。下文简要介绍有关判决的规定。

1. 判决的种类

根据"台湾民诉法"的规定和有关理论,判决主要包括以下几种类型:

(1)就判决的形式而言,分为终局判决和中间判决

以终结诉讼事件的全部或部分为目的的判决是终局判决;非以终结诉讼为目的,仅为终局判决作准备的判决是中间判决。根据"台湾民诉法"第383条的规定,中间判决适用于两种情形:一是各种独立的攻击或防御方法,达到可作出裁判的程度的,法院可以作出中间判决;二是请求的原因及数额均有争执时,法院认为请求原因正当的,亦可作出中间判决。中间判决不得作为执行的名义。① 此外,诉讼程序上的中间争点,达到可作出裁判程度的,法院可以先作出中间裁定。

(2)根据判决的内容是否与诉讼标的有关,分为本案判决与非本案判决

本案判决是指法院就原告主张的诉讼标的(即两造争执的法律关系)所作的判决,亦称实体判决。而非本案判决则是法院就无关诉讼标的的事项所作出的判决,亦称程序判决或诉讼判决,如第二审法院以第一审法院无管辖权而将该事件移送管辖法院的判决。

(3)就诉的内容而言,分为给付判决、确认判决和形成判决

给付判决是指法院认为原告给付请求权存在而命被告履行的判决。确认判决是指确认法律上效果或法律关系成立与否的判决。对于确认之诉,原告败诉与否均为确认判决。形成判决,亦称创设判决,是指法院准许原告形成之诉,即容许原告的请求,而使法律关系发生、变更或消灭的判决。

(4)就判决的基础而言,分为两造辩论判决与一造辩论判决

基于两造当事人的辩论而作出的判决为两造辩论判决。基于一造辩论而作出的判决为一造辩论判决。"台湾民诉法"第385条规定,言词辩论期日,当事人之一造不到场者,法院得依到场当事人之声请,由其一造辩论而为判决;不到场之当事人经再次通知而仍不到场者,并得依职权由一造辩论而为判决。

---

① 姜世明:《执行名义(一)》,载《月旦法学教室》2014年第6期。

为兼顾不到场一造之利益,在某些特定的情形下,法院不得为一造辩论判决,而应延展辩论期日。"台湾民诉法"第386条对此作了具体的规定:"有下列各款情形之一者,法院应以裁定驳回前款声请,并延展辩论期日:一、不到场之当事人未于相当时期受合法之通知者。二、当事人之不到场,可认为系因天灾或其他正当理由者。三、到场之当事人于法院应依职权调查之事项,不能为必要之证明者。四、到场之当事人所提出的声明、事实或证据,未于相当时期通知他造者。"

(5)就判决的范围而言,分为全部判决、一部判决和补充判决

全部判决是指法院就诉讼全部所作出的终局判决;一部判决是指法院就诉讼的一部分所作出的判决;补充判决是指法院就诉讼标的的一部分或诉讼费用或假执行的申请,于判决时脱漏,而后就该部分所作出的终局判决。补充判决属于一部判决,可独立上诉、独立确定。

2. 判决的要件

根据辩论主义、处分主义、直接言词原则和自由心证原则,判决的作出必须具备一定的要件,包括形式要件和实质要件。

形式要件主要包括:诉讼正在法院系属中;必须经过言词辩论;参与判决的法官必须参与作为判决基础的辩论;法院组织合法。实质要件主要包括:诉讼已经达到可以作出裁判的程度;须就当事人声明的事项而作出判决;必须依自由心证对事实作出判断。

3. 判决的宣示

经言词辩论的判决应宣示;不经言词辩论的判决应公告。宣示判决,应于言词辩论终结之期日或辩论终结时指定之期日进行。指定的宣示期日,自辩论终结之日起,不得超过两个星期。判决的宣示,应依据已经作成的判决原本进行。宣示判决时,不问当事人是否在场,均有效力。

4. 判决的更正和补充

判决如有误写、误算或其他类似显然错误的,法院可以依声请或依职权以裁定更正;判决正本与原本不符的亦同。前述裁定应附记于判决原本及正本中;如正本已经送达,不能附记的,应制作该裁定的正本并予以送达。对于更正或驳回更正声请的裁定,当事人可以提出抗告,但对判决已经提出合法上诉的除外。

对诉讼标的的一部分或诉讼费用,裁判有脱漏的,法院应依声请或依职权以判决作出补充。脱漏是指法院对应予裁判的诉讼标的或诉讼费用未作出裁判。判定脱漏与否应就当事人请求裁判的事项与法院在判决中所作出的判断

予以对照。而法院有无作出判断的表示,应查找该判决的主文与理由。当事人就脱漏部分声明不服的,可以声请补充辩论。若脱漏的部分已经辩论终结的,法院应即时作出判决;未终结的,审判长应速定言词辩论期日。因诉讼费用裁判脱漏而作的补充判决,在本案判决已经有合法上诉时,上诉审法院应与本案诉讼一同裁判。

(四)既判力

1.既判力的意义及功能

所谓既判力,亦称判决的实质确定力,是指关于诉讼标的的权利或法律关系,法院裁判具有的不可争性。即确定判决中就诉讼上请求的诉讼标的所作出的判断,其判决的内容具有拘束力。法院的终局判决确定后,当事人及法院均受判决内容的约束,当事人不得主张相反的内容,法院也不得作出与其内容相矛盾的判断。

关于既判力的本旨,学界存在不同的见解。如"实体法""诉讼法说""折中说"等。通说采"折中说",认为在实体上既判力的意义是使争议的权利义务关系获得最后的确认,即使误判,在依法定程序推翻判决前,不得否认该裁判的认定及实体权利义务关系的新形成。而在诉讼上,则有一事不再理及其他法院与当事人对该确定判决所认定的权利义务关系不能加以争执或作出不同认定的效力,并借以确保其实体上作用的实现。

2.既判力的主观范围

确定判决就诉讼标的法律关系所生的既判力对何人产生拘束力,称为既判力的主观范围问题。原则上既判力仅在诉讼中对立的当事人之间发生作用,而不及于第三人,此即所谓的既判力的相对性。但为扩大诉讼制度解决纠纷的功能、谋求法的安定性、诉讼经济等要求,在部分情形下也有扩大既判力主观范围的必要。"台湾民诉法"第401条规定,确定判决除对当事人外,对于诉讼系属后的当事人继受人,及为当事人或其继受人占有请求的标的物者,也有效力。对于为他人而为原告或被告者的确定判决,对于该他人亦有效力。

3.既判力的客观范围

"台湾民诉法"第400条规定了既判力的客观范围:除另有规定外,确定的终局判决就经裁判之诉讼标的有既判力。主张抵销的请求,其成立与否经裁判者,以主张抵销之额为限,有既判力。依据该规定,既判力的客观范围原则上是经判决主文确定的诉讼标的,仅在抵销的情形下承认一定条件下判决理由中的论断具有既判力。这一制度设计与合法听审程序保障作为既判力承认的正当化前提有关,并可从防止突袭裁判的角度加以理解。

4. 是否承认争点效

法院在判决理由中所作的判断原则上不产生既判力,而立法上也仅就抵销的判断规定了既判力。而争点效理论认为,法院在确定判决理由中,对诉讼标的以外的当事人所主张或抗辩的重要争点,基于两造辩论所作出的判断结果,除显然违背法令,或当事人提出新诉讼资料足以推翻原判断的情形外,同一当事人间就与该重要争点在他诉中,不得再提出相反的主张,法院也不得作出不同的判断。基于诉讼中的诚实信用原则及当事人公平的诉讼法理,主张承认争点效理论的学者认为,判决理由中的判断可以产生争点效,但以符合下列四个要件为限:该判决理由中的判断须为该诉讼的主要争点,即足以影响判决结论的争点;对该主要争点,当事人须已在前诉进行充分的攻防;法院须就该主要争点进行实质的审理判断;前后两诉的系争利益应几近相当,利害关系相近。① 近年来,台湾地区实务上对争点效理论有承认的倾向,但在要件上,不同判决对承认有不同的要求,其标准较学界观点更为严格,且指出争点效的承认与既判力并不相同。②

---

① 黄国昌:《民事诉讼法教室Ⅰ》,台湾元照出版有限公司 2010 年第 2 版,第 219 页。

② 关于司法实务界的见解,可参见台湾地区"最高法院"2013 年台上字第 106 号判决、2011 年台上字第 1526 号判决、2007 年台上字第 307 号判决等。

第六章 简易诉讼程序与小额诉讼程序

现代经济社会矛盾纠纷频发,案件类型日益繁杂。为适应社会变迁的新形势,纠纷解决机制逐渐趋于多元化,诉讼程序的多轨制即为其表现之一。例如,对于环境侵权、消费者权益等现代型诉讼,立法者根据其特点,设立了不同于传统诉讼的方式,即公益诉讼。而对案件性质较为简单或金额较小的案件,则由初级法院或小额法院采用较为简化的程序处理,以便迅速地解决纠纷。对于普通民众而言,发生重大案件或巨额诉讼的机会较小,简单、轻微、小额案件倒是生活常态。如果日常简单的纠纷不能及时得到解决,或者因为诉讼发生了不可期待的利益损失,或者被剥夺了平等利用诉讼制度的机会,都会造成国民生活的困扰,无助于改善生活品质。在台湾地区,简易诉讼程序或小额诉讼程序都是民众提升生活品质的司法途径,本章对此予以评述。

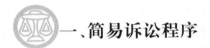

一、简易诉讼程序

简易诉讼程序略称简易程序,其并非与第一审程序对立的程序,而是自第一审程序中,划出一部分较为轻微、简单、容易或应速结的诉讼事件,另设若干便捷的规定而已。故简易诉讼程序亦属于第一审诉讼程序。[①] 简易程序是通常诉讼程序的简化处理,但简易诉讼程序有别于通常诉讼程序,其不附属于通常诉讼程序,同时,又同属第一审程序,都是独立的诉讼程序,各自有其适用范围,两者并行不悖。台湾地区在废除四级三审制度之后,对于情节简单或性质上宜于速结之事件,有异于一般事件简易速审理之必要,故特设简易程序之规定,以资适用而期便捷,达到节省当事人的时间、费用,提高诉讼效率之目的。

"台湾民诉法"中的简易诉讼程序借鉴了日本和德国的立法经验,结合本土实际,具有鲜明的特色:

---

① 姚瑞光:《民事诉讼法论》,中国政法大学出版社 2011 年版,第 400 页。

第一,台湾地区未设立专门的简易法院,亦未制定专门的简易程序法律,而是在基层法院设立专门的审判庭,在"民诉法"中设立简易诉讼程序章节,因而其立法和运行成本不高。

第二,实行特殊之救济程序,通常诉讼程序实行三审终审制,为达到提高效率,节省成本之目的,简易诉讼程序则实行两审终审为主,三审终审为辅之特殊审级制度;对其再审也有特别之规定。

第三,既强调当事人之程序选择权,又强调法院之诉讼指挥权和程序控制权,以达到提高效率之目的。①

总之,简易诉讼程序兼具原则性和灵活性,是法院职权主义和当事人主义的有机结合。简易诉讼程序越来越贴近社会生活并服务于司法实践,不仅在体系安排、制度设计上更加合理,而且在诉讼理念上也不断提升,更能符合当事人的心理和要求。

(一)简易诉讼程序的适用范围

1. 依诉讼标的金额或者价额适用简易诉讼程序

"台湾民诉法"第 427 条第 1 项规定,关于财产权之诉讼,其标的金额或价额在新台币 50 万以下的,适用简易诉讼程序。依此规定,适用简易诉讼程序的此类诉讼事件有两个条件:一是财产权之争议,所谓财产权,系指为诉讼标的之权利具有财产上之价值者而言。如物权、债权、准物权、无体财产权、继承权或受抚养权均属之等。凡以具有财产上价值之请求权或其他法律关系为诉讼标的之诉者,皆为财产权之诉讼。② 二是其标的额有限制,即在新台币 50 万元以下者。此项数额,"司法院"可因情势需要,以命令减至新台币 25 万元,或增至 75 万元。

2. 依诉讼事件性质适用简易诉讼程序

"台湾民诉法"第 427 条第 2 项规定,下列各款诉讼,不问其标的金额或价额一律适用简易程序:(1)因建筑物或其他工作物定期租赁或定期借贷关系所

---

① 就具体制度而言,台湾简易程序具有以下特色:(1)适用范围较广泛,标准较明确,允许当事人合意适用简易程序。(2)在各个地方法院设立简易庭,专门负责审理简易案件。(3)程序简便。例如,允许证人鉴定人利用现代科技设备进行陈述,简化判决书的格式。(4)对简易程序的一审判决,如当事人上诉,由原审法院以合议庭进行审理。参见齐树洁:《程序正义与司法改革》,厦门大学出版社 2004 年版,第 167 页。

② 吴明轩:《民事诉讼法》(中册),作者自版,2013 年第 10 版,第 1219 页。

生之争执涉讼者；（2）雇用人与受雇人间，因雇佣契约涉讼，其雇佣期间在一年以下者；（3）旅客与旅馆主人、饮食店主人或运送人之间，因食宿、运送费或因寄存行李、财物涉讼者；（4）因请求保护占有涉讼者；（5）因定不动产之界线或设置界标涉讼者；（6）本于票据有所请求而涉讼者；（7）本于合会有所请求而涉讼者；（8）因请求利息、红利、租金、退职金或其他定期给付涉讼者；（9）因动产租赁或使用借贷关系所生之争执涉讼者；（10）因第 1 款至第 3 款、第 6 款至第9 款所定请求之保证关系涉讼者。

3. 依当事人合意适用简易诉讼程序

（1）任意合意适用简易程序

对于不属于第 427 条第 1 项及第 2 项规定之情形，若当事人合意适用简易程序，应予允许，以尊重当事人之程序选择权。需要注意的是，合意适用简易程序的事件只能是财产权争议。家事事件涉及公益，当事人不得合意适用简易程序。同时，当事人以合意适用简易程序，其合意应以文书证明之，并向法院陈明。倘若当事人因合意产生争执，则应由主张此合意之当事人以文书予以证明。

（2）拟制合意适用简易程序

对于不属于"台湾民诉法"第 427 条第 1 项及第 2 项规定之情形，未经当事人合意，法院直接适用简易程序的，则属程序违法，当事人任何一方可依"台湾民诉法"第 197 条的规定提出异议，这时法院即应以裁定改用通常诉讼程序，仍由原法官继续审理。若当事人未提出抗辩而为本案之言词辩论，视为已有适用简易程序之合意，即拟制合意适用简易程序，嗣后不得以未经其合意适用简易程序为由提起上诉。另外，在简易程序中，如果当事人为诉之变更、追加或者反诉，致使诉的一部分或者全部不属于"台湾民诉法"第 427 条第 1 项及第 2 项所规定的范围，被告不抗辩而为言词辩论的，亦视为已有简易程序之合意。以上两种情形，法院均不得以裁定改用通常诉讼程序。

4. 排除适用简易诉讼程序的例外规定

对于"台湾民诉法"第 427 条第 2 项规定的情形，不论其标的金额或者价额如何，一律适用简易程序，作如此规定乃是因为，通常此类诉讼案情单纯，宜速审速结，采用简略之简易程序审理，尚不至于影响公平裁判。但是，如果此类诉讼案情确系复杂或者标的之金额或者价额过于庞大，如仍按照简易程序审理,殊非保护正当当事人之道。① 因此,"台湾民诉法"第 427 条第 5 项规定,当案情繁杂或其诉讼标的金额或价额逾第 427 条第 1 项所定额数 10 倍以上者,法院得依当事人声请,以裁定改用通常诉讼程序,并由原法官继续审理。对于该项裁定,当事人不得声明不服。该第 5 项规定了排除适用简易诉讼程序的条件:(1)排除适用的案件应为第 427 条第 2 项所规定的情形;(2)排除适用的案件须案情繁杂或其诉讼标的金额或价额为新台币 500 万元以上;(3)当事人提出申请排除适用简易诉讼程序;(4)由法院裁定改用通常诉讼程序;(5)由原法官继续审理,即简易庭法官审理,而不是通常诉讼庭法官审理。

从上述规定中可以看出,对于简易程序之适用范围,立法上采用三重标准:一是争议标的额;二是案件性质;三是当事人合意选择。同时采用了强行性规定、意定规定和排除规定三种法律规范。强行性规定和当事人意定规定大大扩大了简易诉讼程序的适用范围,排除规定则是缓解强行性规定的刚性,体现了立法者的变通思维。显然,立法者对简易诉讼程序的适用范围进行了非常细致的设计,体现了立法者的缜密思维和对实践的周全考虑。立法者采用了扩大而不放松简易诉讼程序的"入门口"的立法方式,值得借鉴。此种规定既不僵化刻板,又有一个统一的标准,有利于法律适用的统一;以法律的明文规定为主,同时又赋予当事人之自由选择权,较好地坚持了原则性和灵活性的统一,体现了法律强行性规定的严肃性和充分尊重当事人的主体性地位。

(二)简易诉讼程序第一审特别规定

1.起诉及其他声明或陈述均以言词为之

在通常诉讼程序中,起诉应以诉状为之,仅于诉之变更或追加及提起反诉,得于言词辩论时为之。起诉以外之声明或者陈述,如诉之撤回、提出准备书状等,也应以书状为之,以示郑重。但于简易程序,起诉及其他期日外之声明或陈述,均得以言词为之。该规定旨在便于当事人起诉或者为其他诉讼行为,以期简捷。此处之言词是指当事人于书记官面前以言词为之,书记官做成笔录,以代书状之用。在通常诉讼程序中,起诉之诉状应表明诉讼标的及原因事实,而于简易程序中,以言词起诉时,仅需表明请求之原因事实即可,以免对当事人失之过苛。这表明简易程序采取了诉讼标的之相对性特定的立法体

---

① 吴明轩:《民事调解、简易及小额诉讼程序》,台湾五南图书出版公司 2007 年版,第 90 页。

例,值得注意。①

2.准备程序的特别规定

(1)就审期间的缩短

为了保障被告有充裕之时间准备言词辩论,在通常诉讼程序中,除有急迫之情形,至少应当有 10 日的就审期间。但于简易程序,以言词起诉者,应将笔录与言词辩论期日的通知书,一并送达于被告。就审期间,至少应有 5 日。但有急迫情形者,不在此限。可以得知,简易程序之就审期间只有 5 日,以达到迅速审理的目的,符合简易诉讼程序的宗旨。

(2)期日通知书的特别记载

言词辩论期日的通知书,除依通常诉讼程序的规定,记载到场之日、时、处所以及不到场的法律后果以外,还应表明适用简易诉讼程序,并记载当事人务于期日携带所用证物及偕同所举证人到场。明定应表明适用简易程序,其目的是便于当事人依"民诉法"第 427 条第 4 项之规定提出不适用简易程序的抗辩,或依同条第 5 项声请法院以裁定改用通常诉讼程序,同时便于法院提前调查证据,有助于诉讼及时终结。

(3)准备书状提出义务之免除

在通常诉讼程序中,当事人因准备言词辩论之必要,应于言词辩论期日前,向法院提出准备书状,由法院送达他造。在通常诉讼程序中,准备书状有利于一方当事人知晓对造的攻击防御方法,提出准备书状为当事人之义务,而简易程序则不作此要求。"台湾民诉法"故在简易诉讼程序中规定:当事人于其声明或主张之事实或证据,以认为他造有非有准备不能陈述者为限,应于期日前提出准备书状,并得直接通知他造。即不经过法院直接送达于他造,以达到简便之目的,如其以言词陈述准备辩论之内容者,由法院书记官作成笔录,送达于他造。

(4)双方当事人不待通知自行到庭为言词辩论

在通常诉讼程序中,法院收受诉状后,审判长应速定言词辩论期日。可见,指定言词辩论日期是审判长之职权,当事人不能任意到场辩论。但在简易诉讼程序中,当事人两造于法院通常开庭之日,得不待通知,自行到场,为诉讼之言词辩论。这意味着,在简易诉讼程序,在诉讼系属中,当事人只需在法院办公之日,当事人两造可以随时自行到场为诉讼之辩论,法院应当允许。不

---

① 　林青松:《民事诉讼法》,台湾新保成出版事业有限公司 2014 年版,第 693 页。

过,受制于既定工作安排和繁杂工作任务,法官事实上难以做到随到随审。①

(5)通知证人、鉴定人以便宜之方式

在通常诉讼程序中,通知证人、鉴定人于期日到场,应以通知书送达。在简易诉讼程序中,通知证人、鉴定人,可不用通知书,依法院认为便宜之方法行之,如电话、电报、传真等。不过,此种便宜之方法对证人、鉴定人并无约束力,如其拒不出庭,法院不得施与制裁,如罚款。

3.言词辩论之特别规定

(1)辩论期日次数的限制

在通常诉讼程序中,诉讼必须达到可为裁判之程度,法院才可为终局判决,如审判长指定辩论期日行辩论仍未达可裁判之程度,根据"民诉法"第159条之规定,可以延展期日,续行辩论。但对于简易程序事件,法院应以一次期日辩论终结为原则。其目的在于使适用简易程序之事件从速审结,以减轻当事人之诉累,达到简化之目的。

(2)言词辩论笔录的省略

在简易程序,为节省书记官之劳力,达到简易之目的,言词辩论笔录经法院之许可,得省略应记载之事项。如果当事人提出异议,则不得省略记载。另外,言词辩论程序之遵守、舍弃、认诺、撤回、和解、自认及裁判之宣示等,因对当事人权益影响较大,不得省略记载。

(3)一造辩论判决作出之简化

在通常诉讼程序中,言词辩论期日,当事人一造不到场,法院得依当事人之声请,由其一造辩论而为判决;不到场当事人经再次通知仍不到者,依职权由一造而为判决。在简易程序中,言词辩论期日,当事人一造不到场,法院即可依职权由一造辩论而为判决。两者不同之处在于:通常诉讼程序必须当事人两次言词辩论不到场时,法院才可以依职权为一造辩论判决。而于简易程序,只需当事人一次言词辩论不到场,法院即可依职权为一造辩论判决。

4.判决书简化的特别规定

适用通常诉讼程序审理案件,法院的判决书应记载下列事项:(1)当事人姓名及住所或居所;当事人为法人、其他团体或机关者,其名称及公务所、事务所或营业所。(2)有法定代理人、诉讼代理人者,其姓名、住所或居所。(3)诉讼事件;判决经言词辩论者,其言词辩论终结日期。(4)主文。(5)事实。(6)理由。(7)年、月、日。(8)法院。在事实项下,应记载言词辩论时当事人之

---

① 陈计男:《民事诉讼法论》(下),台湾三民书局 2010 年第 5 版,第 227 页。

声明,并表明其声明为正当之攻击或防御方法要领。在理由项下,应记载关于攻击或防御方法之意见及法律上之意见。一造辩论判决及基于当事人就事实之全部自认所为之判决,其事实及理由得简略记载之。但对于简易程序,为节省法官的时间和劳力,提高审判效率,"民诉法"对判决书的制作作了特别的规定。适用简易程序案件多为轻微或者简单之事件,没有必要像通常诉讼程序的判决书那样详尽记载,以达到简易的目的。根据"民诉法"的规定,有三种简化判决书的制作:

(1)略式判决书的制作

在通常诉讼程序中,判决书应包含前述八项内容。但在简易程序中,事实和理由两项内容多为当事人书状、法庭笔录等所记载,判决书无重复记载的必要。故"台湾民诉法"第434条第1项规定,判决书内之事实及理由,得合并记载其要领或引用当事人书状、笔录或其他文书,必要时得以之作为附件。

(2)以言词辩论笔录代替判决书

"台湾民诉法"第434条第2项规定,法院亦得于宣示判决时,命将判决主文及其事实、理由之要领,记载于言词辩论笔录,不另作判决书;其笔录正本或节本之送达,与判决正本之送达,有同一之效力。据此,法院除以本条第1项制作略式判决书以外,还可以将主文及其事实、理由之要领,由法官口授,书记官记载于言词辩论笔录,以代替判决书,不另作判决书,以减轻法官制作判决之劳力,实现案件速审速结之目标。

(3)仅记载主文的判决

对于通常诉讼程序,判决书除主文之外,还要记载事实和理由。对事实项和理由项,都有特别的规定:在事实项下,应记载言词辩论时当事人之声明,并表明其声明为正当之攻击或防御方法要领。在理由项下,应记载关于攻击或防御方法之意见及法律上之意见。但简易程序之判决书设有特别简化之规定,"台湾民诉法"第434条之一规定:"有下列各款情形之一者,判决书得仅记载主文:一、本于当事人对于诉讼标的之舍弃或认诺者。二、受不利判决之当事人于宣示判决时,舍弃上诉权者。三、受不利判决之当事人于宣示判决时,履行判决所命之给付者。"在该条三种情形下,判决书就该部分之事实及理由,已无记载的必要,仅记载主文,有利于节省劳费。

5.审判组织之简化

适用简易诉讼程序的案件,一般都是轻微或宜速结的民事纠纷,无采用合议庭审判之必要,故由独任法官予以审理。

关于民事诉讼事件,各地方法院依"司法院"所定之分配标准,分设审判庭和简易庭,分别受理通常诉讼事件或简易诉讼事件。如因分配事件行政手续的不当,误将通常诉讼事件分配于简易庭,或误将简易诉讼事件分配于通常诉讼庭,由于各该庭类属于同一地方法院,不发生以裁定移送管辖法院问题。如有上述情形,应依预定事务分配的标准,改移通常庭或简易庭办理,并得由原法官继续审理,以避免诉讼的延滞。

综上所述,台湾地区简易诉讼程序主要表现在五个方面:(1)简化起诉形式。(2)审判组织实行独任制。(3)通知和送达程序简化,庭审方式简化。(4)审理程序的时间的灵活性、便利性。(5)判决书写作格式简化。

(三)简易诉讼程序第二审的特别规定

1. 管辖法院限定为地方法院

"台湾民诉法"第437条规定,对于第一审终局判决,除别有规定外,得上诉于管辖第二审之法院。在通常诉讼程序中,由台湾地区"高等法院"或其分院管辖第二审民事上诉事件,审判由法官三人合议行之。但在简易诉讼程序中,"台湾民诉法"第436条之一第1项规定,当事人对于简易程序第一审裁判,得上诉或抗告于管辖之地方法院,其审判以合议行之。因为简易程序第一审由简易庭审理,而简易庭隶属于地方法院,所以简易程序第一审法院为地方法院。简易程序第二审仍为地方法院,所不同的是采用合议庭审理。立法作此规定,乃是为了实现案件速审速结及减轻"高等法院"的负担。① 简易庭按简易程序审理的二审案件由地方法院管辖,从而发挥四级三审制相同之功效。简易庭按照通常诉讼程序审理的二审案件则由"高等法院"管辖。

2. 诉之变更、追加或提起反诉之限制

"台湾民诉法"第436条之一第2项规定,当事人于前项上诉程序,为诉之变更、追加或提起反诉,致应适用通常诉讼程序者,不得为之。据此,在简易诉讼程序第二审中,如当事人为诉之变更、追加或提起反诉,仍符合简易诉讼程序的适用范围者,固无不可。如当事人为诉之变更、追加或提起反诉,使案件不属于简易事件之范围,变为应适用通常诉讼程序的,则被限制不得为之,法院应裁定驳回。这主要是为了维护"高等法院"及其分院的管辖权,因为通常诉讼程序第一审为地方法院,第二审则为"高等法院"及其分院。将原本由"高

---

① 1990年修改简易程序时,有人主张设立简易法院,作为单独一级法院,从而维持四级三审制。但是囿于台湾地区当时之财力、人力,该意见未被采纳。立法者最后采用了折中的方案,设立简易庭。

等法院"审理的二审案件,让地方法院审理、显然依法依理都不符。

3.第二审判决之简化

"台湾民诉法"第 436 条之一第 3 项规定:"第 434 条第 1 项及第 434 条之一规定,于简易诉讼之第二审程序准用之。"据此,简易程序第二审判决,有两种形式。其一,制作略式判决书。其事实和理由项可合并记载其要领,或引用当事人书状、笔录或其他文书,必要时得以之作为附件。需要说明的是,第二审判决自然可引用第一审判决书,因为这里"其他文书"包括第一审判决书。其二,制作仅记载主文的判决。当事人对于诉讼标的之舍弃或认诺者,或受不利判决之当事人于宣示判决时,舍弃上诉权者或履行判决所命之给付者,第二审判决可仅记载主文。当然囿于"台湾民诉法"第 223 条第 4 项的限制,作出此类判决的机会不多。

(四)简易诉讼程序第三审特别规定

简易诉讼事件,或因利益额较少,或因时间之简易,有从速终结之必要和可能,为节省劳费,原则上二审终结,非具特别条件不得提起第三审。

1.第三审管辖法院为"最高法院"

在通常诉讼程序中,第一审由地方法院管辖,第二审由"高等法院"管辖,第三审由"最高法院"管辖。在简易诉讼程序中,地方法院之简易庭独任审理为第一审级,同一地方法院合议庭审理为第二审级,"最高法院"为第三审级。就上诉程序而言,当事人对于"地方法院"或其分院合议庭所为之第二审法院,无须经过"高等法院"或分院,径向"最高法院"提起第三审上诉,使"高等法院"或其分院完全脱离其审判系统,故有的学者以"飞跃上诉"称之。

2.提起第三审上诉之裁判

对于简易诉讼程序之第二审裁判,其上诉利益逾"民诉法"第 466 条所定之额数者,即新台币 150 万元者,可以提起第三审。这意味着简易事件的诉讼标的金额或价额不逾新台币 150 万元者,皆不在可提起第三审上诉之列。因诉之变更、追加或提起反诉,致其诉之全部或一部分,不属于"民诉法"第 427 条第 1 项及第 2 项之范围者,除当事人合意继续适用简易程序外,法院应以裁定改用通常诉讼程序,并由原法官继续审理,经二审裁判,其标的金额或价额逾 150 万元者,可提起第三审上诉。

3.提起第三审上诉之条件的限制

为达到简速之目的,防止当事人轻易提起第三审程序,特对其三审上诉之条件作出特殊之规定:

第一,上诉理由限于适用法规显有错误为理由。对于简易诉讼程序之第二审裁判,其上诉利益逾"民诉法"第466条所定之额数者,当事人仅得以其适用法规显有错误为理由,径向"最高法院"提起上诉或抗告。所谓适用法规显有错误,台湾地区"最高法院"2009年台简字第34号裁定指出,是指地方法院合议庭作出的第二审判决,就其取舍证据所确定之事实适用法规显有错误,不包括认定事实不当情形在内。① 适用法规有错误包括消极地不适用法规和积极地适用不当法规,前者指不适用现行有效的司法解释、判例等。

第二,上诉同时应表明上诉理由。"台湾民诉法"第436条之四规定:"依第436条之二第1项提起上诉或抗告者,应同时表明上诉或抗告理由;其于裁判宣示后送达前提起上诉或抗告者,应于裁判送达后10日内补具之。未依前项规定表明上诉或抗告理由者,毋庸命其补正,由原法院裁定驳回之。"也就是说,简易程序当事人提起第三审上诉,必须同时表明上诉理由,否则其上诉不合法。这里的上诉理由是指第二审裁判适用法规显有错误的具体情形,如只是声称第二审裁判适用法规错误,而未指明具体情形,不能认为当事人合法地表明了上诉理由。

第三,应经过原裁判法院的许可。为防止当事人滥用越级上诉,实现简易程序速决的立法本旨,立法者借鉴德国立法许可上诉制度之经验,对第三审上诉加以限制。对于简易诉讼程序之第二审裁判,提起第三审上诉或抗告,须经原裁判法院许可。该项许可以诉讼事件所涉及之法律见解具有原则上之重要性者为限。上诉或抗告经裁判之原法院认为应行许可者,应添具意见书,叙明合于前项规定之理由,径将卷宗送达"最高法院";认为不应许可者,应以裁定驳回其上诉或抗告。这里应注意的是:一是许可上诉权属于原裁判法院,即作出第二审裁判的地方法院合议庭;二是许可的审查标准,原裁判适用法规显有错误,且诉讼事件所涉及的法律问题意义重大,有通过"最高法院"加以阐释的必要,如法律之续造、确保裁判统一;三是许可上诉应添具意见书,原裁判法院出具准许当事人上诉的意见书,有利于减轻"最高法院"的负担,也可避免滥行上诉之弊。

(五)简易诉讼程序再审特别规定

为保障和巩固简易诉讼程序的效果,使之不至于因再审程序之启动而抵

---

① 齐树洁主编:《台港澳民事诉讼制度》,厦门大学出版社2014年第2版,第121页。

销,"台湾民诉法"对适用简易诉讼程序的案件严格限制其启动再审程序。

1. 对"最高法院"驳回上诉或抗告的裁定,当事人不得申请再审。在简易诉讼程序中,当事人对地方法院合议庭作出的第二审裁判不服,提起上诉或抗告,是否许可,应以第二审裁判适用法规显有错误和诉讼事件涉及的法律见解有原则上重要性为理由。如当事人提起上诉或抗告,经"最高法院"审查,发现不属于前二者之情形,则难获许可上诉或抗告,应以上诉或抗告不合法裁定驳回。对该裁定,当事人不得以同一理由申请再审,此乃为避免当事人于该裁定确定后,一再申请再审,影响当事人权益的安定性。

2. 对于简易诉讼程序之裁判,径向"最高法院"提起上诉或抗告,经以上诉或抗告无理由为驳回之裁判者,不得更以同一理由提起再审之诉或声请再审。对于简易诉讼程序第二审裁判,当事人以原裁判适用法规显有错误为理由,向"最高法院"提出上诉或抗告,经许可上诉或抗告,"最高法院"经过实体审查,最后还是以上诉或抗告无理由而作出驳回之裁判。当事人对该驳回之裁判不得以同一理由提起再审之诉或申请再审,以避免法院作出不必要之重复认定。

3. 对于简易诉讼程序之第二审确定终局裁判,如就足以影响裁判之重要证物,漏未斟酌者,亦得提起再审之诉或声请再审,以保障当事人之合法权益,维护基本之公平。第三审救济以第二审裁判适用法律显有错误为唯一理由,重要证物漏未斟酌之情形,无法发动第三审进行救济,为了保护当事人的合法权益,立法者另开辟救济途径,即允许当事人提起再审或声请再审。再审救济与第三审救济略有不同,前者针对已生效的简易诉讼程序第二审裁判,后者针对的是未生效的简易诉讼程序第二审裁判。

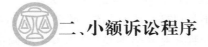

二、小额诉讼程序

(一)小额诉讼程序之制定

1. 四次修法

现行小额诉讼程序是伴随着"台湾民诉法"四次修改而设立并逐渐完善的,这四次修改分别是 1999 年 2 月、2000 年 2 月、2003 年 2 月和 2003 年 6 月。1999 年修改"民诉法"时首次新设立小额诉讼程序,单独成章,置于第三章简易诉讼程序之后,作为第二编第四章,条文总计 25 条。由于是新增条文,根据台湾地区"中央法规标准法"第 10 条第 2 项的规定,修正法规增加少数条文时,得将增加之条文,列在适当条文之后,冠以前条"之一"、"之二"等条次,因此,这些条文被置于第 436 条之下,其条文序号为第 436 条之八至第 436 条之三十二。

2000 年修改"民诉法"时,删除第 436 条之十三和第 436 条之十七。2003 年 2 月修改"民诉法"时,对第 436 条之十一关于开庭时间进行了修订,在原有的基础上增订第 2 项,即"前项于夜间或星期日或其他休息日之开庭规则,由'司法院'定之"。2003 年 6 月修改"民诉法"时,修改了小额诉讼程序规定最后一条关于准用事项之规定,即第 436 条之三十二,删除文字"第 436 条之十三",因为这条已于 2000 年修改时删除。从以上四次修改可以看出,第一次修改确立了小额诉讼程序制度,并且规定得非常详细、周全,小额程序自成体系;后来的三次修改,立法者更多的是从小额诉讼程序的规定与"台湾民诉法"其他部分的规定是否相衔接,对小额程序进行梳理,进行个别化的修改,将不衔接的规定予以删除。

2."立法"理由

关于小额诉讼程序的设立,其立法理由称:"现行民事诉讼法就诉讼标的之金(价)额较小或案情较简单之诉讼事件,虽设有简易程序,惟对于一般国民请求给付小额金钱或其他替代物或有价证券之事件而言,简易程序仍嫌繁复,难以达成小额事件之处理程序应简速化、平民化及大众化之需求。为贯彻宪法保障人民财产权、诉讼权之精神,让一般国民就其日常生活中所发生之小额给付请求事件能循简便、迅速、经济之诉讼程序获致解决,以提升国民生活品质,爰参考英、美、韩、澳、新加坡等国之立法例,增订第四章小额诉讼程序。"

从该"立法"理由中可以看出:第一,立法者侧重于从方便当事人的角度阐述小额诉讼程序的立法目的,如保障当事人"宪法"上的诉讼权、财产权。第二,由于简易程序仍不足以解决小额纠纷,增设小额诉讼程序是程序自身完善之举。第三,小额诉讼程序是在借鉴英、美等国小额制度基础上制定的,属于法律移植之举。显然,立法者并没有从法院的角度阐述设立小额程序的必要性,即没有考虑到方便法院审判的作用。有学者批评说,立法理由所谓小额诉讼程序之增设,乃求贯彻"宪法"保障人民财产权之精神,不知其所指为何。在 1999 年增设小额诉讼程序之前,小额诉讼事件与其他民事诉讼事件一样得依法提起诉讼,法院同样有为审判之义务。该项小额诉讼事件之当事人,并非依法无提起诉讼之权。故以为求贯彻"宪法"保障人民诉讼权之精神为理由,而增设小额诉讼程序一章,未免言不成理。① 增设小额诉讼程序,既牵扯不上为保障人民财产权之问题,也牵扯不上为保障人民诉讼权的问题,立法理由以保障"宪法"上这两项权利而增设小额诉讼程序一章,是缺乏依据的。② 也有学者明确指出,在简易诉讼程序之下,又特别设小额诉讼程序之功能何在? 可谓减轻简易法院之工作负担及方便原告多一种获执行名义之途径而已。③ 也就是说,增设小额诉讼程序的实际目的和价值,除了有方便当事人的考虑,还有方便法院审判的考虑,即减轻法院案件负担。

在小额诉讼程序设立前,台湾地区司法运作面临着诉讼负担重、诉讼迟延的问题。为了解决这些问题,"司法院"启动了司法改革,小额诉讼程序便是其中改革措施之一。"回应案件累积的另一个重点,就是程序。现代司法首重程序,但程序可以无限度地周延化,法院的资源却十分有限,因此,要消化不断涌入的案件,大案大办,小案小办,就变成提升程序效力的不二法门。由于简易程序还可以再简化,'司法院'除已研拟修正'民事诉讼法'第427条第1项、第2项规定,扩大简易程序适用范围,并于1996年12月先以行政命令提高适用简易诉讼程序的诉讼标的为45万元以外,还另外参考美国的小额法院制度,增订'民事诉讼法'第四章小额诉讼程序规定。"④另有学者提出,小额程序的灵活、弹性,源于英美法上基于对法官得依公平原则裁量纷争的理念,法院所表现的判断不仅呈现在程序层面,也呈现在实体层面。这种价值取向不仅需要通过立法塑造制度,更需要法官在法律基础上"衡情论理"的智慧。⑤

(二)适用小额诉讼程序的事件

1. 依法律规定适用小额诉讼程序的事件。根据"台湾民诉法"第436条之八第1项的规定,关于请求给付金钱或其他代替物或有价证券之诉讼,其标的金额或价额在新台币10万元以下者,适用小额程序。这意味着,第一,小额诉讼程序只适用于财产权的诉讼事件。第二,小额诉讼程序只适用于原告提出

---

①　姚瑞光:《民事诉讼法论》,中国政法大学出版社2011年版,第409页。

②　姚瑞光:《近年修正民事诉讼法总评》,中国政法大学出版社2011年版,第124页。

③　陈荣宗、林庆苗:《民事诉讼法》(下),台湾三民书局2015年第6版,第843页。

④　苏永钦:《司法改革的再改革:从人民的角度看问题,用社会科学的方法解决问题》,台湾月旦出版社股份有限公司1998年版,第328页。

⑤　许宗贤:《专家层级结构或权威决断体系——小额诉讼制度的反思》,载《军法专刊》2015年第2期。

的给付之诉,不适用于确认之诉和形成之诉。第三,原告起诉所请求给付的客体,限于金钱、代替物或有价证券,金钱、代替物和有价证券以外的其他物,则不适用小额诉讼程序。第四,诉讼标的金额或价额,必须在新台币 10 万元以下。总之,当事人如以金钱、代替物、有价证券以外的请求起诉,或虽是此类请求而其标的价额已逾 10 万元的诉讼,均不得自动适用小额诉讼程序。

2. 依当事人合意适用小额诉讼程序的事件。依当事人合意适用小额诉讼程序,有下列两种情形:(1)任意合意适用小额诉讼程序。根据第 436 条之八第 4 项的规定,诉讼标的金额或价额在新台币 50 万元以下者,得以当事人之合意适用小额程序,其合意应以文书证之。关于标的金额或价额超过新台币 10 万元而在 50 万元以下的,原应适用简易程序,但是当事人合意适用小额程序的,自应尊重其意愿,以符合当事人简速解决纠纷之共同需求。为了避免争议,当事人的合意应以文书证明之。不过,文书并不是合意的必要条件,只是在被告对此合意有争执时,应由主张此合意的原告提出文书以为证明方法而已。① (2)拟制合意适用小额诉讼程序。根据"台湾民诉法"第 436 条之二十六第 1 项的规定,标的金额或价额超过新台币 10 万元而在 50 万元以下的,如果法院未经当事人同意,错误地适用小额诉讼程序,而当事人对此未表示异议,或知其违背或可知其违背,并无异议而进行本案言词辩论的,则责问权已丧失,可视为当事人默示合意适用小额诉讼程序。如果诉讼标的金额或价额已逾 50 万元的诉讼,未经当事人合意,而法院错误适用小额诉讼程序的,仍为法所不许。

(三)小额诉讼第一审的特别规定

1. 起诉。相对于简易程序,小额诉讼程序在起诉阶段进行了如下方面的简化:(1)起诉方式表格化。为便利不熟悉法律规定的小额当事人起诉,并增进小额程序的简速性,宜允许当事人选择使用表格化诉状。因此,"台湾民诉法"第 436 条之十规定,依小额程序起诉的,使用表格化诉状,其格式由"司法院"定之。即由"司法院"依此规定,根据小额程序各类事件的需要,预先拟定各式诉状范本,由地方法院印妥,无偿提供给当事人,供其填载起诉之用,以贯彻便民的宗旨。(2)部分请求之禁止。为了防止当事人滥用小额诉讼程序,不

---

① 吴明轩:《民事调解、简易及小额诉讼程序》,台湾五南图书出版公司 2004 年版,第 149 页。

允许当事人将不属于适用小额程序的事件,就其一部分提出诉讼请求,先行利用小额程序,嗣后等机会就其余部分另行起诉。如果这样,会造成一案数办。不仅徒增法院的负担,酿成前后裁判矛盾的现象,且有愚弄法院之嫌。同时,也不利于保护被告的权益,影响小额程序的功能。为此,"台湾民诉法"第 436 条之十六规定,当事人不得为适用小额程序而为一部分请求。但已向法院说明就其余额不另行起诉的,不在此限。(3)起诉前强制调解。小额事件的标的金额或价额在新台币 50 万元以下,根据"台湾民诉法"第 403 条第 1 款第 11 项的规定,这类案件在起诉前应经法院调解。如当事人无"台湾民诉法"第 406 条第 1 项所规定事由而径行向法院起诉的,视为调解之声请("台湾民诉法"第 424 条第 1 项)。此项调解程序,宜由简易庭法官进行,法官没有必要选任调解委员先行调解。此种起诉前应经法院调解的小额事件,如一造不到场,根据"台湾民诉法"第 419 条第 1 项、第 4 项的规定,他造势必经两次的期日始能获得裁判,与小额程序之简速目的不合。故"台湾民诉法"第 436 条之十二规定:"第 436 条之八所定事件,依法应行调解程序者,如当事人一造于调解期日五日前,经合法通知无正当理由而不于调解期日到场,法院得依到场当事人之声请,命即为诉讼之辩论,并得依职权由其一造辩论而为判决。调解期日通知书,并应记载前项不到场之效果。"应注意的是,法院对于小额事件未经调解径行判决的,其调解程序的欠缺因判决而视为补正,当事人不得以此为据提出上诉。(4)约定管辖法院之限制。小额事件当事人一方如为法人或商人,以其预定用于同类契约之债务履行地或合意管辖条款与另一方订立契约的,缔约的另一方就此类条款无磋商变更的余地。为保障小额事件之经济上弱势当事人权益,避免因其符合契约条款需远赴对方所预定的法院进行诉讼,"台湾民诉法"第 436 条之九规定:"小额事件当事人之一造为法人或商人者,于其预定用于同类契约之条款,约定债务履行地或以合意定第一审管辖法院时,不适用第十二条或第二十四条之规定。但两造均为法人或商人者,不在此限。"

2.审理。相对于简易程序,小额诉讼的审理更加简化、便民化:(1)可在夜间或休息日进行诉讼行为。根据"台湾民诉法"第 155 条的规定,期日,除有不得已的情形外,不得于星期日或其他休息日定之。审判长、受命法官或受托法官不得指定星期日或其他休息日为期日,以维护当事人或其他诉讼关系人休息日的安宁。不过一般民众多在白天工作,如小额程序限制法院于非休息日或白天开庭,当事人往往无暇按时赴法院诉讼,有违增设小额诉讼程序的目的,有必要放宽此限制。为此,"台湾民诉法"第 436 条之十一规定,小额程序,得于夜间或星期日或其他休息日行之。但当事人提出异议的,不在此限。在夜间或休息日开庭,对于部分当事人而言,或有不便,所以设有但书规定,以资兼顾。但有学者认为:"此一规定,违反当事人利用法院习惯及法官工作计划,实践上之可能性较低。"①(2)证据调查程序之省略。在小额程序中,"台湾民诉法"第436条之十四规定,有下列各款情形之一者,法院可不调查证据,而审酌一切情况,认定事实,为公平之裁判:一是经两造同意的,二是调查证据所需时间、费用与当事人之请求显不相当的。该条为职权法理之运用。② 立法者认为,小额事件的诉讼标的金额或价额较小,费用相当性的要求显得尤其重要。为避免耗费太多的时间、费用调查证据,致不符合小额事件当事人的诉讼利益,所以规定如两造同意的,法院可以不调查证据,而审酌一切情况,认定事实,作出公平之裁判。又调查证据所需时间、费用与当事人的请求显不相当的,法院亦可不调查证据,而审酌一切情况,依所得心证认定事实,作出公平之裁判。(3)诉之变更、追加及提起反诉之限制。在小额程序中,小额事件是关于请求给付金钱、代替物或有价证券的诉讼,其标的金额或价额在新台币10万元以下为限,诉讼标的价额较低,事件内容单纯,小额诉讼程序的目的在迅速、简便地解决小额事件。因此,小额事件当事人为诉之变更、追加、提起反诉,除当事人合意继续适用小额程序,并经法院认为适当的外,仅得在"台湾民诉法"第436条之八所规定的新台币10万元范围内为之。如诉之变更、追加、提起反诉的结果,其诉讼标的金额或价额已超过小额程序的适用范围时,因诉讼标的金额或价额较高,其法律关系往往比较复杂,不易达成小额程序迅速、简便解决争议的目的,故应予以禁止。法院应认定其诉之变更、追加、提起反诉为不合法,以裁定驳回。如果当事人就诉之变更、追加、提起反诉合意继续适用小额程序并经法院认为适当的(如法律关系并不复杂,仍不影响速审速结的情形),为避免当事人另行起诉,实现诉讼经济,仍可继续适用小额程序。需要注意的是,如果当事人所为诉之变更、追加、提起反诉,其标的金额或价额已超过新台币50万元的,即使经两造合意适用小额诉讼程序,仍为法所不许。

3.裁判。相对于简易程序,小额诉讼的裁判更加简便,增设了有利于其执行的特别方式,具体如下:

(1)判决书之简化。为提升法院办理小额事件的效率,充分发挥小额程序的简速功能,小额程序判决书的制作应当简化。"台湾民诉法"第436条之十

---

① 姜世明:《民事诉讼法》(下册),台湾新学林出版股份有限公司2015年第3版,第346页。

② 林青松:《民事诉讼法》,台湾新保成出版事业有限公司2014年版,第704页。

八规定,判决书得仅记载主文。至于其事实和理由,原则上省略不记载,仅就当事人有争执事项,在必要时可加记理由要领。法院可在诉状或言词起诉笔录上记载判决内容,不另作判决书。"台湾民诉法"第 436 条之十八第 1 项和第 2 项规定判决内容的记载可表格化,其格式及正本制作方式由"司法院"定之,其依据为该条第 3 项。本条项的立法本意,是对于该条第 1 项所规定之略式判决,法院仍须制作独立的判决书。但是该条第 2 项所规定在诉状或言词起诉笔录应记载的事项,及如何制作判决正本,可能因人而异,易遭当事人质疑。为统一各该略式判决书记载及正本制作的方法,特授权"司法院"在该条第 1 项及第 2 项所规定的范围内,预先拟定各种判决格式,由各地法院预印,备为法官依例填载之用,以免分歧。

(2)诉讼费用额的确定。在通常诉讼程序和简易诉讼程序中,法院进行终局判决时,关于诉讼费用的裁判,只是告知当事人诉讼费用由何方负担,并不同时确定诉讼费用的具体数额,当事人还需要事后依法申请确定诉讼费用额,始能凭确定的诉讼费用的裁定作为执行名义申请执行,费时费力而且不方便。在小额程序中诉讼标的额很低,没有必要经过如此烦琐的程序。因此,"台湾民诉法"第 436 条之十九规定:"法院为诉讼费用之裁判时,应确定其费用额。前项情形,法院得命当事人提出费用计算书及释明费用额之文书。"据此,法院在作出终局判决时,应同时确定诉讼费用额,不得遗漏。

(3)法院应依职权宣告假执行。为了便利小额程序的胜诉当事人早日实现其权利,"台湾民诉法"第 436 条之二十规定,法院作出被告败诉判决时,应依职权宣告假执行。因为小额事件的诉讼标的金额或价额都是在新台币 50 万元以下,而根据"台湾民诉法"第 389 条第 1 项第 5 款的规定,所命给付的金额或价额未逾新台币 50 万元之判决,法院应依职权宣告假执行。如法院遗漏了应判决的事项,当事人可根据"台湾民诉法"第 394 条准用第 233 条之规定,申请法院补充判决。

(4)被告自动清偿,免除部分给付。为鼓励小额事件的被告自动履行债务,避免原告和法院因强制执行而增加费用,宜授权法院在判决被告为给付时,并征得原告的同意,在判决内酌定一定期限,如果被告在期限内自动给付若干数额,其剩余的给付义务即行免除。为此,"台湾民诉法"第 436 条之二十一规定:"法院命被告为给付时,如经原告同意,得为被告于一定期限内自动清偿者,免除部分给付之判决。"关于本条规定的适用,应具备下列条件:第一,须法院依原告的请求,判决被告为一定给付。第二,须法院在该判决中明示,若被告在一定期限内自动清偿所命给付中若干数额,即免除其余部分的给付义务。第三,法院作出免除部分给付判决前,应征得原告的同意。沄院根据该条规定判决,会使债权人丧失部分利益,有必要征得原告的同意,以免侵害债权人的权益。在适用时要注意,被告在法院规定的期限内自动清偿的,即为条件成就,判决确定的给付义务全部归于消灭;反之,被告未于法院规定的期限内自动清偿债务的,不得以判决内定有限期自动清偿而主张减免其履行全部义务的责任。

（5）被告逾期履行判决所命给付金额之加给。"台湾民诉法"第 436 条之二十二规定,法院依被告意愿而作出分期给付或缓期清偿判决的,得于判决内确定被告逾期不履行时应加给原告的金额。但其金额不得逾判决所命原给付金额或价额之三分之一。立法者认为,小额事件当事人获胜诉判决后,如仍须通过法院强制执行程序才能实现其权利,可能导致小额诉讼的简速目的落空。为避免小额事件进入强制执行程序,法院在被告说明其有分期给付或缓期清偿的需要时,自然应尽可能地斟酌被告境况及原告利益,依被告的意愿作出分期给付或缓期清偿的判决,使被告自动履行债务。如果被告经法院允许其分期给付或缓期清偿后,届期又不履行,根据"台湾民诉法"第 386 条第 2 项之规定,只是分期给付的未到期部分视为已到期,对于原告权益的保护,不免有欠周全。为督促被告按期履行,以兼顾原告的权益,所以规定法院依被告意愿裁判分期给付或缓期清偿的,应在判决内明确要求被告逾期不履行时应加给原告的金额,并明确其金额的上限,以防过苛。原告在被告逾期未履行其原应给付的金额后,有权直接依上述判决申请法院就被告应加给的金额强制执行,不用另行起诉。对于本条判决加给原告金额的规定,也有论者认为,此种立法属于实体上和程序上双重的严重违法。[1]

（四）小额诉讼第二审的特别规定

1. 小额诉讼程序的上诉或抗告由地方法院的合议庭管辖。关于小额诉讼程序的上诉或抗告,"台湾民诉法"第 436 条之二十四第 1 项规定:"对于小额程序之第一审裁判,得上诉或抗告于管辖之地方法院,其审判以合议行之。"该法第 436 条之三十规定:"对于小额程序之第二审裁判,不得上诉或抗告。"根据这两条规定可知,小额诉讼程序采取二级二审制,管辖小额事件的第二审法院为地方法院或其分院,即对于地方法院简易庭独任法官所作出的第一审判

---

[1]　姚瑞光:《近年修正民事诉讼法总评》,中国政法大学出版社 2011 年版,第 128 页。

决,应上诉于该独任法官所属的同一地方法院,应另行组成合议庭进行审判。小额事件的第二审程序具有法律审的性质,故该法第 436 条之二十四第 2 项规定,对于前项第一审裁判的上诉或抗告,非以其违背法律为理由,不得为之。小额诉讼的第二审上诉审性质,与通常诉讼程序及简易诉讼程序的第二审上诉审性质,两者截然不同,后者是事实审性质。

2.上诉或抗告理由的限制与强制记载。为贯彻小额程序的简速性,避免因上诉或抗告费时而不符合诉讼经济,小额事件的裁判原则上宜由第一审确定。如果第一审裁判有违背法律的情形,为保障当事人权益,应该允许当事人上诉或抗告至第二审。提起小额程序第二审上诉,既然须以原判决违反法律为理由,为便利二审法院审理,以贯彻小额程序的简速目的,宜责令上诉人在上诉状内记载上诉理由,并表明一定的具体事实。为此,"台湾民诉法"第 436 条之二十四第 2 项规定,对于前项第一审裁判的上诉或抗告,非以其违背法令为理由,不得为之。该法第 436 条之二十五规定:"上诉状内应记载上诉理由,表明下列各款事项:一、原判决所违背之法令及其具体内容。二、依诉讼资料可认为原判决有违背法令之具体事实。"上诉状内未表明上诉理由的,上诉人应在提起上诉后 20 日内,向原二审法院提出上诉理由书;未提出者,毋庸命其补正,由原第二审法院以裁定驳回之。至于何谓违背法令,根据"台湾民诉法"第 436 条之三十二第 2 项的规定,准用该法第 468 条所为概括规定及第 469 条第 1 款至第 5 款所为列举的规定。①

3.禁止诉之变更、追加或提起反诉。在通常诉讼事件的第二审程序中,除特定情形外,当事人应经对方当事人同意,方可进行诉的变更、追加、提起反诉。简易诉讼事件的第二审程序,当事人诉之变更、追加、提起反诉,如因而导致适用通常诉讼程序的,不得为之("台湾民诉法"第 436 条之一)。为了使小额事件的第二审程序能迅速终结,以贯彻小额程序之简速目的,"台湾民诉法"第 436 条之二十七规定,当事人在第二审程序中不得为诉之变更、追加、提起反诉,且无任何例外规定。

4.限制提出新攻击或防御方法。"台湾民诉法"第 436 条之二十八规定,当事人于第二审程序不得提出新攻击或防御方法。但因原法院违背法令致未

---

① 包括以下几种情形:(1)判决法院之组织不合法者。(2)依法律或裁判应回避之法官参与裁判者。(3)法院于权限之有无辨别不当或违背专属管辖之规定者。(4)当事人于诉讼未经合法代理者。(5)违背言词辩论公开之规定者。至于该条第 6 款规定"判决不备理由或理由矛盾者",则不在准用之列。

能提出的,不在此限。为贯彻小额程序之简速性,避免因当事人在上诉程序中提出事实和证据而延迟诉讼,小额事件的第二审法院,原则上应按第一审的诉讼资料,审核其诉讼程序和判决内容有无违背法令。当事人在第一审言词辩论终结前未曾提出或已提出而经法院根据"台湾民诉法"第196条第2项之规定驳回的诉讼资料,不得再行提出。但是当事人因原审法院违背法令致未能提出的攻击防御方法,例如审判长违背该法第199条第2项之规定,未尽阐明之义务,致当事人未能在第一审提出诉讼资料的,如亦禁止其提出,对于当事人权益保障未免欠周,故例外设但书规定,以资救济。

5. 法院可不经言词辩论而作出判决。在通常诉讼程序或简易程序中,无论第一审或第二审,法院判决前,均应进行必要的言词辩论,小额程序也不应例外。只是小额事件的诉讼标的金额或价额非常低,不妨放宽此项限制。因此,"台湾民诉法"第436条之二十九规定:"小额程序之第二审判决,有下列情形之一者,得不经言词辩论为之:一、经两造同意者。二、依上诉意旨足认上诉为无理由者。"对于小额程序的第二审判决,如果双方当事人在判决前同意不经言词辩论,当然应尊重其意见,不进行言词辩论,由法院直接判决。如果根据上诉人提出上诉状或补提理由书所载上诉意旨观察,无须行言词辩论,即可认其上诉无理由的,为节省法院和当事人的劳费,也没有进行言词辩论的必要。

6. 小额程序误用之处理。"台湾民诉法"第436条之二十六规定:"应适用通常诉讼程序或简易诉讼程序事件,而第一审法院行小额程序者,第二审法院得废弃原判决,将该事件发回原法院。但第四百三十六条之八第四项之事件,当事人已表示无异议或知其违背或可得而知其违背,并无异议而为本案辩论者,不在此限。前项情形,应予当事人陈述意见之机会,如两造同意由第二审法院继续适用小额程序者,应自为裁判。第一项之判决,得不经言词辩论为之。"通常,小额程序第二审法院认为上诉有理由的,原则上应废弃原判决而自为判决,不得将事件发回原审法院。但是应适用通常诉讼程序或简易程序事件,而第一审法院错误适用了小额程序,如一律不予发回,不利于保障当事人的权益。所以法律明文规定,在此种情形下,第二审法院得废弃原判决,将事件发回原审法院。不过,第二审法院发回重审之前,应给予当事人陈述意见的机会。如双方当事人同意由第二审法院继续适用小额程序的,则不得将事件发回原审法院,应根据小额事件第二审程序的规定自为裁判,可以不经言词辩论而判决。对于该法第436条之八第4项规定应以当事人合意适用小额程序的事件(即标的金额或价额超过新台币10万元而在新台币50万元以下的事件），当事人虽未合意适用小额程序，如其在第一审对法院误用小额程序时已表示无异议，其第一审程序瑕疵，应视为已予补正，法院不得再将事件发回。

（五）小额诉讼再审的特别规定

"台湾民诉法"第 436 条之三十二第 4 项规定，第五编之规定于小额事件之再审程序准用之。据此，小额事件的再审程序，应准用第 496 条至第 507 条的规定。对于小额程序的确定判决提起再审之诉，准用第 496 条至第 506 条的规定；对于小额程序的确定裁定申请再审，准用第 507 条的规定。此外，第 436 条之三十一特别规定，对于小额程序的第一审裁判（包括判决即裁定）提起上诉或抗告，经以上诉或抗告无理由而驳回之裁判，不得再以同一理由提起再审之诉或申请再审。所谓同一理由，是指当事人此前提出上诉或抗告所表明第一审裁判如何违背法令之理由。其立法本意是，因为当事人对于第一审裁判提出上诉或抗告，须以其违背法令为理由。经过上级法院审查后，认为上诉或抗告无理由，以判决或裁定驳回之。为避免小额诉讼浪费司法资源，没有必要允许当事人对之提起再审之诉或申请再审。

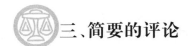

三、简要的评论

（一）程序设计的特色明显

"台湾民诉法"所规定的简易诉讼程序和小额诉讼程序，经过多次修改，已渐趋完善、定型，并且具有自身的特点。第一，不论是简易事件还是小额事件，都是由简易庭审理。简易事件在审判机构设置的专门化，凸显了简易诉讼程序、小额诉讼程序与通常诉讼程序的分流，审判机构不同，程序功能有异。第二，第二审上诉由地方法院合议管辖。简易事件和小额事件经过简易庭一审审理后，其二审依然保留在三级法院的最低一级，保留在初审法院，大大便利了当事人的诉讼。第三，简易诉讼和小额诉讼的审级救济有异。简易诉讼以两审终审为原则，以三审终审为例外，小额诉讼则实行二审终审，较好地体现了追求慎重而正确的裁判与简便而快捷的裁判之间的平衡。在简易诉讼和小额诉讼中，立法者还是充分考虑了保障当事人的救济权。第四，在程序运行上最大限度地尊重当事人合意，保障当事人的程序选择权。如不论是简易诉讼程序还是小额诉讼程序，对于不属于法定适用范围的案件，都允许当事人合意选择适用相应的程序。第五,简易诉讼程序与小额诉讼程序之间转换。基于尊重当事人程序选择权的考虑,两造当事人可以选择优先追求程序利益,原先应适用简易诉讼程序的事件,可通过双方当事人的合意,适用小额诉讼程序。[①] 但是对于应当适用小额诉讼程序的事件,当事人不得合意适用简易诉讼程序。

(二)程序运行效果良好

小额诉讼第一审审结案件数量大体能够反映小额诉讼程序的运行效果。根据"司法院"2003 年至 2014 年的统计年报,台湾地区小额诉讼第一审审结案件数量,2003 年为 39968 件,[②]此后一路攀升,到 2007 年达到顶峰,增至 93126 件,其后呈逐年递减趋势,到 2012 年又恢复到 10 年前的水平,减至 32126 件,见表 6-1。整个 10 年的走势图呈倒"V"字形,其中的原因与台湾地区 2005 年至 2006 年发生"卡债风暴",导致借贷纠纷大幅增加有关。若不考虑"卡债风暴"的影响,小额诉讼程序整体表现非常平稳,2003 年审结的案件数量占当年地方法院第一审审结案件数量的 22.0%,2007 年一度攀高到 31.5%,2012 年又恢复到 10 年前的水平,所占比例为 23.7%。最近两年的数据显示,第一审审结案件数量,2013 年为 36120 件,2014 年为 35446 件,分别占当年地方法院第一审审结案件数量的 26.4%和 26.2%。这似乎表明小额诉讼第一审审结案件所发挥的作用,在 2012 年触底后,开始逐渐回升。总之,小额诉讼程序所审结的案件占地方法院第一审审结案件的两成多,大约每 4 件有 1 件是通过小额诉讼程序解决的,其表现可圈可点,当然它与小额诉讼的理想状态还有一定的差距。

另一项学者的统计表明,在台湾地区,第一审普通财产权案件终结数量,从 1996 年至 2006 年出现了较大的变化,由 1996 年的 47492 件逐年向上攀升至 2006 年的 225551 件。造成案件量异常暴增的根源,是由于消费借贷案件的大幅膨胀,由 1996 年的 19142 件逐年增至 2006 年的 190249 件,11 年间的增幅达十倍之多。在剔除消费借贷案件这一类别后,其他案件数量在一定幅度内相对稳定地增减,变化不明显。消费借贷案件程序适用情况,能够说明简易程序和小额诉讼程序的运行情况。

---

① 刘明生:《民事诉讼法实例研习》,台湾元照出版有限公司 2015 年第 3 版,第 125 页。

② "司法院"统计处:《"司法院"统计年报》,"司法院"2003 年印行,第 50 页。

表 6-1　消费借贷案件在三种诉讼程序中的适用情况①

年度	通常诉讼程序	简易诉讼程序	小额诉讼程序	总计
1996	10877 件 56.88%	8247 件 43.12%	尚未实施	19124 件 100%
1997	10732 件 45.76%	12720 件 54.24%		23452 件 100%
1998	12331 件 41.53%	17358 件 58.47%		29689 件 100%
1999	19125 件 43.35%	17688 件 40.09%	7306 件 16.56%	44119 件 100%
2000	20171 件 39.61%	19462 件 38.22%	11288 件 22.17%	50921 件 100%
2001	23155 件 39.36%	24588 件 41.74%	11119 件 18.9%	58832 件 100%
2002	24311 件 36.04%	28879 件 42.81%	14261 件 21.14%	67451 件 100%
2003	18108 件 22.05%	37384 件 45.53%	26618 件 32.42%	82110 件 100%
2004	12403 件 12.66%	47115 件 48.1%	38430 件 39.24%	87848 件 100%
2005	14078 件 11.51%	68975 件 56.42%	39210 件 32.07%	122263 件 100%
2006	22218 件 11.68%	100341 件 52.77%	67603 件 35.55%	190162 件 100%
总计	187509 件 23.85%	382727 件 48.69%	215835 件 27.46%	786071 件 100%

---

① 黄国昌:《程序法学的实证研究》,台湾元照出版有限公司 2012 年版,第 23～32 页。

表 6-2　消费借贷以外其他案件适用三种诉讼程序情况①

年度	通常	简易	小额	总计
1996	17482 件 62.11%	10667 件 37.89%		28149 件 100%
1997	15850 件 54.06%	13470 件 45.94%	尚未实施	29320 件 100%
1998	15211 件 48.42%	16204 件 51.58%		31415 件 100%
1999	15341 件 41.58%	15011 件 40.68%	6546 件 17.74%	36898 件 100%
2000	16026 件 41.59%	14647 件 38.01%	7857 件 20.39%	38530 件 100%
2001	15908 件 41.13%	14749 件 38.14%	8018 件 20.73%	38675 件 100%
2002	16543 件 39.8%	15467 件 37.21%	9558 件 22.99%	41568 件 100%
2003	16979 件 40.97%	14544 件 35.09%	9919 件 23.93%	41442 件 100%
2004	15169 件 45.07%	12420 件 36.9%	6066 件 18.02%	33655 件 100%
2005	14814 件 45.71%	11786 件 36.37%	5810 件 17.93%	32410 件 100%
2006	16413 件 47.31%	11962 件 35.06%	6015 件 17.63%	34120 件 100%
总计	175466 件 45.44%	150927 件 39.08%	59789 件 15.48%	386182 件 100%

① 黄国昌:《程序法学的实证研究》,台湾元照出版有限公司 2012 年版,第 23～
32 页。

　　从上述表6-1、表6-2可以看出,自增设小额诉讼程序后,消费借贷纠纷通过小额诉讼程序解决的比例逐年增加,曾于2004年一度达到了39.24%,随后略有下降。从总体观之,自1996年至2006年11年间的消费借贷案件总量,通过通常诉讼程序解决的案件占23.85%,通过简易诉讼程序解决的案件占48.69%,通过小额诉讼程序解决的案件占27.46%。急速增加的消费借贷案件,高达七成五以上均通过简易或小额诉讼程序解决。如果进一步比较此类案件在三种不同诉讼程序中案件数量与所占比例的年度变化,更可发现急剧增加的案件数量,通过简易或小额诉讼程序解决比例甚至高达将近九成。以2005年、2006年消费借贷案件增加幅度最大的两年为例,通过通常诉讼程序所解决的案件数量比例,均仅占11%。由此观察可知,1996年至2006年11年间增加的消费借贷案件,绝大多数是通过简易或小额诉讼程序解决的。

第七章　上诉审程序

　　法院的裁判尽管庄严而慎重,但因其终究是人类活动的一环;既然是人类活动,本质上即无法避免犯错。诚实面对法院裁判存在错误可能性的现实,乃是设计、建构诉讼制度以及操作、运营审判机制时不可或缺的重要态度。审级制度与救济程序的存在,就是立法者承认司法现实的率直表达。当事人对特定司法裁判寻求救济,就程序机制的设计而言,存在理论上的诸多可能。台湾地区的审级制度为三级三审制,法院组织上分为地方法院、"高等法院"及"最高法院",上诉制度原则上为三审,例外为二审。以对终局判决所提起的上诉构成其核心的制度;在上诉之外,对于法院作出的裁定寻求救济,另设有抗告制度。即上诉及抗告均是"台湾民诉法"规定的救济程序,上诉是对判决的救济,而抗告是对裁定的救济。两者均属于在法院裁判确定之前,于审级制度构造下,立法者所设置的通常救济途径。①

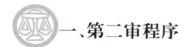

一、第二审程序

(一)概说

　　上诉是指当事人就对其不利的未确定终局判决,向上级审法院声明不服,请求其审理并废弃或变更该判决的救济方法。② 受第一审法院终局判决的当事人,因不服判决而提起上诉。该诉讼行为开始后,即进入第二审程序。一般来说,关于第二审程序和第一审程序的关系存在三种立法例:复审主义、事后审主义和续审主义。复审主义指在第二审中全面地重新搜集一切诉讼资料,当事人亦得无限制地提出新事实和新证据。事后审主义是指审判的重点放在

---

　　①　黄国昌:《上诉审概说》,载《月旦法学教室》2010 年第 5 期。
　　②　姜世明:《民事诉讼法》(下册),台湾新学林出版公司 2015 年第 3 版,第 379 页。

第一审,第二审专门就第一审判决是否错误进行事后审查。续审主义指第二审在第一审审理的基础上继续进行审理。台湾地区的第二审程序和第一审程序的关系经历了以下三个阶段:

第一阶段:在 2000 年修法之前,"台湾民诉法"第 447 条规定:"当事人得提出新攻击或防御方法。在第一审就事实或证据所未为之陈述,得追复之。"由此可见当时台湾地区采取的是完全的续审制度。与此相对应,2000 年前的"台湾民诉法"第 196 条第 1 款规定:"攻击或防御方法,得于言词辩论终结前提出之。"也就是说,当时的证据规则采用的是"随时提出主义"。以上规定虽然可以使当事人的程序权利得到充分的保障,但是对于第二审法院来说却是一个沉重的负担。因此,如何既不妨碍当事人的权益,又适当限制第二审新攻击方法的提出,以促进诉讼的进行,就成为新世纪第二审上诉制度改革的重要课题。为克服传统审理方式的缺陷,使诉讼程序富有效率,"司法院"决定推行民事案件审理集中化制度,以此强化第一审的事实审功能,使第一审成为事实审的中心。①

第二阶段:2000 年的修法将第二审程序改为采取严格的续审制。2000 年修法时,将第 447 条修改为:"当事人得提出新攻击或防御方法。但有下列各款情形之一者,第二审法院得驳回之:一、在第一审整理并协议简化后已不得主张之争点。二、经第一审法院依第 196 条第 2 项裁定驳回者。三、经第一审法院依第 268 条定期间命提出而未提出者。四、因当事人故意或重大过失未于第一审程序提出者。"本次修法理由有两点:"一、对于当事人于第二审程序提出新攻击或防御方法,亦应为适当之限制,以资配合。爰修正原第 1 项规定,原则上仍许当事人于第二审程序提出新攻击或防御方法,唯增订但书规定,于有该规定情形之一者,第二审法院得驳回之。二、关于在第一审就事实或证据所未为之陈述,已可依修正后之规定处理,无须重复规定,爰将原第 2 项规定删除。"实务上往往因为当事人于第一审延滞提出攻击或防御方法,使得审理的重心移转到第二审,导致第一审的功能被忽视。为强化第一审事实审的功能并达到审理集中化的目标,在 2000 年修法时,将第 196 条修正为采取"适时提出主义",并对于当事人于第二审程序提出新攻击或者防御方法也作了适当的限制予以配合。也就是说,原则上仍然允许当事人于第二审程序提出新攻击或防御方法,只有在但书规定的情形出现时第二审法院才可以裁

---

① 许士宦:《集中审理与审理原则》,台湾新学林出版有限公司 2009 年版,第 209 页。

定驳回。由此可以看出,台湾地区的审级制度已由续审制转变为严格的续审制。

第三阶段:在 2003 年修法之时,虽然"司法院"对于第 447 条本并无修正建议,但是经过"立法委员"的提案,第 447 条再次被修正。2003 年修正后的第 447 条规定:"当事人不得提出新攻击或防御方法。但有下列情形之一者,不在此限:一、因第一审法院违背法令致未能提出者。二、事实发生于第一审法院言词辩论终结后者。三、对于在第一审已提出之攻击或防御方法为补充者。四、事实于法院已显著或为其职务上所已知或应依职权调查证据者。五、其他非可归责于当事人之事由,致未能于第一审提出者。六、如不许其提出显失公平者。前项但书各款事由,当事人应释明之。违反前两项之规定者,第二审法院应驳回之。"其立法理由认为:"原规定实行修正之续审制,仍无法避免及改正当事人轻忽第一审程序,迟至第二审程序始提出新攻击防御方法之情形,不但耗费司法资源,且造成对造当事人时间、劳力及费用之浪费,亦无法建构完善之金字塔形诉讼制度。为改正上述之缺点,合理分配司法资源,乃修正本条第 1 项规定,原则上禁止当事人于第二审提出新攻击防御方法。唯若一律不准当事人提出新攻击或防御方法,对于当事人权益之保护欠周,因此于但书规定例外得提出新攻击防御方法之情形。"

此次修法后,现行台湾地区上诉制度的构造究竟如何定位,是否仍然为续审制,或者已经发生了质变?学者间有不同的看法。有学者认为这次修法使得台湾地区的民事诉讼构造脱离了"严格限制的续审"而走向了"事后审制"或接近"事后审制";[1]有学者对现在的体制被继续称为"严格限制的续审制"感到怀疑,而称其为"改良式的事后审制";[2]还有的学者认为,"续审制"的性质并没有被改变,仅仅是比以前更加严格了。[3] 同时,学者对这次修法多持保留态度甚至持负面看法,批评意见包括:修法过于草率;第一审程序未臻完善且与第二审程序配合不足,导致第二审程序的正当性受到怀疑;过多的例外将对法条的解释和适用造成挑战等。

① 陈荣宗、林庆苗:《民事诉讼法》(下),台湾三民书局 2015 年第 6 版,第 680 页。
② 陈计男:《民事诉讼法论》(下),台湾三民书局 2010 年第 5 版,第 270 页。
③ 许士宦:《第二审程序新攻击防御方法之提出》,载台湾《律师杂志》2003 年第 8 期;王甲乙:《民事诉讼法第二审程序之修正》,载台湾《司法周刊》2003 年第 8 期。

(二)第二审上诉的条件

具体而言,第二审上诉的要件可以分为形式要件和实质要件。

1. 形式要件

(1)须对可上诉的裁判提起上诉

"台湾民诉法"第 437 条规定:"对于第一审之终局判决,除别有规定外,得上诉于管辖第二审之法院。"具体而言,不得上诉至第二审的判决包括:对于诉讼费用,除非对于本案裁判有上诉,否则不能声明不服;对于除权判决不得上诉,而仅能向原法院提起撤销除权判决的诉讼;宣告死亡的判决不能上诉,仅能提起撤销死亡宣告的诉讼。

(2)上诉权未丧失

此项要件的具体要求有两点:一是遵守上诉期间。在台湾地区,上诉期间采取到达主义,以当事人书状到达法院为准。提出上诉应当于第一审判决送达后 20 日不变期间内进行。上诉期间过后,判决因为上诉期间届满而确定。但是对于必要共同诉讼,如果其中一个人或者数人受送达较迟,而于上诉期间内提起上诉且合法的,其他各共同诉讼人虽然已经过上诉期间,但是仍都可以被视为上诉人。在上诉期间内提起上诉,因为不合法被驳回的,与未提起上诉的后果相同;如果再次提起上诉,仍然应当自原判决送达后计算其上诉期间是否经过。二是未舍弃上诉权。当事人于第一审判决宣示、送达或公告后可以舍弃上诉权。舍弃上诉权应在本案已判决后,上诉提起前作出。根据第 439 条第 2 项的规定,当事人于宣示判决时,以言词舍弃上诉权者,应记载于言词辩论笔录;如他造不在场,应将笔录送达。当事人舍弃上诉权后,即丧失其上诉权,除他造当事人提起上诉时得提起附带上诉外,不得再行提起上诉。

(3)遵守上诉的程序

首先,当事人须提出上诉状,并表明下列各款事项:当事人及法定代理人;第一审判决及对于该判决上诉的陈述;对于第一审判决不服之程度及应如何废弃或变更的声明;上诉理由,包括"应废弃或变更原判决之理由"和"关于前款理由之事实及证据"。其次,应向有管辖权的法院提起上诉。上诉应向原第一审法院提起,以便于第一审法院审查其上诉是否合法或是否意图延滞诉讼而作适当的处理。如果当事人径向第二审法院提起,基于保障当事人权益的观点,通说认为上诉仍属有效。此外,误向第二审法院以外的机关提起的,除经该机关于上诉期间内将上诉状转达法院外,应认为不发生效力。最后,当事人应缴纳二审裁判费用。根据"台湾民诉法"第 77 条之十六的规定,向第二或第三审法院上诉,加征裁判费的一半。

2.实质要件

(1)上诉人与被上诉人适格

就上诉人而言,原则上可以成为上诉人的应为一审的当事人,以及在一审判决后依法应当承受诉讼的当事人,例如一般继承人、遗产管理人、遗嘱执行人、破产管理人等;参加人对于其所辅助的当事人,在当事人的上诉期间,可以以该当事人的名义提起上诉,参加人与其所辅助的当事人一起提起上诉的时候,判决书当事人项下的主体应当列为参加人;普通共同诉讼人可以独立提起上诉,其中一人所提起的上诉,不会影响其他人;必要共同诉讼人之中有一人提起上诉的,其他人也都是上诉人。实务观点认为,原告对于多数被告提起共同诉讼的各诉讼标的须否审理及有无理由,在程序法上是以对其中一人的另一诉讼标的有无理由为先决条件的,该先决的诉讼标的即为共同诉讼各人诉讼标的的共同诉讼基础,且于多数被告间就不同诉讼标的在实体法上有应作出一致判断的共通事项时,为确保纠纷解决的实际效果,共同诉讼各人的诉讼标的不宜割裂处理,以求裁判结果的一致性及达到统一解决纠纷的目的。①

就被上诉人而言,原则上,在一审时与上诉人相对立的对方当事人是适格的被上诉人。于第一审判决后成为对方当事人诉讼之人的,也是适格的被上诉人。对方当事人是必要共同诉讼人时,必须以全体共同诉讼当事人为被上诉人。上诉人如果仅仅对于其中一人上诉,上诉效力及于全体共同诉讼人。在连带债务人为共同诉讼人的情形下,上诉人对于其中一人提出上诉的,其效力及于全体,其他共同诉讼人也都成为被上诉人。至于通常的共同诉讼人,依照当事人独立的原则,仅仅在上诉人指定被上诉人之时才能成为被上诉人,其余的不是被上诉人。②

(2)上诉人具有上诉利益

就上诉人的上诉利益问题理论界多有讨论。部分学者主张"实体不服说"。此说认为,第二审法院是第一审法院的续审,当事人在第二审言词辩论终结前可以提出新的诉讼资料,并可以作出诉的变更、追加,上诉是否有利益应当在第二审言词辩论终结前作为判断的标准。如果上诉人在第二审言词辩论终结时能够获得较第一审更为有利的判决,就是上诉利益。所以,根据此

---

① 高点法学编辑委员会:《合一确定之判断、共同诉讼人之上诉与民事诉讼法第56条之类推适用》,载《判解集》2011年第3期。

② 陈荣宗、林庆苗:《民事诉讼法》(下),台湾三民书局2015年第6版,第690页。

说,在第一审全部获胜诉判决的当事人,为了获得更有利的判决,可以作出诉的变更、追加,对一审提起二审上诉。① 部分学者主张"形式不服说"。此说认为,原告的上诉利益应当以"形式不服说"为准。但是被告在一审并没有起诉的声明,其所作出的驳回原告之诉的声明是诉讼上的声明,不是法院裁判的对象。所以被告的上诉利益,应当依照"实体不服说",以第二审言词辩论终结时的诉讼资料判断是否具有上诉利益。根据此说,原告部分应当采取"形式不服说",以第一审判决与原告诉的声明为比较;反之,被告部分因为没有声明与判决结果相比较的问题,所以决定其有无利益应当根据判决结果实际有无不利,采取"实体不服说"。目前台湾地区以"形式不服说"为通说。根据此说,其判断标准,应当以原告的起诉声明与原审的判决对照,起诉的声明全部未经判决容许的,全部有上诉利益;一部分未经容许的,一部分有上诉利益。如果下级法院已经就原告起诉的声明,作了全部容许的判决,原告就没有提起上诉的利益。对于被告也是同样的。② 在实务上的见解方面,"最高法院"判例也采取了形式不服说。

(三)审查范围

就审查范围而言,第二审的审查应在声明的范围内进行。所谓上诉声明是上诉人请求法院应当如何废弃或者变更原一审判决内容的陈述,其以第一审判决为其"外界范围",上诉的声明不得逾越此范围,否则即属于诉之变更、追加或反诉的情形。法院对第二审上诉合法要件进行审查,其措施和效果如下:

(1)一审法院的审查与处置

不必命补正,径行裁定驳回的情形包括:超过上诉期;对不得上诉的判决上诉;上诉人有律师为诉讼代理人时仍有诉讼合法要件欠缺的情形;依照书状记载,可知其明知上诉要件有欠缺的情形。

先命补正,逾期未补正才能裁定驳回的情形包括:上诉人未缴纳裁判费用、上诉人未经过合法代理、上诉人欠缺诉讼能力及其他性质上能够补正的程序合法要件事项。

不必命补正也不能裁定驳回的情形:对于在上诉状中未表明上诉理由的

---

① 刘春堂:《上诉利益之研究》,载郑玉波主编:《民事诉讼论文逻辑》(下),台湾五南图书出版公司 1984 年版。

② 杨建华:《民事诉讼法问题研析》(二),台湾三民书局 1997 年版,第 227～228 页。

人,一审法院不需命令其补正,也不能将其驳回。

上诉合法要件具备之后,一审法院的处理流程如下:首先,上诉未经"台湾民诉法"第442条第1项、第2项的规定驳回的,第一审法院应速将上诉状送达被上诉人。其次,各当事人均提起上诉,或其他各当事人的上诉期间已经届满后,第一审法院应当速将该诉讼卷宗连同上诉状及其他相关文件交送第二审法院。最后,前项应送交的卷宗,如为第一审法院所需者,应自备缮本、复印件或节本。

(2)第二审法院的审查与处置

不必命补正,径行裁定驳回的情形与第一审法院相同。先命补正,逾期未补正才能裁定驳回的情形,原则上与第一审法院相同,但是需要特别注意的是,如果此种上诉不合法的情形已经由第一审法院在规定的时间内命令当事人补正而未补正的,则第二审法院审判长是否应当命令补正,需斟酌情形。如果认为再命令其补正后并没有实际意义的,可以径行裁定驳回。

上诉状未表明上诉理由时的处理程序是2003年修法时新增的内容。首先,上诉状内没有表明上诉理由的,审判长得命上诉人在一段时间内提出理由书。其次,上诉人提出理由书后,除应依照前条规定驳回的情形外,第二审法院应速将上诉理由书送达被上诉人。再次,审判长得命令上诉人在一段时间内提出答辩状,并规定上诉人就答辩状提出书面意见。若当事人超过规定期间提出书状的,法院得命该当事人以书状说明其理由。最后,当事人未依第1项提出上诉理由书或未依前项规定说明者,第二审法院得准用第447条之规定,或于判决时将其作为形成心证的全辩论意旨的一部分斟酌之。其立法理由称,这是为了"督促上诉人确实履行提出上诉理由书之义务暨贯彻集中审理之精神"。有学者指出,如何"得准用"令人费解;而未提出上诉理由书或逾期提出理由说明书,法院如何在判决时依全部辩论意旨进行斟酌,更有疑问。[①]

(四)第二审程序的审理

1.引用第一审的诉讼资料。根据"台湾民诉法"第448条的规定,在第一审所为之诉讼行为,于第二审亦有效力。第一审资料在引用时需要经过一定的程序,当事人应当陈述第一审言词辩论的要领。但审判长可以令书记官朗

---

① 陈启垂:《第二审上诉未表明上诉理由》,载《月旦法学教室》2013年第1期。

读第一审判决、笔录或其他卷内文书以代替当事人陈述。如未进行上述程序，第二审法院不得予以斟酌，否则即属违法，可构成提起第三审上诉的理由。台湾地区"最高法院"1952 年台上字第 344 号判例认为，第一审调查证据的结果，亦属"台湾民诉法"第 442 条第 2 项所谓第一审言词辩论之结果的一种，第二审虽非不得斟酌，然必须曾行同条项所定陈述或朗读之程序者始得为之，否则其斟酌即属违法。

2. 当事人更新权的限制。为了贯彻 2003 年新法修正后所采取的"严格续审制"的精神，原则上不许当事人在第二审的时候任意提出新攻击和防御方法，"台湾民诉法"第 447 条第 1 项但书为例外。但应注意的是，如果由于法院怠于行使释明权而使当事人未能及时在一审程序中作出攻击和防御，而在第二审开始提出攻击方法的，尚不能产生失权的效果。[①]

3. 释明责任。若当事人主张有"民诉法"第 447 条第 1 项但书各项得提出新攻击防御方法的事由，应当提出即时可供调查的证据证明，从而有利于第二审法院判断。

4. 法院对于逾期提出攻击方法的处理。在当事人违反更新权限制而提出新的攻击防御方法，或者主张有更新权，但没有提出释明的证据，或提出证据而仍然没有尽到释明责任的情况下，二审法院应当驳回此攻击方法。这项驳回的表示可以裁定或终局判决的形式作出。"台湾民诉法"第 447 条关于更新权限制的规定是为公益而设定的规定。因此，无论是法院或是当事人均有义务遵守，如果有违反该规定的情形，即使当事人并没有对其行使责问权，但其法律上的瑕疵仍然不能获得补正。[②]

(五)第二审程序中诉的变更、追加、反诉与撤回

1. 诉的变更与追加

"台湾民诉法"第 446 条第 1 项规定："诉之变更或追加，非经他造同意，不得为之。但第 255 条第 1 项第 2 款至第 6 款情形，不在此限。"为保护被告的审级利益，对于第二审诉的变更、追加的限制，必须比第一审更加严格。只有当对方当事人同意并抛弃审级利益的时候，才可以不必禁止此种诉讼行为。[③]

---

① 许士宦：《逾时提出攻击防御方法之失权》，载《台湾本土法学杂志》2002 年第 11 期。

② 许士宦：《逾时提出之驳回与责问权之行使》，载《月旦法学教室》2003 年第 5 期。

③ 沈冠伶：《被告之变更》，载《月旦法学教室》2005 年第 10 期。

换言之,在某种程度上,法院在被告同意的情形下,应当尊重当事人就程序及审级利益的处分,允许其作出诉的变更、追加。

在第二审程序中,当事人在若干情形下确有诉之变更、追加的必要,因此,即使没有对方当事人的同意,根据"台湾民诉法"第 255 条第 1 项第 2 款至第 6 款的规定,当事人也可以作出诉的变更、追加。这些具体情形包括:(1)请求之基础事实同一;(2)扩张或减缩应受判决事项之声明;(3)因情事变更而以他项声明代最初之声明;(4)该诉讼标的对于数人必须合一确定时,追加其原非当事人之人为当事人;(5)在诉讼进行中,于某项法律关系之成立与否有争执,而追加确认该法律关系。

诉讼变更的效果如下:如原告在二审时将诉讼变更,且他的诉讼变更合法,则原诉应被认为已经因为撤回而终结,第二审法院即应当专就新诉进行裁判,而不得就第一审的原诉变更裁判,也不需要作出废弃第一审判决的裁判。有学者指出,现行法律对于扩张上诉声明的细节没有明文规定,造成了处理相关问题的见解多有不同。①

2.第二审程序中的反诉

原则上,在第二审程序中提起反诉,非经他造同意,不得为之。但是"台湾民诉法"第 446 条第 2 项规定:"有下列各款情形之一者,不在此限:一、于某法律关系之成立与否有争执,而本诉裁判应以该法律关系为据,并请求确定其关系者。二、就同一诉讼标的有提起反诉之利益者。三、就主张抵销之请求尚有余额部分,有提起反诉之利益者。"

3.第二审程序中诉的撤回

(1)起诉的撤回。判决确定以前,原告可以随时撤回起诉之一或者全部。但是,被告已经为言词辩论的,应当得到对方的同意。根据"台湾民诉法"第 263 条的规定,诉经撤回者,视同未起诉。但反诉不因本诉撤回而失效。于本案经终局判决后将诉撤回的,不得重复提起同一诉讼。

(2)上诉的撤回。第二审上诉的撤回,指第二审上诉人撤回提起的第二审上诉,也就是撤回就原判决不服声明的请求。上诉撤回的要件如下:①其意思须向法院为之。原则上,应向第二审系属法院为之。如果下级法院尚未将该事件送交上级法院,可向下级法院为之。②应由上诉人为之。特别需要注意的是,在 2003 年修法时,增设第 459 条第 2 项规定:"诉讼标的对于共同诉讼

---

① 廖玟蕙:《上诉不可分之范围》,载《月旦法学教室》2015 年第 8 期。

之各人必须合一确定者,其中一人或数人于提起上诉后撤回上诉时,法院应即通知视为已提起上诉之共同诉讼人,命其于 10 日内表示是否撤回,逾期未为表示者,视为亦撤回上诉。"在必要共同诉讼中,其中一人或者数人提起合法上诉时,依照第 56 条第 1 项前段的规定,上诉的效力及于全体,故其他未提起上诉的共同诉讼人视为上诉人,此时撤回上诉原则上需要经过全体共同诉讼人的同意。但是为了避免诉讼的延滞,修法时特意增设这项拟制撤回的规定。③被上诉人已经为附带上诉的,应得其同意。④当事人应有诉讼能力。无诉讼能力的人,由其法定代理人代为诉讼,诉讼代理人需要经过特别委任,才能撤回上诉。⑤应在终局判决前作出。⑥撤回上诉应以书状作出,但是在言词辩论时,可以通过言词作出。在言词辩论时所作出上诉的撤回,应记载于言词辩论笔录,如果对方当事人不在场,应将笔录送达。⑦撤回上诉以有合法上诉存在为前提。对不合法上诉而撤回的,并不产生丧失上诉权的效力,仍然可以在上诉期间届满前提起上诉。⑧撤回上诉的表示不能附条件。

上诉人撤回上诉的,丧失上诉权。撤回上诉的当事人日后不得就该诉讼事件再提起上诉,但在对方当事人提起上诉时,仍然可以在第二审言词辩论结束前提起附带上诉。无其他当事人上诉的,原审判决因无人声明不服而告确定。至于上诉人于双方当事人在上诉期间均届满后撤回上诉的,原审判决于何时确定,实务观点认为,第一审判决既经合法上诉,即阻却原审判决生效,当事人在上诉期届满后撤回的,第一审判决应于撤回上诉生效时确定。①

(六)第二审判决的类型

第二审判决主要有以下几种类型:上诉无理由判决、上诉有理由判决、发回判决和移送判决。

1.上诉无理由判决

第二审法院认为一审判决中有关上诉人声明不服的部分,原判决并无不当,应当予以维持,即应作出上诉人无理由之驳回判决。具体而言,上诉无理由的判决分两种类型:第一种是根据"台湾民诉法"第 449 条第 1 项的规定,第二审法院认为上诉为无理由。此时,结合第 449 条之一的规定,第二审法院依前条第 1 项规定驳回上诉时,认为上诉人的上诉明显没有理由或仅是以延滞诉讼之终结为目的的,得处上诉人新台币 6 万元以下之罚款。第二种是原判

---

① 　陈启垂:《撤回上诉》,载《月旦法学教室》2014 年第 8 期。

决依其理由虽属不当,而依其他理由为正当的,仍应认定上诉无理由。换言之,原判决虽然有瑕疵存在,而且可以认为上诉人所指的上诉理由是正当的,但是一审的判决瑕疵并非重大,并且对于判决的结果来说并没有实质影响(即不影响胜败之确定),仍然以驳回上诉处理。

2.上诉有理由判决

若第二审法院认为上诉为有理由的,应于上诉声明之范围内作出废弃或变更原判决的判决。具体而言,上诉有理由判决的具体处置方式为两种:一种为废弃原判决自行判决。第二审为事实审,也是第一审程序的续行,因此第二审法院废弃原一审判决后,应以自行判决为原则。另一种是废弃原判决,发回原法院。根据"台湾民诉法"第451条的规定,其适用的条件如下:第一审之诉讼程序有重大之瑕疵,以维持审级制度必要为限,第二审法院得废弃原判决,将该案件发回原法院,如经双方当事人合意,应由第二审法院自为判决。依照"台湾民诉法"第451条第1项所作出的发回判决,可以不经过言词辩论而作出,但是应当给予当事人陈述意见的机会。

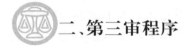 二、第三审程序

第三审上诉是指当事人不服第二审终局判决而向"最高法院"提起上诉的程序。"台湾民诉法"第467条规定:"上诉第三审法院,非以原判决违背法令为理由,不得为之。"由此可见,第三审上诉的主要目的在于统一法规之解释适用,从而就法律问题审查第二审判决是否适当,以保护当事人私权,故第三审又称为法律审。据此,当事人仅能以第二审判决违背法令为其不服的理由,而且,在第三审一般不能提出新的事实和证据,法院不能另行进行事实认定,也不继续进行第二审有关的辩论及调查证据的程序。此外,在第三审中当事人不得扩张其上诉声明,不得提出附带上诉,亦不予适用上诉不可分原则。①

---

① 黄国昌:《废弃发回后之附带上诉与扩张声明不服》,载《月旦法学教室》2005年第10期。

（一）第三审上诉的要件

1. 有合法的上诉理由

第三审的审理是基于上诉人表明其有上诉利益、具有上诉理由而开始进行的。由于第三审为法律审，所以除了有上诉利益以外，必须以判决内容违反法律为上诉理由，否则即属于不合法。"台湾民诉法"第 467 条规定的"原法院"一般指的是第二审法院，只有在飞跃上诉的情况下才指的是第一审法院。2003 年修法时，为了达到"发挥第三审法律审之功能，健全民事诉讼制度"的目的，特增设第 469 条之一，将第 469 条所列的各项以外的违背法令的情形，划归采取许可上诉的范围。"台湾民诉法"所规定的违背法令的区别尤其重要，可分为"绝对上诉事由"和"相对上诉事由"。两者间的类型化基准在于"立法者是否已经预设特定违背法令事由的出现在概念上必然绝对影响原审判决的结果"①。

绝对上诉事由指的是"台湾民诉法"第 469 条的第 1 项至第 5 项事项。只要该事由存在，该一审或者二审的判决就属于当然违背法令，无论违背法令与该案一审或者二审判决有没有因果关系，都可以成为第三审上诉的理由。如果存在此等事由，第三审法院即必须废弃原判决，自行判决或者发回重审。

绝对上诉事由包括：判决法院之组织不合法；依法律或裁判应回避之法官参与裁判；法院于权限之有无辨别不当或违背专属管辖之规定；当事人于诉讼未经合法代理；违背言词辩论公开之规定；判决不备理由或理由矛盾。

除前述绝对上诉理由外，根据"台湾民诉法"第 477 条之一的规定，原判决违反法令而不影响判决结果的，不得废弃原判决。此即对于相对上诉理由的限制。具体而言，相对的上诉理由包括：

（1）概括的违背法令

概括的违背法令是指判决不适用法规或适用不当。也就是说，判决时适用不应当适用的法规或者不适用应当适用的法规，或者未适当适用法规。

（2）判决不具备理由或者理由矛盾

判决不具备理由是指判决没有载明理由，所载理由不完备或者不明了等情形。判决理由矛盾是指判决所载理由前后抵触或主文与理由不相符合。当事人以"台湾民诉法"第 469 条第 6 项为上诉理由时，若原判决虽违反法令但

---

① 黄国昌：《第三审上诉》（上），载《月旦法学教室》2011 年第 7 期。

不影响裁判之结果的,法院不得废弃原判决。

(3)许可上诉

此即学理上所称的"许可上诉制"。"许可上诉制"的适用情形主要有以下几种:法的续造,例如为填补法律漏洞而类推适用条文,法官造法等;确保裁判的一致性;具有"原则上重要性"的情形。何谓"原则上重要性",学界对此未有统一的看法,一般认为包括那些超越一般时间,即可能发生于不特定多数事件的情形,但是并不限于必须涉及多数人。① 另有学者指出,许可上诉制中的"法律问题意义重大"以及"阐释必要"的具体标准为何,"最高法院"在个案中的适用情形如何,能否从个案中整理出判断标准等问题,均有进一步探究的必要。②

2.审查对象为法律允许的终局判决

对于第二审法院所作出的不利判决,并非全部都能提起第三审上诉。根据"台湾民诉法"第465条、第466条第1项、第436条之二、第436条之三、第458条、第88条的规定,此类判决的第三审上诉受到限制。

此外,根据"台湾民诉法"第466条之四第1项的规定,当事人对于第一审法院依通常诉讼程序所作出的终局判决,就其确定之事实认为无误的,可以合意径行向第三审法院上诉。设立飞跃上诉制度的目的在于,明定当事人对于第一审法院依通常诉讼程序所为的终局判决,就其确定的事实认为无误的,可合意直接向第三审法院上诉,以节省劳费,使案件得以迅速确定,尽速实现当事人的权利。

飞跃上诉应具备如下要件:(1)必须针对第一审终局判决。根据"台湾民诉法"第436条之三的规定,对于简易诉讼程序之第二审裁判,提起第三审上诉或抗告,须经原裁判法院之许可,不适用飞跃上诉。小额程序也没有适用飞跃上诉的问题。(2)当事人对于飞跃上诉作出合意。根据"台湾民诉法"第466条之四的规定,必须以书面证明有飞跃上诉的合意,并提出于第一审法院。(3)必须具备一般上诉的合法要件。(4)必须具有合法的上诉理由。

若当事人有飞跃上诉的合意,但是仍然向第二审法院提起二审上诉,二审法院如果能够认定当事人有此上诉合意,应当将诉讼移送到有管辖权的第三审法院,而不是径行驳回当事人的上诉。需要特别注意的是,飞跃上诉的合意

① 许士宦:《第三审上诉理由》(上),载《台湾本土法学杂志》2004年第1期。
② 沈冠伶:《诉讼权保障及裁判外纷争处理》,台湾元照出版公司2012年版,第124页。

仅仅涉及当事人的审级利益,而与公共利益没有关系,因此,该合意是否存在属于抗辩事项,法院没有必要依其职权调查。此外,飞跃上诉的合意,每次上诉时都要作出。因此,如果当事人第一次就一审的判决有飞跃上诉的合意,上诉于第三审后,第三审法院将原判决废弃发回第一审变更判决,对于一审变更后的判决,当事人欲进行第三审上诉,必须重新作出上诉的合意,并将文书提交第一审法院后才能生效。[①]

3.委任律师为诉讼代理人

"台湾民诉法"第466条之一规定:"对于第二审判决上诉,上诉人应委任律师为诉讼代理人",此为"律师强制代理制度"。采取律师强制代理制度的法理在于,"第三审作为法律审,其诉讼程序当非一般人民所能胜任,为使诉讼程序能迅速有效及公平之进行,应改采律师代理诉讼制度。同时法院受理案件时,如发现代理律师有滥行上诉之情形时,应将该律师移付惩戒,则显无上诉理由之当事人,当听律师之劝告,打消滥行上诉之意念,甚或无律师愿代理其滥行上诉而停止上诉"[②]。如果没有由律师代理,第二审法院应当先命其补正,不得直接以第三审上诉为不合法裁定驳回,上诉人没有补正也没有声明依诉讼救助的规定代为选任的,上诉不合法,裁定驳回。[③]

4.超过"台湾民诉法"第466条规定的最低上诉利益额度

根据"台湾民诉法"第466条的规定,对于财产权诉讼之第二审判决,如因上诉所得受之利益,不逾新台币100万元者,不得上诉。"司法院"得因情势需要,以命令减至新台币50万元,或增至150万元。"司法院"依据"民诉法"第466条的规定,于2002年2月8日以命令将第三审上诉利益的数额由新台币100万元增至新台币150万元。[④]

5.符合法定提起的规范

"台湾民诉法"第470条规定:"提起上诉,应以上诉状提出于原判决法院为之。上诉状内,应记载上诉理由,表明下列各款事项:一、原判决所违背之法令及其具体内容。二、依诉讼资料合于该违背法令之具体事实。三、依第四百六十九条之一规定提起上诉者,具体叙述为从事法之续造、确保裁判之一致性

---

① 沈冠伶:《第三审之飞跃上诉与许可上诉》,载《司法周刊》2003年第8期。

② 陈计男:《程序法之研究》(一),台湾五南图书出版公司1986年版,第75页。

③ 黄国昌:《第三审上诉之程式欠缺与补正》,载《月旦法学教室》2011年第8期。

④ 姜世明:《民事诉讼法》(下册),台湾新学林出版股份有限公司2015年第3版,第444页。

或其他所涉及之法律见解具有原则上重要性之理由。上诉状内,宜记载因上诉所得受之利益。"有学者指出,要求当事人明确表明原判决所违背的法令及其具体内容的规定,在实践中存在操作过度的情况,"最高法院"以上诉人未具体指出违背法令的具体内容而裁定驳回上诉,有演变为其回避对有重大争议或十分困难的法律问题予以回应的利器。①

(二)第三审审理的程序

1.上诉状

上诉状内应记载如下事项:原判决所违背的法令及其具体内容;依诉讼资料合于该违背法令之具体事实;依"台湾民诉法"第 469 条之一规定提起上诉的,应叙述为从事法之续造、确保裁判之一致性或其他涉及法律见解具有原则上重要性的理由。

2.第三审的材料补充

"台湾民诉法"第 471 条规定,上诉状内未表明上诉理由者,上诉人应于提起上诉后 20 日内,提出理由书于原第二审法院。上诉人也可以提出上诉理由追加书状。第三审法院认为有必要时为限,得将前项书状送达于对方当事人。

3.被上诉人提出答辩状

被上诉人得于上诉状或前项理由书送达后 15 日内,提出答辩状于原第二审法院,也可在第三审判决之前提出答辩状或者追加书状于第三审法院。

4.原审判决法院对上诉的处理

提起第三审上诉的,应将上诉状向原审法院提出,不得直接向第三审法院提出。对于超过期限或对于不能上诉的事项上诉,或没有交纳上诉裁判费用,或当事人能力有欠缺等情形,经原审法院定期命令其补正而没有补正的,原判决法院均应以裁定驳回。上诉人没有委托律师代理的,第二审法院应当定期命其补正,逾期没有补正的,第二审法院应以上诉不合法裁定驳回。上诉人上诉状未表明理由且未补正的,由原第二审法院以裁定驳回。换言之,第三审采取"上诉理由书强制提起主义",此时如果有欠缺,不必先让其补正,可以直接裁定驳回。

5.第三审法院审理方式

第三审法院首先依职权调查上诉是否合法,其审理以言词辩论为原则。

---

① 黄国昌:《第三审上诉(下)》,载《月旦法学教室》2011 年第 11 期。

在 2003 年修法前,第三审以书面审理为原则。2003 年修法时明确规定第三审判决原则上应经言词辩论,以保障当事人之辩论权,并发挥法律审之功能,以提升当事人对裁判之信赖。根据"台湾民诉法"第 475 条的规定,第三审法院的调查应限制在上诉声明的范围内,依据上诉的理由进行调查,但依职权应调查的事项或需要统一法令见解的事项不在此限。

6. 第三审法院的判决

第三审法院的判决有以下类型:

(1)裁定驳回上诉。第三审上诉不具备合法要件的,应以裁定驳回上诉。例如,逾上诉期间的上诉、逾期提出理由书的上诉、未委任律师为诉讼代理人的上诉等。对于同一诉讼的上诉,如有数个不合法的事由发生竞合,法院可以任选其一作为驳回上诉的依据。有学者指出,如此处置有时不利于上诉的权利保护,应结合特殊情形拟定第三审法院因不合法而裁定驳回上诉的顺序,以确保程序的实质公平。①

(2)判决废弃原判决。根据"台湾民诉法"第 477 条的规定,第三审法院认为上诉为有理由的,就该部分应当废弃原判决。因违背诉讼程序之规定废弃原判决的,其违背的诉讼程序部分视为已经废弃。第三审法院废弃原判决时,虽然不就事实问题作出重新整理,但是若认为该事件有审理事实问题的必要,必须将该事件发回原审法院或者发回交给其他同级法院审理,以使判决合法。

(3)判决驳回上诉。第三审法院认为上诉无理由的,应作出驳回上诉的判决。若第三审法院认为原判决依其理由虽然不当,而依其他理由认为正当的,仍然以上诉无理由作出驳回上诉的判决。"台湾民诉法"第 477 条之一规定:"除第四百六十九条第一项至第五项之情形外,原判决违背法令而不影响裁判之结果,不得废弃原判决。"也就是说,第三审法院在上述情况下应以上诉无理由而驳回上诉。

(4)就事件自行判决。第三审法院废弃原判决,而有下列情形之一的,应自行判决:因基于确定的事实或依法可斟酌的事实,不适用法规或适用不当废弃原判决,而事件已达到可以裁判的程度的;原判决就诉或上诉不合法的事件误作实体裁判的;法院应依职权调查的事项,第三审可自行确定事实而进行判断的;原判决未本于当事人的舍弃或认诺作裁判的;其他没有发回或发回进行

---

① 吴明轩:《法院认第三审上诉为不合法以裁定驳回之顺序》,载《月旦法学杂志》2012 年第 5 期。

重新辩论的必要的。

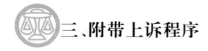

三、附带上诉程序

(一)附带上诉的概念及立法目的

所谓附带上诉,是指当事人一方提起上诉后,被上诉人在已开始的第二审上诉程序中,也对原判决声明不服,请求第二审法院废弃或者变更第一审判决不利的部分,而扩张有利于自己的判决的诉讼行为。[①]

附带上诉旨在维持双方当事人的公平。双方当事人于第一审判决各有部分胜败的情形,本可以独立提起上诉,但是如果一方当事人基于息事宁人或者其他动机,希望双方不再上诉,因此,自己先为舍弃上诉权或者放任上诉期间经过或者撤回上诉的,该当事人已经没有上诉的机会。此时,如果另一方当事人不肯息诉而提起上诉,却不允许被上诉人作出附带上诉,依照不利益变更禁止原则,上诉人的诉讼地位显然处于有利的地位。因此,立法者为了平等保护双方当事人,允许被上诉人在第二审程序中作出附带上诉,对第一审不利于己之判决声明不服,以求对判决作出有利于自己的废弃或者变更,以制衡上诉人。

(二)附带上诉的性质

附带上诉的规定只能在双方当事人在一审各受一部分胜诉一部分败诉的判决时才能适用,原告全部胜诉或者全部败诉的,没有附带上诉可言。目前虽然仍有少数学者坚持"非上诉说"。该说认为,附带上诉并不是像请求驳回上诉声明一样仅仅是防御声明,而是上诉人请求第二审法院作出一个较第一审判决更有利于自己的判决的攻击声明。据此,被上诉人于自己的上诉权消灭后,只要在言词辩论终结前,仍然可以声明附带上诉。由此可知"附带上诉"并非"上诉",仅仅是攻击的声明,不需要有上诉的利益存在。[②] 但从总体上看,"上诉说"还是占了通说的地位。"上诉说"认为,附带上诉规定在第二审程序

---

① 姜世明:《民事诉讼法基础论》,台湾元照出版公司 2013 年第 6 版,第 267~268 页。

② 骆永家:《民事法研究 I 》,台湾三民书局 1999 年版,第 206~208 页。

中,并且以"上诉"为名称,就形式而言,在本质上仍然是上诉。所以,必须主张原判决对自己不利并且属于不当,才可以主张。受到全部胜诉判决的当事人不能提起。① 此理论也被实务界所接受。1952 年台上字第 763 号判例称:"第二审附带上诉,为当事人对于所受不利益之第一审终局判决声明不服之方法,在第一审受胜诉判决之当事人,自无许其提起附带上诉之理。"

(三)附带上诉的要件

1. 对方当事人已经提起上诉。附带上诉须由被上诉人对于上诉人提起,在通常之共同诉讼中,其共同诉讼人中之一人或数人提起上诉者,其效力不及于其他共同诉讼人,故对于未提起上诉之人,不得提起附带上诉。对方当事人的上诉必须是合法的,如果因为不合法而被驳回,已经提起附带上诉的,除了作出独立的附带上诉以外,将失去其效力;如果尚未提起附带上诉的,则因为没有上诉程序的存在而不能作出附带上诉。② 此外,起诉经撤回的,上诉程序也无法有效存在,因此附带上诉也将随之失效。

2. 必须在二审言词辩论终结前提起。二审法院应当同时就上诉部分与附带上诉部分作出辩论与判决,因此,附带上诉必须在二审言词辩论终结前提起。在 2003 年修法前,学说及实务上都认为在经第三审发回重审的程序中,当事人可以在言词辩论终结前提出"附带上诉"以及"扩张上诉不服声明"。但修正后的第 460 条第 1 项规定,被上诉人在言词辩论终结前可以提出附带上诉,但经第三审法院发回或者发交后,不得为之。

3. 不能对附带上诉提起附带上诉。附带上诉的目的在于使双方当事人的上诉利益能够得到平衡。基于当事人平等的原则,当事人对于不利于己的判决可以提起第二审上诉,而且在第二审言词辩论终结前,可以随时扩张上诉声明;被上诉人也可以对不利于己的判决提起第二审上诉,或者以附带上诉的方式救济。因此,上诉人的扩张上诉声明即相对于被上诉人的附带上诉,自然无法使上诉人对于被上诉人的附带上诉再提起附带上诉。

4. 遵守法定的程序。附带上诉应当依照"台湾民诉法"第 441 条③的规定

---

① 杨建华:《民事诉讼法问题研析》(二),台湾三民书局 1997 年版,第 296 页。

② 陈计男:《民事诉讼法论》(下),台湾三民书局 2010 年第 5 版,第 300 页。

③ "台湾民诉法"第 411 条第 1 项规定:"提起上诉,应以上诉状表明下列各项事项,提出于原第一审法院:一、当事人及法定代理人。二、第一审判决及对于该判决上诉之陈述。三、对于第一审判决不服之程度,及应如何废弃或变更之声明。四、上诉理由。"

提出。在第二审言词辩论之时提起附带上诉的,可以例外地允许以言词为之。此时法院书记官应当将其附带上诉的意思记载于言词辩论的笔录。附带上诉的表示并不以使用"附带上诉"的用语为必要,只要可以推知当事人有附带上诉的意思即可。

(四)附带上诉的撤回

附带上诉的撤回不必征得其他当事人的同意,这是因为附带上诉的撤回,不至造成对于对方当事人的不利益。撤回附带上诉以后,仍可以在第二审言词辩论终结前再作出附带上诉。需要注意的是,被上诉人如果是在附带上诉程序中已经一并主张新请求或提起反诉,则附带上诉的撤回即同时为新请求或者反诉的撤回。在新请求或者反诉的撤回需要得到对方当事人同意的情形下,附带上诉的撤回也需要得到对方当事人的同意。①

(五)附带上诉的费用

被上诉人提起附带上诉,如果他的声明不被采纳或其附带上诉因为不合法而被驳回的,由提起附带上诉而产生的费用应由被上诉人负担。由于诉被撤回而使附带上诉也失去其效力时,附带上诉费用的负担应依照"台湾民诉法"第90条的规定作出诉讼费用的裁判。此时的附带上诉费用原则上由撤回上诉而使其附带上诉失去效力的上诉人负担。

(六)独立上诉的附带上诉

附带上诉具备独立上诉的要件的,即使因为上诉人的上诉不合法遭遇驳回或者撤回上诉,其附带上诉并不因此失去其效力,可以转换为独立的上诉而合法地继续存在。独立附带上诉的要件如下:(1)未超过上诉期间;(2)未曾舍弃上诉权或者撤回上诉;(3)未曾违背上诉程序;(4)不是专门就原审判决关于诉讼费用的裁判声明不服;(5)有上诉利益。在此种情形下,原附带上诉程序转换为一般上诉程序;原先撤回上诉的上诉人仍然可以利用此程序进行附带上诉。

---

① 骆永家:《民事法研究 I》,台湾三民书局 1999 年版,第 208 页。

四、抗告程序

当事人或者诉讼关系人就法院或者审判长所为不利于己或尚未确定的裁定,向上级法院声明不服而请求废弃或变更该裁定的诉讼行为,称为抗告。经过 2003 年的大幅度修法,抗告程序已经呈现出完全不同于旧法的全新面貌。

(一)抗告的客体

"台湾民诉法"第 482 条规定:"对于裁定,得为抗告。但别有不许抗告之规定者,不在此限。"一般而言,对于裁定都可以提起抗告,但是以下特别情形应予注意:

1. 在诉讼程序进行中作出的裁定

在诉讼程序进行中作出的裁定,是指在诉讼程序中法院就程序事项以及就其职权指挥诉讼的事项所作出的裁定,例如,指挥言词辩论进行的裁定、调查证据的裁定。"诉讼进行中"指每一审级诉讼程序开始后尚未终结以前。台湾地区"最高法院"1961 年台抗字第 225 号判例称,在诉讼程序进行中所为之裁定,系指每一审级诉讼程序开始后尚未终结以前所为之裁定而言。此类裁定的性质或者不涉及本案的实体判断,或者单纯依法院职权的行使和裁量,对于当事人的利益并没有重大的损害。为了避免拖延诉讼,对在一般诉讼程序进行中所为之裁定,不得进行抗告,但对在以下程序中作出的裁定可以抗告:关于参加应否准许的裁定;关于声请命供担保的裁定;关于应否准许返还或者变换担保的裁定;关于诉讼救助的裁定;关于声明承受诉讼以及依职权命令续行诉讼的裁定;关于停止诉讼程序以及关于撤销停止的裁定;关于违背证人与鉴定义务而处以罚款的裁定;关于拒绝证言或者拒绝鉴定得当与否的裁定;关于认定拒却鉴定人为不当的裁定;因为第三人不提出证书或者勘验物而处以罚金或命令强制处分的裁定;关于证人或者鉴定人或提出证书勘验物的第三人请求费用的裁定;对于调解期日不到场科处罚款的裁定;关于假扣押处分声请的裁定;除权判决所附的限制或者保留;因人事诉讼本人不到场科罚款的裁定;关于保护应监护或者监护人的处分及撤销其处分的裁定等等。

2. 不得上诉于第三审法院之事件,其第二审法院所为裁定,不得抗告

诉讼事件的本案判决如果依法不得上诉第三审法院,有关该事件的裁定也不得抗告。但对下列裁定,虽然不准抗告,但是可以向原法院提出异议:

命法院书记官、执达员、法定代理人、诉讼代理人负担诉讼费用之裁定;对证人、鉴定人、通译或执有文书、勘验物之第三人处以罚款之裁定;驳回拒绝证言、拒绝鉴定、拒绝通译之裁定;强制提出文书、勘验物之裁定。

3.受命法官或者受托法官的裁定,不得抗告

由于受命法官或受托法官并非为审判的法官,而是受法院委托行使一定职务的人,其所作出的裁定不能与法院的裁定同等看待,因此,对其所作出的裁定,当事人不得直接向受诉法院的上级法院提起抗告。如果裁定是受诉法院所作出的依照法律可以作出抗告的,则可向受诉法院提出异议。

4.其他明文规定不能抗告的情形

这些情形包括:驳回更正裁判声请的裁定;调解程序暂时性处置的裁定;小额程序第二审的裁定;抗告法院裁定前,为停止原裁定的执行或其他必要处分的裁定等。

5.不得声明不服的裁定

不得声明不服的裁定包括:指定管辖的裁定;驳回移送诉讼的声请的裁定;回避声请正当的裁定;拒绝鉴定人声明为正当的裁定;准许证据保全的裁定、驳回调解声请的裁定;将简易程序改为依照通常程序的裁定;依职权将小额程序改为依照简易程序的裁定;第二审关于假执行的裁定;驳回支付命令申请的裁定等。

(二)抗告的主体

裁定的对象不以当事人为限,对于当事人以外的诉讼关系人也可以作出,例如法院对于证人、鉴定人、执有证物的第三人、代理人处以罚款或命令其负担诉讼费用的裁定。因此,对裁定提起抗告的主体不以当事人为限,只要是受裁定影响的诉讼关系人都可以提出。

(三)抗告的合法要件

抗告的合法要件与上诉的合法要件类似。所谓合法要件与有效要件不同,所谓抗告的有效要件是指所抗告的裁定对于抗告人不利,属于不当或者违法的情形。抗告不具备合法要件,以其抗告不合法驳回;抗告不具备有效要件则以抗告没有理由驳回其抗告。抗告有无理由,应依据具体事件的内容及当事人的主张及陈述决定。具体而言,抗告的合法要件如下:

1.对法律准许抗告的裁定,始得抗告。出于诉讼经济原则的考量,对于诉讼中的裁定,不必全部赋予当事人抗告的权利。"台湾民诉法"规定的部分不

得抗告的情形主要有：在诉讼程序进行中所为的裁定，除另有规定外，不得抗告；不得上诉于第三审法院的事件，其第二审法院所为裁定，不得抗告；受命法官或受托法官之裁定，不得抗告；其他特别明文规定不得抗告或不得声明不服的裁定等。①

2.须未丧失抗告权。首先，必须遵守抗告期间。2003年"台湾民诉法"修正之后，将提起抗告的期间统一规定为裁定送达后10日的不变期间，但送达前的抗告也有效力。不变期间的遵守采取到达主义，以书状到达法院时未超过期间为准。其次，须未舍弃抗告权。最后，须未撤回抗告。抗告人于抗告法院裁定前得将抗告撤回，撤回抗告的，丧失其抗告权。

3.须依照一定的程序。抗告原则上应当以书面提出。其应记载的事项如下：当事人及其法定代理人，原裁定的内容以及对于原裁定所作出抗告的陈述，对于原裁定不服的程度以及如何废弃或变更的声明及抗告的理由。"台湾民诉法"第488条第2项规定："适用简易或小额诉讼程序之事件或关于诉讼救助提起抗告及由证人、鉴定人、通译或执有证物之第三人提起抗告者，得以言词为之。"

4.应当缴纳裁判费用。当事人或者其他诉讼关系人对于裁定提起抗告，不问本案诉讼标的的价值如何，一律缴纳裁判费新台币1000元；再为抗告者亦同。

5.须向有管辖权的法院提起。"台湾民诉法"第488条第1项规定："提起抗告，除别有规定外，应向为裁定之原法院或原审判长所属法院提出抗告状为之。"

(四)抗告的效力

"台湾民诉法"第491条规定："抗告，除别有规定外，无停止执行之效力。原法院或审判长或抗告法院可以在抗告事件裁定前，停止原裁定之执行或为其他必要处分。前项裁定，不得抗告。"具体而言，抗告产生以下效力：

1.阻断裁定确定的效力

提起抗告有阻断原裁定确定的效力。就此而言，与上诉相同，但抗告没有停止执行的效力。法院可以在抗告事件裁定前，停止原裁定的执行或者为其他必要处分。

---

① 姜世明：《裁定及抗告程序》，载《月旦法学教室》2008年第3期。

2.移审

提起抗告以后,原法院或者审判长作出撤销或者变更原裁定或者依"台湾民诉法"第490条第2项规定驳回抗告的时候,发生移审的效力。

3.抗告不停止执行效力的原则与例外

"台湾民诉法"第491条第1项规定确立了抗告不停止执行的原则。裁定经宣示的,自宣示的时候即产生执行力;不宣示的,自从送达的时候产生执行力,裁定无须确定即产生执行力。所谓抗告不停止执行的效力是指裁定的执行力不因为提起抗告而停止。在抗告程序终结以前固然不停止裁定的执行,在抗告程序终结以后,亦视抗告法院的裁定结果情形而定。若抗告法院维持原裁定,当然继续执行。如果原裁定被废弃,无从继续依照裁定为执行,当然不产生执行的问题。"不停止执行"也有除外情形,包括对于命令返还提存物或保证书的裁定,认定拒绝证言当否之裁定等。

(五)抗告的审理

根据"台湾民诉法"第495条之一第1项的规定,抗告程序除了另有规定以外,准用第二审上诉程序的规定。抗告审理程序中是否可以调查新事实、证据,仍应以第447条所规定的标准予以决定。此外,"台湾民诉法"第528条规定,对于假扣押的裁定提出抗告的,抗告法院在裁定前,应使债权人及债务人有陈述意见的机会。对此,实务观点认为,债权人申请假扣押经法院裁定驳回的,因尚不得作为执行名义声请执行而无须送达债务人,此时债权人提起的抗告,如果也赋予债务人陈述案件的机会,可能使原不知悉假扣押情况的债务人隐匿或处分财产,导致侵害债权人的实体利益,因此抗告法院无须在裁定前使债务人陈述意见。[①]

(六)抗告的裁判

1.由原法院或审判长处置

原法院或者审判长认为抗告有理由的,应撤销或者变更原裁定。原法院或者审判长自行改变或者撤销自己先前所作出的裁定时,应特别谨慎,否则容易遭到出尔反尔的非议,有损司法威信。为此,应先给予当事人陈述意见的机

---

① 高点法学编辑委员会:《假扣押之抗告程序是否应通知债权人及债务人陈述意见》,载《判解集》2011年第6期。

会,较为妥当。提起抗告已超过抗告期的或者对于不得抗告的裁定而为抗告者,应以抗告不合法裁定驳回。

2.应当送交抗告法院的处理

原法院或审判长认为抗告为有理由的,应撤销或变更原裁定。原法院或审判长未以抗告不合法驳回抗告亦未依前项规定为裁定的,应速将抗告事件送交抗告法院;如认为必要时,应送交诉讼卷宗,并得添具意见书。送交案件已经移转到上级法院(抗告法院)的,应当由上级法院加以处理。

法院认为抗告不合法的,可作以下处理:(1)抗告如果有不合法的情形,原法院或审判长可依法裁定驳回。如果原法院或者审判长并没有行使此项职权,抗告法院也可依法裁定驳回,不得再将抗告退回原法院。实务观点认为,当事人提起第三审上诉,如有应缴裁判费而未缴或缴不足额,经第二审法院裁定限期命为补正,上诉人逾期仍未补正者,或未依"民事诉讼法"第470条第2项、第471条第1项之规定,于上诉状内表明上诉理由,亦未于提起上诉后20日内提出理由书于原第二审法院者,以裁定驳回其上诉,而将诉讼卷宗送交本院时,应即由本院以裁定驳回其上诉。(2)抗告虽然不合法,但是其情形可以补正的,在抗告事件送交抗告法院后,审判长应当定期命其补正;逾期不为补正的,抗告法院以裁定驳回其抗告。(3)禁止再抗告。抗告法院以抗告不合法而驳回的,不得再作出抗告;但是可以向原法院提出异议。

法院认为抗告没有理由的,应作出驳回的裁定。原裁定依照其理由虽然不当,但是依照其他理由认为正当的,应当以抗告为无理由裁定驳回。抗告法院认为抗告为有理由的,应废弃或变更原裁定;非有必要,不得命原法院或审判长更为裁定。原法院或者审判长就专属其他法院的事件,违背专属管辖的规定而自为裁定的,属于诉讼程序有重大瑕疵,抗告法院认为抗告有理由的,应当废弃原裁定,并以裁定将该事件移送于有管辖权之法院。

(七)再抗告

对于抗告法院的裁定,再向上级法院表示不服的抗告,称为再抗告。再抗告是抗告的一种,并非抗告程序外的另一种程序。因此,原来属于不得声明不服或者不得抗告的裁定,即使符合再抗告的要件也不许为抗告。抗告与再抗告的区别主要有以下两点:一是抗告针对作出裁定的原法院所作成的初次裁定声明不服,而再抗告针对上级法院(抗告法院)的抗告裁定第二次作出声明不服的表示。二是限制不同,抗告不受"台湾民诉法"第486条第2项、第486条第4项、第486条第5项的限制,而再抗告时则有上述的限制。

1.再抗告的要件

再抗告应符合如下要件:(1)管辖法院只能是"最高法院"。(2)不违反有关禁止再抗告的规定。(3)应以抗告法院的裁定适用法规显有错误为理由。(4)应经过原抗告法院的许可。根据"台湾民诉法"第486条第5项的规定,许可的事项应当以原则上具有重要性者为限。"最高法院"2006年台抗字第179号裁定。当事人或其他诉讼关系人对于抗告法院的裁定再行抗告之时,应向原法院(抗告法院)提出再抗告状,并应当表明再抗告的理由。如果提起再抗告而未能表明理由的,原法院无须规定期间命令其补正,可以直接以裁定驳回。

2.再抗告的审理程序

再抗告时,应表明再抗告的理由;如果没有记载的,没有必要命其补正,可以径行驳回。当事人或者其他诉讼关系人对于抗告法院的裁定再为抗告,已于再抗告状内表明再抗告理由的,原审法院审查的结果认为其抗告应得到许可的,应当添加意见书并说明符合许可再抗告要件的理由,径行将诉讼卷宗送交再抗告法院。

在再抗告案件审理过程中,法院不调查新事实、证据。在通常诉讼程序以及简易程序中,对于第二审法院的裁定,直接向"最高法院"提起抗告时,两者都应以原裁定适用法规显然有错误为其抗告或再抗告的合法要件,其性质属于法律审的范围。因而,再抗告法院的裁判不得斟酌当事人所提出的新事实及证据。

3.再抗告的效果和法律裁判

再抗告的效力与抗告的效力基本相同。再抗告的裁判分为三种不同情形:(1)法院认为再抗告不合法的径行裁定驳回;(2)法院认为没有理由再抗告的,裁定驳回;(3)法院认为再抗告有理由的,裁定废弃原裁定自为裁定或者发回原法院重新裁定。① 除非有必要,不得命原法院或审判长更为裁定。

---

① 吴明轩:《民事诉讼法关于再抗告程序规定之修正》,载《月旦法学教室》2004年第1期。

第八章　再审程序

民事诉讼的本案终局判决确定后即产生既判力。原则上无论当事人或法院均不能再度动摇该项效力,如此始能实现当事人进行民事诉讼的目的,保护当事人实体法上的权利。但确定的本案判决,如有重大程序瑕疵或其判断上有明显不正确的情形,如果仍然承认对当事人发生既判力,将造成与实体法利益状况不一致的情况,侵害当事人的实体权益。此时,应允许当事人依再审程序排除确定判决的既判力。哪些事项可作为再审理由,一直是再审程序的核心问题。过于宽泛的认定再审事由,将破坏确定本案判决所产生既判力的法安定性;过于狭窄的认定则将造成当事人救济可能性的不当减损,使当事人因不得已而接受有错误的本案判决。此外,再审之诉的性质如何,诉讼标的为何,究竟为一元诉讼标的抑或是二元诉讼标的等,都是民事诉讼上再审程序的重要问题。

 一、概述

(一)再审程序的概念

当事人及其继受人对于已确定之终局判决声明不服,请求法院再开已终结之诉讼程序,谓之再审程序。[①] 当事人根据法定再审事由而提起的诉讼称为再审之诉。再审之诉的目的是请求除去确定判决,故性质上为形成之诉,即对原来生效裁判之撤销及对原争议之法律关系或权利进行重新辩论和裁判。

再审程序并不是法院审理民事案件所必经的程序,而是对于确有错误的生效裁判所采取的一种特殊的救济途径。裁判确定后,依法即发生既判力,依

---

① 杨建华原著、郑杰夫增订:《民事诉讼法要论》,北京大学出版社 2013 年版,第424 页。

一事不再理之原则,当事人不得就同一法律关系重新起诉。但是,如果绝对贯彻法律安定性的要求,绝不考虑特殊情况的存在而不赋予重新审判机会,则无法兼顾判决的正确性及法律正义的要求。再审制度正是为调节确定判决的安定性及判决的正确性而存在的法律制度,是对原确定判决声明不服的特殊诉讼程序。因此,再审程序是民事诉讼程序中不可缺少的一个组成部分。

(二)既判力理论对再审程序的制约

根据既判力理论,判决确定时发生既判力,亦即法院在该确定判决中对于该诉讼标的之权利或法律关系所作出的判断,是此后规范该当事人间法律关系的基准。法院对案件作出终局性裁判后,当事人之间的权利义务关系就此确定,当事人不得就该裁判内容再行争执,法院也不得作出与该裁判内容相矛盾的新裁判,以确保裁判的稳定性。但是,由于人们对案件事实认识能力的有限性和对法律问题的不同见解,无法保证法院的所有裁判都是按照正当的程序、准确的事实以及正确的法律作出的,法院裁判出现错误的可能性总是客观存在的。既然确定判决不可避免地存在错误,就必须在一定的情况下给予当事人合理的救济。再审制度就是为了纠正确定判决存在的错误而对案件进行重新审理而设置的,是在确保裁判的终局性的前提下,使之与确保裁判认定事实的真实性之间取得平衡的必备制度。① 如果没有既判力理论对再审的制约,一味地追求客观真实,将会导致再审程序启动主体无限、再审事由无限、再审审级无限、再审次数无限和再审期限无限的弊端,从而使再审制度无限化,判决终局性没有保障。② 具体来说,既判力理论对民事再审程序的制约主要表现在以下三个方面:

1. 再审程序只是一种有限的补救司法错误的程序

再审程序作为一种纠错程序,其设立的目的在于实现当事人的人权保障和实质性地维护法院裁判的既判力以及司法的权威。但是毕竟从形式而言,再审程序的这种维护功能只具有补充的意义,只能是例外而有限的。任何无限制地随意启动再审程序并排斥既判力的做法,都是绝对不可取的。如果频繁地对判决已经确定的案件进行再审,只会使人们对法院失去信任感,这不但是法院对自己作出的裁判不予尊重,当事人及社会也会对"朝判夕改"的判决

① 最高人民法院民事诉讼法调研小组编:《民事诉讼程序改革报告》,法律出版社2003年版,第198页。

② 刘青峰:《司法判决效力研究》,法律出版社2006年版,第5页。

不予尊重,因而也就没有什么司法权威可言了。① 也就是说,再审程序受既判力理论的约束,不可能提供一切司法错误的补救。

2.再审程序应当满足司法效率的法律要求

既判力理论与再审程序的冲突是由诉讼程序价值多元性所决定的。既判力理论较多地关注程序的效率价值,因此要求维护裁判的稳定性,尽量避免程序重复,实现诉讼经济。而再审的理念更多地关注程序的正义价值,总是要求最大限度地实现正义。然而,纠纷应当尽快得到解决,从而使不稳定的社会关系尽快稳定下来,这应当是人类社会自然进化法则的必然要求。司法作为解决社会纠纷的最后一道防线,更应当满足这一自然法则的要求。所谓“迟来的正义非正义”等古老谚语便是这一理念在司法领域的最好印证。② 因此,再审程序必须满足既判力理论所关注的司法效率价值,其程序的启动与进行必须是有限的。

3.再审程序应当体现公正、效率与安定价值的合理平衡

再审程序的制度设计以追求结果正确为理想,但可能因此影响到生效裁判的终局性效力,这实际上是隐含于裁判中之二律背反的价值要求所致。既判力理论不仅关注程序的效率价值,而且更加关注程序的安定价值。安定价值要求维护法院裁判的稳定性,裁判一经作出,就不得随意撤销或者变更。在现代社会,维护法的安定性是贯彻法治原则的必然结果。这就要求每一项纷争都应当获得终局的解决,并且避免同一纷争反复诉诸法院,重复进行诉讼程序。从这个意义上说,既判力理论是对程序安定价值的直接体现,当事人和法院均应当受确定判决既判力的约束。所以,再审制度正是在裁判的稳定性、权威性与裁判的正确性、公正性之间寻求平衡的结果。

虽然既判力理论与再审程序在形式上存在冲突,但是两者在实质上是协调统一的。无论是既判力理论侧重的效率价值还是再审程序偏重的正义价值,其最终目的都是维护司法的权威性。既判力理论对维护裁判的稳定性起着至关重要的作用,再审程序则通过追求实质公正和程序公正的目标,使裁判的稳定性建立在公正性的基础上,两者在民事诉讼程序中实现了协调统一。

(三)再审与上诉审的关系

上诉是指当事人对下级法院未确定的终局判决,向上级法院声明不服,请

---

① 齐树洁主编:《民事司法改革研究》,厦门大学出版社 2006 年第 3 版,第 373 页。
② 邓辉辉:《既判力理论研究》,中国政法大学出版社 2005 年版,第 272 页。

求其废弃或变更的诉讼行为,包括第二审上诉和第三审上诉。上诉审与再审有相似之处,两者都是对判决声明不服的方法,并以除去已有之判决,保证裁判之正确性和公正性为目的。但两者存在着以下区别:(1)再审之诉是对确定生效判决的救济,而上诉是对尚未发生法律效力的判决提起的。(2)再审之诉对于确定判决的诉讼而言是一种新诉,而上诉是对于未确定判决之诉讼而言的,是原诉讼的续行。(3)再审之诉原则上向作出原判决的法院遑起,而上诉则向原判决法院的上级法院提起。(4)再审之诉无移审或阻碍判决确定的效力,上诉则有此效力。(5)提起再审的事由限于法律规定的情形,而上诉理由原则上不受限制。

(四)再审之诉的诉讼标的

1. 双重诉讼标的说

再审之诉的程序分为两个阶段,即撤销原判决的撤销程序和恢复本案的诉讼程序。双重诉讼标的说认为前阶段中原告基于法律所规定的再审事由提起再审,请求法院撤销原判决,其撤销请求本身是独立的诉讼标的;而撤销原判决后,法院就本案的诉讼标的进行重新审判,本案的请求也是独立的诉讼标的,因而再审之诉具有双重诉讼标的。① 关于不同再审事由是否构成不同诉讼标的的问题,主张旧诉讼标的理论者可能将不同再审事由视为不同的诉讼标的。主张新诉讼标的的理论者,将各再审事由的主张视为原告法律上的主张或攻击防御方法,再审的诉讼标的是原告请求撤销原判决的法律上地位。因而认为撤销原判决程序的阶段,其形成权的主张为一诉讼标的,不致因不同再审事由的主张而构成诉之合并。②

2. 单一诉讼标的说

单一诉讼标的说认为,有无再审理由是对原告诉权或诉权保护有无必要的判断,不属于原告所主张的诉讼标的。正如上诉利益或上诉第三审理由的有无系由法院审理,但并不能因此认为,上诉第三审理由为上诉的诉讼标的。且再审的再审理由为事实,并非权利或法律关系,不能成为诉讼标的。③ 因此,再审之诉虽然包括撤销原判的请求及就本案再行审判的请求,但是前者的请求并非独立的诉讼标的,再审之诉的标的为本案的诉讼标的。

---

① 骆永家:《新民事诉讼法Ⅱ》,作者自版,2011 年印行,第 350 页。
② 姜世明:《民事诉讼法》(下册),台湾新学林出版公司 2015 年第 3 版,第 509 页。
③ 陈荣宗、林庆苗:《民事诉讼法》(下),台湾三民书局 2015 年第 6 版,第 793 页。

关于再审之诉的诉讼标的究竟为双重还是单一,学界仍然存在较大的争议。有学者从比较法的观点提出,再审之诉具有上诉的类似性,仅具有一个诉讼标的,即原诉讼的诉讼标的。再审程序中并无旧诉讼标的理论所理解的新实体权利主张请求法院判决,也没有新诉讼标的理论所理解的生活事实与诉之声明请求法院判决,即没有新的诉讼标的提出。因此,再审理由与诉讼标的不同,其并非实体法上的权利主张或诉之声明。①

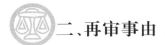

二、再审事由

当事人提起再审之诉必须表明再审事由,即必须明确判决具有符合法定理由的具体事实,倘若这种具体事实不符合表明再审理由的要求,再审之诉就不合法。从某种意义上说,再审是以牺牲法律的安定性换取判决的正确性的制度。为防止当事人滥用再审程序,"台湾民诉法"对于再审之诉的提起事由规定了严格的限制。

关于再审事由,"台湾民诉法"第 496 条规定了如下 13 种情形:

1. 适用法规显有错误者

适用法规显有错误,是指确定判决所适用的法规显然不符合法律的规定,或与"司法院"以及"大法官会议"的解释、"最高法院"现行有效的判例显然相违背的,但不包括违背学说见解及外国法律。适用法规显有错误"包括积极地适用法规显有错误以及消极地不适用法规显然影响裁判两种情形"。对于消极地不适用法规,如果影响裁判的,应当允许当事人对之提起再审之诉;如果其对裁判显无影响,则不得作为再审的理由。② 本款事由曾在学理上造成较大的争议,但经过数十年的运用,已经成为再审原告频繁使用的再审理由之一,关于"该款事由不当,应予删除"的呼声日渐散退,迄今学者已甚少再提删除之义。③

机关就其职权上适用同一法律或命令产生不同见解,"司法院"依其声请所作的统一解释,除解释文中另有规定外,应自公布当日起发生效力。引起不同见解的案件经确定终局判决,而其使用的法令所表示的见解经"司法院"解

---

① 刘明生:《民事诉讼再审程序之研究》,载《兴大法学》2013 年第 11 期。
② "司法院"大法官释字第 177 号解释。
③ 黄国昌:《再审(上)》,载《月旦法学教室》2012 年第 3 期。

释为违背法令本旨时,该项解释可以作为提起再审或非常上诉的理由。① 确定终局裁判适用法律或命令所持见解,经"司法院"解释认为违背法令本旨时,当事人如据以作为再审理由的,其提起再审之诉或声明再审的法定不变期间,参照"台湾民诉法"第 500 条第 2 项但书规定,自该解释公布之日起算,但民事裁判确定已超过 5 年的不得以其适用法规显有错误而提起再审之诉或声请再审。②

关于"适用法规显有错误"的判断标准,必须依确定判决所确定的事实来判断有无适用法规错误的情形。"如当事人就其主张之事实因与判决确定之事实不同,进而主张确定判决适用法规错误时,即非本款情形。"③

实务观点进一步指出,法律规定的诉讼程序停止的制度,其立法意旨在于使当事人不失去参与诉讼程序的机会,以保障其诉讼权益,并符合辩论主义的原则。因此,如在当事人死亡的情形下,法院未停止诉讼程序并命其继承人承受诉讼,即未待当事人的继承人参与诉讼就由他造一造辩论而作出裁判,裁判结果对当事人的继承人有利的,不得以之作为再审的理由。④

2. 判决理由与主文显有矛盾者

判决理由与主文显有矛盾,是指判决所叙述的理由与判决结果发生冲突,显然有重大瑕疵,也就是说,判决理由的说明无法在推理上导出判决主文内容而导致的矛盾情形,比如判决理由认定原告的诉讼请求有理由,而判决主文却是驳回原告的诉讼请求。

3. 判决法院的组织不合法者

此项再审事由与上诉第三审事由所规定的当然违背法令的情形相同。组织不合法的法院所作出的确定判决虽有瑕疵,但仍然有确定判决的效力,与无效判决不同。然而,败诉当事人受不合法法院裁判,已无程序上的安全性可言,从程序的正当性出发,应使败诉当事人能够请求废弃不合法法院所作出的确定判决,改由合法的法院重新审理并作出判决。所谓组织不合法,主要是指无法官资格的人参与辩论裁判、未参与辩论的法官参与裁判或参与辩论裁判的法官不足法定人数等情形。

---

① "司法院"大法官释字第 188 号解释。
② "司法院"大法官释字第 209 号解释。
③ 陈计男:《民事诉讼法论》(下),台湾三民书局 2009 年第 5 版,第 399 页。
④ "最高法院"2007 年台再字第 54 号判决。

4.依法律或裁判应回避的法官未回避而参与裁判者

关于法官的回避,可以参考"台湾民诉法"第 32 条所列举的 7 项法官应自行回避的情形以及第 33 条当事人可以申请回避的两种情况。应回避的法官参与裁判,对于败诉当事人而言,已经无法确保审判的公平性,为此应使当事人有再审的机会,改由其他法官进行裁判。该法第 32 条第 7 款规定的"法官曾参与该诉讼事件之前审裁判或仲裁者",目的在于使法官不得在其曾参与裁判的救济程序执行职务,以维护审级利益及裁判公平。因此,法官曾参与诉讼事件的前审裁判的,应当自行回避。对于确定终局判决提起再审之诉的,其参与该确定终局判决的法官于再审程序中也应自行回避。其回避以一次为限。① 实务观点进一步指出,根据"台湾民诉法"第 32 条第 7 款的规定,法官曾参与该诉讼事件的前审裁判或仲裁的,应行回避,不得执行职务。该规定是指法官就同一事件已经参与下级审的裁判,嗣后不得再参与上级审的裁判而言。凡是参与下级审的法官,该事件系属于上级审时,无论是否为再审程序均应回避。曾参与该诉讼事件第二审判决的法官,在第三审的再审程序中也应自行回避。②

有关判例指出,"司法院"释字第 256 号解释系指诉讼事件经裁判后提起再审,曾参与再审前裁判的法官不得参与第一次再审的裁判而言,其后提起再审之诉或声请再审,曾参与该诉讼事件再审前历次裁判的法官,无须适用"台湾民诉法"第 496 条第 1 项第 4 款的规定。③

5.当事人在诉讼时未经合法代理者

没有代理权的人擅自代理当事人进行诉讼并且遭到败诉判决,此时法院作出的确定判决并非无效判决。但是败诉当事人在不知情的情形下,无端受害而受败诉判决拘束,应准许其提起再审之诉放弃原确定判决,以保护其正当权利。

所谓"诉讼未经合法代理",针对的是法定代理人或诉讼代理人。当事人无诉讼能力,未由法定代理人代理,或其法定代理人无代理权,或未受当事人必要的允许,或诉讼代理人的诉讼行为未经合法委任等情形均属之。有此情形,当事人即有再审事由。有争议的是,当事人于诉讼中未经合法代理的再审事由是否两造均可据以提起再审之诉。"最高法院"判例认为,当事人依"台湾

---

① "司法院"大法官会议释字第 256 号解释。
② "最高法院"2009 年台再字第 21 号判决。
③ "最高法院"2009 年台再字第 36 号判决。

民诉法"第 496 条第 1 项第 5 款的规定提起再审之诉,应仅限于代理权欠缺的一造当事人,他造当事人不得据以提起再审之诉。①

6. 当事人知道对方当事人的住居所,指为所在不明而与涉讼者

当事人知道诉讼另一方当事人之住居所,原本应向法院陈明,以便法院对另一方当事人依法送达。如果一方当事人故意声称另一所在不明而声请公示送达,致使另一方当事人丧失依照通常方法受送达的机会。此时另一方当事人因无防御攻击机会,诉讼程序显失公平,败诉的另一方当事人可以以此为再审事由,以资救济。而如果另一方当事人已经承认其诉讼程序,则不得再以此项弊端行为为再审事由。例如,另一方当事人已经知悉公示送达而出庭应诉,或于判决确定后才知悉,但自己明示或默示承认此项有瑕疵的诉讼程序。对造的住居所,除包括应受送达人的住居所、事务所、营业所外,也包括应受送达的对造的就业场所。②

7. 参与裁判的法官关于该诉讼违背职务犯刑事上之罪,或关于该诉讼违背职务受惩戒处分,足以影响原判决者

参与审判的法官关于该诉讼违背职务而有犯罪行为,已经不能期待其审判的公平,因此,应允许败诉当事人以此为再审事由,提起再审之诉。

首先,可以主张此项再审事由的人,以因该确定民事判决受不利益的当事人为限,至于受利益判决的当事人,则不得据以提起再审之诉。其次,根据此款提起再审之诉,必须限于法官所犯之罪经审判已确定为有罪,或裁定罚金,或非因证据不足的理由而不能作出有罪判决或罚金的裁定。法官是否涉及罪责或有不法行为,只能根据有罪判决或处分裁定而确认,不能仅根据当事人任意的主张来判断。所谓"非因证据不足者",是指刑事诉讼遇有非因证据原因之外的因素不能开始或继续进行的情形,不可能期待有罪判决的作出。例如犯罪被告死亡、因大赦或时效等依法不能开始或续行诉讼的情形。若因证据不足,检察官不能起诉或受无罪判决的,则不能作为再审事由。

8. 当事人的代理人或他造或其代理人关于该诉讼有刑事上应罚的行为,影响于判决者

当事人或其代理人进行诉讼,不得为获得有利于自己的判决而实施犯罪行为来影响法院的公正审判。如果当事人或代理人教唆证人或鉴定人伪造证

---

① "最高法院"2008 年台声字第 1092 号裁定。
② "最高法院"2010 年台上字第 144 号判决。

据或作出虚伪鉴定,从而使法院作出不公正的判决,败诉一方可以据此提起再审之诉。但代理人或他造的犯罪行为,必须经判决宣告有罪或判处罚金的裁定已确定,或因证据不足以外的理由而不能作出有罪的确定判决或判处罚金的确定裁定。应罚之行为须影响于判决,若虽有应罚之行为,而于判决无影响者,不得作为再审的理由。

9. 作为判决基础的证物系伪造或变造者

法院据以作为判决的证物如果为伪造或变造,判决即失去正确的基础,判决效力的取得亦欠缺正当性。伪造或变造的证物,不论是出于另一方当事人或第三人,还是举证之人当时是否知悉,都不影响其成立伪造或变造的证物。此项伪造或变造的犯罪行为必须已经法院作出有罪判决或罚金裁定,或非因证据不足的理由而不能作出有罪判决或罚金的裁定。此项再审事由适用于确定判决及一般的确定裁定。但支付命令,因债务人可对之不附理由的声明异议,债权人有无债权凭证与应否发支付命令无关。支付命令的债务人不得待支付命令确定后,以债权凭证有伪造的情形作为再审事由声请再审。

10. 证人、鉴定人、通译、当事人或法定代理人经具结后,对作为判决基础之证言、鉴定、通译或有关事项为虚伪陈述者

此项主张不得随意提起,必须以"台湾民诉法"第 496 条第 2 项之规定为限。以宣告有罪的判决或处罚金的裁定已经确定,或因证据不足以外的理由不能作出有罪确定判决或罚金的确定裁定者为限。例如追诉时效完成、为虚伪陈述的当事人或法定代理人已死亡等情形,即属于证据不足以外的理由。①

11. 作为判决基础的民事、刑事、行政诉讼判决及其他裁判或行政处分,依其后之确定裁判或行政处分已变更者

已经生效的民事、刑事、行政诉讼判决及其他裁判或行政处分,必须是原生效判决的基础,两者有必然的影响关系。如果作为其基础的判决通过后来的审判已经发生改变,那么原生效判决存在的正当性基础已经丧失,此种情形应为再审之理由。如果原生效判决仅采用该变更的民、刑事判决或行政处分的卷内资料,纯属自行调查证据认定事实,则不能作为再审理由提起再审之诉。例如损害赔偿之诉的确定终局判决是斟酌刑事案件卷内资料认定被告有侵权行为事实的,即便刑事案件后经无罪判决确定,也不构成再审事由。

---

① 杨建华原著、郑杰夫增订:《民事诉讼法要论》,北京大学出版社 2013 年版,第432 页。

存在争议的问题是,作为判决基础的起诉或不起诉处分,其后的确定判决或处分已发生变更的,当事人是否可以据以作为本款规定的再审理由。实务观点认为,检察官的起诉或不起诉处分并非刑事裁判,因此不予适用本款的规定。但学术观点则有反对意见认为,采用这种严格的解释方法限制再审范围固然比较便利,但仍存在商榷的空间。检察官提起公诉应向法院提起起诉书,且应在起诉书中记载犯罪事实、犯罪证据及所犯法条。即检察官提起公诉既需认定事实,也需说明证据,如认为被告犯罪嫌疑证据不足的,应作出不起诉处分以判断有无犯罪事实。其起诉或不起诉的处分虽无裁判之名,却有裁判之实。检察官作出不起诉处分后,告诉人可声请再议;上级检察长或检察总长认为再议声请有理由的,应分别按"刑事诉讼法"第256条、第258条处分。检察官起诉后,法院可以"罪嫌不足"作出无罪判决。因此,检察官的起诉或不起诉处分均可因后续的裁判或处分而变更。作为判决基础的刑事裁判,依其后的确定裁判已变更的,当事人既然可以提起再审之诉,则作为判决基础的起诉或不起诉处分,依其后的确定裁判或处分已变更的,为何不可作为再审理由仍然值得商榷。

12.当事人发现就同一诉讼标的在前已有确定判决或和解、调解或得适用该判决或和解、调解者

如果当事人之间本有生效的判决或和解、调解,后另有就同一诉讼标的生效判决或和解、调解存在,且后者的内容与前者相比,对当事人不利,不仅前后矛盾且对当事人不公平的,当事人得据此提起再审之诉,诉请法院废弃后存在的生效判决或撤销和解、调解。如果当事人不知有此再审事由存在而再审期间已逾期时,后存在的生效判决或和解、调解则不能根据此再审之诉除去其效力,当事人及法院均应受其拘束。此处的当事人指的是在后存在的生效判决中败诉的当事人,但不以原当事人为限,凡其效力所及之人均包括在内。

后诉的确定判决是否违反前诉确定判决的既判力,必然涉及两个确定判决各自既判力射程的问题。在通过再审之诉废弃在后的确定判决之前,其判决效力继续有效,若该在后的确定判决与前诉确定判决的既判力内容相互抵触,通说采取以在后的确定判决效力优先的见解。[①]

同一诉讼标的应包括法院不予支持的诉讼请求。此外,前生效判决的内容成为后存在生效判决的先决问题,后存在生效判决的结果在理由中作矛盾

---

① 黄国昌:《再审(中)》,载《月旦法学教室》2012年第6期。

的裁判时,也属于同一诉讼标的。例如,先前存在的确定判决以出卖人为原告,判决买受人被告支付买卖价金,但在后存在的确定判决中,买受人为原告,判决确认同一买卖的价金请求权不存在。在此情形下,即发生前后就同一诉讼标的的已有确定判决存在冲突,当事人得据此为再审事由。

13.当事人发现未经斟酌之证物或得使用该证物者,但以如经斟酌可受较有利益之裁判者为限

当事人可以发现未经斟酌的证物作为再审事由,其前提是该证物在前诉讼程序事实审言词辩论终结前已经存在,因当事人不知有此证物或因当时未能发现致不能使用该证物,导致未经斟酌,现在才知道或现在才能够使用。此种情形以该新证据经法院斟酌可受较有利的裁判为限。若该证据在此前诉讼程序事实审言词辩论终结前尚未存在,当然不能以此为由而提起再审之诉。构成本款再审理由以当事人"非知悉"该证物的存在为主观要件,有学者认为应将之进一步限缩在"即使当事人通过合理努力,仍不能被期待在前诉讼中发现该证物",以合理分配证据未发现的风险,避免因当事人消极懈怠的发现证物而通过嗣后提起再审之诉造成对法安定性的负面影响。[①] 实务见解逐渐采纳这一解释方向,并要求当事人以此款为再审事由时应负担举证责任。如"最高法院"2011年台上字第1800号判决认为:"按第496条第1项第13款所定得使用未经斟酌之证物,必须当事人在客观上确不知该证物存在致未斟酌现始知之,或依当时情形有不能检出该证物时始足当之,倘若按其情况依一般社会之通念,尚非不知该证物或不能检出或命第三人提出者,均不得适用该条款规定。且当事人以发现得使用未经斟酌之证物为再审理由者,应就其在前诉讼程序不能使用之事实,依第277条前段规定负举证责任。"

通说认为,所谓证物,不包含证人在内,发现人证不能作为再审之诉的理由。[②] 实务见解进一步指出,发现新证人不得据以提起再审之诉,证人亦不得以书面代替言词的陈述作为新证据使用,故证人出具的证明书不包括在本款的证物之内。但有学者认为,这种实务见解向来"重物证而轻人证"的态度,其区分对待的法理基础及平等性何在存在疑问。若本款是因发现新事证而有救济错误判决的必要,则本款的解释重点应并不在于"证据的种类",而在于证据

---

① 黄国昌:《"发现未经斟酌之证人"得否提起再审之诉》,载《月旦法学教室》2012年第12期。

② 姜世明:《发现新证人是否可据此提起再审》,载《月旦法学教室》2012年第10期。

是否新颖。那么对于同样属于新咨询的"新证人",应无区别处理的必要。①

当事人发现未经斟酌的证物而提起再审之诉时,该项证物证明的事实不以在前诉讼程序中已经主张的事实为限,当事人在前诉讼程序中可以主张的攻击防御方法的事实,也可以该项证物为证明。当事人如在第三审提出新事实及证据,法院固然不得予以斟酌,但当事人提出的新证物如与本款规定的情形相合,则可以作为再审的依据。

上述各项再审事由,如果当事人已依上诉主张其事由而经上诉审法院驳回,或当事人知其事由而不为主张者,则不得以之作为再审的事由。当事人以上述第 7 款至第 10 款为再审理由者,应以宣告有罪的判决已经确定为前提;但是如果刑事诉讼不能开始或续行非因证据不足者,不得提起再审之诉。

除"台湾民诉法"第 496 条规定的上述 13 种情形外,第 497 条规定,依法不得上诉于第三审法院的事件,其经第二审确定的判决,如遗漏足以影响判决的重要证物,亦得提起再审之诉。

第二审判决对于当事人所提出足以影响判决的重要物证有所遗漏而未予斟酌的情形,当事人大多受败诉判决。第二审法院应在其判决理由中记载对此项证据的意见,如未记载,即属于"台湾民诉法"第 469 条第 6 款所指的"判决不备理由"。在通常的诉讼事件中,一般可据此理由上诉第三审。但该法第 466 条规定的不得上诉于第三审的简易诉讼事件或上诉利益未达标准的第二审判决,却有第三审上诉理由而无法上诉第三审。对于此种情形下的第二审判决,应当将当事人"已于第二审法院提出的重要证物遗漏而未予斟酌的情形"列为再审事由。需要注意的是,此项重要证物,如果已经在第二审确定判决理由中说明不进行调查或对其进行取舍的理由,则属于已经加以斟酌,不得再据以作为再审事由。如果当事人对第一审判决能上诉第二审而不上诉,以致判决确定的,即便在第一审确定判决中未对影响裁判的重要证据加以斟酌,也不得作为再审的理由。

所谓重要证物有所遗漏而未经斟酌,学说上认为是指第二审言词辩论终结前,已经存在并且已为证据声明的证据,第二审并未认为不必要而忽略证据声明未予调查,或已为调查而未就其调查结果予以判断的情况,该证物需足以动摇原确定判决的基础方构成"台湾民诉法"第 497 条规定的情形。

在实践中,有的当事人滥用再审制度,不断以同一诉讼的同一事由作为再

---

① 高点法学编辑委员会:《新证人非为"发现未经斟酌之证物",不得据此提起再审》,载《判解集》2013 年第 7 期。

审事由,重复提起再审之诉。为避免浪费司法资源,保障真正需要获得法律救济的当事人的权利,2003 年修法时增设第 498 条之一:对于再审之诉,法院认为无再审理由而判决驳回后,当事人不得以同一事由,对于原确定判决或驳回再审之诉之确定判决,更行提起再审之诉。

总体而言,台湾地区的再审事由分为程序和实体两个方面。程序方面包括法院组织与代理人代理权的不合法,判决本身存在程序性和技术性问题,如公示送达的不公平;作为判决基础的裁判变更;同一诉讼标的在前已有审结的,当事人有正当理由不到场等,这些都是由于缺少程序保障而产生的再审事由。实体方面包括适用的法规错误;判决书前后矛盾;法官或代理人的行为违法并影响判决;证物、证据伪造变造等。此外,"台湾民诉法"第 496 条第 2 项补充说明,前项第 7 款至第 10 款的情形,必须以宣告有罪的判决和明确的处罚裁定为基础。此规定实际上是对再审事由的限制,有助于缩小再审的范围,保证再审基础的合法性。

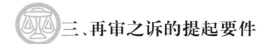

三、再审之诉的提起要件

当事人提起再审之诉,目的在于排除法院确定判决对自己不利的效力。为防止当事人滥诉,损害确定判决的权威性,"台湾民诉法"明确要求当事人提起再审之诉必须具备一定的条件。

(一)再审之诉的当事人

再审之诉的主体与当事人适格的问题有关,包括原告当事人适格与被告当事人适格两种要求。

再审之诉的适格原告原则上限于前诉讼的败诉当事人及一般继受人。对确定终局判决全部胜诉的当事人,没有提起再审之诉的利益。债权人不得代位债务人提起再审之诉。[①]

被冒名进行诉讼的人是否可以提起再审之诉呢?依台湾地区的通说,虽然再审之诉的适格当事人原则上限于当事人或其继受人及确定判决效力所及

---

① 黄国昌:《债权人得否代位债务人提起再审之诉》,载《月旦法学教室》2013 年第 6 期。

之人,但如果判决效力所及之人在程序上未受保障,而成为确定判决所拘束的不利益人,也可成为适格的再审原告。

受让诉讼标的法律关系的特定继受人能否取得原告资格?为了保护让与系争标的物的对方当事人,台湾地区采取当事人恒定主义的立法例,即受让的特定继受人非经诉讼的他造同意,不得代当事人承当诉讼,但如果特定继受人经过原诉讼的原、被告双方同意时,可以成为再审之诉的原告。

必要共同诉讼的共同诉讼人,如果其中一人提起再审之诉,受诉法院应如何处理?台湾地区实务上认为再审之诉,从形式上看虽然是程序的新开,但在实质上则为前诉讼程序的再开及续行,共同诉讼人中的一人提起再审的效力及于全体,受诉法院应将其余之人列为原告予以裁判。

在以死者姓名所进行的诉讼中,有学者认为,若原告为死者,则原告当事人不存在而诉讼判决无效,无再审之必要。若被告为死者的确定判决,或可认为其继承人为被告而受判决效力的拘束,有再审必要的,死者的继承人可作为适格原告。

提起再审之诉的主体限于前诉讼的当事人及原确定判决效力所及之人,辅助参加人不具有当事人资格。但是"台湾民诉法"第58条第3项规定:"就两造之确定判决有法律上利害关系之第三人,于前诉讼程序中已为参加者,亦得辅助一造提起再审之诉。"这一新的规定弥补了旧规定的不足,保障了诉讼参加人程序上的权利。至于在前诉讼程序中未参加诉讼的第三人,则不允许其于判决确定后参加诉讼并同时提起再审之诉,以维持确定判决的安定性。[①]

(二)再审之诉的对象

当事人可以通过再审之诉声明不服,请求再审法院予以审判的客体,必须是确定的终局判决。若判决因未经合法送达而尚未确定,不得对此判决提起再审之诉。终局判决若已确定,无论其为全部判决或部分判决,本案实体判决或程序判决,亦不问其为何审级的判决,均可对之提起再审之诉。甚至对于已经确定的再审判决,也可以因存在再审事由而提起再审之诉。

2003年修正"台湾民诉法"第496条时,增订第3项规定:"第二审法院就该事件已为本案判决者,对于第一审法院之判决不得提起再审之诉。"立法者认为,第二审为第一审的续审,第二审法院就上诉事件进行本案判决时,对于

---

① 陈启垂:《参加人提起再审之诉》,载《月旦法学教室》2010年第10期。

当事人在第一审所作的关于事实上或法律上的陈述及提出的各项攻击防御方法,均已重加审查,故对第一审判决没有提起再审之诉的必要,因此效仿日本《民事诉讼法》第 420 条第 3 项的规定增设了第 3 项。依此规定,若第一审判决经上诉第二审法院后,第二审法院以上诉不合法裁定驳回,经上诉后,第三审法院以上诉无理由判决驳回时,因第二审法院未就上诉事件作出本案判决,当事人可以对第一审判决提起再审之诉。但若第二审法院以上诉无理由判决驳回上诉,则不得对第一审判决提起再审之诉,应对第二审判决提起再审之诉。

中间判决虽有再审事由,不得直接对其提起再审之诉,只能对其后确定的终局判决提起再审之诉。另外"台湾民诉法"第 498 条规定:"为判决基础之裁判,如有前两条所定之情形者,得据以对于该判决提起再审之诉。"依本条规定,确定终局判决本身虽无再审事由,但作为裁判基础的判决有再审事由时,当事人可以利用前裁判的再审事由对其后的确定终局判决提起再审之诉。

对于与确定判决有同一效力的法院调解、诉讼和解、支付命令等,其存在再审事由时,当事人可否提起再审的问题,"台湾民诉法"第 416 条第 2 项设有调解无效之诉或撤销调解之诉,对于法院成立的调解已有特别救济程序,故不得依再审程序提起再审之诉。该法第 380 条第 2 项就诉讼和解有无效或可以撤销的原因,规定当事人可以请求继续审判的特别救济程序,因此当事人不得另依再审程序提起再审之诉。至于对支付命令是否可以提起再审之诉,现行法律规定债务人对于支付命令未于法定期间合法提出异议的,该项支付命令与确定判决有同一的效力,如该支付命令有再审事由时,可以提起再审之诉,并以原支付命令的声请视为起诉。有学者认为,对支付命令仅可申请再审而不得提起再审之诉,如此当事人对确定的支付命令声请再审时,如认为再审有理由,是否可以就实体法律关系进行裁判仍然存在疑问。[①]

(三)再审之诉的理由

再审之诉的提起必须具有法定的理由。若不具备法定的再审理由,即使当事人对确定判决表示不服,也不得提起再审之诉。

(四)再审之诉的管辖法院

"台湾民诉法"第 499 条第 1 项规定,再审之诉原则上专属于为判决之原

---

① 姜世明:《民事诉讼法》(下册),台湾新学林出版公司 2015 年第 3 版,第 511 页。

法院管辖。再审之诉是对原确定判决声明不服的诉讼,与前诉讼相关联,基于诉讼材料利用的便利,原则上由原判决法院专属管辖。依此原则,若对第一审确定判决不服,应向该判决第一审法院起诉;若对第二审确定判决不服,则应向该判决第二审法院起诉;若不服第三审法院判决,应向"最高法院"起诉。

"台湾民诉法"第499条第2项规定,对于审级不同的法院就同一事件所作出的判决提起再审之诉的情形,专属于上级法院合并管辖。但对于第三审法院的判决,是基于该法第496条第1项第9款至第13款事由声明不服的,专属于第二审法院管辖。同一事件的判决,可能一部分未经上诉而在第一审确定,上诉部分则在上诉法院确定。当事人若对各审级的确定判决同时声明不服,则需要由上级法院专属管辖进行统一裁判。由于第三审法院应以第二审法院判决的事实作为其判决基础,而该法第499条第1项第9款至第13款的再审事由,均足以动摇原第二审法院以判决所确定的事实,因此当事人若以此种事由对第三审法院判决声明不服,则应由事实审的第二审法院专属管辖,以就事实问题进行调查。有学者认为,以再审事由的不同作为标准区分向第三审确定判决提起再审之诉的管辖法院,立法论上的基本考虑是第三审法院必须以第二审判决确定的事实作为判决基础,而该法第496条第1项第9款至第13款再审事由涉及事实认定与证据调查,因此将以之为理由提起的再审之诉,划定由原第二审法院管辖。事实上,除了性质较为特殊的第1款、第2款再审事由之外,第三审法院判断是否存在第3款至第8款的再审事由,仍然必须进行事实认定。例如再审原告主张其在原第三审上诉程序中丧失诉讼能力而未经合法代理,第三审法院在判断再审事由是否存在时,必须认定再审原告是否确有丧失诉讼能力的情况,此时法院也需要经过证据调查而作出事实认定。因此,"台湾民诉法"第499条第2项但书所规定的"区别对待的类型化基准"的合理性值得考量。[1]

根据各项解释及判例,以下案件分别由第一审、第二审和第三审法院专属管辖:

1.第一审法院专属管辖之情形

(1)第一审法院判决后上诉至第二审法院,经第二审法院以上诉不合法为理由而以裁定驳回者,对于第一审判决提起再审之诉,专属于原第一审法院管辖。即使同时对于第二审法院的裁定声请再审者,对于第一审判决提起再审

---

① 黄国昌:《再审(下)》,载《月旦法学教室》2012年第10期。

之诉,仍不属于第二审法院管辖。(2)事件经第三审判决废弃第二审判决,以第二审上诉为不合法而驳回者,当事人所提起的再审之诉,如果是对于第一审判决声明不服的,则专属于第一审法院管辖。(3)第一审判决仅以一部分上诉而另一部分未上诉的,对于未经上诉的部分提起再审之诉的,专属于第一审法院管辖。

2.第二审法院专属管辖之情形

(1)第二审法院认为上诉无理由而判决驳回或认为上诉有理由而作出变更原判决的判决,若当事人仅对此第二审判决提起再审之诉,专属于第二审法院管辖。(2)第二审判决后上诉至第三审法院,经第三审法院以上诉不合法为理由而裁定驳回者,如果就第二审判决提起再审之诉,则专属于第二审法院管辖。(3)第二审法院废弃原判决而将该事件发回原法院,由原第一审法院更为判决,若当事人对第二审法院的发回判决及第一审法院更为的判决,同时声明不服而提起再审之诉,无论再审事由是否相同,均由原第二审法院专属管辖。(4)第三审法院判决将事件发回原第二审法院,受发回原第二审法院更为判决,当事人得各别对该判决提起再审之诉,合并由第三审法院为专属管辖。

3.第三审法院专属管辖之情形

(1)当事人提起第三审上诉是否合法,属于第三审法院应依职权调查裁判的事项,声请人对第三审法院以其上诉不合法而驳回的裁定,以发现未经斟酌的证物为由声请再审的,依"台湾民诉法"第507条准用第499条前段的规定,专属第三审法院管辖。

实务见解认为,按"民诉法"第499条的规定,再审之诉,专属为判决之原法院管辖。对于审级不同的法院就同一事件所作出的判决提起再审之诉的,专属于上级法院合并管辖。但对于第三审法院的判决属于"民诉法"第496条第1项第9款至第13款的事由而声明不服的,专属于第二审法院管辖。这一规定与"民诉法"第507条的规定准用于对确定裁定申请再审的事件。因此,当事人的上诉第三审是否合法,既应由第三审的"最高法院"自行调查裁判,则对于"最高法院"以其上诉不合法而驳回的裁定所声请的再审,应适用"民诉法"第499条前段的规定,专属"最高法院"管辖。专属于"最高法院"管辖的再审事件,如当事人误向第二审法院提起,第二审法院又未依法以裁定移送,而径行判决的,案经上诉后,"最高法院"应将第二审判决废弃,就该再审事件自为判决。①

（2）上诉人提起的第二审上诉,第三审法院依职权调查后认定为不合法,并且以第二审未依法以裁定驳回而从实体上作出驳回的判决,虽有不同之处,但其结果相同,所以仍以判决予以维持,而驳回上诉人的第三审上诉。如果第三审法院的确定判决既非以第二审判决确定的事实为基础,而上诉人提起再审之诉以发现未经斟酌的证物,足以证明前诉讼程序中第三审法院认定其在第二审之上诉不合法事实,显属错误为理由,依"台湾民诉法"第499条前段的规定,本案再审之诉仍专属于第三审法院管辖。

（3）当事人对于第二审、第三审判决均主张适用法律显有错误,向第三审法院提起再审之诉,专属第三审法院合并管辖。

此外,"最高法院"2004年台上字第1753号判决认为:再审之诉专属为判决之原法院管辖。第三审法院应以第二审判决确定的事实作为判决的基础,第三审法院又以第二审法院判决认定事实和适用法律均无不当而维持第二审法院判决的,当事人如以适用法规显有错误为由提起再审之诉,只可对第三审法院的判决为之。

（五）再审之诉的提起期间

再审之诉应在30日的不变期间内提起。该项期间自判决确定时起算,判决于送达前确定的,自送达时起算;但再审事由知悉在后的,自知悉时起算。再审理由发生于判决确定后,自发生起如已逾5年者,不论当事人何时知道再审事由,均不得提起再审之诉;但如果存在法律所特别规定的再审理由时,则不受此5年期间的限制。根据"台湾民诉法"第500条的规定,当事人以第496条第1项第5款、第6款或第12款为再审理由的,不受5年期间的限制。

再审之诉是为维持判决的具体公平正确,将确定终局判决所创造的法律安定状态,予以动摇而再行审判的制度。为避免已确定的判决长久处于动摇的不安定状态,立法者一方面严格限定再审事由,另一方面限制允许提起再审之诉的不变期间。再审期间的时点规定,是立法者为同时兼顾法律安定性的要求与具体公平正义的要求所作出的调和性安排,既不能太短,也不能过长。原则上,再审之诉应于判决确定时或知悉再审事由之时起30日的不变期间内提起。但对再审事由何时知悉若不设时间的限制,则将长久影响确定判决的

---

① "最高法院"2008年台上字第145号判决。

安定性,故以 5 年为限,自判决确定后已逾 5 年即不许提起再审之诉。又考虑到特殊情况下,若硬性设定 5 年为再审期间,有违公平合理,因此特就以下三种情形不设 5 年限制:当事人于诉讼未经合法代理的;当事人知晓他造之住所,却称所在不明而与涉讼,他造又未承认其诉讼程序的;当事人发现就同一诉讼标的在前已有确定判决或和解、调解或可以适用该判决或和解、调解的。① 在上述三种情形,当事人即便知晓再审事由在 5 年之后,仍可在知悉后 30 日内提起再审之诉。

至于在上诉期间内提起上诉,上诉因不合法经驳回后,对原判决提起的再审之诉,其不变期间自何时起算的问题,实务见解认为在不合法上诉的驳回裁定确定前,尚无法断定上诉为不合法,应于驳回上诉的裁定确定时,始知悉原判决确定。故对该判决提起再审之诉的,其不变期间应从驳回上诉的裁定确定时起算。②

就在途期间的扣除而言,当事人于前诉讼程序委托的诉讼代理人,若有提起再审之诉的特别委任的,其于判决确定后不待另行委任,即可为当事人提起再审之诉;虽当事人不在法院所在地居住,若该诉讼代理人在法院所在地居住,则依“台湾民诉法”第 162 条第 1 项但书的规定,计算再审之诉的不变期间不得扣除其在途期间。③

7 岁以上的未成年人,除法律另有规定外,仅有限制行为能力,不能独立以法律行为负义务,自无诉讼能力,须由法定代理人代理为诉讼行为,故无诉讼能力的当事人提起再审之诉时,不变期间应自其法定代理人知悉再审理由时起算;如有须选任未成年子女的特别代理人时,则自该特别代理人知悉时起算。④

(六)再审之诉的程式

当事人提起再审之诉时,应向管辖法院递交再审诉状,诉状的内容应包括以下事项:(1)当事人及法定代理人;(2)声明不服的判决及提起再审之诉的陈述;(3)应在何种程度上废弃原判决并就本案如何判决的声明;(4)再审理由及

---

① 高点法学编辑委员会:《再审之诉不变期间之起算时点》,载《判解集》2011 年第 3 期。

② “最高法院”2010 年台抗字第 942 号裁定。

③ “最高法院”2002 年台抗字第 437 号裁定。

④ “最高法院”2007 年台抗字第 437 号裁定。

关于再审理由和遵守不变期间的证据。所谓表明再审理由，必须指明确定裁定有何符合法定再审事由的具体情形，如果仅笼统地表示符合某一条款的再审事由却未说明具体情况的，不属于合法表明再审理由。此时应认定声请人的声请不合法，而以裁定驳回。① 此外，在诉状内还应记载准备本案言词辩论的事项以及确定终局判决的缮本或影本。

无论其前诉讼程序是否可以通过言词起诉，提起再审之诉时均应提交诉状。再审之诉的诉状应记载的事项须严格遵守，如有违背即为再审之诉起诉不合程式，法院应以起诉不合法而以裁定驳回。但其中第 1 项、第 2 项、第 3 项，可以补正者应先命其补正；对于第 4 项，则无须先命其补正。此外，根据"台湾民诉法"第 77 条之十七的规定，民事再审之诉按起诉法院的审级征收裁判费。

再审之诉的目的在于变更已确定的判决，但确定判决的效力并非一经提起再审之诉即受影响。根据台湾地区"强制执行法"第 18 条的规定，再审之诉提起时，强制执行并不因此而停止，仍得继续进行。但法院可以根据必要情形或依声请确定由当事人提出相应的担保，而作出停止强制执行的裁定。停止强制执行的裁定应由再审法院作出。再审之诉提起后，发生诉讼系属的效力。再审之诉合法的，法院有根据当事人的诉讼请求，重新进行审判的权力和义务；再审之诉不合法的，法院有以裁定驳回的权力与义务。

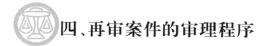

四、再审案件的审理程序

再审之诉的程序通常可以分为两个阶段：一是撤销确定判决的撤销程序，二是恢复本案诉讼程序。前阶段的撤销程序又可再分为审查合法或不合法的阶段与审查有无再审事由的阶段。因此就全部程序来看，再审程序也可分为三个阶段。在审查再审之诉是否合法的阶段，法院依职权就原判决是否属于确定终局判决、有无遵守再审期间、有无违反专属管辖、有无主张法定再审事由进行调查，如果不具备法定条件，则以裁定驳回再审之诉。在审查再审事由之阶段，法院依职权调查当事人所主张的再审事由是否存在，是否于上诉程序已知有再审事由而未主张。只有在上述要件事项均具备时，才依照本案诉讼

---

① "最高法院"2010 年台声字第 701 号裁定。

原来的审级程序进行本案诉讼的审理。

(一)对起诉是否合法的审查及裁判

法院应审查再审之诉是否符合一般诉讼要件,以及是否具备再审之诉的特别构成要件。再审之诉的特别要件包括:再审诉状是否符合法律规定的要求,是否遵守再审的法定期间,是否向有管辖权的法院提起,是否属于专属法院管辖,当事人是否适格或当事人是否丧失再审权利等。欠缺法定要件可以补正的,法院应酌定期间命其补正。当管辖有错误时,法院应依再审原告的申请或者依职权,裁定移送有管辖权的法院进行审理。法院依职权调查时,应以当事人所提供的书状、证据以及其他卷内文件为证明,也可以以言词辩论的方式命令当事人说明理由或提出证物。如果法院经审查认为再审之诉不合法,应以裁定驳回。

(二)对有无再审理由的审查与裁判

再审理由是当事人所主张的能够发生再审之诉的法定情形。法院就再审之诉有无再审理由的审查,原则上应命令双方当事人进行必要的言词辩论。凡判决程序关于言词辩论的规定,均适用于再审之诉。若再审之诉显无再审理由,法院有权不经言词辩论,直接以判决驳回,但倘若必须经过调查证据后才能判断其有无再审理由时,法院应当命令进行双方当事人必要的言词辩论。第三审法院审理的再审案件一般无须经过言词辩论。[①] 再审之诉虽有再审理由,法院如认为原判决正当的,应以判决驳回再审之诉。

所谓"显无理由",是指再审原告所主张的再审理由在法律上显然不得作为对确定判决声明不服的理由。如果法院已经进行调查证据认定事实的程序,或依再审原告主张的原因事实,仅凭诉状的记载尚有不明了或有其他情形必须调查证据后,方能认定是否有再审理由的,不属于法律上显然不得作为再审理由的情形。此时仍然需要进行必要的言词辩论,不得直接认定再审之诉显无理由,而不经言词辩论直接以判决驳回。[②]

若认为已确定的支付命令无理由的,应提起再审之诉还是适用准再审的规定声请再审?实务见解认为,支付命令虽然属于裁定的性质,但是依"台湾

---

① 高点法学编辑委员会:《再审诉讼之审理》,载《判解集》2011 年第 3 期。
② "最高法院"2011 年台上字第 1531 号判决。

民诉法"第521条第1项的规定,确定的支付命令与确定判决有同一效力,因此对确定的支付命令可以提起再审之诉。[①] 当事人对之提起再审之诉,除不合程式规定或已逾期间,或法律上不应准许等不合法情形外,无论其再审之诉有无理由,法院均应以判决为之。[②]

(三)再审案件的辩论与审理

法院确认再审之诉具备再审理由后,应再开并续行此前已终结的诉讼程序,当事人应按照审级的程度提出一切诉讼资料。

1. 审理范围

"台湾民诉法"第503条规定:"本案之辩论及裁判,以声明不服之部分为限。"再审之诉经法院审查认为确有再审事由的,原确定判决的本案程序恢复,法院应再行开启及续行本案的程序。本案程序再开后,关于本案的辩论及裁判的范围,应以声明不服的部分为限。当事人与法院应按再审法院的审级程序进行各种诉讼行为,程序进行与再开辩论的情形类似。在进行本案程序时,双方当事人可以提出新的诉讼资料作为攻击防御的方法,法院应一并根据原诉讼已有的资料及新资料进行查证与判决。再审法院不得超越再审原告的请求范围作出裁判。但在再开的本案程序中,当事人可否进行诉之追加、变更或提起反诉或附带上诉的问题,理论上仍然存在争议。

2. 法院认为原确定判决正当时的本案判决

再审之诉虽有再审理由,但法院如果认为原判决正当,仍应以判决驳回。此时法院驳回再审之诉的判决,是在本案再开的诉讼程序中将新旧诉讼资料全部于再审程序最后言词辩论终结时所作出的本案判决。此一情况从表面上看,似乎原确定判决的既判力没有发生丝毫的变动。如果深入分析,即可发现再审法院对再审之诉作出的驳回判决与原判决相比,作为既判力基准的时间点已经发生变动而往后移。虽然前后两判决的内容结果相同,但判决的事实理由及既判力基准时间点已不相同,后者既判力的时间应为驳回判决作出之时,而不得以原确定判决发生效力之时。

应当注意的是,如果双方当事人并未提出任何新资料,而再审之诉虽有再审事由存在,但法院认为原确定判决仍是正当的而判决驳回再审之诉,此时因

---

① 高点法学编辑委员会:《支付命令之再审》,载《判解集》2011年第6期。
② "最高法院"2006年台抗字第3号裁定。

为再审事由与本案判决的结果无因果关系存在,所以本案判决的确定时间点以原确定判决时为准,不以再审判决驳回时为准。

3.法院认为原确定判决不当时的本案判决

在此情形下,法院应以再审原告声明不服之部分为限,废弃原确定判决,另作出适当判决,再审原告不得因再审程序而比原确定判决承受更不利的判决。原确定判决于再审判决确定时,发生无效的效果。

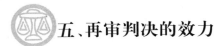

五、再审判决的效力

再审之诉原则上并无停止原确定判决执行的效力,因此再审判决撤销原判决时,如果再审原告已经依原判决履行完毕,或依原判决所为的假执行或本案执行的程序已经终结,此时为保护再审原告的利益并实现诉讼经济的目的,原告可以请求再审法院判决被告返还给付及赔偿损害,而免于另行起诉。

再审之诉若因不合法被裁定驳回,或因无再审事由存在经法院以判决驳回,则原确定判决仍然有效存在,对原确定判决所形成的实体法律关系不产生任何影响。若再审法院以再审判决撤销原确定判决而另作出有利于再审原告的胜诉判决时,该原判决溯及既往失其效力,当事人之间的实体法律关系应恢复到未判决确定前的状态或变为再审判决所确定的新状态。原判决正在执行的,应立即停止执行,撤销已为的执行程序。如果原判决已执行终结,再审原告仅得依据再审判决,另依一般诉讼程序取得恢复权利的判决,然后请求执行;如有不能恢复权利的情形,得依民法的规定,请求赔偿损害。

如果法院废弃了原判决而另行作出新的判决,那么,第三人依原确定判决所取得的权利,势必受到影响。第三人是否有义务恢复到原有状态?"台湾民诉法"第506条规定:"再审之诉之判决,于第三人以善意取得之权利无影响。"所谓善意,即第三人于取得权利时,不知有再审原因的存在。立法的目的在于保护交易安全,避免善意第三人无端受害,此种善意取得权利的第三人受保护不限于在再审之诉提起前取得的,第三人于再审之诉起诉后因信赖原确定判决所取得的权利,也应受到保护。如果债权人根据原确定判决对再审原告进行强制执行的过程中,再审判决作出废弃原确定判决的判决,则应停止强制执行,并撤销已经执行的强制执行程序。如果强制执行程序已经终结,无法恢复,则再审原告仅得以另行起诉对债权人请求损害赔偿或不当得利。

六、准再审

再审之诉以确定判决为对象,其目的在于破除确定判决之既判力。判决既判力以外法院所为意思表示,如有与判决相同之再审理由者,亦应赋予其对之声明不服之机会。[①] "台湾民诉法"第 507 条规定:"裁定已经确定,而有第 496 条第 1 项或第 497 条之情形者,得准用本编之规定,声请再审。"对这一规定,学者称之为准再审。原则上,对于确定的裁定,在其有再审事由存在时,有再审利益的当事人可以提出再审声请,"台湾民诉法"称之为"声请再审",与对确定判决的"再审之诉"有所区别。提起再审的确定判决只能依据"民诉法"的规定作出,而裁定的适用范围较广,除了依据"台湾民诉法"之外,其他民事程序法如"非讼事件法"、"强制执行法"、"破产法"、"公证法"、"提存法"都可适用。

和判决一样,裁定也分为对程序问题的裁定和对实体权利义务问题的裁定两种。在程序进行中为解决程序问题,法院所作出的程序裁定本无实体法内容可言,属于辅助性的行为,对之并无利用再审制度的必要与实益。法院认为不当时,得依职权自行撤销或变更。若法院的确定裁定是由当事人依法声请而作出的,且内容涉及当事人实体法律关系,确定时已无抗告方法,作出裁定的法院不得自行撤销或变更。此时,如果裁定因有再审事由的各种弊端造成重大违法与不公平,不能不赋予当事人救济程序,这也是准再审程序的立法目的。

关于准再审的问题,实务上有若干判例和"最高法院"的决议解释,应予以注意。比如,如果前诉讼程序的确定裁定能够抗告至第三审法院,则不得申请再审。但支付命令属于裁定性质,有再审的原因时,可以申请再审。

---

① 魏大喨:《民事诉讼法》,台湾三民书局股份有限公司 2015 年版,第 452 页。

第九章　调解制度

　　调解是指在第三方的协助下,当事人自主协商性地解决纠纷的活动。调解是谈判的延伸,也不同于审判和仲裁,调解人只是帮助当事人沟通,没有权力对当事人施加强制力。调解制度因文化、调解人的角色、诉讼模式而有所差别。在古代中国,调解由于能够有效地止争息讼而被官方和民间广泛采用,其中"官批民调"之制体现了官民对调解的态度。在中西方文化的冲击下,台湾地区现行的调解制度是对中国古代调解的推陈出新,既坚持了调解既有的传统,注重发挥调解的纠纷解决功能,又在现代法价值、理念下对传统调解进行改造,实现了调解的现代转型。其中的乡镇市调解是政府通过法规建立的一种准司法非诉讼程序,其理念是实现国家与社会间的沟通,传统与现代的过渡,以及民间社会机制与司法机制的衔接。①

一、概述

　　台湾地区调解制度涉及范围较广,包括"民事诉讼法"之调解、"乡镇市调解条例"之调解、"消费者保护法"之调解、"政府采购法"之调解、"著作权法"之调解、"医疗法"之调解、"耕地三七五减租条例"之调处、"土地法"地政机关之调处、"劳资争议处理法"之调处、"公害纠纷处理法"之调处、"仲裁法"之调解等。这些调解都是诉讼外的纠纷解决方式,而"民事诉讼法"之调解、乡镇市调解与其他法定调解制度在程序、方式及法律效力上皆有所差异。

(一)民事诉讼中的调解

　　台湾地区的立法机关和司法机关历来十分重视民事诉讼中的调解。"司

---

　　①　范愉:《人民调解与我国台湾地区乡镇市调解的比较研究》,载《清华法学》2011年第1期。

法院"1980 年发布、1995 年修正的"民事诉讼须知"第 15 条称:"讼则终凶,占有明训。凡诉讼者,动辄经年累月,不但荒时废业,且耗费金钱,纵获胜诉,亦往往得不偿失。若其败诉,所受损失更为重大。故于未起诉之先,如有调解之可能,宜先行调解,即令调解不成而至起诉,在诉讼进行中,如有可以协商之机会,亦须尽力和解。"上述见解实际上表明了民事诉讼中的调解的立法意旨。民事诉讼中的调解原先置于该法第二章简易程序之下,1968 年修法时从简易程序中独立出来。1990 年为强化调解功能和配合简易程序,修正了其中的 10 条规定,强化了调解程序之法律效力。然而,此次修法后,台湾民事案件激增,导致法官工作负荷过重。而与此同时,调解制度未能充分发挥其功能。调解率自 1990 年后每况愈下。调解成立与不成立件数的百分比,1990 年为 52.68%,1997 年下降至 14.57%。[①] 因此,以各种途径疏减讼源,使法官工作负荷合理化,提高司法效率,便成为当务之急。在这一背景下,1993 年再次进行修订,增订相关条文达 20 余条,规模巨大。此次修法的内容包括调整强制调解的范围、加强调解委员的职责、增列鼓励调解的措施等,对台湾民事审判的理念及实务产生了重要的影响。2007 年修法时,为鼓励当事人以调解、和解等程序解决纷争,或撤回无益或不必要之诉讼或调解之申请,特对调解制度进行了修正,提高撤回及成立和解、调解得申请退还所缴裁判费或申请费之比例,将原告声请退还已缴的裁判费由 1/2 增至 2/3;扩大强制调解事件的范围;弹性运用调解制度;扩大合意移付调解之范围。[②] 应该注意的是,近 20 年来,调解制度经过多次修改,内容多有变化,但 1968 形成的立法体例则延续至今。

何谓调解?"调解云者,法院于两造法律关系有争议时,在未起诉前从中调停排解,使为一种合意,以避免诉讼之程序也。"[③]其与诉讼中和解均指当事人双方各自退让,达成止讼息争协议,迅速解决纷争。所不同的是,调解属于非讼事件,和解是裁判外结束诉讼的一种方式。"台湾民诉法"第 403 条至第 426 条规定了调解制度。诉讼中和解,是指根据"台湾民诉法"第 377 条第 1

---

① 台湾地区"司法院"统计处编印:《司法统计提要》(1997 年),第 77 页。

② 赵旭东、董少谋:《港澳台民事诉讼法论要》,厦门大学出版社 2008 年版,第 236 页。

③ 王甲乙等:《民事诉讼法新论》,台湾三民书局 2009 年版,第 576 页。

项的规定,①系在诉讼进行中由法官促成,而"台湾民诉法"第403条之调解,原则上系在诉讼前由法院处理,但调解成立之效力与诉讼中之和解并无不同。调解与和解均系当事人互相让步之一种约定,只要双方同意即可,故为契约之一种。

(二)民间调解制度

民间调解制度,在台湾地区表现为乡镇市调解。关于乡镇市调解的内涵,有人认为它是指由设在乡、镇、市、区公所内的调解委员会,对一定范围内的民事和刑事纠纷予以调解,在当事人达成和解协议后制作调解书,送请法院审核后赋予一定法律效力。乡镇市调解能够快速化解民间纠纷,有效地疏减法院案源,因而在我国台湾地区受到社会各界的广泛认同。② 也有人认为,乡镇市调解,系借由调解委员在地方上之威信,动之以情,劝导相互让步,以促进乡间和谐,并疏解讼源,为我国台湾地区替代性解决纷争机制中最重要、最具有特殊性及专属性且体系最完整的制度之一。③ 乡镇市调解制度是台湾地区现存的一项具有地方特色的诉讼外纠纷解决制度,具有以下特点:

1. 文化历史性。我国台湾地区深受中国历史文化之洗礼,崇尚和平,处事和谐,"以和为贵"向来为我国的传统道德,因此"息讼"思想一直深植人心,认为"讼终凶",而孔子更提倡"必也使无讼乎",使老百姓愿以协调、商量之方式平息纷争,乡镇市调解制度系此种历史文化背景下之产物。

2. 司法自治性。乡镇市调解委员会系设置于乡镇市公所,调解委员由地方人士担任,借重地方人士解决乡镇市民之纷争,实具有地方自治性。调解委员会办理调解民事事件及告诉乃论之刑事事件。调解成立的,调解委员会应报知乡镇市公所,将调解书送请管辖法院审核。经法院核定后,当事人就该事件不得再起诉、告诉、自诉。故将司法事项设置于地方自治团体之乡镇市公所调解委员会来办理,实有司法自治化之特性。

3. 自主任意性。调解当事人均出于自愿性,并在双方同意下进行调解,如一方于调解期日无故不到场,调解即无法进行使调解不成立。在调解过程中

---

① "台湾民诉法"第377条第1项规定:"法院不问诉讼程度如何,得随时试行和解。受命法官或受托法官亦得为之。"

② 史长青:《台湾地区乡镇市调解制度之考察》,载齐树洁主编:《东南司法评论》(2012年卷),厦门大学出版社2012年版。

③ 何德超:《台湾乡镇市调解制度之研究》,载张勤、彭文浩主编:《比较视野下的多元纠纷解决理论与实践》,中国政法大学出版社2013年版。

以尊重当事人意愿为依归,当事人得随时中止或终止调解程序。

4.简易经济性。为避免法院诉讼时间之冗长、程序之烦琐以及人力、物力高成本之耗费,调解制度本应具有简易、迅速及经济原则。为此"乡镇市调解条例"规定,当事人可以口头或书面方式申请调解,调解委员会须在 15 日内进行调解。

5.私权保密性。调解事件常涉及家庭纠纷、妨害风化、营业秘密等,当事人一般不愿公开。所以乡镇调解不公开进行,而且调解人员对于调解事件,除已公开之事项外,应保守秘密。

6.情理法弹性原则。调解程序秉持"德主刑辅"之概念,主张以情、理疏导为主,适用法律为辅,相较诉讼以适用法律为主,以情、理之判断为辅,两者性质有所差异。

7.修复关系,预防伤害扩大。相对而言,调解方式不如诉讼程序上双方关系之紧张及破裂。调解在调解委员会依其调解技巧、社会经验促使双方正向互动,有助彼此在沟通上缓和,而较能维持和谐友好关系。

8.确定强制性。经法院核定之民事调解,与民事确定判决有相同效力。调解书可为执行名义,当事人可申请法院强制执行。

民事诉讼中的调解和乡镇市调解,在本质上是一致的,都是诉讼外纠纷解决方式,所不同的是,前者是法院附设调解的典型形式,[①]后者是法院外的社会调解。下面就诉讼调解制度和乡镇市调解制度作简要评述,分述如下。

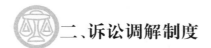

二、诉讼调解制度

(一)调解的时机

如上所述,原则上必须在起诉前,始可进行调解。当事人在起诉前,可向法院声请调解;对于强制调解事件,如当事人不知应先行调解,而径行起诉的,可视为声请调解。如当事人约定诉讼前应先行调解的,如未调解即起诉,经他造当事人抗辩,可视其起诉为调解之声请。

目前,因"民诉法"第 420 条之一规定了移付调解,故在第一审诉讼中,经

---

① 齐树洁主编:《台港澳民事诉讼制度》,厦门大学出版社 2014 年第 2 版,第 110 页。

当事人同意,亦可移付调解,即在诉讼中亦有调解。由于调解可以避免诉讼,有利于社会的和谐,现行实务上不仅第一审法院之民事庭有权移付调解,甚至处理刑事案件之刑事庭及侦查中检察官亦有权根据具体的案件情况,将案件移付法院或乡镇市调解委员会调解。① 第二审法院亦在两造同意下移付该院之调解委员进行调解,如调解成立,即制作和解笔录。

(二)调解的事件

1. 强制调解的事件

强制调解是指法律就若干民事事件规定一律须先经调解,在调解不成立始可诉讼。之所以采取强制调解,乃是因为对于当事人间特殊关系或事件本身特殊,适用调解程序比适用诉讼程序更有助于实现当事人实体利益和程序利益之平衡点。②

"台湾民诉法"第 403 条第 1 项规定,下列事件,除有第 406 条第 1 项各款所定情形之一者外,于起诉前,应经法院调解:(1)不动产所有人或地上权人或其他利用不动产之人相互间因相邻关系发生争执者;(2)因定不动产之界线或设置界标发生争执者;(3)不动产共有人间因共有物之管理、处分或分割发生争执者;(4)建筑物区分所有人或利用人相互间因建筑物或其共同部分之管理发生争执者;(5)因增加或减免不动产之租金或地租发生争执者;(6)因定地上权之期间、范围、地租发生争执者;(7)因道路交通事故或医疗纠纷发生争执者;(8)雇用人与受雇人间因雇佣契约发生争执者;(9)合伙人间或隐名合伙人与出名营业人间因合伙发生争执者;(10)配偶、直系亲属、四亲等内之旁系血亲、三亲等内之旁系姻亲、家长或家属相互间因财产权发生争执者;(11)其他因财产权发生争执,其标的之金额或价额在新台币 50 万元以下者。"司法院"得因情势需要,以命令减至新台币 25 万元或增至 75 万元。"台湾民诉法"第 577 条第 1 项规定,离婚之诉及夫妻同居之诉,于起诉前,应经法院调解。"台湾民诉法"第 587 条规定,终止收养关系之诉,于起诉前,应经法院调解。以上

---

① 台湾地区"刑事诉讼法"第 238 条第 1 项规定:"告诉乃论之罪,告诉人于第一审辩论终结前,得撤回其告诉。"据此,在侦查或第一审中如能调解成立,告诉人撤回告诉,检察官即可为不起诉处分,法院可为不受理判决。如非告诉乃论案件,亦因调解成立,法官可以为量刑减轻之考虑。

② 林青松:《民事诉讼法》,台湾新保成出版事业有限公司 2014 年版,第 674 页。

强制调解事件,如法院未经调解而判决者,其判决仍为合法。①

2.任意调解的事件

前述强制调解事件以外者,均属任意调解事件。"台湾民诉法"第 404 条第 1 项规定:"不合于前条规定之事件,当事人亦得于起诉前,声请调解。"据此,只要双方同意,就可进行调解程序。至于此同意,仅指同意以调解方法解决纠纷,并不表示一定要调解成立,是否成立,须视双方是否同意调解方案。

为扩大调解功能,增加当事人选择调解程序之机会,1999 年修法时,对调解作出新的规定,把调解扩大到诉讼系属后,即起诉后可依当事人合意而调解。"台湾民诉法"第 420 条之一规定:"第一审诉讼系属中,得经两造合意将事件移付调解。前项情形,诉讼程序停止进行。调解成立时,诉讼终结。调解不成立时,诉讼程序继续进行。依第一项规定移付调解而成立者,原告得于调解成立之日起三个月内声请退还已缴裁判费三分之二。"

3.调解的例外

"台湾民诉法"第 406 条规定:"法院认为调解之声请有下列各款情形之一者,得径以裁定驳回之:一、依法律关系之性质,当事人之状况或其他情事可认为不能调解或显无调解必要或调解显无成立之望者。二、经其他法定调解机关调解未成立者。三、因票据发生争执者。四、系提起反诉者。五、送达于他造之通知书,应为公示送达或于外国为送达者。六、金融机构因消费借贷契约或信用卡契约有所请求者。前项裁定,不得声明不服。"凡有上述情形,法院可以裁定驳回。但因此项裁定系可以驳回,并非应驳回,如未驳回,仍可进行调解。对此驳回裁定,不可抗告,因为该条第 2 项规定"前项裁定,不得声明不服"。

如法院未径以裁定驳回,进入调解程序,调解委员发现有上述情事,可依"台湾民诉法"第 410 条之规定办理。② 应注意的是,对于此种情形,只可由法院裁定驳回,不可由调解委员自行驳回。

为避免有人利用调解,以假债权声请调解而取得执行的名义,"办理民事诉讼事件应行注意事项"第 147 点第 1 项规定:"当事人对于声请调解之标的显无争执或有其他具体情形足认其为虚伪,例如有制造假债权之情事者,法官

---

① "办理民事诉讼事件应行注意事项"第 163 点规定,应经调解之事件,第一审未依法调解,当事人亦未抗辩者,当事人丧失责问权,第二审法院不得以之为废弃发回之理由。

② "台湾民诉法"第 410 条规定:"调解委员认为调解有第 406 条第 1 项各款所定情形之一者,报请法官处理之。"

得径以显无调解必要为由,裁定驳回之。"

(三)调解的声请与管辖法院

1.调解的声请

(1)明示的声请。调解,依当事人声请行之。不问诉讼事件之种类,也不问诉讼标的之金额或者价额,不属于强制调解之事件,当事人于起诉前,均可声请调解。

(2)拟制的声请。拟制声请又分为两种情形:一是拟制起诉为声请的。有起诉前应先经法院调解之合意,而当事人径行起诉者,经他造抗辩后,视其起诉为调解之声请。但已为本案之言词辩论者,不得再为抗辩。但声请应表明为调解标的之法律关系及争议之情形。以文书为证的,并应提出其原本或影本。"台湾民诉法"第 424 条规定:"第四百零三条第一项之事件,如径向法院起诉者,宜于诉状内表明其具有第四百零六条第一项所定事由,并添具释明其事由之证据。其无该项所定事由而径行起诉者,视为调解之声请。但以一诉主张数项标的,其一部非属第四百零三条第一项之事件者,不适用前项视为调解声请之规定。"一项主张起诉前应经法院调解,其他部分没有适用调解之强制义务,则如果前者适用调解,而后者不适用调解,则一个案件适用不同之程序,是为不妥。

二是拟制支付令之声请为声请调解。债务人对于支付命令于法定期间合法提出异议者,支付命令于异议范围内失其效力,以债权人支付命令之声请,视为起诉或声请调解。

2.调解的管辖法院

"台湾民诉法"第 405 条第 3 项规定:"声请调解之管辖法院,准用第一编第一章第一节之规定。"即准用"台湾民诉法"第 1 条至第 31 条之一的规定。原则上,适用第 1 条第 1 项的规定,[①]以对造之住所地、居所地定管辖法院,但可准用第 25 条关于拟制的合意管辖的规定。因此,当事人声请时,即使向无管辖权的法院声请,法院也不会以无管辖权为由予以移转,而是视相对人是否抗辩法院无管辖权再决定,如相对人不抗辩,受诉法院即有管辖权。至于移付调解者,当指其所属之法院。

---

① "台湾民诉法"第 1 条第 1 项规定:"诉讼,由被告住所地之法院管辖。被告住所地之法院不能行使职权者,由其居所地之法院管辖。诉之原因事实发生于被告居所地者,亦得由其居所地之法院管辖。"

(四)调解程序之进行①

1. 调解之处理人员

(1)"台湾民诉法"第 406 条之一第 1 项规定："调解程序,由简易庭法官行之。但第 420 条之一第 1 项规定移付调解事件,得由原法院、受命法官或受托法官行之。"调解原则上由地方法院简易庭处理。但在第一审审理中,经双方当事人同意调解而终止诉讼移付调解的,可由其原审裁定法官处理。"高等法院"及其分院亦设有调解室、调解委员,即在第二审亦有移付调解,侦查之检察机关亦可移送。

为加强法院之调解功能,并减轻法官的工作负担,对于家事事件,实务上之处理如下:将不同于一般民事纠纷之家事事件,另于家事法庭办理家事调解。此系因家事事件多涉及情感等因素,其调解委员所需之知识、经验与一般民事不同,为此"司法院"在"法院加强办理民事调解事件实施要点"之外,还制定了"地方法院办理家事调解事件实施要点"。由司法事务官办理调解,即"法院组织法"第 172 条规定司法事务官办理调解,为此,"司法院"制定了"司法事务官办理调解事件规范要点"。② 应注意的是,2012 年制定的"家事事件法"对家事事件调解进行了统一的规定。该法第 27 条规定:"家事事件之调解程序,由法官行之,并得商请其他机构或团体志愿协助之。"家事调解事件,无论是强制调解事件或者是移付调解事件,均由法官办理之;另为扩大调解机制,法官于必要时,并得商请具有调解服务之非营利民间机构或团体志愿提供专业之协助,以促进资源整合,减省法院及当事人之劳费,并提高调解成效。

(2)调解委员。法官精研法律,但不一定了解社会状况,而民事、家事纠纷,有时并不一定在于法律,法律纠纷只是表面,实际另有隐藏之问题,此时如由有社会经验之公正人士调解,往往可以针对实际问题,提出双方均可接受之调解方案,故"台湾民诉法"第 406 条之一第 2 项规定:"调解由法官选任调解委员一人至三人先行调解,俟至相当程度有成立之望或其他必要情形时,再报请法官到场。但两造当事人合意或法官认为适当时,亦得径由法官行之。"

---

① 本部分参考吴光陆:《台湾地区民事诉讼调解制度概述》,载张卫平、齐树洁主编:《司法改革论评》(第 14 辑),厦门大学出版社 2012 年版。
② 本文所述之法官办理调解,目前由司法事务官办理,但因法条规定为法官,故本文仍用法官说明。

据此,可先由调解委员处理,即在法官介入前,先由第三人之调解委员试行调解,①即借重于第三人之客观性与专长,促使调解成立。其第3项规定,当事人对于前项调解委员人选有异议或两造合意选任其他适当之人者,法官得另行选任或依其合意选任之。当事人对此调解委员,可异议更换。"台湾民诉法"第406条之二第1项规定:"地方法院应将其管辖区域内适于为调解委员之人选列册,以供选任;其人数、资格、任期及其聘任、解任等事项,由'司法院'定之。"第2项规定:"法官于调解事件认有必要时,亦得选任前项名册以外之人为调解委员。"目前,法院均有调解委员名册,而调解委员系由公正、专门人士自愿担任,其中包括律师、退休之法官、校长、教师等。②

"地方法院家事调解事件实施要点"第7点第1项规定:"法院应聘任具备下列资格之一者为调解委员,以供行政团队选任:(1)曾任法官;(2)心理师;(3)社会工作师;(4)医师;(5)律师;(6)具有心理咨询或心理咨商之学经历;(7)具有家事调解专业经验。"第3项规定:"调解委员受聘任前1年内接受'司法院'或各法院举办之专业讲习课程未满12小时者,法院不得聘任之。"

调解委员之权利、义务。"台湾民诉法"第411条规定:"调解委员参与调解,得支领日费、旅费,并得酌支报酬。此类日费、旅费及报酬,由法院支付,毋庸当事人负担。""台湾民诉法"虽未规定调解委员之义务,但其既为办理调解事务,自应遵守一定的伦理规范,为此,"司法院"制定了"法院调解委员伦理规范"。调解委员应为当事人保密,如有应回避事由,亦应回避。

由于调解委员系当事人能否心平气和地接受调解方案之关键,"司法院"制定了"法院设置调解委员办法"。该办法第4条规定,担任调解委员者需具备下列资格:(1)品行端正,著有信誉;(2)对调解工作富有热忱;(3)生活安定且有充裕的时间;(4)身心健康有说服能力;(5)对解决民事或家事纷争具有专门经验;(6)具有丰富的社会知识经验;(7)其他经认为适当者。第5条规定,有下列情形之一者,不得聘任:(1)曾受有期徒刑以上刑之宣告,但过失犯罪不在此限;(2)曾受保安处分或感训处分之裁判确定;(3)受破产宣告确定或裁定开始清算程序尚未复权;(4)褫夺公权尚未复权;(5)受监护宣告或辅助宣告尚

---

① "办理民事诉讼事件应行注意事项"第148点规定:"由法官径行调解之事件,以案情简单、争执不大或特别需要迅速处理而经法官认为适当或经当事人合意者为限。"

② "办理民事诉讼事件应行注意事项"第149点规定:"法院每年得酌选辖区内具有法律知识、信望素孚且适于为调解委员之社会公正人士为调解委员,并依区、乡、镇、市别及其专长与经历列册,以供法官选任调解委员时之参考。法官于逐件选任调解委员时,宜依事件之性质,选任具备解决该事件专门知识或经验之调解委员进行调解。"

未撤销;(6)律师受除名之处分;(7)医师受废止执业执照或医师证书之处分;(8)会计师受除名之处分;(9)建筑师受撤销或废止开业证书之处分;(10)身心障碍致不能执行职务;(11)有违反职务或其他不适于担任调解委员之行为。

2.调解之处所

(1)"台湾民诉法"第 410 条第 1 项规定:"调解程序于法院行之,于必要时,亦得于其他适当处所行之。调解委员于其他适当处所行调解者,应经法官之许可。"此处所可为法院,亦可于他处,例如当事人住家,但调解委员欲就其他处所调解者,应经法官许可,因为调解系由法官处理。

(2)目前法院均设有调解室,其布置以温馨、和谐为主,避免有法庭之严肃气氛,使双方当事人在心平气和下沟通,容易达成调解。① 出席之法官、律师等人均可不着制服,亦系同一目的。②

3.当事人到场和调解参加者

"台湾民诉法"第 408 条规定:"法官于必要时,得命当事人或法定代理人本人于调解期日到场;调解委员认有必要时,亦得报请法官行之。"第 409 条第 1 项规定,如果当事人无正当理由不于调解期日到场,法院得以裁定处新台币 3000 元以下之罚款;其有代理人到场而本人无正当理由不到场者亦同。据此,当事人应到场。如当事人有事无法到场,应先具状请假,以便改期。

"台湾民诉法"第 412 条规定:"就调解事件有利害关系之第三人,经法官之许可,得参加调解程序;法官并得将事件通知之,命其参加。"即类似于该法第 58 条第 1 项之规定:"就两造之诉讼有法律上利害关系之第三人,为辅助一造起见,于该诉讼系属中,得为参加。"参加诉讼,有利害关系之第三人亦可参加调解,使调解能顺利完成,例如对于交通事故,可通知肇事者之保险公司参加。

4.当事人陈述及调查证据

"台湾民诉法"第 413 条规定:"行调解时,为审究事件关系及两造争议之

---

① "司法院"颁发的"法院加强办理民事调解事件实施要点"第 7 点规定:"法院应依所需设置或增设调解室,以供调解之用。调解室应设置桌椅、计算机、白板、六法全书等软硬件设备,并应力求温馨、舒适。"

② "办理民事诉讼事件应行注意事项"第 152 点规定:"法院应设置调解室。调解不用开庭之形式,除于法院行之外,于必要时,亦得于区、乡、镇、市公所、农会、水利会、警察机关、勘验现场或其他适当处所行之;法官与书记官得不着制服。法官、调解委员、书记官、通译、当事人与代理人之席位由法院斟酌情形定之。律师仅得以普通代理人资格到场,无须着制服,亦不特设席位。"

所在,得听取当事人、具有专门知识经验或知悉事件始末之人或其他关系人之陈述,察看现场或调解标的物之状况;于必要时,得由法官调查证据。"据此,调解委员或法官应听取当事人陈述,了解问题所在,以便能提出方案解决争议。至于调查证据,应由法官为之,调解委员无权调查。不过事实上,调解委员为解决纷争难免会调查,例如对损害赔偿事件调查医药费之支出、损害金额。

5. 程序之指挥

"台湾民诉法"第 407 条之一规定:"调解委员行调解时,由调解委员指挥其程序,调解委员有二人以上时,由法官指定其中一人为主任调解委员指挥之。"调解程序由调解委员指挥。如法官在场,则由法官指挥。

"台湾民诉法"第 414 条规定:"调解时应本和平恳切之态度,对当事人两造为适当之劝导,就调解事件酌拟平允方案,力谋双方之和谐。"调解委员或法官应以平和态度处理,不可偏袒一方。①

为保全调解之效果,"台湾民诉法"第 409 条之一第 1 项规定:"为达成调解目的之必要,法院得依当事人之声请,禁止他造变更现状、处分标的物,或命为其他一定行为或不行为;于必要时,得命声请人供担保后行之。"第 3 项规定:"法院为第一项处置前,应使当事人有陈述意见之机会。但法院认为不适当或经通知而不为陈述者,不在此限。"法院可因当事人之声请禁止另一造当事人为一定行为,为此禁止时,应使双方当事人有陈述之机会。不过此处置,第 4 项规定:"第一项之处置,不得作为执行名义,并于调解事件终结时失其效力。"不可为执行名义,至多只能依第 5 项:"当事人无正当理由不从第一项处置之命者,法院得以裁定处新台币 3 万元以下之罚锾。"

依"台湾民诉法"第 410 条第 2 项规定:"前项调解,得不公开。"调解程序不公开之目的在于保护当事人的隐私。

6. 调解条款

(1)拟定调解条款。"台湾民诉法"第 415 条之一第 1 项规定:"关于财产权争议之调解,经两造同意,得由调解委员酌定解决事件之调解条款。"第 2 项规定:"前项调解条款之酌定,除两造另有约定外,以调解委员过半数定之。"第 3 项规定:"调解委员不能依前项规定酌定调解条款时,法官得于征询两造同意后,酌定调解条款,或另定调解期日,或视为调解不成立。"据此,在调解进行

---

① "办理民事诉讼事件应行注意事项"第 155 点规定:"调解委员及法官行调解时,态度务须和蔼诚恳,耐心说服,不得稍涉勉强,尤须避免粗暴之语气。"

后,经当事人同意,调解委员可作成调解条款,如调解委员不能作成,法官亦可以酌定调解条款,或另定期日再次调解,或因双方无意再继续调解,以调解不成立处理。

(2)调解笔录。"台湾民诉法"第 415 条之一第 4 项规定:"调解委员酌定之调解条款,应作成书面,记明年月日,或由书记官记明于调解程序笔录,由调解委员签名后,送请法官审核;其经法官核定者,视为调解成立。"第 5 项规定:"前项经核定之书面调解条款,视为调解程序笔录。"第 6 项规定:"法官酌定之调解条款,于书记官记明于调解程序笔录时,视为调解成立。"据此,调解条款如经当事人双方同意,应作成书面调解笔录,经法官核定,调解成立。至于法官核定之目的,在于调解委员并非一定为习法人士,而调解笔录为执行名义(参照"强制执行法"第 4 条第 1 项第 3 款的规定),如调解笔录内记载之事项不明确,将生不能执行困扰,故需由法官审核。

(3)依职权作成调解方案。"台湾民诉法"第 417 条第 1 项规定:"关于财产权争议之调解,当事人不能合意但已甚接近者,法官应斟酌一切情形,其有调解委员者,并应征询调解委员之意见,求两造利益之平衡,于不违反两造当事人之主要意思范围内,以职权提出解决事件之方案。"第 2 项规定:"前项方案,应送达于当事人及参加调解之利害关系人。"第 418 条第 1 项规定:"当事人或参加调解之利害关系人对于前条之方案,得于送达后 10 日之不变期间内,提出异议。"第 2 项规定:"于前项期间内提出异议者,视为调解不成立;其未于前项期间内提出异议者,视为已依该方案成立调解。"法官在当事人尚未能达成调解方案时,可依职权作成调解方案,如当事人对此方案在法院通知后 10 日内无异议可视为调解成立,以该方案为调解成立之方案。如有异议,则调解不成立,并应依"台湾民诉法"第 418 条第 3 项的规定通知当事人、参加人。

(五)调解的终结及效力

1. 调解的成立及效力

调解的成立有三种情形:一是依"台湾民诉法"第 416 条第 1 项规定,经当事人合意而成立。二是调解法官依"台湾民诉法"第 417 条第 1 项规定以职权提出解决事件之方案,当事人未于法定期间提出异议的,视为调解成立。三是调解委员或法官依"台湾民诉法"第 415 条之一规定酌定调解条款,经法官审核而视为调解成立,或法官酌定之调解条款,于书记官记明于调解笔录时,视为调解成立。调解成立与诉讼上和解具有相同的效力,诉讼上和解成立者,与确定判决有同一之效力,故调解成立的与确定判决有同一之效力,即具有羁束力、确定力、形成力和执行力。①

2.调解不成立之效果

(1)视为起诉可命为辩论或展期。"台湾民诉法"第 419 条第 1 项规定:"当事人两造于期日到场而调解不成立者,法院得依一造当事人之声请,按该事件应适用之诉讼程序,命即为诉讼之辩论。但他造声请延展期日者,应许可之。"第 2 项规定:"前项情形,视为调解之声请人自声请时已经起诉。"第 4 项规定:"以起诉视为调解之声请或因债务人对于支付命令提出异议而视为调解之声请者,如调解不成立,除调解当事人声请延展期日外,法院应按该事件应适用之诉讼程序,命即为诉讼之辩论,并仍自原起诉或支付命令声请时,发生诉讼系属之效力。"法院可以立刻辩论或延期辩论,但实务上未见有立刻辩论结案,此涉及法院内部分案问题。②

(2)移付调解案件诉讼继续进行。"台湾民诉法"第 420 条之一第 2 项规定:"前项情形,诉讼程序停止进行。调解成立时,诉讼终结。调解不成立时,诉讼程序继续进行。"法院继续诉讼,可以辩论结案。

(3)法定期间起诉。"台湾民诉法"第 419 条第 3 项规定:"当事人声请调解而不成立,如声请人于调解不成立证明书送达后 10 日之不变期间内起诉者,视为自声请调解时,已经起诉;其于送达前起诉者,亦同。"此系为保障权利人利益,避免声请调解时时效尚未完成,待调解不成再起诉,时效已完成,故规定起诉之中断时效可溯及自声请调解时。

(4)调解之陈述或让步不得为裁判之基础。"台湾民诉法"第 422 条规定:"调解程序中,调解委员或法官所为之劝导及当事人所为之陈述或让步,调解不成立后之本案诉讼,不得采为裁判之基础。"即避免当事人为能调解成立所为之陈述,作为法院判决不利之依据。

---

① 姜世明:《民事诉讼法》(下册),台湾新学林出版股份有限公司 2015 年第 3 版,第 338 页。
② "办理民事诉讼事件应行注意事项"第 159 点规定:"调解不成立,法院命即为诉讼之辩论时,应在法庭内为之,并依下列方式审理:(1)事件为强制调解事件且为简易或小额事件者,由简易庭原承办调解事件之法官以简易或小额程序继续审理。(2)事件为强制调解事件且为通常诉讼事件者,由简易庭原承办调解事件之法官以通常程序继续审理,亦得函送普通庭依通常程序审理。(3)事件为移付调解事件,且由原审理诉讼事件之法官调解者,由原承办法官以原适用之程序继续审理。以起诉视为调解之声请,如调解不成立,原起诉之效力应即回复,无须当事人之声请。"

3.调解之撤回及效力

"台湾民诉法"第 425 条第 1 项规定:"调解之声请经撤回者,视为未声请调解。"调解在未成立前,声请人可以撤回。从中可以窥知调解撤回之效力,视为未声请调解,即与未声请调解之同等效力。撤回后当事人日后再行起诉的,仍可适用调解程序;因声请调解而遵守除斥期间或中断时效,也因撤回声请而失去效力。①

三、乡镇市调解制度

台湾地区的乡镇市调解制度历史悠久,设计精良,运作流畅。为揭示该制度产生演变的过程和管理运作的全貌,下文试从立法、业务两个方面对该制度进行考察。②

(一)"乡镇市调解条例"的立法变迁

台湾地区"乡镇市调解条例"是规范台湾地区乡、镇、市、区公所调解工作的一部法律。1949 年之后,台湾地区实施地方自治,但乡镇市调解委员会办理的民刑商事调解事项,涉及司法制度与民刑商事法律,因此需要统一"立法"。为提升乡镇市调解委员会的调解功能,就其组织原则、调解事项及调解成立后的效力、与司法机关的关系等事项,亦需要"立法"予以规范。为此,1951 年 4 月,"乡镇调解条例"草案送交审议。1955 年 1 月 15 日,"乡镇调解条例"获得通过。自此,乡镇市调解制度正式得以法制化。1988 年为配合现行地方行政体制,将"乡镇条例"修正为"乡镇市调解条例",将县辖之"市"纳入。60 年来,"乡镇调解条例"已修改了十次,最近一次修改是在 2009 年。

表 9-1 "乡镇市调解条例"的十次修改

	修订公布日期	修订条文
1	1956 年 1 月 9 日	增订第 20 条,原第 20 条改为第 21 条
2	1964 年 6 月 6 日	修正第 4、14、19 条

① 齐树洁主编:《台港澳民事诉讼制度》,厦门大学出版社 2014 年第 2 版,第 115 页。
② 本部分参考史长青:《台湾地区乡镇市调解制度之考察》,载齐树洁主编:《东南司法评论》(2012 年卷),厦门大学出版社 2012 年版。

续表

	修订公布日期	修订条文
3	1988 年 12 月 29 日	修正名称为"乡镇市调解条例",并修正全文 33 条
4	1994 年 11 月 9 日	修正第 31 条
5	1995 年 6 月 29 日	增订第 4 条之一
6	1996 年 1 月 17 日	修正第 2、3、6、8、11、14、16、18、22、25、30、32 条条文;增订第 3 条之一
7	2002 年 4 月 24 日	修正第 2、3、30、31、32 条
8	2005 年 5 月 18 日	修正全文 37 条
9	2007 年 7 月 4 日	修正第 4 条
10	2009 年 12 月 30 日	修正第 4、37 条

从该条例历次修订的过程可以总结出这部法律发展的大致方向和立法目标:一是加强乡镇市调解的解纷能力,不断扩大解纷范围,从而达到疏减司法机关案源、减轻司法机关压力的目的。二是融合官方与民间双方面力量——政府提供经费、管理人员和场地,遴选民间公正人士作为无给职的调解委员——为基层群众提供免费、便利且高效的纠纷解决机制。三是加强乡镇市调解与司法机关的业务衔接。其中与法院的业务衔接包括:法院移付调解;乡镇市调解不成立且取得证明后可免于诉讼之前的强制调解;乡镇市调解协议经法院核定后获得法律强制力;当事人认为核定后的调解协议有错误的,可提起撤销和无效之诉,在法院移付调解的情形下可以申请续行诉讼程序;法院有权对调解业务进行指导监督;乡镇市调解委员的任免及调解业务需函送当地法院备查等。与检察机关的业务衔接包括:申请调解不成立的,刑事告诉时效追溯到申请调解时,调解成立后则视为撤回起诉告诉;乡镇市调解委员的任免及调解业务需函送检察署备查等。

现行"乡镇市调解条例"共 37 条,是一部综合性的法律,兼收实体与程序之内容,并蓄公法与私法之精神。其内容大致包括如下六个部分:(1)机构设置与人员组成;(2)调解程序的启动;(3)调解程序的运行;(4)调解程序的终结;(5)调解的法律效力;(6)行政管理。

(二)乡镇市调解之业务

乡镇市调解之业务,是指与调解程序的启动、运行及结束相关的事项和活动。乡镇市调解的业务流程大致包括三个阶段:一是调解程序启动阶段,启动方式有当事人申请、地方法院移付调解和检察署转介调解三种;二是调解程序运行阶段;三是调解程序结束阶段。关于三个阶段的具体业务流程详见图9-1。

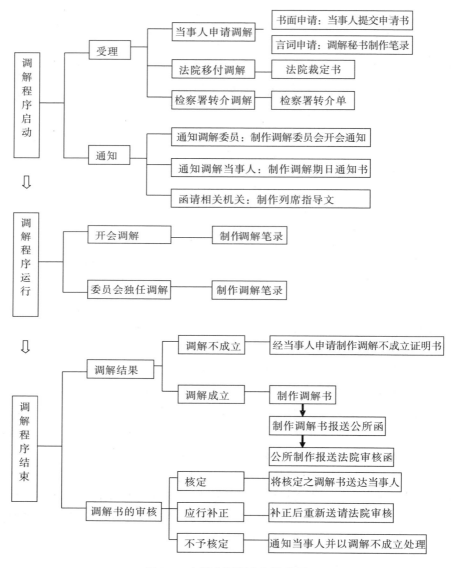

图 9-1 乡镇市调解业务流程图

1.因当事人申请而启动的调解业务流程

根据"乡镇市调解条例"及台湾地区各乡、镇、市、区公所的实践,当事人申请调解的业务流程及内容大致包括以下几个方面：

第一，申请调解的案件范围。民事部分主要包括债务、租赁、物权、亲属、继承、商事等纠纷。但以下民事事件不能要求调解：(1)婚姻的无效或撤销、请求认领、协议离婚等；(2)违背强制或禁止性规定、公共秩序或善良风俗的事项；(3)假扣押、假处分、公示催告、宣告死亡以及禁治产宣告等事项；(4)民、刑事事件已在第一审法院辩论终结的；(5)申请给付超过法定利率的利息者；(6)关于租佃争议事件；(7)关于畸零地纠纷；(8)其他法令规定有特别限制者。刑事部分以告诉乃论的刑事事件为限①，主要包括妨害风化、婚姻家庭、妨害自由名誉、信用及秘密、伤害毁弃、亲属间财产犯罪、交通事故等刑事事件。

第二，调解管辖。双方当事人在同一乡、镇、市、区居住(非以户籍所在地为依据)的，应向本乡、镇、市、区调解委员会申请调解。双方当事人不在同一乡、镇、市、区居住的，根据下列规定确定管辖：(1)民事事件应向被申请人住所、居所、营业所、事务所所在地的乡、镇、市、区调解委员会申请调解；(2)刑事事件应向被申请人住所、居所所在地或犯罪地的乡、镇、市、区调解委员会申请调解；(3)经双方同意，并经接受申请的乡、镇、市、区调解委员会同意的，可以由该乡、镇、市、区调解委员会调解。

第三，申请调解作业流程。(1)当事人提出调解申请。当事人提出书面申请时，应填写各乡、镇、市、区公所制作的调解申请书，载明当事人姓名、性别、年龄、职业、住(居)所及请求调解事件的内容等。当事人向调解委员会提出口头申请的，由业务人员制作笔录。另外当事人也可以在网络上填写申请书向调解委员会提出申请。(2)受理申请并通知当事人。调解委员会经审查，对符合条件的调解申请予以受理，同时指定调解期日，民事案件于15日内、刑事案件于10日内书面通知双方当事人于调解日到场，同时将申请书状或言词申请笔录的副本一并送达被申请人。(3)办理调解(调解日)。调解程序由调解委

---

① 台湾"刑法"上的告诉乃论之罪包括准强奸罪、轮奸罪、强制猥亵罪、乘机奸淫猥亵罪、妨害风化罪之加重结果犯、奸淫幼女罪、对未满16岁男女为猥亵罪、利用权势奸淫罪、诈术奸淫罪、血亲相奸罪、诈术结婚罪、通奸罪、和诱有配偶之人脱离家庭罪、普通伤害罪、伤害直系血亲尊属罪、加暴行于直系血亲尊属罪、过失伤害罪、传染花柳病、麻疯罪、略诱妇女结婚罪及加重略诱罪、侵入住居罪、公然侮辱罪、诽谤罪等。台湾"专利法"上的告诉乃论之罪：伪造发明品罪、仿造发明品或窃用方法罪、故意贩卖陈列输入伪造、仿造之发明品罪、伪造新型罪、仿造新型罪、故意贩卖陈列输入伪造、仿造新型罪等。台湾"著作权法"上的告诉乃论之罪包括翻印著作物罪、侵害著作权罪、常业侵害著作权罪、擅改原著作物罪等。

员在区公所或其他适当的处所主持并不公开进行。(4)调解结具。调解结果分调解成立与调解不成立两种。当事人于调解期日无正当理由不到场的,原则上视为调解不成立;双方当事人经过调解程序而无法达成协议的,调解不成立;如果双方当事人有正当理由或调解委员会认为有成立调解之望者,通常会另订调解期日继续调解;调解不成立的,当事人可以申请调解委员会给予调解不成立的证明书。调解成立的,调解委员会应作成调解笔录即调解书,当事人在核实各项记载与事实相符后应当在调解书上签名盖章。(5)送法院审核。乡、镇、市、区公所对于所有调解成立的事件,无须当事人请求,均应于调解成立之日起 7 日内依职责将调解书送请管辖法院审核。法院应于收案后 7 日内审核完毕,调解案件经法院核定后视同确定判决。

第四,调解申请的法律效力。根据台湾地区"民法"第 129 条第 2 项第 2 款、第 133 条及第 137 条的规定,调解申请具有中断请求权消灭时效的效力,并且该请求权消灭时效自中断之事由终止时重新起算。但是,若该调解申请经撤回、被驳回或调解不成立时,其原有的请求权消灭时效视为不中断。

2.因法院移付而启动的调解业务流程

根据台湾地区"司法院"2009 年 5 月颁布的"法院移付乡镇市调解委员会调解办法",法院移付乡镇市调解的业务流程大致分为以下几个阶段:

第一,作出移付调解的裁定。根据"乡镇市调解条例"第 12 条的规定,法院移付调解的案件包括三类:一是"台湾民诉法"第 403 条第 1 项规定的事件,二是适宜调解的刑事附带民事诉讼案件,三是其他适宜调解的民事事件。移付调解的时间应在第一审的法庭辩论终结前。法院在作出裁定之前应斟酌本案法律关系的性质、当事人的状况以及其他情事,认为有成立调解之希望的,才能作出移付调解的裁定。对于法院作出的移付调解裁定,当事人不得抗告。

第二,将案件移付至有管辖权的调解委员会。有管辖权的调解委员会是指被告住、居所、营业所、事务所所在地的调解委员会,或者是双方当事人同意的其他调解委员会,但应经该调解委员会同意。

第三,移送相关诉讼资料。法院作出移付调解的裁定后,应当立即将裁定正本连同当事人书状影印本移送调解委员会,必要时可以移送法庭笔录及其他相关诉讼资料影印本。

第四,法院向调解委员会核付经费。法院裁定移付调解的案件,每件由法院发给乡、镇、市、区公所新台币 500 元,调解成立并经法院核定者,另发给乡、镇、市、区公所新台币 500 元。上述费用应专用于与调解相关的业务,由乡、镇、市、区公所按每半年(每年 6 月及 12 月)向法院结报,当年度的费用应于次年1月5日办理结报完毕。经法院核定成立的案件,未能于12月底前结报的,准计入次年度支给。

第五,调解之后的处理。调解成立的,乡、镇、市、区公所应于调解成立之日起10日内,将调解书及卷证送交移付之法院审核。调解书经核定的,抽存一份附卷后,应将调解卷证发还乡、镇、市、区公所,由乡、镇、市、区公所将核定的调解书送达当事人。原告已缴纳裁判费的,可于收到法院核定调解书之日起3个月内,向法院申请退还已缴裁判费的2/3。调解书未经法院核定的,法院应将其理由通知乡、镇、市、区公所,并续行诉讼程序。

调解不成立或者调解委员会受理移付后两个月内不成立调解的,调解委员会应立即简述双方当事人意见及调解未能成立的原因,陈报移付法院,并退还该案件的全部卷证。对于该案件法院应继续诉讼程序。

3.因检察署转介而启动的调解业务流程

根据台湾地区"法务部"1998年颁布的"检察官侦查中加强运用乡、镇、市、区调解功能方案"以及实务做法,检察署转介的调解案件的业务流程大致分为以下几个阶段:

第一,转介调解须征得当事人同意,并由当事人提出申请。检察官就侦查中的案件,可以征得当事人同意,由当事人提出申请后,函请乡、镇、市、区调解委员会进行调解。但检察官对于可转介调解的案件,除性侵害案件及家庭暴力案件外,宜劝谕当事人进行调解。

第二,转介调解适用的案件,一是告诉乃论的刑事案件,二是非告诉乃论的刑事案件涉及民事赔偿或给付的。

第三,转介程序。检察官经征得被告及告诉人、被害人或其法定代理人、委托代理人的同意,上述当事人以书面或言词方式申请调解后,填写转介单函请有管辖权的乡、镇、市、区调解委员会调解。所谓有管辖权的调解委员会,是指地检署辖区内的乡、镇、市、区调解委员会,具体而言,双方居住于同一乡、镇、市、区的,送该乡、镇、市、区调解委员会;双方居住于不同乡、镇、市、区的,送对方当事人住、居所所在地或犯罪地的乡、镇、市、区调解委员会;也可以送双方同意并经调解委员会同意的其他辖区内的乡、镇、市、区调解委员会。

第四,调解期间不停止刑事侦查。如果刑事侦查完毕而调解程序尚未结束,可报请检察长核准后将案件暂行报结。但下列案件除外:(1)被告在押案件;(2)重大刑事案件;(3)同案尚有其他犯罪事实或被告未送调解者;(4)收案后逾三个月才送调解的;(5)其他不宜报结的情形。

第五,调解之后的处理。调解成立的,调解委员会应于调解书报知乡、镇、市、区公所的同时,将调解成立的结果回复地检署。如果是告诉乃论的刑事案件,还要请告诉人填写撤回告诉状,连同撤回告诉状一并送回地检署。非告诉乃论的案件经调解成立的,检察官可以做以下处置:(1)罪嫌不足的,依"刑事诉讼法"第 252 条第 10 款做不起诉处理;(2)如系"刑事诉讼法"第 376 条规定的案件,可以依第 253 条职权不起诉;(3)对于符合刑事诉讼简易程序的案件,宜尽量利用简易程序,申请法院以简易判决处刑;(4)认为有犯罪嫌疑,提起公诉,如被告已向被害人给付或赔偿的,可以向法院请求从轻量刑或宣告缓刑。

调解不成立的,调解委员会亦应将调解不成立的结果回复地检署。调解委员会对于检察官送请调解的案件,如未能在收案后两个月内完成调解程序的,应将该情形回复地检署。对于告诉乃论的案件经调解不成立但当事人撤回告诉的,检察官应当依法作不起诉处理。

4. 调解程序之续行——调解书的审核

根据台湾地区"司法院"2008 年 8 月 15 日修正的"法院适用乡镇市调解条例应行注意事项",法院对乡镇市调解委员会成立的调解书的审核程序大致包括以下几个方面:

第一,进行形式方面的审核。包括以下事项:(1)函送审核的机关是否为辖区内的乡、镇、市、区公所。(2)是否属于依法应由乡、镇、市、区调解委员会以外其他调解机关调解的事件。(3)是否属于依法应由法院裁判的事件。(4)调解事项为刑事案件时,是否属于告诉乃论案件。(5)调解是否本于当事人的申请,该当事人能力或诉讼能力有无欠缺;如果属于民事案件,是否经过当事人同意;如果属于刑事案件,是否经过被害人同意。(6)由代理人进行调解的,其代理权有无欠缺。(7)出席调解会议的调解委员是否达到法定人数,调解委员是否经函知有案且未经解聘者。(8)调解事项若已诉讼系属于法院,就民事事件所成立的调解是否在判决确定之前。(9)调解书的制作是否符合"乡镇市调解条例"第 7 条但书、第 25 条规定的程序。(10)其他法律规定的事项。

第二,进行实质方面的审核。实质方面的审核事项包括:(1)调解内容有无违反公序良俗或法律上的强制性、禁止性规定。(2)调解内容是否涉及公法上的权利争议。(3)调解内容的法律关系是否不许当事人任意处分。(4)调解内容是否合法、具体、可能、确定。(5)调解内容对于当事人是否加以处罚。

第三,调解书之内容及程序的补正。法院发现调解书的内容或程序有欠缺可以补正的,应限期通知乡、镇、市、区公所补正,不得当即予以退回。如果认为调解书不应核定或逾期没有补正的,应叙明理由连同调解书通知乡、镇、市、区公所,不得命其撤回审核之申请,或者径行予以驳回。

第四,准予核定。法院经审核调解书,认为与法令没有抵触准予核定的,由法官签名并加盖法院印章。法院除抽存并送辖区检察署各一份外,其余发还乡、镇、市、区公所。法院将经核定的调解书发还乡、镇、市、区公所前,应注意有无遗漏法官签名及盖用法院印章;乡、镇、市、区公所将调解卷宗送交法院的,还应注意将该卷宗发还。

第五,调解成立并经法院核定后的民、刑事案件的不同处理。已系属于法院的民事案件,在判决确定前,如调解成立并经法院核定的,诉讼终结,书记官应即报结并通知当事人及诉讼代理人。告诉乃论的刑事案件,如于侦查中或第一审法院辩论终结前,调解成立并于调解书上记载当事人同意撤回的意旨,经法院核定后,视为于调解成立时撤回告诉或自诉。属于公诉案件的,应告知不受理之判决;自诉案件部分,书记官应即报结,并速将视为撤回自诉的事由通知自诉人及代理人与被告。

第六,当事人提起宣告调解无效或撤销调解之诉。已经法院核定的调解,当事人认为有无效或可撤销理由的,应当于法院核定的调解书送达后 30 日内,向原核定民事调解的法院提起宣告调解无效或撤销调解之诉。

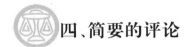 四、简要的评论

综上所述,台湾的诉讼调解制度经过近年来的多次修正,不断更新纠纷解决的理念,总结审判及调解的实务经验,借鉴国外最新立法例,已日臻完善,在许多方面独具特色。从总体上看,台湾地区民事诉讼调解制度观念(例如,尊重当事人意思自治、鼓励诉讼外解决争议、倡导尽力和解等)比较先进,符合世界潮流;其体系(例如,审判和调解的关系、调解和和解的关系、法官与调解委员会的关系)比较严密,有利于保证调解的公正及高效;其规定(例如,强制调解的范围、经双方合意后可将诉讼事件移付调解、法官依职权提出解决争议的方案等)比较具体,便于实际操作。[①] 但也有学者认为,调解程序应以自由处分为原则,且应强调真正的自由。实践中存在的部分调解人在对于相关利益

---

① 齐树洁:《程序正义与司法改革》,厦门大学出版社 2010 年第 2 版,第 80 页。

状态未充分知悉下误导关系人进行权利处分,损害当事人权益的情况,对此应予以警觉。①

乡镇市调解制度在近一个世纪的发展过程中,伴随着社会的发展而发展,与周边制度不断磨合衔接,成为兼具传统和时代特色历久弥新的一项纠纷解决制度。根据台湾司法行政部门统计处 2013 年 4 月的数据,2012 年台湾地区乡镇市区调解委员会办理调解业务结案 14 万件。在 2012 年的结案件数中,调解成立比例为 78%,与 2011 年相当,其中刑事调解成立比例达 8 成多,高于民事调解之 7 成。在调解结案件数中,民事调解结案 50205 件,占 36%;刑事调解结案 89417 件,占 64%。其中,民事调解以债权、债务纠纷居多,约占 57%;刑事调解以伤害案居多,占 87.11%。2012 年平均每位调解委员调解件数为 34.47 件。在调解结案的案件中,刑事案件所占比例自 2003 年起高于民事案件,这是因为近年来司法部门为疏减讼源,鼓励第一审法院将简易案件裁定移付乡镇市区调解委员会办理调解,导致刑事调解呈现快速增加的状况。② 值得注意的是,乡镇市调解制度在实际运作中出现了城乡差距的现象。③ 一是经费方面。由于各地区经济发展不平衡,财政状况有所差异,许多乡镇面临财政拮据的困难,或因受政治因素的影响,导致经费不稳定,致使调解委员的出席费、福利等存在差异。二是调解委员素质方面。都会区的调解委员不乏相关法学教授、律师等专业人士兼任,而乡镇市仍多是地方有声望之公正人士兼任。三是调解类型及数量方面。都会区的交通案件偏多,因人口数及生活形态不同,调解事件也随地区都会化而逐渐增多。四是 E 化(指网上在线调解)建置方面。目前仅少数调解委员会建置 E 化信息服务,有待全面统一整建完备数据,以提供优质服务。此外,乡镇市调解实际运作中出现了纠纷解决以金钱量化的现象。④

---

① 姜世明:《调解(调处)制度之研究——兼谈调解人之法律风险》,载《月旦法学杂志》2015 年第 11 期。

② 汪闽燕:《两岸互认调解书是互利双赢》,载《法制日报》2013 年 6 月 18 日第 11 版。

③ 何德超:《台湾乡镇市调解制度之研究》,载张勤、彭文浩主编:《比较视野下的多元纠纷解决理论与实践》,中国政法大学出版社 2013 年版。

④ 调解是情、理、法的综合运用,"动之以情、晓之以理"向来被认为是调解的独特方法。然而,实证研究表明,在台湾地区乡镇市调解中,由于社会的商业化、损害赔偿商品化,情感的叙述都被当成金钱赔偿的话语,各种道德话语多被视为贪图金钱赔偿的策略。金钱成为责任、相互义务以及各种人际和群际关系期望的普遍衡量媒介。参见容邵武:《责任、金钱、相对性:乡镇调解委员会里法律意识的探讨》,载《成大法学》2013 年第 25 期。

不过,纵观"乡镇市调解条例"的立法发展过程和实践运行,乡镇调解制度产生了以下三个效果:一是乡镇市调解机构的能力得到了加强,化解了大量纠纷,有效地减轻了法院解纷的压力。针对法院案件云集导致诉讼延迟严重化的问题,调解作为一种灵活和广泛应用的纠纷解决机制,不但可以避免诉讼拖延和耗费过大等问题,使民事司法系统趋于快速、廉价,而且还可以有效地减轻法院的负担,缓解法院系统的紧张状况,使法院能够集中精力处理真正需要通过诉讼方式解决的纠纷。① 二是官方与民间的双重力量得到积极整合,实现了资源的高效利用,从而保持乡镇市调解的高效运作。三是加强了乡镇市调解与司法机制的工作衔接,提高乡镇市调解的实效性。立法通过规制调解业务流程,确保程序运行的顺利高效,同时实现乡镇市调解与法院、检察机关的有效衔接。总之,乡镇市调解制度作为一种扎根台湾地区基层的制度,既方便民众利用,快速便宜地实现其合法权益,也有利于地方秩序的形成,创造一种和谐稳定的社会氛围。

具体来说,台湾地区调解制度的发展有以下几点启示:

第一,儒家文化是调解制度赖以存在的基础。台湾社会作为中华文化圈的组成部分,受到儒家文化的长期影响。在 20 世纪 60 年代,台湾提出复兴中华文化,儒学受到重视,出现了官方儒学和民间儒学并驾齐驱、共同发展的局面。儒家文化强调和为贵,重人情。调解制度由于满足了这种需要,顺应儒家文化的发展,而被官方倡导,被民间推崇。诉讼调解制度和乡镇市调解制度历经数次修改,都是因应了上述文化和社会发展的需要。

第二,在儒家文化与伦理的支配下,对于特殊社会关系强调让步息讼。一般而言,关系距离越远的当事人,越愿意诉讼,判决结案的心理期待越高;关系距离越近的当事人,越愿意避开诉讼,调解结案的心理期待越高。在现代社会,纠纷的发生不可避免,但对于一些特殊的社会关系,如夫妻关系、亲属关系、邻里关系、雇佣关系、合伙关系等,儒家文化和伦理都强调特别保护和珍视。这些关系引发的纠纷,固然可以通过诉讼来解决,但其只着眼于当下是非的判断,却不利于修复破裂的关系,处理不当,可能导致纷争不断,影响日后彼此相处之和谐。如果通过调解来解决,其主要着眼于两造日后应有的权利义务关系,能够恢复持久、稳定、和谐的社会关系。台湾调解制度的适用范围,说明了法律对于特殊社会关系的特别关怀,符合儒家文化的要求。

---

① 蔡惠霞:《德国调解制度新发展评析》,载《人民法院报》2013 年 7 月 12 日第 8 版。

第三,纠纷解决方式从单一化转变为多元化。自有诉讼以来,纠纷的解决其实并非只有单一的途径,只是由于诉讼以公权力为其后盾而备受青睐,然而,诉讼被过度使用于纠纷解决时,法院将不堪重负,从而导致诉讼迟延、诉讼成本过高以及投入司法的资源无法与诉讼量增长的速度相适应等问题的产生。而且,以两造的对抗为基调的诉讼解决纠纷的方式,可能并不利于对当事人行为进行预防性引导,避免冲突的发生。因此,在各国和地区司法实践中广为使用的不经过正式的审判程序而解决纠纷的仲裁、调解、谈判、案件评估、微型审判、由法官主持的和解会议等替代性纠纷解决方式,带来了纠纷解决方式的变化,即解决争议的方式由单一化从多元化发展。这种转变也反映了民事司法理念的调整,以占主导地位的对抗型的纠纷解决方式让位于合意型纠纷解决方式,法官不再是单纯的中立裁判者,而是积极介入纠纷的解决,促成当事人达成合意的结果。台湾地区诉讼调解制度和乡镇市调解制度大体上反映了这样一种趋势,所不同的是,前者得益于修法者和法院的积极推动、主动引导,后者因暗合了儒家文化而受重视。

第四,台湾地区调解制度新变革所遵循的法理为尊重当事人的处分权和程序选择权。现代社会除了诉讼外,还有调解、和解等非诉讼机制。台湾地区的调解制度属于非诉讼机制,其运行的机理,"最高法院"大法官会议2005年释字第591号解释称:"基于国民主权原理及'宪法'对人民基本权利之保障,人民既为私法上之权利主体,于诉讼或其他程序亦居于主体地位,故在无碍公益之一定范围内,当事人应享有程序处分权即程序选择权,俾其得以衡量各种纷争事件所涉及之实体利益与程序利益,合意选择循诉讼或其他法定之非诉讼程序处理争议。"即在纠纷发生后,当事人有选择纠纷解决方式的权利,当事人可以诉诸诉讼,也可以通过非诉讼的方式解决。在民事诉讼中,当事人是程序的主体,在涉及当事人的权利、义务、责任的程序运行时,应当在一定范围内赋予当事人选择程序的权利。在台湾地区,当事人遇到纠纷,可以通过乡镇市调解方式解决,也可以通过诉讼解决。如选择通过诉讼,"台湾民诉法"提供调解程序、简易程序、小额程序等多元化的程序供当事人选择。诉讼开始前,可选择诉前调解,诉讼开始后,可选择和解、裁判等方式解决。在调解中,可以选择法官调解,也可选调解委员调解;对于调解条款,也有选择权。

第五,乡镇市调解与诉讼制度的衔接。一是调解书送法院审核。乡、镇、市、区公所对于所有调解成立的事件,无须当事人请求,均应于调解成立之日起7日内依职责将调解书送请管辖法院审核。法院应于收案后7日内审核完毕,调解案件经法院核定后视同确定判决。二是诉讼中移付调解。在第一审的法庭辩论终结前,法院可以作出裁定,将法定范围的案件移付给有管辖权的乡镇市调解委员会调解。调解成立的,乡、镇、市、区公所应于调解成立之日起10日内,将调解书及卷证送交移付之法院审核。调解不成立的,调解委员会应立即简述双方当事人的意见及调解未能成立的原因,报告移付法院,并检还该案件的全部卷证。对于该案件法院应继续诉讼程序。三是调解核定后的司法救济。已经法院核定的调解,当事人认为有无效或可撤销理由的,应当于法院核定的调解书送达后30日内,向原核定民事调解的法院提起宣告调解无效或撤销调解之诉。

第十章　特殊程序

　　特殊程序相对于通常诉讼程序而言,是指法院审理特殊类型案件所适用的程序。对于特殊程序的界定,理论界普遍认为有三个标准:(1)是否为非讼案件的程序;(2)是否为诉讼标的性质特殊的案件适用的程序;(3)是否为专门设立的简易程序。[①] 依此标准,特殊程序主要由三种程序构成:(1)非讼案件的程序,具体包括宣告公民失踪或宣告公民死亡程序、认定公民无民事行为能力或限制民事行为能力程序、认定财产无主程序、公示催告程序;(2)诉讼标的性质特殊案件的程序,最典型的是身份关系诉讼,如婚姻案件、收养案件、亲子案件等;(3)略式诉讼程序,包括证书诉讼程序、票据诉讼程序、督促程序等。[②]"台湾民诉法"规定的特殊程序包括保全程序、督促程序和公示催告程序三种。

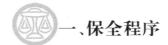

一、保全程序

(一)保全程序概述

1. 保全程序的意义与立法目的

　　保全制度,是指为确保债权人的请求能获得实现而采取的暂时性措施。债权人因私权纠纷对债务人提起民事诉讼前或起诉后,如果债务人将其财产隐匿或处分,或继续不断就有争议的请求标的状况进行变更,债权人即使日后取得终局判决的执行名义而申请强制执行,其债权也无从实现,诉讼结果将因而落空。立法者为避免此种诉讼落空结果的发生,特设保全程序,以确保债权人的权利。

　　保全程序具有如下特征:(1)紧急性与秘密性。保全事件在时间上处于紧

---

　　① 宋朝武主编:《民事诉讼法学》,中国政法大学出版社 2008 年版,第 388 页。

　　② 王强义:《民事诉讼特别程序研究》,中国政法大学出版社 1993 年版,第 32～37 页。

急状态,若不迅速执行,债权人的权利将无法确保;为了应付此种紧急状态,应趁债务人未及发觉而故意阻挠执行之前,迅速秘密地作出裁定,准许强制执行,这样才能达到保全的效果。(2)暂定性与附属性。出于上述紧急及秘密的必要情况,赋予保全执行名义的程序与民事诉讼判决程序有明显的不同。保全执行名义不具有最终确定权利存在的性质,仅有暂定权利存在的意义。保全程序以确保终局执行为目的,因而具有手段方法的性质,只能依赖于本案诉讼的存在才有意义。换言之,保全程序就本案诉讼程序而言,属于具有附属性及阶段性的措施。

　　台湾地区的保全程序包括假扣押、假处分、定暂时状态的假处分三种,通常称为假扣押与假处分。假扣押,是指债权人就金钱请求或得易为金钱请求之请求,因日后有不能强制执行或甚难执行之虞,欲保全强制执行,由法院依债权人声请所为暂时性的扣押措施。假处分,是指债权人就金钱以外之请求,因请求标的之现状变更,日后有不能强制执行或甚难执行之虞,欲保全强制执行,由法院依债权人声请所为暂时性的处分措施。定暂时状态的假处分,是指法院依债权人之声请就争执之法律关系定暂时状态,以防止发生重大之损害或避免急迫之危险,确保权利实现的处分措施。

　　2013年修法时,“立法者”为配合台湾地区“民法”第151条所规定的自助行为,增设相关的处理程序。“台湾民诉法”第537条之一规定:“债权人依‘民法’第一百五十一条规定押收债务人之财产或拘束其自由者,应即时声请法院为假扣押或假处分之裁定。前项声请,专属押收债务人或拘束其自由之行为地地方法院管辖。”

　　2.保全程序的性质

　　民事保全程序的性质如何,学说上存在一定的争议。有学者持“非讼事件说”,认为民事保全裁判程序与通常诉讼程序的目的存在显著的差异,后者是以权利或法律关系的确定为目的的,因此两者性质不同。有学者持“混合说”,认为假扣押及假处分裁定程序虽然在形式上是就当事人之间关于保全权能进行审判的诉讼程序,但实质上属于非讼事件;而定暂时状态假处分附随于本案诉讼,为诉讼事件。另有持“诉讼事件说”者,认为保全程序规定在“民事诉讼法”中的主要目的在于赋予保全执行名义,虽然审理方法较通常的诉讼程序更加简便,但是其事件的本质仍然具有争讼性质,且有当事人的对立关系,应将保全程序视为诉讼程序,适用法律时应适用“民事诉讼法”的规定,不得依非讼事件程序处理。此外,有学者认为定暂时状态假处分的程序兼具诉讼性质与非讼性质,提出纷争类型的差异使不同事件所具有的诉讼性或非讼性存在程度上的差异,因此应当允许法院交错采用诉讼法理或非讼法理进行程序。[1]

一般认为,假扣押及假处分程序,基本上并不对本案权利的存否作实质审理判定,就其保全性的本旨而言属于非讼事件。但对于定暂时状态假处分及满足性假处分则具本案性质,法理适用上有援用诉讼法理的可能。[2]

3.保全程序的标的

讨论保全程序的诉讼标的,具有避免当事人重复滥诉,引导适用诚信原则及权利滥用禁止的意义。法院依保全程序的规定就债权人所提出的假扣押或假处分申请作出裁定,其程序标的为何历来为学术上一项具有争议的问题。有认为保全事件的程序标的是应受保全的实体权利或法律关系;有认为是指债权人所主张诉讼法上的保全请求权;有认为应以债权人有实体请求权的保全权能为诉讼标的;有认为是债权人要求形成诉讼法上保全状态的形成权。一般认为,保全程序的诉讼标的应是基于本案请求权所发生的,对于该本案诉讼标的提出的保全请求,即并非本案的实体请求权,而是基于该实体请求权而产生的能进行事后执行的保全处分请求。

(二)假扣押程序

假扣押是指债权人就金钱请求或易得为金钱请求的请求,欲保全将来的强制执行,法院依其声请所为禁止债务人处分其财产的扣押裁定。债权人虽取得假扣押裁定,尚不能立刻发生禁止债务人处分其财产的效力,须由执行法院依债权人声请,对债务人的财产实施假扣押执行而予以查封时方产生保全效果。

1.假扣押声请的要件

假扣押声请的程序属于民事诉讼法的裁定程序,除应具备民事诉讼法所规定的一般诉讼要件外,还需具备假扣押声请的特别要件。

(1)债权人欲保全的权利应是金钱请求或得易为金钱请求的请求。此处所称金钱请求泛指以支付一定金额为目的的请求权,凡借款、垫款、票款、侵权行为或债务不履行的损害赔偿均包括在内。所谓得易为金钱请求的请求,是指对于特定物之给付请求权或其他财产上的请求权,由于日后不履行债务或

---

① 沈冠伶:《我国假处分制度的过去与未来——以定暂时状态之假处分如何衡平保障两造当事人之利益为中心》,载《月旦法学杂志》2004年第6期。

② 姜世明:《民事诉讼法》(下册),台湾新学林出版公司2015年第3版.第591页。

解除契约的结果,转变为金钱损害赔偿请求权而请求的情形。① 此时债权人原可就应给付的特定物或财产权声请法院作出假处分的裁定,但债权人也可在预料无法适时为假处分执行时选择声请假扣押以保全其权利。

假扣押的规定是为债权人的利益而保全债务人的财产,以避免日后执行的困难,若已有确定裁判认为权利不存在,则其假扣押声请自然不应予以许可。所谓得声请假扣押的债权人,是指主张债权之人,至于其主张的债权能否成立仍需本案的判决予以确定,而非声请假扣押时先应解决的问题。第三人就执行标的物主张所有权而提起异议之诉的,其诉讼标的为异议权而非给付请求权时,既非金钱请求或易得为金钱请求的请求的,没有依假扣押程序保全强制执行的余地。就其执行标的物声请为假扣押的,不应准许。

(2)债权人有日后不能强制执行或甚难执行之虞。所谓不能强制执行是指债务人浪费财产、增加负担或就其财产为不利益的处分情况;甚难执行是指债务人将远行、出境或隐匿等情形。应在海外为强制执行的,视为存在难以执行的危险。但若债权人的请求已有确定终局判决可作为执行名义,即可径行申请强制执行,自无申请假扣押的必要。

2.假扣押声请的管辖法院

"台湾民诉法"第524条规定:"假扣押之声请,由本案管辖法院或假扣押标的所在地之地方法院管辖。本案管辖法院,为诉讼已系属或应系属之第一审法院。但诉讼现系属于第二审者,得以第二审法院为本案管辖法院。假扣押之标的如系债权或须经登记之财产权,以债务人住所或担保之标的所在地或登记地,为假扣押标的所在地。"据此规定,假扣押声请的管辖法院为本案管辖法院及假扣押标的所在地之地方法院。

(1)本案管辖法院。所谓本案是就债权人所主张应受保全的实体权利所对应提起的诉讼事件而言的。债权人声请假扣押,可在尚未提起本案诉讼时提出,也可在提起本案诉讼后提出,如是尚未提起本案诉讼的情形,假扣押声请人应向将来本案诉讼的第一审管辖法院提出声请。但于本案诉讼已起诉的情形,原则上应向已系属的第一审法院声请;若诉讼现已系属于第二审法院,得向该第二审法院声请假扣押;如诉讼现已系属于第三审,声请假扣押应向第一审法院提出,不得直接向第三审法院声请。但有学者认为,在债权人的本案诉讼已经系属于第二审法院的"高等法院"时,就假扣押声请应当向第二审法院提出或第一审法院提出的问题,应当赋予债权人选择权。

---

① 陈荣宗、林庆苗:《民事诉讼法》(下),台湾三民书局2015年第6版,第896页。

（2）假扣押标的所在地的地方法院。依"台湾民诉法"第 525 条第 3 项之规定,债权人向假扣押的所在地的地方法院声请假扣押,应指明假扣押的标的及其所在地。而所谓假扣押标的包括物或权利,若假扣押的标的是权利,则以债务人住所或担保的标的所在地为假扣押标的所在地。若债务人无住所或住所不明的,则以其居所视为住所。债权人依此规定声请假扣押,而同时有债务人住所与担保标的物所在地的不同法院管辖时,债权人可选择其中一个法院声请假扣押。假扣押的标的物如为权利的得失变更须经登记始生效力或始得对抗第三人的财产权,其执行须通知主管机关登记,始能限制债务人处分该权利,其登记地的法院应有管辖权。

假扣押事件法院有无管辖权,以声请时为准,不因嗣后确定管辖原因发生变更而受影响。债权人就同一假扣押事件已向管辖法院声请的,不得再向其他管辖法院声请假扣押。

3. 假扣押声请的程式及其效力

债权人提出假扣押声请时,应表明下列事项:当事人及法定代理人、请求及其原因事实、假扣押之原因、法院。请求非关于一定金额的,应表明其价额。依假扣押标的所在地确定法院管辖的,应表明假扣押的标的及其所在地。

债权人未说明假扣押请求和原因的,法院可裁定驳回债权人的声请。债权人虽然没有释明假扣押请求和理由,但是如果就债务人可能受到的损害向法院提供担保时,法院可以裁定假扣押。请求及假扣押之原因虽经释明,法院亦得命债权人提供担保后实施假扣押。假扣押裁定应有如下记载:债务人已提供担保或将请求之金额提存时,可免予或撤销假扣押。

债权人在诉前声请假扣押时,作出裁定的法院应依债务人的声请,命令债权人在一定期间内起诉;债权人逾期不起诉的,债务人有权声请裁定假扣押的法院撤销其裁定。假扣押声请提出后,如果法院以假扣押声请不应准许而予以驳回的,假扣押声请不中断时效;若债权人不依法院命令于一定期间内提起本案诉讼而经法院撤销假扣押裁定的,亦不中断时效。[①]

4. 法院对假扣押声请的审查及裁判

（1）假扣押声请的审查

法院审查假扣押声请时应依职权调查其声请是否具备一般诉讼要件,并

---

① 高点法学编辑委员会:《假扣押或假处分等保全程序有无中断时效之效力》,载《判解集》2015 年第 6 期。

调查债权人有无假扣押声请的特别要件。对假扣押欲保全的请求及保全必要的假扣押原因,法院应审查债权人有无释明,无释明的债权人是否声明愿就债务人将来的损害提供担保。保全程序在性质上属于紧急性、暂定行、秘密性的程序,因此程序的进行应当尽量迅速。法院于判断债权人就其请求及假扣押是否存在时,只需形成略约如此之心证即可,不以完全证明及言词辩论为必要。[①] 此时由债权人就其请求及假扣押原因作出释明,如债权人释明不足的,可以以声明愿提供担保代替声明。

关于债权人释明不足而愿提供担保时,法院是否命提供担保后进行假执行,实务中的做法并不统一。少数实务见解采用较为温和的观点允许假扣押,而多数见解则以债权人未释明假扣押原因,认为不可以提供担保代替释明,而驳回债权人假扣押的声请。[②] 有学者指出,假扣押制度的立法决定应给予债权人较大的优惠,除非基于债权额及执行客体有逾越比例原则的情形之外,解释上对假扣押的准许,不应如实务中经常以债权人未释明假扣押原因为依据而径行驳回假扣押声请,否则易造成债权人因未能及时查封债务人的财产而导致救济无门。此外,要求"释明"的程度宜降低法院心证度的标准,证明度只要超过 50％的优势盖然度即可,即对债权人和债务人所提出的证据何者较为可信加以比较,如果债权人证明的保全必要性事实存在概率较高,即应准许提供担保以为假扣押。[③]

法院的假扣押裁定对于本案诉讼的审判并不产生实体上的约束力。若法院在审理时可以认定债权人的请求显然不可能发生的,即使债权人声明愿提供担保声请假扣押,法院也可以以其声请无理由而以裁定驳回。

(2)对假扣押声请的裁定

法院对于假扣押声请,应区分不同情形作出如下裁定:

裁定驳回假扣押声请。法院调查后如认为假扣押声请不具备准许的要件且不能补正,或虽能补正而不遵命补正,或根本不适于命为假扣押者,均应以裁定驳回债权人的假扣押声请。

---

① 高点法学编辑委员会:《扣押裁定之要件及其抗告审之审理原则》,载《判解集》2010 年第 4 期。

② 台湾地区"最高法院"2013 年台抗字第 565 号裁定、2014 年台抗字第 100 号裁定、2014 年台抗字第 334 号裁定等。

③ 吴从周:《论供担保代释明之假扣押——评析民事诉讼法第 526 条第 2 项之修法变化》,载《全国律师》2010 年第 12 期。

裁定准许假扣押。法院调查后如认为假扣押声请具备准许的要件,应以裁定准许假扣押。法院作出此项准许的裁定时,应结合个案情况适用单纯的假扣押裁定或附条件的假扣押裁定。为避免法院准许假扣押裁定失当的情形,实务中法院多以附条件的假扣押裁定准许债权人的假扣押声请。法院作出准许假扣押的裁定时,在裁定内除记载作出裁定的法院外,还应记载债务人、债权人及其请求的金额与请求的原因事实。债务人若提存一定金额足以担保债权人请求的,债权人已无不能执行之虞,则在假扣押执行前免除假扣押执行,其已进行假扣押执行的,依债务人声请撤销假扣押裁定,并据以向民事执行处提出而撤销假扣押执行。

在依假扣押裁定申请强制执行时,所谓假扣押的执行程序终了是指假扣押的执行行为本身终了,抑或是指本案执行程序终了,实务见解与学说见解存在不同的看法。一般认为,假扣押及假处分执行仅为保全执行,一经实施查封行为完毕,即已达成假扣押的保全目的,应以之作为执行程序终结的时点与内涵。①

5. 假扣押裁定的撤销

假扣押制度的目的是确保债权人的将来强制执行,但仍应给予债务人一定的程序保障。立法者为平衡两者利益,特以"台湾民诉法"第 529 条至第531 条规定撤销假扣押裁定的制度。

(1)债权人未依法院命令于一定期间内提起本案诉讼。这里的本案诉讼是指依诉讼程序提起的,得以确定私权存在而取得给付确定判决的程序。以刑事诉讼程序附带提起民事诉讼的,也具有同样的效力。② 至于债权人于法院所命期间不起诉而向法院声请调解或支付命令的可否视为已经起诉,有学者认为应解释为已有起诉。首先,因强制调解的诉讼事件,于起诉前应先经调解,而调解成立与确定判决有同一效力,如调解不成立,可依一造当事人的声请命立即进行诉讼辩论,或声请人可在调解不成立证明书送达后 10 日的不变期间内起诉,而视为自声请调解时已经起诉,故此种情形与起诉无异。其次,债权人声请发支付命令时,债务人于法定期间内异议的,以支付命令的声请视为起诉或声请调解,其情形与起诉无异,可认为有提起本案诉讼。

---

① 吴从周:《假扣押之执行程序终结与消灭时效中断之事由中止》,载《月旦法学教室》2014 年第 10 期。

② 高点法学编辑委员会:《假扣押裁定后债权人限期起诉者是否需以给付诉讼为限》,载《判解集》2011 年第 6 期。

（2）假扣押之原因消灭、债权人受本案败诉判决确定或其他命假扣押之情事变更。"台湾民诉法"第 530 条第 1 项规定："假扣押之原因消灭、债权人受败诉判决确定或其他命假扣押之情事变更者，债务人得声请撤销假扣押裁定。"所谓假扣押的原因消灭，是指债权人已无不能强制执行或甚难执行之虞，其已无保全必要的情形。例如，假扣押裁定是以在境外执行困难为假扣押原因的，现已能在台湾地区进行强制执行。所谓其他命假扣押的情事变更，是指被保全的请求于嗣后已消灭或经本案判决予以否定等情形。

（3）债权人声请撤销假扣押。"台湾民诉法"第 530 条第 3 项规定，假扣押的裁定，债权人也可以声请撤销。

债务人或债权人声请法院撤销假扣押裁定，可以书状或言词作出。以言词提出的，应由法院书记官制作成笔录。在债权人不于法院所定期间内起诉而声请就撤销假扣押裁定的情形，债务人应向命假扣押的法院提出声请。在假扣押原因消灭或其他命假扣押情事变更的情形下，债务人声请撤销假扣押裁定，原则上应向原命假扣押的法院提出声请，但本案诉讼已经提起的，应向本案诉讼系属的法院提出声请。法院对于声请人撤销假扣押裁定的声请，除认为其不当，以裁定驳回外，应以裁定撤销假扣押裁定。对于法院此项裁定，可以抗告，抗告法院认为抗告有理由的，亦应作出裁定。准许撤销假扣押的裁定，如经抗告者，在驳回撤销假扣押声请裁定确定前，已实施的撤销假扣押执行程序不受影响。

6. 撤销假扣押裁定时债权人的赔偿责任

假扣押裁定被撤销后，债权人应承担相应的赔偿责任。根据"台湾民诉法"第 531 条第 1 项的规定，假扣押裁定因自始不当而撤销，或因第 529 条第 4 项及第 530 条第 3 项之规定而撤销的，债权人应赔偿债务人因假扣押或供担保所受之损害。该规定的立法目的主要在于防止债权人滥用假扣押制度，以保护债务人的利益。债权人应负损害赔偿责任的情形有以下几种：

（1）假扣押裁定因自始不当而撤销者。对于假扣押裁定抗告，经抗告法院依据命假扣押时客观存在的情形，认为不应作此裁定而撤销的情形，若是因本案诉讼败诉确定而撤销该裁定，仅属因命假扣押以后的情事变更而撤销时，不属于因自始不当而撤销，债务人不得据以提出损害赔偿。至于自始不当的原因，究竟是命假扣押的法院不知当时存在的情事还是出于见解错误，则在所不问。

（2）假扣押裁定因债权人不于法院所定期间内起诉而撤销者。债权人依"台湾民诉法"第 531 条规定所负的损害赔偿责任，是基于假扣押裁定撤销的法定事由而生的,债务人赔偿请求权的成立不以债权人的故意或过失为要件,此时亦不问假扣押裁定本身是否适当。第531条的赔偿规定具有实体法性质,故依该条规定请求赔偿时,应通过诉讼进行,而非于已经系属的假扣押程序中主张。但假扣押所保全的请求已经起诉的,法院于第一审言词辩论终结前应依债务人的声明于本案判决内命债权人赔偿债务人因假扣押或提供担保所受的伤害。债务人未声明的,应告知其可以声明。

(3)假扣押裁定因债权人声请撤销者。若债务人不依"台湾民诉法"第531条的规定,依法院所作的撤销裁定向债权人声请赔偿,而依"民法"第184条规定以侵权行为请求损害赔偿时,应当就债权人的故意或过失承担举证据责任。债务人若依"台湾民诉法"第531条提出请求,则对债权人有故意或过失不承担举证责任。

(三)假处分程序

假处分是保全程序的一种,其与假扣押程序同具暂时性、保全性、附随性及迅速性的要求,其适用的法理与一般诉讼事件所适用的法理不尽相同。且对当事人而言,其债权能否实现往往取决于保全程序能否有效实施,因此假处分的制度设计,也与一般诉讼程序不同。

1.假处分的目的与类型

假处分与假扣押的执行均属于保全程序而非终局执行,原则上具有一定程度的非讼性质,在程序中对于实体权利义务关系并不进行确认与厘清。假扣押是为确保金钱请求或得易为金钱请求者不被债务人脱产或处分,而对债务人进行的查封;假处分所保全的是非金钱给付的请求权,借此强制或禁止债务人就请求标的为一定行为,以保全将来的执行。

根据处分类型的不同,假处分可分为保全处分、规制处分及给付处分。就保全处分而言,一般的假处分功能即在于保全其后强制执行的可能,因此保全处分属于典型的假处分。目的在于对于可能造成债权人权利实现发生障碍或有此危险的情况进行必要的处分,以防止危害结果的发生。其保全方式主要是保存与管理,留置与查封也可能成为保全处分的手段。所谓规制处分,其主要目的是对争议法律关系进行暂时性安排与规制,这一类型的假处分不要求声请人必须已有某一请求权,仅存在某一请求权的可能时也可提出声请。此类假处分在公司法中特别具有实益。假处分程序认定事实的功能明显有限,发生误判的可能性较大,因而原则上不应取代给付判决的程序。但在部分例外情形中,于法律另有规定或紧急情形,仍有承认给付处分的必要。此类给付与终局判决程序可能产生的冲突,在理论上及实务上均有讨论及发展的空间。

2.假处分声请的要件

(1)被保全请求权

"台湾民诉法"第532条规定:"债权人就金钱请求以外之请求,欲保全强制执行者,得声请假处分(第1项)。假处分,非因请求标的之现状变更,有日后不能强制执行,或甚难执行之虞的,不得为之(第2项)。"被保全请求权须限于金钱请求以外的请求,即假处分所欲保全的客体应为物或权利,物权、债权或知识产权均包括在内,如所有物返还请求权、买卖标的给付请求权等。属于物或人身的请求或是基于债权、物权、亲属权或继承权等法律原因的请求,均具有相同的适用性。对于可转换为金钱的请求,债权人可以选择以该请求权声请假处分或以金钱请求声请假扣押。若因个人请求遭受危害,可能发生金钱损害赔偿请求权时,债权人可以分别请求假处分及假扣押。

(2)假处分的必要性

假处分的必要性,又称处分原因,是指"台湾民诉法"第532条第2项规定的请求标的的现状变更,有日后不能强制执行或甚难执行之虞。所谓请求标的的现状变更,是指作为请求标的之物,其之前存在的状态已有变更或将有变更。下列情况均包括在内:请求标的为物时,债务人就该物作出事实上的处分如毁损,法律上的处分如出卖转移,且其处分不限于在将来进行的处分,已经进行的处分也包括在内;请求标的为权利时,债务人就该权利将进行或已经进行法律上的处分如债务的免除、债权的让与等;请求权为行为时,债务人将逃匿或已经逃匿。

3.法院对于假处分声请的审查与裁定

(1)假处分的方法。假处分的方法由法院根据案件的具体情况自由裁量。债权人声请假处分的目的在于保持标的物的现状,防止债务人对争讼的标的物作出转让、设定负担以及其他一切处分的行为,使将来生效的判决不能强制执行或难以执行。因此,法院在作出假处分裁定后,得指定管理人及命令或禁止债务人为一定行为。

假处分裁定作出后,法院应将该项裁定送达债务人。如果裁定涉及禁止债务人设定、转移或变更不动产权利的内容时,法院还应通知不动产登记机关,将该项裁定予以登记。

(2)举证。声请人就请求及假处分原因的主张应予释明,其应提出可使法院信其主张为真实的证据。① 如释明不足，而债权人陈明愿提供担保或法院认为适当者，法院可命债权人提供担保后进行假处分。声请人不仅应对请求及假处分原因加以释明，若有相对人对于声请人主张的处分请求提出抗辩或异议时，一造裁定程序中应由声请人释明不存在该抗辩的事实要件。声请人在此程序中可利用的证据方法是所有声请书状所附的可在一般程序中提出的证据方法，但依证据的性质不能即时调查的除外。其可提出的证据方法包括文书、证书、勘验物、书面鉴定、援用本案程序的卷证或判决及前程序中相对人的书状等，但不得要求鉴定或调取官方资讯。

（3）合法听审。基于保全将来强制执行的需要，假扣押及假处分程序一定程度上具有突袭的正当性。但仍应考虑到当事人合法听审权的保障。因此，对于假扣押、假处分程序，原则上在抗告法院保障相对人陈述意见的机会；对于定暂时状态的处分及满足性假处分，则给予双方当事人于裁定程序即有陈述意见的机会。

在假处分撤销原因中，"台湾民诉法"第536条规定，假处分所保全的请求，得以金钱之给付达其目的，或债务人将因假处分而受难以补偿之重大损害，或有其他特别情事者，法院始得于假处分裁定内，记载债务人供所定金额的担保后免为或撤销假处分。假处分裁定未依前项规定记载的，债务人也可声请法院许其提供担保后撤销假处分。法院作出前两项裁定前，应使债权人有陈述意见的机会。此一规定显示假处分程序有偏向于债权人利益的倾向，仅在特殊情形下容许债务人提供担保免为假处分或撤销假处分。②

4.假处分裁定的效力及撤销

（1）假处分裁定的效力

假处分裁定的效力可分为两个方面：一是在程序上的作用。假处分裁定的程序法作用于裁定送达时生效，即假处分因送达而发生对法院的拘束力，对当事人而言，其抗告期间也以送达时起算。二是对处分对象的效力。如就某物禁止处分，则于以该假处分为执行名义声请法院进行执行后始发生效力；但若是禁止为一定处分行为，则以送达裁定于债务人时发生效力。

实务见解认为，禁止债务人就特定财产进行处分的假处分，其效力仅在禁止债务人就特定财产进行自由处分，并不排除法院的强制执行。且依"强制执

---

① 吴明轩：《民事诉讼法》（下册），作者自版，2013年第10版，第1692页。

② 姜世明：《假处分程序（上）》，载《月旦法学教室》2007年第11期。

行法"第51条第2项的规定,实施查封后债务人就查封物所作的转移、设定负担或其他有碍于执行效果的行为,仅对债权人不生效力。而裁判分割,则由法院依职权为之。既然于查封效力无碍,则在实施假处分之后没有不准分割的法律上之理由。债权人就其他债权人设有抵押权的不动产,声请禁止处分的假处分准予执行后,仍然可以准许其他债权人声请拍卖该抵押物。

(2)假处分裁定的撤销

假处分裁定撤销的原因包括:假处分裁定因自始不当而撤销的;假处分裁定因债权人不于法院所定期间内起诉而撤销的;假处分裁定因债权人声请撤销的。

在保全程序中限期起诉的,起诉是指要求作出本案判决的请求,不包括非讼程序的声请,因此拍卖抵押物声请或本票裁定准予执行的声请均不包括在内。若在本案诉讼程序中,债权人全部胜诉或部分胜诉的情形,其胜诉部分符合假处分的目的所在时,即可作为实现权利的基础,假处分属于正当而必要,无撤销假处分的理由。

假处分裁定自始不当而撤销,或因"台湾民诉法"第529条第4项及第530条第3项的规定而撤销的,债权人应赔偿债务人因假处分或提供担保所受的损害。所谓自始不当而撤销的,是指假处分裁定后债务人提起抗告,经假处分裁定法院或抗告法院认为依据命令假处分时客观存在的情况不应作此裁定。若是因以后情事变更而撤销该裁定的,与自始不当而撤销的情况不同,债务人不得据以请求损害赔偿。

(四)定暂时状态假处分程序

1.定暂时状态假处分的要件

定暂时状态假处分与一般假处分的不同之处在于,前者是为了防止发生重大的损害或避免急迫的危险或有其他类似的情形而进行的处分,后者是为了保全将来的执行。"台湾民诉法"第538条规定:"于争执之法律关系,为防止发生重大之损害或避免急迫之危险或有其他相类之情形而有必要时,得声请为定暂时状态之处分。前项规定,以其本案诉讼能确定该争执之法律关系者为限。第一项处分,得命先为一定之给付。法院为第一项及前项裁定前,应使两造当事人有陈述意见之机会。但法院认为不适当者,不在此限。"据此,定暂时状态假处分的要件包括:有争执的法律关系存在;有定暂时状态的迫切必要。

就"有争执的法律关系存在"而言,有学者认为,无论财产上或身份上的法律关系均有定暂时状态处分的适格对象,且财产上的法律关系,不以金钱请求以外的法律关系为限,其为物权的法律关系、金钱债权或非金钱债权的法律关系、无体财产权的法律关系等均可。① 其所规范的法律关系多含有继续性的要素,或以定期、反复的义务履行为要素,但不在此限,即使是一次性给付的法律关系,也可包括在内。② 反对意见认为,若将"有争执的法律关系"进行上述扩大解释,可能意味着在一次性给付中,如借款返还请求、买卖价金请求等类诉讼纷争,也有定暂时性假处分的可能。若如此,其定暂时状态是要求进行金钱给付者,恐怕与定暂时状态假处分制度的暂时性本质差距过大,并易造成本案诉讼实现障碍或损害扩大,因此不宜将此制度扩大适用。③

所谓"有定暂时状态的迫切必要"是指对声请人而言,为防止发生重大的损害或避免急迫的危险或其他类似情形而有必要时。例如,在工程合同履行过程中,投资者发现承建方在建设中有严重违章操作行为,楼房地基存在重大质量瑕疵,遂以根本违约为由提出诉讼。在诉讼过程中,为防止损失进一步扩大,投资者即可请求法院裁定承建方暂停建筑施工等。有学者根据请求内容不同,将定暂时状态的假处分区分为制止性假处分和履行性假处分。制止性假处分以"被申请人的不作为"为请求内容,例如请求被申请公司停止使用某一名称。履行性假处分则是以"被申请人的作为"为请求的内容,例如,请求被申请人支付车祸损伤医疗费、生活费,请求被申请人支付抚养费等。④

2.与一般性假处分的区别

请求标的为行为的一般假处分与定暂时状态的假处分有相似之处,但仍存在明显的区别。

(1)两者的目的不同。一般假处分以保全争议标的物将来的强制执行为目的,而定暂时状态的假处分则是暂时确定争执的法律关系,以避免债权人蒙受失衡的损害或急迫的危险,并非以执行的保全为目的。⑤ 一般假处分的必要性体现在将来的判决效果上,而定暂时状态的假处分的必要性则体现在现实的紧迫性上。

---

① 许士宦:《定暂时状态处分之基本构造》,载《台湾本土法学杂志》2004年第5期。

② 沈冠伶:《我国假处分制度的过去与未来》,载《月旦法学杂志》2004年第6期。

③ 姜世明:《假处分程序(下)》,载《月旦法学教室》2007年第12期。

④ 李仕春:《民事保全程序研究》,中国法制出版社2005年版,第75～76页。

⑤ 陈石狮等:《不作为请求之保全》,载《民事诉讼法研讨》(四),台湾三民书局1997年版,第85页。

（2）被保全的权利满足的时间不同。定暂时状态的假处分虽在客观上经常会起到保证将来判决内容得以实现的作用,但在假处分裁定作出后,本案判决执行前,权利人即可依此实现权利,义务人亦应履行其义务。在一般假处分中,权利人不能享有这些权利。

（3）两者的适用条件不同。由于两者目的不同,所以其各自的适用条件也不尽相同。一般假处分仅适用于金钱请求之外的请求,同时需要具备因请求标的现状变更,日后将不能强制执行的必要条件。定暂时状态的假处分以存在争执的法律关系为前提,对于该法律关系的性质,司法实践中通常认为应与一般假处分相同,即金钱请求以外的法律关系。[①] 除此之外,还必须存在可能产生将来难以弥补的重大损害或有急迫的危险发生的情形。

（4）两者所采取的措施不同。一般假处分的措施仅以确保性方法为限,不得使被保全的权利提前得到满足。而定暂时状态的假处分的措施比较广泛,除制止性、禁止性方法外,必要时也可以采取履行性、给付性的方法。

3.程序保障的特殊性

定暂时状态假处分制度强调对法的和平确保及公益要求的特性,但其本质仍然是基于当事人双方的权利争斗。因此,法院在此程序的发动阶段及手段选取阶段均应注意双方当事人的权益平衡,以符合假处分类型的制度需求。

就程序保障而言,"台湾民诉法"第 538 条第 4 项规定法院为定暂时状态的处分及给付处分前,应使两造当事人有陈述意见的机会。但法院认为不适当的不在此限。法院可选择言词辩论的方式为之,也可要求以书面方式为之。此一规定是为保障当事人的合法听审权而进行的事前保障,与其后本案诉讼及抗告程序中的程序保障一同形成较一般保全程序更为严密的听审权保障制度。在此阶段,两造攻防重点在于有争执的法律关系及有定暂时状态的迫切必要等,而非对于声请人所主张的实体权利义务关系进行终局性确认。但有学者认为,这一程序有"本案化"的现象,使得定暂时状态假处分的附随性及迅速性本旨被逐渐空洞化,尤其将造成无法对保全程序的结案时程进行严格管制,及此类假处分程序中的理由认定发生类似争点效的可能。[②]

---

① 　学界对此存在争议,参见王甲乙等:《民事诉讼法新论》,台湾三民书局 2001 年版,第 693 页。

② 　李木贵:《满足的假处分之再认识》,载《月旦法学杂志》2003 年第 6 期。

二、督促程序

　　督促程序作为一种略式诉讼程序,是指债权人以给付金钱或其代替物或一定数量的有价证券为标的之请求,声请法院发出附条件的支付命令,限令债务人在一定期间内清偿债务或提出异议。法院发出支付命令后,若债务人不于一定期间内提出异议,即赋予该支付命令执行力。督促程序的制度目的是基于债权人对债务人的金钱或替代物的给付请求权,如其数量明确且当事人间并无争议,则没有强令债权人利用耗时较长的给付诉讼程序的必要。为便利债权人在预料债务人对其请求权没有争执时,能够迅速、简易地取得执行名义,声请强制执行,立法者在普通诉讼程序之外另设督促程序,供债权人选择。该程序专为迅速解决纠纷而设,对债权人具有节省费用、诉讼经济的重要价值。

　　近年来,台湾地区由于支付命令被滥用的情形日益严重,衍生出若干社会问题,使得督促程序的制度合理性以及支付命令是否应继续具有与确定判决相同的既判力等问题,逐渐成为备受争议的议题。①　在民间司法改革基金会的修法呼吁下,"民事诉讼法"修正案于 2015 年 6 月 15 日通过。此次修法的要点如下:(1)于支付命令声请时,强化声请人的释明责任,要求声请人应释明其请求(增订第 511 条第 2 项);(2)于支付命令核发时,强化有关支付命令效力的教示,明定支付命令应记载的事项包含"债务人未于不变期间内提出异议时,债权人得依法院核发之支付命令及确定证明书声请强制执行"(增订第 514 条第 1 项第 3 款);(3)关于支付命令的效力,就债务人对于支付命令未于法定期间内合法提出异议时,将旧法规定"支付命令与确定判决有同一之效力"修正为"支付命令得为执行名义"(修正第 521 条第 1 项),即仅承认支付命令具有执行力,但不再具有与判决相同的既判力;(4)明定债务人另提起确认债权不存在之诉时,法院依债务人声请,得许其提供相当并确实的担保,停止强制执行(增订第 521 条第 3 项);(5)支付命令于上述修正公告施行前确定的,仍可依旧法第 521 条第 2 项之规定提起再审之诉以资救济,但放宽再审要件包含"债务人有债权人于督促程序所提出之证物系伪造或变造之情形,或债

---

　　①　沈冠伶:《论支付命令制度之修正》,载《月旦裁判时报》2015 年第 7 期。

务人提出可受较有利益裁判之证物"的,仍可向支付命令管辖法院提起再审之诉,并以原支付命令的声请视为起诉(增订"民事诉讼法施行法"第 4 条之四第 3 项),再审之诉提诉期间则自"民事诉讼法施行法"第 12 条第 6 项公告施行后两年内,不受"台湾民诉法"第 500 条的限制。且为保障未成年人,则放宽至无行为能力人或限制行为能力人成年后两年内均得为之(增订"民事诉讼法施行法"第 4 条之四第 4 项)。但债务人就已经清偿之债务范围,不能依前项规定提起再审之诉(增订"民事诉讼法施行法"第 4 条之四第 5 项)。此次修正,堪称自"台湾民诉法"颁行以来有关督促程序的最大变革。[①]

延续修法前的争议,学界对于上述修正作出截然不同的评价。肯定本次修法方向的学者认为,督促程序涉及诸多程序法上基本价值的取舍与平衡,考虑台湾地区实务上多由司法事务官核发支付命令、当事人的法治教育程度不同,以及再审之诉予以救济的可能性不高等情况,本次修法的立法政策将督促程序从终局性纷争解决制度改为执行名义取得程序,并强化对于债权人有关支付命令效力及异议权的教示具有较大的进步意义。[②] 而反对意见则认为,本次修正将支付命令改为仅有执行力,但又要求债权人提出声请应予以释明,这在法理上较为突兀。[③] 较为激烈的反对观点则提出,本次修法过程过于草率,对支付命令既判力问题欠缺全面性研究,实乃基于误解的修法。[④]

(一)声请支付命令的要件

根据"台湾民诉法"第 508 条、第 509 条的规定,债权人必须具备以下要件,才能声请法院发出支付命令:(1)债权人请求之给付,必须以金钱或其他代替物或有价证券之一定数量为标的。督促程序是为方便债权人迅速、简易地取得执行名义,仅限给付请求方可适用督促程序,确定性或形成性的请求不得适用督促程序。且给付请求,仅限于给付金钱或其他替代物或有价证券的一定数量为标的之情形。若是涉及不动产物权登记回复、意思表示、迁让房屋、

---

①　郭书琴:《非讼程序之形式与实质:以支付命令之事前保障与事后救济为例》,载《台湾法学杂志》2015 年第 7 期。

②　沈冠伶:《督促程序之变革——基于平衡兼顾保护债权人与债务人利益的观点》,载《月旦民商法杂志》2015 年第 9 期。

③　姜世明:《支付命令的何去何从——一个立法政策上的彷徨与迷思》,载《月旦裁判时报》2015 年第 7 期。

④　吴从周:《意气用事的支付命令修法》,载《月旦裁判时报》2015 年第 7 期。

不作为请求等,均不得声请支付命令。(2)债权人无对待给付义务。法院既得仅依据债权人单方的声请,不讯问债务人而对债务人发支付命令,若债权人自己尚有未履行的对待给付义务,则其请求已非单纯,为平衡债务人的权利,禁止债权人于此情形声请支付命令。(3)支付命令之送达,必须非于海外为之或依公示送达为之。依督促程序发支付命令,贵在迅速简单,故送达支付命令须限于国内进行,且非依公示送达程序时方符合制度目的。于外国进行送达或依公示送达进行的送达,拖延时日且增加费用,不宜发支付命令。且支付命令如以公示送达进行,多数情形下债务人无法知悉,无从适时提出异议阻止支付命令的确定效力,容易产生程序保障不足的争议,故为兼顾债务人的权益,支付命令不得依公示送达。

(二)债权人声请支付命令的程序

1.声请支付命令的管辖法院

"台湾民诉法"第510条规定:"支付命令之声请,专属债务人为被告时,依第一条、第二条、第六条或第二十条规定有管辖权之法院管辖。"督促程序的法院管辖为专属管辖,目的在于保护债务人的利益,使其容易适时提出异议;且于异议后支付命令失效,债权人支付命令的声请视为起诉或声请调解时,以此法院为管辖法院有助于保护债务人的应诉利益。当事人不得以合意变更专属管辖的规定,当第1条、第2条债务人的普通审判籍与第6条因业务涉讼的特别审判籍发生管辖竞合情形时,债权人得任选其中一个法院为管辖法院。

2.债权人声请支付命令的程式

支付命令的声请应表明下列事项:当事人及法定代理人;请求的标的及其数量;请求的原因事实,如有对待给付者,应说明已履行的情形;应发支付命令的陈述;法院。债权人应释明其请求。

声请支付命令,可以书状或言词为之。声请时除应表明上述各款事项外,为使法院便于调查其一般程序要件、督促程序之特别要件及声请有无理由,应载明债务人的住所、公务所、事务所或营业所,以使法院知悉其有无管辖权及是否系于外国送达或须公示送达。若债权人是本于双务契约或其请求附有条件或履行期的,应陈述自己已经先为对待给付,或条件已成就或履行期已届至的事实。

3.债权人声请支付命令的效果

债务人对于支付命令于法定期间合法提出异议者,支付命令于异议范围内失其效力,以债权人支付命令之声请视为起诉或声请调解。债权人声请支付命令后,于督促程序终结前,可以随时撤回。若债务人已在法定期间内提出合法异议,支付命令之声请变为起诉或声请调解,在此种情形下,债权人只能撤回其起诉或撤回调解声请,不存在撤回支付命令声请的问题。若债务人的异议不合法,经法院以裁定驳回的,债权人可在支付命令确定前撤回其声请。

台湾地区"民法"第 129 条第 2 项规定,依督促程序声请支付命令,与起诉有同一效力。据此,自债权人声请支付命令时,发生消灭时效中断的效果。

(三)法院对声请支付命令的审理程序

1. 法院审理方式

法院应以债权人提出的声请书及附属文件内容为基础,审查声请支付命令的一般程序要件及督促程序的特别要件是否具备,并依声请的意旨审查其声请有无理由。首先,法院受理债权人支付命令的声请后,应依职权就当事人能力、法定代理权、诉讼代理权有无欠缺、同一请求是否已在诉讼系属中、此前是否曾有既判力的判决或成立和解、调解等一般程序要件进行审查。其次,法院应审查,支付命令的声请是否符合督促程序的特别要件。最后,法院依声请意旨审查债权人的请求有无理由。

法院调查结果认为不具备一般要件,或不符合督促程序特别要件的规定,或依声请的意旨认为债权人的请求无理由的,应以裁定驳回债权人支付命令的声请。但关于声请的程式,如未缴纳裁判费、代理权的欠缺等可以补正的事项,应先酌定期间命债权人补正。债权人所主张的请求及事实理由,于督促程序的审理中无须由债权人或债务人举证。如果债权人的请求一部分不得发支付命令的,法院就该部分的声请裁定驳回;至于请求有理由的部分,仍应发支付命令。债权人对法院驳回其声请的裁定不得声明不服。[①]

2. 法院发出支付命令的裁定

法院审查债权人支付命令声请后,认为合法且有理由的,应发出支付命令。支付命令应当记载下列内容:当事人及其法定代理人;请求的标的及其数量,请求的原因、事实;债务人应在支付命令送达后 20 日的不变期间内,向债权人清偿其请求并赔偿程序费用,否则应向发支付命令的法院提出异议;债务人未于不变期间内提出异议时,债权人得依法院核发的支付命令及确定证明书声请强制执行。

---

① 　赵旭东、董少谋:《港澳台民事诉讼论要》,厦门大学出版社 2008 年版,第 319 页。

3. 支付命令的送达

支付命令为裁定的一种,法院应将支付命令正本送达债权人及债务人。支付命令的送达对债务人有重大的利害关系,债务人必须在收到支付命令送达后 20 日的不变期间内向法院提出异议,否则支付命令确定,发生与判决同样的效力。法院发出支付命令后,若 3 个月内不能送达债务人,其命令失其效力。此时不问不能送达的原因如何,该支付命令当然失效,债权人因声请支付命令所发生的诉讼系属亦归于消灭,督促程序至此终结。

(四)债务人对支付命令的异议

1. 异议的方式

债务人对支付命令的全部或一部分,可以不附理由地向发布支付命令的法院提出异议。异议可以书面方式提出,也可以言词方式提出。若债务人以言词方式提出异议,法院应作必要的笔录。异议既可以由债务人亲自提出,也可以由其代理人提出。若异议由债务人的代理人代为提出时,代理人必须有合法的代理权限。

2. 异议的期间

债务人应依支付命令向债权人清偿其请求并赔偿程序费用,否则应于支付命令送达后 20 日的不变期间内,向发出命令的法院提出异议。债权人于支付命令送达后,逾 20 日的不变期间始提出异议的,法院应以裁定驳回。

3. 异议的效力

债务人对于支付命令于法定期间合法提出异议者,支付命令于异议范围内失其效力,以债权人支付命令的声请,视为起诉或声请调解。于此情形,债务人一旦合法提出异议,督促程序终结,但债权人声请支付命令而发生的诉讼系属效力仍然继续存在。[①]

债务人在调解成立或第一审言词辩论终结前,可以撤回其异议。但应负担调解程序费用或诉讼费用。立法理由认为,支付命令的异议是为保护债务人的利益而设的,依处分权主义,自应允许其撤回异议。但支付命令一经异议,即视为声请调解或起诉,为求程序的安定及诉讼经济,应限于调解成立或第一审言词辩论终结前始得为之。

---

① 陈荣宗、林庆苗:《民事诉讼法》(下),台湾三民书局 2015 年第 6 版,第 883 页。

(五)支付命令确定的效力

"台湾民诉法"第521条第1项规定:"债务人对于支付命令未于法定期间合法提出异议者,支付命令得为执行名义。"债权人可以依法声请法院对债务人强制执行。

支付命令确定之后,如有"台湾民诉法"第496条第1项规定的再审事由时,可以提起再审之诉,并以原支付命令的声请,视为起诉。债务人主张支付命令上所载债权不存在而提起确认之诉的,法院依债务人声请,得许其提供相当并确实的担保停止强制执行。

对于督促程序的费用,在法院发支付命令时,应于支付命令的裁定内记载由债务人负担。在驳回支付命令之声请的情形发生时,其费用应依一般负担诉讼费用原则,由声请人负担。若债务人对于支付命令依法提出异议,以债权人支付命令之声请视为起诉或声请调解时,督促程序费用应作为诉讼费用或调解程序费用的一部分。

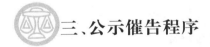

三、公示催告程序

(一)公示催告程序的概念

公示催告程序是指法院依当事人之声请,以公示方法催告不特定或不明之利害关系人申报权利,如不申报时,使其产生法律上不利益效果之特别程序。该程序的目的在于催告不特定或不明之利害关系人向法院申报其权利,使当事人居于不确定状态的权利能获得确定,从而使当事人所主张的权利得到保护。"台湾民诉法"将公示催告分为一般公示催告和宣告证券无效的公示催告,并适用不同的程序。

就其性质而言,公示催告程序不经诉讼而确定私权,其间并无讼争性,故公示催告事件不具有一般诉讼事件的性质,应属非讼事件。公示催告程序的适用以法律规定者为限,凡法律没有规定的事项不得适用公示催告程序。

声请公示催告应符合以下要件:(1)公示催告之声请是由当事人向一般民事法院声请为之。(2)公示催告之方法,必须由法院对不明之不特定人公开进行催告,即以公告张贴在法院之公告处,并登载于公报、新闻纸或其他传播工具。未经此项公告方法进行的公示催告,其程序违法,利害关系人可以据此项违法原因提起撤销除权判决之诉。(3)公示催告之客体必须为权利或请求权之申报。利害关系人应向法院作出申报的内容为单纯报告其为权利人即可,无须作出举证或释明。(4)利害关系人若不为申报,即产生法律上的不利效果。此项不申报的后果必须在公告中载明,使不特定人知悉若不申报,将使权利丧失或权利行使发生困难。但法律上不利的后果未必于有除权判决时方产生,其情形另依实体法的规定。(5)公示催告程序之声请及进行,必须限于法律有明文规定允许者。法律未规定允许为公示催告者,不得任由当事人向法院声请为公示催告。法院遇此情形,应以裁定驳回声请。法律规定得为公示催告的情形,除"民事诉讼法"外,尚规定在"民法"及商事法规中。例如"民法"第718条、第725条规定指示证券、无记名证券遗失、被盗或毁灭的,法院可因持有人的声请依公示催告程序宣告证券无效。"民法"第1157条规定,继承人为限定继承者,应于继承开始时起3个月内开具遗产清册呈报法院,法院应依公示催告程序公告,命被继承人的债权人在一定期限内报明其债权。"民法"第1178条规定,法院根据亲属会议呈报继承开始即选定管理人的事由后,应依公示催告程序公告继承人,命其于一定期限内承认继承。"票据法"第19条第1项规定,票据丧失时,票据权利人可以提出公示催告的声请。

(二)一般公示催告程序

1.声请人及声请程式

有权声请公示催告的人,应依有关法律的规定予以确定。例如,"民法"第1157条规定的限定继承人,"民法"第1178条规定的遗产管理人、利害关系人、检察官,"票据法"第19条规定的票据权利人,均有权依法声请公示催告。

声请书状应记载如下事项:声请人姓名、住所;声请为公示催告之陈述及法律依据;法院等。该书状由声请人签名,向管辖法院提出。此项声请亦可以言词方式向管辖法院提出,由书记官作成笔录。

"台湾民诉法"第八编就一般公示催告的法院管辖并未作专门的规定,适用时应依第一编第一章法院管辖与许可公示催告所规定的法律定之。例如,继承人为限定继承及无人承认的继承所进行的公示催告,由继承开始时被继承人住所地的法院管辖。

2.法院对公示催告声请的审查及裁判

(1)法院驳回声请的裁定

法院受理公示催告声请后,首先应依职权调查其一般诉讼要件是否具备。例如,管辖权之有无,声请人之当事人能力、诉讼能力,有无合法代理等。如有欠缺而可以补正的,应酌定期间命其补正。其次,应调查法律所规定的公示催告的要件是否具备,若认为其要件不具备者,应以裁定驳回其声请。该裁定应附理由,声请人对此裁定可以抗告。

(2)法院准许声请的裁定

法院认为声请公示催告的要件均已具备,应准许声请的,即应为公示催告。此项公示催告应记载下列事项:声请人,申报权利之期间及在期间内应为申报之催告,因不申报权利而产生的失权效果等。

3.公示催告的公告方法与权利申报

公示催告的公告应粘贴于法院的公告处,并登载于公报、新闻纸或其他类似的传播工具。登载公报、新闻纸或其他类似的传播工具的日期或期间,由法院决定。声请人未依规定登载者,视为撤回公示催告的声请。申报权利的期间自公示催告的公告登载于公报或新闻纸上之日起计算,不得少于 2 个月。在此期间内,利害关系人可以随时向法院申报其权利。但利害关系人在该期间届满后至法院作出除权判决前申报权利的,与在公告期间内的申报具有同一效力。利害关系人于期间内申报权利,只需申报即可,既不必叙述其申报理由,也不必提出证据为权利主张。若利害关系人与声请人之间就申报客体之权利归属发生争执,应另行起诉予以解决。

4.除权判决程序

"台湾民诉法"第 545 条第 1 项规定:"公示催告声请人得于申报权利之期间已满后 3 个月内,声请为除权判决,但在期间未满前之声请,亦有效力。"此项除权判决程序须由公示催告声请人另为声请,法院才能进行。法院不得因公示催告期间已满而无人申报权利,径行依职权进行除权判决程序。声请人如逾 3 个月期间未声请法院为除权判决时,公示催告程序即行终结,不得再为除权判决声请。3 个月期间届满后,若当事人认为有除权判决的需要,另行声请公示催告及除权判决。公示催告声请人若于声请公示催告的同时声请除权判决者,其除权判决之声请亦有效力。

法院受理声请人的除权判决的声请后不论有无利害关系人申报权利,均应裁定确定言词辩论期间,并通知声请人和已经申报权利的人到场。法院就除权判决的声请作出裁判前,可依职权为必要之调查。所谓"必要之调查",是指就公示催告之程序要件及除权判决之程序要件为调查而言,而不涉及当事人之间的实体权利存在与否的问题。

法院经过审理,对不同情形,应分别作出如下裁判:

(1)裁定驳回除权判决声请。法院如果认为该声请不具备公示催告的要件,或声请除权判决的要件欠缺时,其情形能补正者,应限期命为补正;不依限补正时,应以裁定驳回除权判决之声请。

(2)裁定停止公示催告程序。申报权利人如对于公示催告声请人所主张的权利有争执的,法院应酌量情形,在就所申报权利有确定裁判前,裁定停止公示催告程序,或于除权判决保留其权利。对于除权判决所附之限制或保留,得为抗告。公示催告程序的目的不在于就声请人与申报权利人之间的实体权利为裁判。因此,受理声请除权判决的法院不得对当事人之间的实体权利争执作出判决。为兼顾双方当事人的程序利益,法院应酌量情形,在双方当事人另案起诉的系争权利未经判决确定前,裁定停止公示催告程序的进行。待该案判决确定,判决承认申报权利人的权利时,法院应驳回除权判决的声请。若该判决认定申报权利人的权利不存在时,法院应依声请作出除权判决。①

(3)保留权利的除权判决。此项保留权利的判决仍然属于除权判决,其仅于判决主文中对附带保留申报权利人的权利予以记载,使已申报的权利不因除权判决所为宣告失权而受影响。待另案诉讼就系争权利的判决确定后,如承认申报人的权利存在时,除权判决无效力。若认定申报人的权利不存在时,除权判决中的保留失其效力。

(4)除权判决。法院经审理,认为声请除权判决合法且有理由,无裁定停止公示催告程序的必要,亦无保留权利为除权判决的必要情形时,应作出除权判决。此项判决除应依一般规定进行宣示与对声请人及申报权利人送达外,由于除权判决对于不申报权利之人发生失权效果,故法院应以相当之方法,将除权判决之要旨公告之。对于除权判决,不得上诉。

5.撤销除权判决之诉

立法者为调节除权判决安定性与未申报权利人之利益之间的平衡,特别规定以若干重大事由之存在为条件,允许利害关系人向法院提起撤销除权判决之诉。此诉讼的目的在于除去确定判决之效力,与再审之诉相类似,其性质属于形成诉讼。撤销除权判决之诉由作出除权判决的原法院管辖。该诉讼以受除权判决拘束之利害关系人为原告,而其被告为原公示催告的声请人。

"台湾民诉法"第551条第2项规定了可以提起撤销除权判决之诉的事由。原告起诉时必须以下列情形之一者为理由,其诉讼始为合法:法律不许行公示催告程序者;未为公示催告之公告,或不依法定方式为公告者;不遵守公

---

① 姜世明:《民事诉讼法》(下),台湾新学林出版公司2015年第3版,第635页。

示催告之公告期间者；为除权判决之法官，应自行回避者；已经申报权利而不依法律于判决中斟酌之者；有"台湾民诉法"第 496 条第 1 项第 7 款至第 10 款之再审理由者。

撤销除权判决之诉，应以书状向法院表明下列事项：(1)当事人及法定代理人。(2)声明不服之除权判决及提起撤销除权判决之诉之陈述。(3)应撤销或变更除权判决之声明。(4)撤销除权判决之理由与关于撤销理由及遵守不变期间之证据。

根据"台湾民诉法"第 552 条的规定，撤销除权判决之诉应于 30 日之不变期间内提起之。该期间自原告知悉除权判决时起算。但依同法第 551 条第 2 项第 4 款或第 6 款所定之再审事由提起撤销除权判决之诉，如原告于知有除权判决时不知其事由者，自知悉其事由时起算。除权判决宣示后已逾 5 年者，不得提起撤销之诉。

法院经过审理，认为撤销除权判决之诉不合法者，应以裁定予以驳回。撤销除权判决之诉无理由者，可以不经言词辩论，以判决予以驳回。撤销除权判决的目的在于保护因除权判决而丧失权利者的正当利益，维护交易安全，对善意第三人的权益亦应兼顾，故"台湾民诉法"第 506 条特别规定："再审之诉之判决，于第三人以善意取得之权利无影响。"

(三)宣告证券无效的公示催告程序

宣告证券无效的公示催告由证券所载履行地的法院管辖，如未载履行地者，由证券发行人为被告时依"民诉法"第 1 条或第 2 条规定有管辖权之法院管辖；如无此法院者，由证券发行人于发行之日为被告时，依各该规定有管辖权之法院管辖。

无记名证券或空白背书之指示证券，得由最后之持有人为公示催告之声请。前项以外之证券，得由能依据证券主张权利之人为公示催告之声请。宣告证券无效的公示催告，其声请除适用申报权利之公示催告程序的规定外，声请人还应提出证券缮本、影本，或开示证券要旨及足以辨认证券之事项，并释明证券被盗、遗失或消灭及有声请权之原因、事实。实务上，当事人在证券被盗、遗失或因事故灭失之后，大都向警察机关报案并留存记录，作为释明之用。

法院对于宣告证券无效的公示催告，应记载持有证券人应于期间内申报权利及提出证券，并明示如不申报及提出者，即宣告证券无效。公示催告的公告除张贴于法院公告处，并登载于公报、新闻纸或其他传播工具之外，如法院所在地有交易所者，还应张贴于该交易所。

"台湾民诉法"第 562 条就宣告证券无效之公示催告申报权利的期间规定为：自公示催告之公告最后登载公报、新闻纸或其他传播工具之日起，应有 3 个月以上、9 个月以下的期间。持有证券的人申报权利时，应提出证券，法院应通知声请人在指定的期间内阅览证券。公示催告声请人如认定该证券是其所丧失的证券，公示催告程序即告终结。该声请人不得再提出除权判决的声请；已经提出的，应撤回其声请。如坚持提出除权判决声请的，法院应依法予以驳回。如果声请人不承认该证券是其丧失的证券或者申报人未提出证券，仅申报自己就声请人丧失的证券有优先权时，应按通常诉讼程序处理。因宣告无记名证券无效声请公示催告的，法院在准许其声请后，应依声请，不经过言词辩论，即时向发行人作出禁止支付的命令。

法院于公示催告所定申报权利期间经过后，无人申报权利及提出证券时，可以依公示催告声请人的除权判决声请，作出除权判决。对宣告无效的公示催告，法院依声请人声请作出除权判决时，应宣告证券无效。法院对除权判决的要旨应依职权用适当的方法进行公告。证券无效的宣告因撤销除权判决而撤销的，法院也应以适当的方式进行公告。除权判决作出后，声请人可以对依证券负有义务的人主张证券上的权利。除权判决被撤销后，义务人除在清偿时已经知道除权判决被撤销外，仍可以其清偿对抗债权人或第三人。

第十一章　第三人撤销诉讼程序

"第三人撤销诉讼"是台湾地区 2003 年修订"民诉法"时增设的一项制度。该制度的设计和司法实践引起过台湾地区学界和司法实务界的深度争议,有关的讨论延续至今。台湾地区第三人撤销诉讼的制度贡献不仅仅在于以五个条文建立起了一项赋予第三人挑战生效裁判的特殊权利救济程序,而在于它背后体现的是一套与以德国、日本为代表的大陆法系民事诉讼传统不同的民事诉讼制度理念。它以程序利益保障、纠纷一次性解决和程序主体概念相对化理论作为基础,以赋予当事人、第三人充分的程序保障作为制度外观,最大限度地扩大民事诉讼制度解决复杂、多面向纠纷的能力,实现纷争的一次性解决。

一、程序理念与理论基础

我国台湾地区的法律制度主要继受德国和日本等大陆法系传统国家,其"六法全书"体系也带有鲜明的大陆法系成文法典的特征。在 1999 年之前,"台湾民诉法"虽然历经多次修改,但是仍然属于在德、日大陆法系民事诉讼传统的理念和制度体系内所作的局部修补,其法解释学的发展也未自成体系。然而,在经历了 1999 年、2000 年和 2003 年的三次大幅度"修法"后,台湾学界称已经对"民事诉讼法"完成了自 1930 年制定至今首次"全面性、根本性"的修正工作。[①] 三次"修法"的范围几乎涉及有关民事财产权利诉讼的全部诉讼程序和具体制度,其中,"第三人撤销诉讼程序"即为 2003 年"修法"时在第五编"再审程序"之后增设的程序。

台湾地区"司法院"关于"第三人撤销诉讼程序"的立法理由称:"为扩大诉

① 　许士宦:《新修正民事诉讼法上程序保障之新开展——以民事诉讼法总则编之修正为中心》,载《月旦法学教室》2003 年第 6 期。

讼制度解决纷争之功能,就特定类型事件,有时需要扩张判决效力及于诉讼外之第三人,以统一解决诉讼当事人与该第三人间之纷争。又为保障受判决效力所及第三人之权益,本法固于第六十七条之一增订法院得于事实审言词辩论终结前相当时期,将诉讼事件及进行程度以书面通知就诉讼之结果有法律上利害关系之第三人,使该第三人有参与该诉讼程序之机会。惟实际上第三人未必恒受参与诉讼程序之机会,倘其系非因可归责于己之事由致未获得该机会,而未参与诉讼程序,则强令其忍受不利判决效力之拘束,即无异剥夺其诉讼权、财产权。故为贯彻程序权保障之要求,应使该第三人于保护期权益之必要范围内,得请求撤销原确定判决,爰增订第五编之一第三人撤销诉讼程序。"①据此,增设第三人撤销诉讼程序的程序理念和理论基础主要包括以下两个方面:

第一,贯彻程序保障及统一解决纷争的要求。邱联恭教授所倡导的程序保障理论最初是为了防止突袭裁判,后来经不断拓展、延伸逐步成为台湾地区世纪交替前后修正"台湾民诉法"的总体指导思想和基本原则。其基本观点如下:基于国民主权的原理、法治国家的原理及尊重人的尊严原则,依据"宪法"上保障诉讼权、平等权、生存权、财产权、自由权等基本权利,任何人均应受人格尊重;对于涉及其权益、地位的事项,均应受有容易接近法院、平等使用司法救济程序的机会和权利;对于关涉其权益、地位的审判,均应成为程序主体,享有程序主体权,并被赋予参与该审判程序、提出充分攻击防御、陈述事实上、法律上意见或辩论等机会,借此来影响裁判内容的形成,避免受对造所突袭及防止来自法院的突袭性裁判。② 程序保障权源于程序主体的程序参与权、听审请求权。第三人撤销诉讼与职权通知制度相配套,实现兼顾程序保障及统一解决纷争,减轻法官群体整体的负担、实现诉讼经济,维护裁判或法的安定性及具体妥当性。③

第二,贯彻程序主体概念相对化理论。传统意义上一般仅将"当事人"视为诉讼主体,以起诉时所确定的"形式当事人"为基准,决定何者是当事人,并

---

① 台湾地区"司法院"编:《民事诉讼法、民事诉讼法施行法部分修正条文对照表暨总说明》,2003 年印行。

② 邱联恭:《程序选择权论》,台湾三民书局 2004 年版,第 5～14 页;许士宦:《战后台湾民事诉讼法学发展史》,载《月旦民商法杂志》2012 年第 3 期。

③ 邱联恭:《第三人撤销诉讼之运用方针(上)》,载《司法周刊》2003 年总第 1146 期,第 2 版。

使其连接诉讼法所确定的判决效力等效果。上述继承自德国、日本等国的观念和定义已经受到来自上述国家学者的批评和质疑,提出应将"形式当事人"的概念相对化或从程序权保障的立场加以处理。因此,从"国民的法主体性"、宪法上对于基本权利的保障和尊重人的尊严等基本原则出发,"凡受某司法裁判影响所及之利害关系人,均应被尊重为程序主体,受应有之程序权(听审请求权)保障"。"程序主体"的概念具有多样性,可以涵盖民事诉讼法上的"当事人""利害关系人"以及非讼事件法上使用的各种"关系人"。[①] 增设第三人撤销诉讼程序,就是以程序主体多样化和相对化为基础、承认"第三人"也具有程序主体的地位进而赋予其事后的程序保障。[②]

但也有学者提出质疑:以保护第三人的程序利益作为第三人撤销诉讼程序的理论基础和立法目的是否有正当性?其理由在于,纵使他人之间诉讼的判决效力及于第三人进而使第三人的权益受到侵害,但这个判决的结果在客观上是"正确而合于法律正义"时,第三人也不能够以未受到程序保障为由将其推翻。因此,第三人撤销诉讼的目的与功能与再审程序相同,应当是确保判决的客观公正和符合法律正义,进而保护第三人的实体权利而非程序利益。[③]另有学者则认为,"程序保障"与"纷争一次性解决"存在着价值冲突:程序保障的基本要求是受判决效力拘束的主体应被赋予参与程序的机会,并合理预测该程序所将发生拘束力的内容及范围,据此可以提出相应的攻击防御方法;"纷争一次性解决"则追求的是在客观面上尽可能扩大判决拘束力覆盖的事项,在主观面上尽可能扩及纷争相关的所有当事人。[④] 在其看来,第三人撤销诉讼在立法政策上选择了一种对于第三人课以较重负担的程序保障模式,从对第三人行使程序权加以限制的角度出发,仅以"纷争一次性解决"不足以成为其全部正当性基础,必须通过"代表诉讼"的法理来补强其理论基础。具体而言,在第三人未参与原诉讼程序的情况下,其对于前诉讼纷争事实所具有的利益已经通过当事人一方提出攻击防御方法,"代表地"反映在前诉讼程序,即

---

① 邱联恭:《司法之现代化与程序法》,台湾三民书局 1992 年版,第 118～119 页;邱联恭:《程序制度机能论》,台湾三民书局 1996 年版,第 141 页。

② 邱联恭:《"程序主体"概念相对化理论之形成及今后(中)》,载《月旦法学杂志》2012 年第 2 期。

③ 陈荣宗、林庆苗:《民事诉讼法》(下),台湾三民书局 2004 年第 4 版,第 813 页。

④ 黄国昌:《诉讼参与及代表诉讼——新民事诉讼法下"程序保障"与"纷争解决一次性"之平衡点》,载《月旦法学杂志》2003 年第 5 期。

已经受到相当程度之程序保障。仅在前诉一造当事人未能代表该第三人利益、提出充分的攻击防御方法时,才赋予当事人提出事后争执的机会。提起第三人撤销诉讼的正当性基础在于第三人在前诉程序中未获得充分的利益代表。①

　　民事诉讼以解决私益纠纷为主要的制度功能。就上述第一种质疑观点而言,一项在当事人之间符合法律规定、公平正义的判决仍然可能会侵害到第三人的合法权益,二者之间并不矛盾。再审之诉作为特殊救济程序,其立法目的也仅是在特殊情况下赋予当事人突破既判力、重启原审诉讼程序的可能性,体现的是"有限纠错"的价值取向。"台湾民诉法"第496条规定的再审事由主要以程序性事由为主,并非为专为纠正实体判决错误而设计。虽然再审法院如果认为原判决并无不当,仅存有程序瑕疵或判决基础欠缺时仍然应该驳回再审之诉,但是不能据此认定追求实体正义的裁判就是再审之诉的唯一目的。因此,第一种质疑观点在论证基础上似乎不够坚实。第二种观点主要从英美法系的代表人诉讼法理出发,补强第三人撤销诉讼的程序法理基础,在解释论上也可自洽。但其立论的出发点主要是在平衡"程序保障"与"纷争一次性解决"的前提下,与使第三人不受判决效力拘束而在独立提起的后诉中提出判决效力相对性抗辩(即为与前诉判决相反或相异的主张)比较而言,第三人撤销诉讼课以第三人的责任负担过重。但采取独立后诉提出判决相对性抗辩的方式虽然对第三人提供的程序保障更优,但是却也可能会造成前后裁判结果相矛盾的情况,不利于纠纷解决和当事人权利实现。

　　作为程序保障理论的延展,传统意义上的"当事人"与"第三人"均构成民事诉讼制度中的"程序主体"。在第三人享有充分的诉讼前和诉讼后程序保障的前提下,判决效力主观范围的扩张获得更充足的正当性基础,进而纷争的统一解决得到实现。因此,台湾地区第三人撤销诉讼并非一项孤立的旨在为保护第三人实体权益而设计的特殊救济程序,而是为了贯彻程序保障和纷争一次性解决的程序理念,实现民事诉讼制度整体功能扩张的重要一环。从整体制度设计来看,"诉讼参加(包括独立参加、诉讼告知、职权通知)——判决效力主观范围扩张——第三人撤销诉讼"构成了一套完整的制度体系,旨在扩张民事诉讼的制度容量。

---

　　① 黄国昌:《民事诉讼理论之新开展》,台湾元照出版公司2005年版,第328～330页。

二、第三人撤销诉讼的主体要件

(一)原告适格判断的标准

根据"台湾民诉法"第 507 条之一的规定,"有法律上利害关系之第三人,非因可归责于己之事由而未参加诉讼,致不能提出足以影响判决结果之攻击或防御方法者,得以两造为共同被告"提起撤销之诉。第三人撤销诉讼的主体要件包括适格的原告和被告,条文中"以两造为共同被告"的表述较为清晰准确。但是,如何判断提起第三人撤销诉讼的原告是否适格,即第三人撤销诉讼的主体资格标准应如何确定呢? 这一问题在"台湾民诉法"研修委员会讨论时存在较大的争议。

"立法者"最后采取了一种折中的表述:"有法律上利害关系之第三人"[①]"非因可归责于己的事由而未参加诉讼,致不能提出足以影响判决结果之攻击或防御方法"[②]。该规定试图将第三人撤销诉讼的原告适格问题留待司法实务发展中逐步确认解决[③],但目前台湾地区学界和司法实务界对于原告适格的判断标准仍存有较大的争议。有的司法实务界人士直言,第三人撤销诉讼的适格原告是否包括"台湾民诉法"第 401 条所规定的当事人以外受判决效力所及之人,仍然模糊不清。[④]

从文义解释的角度出发,有学者提出第三人撤销诉讼的适格原告应具备如下要件:第一,适格的原告必须是诉讼当事人以外的第三人。这里的"诉讼当事人"既包括形式上的当事人,也包括实质上的当事人。"若第三人属于实质上之当事人情形,则其系当事人而非第三人",即不能成为适格的原告。第二,第三人必须满足受他人判决结果的判决效力扩张所及。如果第三人不受

[①]　吴明轩、范光群、姜世明等学者认为,"有法律上利害关系"的表述不够清晰准确。

[②]　姜世明教授认为,是否足以影响判决结果,似属实质审理之论断范围,以"致不能提出足以影响判决结果之攻击防御方法"为承认得起此以撤销之诉之要件,并非妥当。参见姜世明、李其融:《第三人撤销诉讼之适用范围在实务上之发展》,载《台湾法学》2012 年第 5 期。

[③]　在修法过程中,杨建华教授曾提出,先用概括条款(法律上利害关系第三人),再例举排除,其他将来留待实务发展。

[④]　吴明轩:《第三人撤销之诉程序》,载《法官协会杂志》2004 年第 1 期。

他人诉讼的判决效力所拘束,那么根据判决相对性原则第三人可以直接另行起诉而不必提起第三人撤销诉讼。第三,适格原告必须无其他法定程序可请求救济。最后,适格原告还必须满足"就他人之诉讼结果有法律上之利害关系而非因可归责于己之事由而未参加诉讼,致不能提出足以影响判决结果之攻击或防御方法"①。

"台湾民诉法"第 507 条之一采用"有法律上利害关系之第三人"的表述,而立法理由却将原告适格的范围限定在受判决效力拘束的第三人。对此,吕太郎教授认为依照该法第 507 条之四第 2 项的规定,可以推断出法律规定的提起第三人撤销诉讼的原告不以其与当事人间有合一确定关系为限,即未必受确定判决效力拘束的第三人也可以成为适格原告。通过考察法国民法和民事诉讼法关于判决效力和第三人撤销诉讼的规定,吕太郎教授进一步提出在判决的效力体系中,事实的效力(包括证明的效力、波及效力和裁判程序效力)不属于判断第三人撤销诉讼原告适格应当考量的范围;而在法律的效力(包括固有效力和附随效力)范围内,也仅以"受确定判决固有效力或反射效力所及的第三人"能够成为适格的原告。② 邱联恭教授则主张,台湾地区第三人撤销诉讼主要在于保护受判决效力所及,又未获机会参与前诉讼的第三人的诉讼权和财产权。所以,不宜用法国法上第三人撤销诉讼以突破既判力为目的的立场来解释台湾地区第三人撤销诉讼的制度理念。台湾地区的第三人撤销诉讼基于程序处分权的行使,原告可以选择追求程序利益而不起诉;如果选择起诉并获得胜诉判决,则此时原判决效力遭到变动是附随于赋予第三人程序保障权的结果,属于间接或副次性目的。③

主导设计第三人撤销诉讼程序的邱联恭教授提出了判断原告适格与否的四项标准:④首先,提起第三人撤销诉讼的原告必须是"本诉讼形式当事人以外之人"。原诉讼的形式当事人作为诉讼主体已经受到程序保障,而且可以提起再审之诉寻求救济,所以不具有提起第三人撤销诉讼的程序利益。其次,适

---

① 陈荣宗、林庆苗:《民事诉讼法》(下),台湾三民书局 2004 年第 4 版,第 812～813 页。

② 吕太郎:《民事诉讼之基本理论》(二),台湾元照出版社 2009 年版,第 210 页、第 221 页。

③ 邱联恭:《第三人撤销诉讼之运用方针(上)》,载《司法周刊》2003 年总第 1146 期,第 2 版。

④ 邱联恭:《口述民事诉讼法讲义》(三),作者自版,2012 年印行,第 352～354 页。

格的原告还必须是"为原判决效力所及而未被赋予机会参与该判决作成程序，且无适格者代其遂行本诉讼之第三人"。2003 年修订"台湾民诉法"的"立法理由"称，第三人撤销诉讼是"就特定类型之事件，固有扩张判决效力及于诉讼外第三人之必要，惟为保障该第三人之程序权，亦应许其于一定条件下得否定该判决之效力"。但如果受到判决效力所及的第三人已经由适格的代表人代为参加诉讼，那么该第三人就不能成为适格原告。再次，"须非一般债权人"。除了符合台湾地区"民法"上关于代位权、诈害行为撤销权以及"破产法"上撤销权的规定，一般债权人应该接受债务人所获判决的内容，不得针对判决提起第三人撤销诉讼。最后，适格的原告还不能是任意诉讼担当的被担当人。上述判断标准中前两项为积极要件，从"正向"划定了"有法律上利害关系之第三人"的范围；后两项标准作为消极要件，排除了一般债权人和任意诉讼担当的被担当人成为适格原告的可能性。

但是上述判断标准仍然比较抽象，而且不同学说之间对于"当事人"的范围是否仅限于"形式当事人"、"判决效力"的范围是否仅指既判力等问题的回答不同，就直接导致对于具体案件类型中的第三人能否成为撤销之诉的适格原告会得出不同的答案。正如邱联恭教授指出的："今后判决法之形成应针对各该事件之特性、需求或个别案情，就事前的程序保障与事后的程序保障等二者，酌定其中何者应优先被顾虑、赋予，始较能兼顾上述处于紧张关系之诸要求。"①

(二)具体案件类型展开

1. 诉讼系属中标的物的受让人

"台湾民诉法"采取当事人恒定主义(该法第 254 条)，即在诉讼系属中诉讼标的的法律关系转移给第三人对于原诉讼的进行没有影响。对于在诉讼系属中当事人将标的物转移给第三人却未同时转移诉讼标的本身的情况，台湾地区学界通说和"最高法院"判例均认为应当依据诉讼标的在实体法上是债权请求权还是物权请求权来确定判决效力是否及于标的物的继受人。如果属于物权请求权的情况，则判决效力原则上及于第三人，除非第三人是基于民法上的"善意取得"获得标的物；如果属于债权请求权的情况，则判决效力不及于受

---

① 邱联恭：《第三人撤销诉讼之运用方针(下)》，载《司法周刊》2003 年总第 1147 期，第 3 版。

让标的物的第三人。① 因此,按照上述通说的立场,只有在诉讼标的为物权关系的情况下,标的物的受让人才可能会成为第三人撤销诉讼的适格原告。② 在 2003 年修订"台湾民诉法"增加法院职权通知和第三人撤销诉讼后,有学者认为通说的观点过于偏重从实体法立场解释标的物转移问题而欠缺考虑既判力主观范围扩张、客观范围界限和言辞辩论终结的基准时等程序法上的问题。"立法者所提示的新观点是,尽可能平衡兼顾程序权的保障,以及统一解决当事人两造、受转移人三人间的纷争,维持法的安定性,兼顾具体妥当性。"该观点认为应将"台湾民诉法"第 254 条第 1 项"诉讼标的之法律关系"理解为不仅包括诉讼标的权利、义务,还包括标的物的权利、占有、登记转移。按照上述观点,在处理诉讼系属中标的物受让人的问题上,不需要区分诉讼标的属于物权关系还是债权关系以及受让人是否为善意,法院所作的确定判决效力可以一律及于受让人。对于在基准时之前让与受让物且让与事实未在原诉讼程序中呈现的情况,该受让人因不可归责于己的事由未参加前诉讼程序,则其在保护自己固有利益需要的范围内可以提起第三人撤销诉讼。③ 上述观点立足于修订后"台湾民诉法"对于诉讼前和诉讼后程序保障的整体设计,在解释论上基本能够自洽,但坚守通说的观点仍质疑其在司法实务上的可操作性。④

2.诉讼标的物的占有人

对于为当事人、诉讼担当的被担当人或当事人的继受人占有诉讼标的物的占有人,按照"台湾民诉法"第 401 条第 1 项的规定,也受到判决效力所及。但因为该类占有人(包括当事人的家属、受雇人、看管人等)"就其占有既无固有之利益,且实质上处于与当事人同一之地位,自无必要使其于当事人之外独自另受程序保障",所以诉讼标的物的占有人不能成为提起第三人撤销诉讼的适格原告。

---

① 骆永家:《既判力之研究》,台湾三民书局 1975 年版,第 106 页、第 125 页;陈荣宗、林庆苗:《民事诉讼法》(中),台湾三民书局 2005 年第 4 版,第 647~658 页;台湾地区"最高法院"61 年度台再字第 186 号判例。

② 许士宦等:《诉讼系属中系争物转移之当事人恒定与判决效扩张》,或《民事诉讼法之研讨》(十八),台湾元照出版公司 2012 年版。

③ 邱联恭:《程序利益保护论》,台湾三民书局 2005 年版,第 146~157 页;邱联恭:《口述民事诉讼法讲义》(二),作者自版,2012 年印行,第 69 页;许士宦:《判决效力扩张至系争物受让人之判准》,载《月旦法学杂志》2012 年第 6 期。

④ 吕太郎等人的评述,载《民事诉讼法之研讨》(十八),台湾元照出版公司 2012 年版,第 60~64 页、第 66~67 页、第 98~99 页。

3.诉讼担当的被担当人

台湾地区在民事诉讼研究领域普遍承认诉讼担当(诉讼信托),并依据担当人的授权来源不同,划分为法定的诉讼担当和任意的诉讼担当。

对于任意的诉讼担当,较为一致的观点是认为被担当人不能成为第三人撤销诉讼的适格原告。但台湾地区学界对于任意的诉讼担当的被担当人不能成为适格原告的理由却不尽相同:陈荣宗教授认为,在选定当事人等任意的诉讼担当情形中,选定人(被担当人)为实质当事人,被选定人(担当人)兼具实质当事人和形式当事人的双重地位,被选定人进行诉讼的确定终局判决效力及于选定人。选定人由于属于实质当事人而非第三人故不能成为第三人撤销诉讼的适格原告。① 邱联恭教授则认为,在任意诉讼担当中,诉讼担当人成为原诉讼的形式当事人系出于被担当人(实质当事人)的授权(明示或暗示之授权,系程序处分权之一种行使样态),被担当人应该对其授权行为自负其责,可以被视为已受到应有的程序保障,因此,原则上不具有提起第三人撤销诉讼的资格。②

"台湾民诉法"增加法院职权通知和第三人撤销诉讼主要是为了解决法定诉讼担当的情形下被担当人的权利救济问题。法定诉讼担当的各种情形较为复杂。基于法定诉讼担当的被担当人属于实质当事人而非第三人的立场,陈荣宗教授认为法定诉讼担当情形下被担当人不能成为第三人撤销诉讼的适格原告。但其又认为在部分共有人提起返还共有物之诉("民法"第821条)、债权人提起代位诉讼("民法"第242条)的情形下,未参与起诉的其他共有人和债务人可以成为第三人撤销诉讼的适格原告。③ 因此,其观点本身似乎存在自相矛盾之处。邱联恭教授认为,法定诉讼担当问题的主要争议点在于"在本诉讼系由法定诉讼担当者遂行之情形,纵认为其系为被担当者(实质上当事人)而为当事人(形式上当事人),如依第401条第2项之规定,本诉讼之判决对于该被担当人亦有效力时,则有应否如何对于该被担当人保护其固有之实体利益、赋予程序保障并尊重其程序处分权之问题;如认为该项效力不扩张及

---

① 陈荣宗:《第三人撤销诉讼之原告与当事人适格》,载《月旦法学杂志》2004年第12期。

② 邱联恭:《第三人撤销诉讼之运用方针(上)》,载《司法周刊》2003年总第1146期,第2版。

③ 陈荣宗:《第三人撤销诉讼之原告与当事人适格》,载《月旦法学杂志》2004年第12期。

于该被担当人,则有应如何保护他造利益(谋求公平),及如何兼顾统一解决纷争之要求等问题"。因此,判断法定诉讼担当的被担当人是否能够成为第三人撤销诉讼的适格原告主要应考虑"其有无固有之程序处分权,其是否可认为已由具代表性之适格者代为行使,以及有无固有而应受保护之实体利益;其用以将原判决效力扩张及于第三人之正当化基础或法理依据,是否已足可取代或使认为务虚要求本人(被担当人)亲自成为形式上当事人;是否另存有使该项效力扩张具正当性之其他法理基础;据此扩张至于第三人之原判决效力,是否另容许该人以其未获参与原判决程序之机会为由,提起撤销之诉予以变动等类问题"①。

具体而言,对于基于台湾地区"民法"第 821 条共有人请求返还共有物的诉讼中、基于"台湾民诉法"第 44 条提起公益团体请求不作为诉讼、基于"公司法"第 214 条提起股东代表诉讼、基于"民法"第 242 条和第 243 条提起债权人代位诉讼等法定诉讼担当情形,判决效力均应扩张及于被担当人即本诉讼审判对象权益之归属主体。但判决效力的扩张应该以第三人的程序权获得保障作为前提。因此,未获职权通知或诉讼告知,并非因可归责于己的事由而未参加担当人所提诉讼的第三人可以成为第三人撤销诉讼的适格原告。② 对于其他台湾地区"公司法"上规定的宣告股东会决议无效之诉、股东代位诉讼等涉及股东"社员权"的情形,受判决效力所及、又未受事前程序保障且非因不可归责于己的事由而未参与诉讼程序的股东原则上也可以成为第三人撤销诉讼的适格原告。③

4.原诉讼的参加人、受诉讼告知或职权通知而未参加诉讼的第三人

对于就诉讼结果有法律上利害关系的第三人,"台湾民诉法"分别于第 58 条第 1 项、第 65 条和第 67 条之一规定了辅助参加、诉讼告知、法院职权通知等诉前程序保障制度。从第三人撤销诉讼制度设计的理念出发,不论通过何种途径参加了前诉讼程序的参加人均不能成为第三人撤销诉讼的适格原告。

---

① 邱联恭:《第三人撤销诉讼之运用方针(上)》,载《司法周刊》2003 年总第 1146 期,第 2 版。

② 邱联恭:《第三人撤销诉讼之运用方针(下)》,载《司法周刊》2003 年总第 1147 期,第 3 版;邱联恭:《口述民事诉讼法讲义》(一),作者自版,2012 年印行,第 314~315 页;许士宦等:《法定诉讼担当之判决效力扩张——以第三人之程序保障为中心》,载《民事诉讼法之研讨》(十五),台湾三民书局 2008 年版。

③ 陈荣宗:《第三人撤销诉讼之原告与当事人适格》,载《月旦法学杂志》2004 年第 12 期。

"因其已经有参与本诉讼以影响作成原判决之机会、地位,在其已获得事前的程序保障之前提下,无再赋予事后的程序保障之必要。"①因此,"台湾民诉法"第58条所规定的"利害关系人",如果其已经参加前诉讼获得事前程序保障,即使受到判决效力所及,原则上也不具备提起第三人撤销诉讼的资格。因此,是否具有第三人撤销诉讼的主体资格应该综合判断,不应该认为受判决效力所及的第三人都可以提起撤销诉讼。

在当第三人收到当事人的诉讼告知或法院职权通知,已经知悉诉讼系属,却因为可归责于己的事由未参加诉讼,那么该第三人将承担按照"台湾民诉法"第67条规定、准用第63条的参加效力,并且原则上不能成为第三人撤销诉讼的适格原告。相反,如果可以满足非因可归责于己的事由而未参加诉讼,致使不能提出足以影响判决结果的攻击防御方法的要件,则第三人可以提起撤销诉讼。②

还有学者提出应当综合考量个案的具体情况,判定是否应当赋予已经参与前诉的第三人提起撤销诉讼的救济权利。在共有人请求返还共有物诉讼中,如果被担当人已受诉讼告知却未参加诉讼,即不满足"并非因可归责于己之事由"的要求,但存在前诉中担当人与被告串通故意败诉、诈害被担当人的情形,应该认定被担当人仍然可以提起第三人撤销诉讼。③

5. "家事事件法"中对世效所及第三人

在"家事事件法"制定和公布实施前,"台湾民诉法"第九编"人事诉讼程序"关于婚姻及亲子关系等家事诉讼判决效力的主观范围可分为一般对世效(绝对对世效)和排除特定人对世效(相对对世效)两种。其中,一般对世效是指就婚姻、收养、亲子关系所作的判决对于一般第三人均有效力;特殊对世效是指原"台湾民诉法"第582条第2项、第596条第2项但书规定的对于"当事人之前配偶""非婚生子女"等特定第三人不生效力。按照与之前相同论证思路,受判决效力所及的第三人在欠缺事前程序保障和无不可归责于己而未参加诉讼的事由的前提下可以成为第三人撤销诉讼的适格原告。④

---

① 邱联恭:《第三人撤销诉讼之运用方针(上)》,载《司法周刊》2003年总第1146期,第2版。

② 邱联恭:《口述民事诉讼法讲义》(三),作者自版,2012年印行,第353~354页。

③ 黄国昌:《民事诉讼理论之新开展》,台湾元照出版社2005年版,第341~342页。

④ 许士宦:《诉讼参与与判决效力》,台湾新学林出版社2010年版,第46页、第51~56页。

台湾地区 2012 年公布的"家事事件法"进一步强化了对于第三人撤销诉讼程序的适用,其中第 48 条第 2 项规定,有法律上利害关系之第三人,得请求撤销家事法院就特定类型家事诉讼事件所为判决。"家事事件法"第 37 条、第 51 条、第 45 条第 2 项均规定就"其他家事诉讼事件""在本质上非讼事件为达成慎重审判之目的而被诉讼化审理之情形",均可以准用第 507 条之一以下关于第三人撤销诉讼的规定。

6. 诈害诉讼的被害人

通过第三人撤销诉讼解决诈害诉讼的问题是"台湾民诉法"研修委员会在讨论时设计该项制度所应有的功能之一,但是诈害诉讼的范围应该如何认定?是否所有诈害诉讼的被害人均能够成为第三人撤销诉讼的适格原告?第三人撤销诉讼与台湾地区"民法"第 244 条规定的债权人之撤销权以及独立提起侵权之诉之间又是怎样的关系?不同学说之间似乎还没有较为明确的答案。

首先,诈害诉讼的范围应当如何认定?有学者认为冒名诉讼、诉讼代理人或诉讼担当人与对造串通故意败诉、部分共同诉讼人与对造当事人串通形成不利败诉等情形均属于诈害诉讼的情形。[①] 但冒名诉讼属于民事诉讼研究领域的传统问题,主要基于当事人一方的单方行为而发生,与第三人撤销诉讼的关系不是十分密切。因此,本章仅将诈害诉讼的讨论范围限定于诉讼当事人双方通过串通合谋的方式、以虚假诉讼标的为对象,骗取确定判决的情形。

其次,诈害诉讼所取得的判决对于第三人的不利影响达到何种程度可以启动撤销诉讼程序呢?诈害诉讼的被害人若符合法定诉讼担当的要件,可以提起第三人撤销诉讼维护合法利益。但如果诈害诉讼的确定判决仅仅是反射地及于第三人,即使第三人仅在事实上而非法律地位上遭受不利益,那么该受害人是否能否成为适格原告?有观点认为,上述情况对第三人而言仅属于其经济利益受到损害,判决效力并不及于第三人,第三人原则上不能提起撤销诉讼。但第三人还是可以通过独立提起后诉的方式确认前诉判决认定的债权不存在。[②] 但也有观点认为,可以适用"代表人法理"来解释上述问题,即第三人的利益在一定程度上是由原诉讼中的一方当事人所代表的,因其利益未被充分代表,所以第三人提起撤销诉讼也属合理。[③]

---

① 陈荣宗:《第三人撤销诉讼之原告与当事人适格》,载《月旦法学杂志》2004 年第 12 期。

② 吕太郎:《民事诉讼之基本理论》(二),台湾元照出版社 2009 年版,第 227 页。

③ 黄国昌:《民事诉讼理论之新开展》,台湾元照出版社 2005 年版,第 343～344 页。

对于原诉讼当事人利用反射效而为诈害诉讼损害第三人利益的情形,第三人的地位更类似于"一般债权人",因此除了符合代位权、诈害行为撤销权等"民法"和"破产法"规定的情形外,第三人原则上应该接受判决的内容。[①]　即使赋予第三人提起撤销诉讼的资格,其也很难就原诉讼提出可能影响判决结果的攻击防御方法。

最后,对于不同救济方式而言,第三人撤销诉讼作为特别救济程序其适用条件是要穷尽其他救济方式,因此,如果诈害诉讼的受害人可以通过其他途径获得救济,那么就不应该提起第三人撤销诉讼。[②]

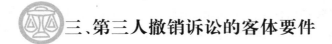 ## 三、第三人撤销诉讼的客体要件

(一)诉讼对象——确定判决

根据"台湾民诉法"第 507 条之一的规定,第三人撤销诉讼只能针对"确定终局判决"提起。而且除了有特别的规定,可以提起撤销之诉的确定终局判决包括确认、给付、形成等各种类型的判决在内。但如果原告无法明确所要撤销的确定判决或者想要撤销的判决尚未确定,则原告的起诉不合法。[③]

有学者指出,台湾地区的司法实务中已经有第三人就"未确定判决""裁定"和"支付命令"提起第三人撤销诉讼的案例,但均遭到驳回起诉。[④]　通过对台湾地区案例进行检索,原告就"裁定"提起第三人撤销诉讼被法院以"起诉不合程序或不备其他要件"为由驳回者较多。就"支付命令"提起第三人撤销诉讼,台湾地区司法实践中的做法并不统一,姜世明教授所举"板桥地院"2004年度诉字第 1085 号判决认为"支付命令性质上为裁定",故不能成为撤销对象;但台湾地区"新竹地院"2011 年度重诉字第 102 号判决及其后续判决则作了不同的认定:在该案中,原告诉请撤销被告间的两项支付命令。"新竹地院"

---

①　邱联恭:《口述民事诉讼法讲义》(三),作者自版,2012 年印行,第 354 页。

②　陈荣宗:《第三人撤销诉讼之原告与当事人适格》,载《月旦法学杂志》2004 年第12 期。

③　邱联恭:《口述民事诉讼法讲义》(三),作者自版,2012 年印行,第 357 页。

④　姜世明、李其融:《第三人撤销诉讼之适用范围在实务上之发展》,载《台湾法学》2012 年第 5 期。

称"债务人对于支付命令未于法定期间合法提出异议者,支付命令与确定判决有同一之效力……故就确定之支付命令提起第三人撤销诉讼亦应遵守前述不变期间"。虽然该案件后来被"最高法院"废弃并驳回,但"最高法院"在判决理由中只是认为原告不适格,并未否定"支付命定"作为第三人撤销诉讼的撤销对象。

在 2013 年修订"台湾民诉法"增加和解笔录和调解协议作为第三人撤销诉讼的撤销对象之前,台湾地区司法实务中曾对此问题持否定立场。① 此外,2012 年公布的"家事事件法"也在立法层面进一步拓展了第三人撤销诉讼的客体范围。按照"家事事件法"第 33 条的规定,当事人可以就不得处分之事项合意申请法院作出裁定。该法第 35 条进一步规定,上述申请合意裁定确立效力所及的第三人可以准用"台湾民诉法"第 5 编之一的规定申请撤销该裁定。此外,利益受到损害或法律上不利影响的第三人可以就家事诉讼的和解提起撤销之诉;可以就夫妻同居、指定夫妻住所、请求报告夫妻财产状况、给付家庭生活费用、扶养费、赡养费、宣告改用分别财产制或夫妻间其他可以处分的事项达成的和解协议提起撤销之诉;还可以就给付扶养费所达成的和解协议提起撤销之诉。② 但也有学者提出,"家事事件法"中的"裁定"能否适用第三人撤销诉讼程序,尚待理论上的进一步讨论。③

(二)诉的利益

与其他诉讼相同,提起第三人撤销诉讼需满足诉讼利益要件。④

首先,提起第三人撤销诉讼的原告必须是受原判决不利所及。原告在提起诉讼时需明确表明具体不利的原因事实。如果原告未能明确主张不利益之原因事实,则法院得因起诉不合法,以裁定驳回起诉;如果原告已主张不利益之原因事实,在进入本案审理之后其仍需要对不利益的具体事实主张并提出证据证明。以"民法"第 821 条未参与提起返还共有物之诉的共有人为例,如果部分共有人提起诉讼获得是胜诉判决,该确定判决有利于未参与诉讼的其他共有人,则其他共有人不具有提起第三人撤销诉讼的利益。

---

① 台北地方法院 2012 年度撤字第 1 号判决。

② "家事事件法"第 45 条、第 98 条、第 101 条、第 107 条。

③ 姜世明:《家事事件之救济审》,载《月旦法学杂志》2012 年第 8 期。

④ 邱联恭:《口述民事诉讼法讲义》(三),作者自版,2012 年印行,第 355～356 页、357 页。

其次,适格原告还必须满足无其他救济程序可以利用。第三人撤销诉讼在性质上属于特别救济程序。第三人如果可以依据其他法定救济程序获得救济,则不具有提起第三人撤销诉讼的利益。但这里的"其他法定程序"是否仅限于民事程序法所规定的救济程序? 或者如果存在"其他法定程序",但第三人需要等待其他特定法定要件成立时才能寻求该程序以获得救济时,能否允许第三人先提起第三人撤销诉讼? 例如,甲是乙的债权人,乙为了转移财产与丙通谋谎称两人之前存在赠与合同,丙将乙起诉至法院获得胜诉判决,判决乙向丙交付某处房产。在上述案例中,甲作为债权人可以依据台湾地区"民法"第 244 条的规定向法院起诉要求撤销乙对丙的赠与行为,那么是否还可以作为适格的原告提起第三人撤销诉讼要求撤销前诉法院的给付判决? 从程序利益保护的角度出发,对于一般债权人如果其存在"民法"上的撤销权或代位权时,赋予其提起第三人撤销诉讼的原告资格也是可以的。但台湾学界和司法界对于这一问题尚未有明确的回答。

最后,适格原告必须基于其固有的利益提起诉讼。固有利益是指第三人本身所具有的法律上的利益。比如"台湾民诉法"第 401 条规定的"占有人"即因其对占有标的物不具有固有利益因而不能提起第三人撤销诉讼。

(三)诉讼标的与诉之声明①

按照"台湾民诉法"第 244 条关于起诉程式的要求,起诉时应该在诉状上表明诉讼标的及原因事实、应受判决事项之声明。邱联恭教授认为,第三人撤销诉讼的诉讼标的和诉之声明均须依个案而定。

对于诉讼标的的确定,以债权人提起代位诉讼为例,当债权人遭败诉判决确定后,债务人提起第三人撤销诉讼时主张的原因事实既可以是其对次债务人的债权确属存在,但原判决却认为该债权不存在;也可以为债权人对债务人的债权并不存在、无权代位债务人行使对次债务人的权利而原判决却认为债权人对债务人的债权关系存在。因此,第三人撤销诉讼的诉讼标的如何确定因其主张的原因事实不同而具体判断。对于诉之声明亦然,原告在提起第三人撤销诉讼时,可以依据具体情况,要求法院判决原判决效力不及于己、应予以撤销,并在撤销范围内变更原判决;在诉讼标的必须合一确定的情况下,也

---

① "台湾民诉法"上的"诉之声明"大抵对应我国大陆地区《民事诉讼法》中的"诉讼请求",是指民事诉讼中当事人要求法院作出裁判的对象。

可以主张直接撤销原判决。

（四）专属管辖及其他

依据"台湾民诉法"第 507 条之二的规定，第三人撤销诉讼专属为判决之原法院管辖；对于审级不同之法院就同一事件所为之判决合并提起第三人撤销诉讼，或仅对上级法院所为之判决提起第三人撤销诉讼者，专属原第二审法院管辖。其未经第二审法院判决者，专属原第一审法院管辖。

按照"立法理由"的阐释，第三人撤销诉讼是有法律上利害关系的第三人对于确定终局判决声明不服的特别救济程序，原则上应该专属于作出判决的原法院管辖。此外，第三人撤销诉讼需要就该第三人有无法律上利害关系、是否非因可归责于己之事由而未参加诉讼、所提出的攻击防御方法是否足以影响原确定判决的结果以及原确定判决对该第三人不利的范围等事项进行事实认定和证据调查。所以，对于审级不同的法院就同一事件所作出的判决合并提起第三人撤销诉讼，或仅对上级法院所作出的判决提起第三人撤销诉讼时，宜专属原最后事实审之法院管辖，即原则上专属于原第二审法院管辖；其未经第二审判决的，则专属于原第一审法院管辖。①

第三人撤销诉讼与再审之诉同属于以除去终局判决为目的的特别救济程序，因此，在提起诉讼的期间限制、起诉的程式要求等方面均准用"再审之诉"的有关规定。

四、第三人撤销诉讼的裁判及其法律效力

（一）第三人撤销诉讼的裁判

当第三人撤销诉讼的原告提起的诉讼不合法时，法院应以裁定驳回起诉。"台湾民诉法"第 249 条第 1 项规定，有其中所列第 1 款至第 7 款情形之一的，又未能补正的，法院应以裁定驳回。因此，如果第三人撤销诉讼的原告有违反专属管辖、无当事人能力或诉讼能力等不符合诉讼要件的情形，法院均以裁定

---

① "司法院"编：《民事诉讼法、民事诉讼法施行法部分修正条文对照表暨总说明》，2003 年印行。

形式驳回起诉。

按照"台湾民诉法"第507条之四的规定,法院认为第三人撤销诉讼有理由时,应该撤销原确定终局判决对该第三人之不利部分,并依第三人之声明,于必要时在撤销范围内作出变更原判决的判决。但有司法实务界人士提出,"此项撤销或变更之判决,仅限于原确定判决对于第三人不利之部分,不得逾越第三人声明之范围,是为当然之解释","然提起撤销之诉的第三人,既非前诉讼程序之原告,法院除得撤销原确定判决外,并许其自为变更之判决,任何情形,鲜有可能;何以本条项仍规定法院于必要时,得为变更之判决,百思不得其解"。① 以部分共有人甲依照台湾地区"民法"第821条规定起诉丁要求返回其与乙、丙共有的某处房屋为例,如果在诉讼中甲与丁通谋故意作出认诺,法院判定丁对房屋享有租赁权、不需要返还;则乙、丙就前诉提起撤销诉讼提出新的事实主张和证据可以要求法院判决撤销原判决并判令丁返还共有房屋。上述案例即为在撤销范围内作出变更原判决的情形。

相反,如果法院认为第三人撤销诉讼显无撤销理由,可以依据"台湾民诉法"第507条之五,准用第502条第2项,不经言辞辩论,以判决驳回;如果撤销之诉确属没有理由的,则可以依据第507条之五和第505条的规定,以判决驳回。

(二)判决的效力

首先,在既判力方面,"台湾民诉法"第507条之四第2项规定,法院作出第三人撤销诉讼的判决后,原判决于原当事人间仍不失其效力。但诉讼标的对于原判决当事人及提起撤销之诉的第三人必须合一确定者,不在此限。依照台湾地区"司法院"对于"立法理由"的阐释,第三人撤销诉讼,旨在除去原确定判决对该第三人不利部分之效力,而非全面否定原确定判决之效力。故为维持原确定判决之安定性,原则上法院就第三人撤销诉讼所为撤销、变更原判决之判决仅具相对效力。故原判决即使被撤销或变更,于原当事人间仍不失其效力。但于诉讼标的对于原判决当事人及提起撤销之诉之第三人必须合一确定之情形,如仍维持原确定判决在原当事人间效力,该第三人因原确定判决所生的不利益即难以获得充分救济,自应使原确定判决在原当事人间亦失其效力。

---

① 吴明轩:《第三人撤销之诉程序》,载《法官协会杂志》2004年第1期。

其次,在第三人撤销诉讼的执行力方面,"台湾民诉法"第507条之三规定,第三人撤销诉讼无停止原确定判决执行之效力。但法院因必要情形或依声请定相当并确实之担保,得于撤销之诉声明范围内对第三人不利部分已裁定停止原确定判决之效力。第三人撤销诉讼作为特别救济程序,原则上并不影响确定判决在原当事人之间的效力,所以原判决当事人依该确定判决声请执行并不受其影响;但为了避免执行程序在第三人撤销诉讼判决确定前即已终结以致第三人利益受损,受诉法院在必要情形下或依声请定相当并确实之担保的情况下,可以在撤销之诉声明范围内裁定停止原确定判决对于第三人不利部分的效力。①

最后,作为特殊救济程序,第三人撤销诉讼也准用"台湾民诉法"第506条的规定,其判决效力对于第三人以善意取得方式获得的权利没有影响。②

但有学者对于第三人撤销诉讼的"判决相对效力原则"提出了质疑,立论于第三人撤销诉讼的适格原告仅限于既判力所及而权利受害的第三人,而且在撤销诉讼中,原告必须以原诉讼程序的原、被告双方为共同被告并获得法院的胜诉判决其权利才能得到保护。如果原告在第三人撤销诉讼中败诉,则原确定判决不受到影响;如果原告胜诉,则"证实原确定判决错误,第三人撤销诉讼之判决始合客观正确之判决,于法律正义之价值言之,当无继续使错误不正确之原确定判决存在之理。否则,既判力扩张应统一于第三人之必要现象势必被破坏,变成前后两判决之矛盾现象,相同诉讼标的之法律关系或权利义务,竟成完全不同之两个判决结果。此为法律之正义与学者之理性所无法接受"。因此,上述观点认为第三人撤销诉讼的判决效力不应当采取判决相对性原则。③

---

① "司法院"编:《民事诉讼法、民事诉讼法施行法部分修正条文对照表暨总说明》,2003年印行。

② 吴明轩:《第三人撤销之诉程序》,载《法官协会杂志》2004年第1期。

③ 陈荣宗:《第三人撤销诉讼之原告与当事人适格》,载《月旦法学杂志》2004年第12期。

五、第三人撤销诉讼与其他救济程序的关系

(一)第三人撤销诉讼与参加人再审之诉

作为贯彻程序保障、倡导纠纷一次性解决立法理念的制度设计,2003 年"台湾民诉法"新增加了第 58 条第 3 项,确立了参加人再审之诉程序。"就两造之确定判决有法律上利害关系之第三人,于前诉讼程序中已为参加者,亦得辅助一造提起再审之诉。"得以参加提起再审之诉的参加人也是就原判决有法律上利害关系之第三人,邱联恭教授认为第三人撤销诉讼与参加人再审之诉有如下区别:

第一,二者制度目的不同。"台湾民诉法"第 58 条参加人再审诉讼限于有第 496 条所列再审事由的情况下才能提起,其目的是将具有既判力的原判决全部推翻;而第三人撤销诉讼是为第三人个人利益而提起,只求撤销原判决对其不利的部分。

第二,二者对于原告适格的要求不同。第三人撤销诉讼的适格原告必须是于前诉讼未获参与机会的利害关系人,且不能是原判决的当事人、被代理人或任意诉讼担当的被担当人。但原判决之当事人、被代理人或上述被担当人则有提起第 58 条第 3 项再审诉讼的原告适格。

第三,二者的效力不同。参加人再审之诉的判决对原判决当事人及参加人全部具有绝对效力;但第三人撤销诉讼的判决原则上仅具有相对效力,原判决在原当事人间仍不失其效力。

第四,二者的诉讼要件不同。参加人再审之诉以曾参加原诉讼为要件;而第三人撤销诉讼则以第三人就本诉讼的系属未曾受通知或非因课归责于己的事由而未参加原诉讼为要件。

第五,二者的诉之声明不同。

第六,提起再审之诉的参加人具有较强的附从性,其诉可由原判决之被参加人撤回;第三人撤销诉讼中原告的地位完全独立。[1]

---

[1]　邱联恭:《口述民事诉讼法讲义》(三),作者自版,2012 年印行,第 363 页。

(二)第三人撤销诉讼与再审之诉

在"台湾民诉法"的修订过程中,部分"立法委员"就对增加第三人撤销诉讼的必要性存在不同意见。2003 年修法确立第三人撤销诉讼程序后,也有学者提出,如果能够直接仿照日本民事诉讼法,扩张再审之诉的申请主体和再审事由的范围,允许未参加前诉讼的有法律上利害关系的第三人提起再审之诉,那么就没有创设第三人撤销诉讼的修法必要了。[①] 直至今日,仍有台湾学者主张应当废除第三人撤销诉讼,而将重心置于保护应受听审请求权保障的第三人。[②]

台湾地区"第三人撤销诉讼"与"再审之诉"在民事诉讼的制度体系中均属于特别救济程序,其中,"再审之诉"在程序构成上有"两阶段说",也有"三阶段说",但诉讼进程均是先进行诉讼要件和再审事由的审查,要件和事由均具备后再重新开始本案审理。第三人撤销诉讼在很多程序要求上都是准用再审程序的规定的,因此,二者在程序进行等方面具有相似之处。

现行"台湾民诉法"上的第三人撤销诉讼与再审之诉的区别主要有以下几个方面:首先,二者的目的不同:再审之诉针对原审判决提起,目的在于全面推翻原审判决的效力;而第三人撤销诉讼主要是针对原判决对第三人不利的部分提起的,为了保护第三人的固有利益,原则上不影响原判决在原当事人之间的效力。故再审之诉的作用效果要比第三人撤销诉讼更为强烈。其次,二者的价值追求不同:再审之诉追求的是普遍、适当的公正;第三人撤销诉讼追求的是个别公正。最后,再审之诉的适格原告以对原诉讼标的有当事人资格者为限,而第三人撤销诉讼的主体范围则比再审之诉更广。[③]

具体而言,第三人撤销诉讼与再审之诉在当事人适格和起诉理由等具体制度设计方面具有较为明显的差异。

[①] 骆永家等:《诉讼参加与再审诉讼》,载《民事诉讼法之研讨》(十三),台湾三民书局 2006 年版;陈荣宗等:《第三人撤销诉讼之原告与当事人适格》,载《民事诉讼法之研讨》(十三),台湾三民书局 2006 年版;姜世明:《民事诉讼法新修正:上诉审级其他程序部分》,载《月旦法学教室》2003 年第 6 期;吴明轩:《第三人撤销之诉程序》,载《法官协会杂志》2004 年第 1 期。

[②] 刘明生:《台湾第三人撤销诉讼之现状与未来立法上之方向》,载《民事程序法研究》(第 14 辑),厦门大学出版社 2015 年版。

[③] 黄国昌:《第三人撤销诉讼——受判决效力所及第三人之事后程序保障机制》,载《律师杂志》2003 年第 8 期。

　　台湾地区学界对于原审判决的当事人及其一般继受人具有提起再审之诉的主体资格均没有异议。① 但对于"台湾民诉法"第 254 条第 2 项规定的特殊继受人能否成为适格的再审之诉主体,学界认为尚存疑问,且"最高法院"1930年抗字第 32 号判例认为,"再审当事人应以前诉讼程序之当事人,及原判决既判力所及之人为限,故再审之诉,非前诉讼程序当事人之从参加人或案外之第三人所得提起",对于特定继受人能否成为再审之诉的适格原告司法实务界也没有明确的判例。② 第三人撤销诉讼的适格原告如前所述,以"有法律上利害关系之第三人,非因可归责于己之事由而未参加诉讼"为要件,其范围与再审之诉的原告范围明显不同。对于特殊继受人的问题,有学者认为如果要否定其提起再审之诉的原告资格,那么从保护其利益的角度出发应该承认其具有提起第三人撤销诉讼的原告资格。③ 按照对 2003 年修订"台湾民诉法"各项程序保障制度设计的目的解释,原审判决的效力于该判决确定时即扩张及于诉讼系属后当事人之特定继受人,特定继受人固有利益受到原审判决不利影响时,可以提起第三人撤销诉讼。④ 在此意义上,第三人撤销诉讼在一定程度上有补强再审之诉功能局限的作用。

　　在被告适格方面,再审之诉是以原审判决的对造当事人为适格被告;第三人撤销诉讼则以原审判决的两造当事人为共同被告提起诉讼。

　　在起诉理由方面,再审之诉以存在"台湾民诉法"第 496 条、第 497 条和第498 条规定的再审事由为法定要件,法院认为不具备再审事由的以判决驳回;第三人撤销诉讼则需在诉状中表明有法律上利害关系的第三人因未受到在前诉讼中应有的程序保障而受到判决的不利影响,"台湾民诉法"并未列举具体的起诉事由。

　　再审之诉是德国、日本民事诉讼传统理论下用以突破既判力拘束、追求实体正义的重要制度设计。传统上,考虑到既判力对于维护已为生效裁判确认或形成的法律关系、保护市场经济交往中的合理预期所发挥的重要作用,既判

　　① 杨建华:《民事诉讼法要论》,台湾三民书局 1999 年版,第 424 页。
　　② 陈荣宗、林庆苗:《民事诉讼法》(下),台湾三民书局 2004 年第 4 版,第 776～777 页。
　　③ 黄国昌:《民事诉讼理论之新开展》,台湾元照出版社 2005 年版,第 336 页;陈荣宗等:《第三人撤销诉讼之原告与当事人适格》,载《民事诉讼法之研讨》(十三),台湾三民书局 2006 年版。
　　④ 许士宦:《诉讼参与与判决效力》,台湾新学林出版社 2010 年版,第 140～141 页。

力的主观范围与提起再审之诉的适格原告具有密切的联系。第三人撤销诉讼作为贯彻程序保障和追求纠纷一次性解决诉讼理念下的制度设计,其适格主体的范围则与判决效力(不限于既判力)扩张的主观范围相关。在客观层面,再审之诉一般采取"再审事由法定主义",启动再审事由以法律条文明确列举为限,其制度设计的出发点也是意在限制再审之诉的启动。台湾地区第三人撤销诉讼虽然未采取启动事由列举式的立法技术,但是因为其与"诉讼告知"、"职权通知"等诉前程序保障制度相配套,并以无"其他法定程序请求救济"作为前提,在程序启动上也颇为严格和慎重。从 2003 年"修法"至今,台湾地区司法实务中适用第三人撤销诉讼的案例并不多见,也可印证其作为特殊救济程序启动条件的严格性。

(三)第三人撤销诉讼与执行救济程序

按照台湾地区"强制执行法"的规定,执行名义对诉讼系属后为当事人之继受人及为当事人或其继受人占有请求之标的物者,对为他人而为原告或被告者之该他人及诉讼系属后为该他人之继受人,及为该他人或其继受人占有请求之标的物者均有效力。因此,当上述特定继受人、被担当人成为执行程序中的债务人面临强制执行时,其可以依据"强制执行法"第 14 条之一提起债务人异议之诉,此时,由于债务人有"台湾民诉法"第 507 条之一所规定的"其他法定程序"用于救济,因此,不能提起第三人撤销诉讼。

但如果执行债权人尚未对执行债务人申请强制执行,因债务人有受到强制执行之虞,为保护其权益,债务人在符合起诉要件时可以提起第三人撤销诉讼;如果在起诉后债权人申请强制执行,则债务人可以"利用同一程序合并为该项诉之声明及提起债务人异议之诉"[①]。

需要特别说明的是,台湾地区第三人撤销诉讼与作为执行救济程序的第三人异议之诉并不存在交错适用或衔接的问题。第三人撤销诉讼的适格原告受到原判决效力所及,一般是指特定继受人、法定担当人以及家事诉讼中形成力所及的第三人。确认婚姻无效等家事判决一般不涉及强制执行的问题,但民事诉讼程序中的特定继受人和法定担当人是强制执行程序的执行债务人,而非第三人。而第三人异议之诉的适格原告是对执行目标物有足以排除强制执行的权利人。因此,第三人撤销诉讼的适格原告与第三人异议之诉中的"第

---

① 许士宦:《诉讼理论与审判实务》,台湾元照出版公司 2011 年版,第 336 页。

三人"有本质上的区别。

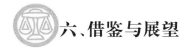

六、借鉴与展望

　　台湾地区学者对第三人撤销诉讼的司法实践情况开展的实证研究表明，在 60 个案例中仅有 15 个法院裁判认为具有法律上利害关系第三人以及其他要件而起诉合法；在这 15 个裁判中又仅有 4 例裁判法院认为主张有理由；最后经过终审确定胜诉、未经上级审法院驳回的仅有 1 个案例。即第三人撤销诉讼的司法适用呈现出"使用率低，胜诉率更低"状态。[①] 此外，台湾地区"最高法院"和司法实务界对于诉讼系属中标的物的受让人能否成为第三人撤销诉讼适格原告问题的处理观点并没有因为"立法"的改变和法解释学的发展而出现变化，依然坚持按照诉讼标的所涉及的法律关系是物权关系还是债权关系来确定判决效力是否及于受让人。

　　面对第三人撤销诉讼在司法实践中遭到的"冷遇"，支持和反对该项制度设计的学说都可以提供合理的解释。从支持的立场出发，第三人撤销诉讼是特殊救济程序，属于事后程序保障的制度设计。如果法院职权通知和诉讼告知等事前程序保障得到充分利用，那么自然没有使用第三人撤销诉讼的必要；倘若第三人可以通过另行起诉或执行救济程序来保障个人权益，则必须提起第三人撤销诉讼的情形也自然较少。[②] 在此意义上，第三人撤销诉讼的"冷遇"正印证了修订后"台湾民诉法"整体制度安排的成功。站在反对的立场上，前述现状既可能是立法者对于制度需求估计错误，假设了不存在的问题，进而创设了无用的制度设计；也可能问题是存在的，但因为制度设计本身的问题或者司法实务操作的问题导致其无法发挥应有的功能。[③] 对制度运行的司法实践的不同解释促使我们反过来检视创设一项民事诉讼制度设计的目的究竟是什么？即这项制度设计是否准确地把握了法院、法官、律师以及可能利用司法

---

　　① 姜世明、李其融：《第三人撤销诉讼之适用范围在实务上之发展》，载《台湾法学》2012 年第 5 期。

　　② 骆永家等：《诉讼参加与再审诉讼》，载《民事诉讼法之研讨》（十三），台湾三民书局 2006 年版。

　　③ 姜世明、李其融：《第三人撤销诉讼之适用范围在实务上之发展》，载《台湾法学》2012 年第 5 期。

制度的普通公民的现实需求,从而促进法治社会秩序的形成。

2012 年我国大陆《民事诉讼法》新增加的第 56 条第 3 款对于第三人撤销诉讼而言仍然是一种原则性和宣示性的立法。2015 年 2 月 4 日,最高人民法院颁布《关于适用〈中华人民共和国民事诉讼法〉的解释》。其中第十四部分就第三人撤销之诉的起诉条件、受理审查程序、审判组织形式、撤销对象、裁判效果以及与再审程序、执行异议程序的关系等内容进行了全面的规定,从而建构了大陆第三人撤销诉讼程序要件。历经 20 余年的"台湾民诉法"研修工程可谓十分严谨、慎重,但包括第三人撤销诉讼在内的众多制度程序仍引起了学界和司法实务界的较大争议。法教义学的工作以"解释"和"体系化"为主要进路,但在具体问题的解释工作上,由于解释者本身所采取的立场、价值取向以及对现行法秩序的理解不同,就会导致法教义学工作方法选择以及实现功能上的差异。作为后发的法律继受国家和地区,在法律移植过程中的解释和体系化工作尤为重要。重新梳理我国台湾地区第三人撤销诉讼的制度安排以及司法实践,既是为了细化、丰富比较法上的知识和理论基础,也是为初露端倪的民事诉讼法解释论可能遭遇的困境提供一个缩微的样本。

第十二章　家事事件程序

　　台湾地区"家事事件法"（以下简称"家事法"）于 2000 年开始起草，2012 年 1 月 11 日公布并自 2012 年 6 月 1 日起施行。有学者认为，"家事法"乃台湾地区三十余年来民事程序法学之重大发展，该法以尊重程序主体、强化程序保障、保护程序利益、维护程序经济、统一解决纷争及谋求法安定性等观点为立法旨意，可谓台湾地区民事程序法制的一个里程碑。①

　　台湾地区原有的家事纠纷处理程序散见于"民事诉讼法"之人事诉讼及调解程序、"非讼事件法"之家事非讼程序、"地方法院办理家事调解事件实施要点"以及"家事事件处理办法"等法规。由于缺乏统一适用的法典，导致诉讼体系的紊乱和程序之间的冲突，造成部分程序制度窒碍难行。在实务中经常遇到涉及同一家庭的数项家事事件需委任不同法官遂行不同程序，这种多元程序并行的制度往往导致同一相关家事事件处理解决所需劳力、时间及费用的倍增，亦动辄造成前后裁判分歧或抵触，以致同一事件的当事人难以获得明确一致的依循，不符合程序利益保护的原则，亦无法达致法的安定性等要求。② "家事法"统合家事事件适用程序于同一法典的目的，旨在妥适、迅速、统和地处理家事纷争及其他相关家事事件，以促进程序经济、平衡保护关系人之实体与程序利益事件。"家事法"分为六编，包括总则、调解程序、家事诉讼程序、家事非讼程序、履行确保及执行、附则，共计 200 条。新法体现了保障当事人诉权、保护弱势之精神，创设了社工陪同、程序监理人、家事调查官、合并审理、履行确保及交付子女和会面交往之执行等制度，同时为因应裁定前可能发生的紧急情况，避免本案请求不能或延滞所生危害，于家事非讼事件明定暂时处分

---

　　① 邱联恭：《家事事件法之解释、适用应依循之基本方针与审理原则》，载《月旦法学杂志》2012 年第 10 期。

　　② 许士宦：《2011 年民事程序法发展回顾：民事程序法之新进展》，载《台大法学论丛》2012 年特刊。

制度。① 其中家事非讼事件程序的若干规定,例如非讼程序之和解、关系人之程序参与及听审请求权保障,促进了"非讼事件法"的修正,使之成为非讼程序之一般规定。②

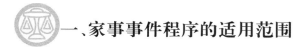

一、家事事件程序的适用范围

"家事法"第 3 条将家事事件分为甲类、乙类、丙类、丁类、戊类事件,于总则中将各事件分类,再于其后的章节细谈各规定。③ 上述五类事件又分为家事诉讼程序与家事非讼程序两大类型,分别规定在该法的第三编和第四编之中。

(一)分类依据

对家事事件的分类主要依照各事件类型的讼争性强弱程度、当事人或利害关系人对程序标的所享有的处分权限范围及需求法院职权裁量以迅速裁判程度的不同,将性质相近之事件类型分别归类。④"家事法"进一步扩大了家事事件的适用范围,不仅包含以身份关系为程序标的之事件,还包含与身份关系有牵连性的财产关系争议,并延展了家事非讼事件范围,将有迅速处理需求的讼争事件予以非讼化。⑤

---

① 许士宦:《2013 年民事程序法发展回顾:家事及民事裁判之新发展》,载《台大法学论丛》2014 年特刊。
② "非讼事件法"于 2013 年 4 月 16 日经"立法院"三读通过,2013 年 5 月 8 日公布并施行。
③ 刘明生:《家事诉讼事件与家事非讼事件之区分——从家事事件程序基本原则之观点考察》,载《月旦法学杂志》2014 年第 4 期。
④ 该法公布后,学理和实务界对家事事件分类的争论就从未停止过。争议的焦点多集中在以下几点:(1)甲、乙、丙三类同为家事诉讼程序,有无分类必要;(2)五大类中细项归类是否不当;(3)某些归类为家事诉讼的事件,却适用家事非讼程序,是否矛盾;(4)五大类中若干规范不够明确;(5)依契约请求或过去费用之请求,应归属于何类事件。参见李太正:《家事事件法之理论与实务》,台湾元照出版公司 2015 年版,第 85 页。
⑤ 沈冠伶:《2012 年民事程序法发展回顾:家事事件法施行后之实务裁判回顾与展望》,载《台大法学论丛》2013 年特刊。

(二)具体类别

1. 甲类事件

此类事件具有讼争性,但当事人对于程序标的却无处分权,包括确认婚姻无效、婚姻关系存在或不存在事件;确定母再婚后所生子女生父事件;确认亲子关系存在或不存在事件;确认收养关系存在或不存在事件。

2. 乙类事件

此类事件具有讼争性,但当事人对于程序标的却无处分权,包括撤销婚姻事件;离婚事件;否认子女、认领子女事件;撤销收养、撤销终止收养事件。

3. 丙类事件

此类财产权事件与身份调整关系密切,且所适用的程序法理较一般财产权事件有所差异,故为因应事件类型的特殊需求,将此类事件置于诉讼程序中,以便程序的统合处理。丙类事件包括因婚约无效、解除、撤销、违反婚约之损害赔偿、返还婚约赠与物事件;因婚姻无效、撤销婚姻、离婚、婚姻消灭之损害赔偿事件;夫妻财产制补偿、分配、分割、取回、返还及其他夫妻财产关系所生请求事件;因判决终止收养关系给予相当金额事件;因监护所生损害赔偿事件;因继承回复、遗产分割、特留份、遗赠、确认遗嘱真伪或其他继承关系所请求事件。立法理由表明,上述事件属与家事事件具有密切关系之财产权事件,具有讼争性且当事人对程序标的亦有处分权,过去均以一般财产权事件处理。

4. 丁类事件

此类事件较无讼争性,且当事人或利害关系人对程序标的并无处分权。丁类事件共计13种,包括:宣告死亡事件;撤销死亡事件;失踪人财产管理事件;监护或辅助宣告事件;撤销监护或辅助宣告事件;定监护人、选任特别代理人事件;认可收养或终止收养、许可终止收养事件;亲属会议事件;抛弃继承、无人承认继承及其他继承事件;指定遗嘱执行人事件;儿童、少年或身心障碍者保护安置事件;停止紧急安置或强制住院事件;民事保护令事件。

5. 戊类事件

此类事件过去有的按非讼事件处理,但也有部分按照诉讼事件处理。立法理由称,由于此类事件具有某种程度的讼争性,且当事人或利害关系人对程序标的有某种程度的处分权,故可一并按照非讼事件类处理。戊类事件共计12种,包括:因婚姻无效、撤销或离婚之给付赡养费事件;夫妻同居事件;指定夫妻住所事件;报告夫妻财产状况事件;给付家庭生活费用事件;宣告改用分别财产制事件;变更子女姓氏事件;确定对于未成年子女权利义务之行使负担事件;交付子女事件;宣告停止亲权或监护权及撤销其宣告事件;扶养事件;宣告终止收养关系事件。

表 12-1　台湾家事事件分类 ①

	甲类	乙类	丙类	丁类	戊类
讼争性强弱程序	有讼争性	有讼争性	有讼争性	较无讼争性	有某种程度之讼争性
关系人对程序标的之处分权限	无	某程度	有(向来以一般财产事件处理)	无	某程度(向来以非讼或诉讼事件处理)
法院需依职权裁量以迅速裁判	否				是

二、家事事件程序的基本理念

(一)新程序法理之设计

1.不公开审理原则

该原则旨在保证家事关系中当事人的隐私和名誉,尊重家庭的私密性。"家事法"第9条规定了不公开审理原则。家事事件的处理程序,以不公开法庭审理为原则,但有下列情形之一者,审判长或法官应准许旁听:(1)经当事人合意,并无妨碍公共秩序或善良风俗之虞;(2)经有法律上利害关系之第三人声请;(3)法律另有规定。审判长或法官认为适当时,得许就事件无妨碍之人旁听。

2.辩论主义的限制

辩论主义涵盖以下三个基本命题:(1)法院不得将当事人没有主张的主要

---

① 许政贤:《人事诉讼的典范转换?——以家事事件合并审理制度为例》,载《月旦法学杂志》2012 年第 10 期。

事实作为裁判的基础;(2)法院必须将当事人之间没有争议的主要事实当然作为裁判的基础;(3)法院必须依当事人提出的证据认定争议事实。[①]"家事法"第 10 条对诉讼中的辩论主义予以限制,即法院审理家事事件认为有必要时,得斟酌当事人所未提出之事实,并依职权调查证据,但法律另有规定的除外。本条立足于对过去法院因采严格辩论主义而囿于对事实真相之挖掘的反思。立法旨在于通过限缩辩论主义,而赋予法官职权探知权,确保当事人的听审请求权、辩论权以及公正审判请求权,以弥补格式化的法条和程序对家事纠纷的破坏,引导案件朝向客观真实的方向发展。

3. 远距离讯问审理制度

在家事纠争解决中,常出现一方当事人窘于资力又不符诉讼救助或请求法律扶助资格时,于审理过程又无力支付提解羁押或执行中他造到场费用的情形。此外,家事事件中也常有重要证人、鉴定人因故无法于期日亲自赴远地法院应讯,造成程序进行的阻碍和延滞。[②] 故为推进家事事件的快速进行,"家事法"第 12 条规定:"当事人、证人或鉴定人之所在处与法院间有声音及影像相互传送之科技设备而得直接审理者,法院认为必要时,得依声请以该设备为之。"所谓远距讯问是指法院依当事人申请,可允许家事事件的当事人、法定代理人、证人或鉴定人等在其住所处,通过声音及影像相互传送的科技设备,接受家事法院的审理。台湾地区为便利该制度的适用,还特制定了"法院办理家事事件远距讯问审理及文书传送作业办法"。

(二)家事事件之统合处理

台湾地区过去所采的多元程序并行的家事解纷模式,既危害了法的安定性及预测的可能性,亦不符合程序利益保护原则,且难以贯彻公益维护层面上程序经济之要求。[③] 家事事件的特性决定了家事纠争的处理一方面须仰赖于法律专家,为实体法上要件该当性作出判断,如对"家事法"第 3 条中的甲、乙、丙类事件,法官需对讼争事项进行法律判断;另一方面为合目的性、妥当性裁量,"家事法"第 3 条中的丁、戊类事件又有赖于法官的迅速裁量。此外,部分

---

① 　[日]高桥宏志:《重点讲义民事诉讼法》,张卫平、许可译,法律出版社 2007 年版,第 349~355 页。

② 　李太正:《家事事件法之理论与实务》,台湾元照出版公司 2015 年版,第 85 页。

③ 　邱联恭:《民事普通法院与家事法院之审判权划分、牵连及冲突——阐释其相关规定之法理依据及适用方针》,载《月旦法学杂志》2013 年第 1 期。

家事事件还亟待社会上、心理上或感情上为弹性处理等需求。因此,为保护相关程序参与者及未成年子女的利益,"家事法"第41条第1项规定数家事诉讼事件,或家事诉讼事件与家事非讼事件请求之基础事实相牵连者,可向其中任一家事诉讼事件有管辖权的少年及家事法院合并请求,①而不受"民诉法"第53条、第248条规定的限制。

据此,对于家事非讼事件并于家事诉讼事件中,仅要求基础事实相牵连,而排除对于专属管辖及同种类程序的条件限制。而在"家事法"第103条,也例外地规定了准许家事诉讼事件并于家事非讼程序中提起的类型(如在赡养费事件中合并提起确认婚姻关系不存在的诉讼等),这也是对"家事法"第1条将统合处理家事事件视为"家事法"之立法目的的思维。② 为此,立法者应尽可能地增设家事法院并配备相关周边设施,委由同一家事法官行使审判权限,运作统一家事程序以统合处理家事事件及相关民事事件。③ 但统合处理家事事件的理念并非绝对性目的,仍应注重对当事人意愿、事件性质以及法理协调等诸多体系性的考量。④

(三)程序法理之交错适用

在传统民事事件中,诉讼事件及非讼事件乃二元分立,而诉讼事件采诉讼法理,非讼事件则采非讼法理,这便是程序的二元论。⑤ 诉讼法理多指适用处分权主义、辩论主义、言词主义、直接审理主义、公开主义、职权进行主义、严格证明、自由心证等法理或原则;非讼法理乃指适用职权探知主义、不以公开审理为原则、不以直接审理主义为原则、不以言词审理主义为原则,对于职权程序事件不采处分权主义、声请事件则采部分处分权主义法理,对于自由证明之容许度较高,适时提出主义之适用性亦被限缩。⑥ 就家事纠纷处理而言,由于家事事件多具有牵连性,其中之法律关系又具有个别性之特征,同一家庭常同

---

① 刘明生:《家事事件之合并、追加与移送》,载《月旦法学教室》2014年第9期。

② 姜世明:《只缘深陷法理迷雾中——谈家事诉讼事件与家事非讼事件合并之难题》,载《月旦法学教室》2015年第4期。

③ 邱联恭:《家事事件法之解释、适用应依循之基本方针与审理原则》,载《月旦法学杂志》2012年第10期。

④ 姜世明:《只缘深陷法理迷雾中——谈家事诉讼事件与家事非讼事件合并之难题》,载《月旦法学教室》2015年第4期。

⑤ 姜世明:《家事事件法之真正争讼事件》,载《军法专刊》2015年第2期。

⑥ 姜世明:《家事事件法理适用论》,载《月旦法学杂志》2012年第7期。

时牵涉多项身份上或财产权利关系的争议,而有通盘统合处理之必要,不宜采取割裂处理的方式。[①]"家事法"认同事件类型审理的必要论,除就纯家事诉讼事件及家事非讼事件分编设程序规定外,同时还在前者中纳入本质上家事非讼事件,而于后者中又纳入真正家事讼争事件,使特定本质上家事诉讼事件亦受非讼化审理,而可交错适用部分之诉讼法理及非讼法理。[②] 此项举措大幅修正了过去诉讼程序与非讼程序二元分离适用论,具有跨时代的意义。[③] 具体可分为数项家事事件合并进行单一程序以及单一事件之程序法理交错适用。其中前者可再细分为如下两类:(1)家事诉讼程序中合并审理家事非讼事件而交错适用非讼法理;(2)家事非讼程序中合并审理家事诉讼事件而交错适用诉讼法理。[④] 以家事非讼事件为例(丁类即戊类),可区分为"本质上非讼事件"及"真正讼争事件而被非讼化者",故其适用法理可区分为一般非讼事件法理和真正争讼事件法理。[⑤] 其中后者对于诉讼上和解、舍弃、认诺、失权及裁判效力有较贴近诉讼法理的操作方式,但对前者而言,则倾向于采职权探知主义,对于书面及言词审理、严格证明与自由证明之法理予以缓和化处理。[⑥]

---

① 沈冠伶:《家事事件之类型及统合处理(一)》,载《月旦法学教室》2012年第8期。

② 沈冠伶:《新世纪民事程序法制之程序正义:以民事诉讼及家事程序为中心》,载《台大法学论丛》2012年特刊。

③ 《家事事件法》第41条规定,法院得就合并请求、变更、追加或反请求之数宗事件合并审理时,原则上适用合并审理前各事件应适用法律之规定。参见许士宦:《家事非讼之程序保障(摘要)》,载《月旦法学杂志》2012年第11期。

④ 沈冠伶:《家事事件之类型及统合处理(二)》,载《月旦法学教室》2012年第9期。

⑤ 沈冠伶:《终止收养事件之审判(下)——非讼化审理及程序法理交错适用》,载《月旦法学教室》2015年第8期。

⑥ 对家事诉讼事件,采用修正辩论主义,原则上需斟酌当事人所未提出的事实,并依职权调查证据。参见姜世明:《只缘深陷法理迷雾中——谈家事诉讼事件与家事非讼事件合并之难题》,载《月旦法学教室》2015年第4期。

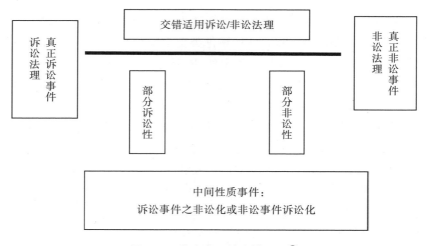

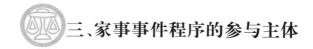

图 12-1　程序法理的交错适用①

三、家事事件程序的参与主体

（一）家事法官

法院为实现家事事件的统合处理，专设家事法院处理家事纷争，由少年及家事法院统一处理；未设少年及家事法院的地区，则由地方法院家事法庭处理，并统一由家事法官一并处理多项家事纷争。处理家事事件的法官，应选任具有性别平权意识，尊重多元文化且有相关学识、经验及热忱者。

（二）家事调查官

由于家事纷争常因家庭成员或亲属间感情纠葛而引发，只有发掘并了解家事纷争背后隐藏的真正原因，方能通权达变、圆融解决。法院为妥适查明、处理真正之实质争点，有必要借助于家庭调查官调查事实。为此，立法者参考日本及韩国的立法例，于"家事法"第 18 条、"少年家事法院组织法"第 27 条设

---

① 沈冠伶：《家事事件之类型及统合处理（摘要）》，载《月旦法学杂志》2012 年第 11 期。

置家事调查官一职。家事法院除法官、书记官外,另配置家事调查官一职。审判长或法官可依申请或依职权命令家事调查官就特定事项调查事实。家事调查官属于公务人员,其专业并不限于法律,而可兼涉心理、社会、教育等专业领域,以补充家事审判官在其他领域的不足,协调辅助其工作。

1. 家事调查官的选任

根据"少年家事法院组织法"第 22 条的规定,家事调查官的任用资格如下:(1)经公务人员高等考试或公务人员特种考试、司法人员考试相当等级之家事调查官考试及格;(2)具有法官、检察官任用资格;(3)曾任家事调查官、少年调查官、少年保护官、观护人并经铨叙合格;(4)曾在公立或经立案之私立大学、独立学院社会、社会工作、心理、教育、辅导、法律、犯罪防治等其他与家事调解业务相关的学系、研究所毕业,具有任职任用资格的。通过设立家事调查官一职,试图降低冲突等级,协助法官与子女的沟通,促成两造理性思考并作出正确的判断。

2. 家事调查官的职责

调查官制度主要有两个功能,审前调查及审后确保履行。[1] 根据"家事事件审理细则"第 33 条的规定,家事调查官承审判长或法官之命,就家事事件之特定事项为调查、收集资料、履行劝告,并提出调查报告、出庭陈述意见,协调联系社会主管机关、社会福利机关或其他必要的协调措施。该法第 34 条规定,审判长或法官除前条所定特定事项外,并得命家事调解官就下列事项提出报告:(1)未成年子女、受监护或辅助宣告人、被安置人之意愿、心理、情感状态、学习状态、生活状况、沟通能力及其他必要事项;(2)评估当事人或关系人会谈之可能性;(3)进行亲职教育或亲子关系辅导之必要性;(4)进行心理咨询、辅导或其他医疗行为之必要性;(5)其他可能连结或转介协助之社会主管机关、福利机关或团体。此外,家事调查官对所定调查事项范围应实地访视,并就事件当事人、关系人之身心状况、家庭关系、生活、经济状况、经历、居住环境、亲职及监护能力,有无涉及性侵害或"儿少"保护通报事件、资源网络等事项为必要的调查。必要时,家事审判官可命调查官列席陈述意见,以厘清事实,完备证据。建立家事调查官制度之目的在于协助法官办理家事案件,故其履行职务时应服从法官之监督。[2]

---

[1]　李太正:《家事事件法之理论与实务》,台湾元照出版公司 2015 年版,第 119 页。

[2]　杨华严:《最新通过之〈少年及家事法院组织法〉简介》,载《司法新趋势》2010 年第 44 期。

（三）家事调解委员

为因应家事事件之特殊性与复杂性，构建裁判方式所不能达到的替代性纷争功能，司法部门积极寻求与其他专业持续性的跨界合作模式，专设家事调解委员，以期能使当事人乐于优先选择家事调解程序。根据"法院设置家事调解委员会办法"第4条的规定，家事法庭所聘任的调解委员应具备法律、教育、社工、医疗及心理咨询、辅导等专业知识，可谓"专家调解委员"。家事调解委员除应具备基本沟通、调解技巧外，还需具有"性别平权意识，尊重多元文化"意识。[1]家事调解委员还应于受聘前，接受"司法院"举办的多元核心领域专业训练课程，并于受聘期间接受每年定期举办的专业训练课程，使自身专业能力得以与时俱进。

（四）程序监理人

在离婚合并酌定子女亲权案件中，常存在家长"情绪绑架"的情形，父母会有意或无意拿孩子当"武器"，替自己争取"有利地位"，或者干脆拿孩子当"筹码"，迫使对方妥协让步。孩子被裹挟在父母争执之中，极易丧失自主权。"家事法"为促进程序经济、保护关系人的实体与程序利益，参酌德国《非讼事件法》《家事及非讼事件法》中程序监理人及美国马里兰州《家事法》之子女代表人等制度，增设选任程序监理人制度，希望能使孩子回到"被照顾者"的角色，通过转达孩子的情绪与愿望，让当事人认真聆听孩子的需求并了解孩子的担心和压力，并重新找回孩子对自己的定位。[2] 此外，程序监理人还可适用在监护人与被监护人利益相佐时之情境（如监护人与被监护人的离婚诉讼），在被监护人无程序能力而与其监护人有利益冲突之虞，或监护人不能够行使代理权，或行使代理权有困难时，法院可依利害关系人申请或依职权为其选任程序监理人。[3] 故而，程序监理人制度的适用范围较广，在家事事件内皆可推定适用。[4]

---

[1]　黄清欣等：《家事专家调解委员评选之研究》，载《台北市立教育大学学报》2009年总第40期。

[2]　赖月蜜：《"程序监理人"——儿童司法保护的天使与尖兵》，载《全国律师》2013年第5期。

[3]　邓学仁：《监护人与受监护人之离婚诉讼》，载《月旦法学教室》2015年第5期。

[4]　姜世明：《程序监理人》，载《月旦法学杂志》2012年第5期。

1.程序监理人的选任

根据"家事法"第 16 条第 1 项的规定,法院可就社会福利主管机关、社会福利机构所属人员或律师公会、社会工作师公会或其他类似公会推荐的具有性别平权意识、尊重多元文化并有处理家事事件相关知识之适当人员,选任为程序监理人。法院还可依利害关系人之声请或依职权予以选任。

2.程序监理人的适用

"家事法"第 15 条规定,在出现下列情形时,法院可依利害关系人之声请或依职权选任程序监理人:无程序能力与其法定代理人有利益冲突之虞;无程序能力人之法定代理人不能行使或行使代理权有困难;为保护有程序能力人利益之必要。在程序进行中,法院认为当事人有适合的代理人、有程序能力人自己已能保护其实体或程序利益,或程序监理人不适任,且有必要时,随时以裁定撤销或变更。但在撤销、变更程序监理人裁定之前,应当听取当事人、法定代理人、被选任人及法院职务上已知之其他利害关系人的陈述意见。若亲自听取其意见存在障碍情形或有害其身心健康或显有延滞程序之虞时,法院可以其他适当之方法调查。[①]

3.程序监理人的职能

根据"家事法"第 16 条和"家事事件审理细则"第 24 条至第 28 条的相关规定,程序监理人的职能包括以下几个方面:接受法院指派的任务(初始任务、附加任务)、声请阅览卷宗(访视报告、限阅材料等);拟定相关工作计划(建立工作记录、拟定访视计划);联系两造当事人(确认主要照顾者、受监理人现住所);安排接触访视(提供程序监理人说明书、进行家访校访等);建立与培养伙伴关系(合作伙伴的关系、非专业关系);协助理解相关程序(选择适当场所、出庭陈述意见);协助真意之表达;适时提出报告;受通知参与程序(参与调解、言词辩论并陈述意见);陪同出庭陈述意见;协助做好分离准备(工作结束前之告知说明);转达裁判意旨(对判决或裁定的内容予以说明);依法提出司法救济(提出上诉、抗告)。除法律另有规定,受监理人依法不得为之程序行为,程序监理人不得为之。[②]

4.程序监理人的功能

程序监理人与"台湾民诉法"第 51 条规定的特别代理人的地位相当,可就

---

①　姜世明:《民事诉讼法基础论》,台湾元照出版公司 2015 年版,第 339 页。

②　李太正:《家事事件法之理论与实务》,台湾元照出版公司 2015 年版,第 94 页。

受选任之家事事件为受监护宣告或未成年人程序上临时法定代理人,具有程序法上的独立地位及功能。程序监理人具有独立地位,可以独立上诉、抗告或声明不服,而不受本人指示的拘束,以保护受监理人的客观利益(实体利益及程序利益),并作为受监理人与法院沟通之桥梁,协助法院迅速妥适地处理家事事件。①

(五)社工人员

"家事法"旨在为家事纷争提供一个司法与网络专业资源的整合模式,汇集不同专业人士协助当事人解决问题,通过各方专业资源,提供适当福利服务,其中与社工人员互动合作亦是跨专业领域下整合家事解纷中浓墨重彩的一笔。社工参加法院的工作包括:家暴禁止令声请及监督会面交往;收出养访视;保护安置、收容业务;陪同侦讯、出庭事务、家事调解等。在执行上述参与法院审理工作的社会事务中,社工发挥其专业优势,着力于降低两造冲突等级,通过鼓励当事人沟通而避免过度主观,达至对双核心家庭的重构。"家事法"基于网络整合的目的,对社工部分除保有传统之保护安置,深化了"社工陪同"和"社工访视调查"等制度,通过"家事事件服务中心"垂直整合司法社工服务,借由两种专业落实全面性、服务性司法。

1.社工陪同制度

"家事法"第11条规定,未成年人、受监护或辅助宣告之人表达意愿或陈述意见时,必要时法院应通知直辖市、县(市)主管机关指派社会工作人员或其他适当之人员陪同在场,并陈述意见。值得一提的是,"家事法"中的"社工陪同制度"并非简单的"陪伴"而已,而是要求尽力保护弱势子女在法庭上的权益。但对于如何定义"必要"、何种情势下需要陪同、陪同社工的人力及专业训练、陪同功能及社工陪同在法院上的角色定位等,则尚待实务经验积累,逐步形成共识。

2.社工访视调查制度

就整体而言,社工人员访视调查包括亲权(监护、探视)访视、收出养访视、家暴事件访视、儿少保护安置访视、成年监护及监护人选定调查报告及建议。所谓"监护访视调查"系指针对离婚时或离婚后,或父母不能行使(例如死亡、

---

① 邓学仁:《从德日法制论我国家事事件法之程序监理人》,载《法学丛刊》2012年第2期。

不适任)或停止亲权时,对于子女亲权(监护)归属的裁判,由社工进行调查访视工作,并运用工作专业的知识技巧,评估子女未来的成长环境,以子女最佳利益为原则,提供承审法院为亲权(监护权)归属裁判之参考,协助法官厘清事实。法院在审酌子女亲权之理由中,大多会出现"参酌访视报告调查之结果"等字样,以辅助裁判决定亲权对子女最佳利益之心证。[①]

四、家事事件的处理程序

(一)家事诉讼程序

家事诉讼程序适用家事诉讼事件,即涵盖"本质上的诉讼事件"与"诉讼化的非讼事件",前者指具有某种讼争性且当事人对程序标的亦有处分权限的事件,后者指当事人对程序标的虽无处分权,但因牵涉当事人重大身份利益而具有较强的讼争属性的事件,如确认婚姻无效、婚姻关系存否、亲子关系存否、收养关系存否等。由于此类家事事件的诉讼目的在于确认过去的事实,确定既存的权利义务关系,因此审理程序一般较为复杂,故而一并规定在家事诉讼程序中予以规范。

1.管辖

家事事件之管辖,除"家事法"另有规定外,准用"非讼事件法"有关管辖之规定;"非讼事件法"未有规定的,准用"民事诉讼法"有关管辖的规定。法院受理家事事件之全部或部分不属于其管辖的,除当事人有管辖之合意外,应依声请或依职权以裁定的方式移送至有管辖权的法院。但法院为统合处理事件认为有必要,或当事人已就本案为陈述者,法院可裁定自行处理。法院受理有管辖权的事件,为统合处理事件之必要,经当事人合意,可以裁定的方式移送其他相关法院。但移送裁定确定后,受移送法院不得以违背专属管辖为由,再为移送。

2.适格当事人

关于当事人的诉讼能力,"家事法"第 14 条规定:"能独立以法律行为负义

---

① 杨炽光:《台湾家事调解之实质发展与展望》,载吴瑾瑜主编:《两岸民事法理论与实务发展现状》,台湾元照出版公司 2014 年版。

务者,有程序能力。满七岁以上之未成年人,除法律别有规定外,就有关其身份及人身自由之事件,有程序能力。不能独立以法律行为负义务,而能证明其有意思能力者,除法律别有规定外,就有关其身份及人身自由之事件,亦有程序能力。"概言之,家事事件中对当事人适格的要求并不像民事诉讼程序那样对当事人能力予以严格限制,只要具备意思能力,其所为诉讼行为即视为有效。

3.事件类型

从具体内容上看,家事诉讼事件约可分为婚姻关系诉讼、亲子关系诉讼、继承诉讼事件。婚姻关系诉讼,包括甲类事件中确认婚姻无效、婚姻关系存在或不存在事件,乙类事件之撤销婚姻事件、离婚事件等;亲子关系诉讼,包括甲类事件中的确认母再婚后所生子女生父事件、确认收养关系存在或不存在事件,乙类事件之否认子女、认领子女事件、撤销收养、撤销终止收养等事件;继承诉讼事件,包括因继承回复、遗产分割、特留份、遗赠、确认遗嘱真伪或其他于继承人彼此间因继承关系所生之继承诉讼事件。上述事件原作为财产诉讼并被排除在"民诉法"第九编"人事诉讼程序"之外,现被"家事法"纳入家事事件审理范畴。

4.救济审级

鉴于家事诉讼事件的实体裁判为判决,故其救济程序多遵循上诉程序的规则,但若涉及财产性事件,则可能适用简易或小额程序;若涉及特殊情形,也可适用再审和第三人撤销之诉。对于第三人程序保障而言,"家事法"第48条规定,就第3条所定的甲类或乙类家事诉讼事件所确定的终局判决,对于第三人亦有效力。① 具体而言,如对甲类事件和乙类事件不服第一审判决的,当事人应向"高等法院"提起上诉,对于第二审判决不服的,则向"最高法院"提起上

---

① 第48条另设但书条款,即若存在下列各款情形之一者,不在此限(对第三人不发生效力):"一、因确认婚姻无效、婚姻关系存在或不存在诉讼判决之结果,婚姻关系受影响之人,非因可归责于己之事由,于该诉讼之事实审言词辩论终结前未参加诉讼。二、因确认亲子关系存在或不存在诉讼判决之结果,主张自己与该子女有亲子关系之人,非因可归责于己之事由,于该诉讼之事实审言词辩论终结前未参加诉讼。三、因认领子女诉讼判决之结果,主张受其判决影响之非婚生子女,非因可归责于己之事由,于该诉讼之事实审言词辩论终结前未参加诉讼。(第1项)前项但书所定之人或其他与家事诉讼事件有法律上利害关系之第三人,非因可归责于己之事由而未参加诉讼者,得请求撤销对其不利部分之确定终局判决,并准用民事诉讼法第五编之一第三人撤销诉讼程序之规定。(第2项)"

诉；当事人对丙类事件，除第5款关于因监护所生损害赔偿事件，[①]其余家事诉讼事件原则上依家事诉讼程序进行。但对于请求赔偿或给付金钱等事件，因其金额可能有符合小额事件或简易事件的规定，因而对于丙类事件的救济程序较为复杂。即符合小额程序的依小额程序救济，第一审为家事法院，其第二审为法律审，归地方法院合议庭管辖；若符合简易程序的，则第一审为家事法院，第二审由地方法院合议庭管辖，第三审则由"最高法院"管辖；若属于适用普通程序的事件，则第一审由家事法院处理，第二审为"高等法院"，第三审为"最高法院"。[②]

（二）家事非讼程序

家事非讼事件具有形成处分性、迅速解决性、依情事为适宜变更必要性、欠缺一对一利害关系对立性、当事人隐私尊重性，其中裁量性与欠缺对立性为非讼程序最为重要的特征。[③] 家事事件非讼化的目的与功能在于简易主义。纵观"家事法"中的非讼程序原则，大多集中在赋予法官广泛裁量权，以求争议简易、迅速之解决，并期待法院为权益性、创设性和展望性处理。[④]

1. 事件类型

"家事法"将家事非讼事件分为如下12种：婚姻非讼事件、亲子非讼事件、收养事件、未成年人监护事件、亲属间扶养事件、继承事件、失踪人财产管理事件、宣告死亡事件、监护宣告事件、辅助宣告事件、亲属会议事件以及保护安置事件。

2. 暂时处分制度

在家事非讼事件中，虽然主体间存在特殊的身份关系，但也不乏有以财产权为标的者，如丁类事件中的婚姻无效、撤销或离婚之给予赡养费事件、给付家庭生活费事件、监护人报告财产状况及监护人报酬事件、扶养事件、未成年人权利义务行使负担事件等，并不单单以亲权的酌定、改定或变更为目的，常伴随着财产的给付义务。对于上述事件，法院基于保护未成年子女利益的公

---

① "家事法"第121条，将未成年监护所生损害赔偿事件规定为家事非讼程序，应依家事非讼裁定程序进行救济。

② 姜世明：《家事事件之救济审级建构》，载《军法专刊》2015年第6期。

③ 魏大晚：《家事诉讼与非讼之集中交错——以对审权与裁量权为中心》，载《月旦法学杂志》2003年第3期。

④ 蔡孟：《家事审判之研究——以日本家事裁判制度为借鉴》，台湾大学法律学研究所1997年硕士学位论文，第230页。

益目的,需要以裁定形成新的亲权关系时,同时形成未任亲权一方交付子女义务、交付行使亲权所必要物品义务或形成给付保护教育费用等义务关系。① 鉴于家事非讼事件之职权性及合目的性,并因应案件裁定确定前的紧急状态,避免出现请求不能或延滞实现所带来的危害,②同时平衡兼顾关系人在诉讼中的利益,法律就家事非讼事件特设暂时处分制度,作为家事非讼事件的保全方法。暂时处分的相关内容主要规定在"家事法"第85条至第91条,如在有关未成年子女照护义务归属事件的审理中,法院可依当事人申请,作出命令父亲先行给付扶养费、医疗费或学费的暂时处分。③ 此外,"司法院"于2012年5月制定的"家事非讼事件暂时处分类型及方法办法"对暂时处分的类型和办法作了更为细致的规定。

3. 救济审级

对于家事非讼事件的裁定不服,相关救济程序分别规定于"家事法"第92条至第94条中。④ 具体而言,当事人对丁类事件、戊类事件的一审裁定不服的,可由少年及家事法院以合议方式裁定;对前项合议裁定不服,只能以其适用法律有误为由,径向"最高法院"提起抗告;对于家事非讼事件之暂时处分裁定不服的,除法律另有规定外,仅对准许本案请求之裁定有抗告权之人得为抗告,且抗告中不停止执行。但法院认有必要时,可裁定其提供担保或免供担保后停止执行。⑤

① 魏大喨:《家事暂时处分性质疑义》,载《月旦法学杂志》2015年第9期。
② 林洲富:《民事诉讼法理论与案例》,台湾元照出版公司2015年版,第369页。
③ 林洲富:《论选任未成年人与受监护宣告人之监护人——家事事件法施行后之展望》,载《月旦法学杂志》2013年第1期。
④ "家事法"第92条规定:因裁定而权利受侵害之关系人,得为抗告。因裁定而公益受影响时,该事件相关主管机关或检察官得为抗告。依声请就关系人得处分之事项为裁定者,于声请被驳回时,仅声请人得为抗告。"家事法"第93条规定:提起抗告,除法律另有规定外,抗告权人应于裁定送达后10日之不变期间内为之。但送达前之抗告,亦有效力。抗告权人均未受送达者,前项期间,自声请人或其他利害关系人受送达后起算。前述第1项或第2项受裁定送达之人如有数人,除法律另有规定外,抗告期间之起算以最初受送达者为准。"家事法"第94条规定:对于第一审就家事非讼事件所为裁定之抗告,由少年及家事法院以合议裁定之。对于前项合议裁定,仅得以其适用法规显有错误为理由,径向"最高法院"提起抗告。依第41条规定于第二审为追加或反请求者,对于该第二审就家事非讼事件所为裁定之抗告,由其上级法院裁定之。
⑤ 姜世明:《家事事件之救济审级建构》,载《军法专刊》2015年第6期。

(三)家事调解程序

由于实体法上就婚姻关系赋予婚姻当事人实体处分权,允许双方合意处分而为两愿离婚,故在程序上也赋予当事人处分权,允许双方因合意处分而成立法院调解或和解离婚。① 鉴于台湾地区现行的调解制度不足以有效解决家事纷争,"司法院"于2005年启动家事事件调解的试点运动,积极推动并加强法院调解。2009年4月"立法院"确立"离婚调解"制度,改变了过去台湾地区只有"协议离婚"与"裁判离婚"两种类型的离婚方式。"离婚调解制度"体现在台湾地区"民法"第1052条中,该条明文规定:"离婚经法院调解或法院和解成立者,婚姻关系消灭。法院应依职权通知该管户政机关。"②家事调解期待由当事人自己作出是否离婚的决定并达成如何行使亲权的协议,尊重每个人与每个家庭的独特性和隐私性,由当事人来决定其家务事。此次"家事法"特设家事调解程序专编,旨在为当事人提供独立思考的机会,敦促当事人客观冷静地就离婚及孩子安排等事宜作出理性决定并协助修复并重建关系。

1.强制调解(调解前置)与声请调解(任意调解)

"家事法"第23条规定:"家事事件除第三条所定丁类事件外,于请求法院判决前,应经法院调解。前项事件当事人径向法院请求裁判者,视为调解之声请。但当事人应为公示送达或于外国为送达者,不在此限。除别有规定外,当事人对丁类事件,亦得于请求法院裁判前,声请法院调解。"上述所称家事事件,应包括家事诉讼事件和家事非讼事件,除丁类事件外,均纳入裁判前的强制调解。对强制调解事件,当事人未经调解程序,径向法院请求裁判者,视为调解之申请,即拟制请求法院裁判为申请调解,法院即应依调解程序进行。但对于当事人应为公示送达或在外国为送达者,调解显无成立之望,故不生成拟制申请调解的效果。③ 此外,根据"家庭暴力防治法"第17条的规定,保护令事件不得进行调解或和解,这主要是因为双方当事人的地位不平等,不具有对

---

① 许士宦:《2013年民事程序法发展回顾:家事及民事裁判之新发展》,载《台大法学论丛》2014年特刊。

② "离婚调解制度"体现在"民法"第1052条之一。该条明文规定:"离婚经法院调解或法院和解成立者,婚姻关系消灭。法院应依职权通知该管户政机关。"参见刘宏恩:《台湾离婚调解制度的演变——兼论家事事件法关于调解程序的若干疑问》,载《台湾法学杂志》2012年第6期。

③ 吴明轩:《试论家事事件法之得失(上):逐条评释》,载《月旦法学杂志》2012年第6期。

等谈判的能力,故不适用调解。①

2.调解的合并与移付

(1)调解的合并。"家事法"第 26 条规定了数宗事件的合并,可分为三大类:一是数宗家事事件之合并。该条第 1 项规定:"相牵连之数宗家事事件,法院得依声请或依职权合并调解。"所谓牵连之数宗家事事件,指的是家事诉讼事件与家事非讼事件的牵连,法院可依声请或依职权合并调解,以一个调解程序一次性解决数件家事纠纷。二是家事事件与民事事件之合并。该条第 2 项规定:"两造得合意声请将相牵连之民事事件合并于家事事件调解,并视为就该民事事件已有民事调解之声请。"由于民事事件非属强制调解之范围,故拟制为该民事事件已有调解之声请,以便法院合并于家事事件,践行调解程序。该条第 3 项规定:"合并调解之民事事件,如已系属于法院者,原民事程序停止进行。调解成立时,程序终结;调解不成立时,程序继续进行。"三是合并调解民事事件之移付。同条第 4 项规定:"合并调解之民事事件,如原未系属于法院者,调解不成立时,依当事人之意愿,移付民事裁判程序或其他程序;其不愿移付者,程序终结。"

(2)移付调解。为维护家庭成员间的平和安宁,避免家事纷争迭次参讼并扩大调解的适用范围,增加当事人程序选择的机会,"家事法"规定了移付调解制度。在裁判程序开始后,对当事人间有可能自主解决纷争,或解决事件的意思已甚接近时,法院可斟酌具体情形,依职权定 6 个月以下的期间停止诉讼程序,或为其他必要的处分。② 即在法院认为有必要时,可依职权将该事件移付调解。由于移付调解是在裁判程序开始后进行的,为了避免过度耗费司法资源,法律规定移付调解原则上仅以一次为限。③ "家事事件审理细则"第 59 条补充规定:"法院于家事事件程序进行中依职权移付调解前,应先征询当事人及关系人之意见。"调解的移付旨在扩大调解的功能,允许法院于裁判程序开始后,在必要时,得依职权将事件移付调解,例如,在裁判程序进行中,法院经由整理争点或调查证据,彻底了解当事人间争议所在后,有可能劝导成立调解,即有必要移付调解。但因裁判程序开始后之调解耗费司法资源,适用范围不宜过宽,移付调解原则上以一次为限,以免因移付情形泛滥而延滞诉讼或非

① 施慧玲:《当家事调解遇上家庭暴力》,载《月旦法学教室》2014 年第 7 期。
② 林洲富:《民事诉讼法理论与案例》,台湾元照出版公司 2015 年版,第 374 页。
③ 黄丹翔:《台湾地区家事调解制度的新发展》,载《人民法院报》2014 年 1 月 10 日第 8 版。

讼程序之进行。

（3）移付审判。"家事法"第 31 条规定，当事人两造于调解期日到场而调解不成立者，法院得依一造当事人之声请，按该事件应适用之程序，命即进行裁判程序，并视为自声请调解时已请求裁判。

3. 调解的分筛、通报和转介

各法院在实行家事专业调解前设有筛案和分案制度，即在调解筛检审阅后认定暴力严重者，先不转由家事调解委员会处理，经法院初步开庭认定适宜而移付调解部分，再依案件性质，分案给有相关背景训练或经验之调解委员会调解，司法事务官可与当事人联系，就暴力事项进行确认。调解中若相对人有继续威胁被害人人身安全之危险，该案件得转介家暴驻点服务处，可报告法官或交由司法事务官转介促请主管机关或家事调查官为被害人另为保护令声请，或进行相关资源之连结（如经济辅助资源连结或进行紧急庇护之评估）。审理中的调解则由法官及司法事务官立即将该案件转介驻法官家暴中心的社工，以协助被害人讨论安全计划及提供咨询服务，并由家暴中心持续跟进追踪，将追访结果告知承办法官。如认为当事人属自杀高危险或有携子谋为同死等情形，应立即交由法官或司法事务官通报县、市政府卫生局心理卫生中心或社会局，如发现当事人有酗酒、药瘾、毒瘾、精神病等情形，亦应报告调解法官或告知司法事务官并填写个案追访通报（转介）单。[1]

4. 调解流程

家事调解程序的调解主体由法官担任，并可商请其他机构或团体志愿协助。调解由法官选任符合家事调解委员会资格者一至三人先行为之。调解委员会之选任及解任，应依法院设置家事调解委员会办法行之。家事调解事件，无论是强制调解事件或者是移付调解事件，均由法官办理。为扩大调解机制的功能，法官于必要时，并得商请具有调解服务的非营利民间机构或团体志愿提供专业协助，以促进资源整合，减省法院及当事人之劳费，并提高调解成效。为了解当事人或关系人的家庭及相关环境，必要时法院可命家事调查官联系社会福利机构，提出调解必要事项之报告。法院可根据家事调查官之报告，命当事人或关系人分别或共同参与法院所指定之专业人士或机构、团体所进行的免费咨询、辅导、治疗或其他相关之协助项目。

---

[1]　杨炽光：《台湾家事调解之实质发展与展望》，载吴瑾瑜主编：《两岸民事法理论与实务发展现状》，台湾元照出版公司 2014 年版。

5.以子女利益为调解核心

在家事事件审判实务上,多数人鼓励子女出席父母争执场所,以便父母倾听并了解子女的真正需求。在家事调解会谈时,子女的愿望通常不那么肯定,尤其是 16 岁以下的子女,在父母离婚危机中对长远的未来,如与谁同住,会面交往等问题,都较难有十分肯定或明确的意见表达。① 所谓子女利益应包含基本利益、发展利益、自己决定利益,其中自己决定利益系指子女自己决定权与意见表明即表意权,故需赋予子女对于自己有关的事项,依其年龄、成熟度而自由表达自己的意思或为决定的权利。在未成年子女陈述或表达意愿时,有时必须依赖于心理专家或其他专业人士的协助,因此在对子女意愿进行调查或探寻时,需具备相关的专业能力,法院不仅要了解专家本身的教育背景(包括是否有完善的资格或证照、是否了解现行法律),也要了解专家运用何种程序来形成意见,以及该专家的调解模式和方法等。②"家事法"第 108 条规定了子女在程序中的表意权,即应依照子女之年龄及识别能力等身心状况,于法庭内外以适当方式晓谕裁判结果之影响,使其有表达意愿或陈述意见之机会;必要时还可邀请儿童及少年心理或其他专业人士协助。此外,为强化对未成年人的保护,还引入社工陪同、程序监理人、暂时处分及家事强制执行等制度。基于家事纷争的特殊性,关于交付子女或与子女会面交往等,均有与传统强制执行方式不同的制度设计,如履行劝告及抚养费、家庭生活费用、赡养费之预备查封及强制金等规定。

(四)家事强制执行程序

鉴于家事纠纷的特殊性,关于交付子女或与子女会面交往等裁判均不宜以传统的强制执行方式为之,故设有履行劝告、抚养费、家庭生活费、赡养费之预备查封及强制金及交付子女与会面交往等颇具特色的强制执行规定。

1.履行劝告

因当事人间血缘亲情关系及抚养未成年子女的共同责任,若当事人于裁判确定后,能自动履行义务,可避免彼此对立、痛苦或愤怒,有助于维护未成年子女的最佳利益。为促进债务人自动履行,"家事法"创设"履行劝告"制度,通

---

① 杨炽光:《家事调解与家事纷争解决机制(一)——从家事事件法展望家事调解》,载《台湾法学杂志》2013 年第 4 期。

② Robert M. Galatzer-Levy, etc, *The Scientific Basis of Child Custody Decisions*, 2nd edition, Wiley, 2009, pp. 131~132.

过法院的协助与柔性劝导,使债务人理解自动履行的益处和对未成年子女的正面影响,进而心甘情愿地依执行名义履行债务。债权人在取得家事事件之执行名义(包括确定之终局裁判、法院成立之和解或调解、民事保护令等)后,得于声请强制执行前,向执行名义成立的法院声请劝告债务人于一定期间内履行债务。法院在为履行劝告之裁定前,需先调查债务履行状况,或通知债务人陈述意见,以切实了解不履行的原因。同时法院还可以其他适当的方式劝告债务人,促请其于裁定前自动履行。此外,法院还可以交由其他适当人员办理,或请相关主管机关、民间团体、学校或个人协助,以连结相关资源妥适地促请债务人自动履行。为鼓励债务人自动履行,尽快清偿债务,若执行标的为金钱或其他代替物之给付时,债务人可斟酌自身状况,就全部或已届期的给付自行提出履行之方式,经由法院转告债权人表示是否接受,债权人表示接受时,债务人即可依其自己提出之方式履行;但该方式仅就如何依执行名义给付提出债务人自认可行的方法,并非变更原执行标的之内容。在法院认为有必要时,可实行各项劝告方法,包括评估债务人自动履行之可能、促成会谈、进行亲子教育或亲子关系辅导、促请其他亲友协助债务人履行、拟定安全执行计划或短期试行方案、劝告债务人提出履行之方式或其他适当之措施。[①]

2. 交付子女与会面交往之执行

有关交付子女与会面交往的执行事件多涉及亲情、情感、子女、人格尊严等因素,故而在执行时应考虑未成年子女最佳利益的执行方式并综合审酌各种因素,实行适当执行方法。"家事法"第 194 条、第 195 条规定了各类执行方法,以期能在此类执行事件中,借由社工、咨询、辅导或其他亲朋好友的劝告协助,尽力维持家庭成员关系,维系未成年子女之最佳利益。

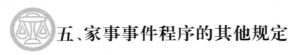

五、家事事件程序的其他规定

(一)设立家事事件服务中心

在家事立法的过程中,民间团体曾对草案提出的批评建议中便包括"缺乏

---

① 赖淳良:《家事司法制度革新之回顾与展望》,载《法扶会讯》2012 年总第 37 期。

积极解决纷争的服务性制度"一项。① 民间团体对草案的批评主要集中在以下几点:欠缺性别意识;两性平权的现状;缺乏尊重多元文化的制度设计;缺乏积极解决家事纷争的服务性制度;调解和审判为同一法官,调解制度将形同虚设;家事法庭不公开审理,逃避人们的监督;纷争解决一次性或统和处理未被有效贯彻;无法保护弱势群体的诉讼权益;诉讼费用由当事人负担,违背"家事事件法"的公益性;一切旧问题仍未能解决,如拿不到钱、看不到孩子等。"司法院"参考各县(市)政府在法院推动家庭暴力事件驻点服务处的成功模式,促请一审法院积极与地方政府及相关机关合作,设置家事事件服务中心(家事资源整合连结服务处)。② 截至 2012 年年底,高雄少年及家事法院,南投、花莲、云林、彰化、基隆、宜兰、台南地方法院已陆续设立 8 所家事服务中心。家事服务中心是当事人求助的第一个机构,通过"司法专业社工"和"咨询人员"等构建家事服务窗口的第一线,及时评估案件性质并决定是否转介"家暴驻点服务处"以及简单说明家事调解程序和诉讼流程,使得当事人得到简便、快速解决问题之选择、增加家事事件处理的圆融度。家事事件服务中心由法院提供场所并辅之以必要的软硬件设备,主管机构可以自行或委托民间团体提供社政、警政保护、法律扶助、就业、医疗及其他社会资源转介等相关服务。③

(二)检察官的参与

鉴于家事事件的公益性,检察官可以当事人的身份参与家事程序,成为家事诉讼之被告,如婚生否认之诉("家事法"第 63 条第 3 项);确定其父之诉("家事法"第 65 条第 3 项);依"家事法"第 39 条提起诉讼,但在判决确定前,被告均死亡的,除另有规定外,由检察官续行诉讼("家事法"第 50 条第 3 项);认领子女事件,被指为生父之被告于判决确定前死亡者,由其继承人承受诉

---

① 民间团体对草案的批评主要集中在以下几点:欠缺性别意识;两性平权的现状;缺乏尊重多元文化的制度设计;缺乏积极解决家事纷争的服务性制度;调解和审判为同一法官,调解制度将形同虚设;家事法庭不公开审理,逃避人们的监督;纷争解决一次性或统和处理未被有效贯彻;无法保护弱势群体的诉讼权益;诉讼费用由当事人负担,违背家事事件法的公益性;一切旧问题仍未能解决,如拿不到钱、看不到孩子等。

② "少年及家事法院组织法"第 19 条第 1 款规定:"少年及家事法院应提供场所,必要之软硬件设备及其他相助协助,供直辖市、县(市)主管机关自行或委托民间团体设置资源整合连结服务处。"

③ 李太正:《家事事件法之理论与实务》,台湾元照出版公司 2015 年版,第 30～33 页。

讼；无继承人或被告人之继承人于判决确定前均已死亡者，由检察官续受诉讼（"家事法"第 63 条第 3 项、第 65 条第 3 项）。

表 12-2　"家事法"之特色规定一览表①

	项目	"家事法"	特色
家事事件处理之新程序、家事纷争解决一次性与统合	统合纷争一元化处理	第 26、41、42、79、101、103、105、110 条	以原因事实为合并审理的范围、诉讼资料及证据间具有关联，可达到迅速解决家事纷争的目的，避免当事人间迭次参讼，符合程序经济原则
	事件新分类	第 3 条	依诉讼性强弱、标的处分权、法院裁量分为 5 大类事件
	远距讯问审理	第 12 条	在监在押当事人以视讯审理、调解，兼顾诉讼经济、迅捷
	不公开审理	第 9 条	保护子女利益、当事人隐私及名誉，以不公开审理为原则
替代性纷争解决	调解前置	第 23 条	除丁类事件外，均属强制调解、自主、替代性解决家事纷争
加强专业处理、专业网络整合、家事事件处理福利化	社工陪同	第 11 条	结合儿童及少年心理或其他专业人士协助，社工陪同未成年出庭，为程序能力不足之人选任程序监理人，保障子女和弱势群体权益。家事调查官协助法院进行访视调查，分析个案所需之各项社会资源，进而提出建议。法官于必要时，并得商请具有调解服务之非营利民间机构或团体志愿提供专业之协助，以促进资源整合，并提高调解成效
	家事调查官	第 18 条	
	专业处理、协助调查、访视调查	第 17、106、108 条	

续表

项目	"家事法"	特色
保护弱势子女利益		
程序监理人	第15～16条	保障子女、程序能力不足、弱势群体诉讼权益,选任具备专业能力之程序监护人
暂时处分	第85条	因应裁定确定前之紧急状况,避免本案请求不能或延滞所生之危害
未成年子女表意权	第108条	社工陪同出庭,选任程序监护人,保障其听审请求权外,于裁定前更应依子女年龄及识别能力等不同状况,亲自听取其意见,或借由其他适当方式,晓谕裁判结果对于子女可能发生之影响,借以充分保障其意愿表达及意见陈述权
履行确保		
家事强制执行	第186～195条	履行劝告,抚养费、家庭生活费、赡养费之预备查封及强制金,与子女的会面交往等法官在执行阶段提供柔性措施,以供双方再为商议通过执行阶段的促谈,了解彼此的困难及子女生活变动之需求,并引导至自动履行及关系修复

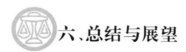

六、总结与展望

横亘十年的家事司法制度改革,随着"家事法""少年及家事法院组织法"的施行、少年及家事法院(庭)的成立,相关法制的硬件层面已大致齐备。"家事事件法"乃一部整合性法律,涉及实体法与程序法间的嵌合问题,非讼与诉讼法理交错适用问题,更涉及社会福利、儿童和未成年之照顾及利益维护,家庭学、婚姻学、儿童心理学及专业人员之协力问题,与一般财产权纠纷有更高的人性考量。[1] 回顾近十年台湾地区家事事件程序改革的跌宕历史,其改革历程有着自身鲜明的特点,有诸多可供我们借鉴之处。

---

① 姜世明:《民事诉讼法基础论》,台湾元照出版公司2015年版,第443页。

(一)跨专业合作的模式

1.立法过程的跨专业合作

任何新的领域,尤其是一项跨学科的领域都将激发倡导者对有关调解诸多风格、类型和学派的热烈讨论。[1]"家事法"通过"司法与法制委员会"举办公听会并由民间团体、多位不同立场的民事诉讼法专家学者共同协商,最终完成立法工作。在总结台湾地区过去多年来各地法院适用"家事事件处理办法"的家事审判经验的基础上,诉讼法专家、学者及民间妇女团体、少年保护团体等参考外国立法例,提出解决台湾地区家事审判困境的法案。[2]在十余年的修法历程中,台湾地区各界对家事调解、家事合并审理等制度从初步设计、具体构建到实际运行状况等开展了全方位、立体多元的调研及评估报告,为"家事法"的推进奠定了扎实的基础。

2.家事事件处理过程的跨专业合作

在家事纷争处理过程中搭建跨专业合作平台,引入程序监理工、陪同社工、家事调查官、专业调解员等人员,进而实现跨专业领域之整合,使得程序得以顺利转介,纷争得以圆融解决。各行业人员在协助当事人完成司法程序的同时结合自身资源,提供家庭暴力防治的宣传资讯、福利咨询、陪同出庭、法律咨询、转介服务、福利资源资讯等"全面性服务",以减少被害人求助的障碍,稳定被害人及其家庭生活,让整个家庭更有能力从创伤中恢复并重新出发。通过跨专业合作消解纠纷,培育民众一种新型家事解纷理念——即较少地关注从前任配偶处获得优势和利益,而更多地关注对未来生活作出明智的安排。[3]这也意味着当事人与民间团体之间的横向合作已经被成功整合进由司法支配的机制之中,不同层次的合作相互衔接并达成一种动态的均衡。

(二)先实验后规制的路径

以家事调解为例,2005年3月"司法院"制定及公布"地方法院实施家事

---

①　Nancy Ver Steegh, Family Court Reform and ADR: Shifting Values and Expectations Transform the Divorce Process, *Family Law Quarterly*, 2008, Vol. 47.

②　陈惠馨:《家事事件法的立法与内容——一个比较法观点》,载《月旦法学杂志》2012年第11期。

③　[英]凯特·斯丹德利:《家庭法》,屈广清译,中国政法大学出版社2004年版,第12页。

事件调解试行要点"(以下简称"试行要点")为台湾地区家庭纠纷之处理模式开创一个新的纪元:从过去主要由典型的法学教育出身的法官所处理之家事事件调解程序,改由法院选聘心理师、社会工作师、医师、律师、具有心理咨询或心理咨商学经历或家事事件调解专业经验者。① 在试行的第一年,"司法院"依"试行要点"择定台北、板桥、士林、新竹、台中及屏东等六所地方法院为试行法院,遴选具有心理、社会工作等经历的专业人员担任调解委员,"内政部儿童局"提供调解经费补助。为评估试行要点是否续行及续行后修正之参考,"司法院"于 2006 年 3 月邀请"内政部"代表、部分庭长、法官参与家事事件试行专业调解检讨会议。② 经整理评估后,"司法院"认为家事事件调解值得持续推展,故自 2006 年 4 月起再增加苗栗、云林、台南、高雄及基隆 5 所试办法院。在两年试办期间届满之前,"司法院"派员实地巡回观察各试办法院的运作,深入了解各法院实际执行状况,并决定自 2007 年 4 月起在离岛以外的 18 所地方法院全面试办家事专业调解制度。2008 年 3 月,"司法院"公布"地方法院办理家事调解事件实施要点",取代原"试行要点"并将调解方案推向全台湾地区。

家事调解制度虽已在其他国家和地区推行,但对台湾地区而言,尚属于一项较新的家庭服务。有关部门在全面推广家事调解试验计划之前,先在小部分法院推广试行,由各地法院担负起制定标准及培训工作,加上民间及学术界不断地举办培训课程和研讨会议,才得以在几年后,将家事调解全面推向台湾地区。从这个角度观察,这种从试行到实行再到稳健立法的历程相对温和,即先推出转型成本较低的试验模式,认真研究正反两方之经验,从成本效益出发并不断予以修正和评估,而后通过社会文化的积淀和专业人才的培养,完善调解的规范化发展并逐步形成严密的调解网络。这种在"破与立"之间选择渐进式的改革路径,能够适当兼容本土秩序和纠纷解决的新理念,以获得业界和民众更大的认同和共鸣。

---

① 张淑芬:《建立家事调解委员会证照制度暨相关评鉴及投诉机制的可行性》,台湾苗栗地方法院 2008 年度研究报告,转引自曾子奇:《探讨兼具调解经验之修复促进者在修复式司法中的理念与实践》,台湾大学犯罪学研究所 2012 年硕士学位论文,第59 页。

② 该会共有五大议题,包括各试行法院调解作业程序是否一致,家暴事件是否适宜调解,调解委员于调解中进行资源转介是否适当,如何加强倡导工作及试行要点之修正等。参见编辑部:《秘书长勉以裁判外方式彻底解决纷争》,载《司法周刊》2006 年总第1278 期。

(三)兼收并蓄的法律移植模式

台湾地区"民事诉讼法"历次修正多以德国立法为参照,广泛借鉴德国、日本和英美法系各国的法治改革和成熟经验,同时秉承中华法系的精神,并对其进行现代化改造。[①]"家事法"中程序监理人、家事调查官参考了德国和日本的经验;治疗式的家事调解模式借鉴了美国的经验。近年来,台湾地区在家事解纷制度的构建中十分重视制度移植,且这种移植并不拘泥于一种形式,而是紧跟家事纠纷发展的现实需要,不断调整家庭和纠纷的序位,选择最优方案。尽管目前台湾地区在对家事纠纷解决路径的设计上多依赖于域外经验,但总是能够妥当地处理殊异法律文化和制度背景的对接,实现了非正式规则和正式法律制度的有效整合,降低制度移植过程中的摩擦成本。正如有学者指出的:"台湾地区的修法正逐渐摆脱 20 世纪前叶所采抄袭性继受模式,而改向于更加本地化,以因应社会独特之时代需求。"[②]司法制度的形成与发展是一个充满未知与变数的人为选择,设计和建构的过程,其可以体现为一种社会博弈或利益权衡的权宜之计,同时也是蕴含着特定社会政治理想和目的的社会价值选择的结果。[③]台湾地区家事诉讼制度在变迁的过程中,充分结合本地区情况和民族特点,不断发展,逐步完善,凸显了一种兼收并蓄的特点。这不仅是简单的规则上的变化,而且更是一种法律和社会文化的演进。

可以肯定的是,在家事纠纷激增的大背景下,我们需要寻求一种框架,在该框架下,我们以促进家庭福祉为本位需求,并试图用一种新型的、开放的方式解决家庭问题,超越当前文本范畴和现有的法院设置,进而从根本上改变现有的诉讼模式,如引导当事人认识权利、重新定位法院角色,总结各地法院探索式经验,最终摸索出适合中国本土的家事诉讼模式和流程。[④]

---

①　齐树洁:《台湾地区民事诉讼制度改革述评》,载《法治研究》2011 年第 6 期。

②　许士宦:《程序保障与阐明义务》,台湾新学林出版股份有限公司 2003 年版,第 3 页。

③　高志刚:《司法的制度理性与实践运作》,载《法律科学》2009 年第 6 期。

④　齐树洁:《中国大陆家事诉讼特别程序之构建》,载吴瑾瑜主编:《两岸民事法理论与实务发展现状》,台湾元照出版公司 2014 年版。

第十三章　智慧财产案件审判程序

 一、概述

　　2007 年 1 月,台湾地区"立法院"审议通过"智慧财产法院组织法"(以下简称"组织法")与"智慧财产案件审理法"(以下简称"审理法"),正式成立集智慧财产民事诉讼、行政诉讼和刑事诉讼三类程序合一的智慧财产法院,并建构起独立的智慧财产案件审理规则。

　　"组织法"分为 8 章,共包括 45 个条文,主要规定了智慧财产法院的设立目的及权能、法官的任用资格、技术审查官的配置、书记处等司法辅助单位和人员的配置、司法年度和事务分配、法庭的开闭及秩序、司法行政的监督以及期限和实施期日等内容。"审理法"则分为 5 章,共计 39 个条文,主要规定了专门适用于智慧财产案件审理程序的特殊制度,智慧财产民事诉讼、刑事诉讼和行政诉讼的程序规则等内容。此后,台湾地区"司法院"还颁布了"智慧财产案件审理法施行细则"和"智慧财产案件审理细则",主要用于解决两部法律施行后旧法与新法的衔接以及具体的司法适用等问题。

　　台湾地区学界和实务界一般认为,立法机关设立智慧财产法院以及单独的审理程序主要基于如下考虑:第一,克服传统"二元化结构"司法体系下频繁出现的智慧财产民事、刑事诉讼程序因当事人提起关于智慧财产权有效性主张或抗辩的行政诉愿或诉讼而中止的问题,力求快速解决智慧财产案件纠纷。第二,进一步积累智慧财产案件的审判经验,促进台湾地区法官向专业化方向发展。第三,保护智慧财产权,提升台湾地区企业的竞争力,促进经济发展。①当然,台湾地区加入世贸组织,受到 TRIPS 协定的拘束也是前述两部法律出

---

　　①　以上立法目的的详细解读可参见王静怡:《智慧财产法院之运作问题与判决分析》,台湾中原大学财经法律学系 2010 年硕士学位论文,第 5～7 页。

台的重要外部诱因。

在综合借鉴美国、日本、韩国等国家立法例和司法实务经验的基础上,台湾地区智慧财产法院和智慧财产案件审理程序的制度设计呈现出如下主要特征:

首先,智慧财产法院采取集中管辖制度,即在横向上管辖智慧财产民事诉讼第一审和第二审案件、智慧财产刑事诉讼第二审案件和智慧财产行政诉讼第一审案件。我国台湾地区受大陆法系传统的影响,司法体系一直呈现"二元化结构",普通法院管辖民事和刑事案件,行政法院管辖行政诉讼案件。因此,智慧财产法院所采取的智慧财产民事、刑事和行政诉讼集中管辖制度既有不同于传统法院组织设置之处,又嵌入台湾地区已有的审级制度体系之内,仍由台湾地区"最高法院"和"最高行政法院"分别作为终审法院。

其次,智慧财产法院在人事制度安排上设置了"技术审查官"用于辅助法官审理智慧财产权纠纷。技术审查官的配置规定在"组织法"的第 3 章,其职责为"承法官之命,办理案件之技术判断、技术资料之搜集、分析及提供技术之意见,并依法参与诉讼程序"。根据已有研究的介绍,台湾地区智慧财产法院的技术审查官是借鉴日本及韩国相关制度设计而成的。[①] 技术审查官制度旨在弥补法官在智慧财产专业知识方面的不足,并非对原有的鉴定制度和专家咨询制度的取代。

再次,在智慧财产案件审理程序上,"审理法"更加侧重于保护当事人的智慧财产权益,贯彻不公开审理原则。在兼顾"确保公正审判"与"保护营业秘密"的立法理念的指导下,"审理法"第 11 条专门规定了"秘密保持命令"制度,法院可以依照持有营业秘密的当事人或第三人的申请,对他造当事人、代理人、辅佐人或其他诉讼关系人发出秘密保持命令。

最后,台湾地区智慧财产审理程序还在民事诉讼中引入了智慧财产权有效性司法审查制度。在既往的智慧财产民事诉讼审理中,民事裁判的作出往往需要等待行政机关对智慧财产权有效性作出审查或当事人提起行政诉讼的结果才能够继续进行,常常会导致诉讼的拖延。依照"审理法"第 16 条的规定,如果当事人主张或抗辩知识产权有应撤销、废止的原因,法院不应停止诉讼程序,而应就其主张或抗辩有无理由自为判断。此项制度设计主要是为了

---

① 丁丽瑛、林铭龙:《台湾地区智慧财产法院特色机制及其运行评述》,载《台湾研究》2014 年第 2 期。

快速、有效地解决智慧财产权纠纷。

综上所述,台湾地区设立的智慧财产法院及审理程序立足于智慧财产纠纷的特殊性,借鉴、吸收了美、日、韩等国立法例在司法组织和审判程序制度设计方面的经验,颇具创新之处和鲜明特征。下文将主要从组织架构及审理程序两个视角介绍台湾地区智慧财产法院及其审理程序的运行机制。

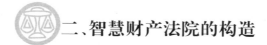 **二、智慧财产法院的构造**

在智慧财产法院成立之前,台湾地区的普通法院和行政法院一般均以设立"专庭"或"专股"方式审理智慧财产权相关案件。台湾地区"司法院"还曾制定"司法院所属各级法院设置专业法庭应行注意事项",旨在加强专业法庭的功能,但司法实践中存在的诉讼程序拖沓、法官专业性知识不足等问题仍然无法得到有效的解决。在此背景下,智慧财产法院的组建可以说是一项根本性改革,在组织层面为解决智慧财产案件审理中存在的顽疾提供了契机。

(一)组织架构

法院的组织指的是基于不同层级法院职能的审判权结构以及内设机构的任务分配,其核心内容为权限的分配。[①] 作为单独设立的法院,智慧财产法院的审级制度安排等外部组织问题与法院内部组织分工具有较多交织之处。

智慧财产法院负责审理有关智慧财产的民事诉讼、刑事诉讼和行政诉讼案件。依照"组织法"第 3 条的规定,"依专利法、商标法、著作权法、光盘管理条例、营业秘密法、集成电路电路布局保护法、植物品种及种苗法或公平交易法所保护之知识产权益所生之第一审及第二审民事诉讼事件"均由智慧财产法院管辖,其范围包括智慧财产确权、合同纠纷、侵权纠纷等等。其中,第一审民事诉讼案件由法官一人独任制审理;第二审民事诉讼案件则仍由智慧财产法院法官组成合议庭审理。

对于涉及智慧财产的刑事案件而言,智慧财产法院为第二审法院,无论是上诉还是抗告案件,均需由三名法官组成合议庭审理。台湾地区行政诉讼因为贯彻三级二审制,故智慧财产法院所管辖范围为"因专利法、商标法、著作权

---

① 姜世明:《法院组织法》,台湾新学林出版股份有限公司 2012 年版,第 151 页。

法、光盘管理条例、集成电路电路布局保护法、植物品种及种苗法或公平交易法涉及知识产权所生"的第一审行政诉讼案件。第一审行政诉讼案件亦需组成合议庭审理。

对于不属于智慧财产法院管辖的民事、行政诉讼案件,当事人误向智慧财产法院起诉,智慧财产法院应依"民事诉讼法"和"行政诉讼法"的相关规定移送至有管辖权的法院。智慧财产法院对第一审民事、行政诉讼案件的管辖在性质上并非专属管辖,其他民事、行政法院就实质上应属智慧财产民事、行政诉讼案件作出的实体裁判,上级法院不得以管辖错误为由废弃原裁判。对于刑事案件,依照"智慧财产案件审理细则"第 8 条的规定,"第一审法院就检察官起诉犯罪事实变更法条为应适用智慧财产法院组织法第 3 条第 2 款规定之刑事案件裁判,当事人不服该裁判而上诉或抗告时,第一审法院应将其上诉或抗告之刑事案件送交智慧财产法院"。

根据学者对 2008 年至 2012 年智慧财产法院收案、结案、办案平均数、和解率及调解率等数据的统计研究,智慧财产法院审判效率的提升较为明显,在统一司法审判政策、保障法律统一适用等方面亦取得明显效果。[①] 但台湾地区学界对结合审理模式特别是智慧财产民事诉讼中一、二审均交由同一法院管辖是否会损害当事人的审级利益、优先管辖原则应当如何理解等问题仍存在较多的争议。

申言之,在民事诉讼程序中,法院是否具备管辖权属于诉讼要件之一,也是法院依职权需要查明的事项。台湾地区民事诉讼学理和司法实务向来依据管辖的规定是否被严格遵守为标准,区分为专属管辖与任意管辖,其中,专属管辖系指"基于公益之要求,法律明文规定某种诉讼事件属于固定之法院管辖,得排除其他一切之管辖权,不容许法院或当事人任意变更者"[②]。例如,"台湾民诉法"第 10 条、第 499 条、第 510 条等规定均为专属管辖。依照"台湾民诉法"第 452 条的规定,二审法院原则上不得以一审法院管辖错误为由废弃判决,但违反专属管辖的除外;依照同法第 469 条,违反专属管辖甚至可以成为违背法令上诉至第三审的理由。

"组织法"第 3 条和"审理法"第 7 条所规定的智慧财产法院对智慧财产民事案件的"优先"管辖权在"立法"之初即曾受到质疑。按照"司法院"秘书长范

---

① 丁丽瑛、林铭龙:《台湾地区智慧财产法院特色机制及其运行评述》,载《台湾研究》2014 年第 2 期。

② 姜世明:《民事诉讼法》(上),台湾新学林出版股份有限公司 2012 年版,第 72 页。

光群教授所作的说明,"组织法"对于民事和行政诉讼施行的是"优先管辖",而对刑事诉讼施行的是"专属管辖",即在民事诉讼中,即使当事人向普通法院提起本应由智慧财产法院管辖的诉讼,普通法院作出生效裁判,此时也不能因此废弃生效裁判。① 这一点亦由"司法院智慧财产案件审理细则"第 9 条所进一步明确:"智慧财产民事、行政诉讼事件非专属智慧财产法院管辖,其他民事、行政法院就实质上应属智慧财产民事、行政诉讼事件而实体裁判者,上级法院不得以管辖错误为由废弃原裁判。"

"优先管辖"并非台湾地区学理和司法实务中的固有概念,故学界和司法实务中对此问题尚存颇多争议。主导台湾地区智慧财产法院组织及审理立法的范光群教授认为,因"智慧财产案件审理法"第 7 条将智慧财产民事诉讼一、二审均规定为智慧财产法院管辖,一般法院为无管辖权法院;又因前述规定并未明文规定"专属"管辖,故智慧财产案件仍有合意管辖("台湾民诉法"第 24 条)以及拟制合意管辖("台湾民诉法"第 25 条)的适用。但因为智慧财产法院的专业性高于一般法院,如果当事人合意选择将非智慧财产案件交由智慧财产法院审理,则应参照本属简易程序或小额程序案件不得合意选择适用普通程序审理的原理,予以拒绝。② 但有学者提出,在原告选择被告住所或侵权行为地的普通法院提起智慧财产纠纷民事诉讼时,被告倘若提出管辖抗辩,则普通法院应当依据优先管辖原则的要求向智慧财产法院移送案件,实际上造成了由被告决定管辖法院的局面。③ 台湾地区法院在司法实务中所形成的共识却是当事人必须作出明示合意管辖才能排斥智慧财产法院的优先管辖。普通法院一般均以"本件原告系主张其商标权遭侵害,故所提起之民事损害赔偿诉讼,除非双方合意以普通法院为第一审管辖法院,否则应向智慧财产法院起诉,然综观本件原告起诉状所载之事实暨所附之证据,并未有被告同意原告向普通法院提起本件诉讼之陈述及证物,原告向无管辖权之本院起诉,显系违误。爰依职权将本件移送于该管辖法院"④为由,排斥"台湾民诉法"第 25 条

---

① 台湾地区"立法院"第 6 届第 3 期法制委员会第 15 次全体委员会会议记录,载《"立法院"公报》第 95 卷第 33 期。

② 范光群等:《智慧财产民事诉讼新貌之问题探讨——着重"智慧财产法院组织法"及"智慧财产案件审理法"施行后将面临的问题》,载《民事诉讼法之研讨》(十六),台湾三民书局有限公司 2009 年版。

③ 沈冠伶:《智慧财产民事诉讼事件与行政争讼事件之统合处理》,载《法学新论》2009 年第 3 期。

④ 台北地方法院 2009 年度审智字第 19 号民事裁定。

的适用而径行将案件移送给智慧财产法院。

此外,台湾地区民诉法学界与司法实务界尚存争议的是普通法院审理的第一审智慧财产案件应当向哪个法院提起上诉或抗告?"审理法"第37条规定:"本法施行前已系属于地方法院及高等法院之智慧财产民事事件,其法院管辖及审理程序依下列规定:……二、地方法院已为之裁判,经上诉或抗告,其卷宗尚未送上诉或抗告法院者,应送智慧财产第二审法院。"同法第19条仅规定在智慧财产法院法官为第一审独任审理时,仍上诉或抗告至智慧财产法院。有学者提出,"审理法"第19条第2项对智慧财产案件的第二审上诉并未区分其原审是在地方法院系属还是在智慧财产法院系属,应当认为这是一个具有"专属管辖"性质的审级管辖规定。[①] 形成鲜明对照的是,司法实务界人士则提出,在当事人合意管辖或拟制合意管辖选择普通法院进行第一审的情形,仍由"高等法院"或其分院作为第二审法院并无障碍,也符合当事人的选择。智慧财产法院的裁判似乎也持相同立场:"智慧财产民事事件不采专属管辖,当事人如合意由第一审普通法院管辖,由该法院独任法官裁判,不服其裁判,应向第二审普通法院上诉或抗告。"[②]然而,仍有学界观点对此实务立场持不同的意见,认为基于智慧财产案件第一审去中心化、第二审集中化的趋势,应由智慧财产法院作为统一的第二审法院。[③]

(二)人事制度

与普通法院和行政法院相同,智慧财产法院也设有院长、庭长、法官、法官助理、司法事务官和公设辩护人。智慧财产法院的院长依"组织法"第8条之规定应为具有"最高法院"法官、"最高行政法院"法官或"最高法院检察署"检察官任用资格并有领导才能者。智慧财产法院的法官员额规定在"组织法第7条附表"中,每年受理案件未满5000者,设院长1名,庭长5~10名,法官10~20名;技术审查官员额为13~26名。截至2015年10月,根据台湾地区

---

① 范光群等:《智慧财产民事诉讼新貌之问题探讨——着重"智慧财产法院组织法"及"智慧财产案件审理法"施行后将面临的问题》,载《民事诉讼法之研讨》(十六),台湾三民书局有限公司2009年版。

② 智慧财产法院2009年度民专诉字第25号民事裁定及2009年度民商诉字第22号民事裁定。

③ 王静怡:《智慧财产法院之运作问题与判决分析》,台湾中原大学财经法律学系2010年硕士学位论文,第41~42页。

智慧财产法院官方网站上的显示,智慧财产法院共有 15 名法官,其中院长 1 名,庭长 2 名,审判长 1 名,其他法官 11 名。

台湾地院传统上一直实行职业法官制度,法官分为学习法官、候补法官、试署法官以及实授法官。英美法系的陪审制度和大陆法系的参审制度在台湾地区均未得到实施。为了克服职业法官制度固有的欠缺多元性、官僚本位等弊端,直至 1989 年,台湾地区"司法院"才开始草拟"参审试行条例",后又于 1991 年完成"参审员试行条例",但均因涉及"合宪性"等问题未能完成"立法"。直至新一轮司法改革启动,"司法院"于 2003 年提出的"专家参审试行条例草案"仍未获得广泛支持而告流产;2012 年推出的"人民观审试行条例草案"受到的质疑依然很多;"司法院"与台湾地区"在野党"就台湾地区应当推行观审、参审抑或陪审仍未形成共识。在此背景之下,智慧财产法院在人事制度上的一项重要创举就是引入了技术审查官,其核心职能在于"承法官之命,办理案件之技术判断、技术资料之搜集、分析及提供技术之意见,并依法参与诉讼程序"。

首先,技术调查官的设置,一方面,依托于智慧财产纠纷审理的专业性与技术性,职业法官需要技术调查官协助其解决相关的专业性问题,如通过规定技术审查官参与诉讼并向证人或鉴定人询问,可以有效解决法官面对数份鉴定报告无法取舍的窘境。① 另一方面,技术调查官的设置亦涉及行政机关对智慧财产权有效性认定与司法判断的衔接问题。在任职资格方面,"组织法"第 16 条规定,需要满足下列条件之一,即"担任专利审查官或商标审查官合计三年以上,成绩优良并具证明者;或经公立或立案之私立大学、独立学院研究所或经教育部承认之外国大学、独立学院研究所毕业,具相关系所硕士以上学位,担任专利或商标审查官或助理审查官合计六年以上,成绩优良并具证明者;或公立或立案之私立专科以上学校或经教育部承认之国外专科以上学校相关系科毕业,担任专利或商标审查官或助理审查官合计八年以上,成绩优良并具证明者"或者"现任或曾任公立或立案之私立大学、独立学院相关系所讲师六年以上、助理教授、副教授、教授合计三年以上或公、私立专业研究机构研究人员六年以上,有知识产权类专门著作并具证明者"。依照"组织法"之规定,符合资格的技术调查官的任职途径包括遴选或借调,台湾地区"司法院"为

---

① 卢文祥:《我国智慧财产法院之理想与实现》,载《政大智慧财产评论》2006 年第 1 期。

此专门制定了"智慧财产法院技术审查官借调办法"。智慧财产法院在 2008 年设立之初有 9 位技术审查官,全部由台湾地区"经济部智慧财产局"的资深专利审查官借调过来担任职务。在"审理法"第 16 条的框架下,如果当事人提出智慧财产权有效性的主张或抗辩,那么法官应当在民事诉讼中对其所主张或抗辩的智慧财产权有效性问题一并进行审理。台湾地区技术审查官主要从"经济部智慧财产局"借调而来,"智慧财产局"一般为智慧财产行政诉讼被告,故技术审查官的中立性不免受到质疑。当然,此类顾虑并非规范性问题,可由司法实务发展逐步消化解决。

其次,为了保证立法意图的实现,技术审查官的职权主要包括:"为使诉讼关系明确,就事实上及法律上之事项,基于专业知识对当事人为说明或发问;对证人或鉴定人为直接发问;就本案向法官为意见之陈述;于证据保全时协助调查证据。"就法定职权分析,技术调查官的主要职能在于帮助法官形成对案件事实的认定,并不能对法律的适用发表意见。也正是基于技术调查官对法官事实认定和心证形成过程所发挥的积极作用,"审理法"第 8 条明确规定:"法院已知之特殊专业知识,应予当事人有辩论之机会,始得采为裁判之基础。"但在司法实务中,技术审查官极少与当事人直接交流或辩论,而多以陈述或书面报告的形式向法官提供参考,而依照"智慧财产案件审理细则"第 16 条的规定,"技术审查官制作之报告书,不予公开"。因此,部分学者和司法实务界人士质疑技术审查官可能会引导法官心证的形成,而当事人又无法对此予以有效制衡。[①]

再者,技术审查官的性质属于司法辅助人员,其回避"依其所参与审判之程序,分别准用民事诉讼法、刑事诉讼法、行政诉讼法关于法官回避之规定"。因为智慧财产法院对智慧财产民事诉讼一审、二审案件均享有管辖权,因此,有学者质疑在审级利益之下,技术审查官的回避施行颇具争议。[②] 在司法实务中,技术审查官回避问题并不突出,智慧财产法院运行多年来仅有一例针对参加过定暂时状态假处分的技术审查官在本案诉讼中提起回避申请被驳回的案例。[③] 受司法管辖地域、司法官数量等多重因素的制约,台湾地区司法实践

---

① 丁丽瑛、林铭龙:《台湾地区智慧财产法院特色机制及其运行评述》,载《台湾研究》2014 年第 2 期。

② 王静怡:《智慧财产法院之运作问题与判决分析》,中原大学财经法律学系 2010 年硕士学位论文,第 121 页。

③ 台湾地区智慧财产法院 2009 年度民声字第 9 号民事裁定。

中法官及司法辅助人员回避的适用本来就不多。在智慧财产法院集中管辖智慧财产民事诉讼一审、二审案件的前提下,不论法官还是技术审查官都会面对基于审级利益保护而生的回避问题。但台湾地区的司法实践经验表明这一问题并不像学界预期的那样严重。

最后,技术审查官制度在司法实践运行中的另一个重要议题就是与既有的专家咨询和鉴定制度如何协调的问题。台湾地区"司法院"在 2000 年发布了"专家参与审判咨询试行要点",后在 2003 年又进一步修改为"专家咨询要点",其主要内容包括:民事、刑事、行政诉讼的事实审均可由法官依职权引入专家咨询;咨询专家可以由法院在编订名册中自由选定,有必要时也可以在名册外选任专家咨询;专家的回避准用"台湾民诉法"等法律中有关法官的规定;咨询专家并非证人或鉴定人,仅系法官顾问,不参与事实认定和法律判断;咨询专家可以领取日费、旅费及报酬;由于咨询工作而知悉他人秘密或隐私事项,咨询专家应当保守秘密。鉴定是传统的证据方法,"台湾民诉法"、"刑事诉讼法"和"行政诉讼法"均有相关的规定。鉴定制度的目的同样在于以有特别学识第三人的专业知识、技能经验辅助法官进行事实判断。[①] 技术审查官、专家咨询和鉴定三项制度在核心功能指向性上具有相同或近似之处,在司法实务中更是不易严格区分。根据台湾地区"司法院"2011 年对智慧财产法院运作情况的报告,在智慧财产权纠纷案件中,由于技术审查官制度的施行,专家咨询和鉴定的适用比例均大幅下降。[②] 来自司法实务界人士的观点更是认为智慧财产法院过于倚重技术审查官,有意回避程序烦琐的专家咨询和鉴定制度并非正途,应当仿照日本的专门委员和会议鉴定制度对台湾地区的专家咨询和鉴定制度进行改造。[③] 在规范层面上,"智慧财产案件审理细则"第 18 条规定,技术审查官的陈述并不能被直接认定为待证事实的证据,当事人对待证事实仍负有举证责任。台湾地区的申请鉴定程序一般系由当事人申请而启动,也可以由法官依职权启动;其主要功能包括:弥补法官所欠缺的有关法规范或经验法则知识、鉴定人将专业知识适用于法院依证据调查所获得的一般

[①] 姜世明:《民事诉讼法》(下册),台湾新学林出版股份有限公司 2014 年版,第196 页。

[②] "司法院":《法院加强审判功能保护智慧财产权——智财法院综合分析报告》,2011 年印行,第 13~14 页。

[③] 许正顺:《如何提高智慧财产案件之审判功能——以技术审查官之实务运作为中心》,载《专利师》2013 年 1 月号。

事实而获得判断结论以及鉴定人基于专业知识而认定事实。[1] 在制度预设上,技术审查官应当定位于辅助法官对鉴定意见进行识别和判断;而专家咨询与技术审查官的功能确有重合,除非技术审查官的专业背景不足以覆盖案件所需知识或因被申请回避而无法参与案件审理,智慧财产法院法官需要咨询专家的概率应该不高,因此,专家咨询在智慧财产诉讼中一般仅发挥补充技术审查官的功用。[2]

三、智慧财产民事诉讼程序

因为智慧财产法院实行三审合一的管辖制度,所以"审理法"实际上包括了智慧财产纠纷民事诉讼、刑事诉讼和行政诉讼三种程序类型。在这三种程序类型中,智慧财产法院对智慧财产民事诉讼、行政诉讼第一审案件均享有管辖权,因此,"审理法"对于智慧财产民事诉讼程序的规定最为完备,几乎全部适应于智慧财产案件特点的制度设计均规定在智慧财产民事诉讼程序之中,智慧财产行政诉讼则主要参照适用民事诉讼程序的相关条款。

不同于一般民事诉讼程序,智慧财产民事诉讼排斥简易程序和小额诉讼程序的适用,且贯彻不公开审理原则。在一般民事诉讼中,公开审理是基本原则,不公开审理是例外。在智慧财产权纠纷民事诉讼中,因为案件普遍涉及商业秘密或技术机密,故而"审理法"第9条规定,当事人提出的攻击防御方法,涉及当事人或第三人营业秘密的,经当事人申请,法院可以不公开审理;当事人合意申请不公开审理的,法院也可以不公开审理。如果诉讼资料涉及营业秘密,法院可以依申请或依职权裁定不予准许或限制阅览、抄录或摄影。按照立法理由的说明,该项规定系参照"台湾民诉法"第195条之一而制定的,故智慧财产民事诉讼中涉及当事人及第三人"隐私"的,也应属于不公开审理的范围。[3]

除了贯彻不公开审理原则外,智慧财产民事诉讼程序中重要的制度设计

---

① 许士宦:《鉴定人之诉讼地位与当事人之程序保障(上)》,载《台湾本土法学杂志》2005年第1期。

② 黄伦璘:《智慧财产案件审理法》,"经济部"智慧财产局2009年版,第32~33页。

③ 范光群等:《智慧财产民事诉讼新貌之问题探讨——着重"智慧财产法院组织法"及"智慧财产案件审理法"施行后将面临的问题》,载民事诉讼法研究基金会:《民事诉讼法之研讨》(十六),台湾三民书局有限公司2009年版。

主要有秘密保持命令、智慧财产权有效性审理、证据保全和定暂状态假处分等。

(一)秘密保持命令

所谓"秘密保持命令"制度是指法院可依申请人的要求,命令对他造当事人、代理人、辅佐人或其他诉讼关系人不得以诉讼之外的目的使用或向他人开示营业秘密。这里的"营业秘密"是指"营业秘密法第 2 条所定之营业秘密",即指方法、技术、制程、配方、程序、设计或其他可用于生产、销售或经营的信息,且符合:非一般涉及该类信息之人所知者;因其秘密性而具有实际或潜在之经济价值者;所有人已采取合理之保密措施者。

台湾地区一般民事诉讼程序虽然贯彻公开审理原则,但是对于"营业秘密"也有特别的保护。"台湾民诉法"第 242 条规定,若卷内文书涉及第三人或当事人隐私或营业秘密,法院可依照当事人申请或依职权禁止或限制阅览、抄录卷内文书。按照"台湾民诉法"第 307 条的规定,"证人就其职务上或业务上有秘密义务之事项受讯问者",可以拒绝提供证言。此外,就第三人持有的书证和物证亦准用前述特免权的规定。当事人依据"台湾民诉法"第 367 条之三和第 344 条第 2 项之规定,也享有针对当事人讯问、书证、物证的职业秘密特免权。在"审理法"实施前,"台湾民诉法"第 344 条第 2 项后段即有关于职业秘密特免权例外的规定,法院认为有必要时仍可以命令当事人提交书证,但需要以不公开的方式进行。"秘密保持命令"规定在"审理法"第 2 章"民事诉讼"之中,对照"审理法"第 10 条和第 18 条的规定,秘密保持命令的实施实际上是以强化当事人的证据收集权和提出证据义务作为前提的,是一项旨在平衡当事人和利益关系人权益保护的机制。有学者指出,"秘密保持命令"的部分制度设计多数仅在重申"台湾民诉法"的规范原则,二者有较多重合之处。[①]

按照"立法理由"的说明,"秘密保持命令"的制度旨在兼顾"营业秘密保护"与"公正裁判确保"两项具有冲突的价值目标。

1.申请秘密保持命令的主、客体要件

在主体要件方面,按照"审理法"第 11 条的规定,秘密保持命令的申请由持有营业秘密的"当事人或第三人"提出。受秘密保持命令之人则为"他造当

---

① 黄国昌:《营业秘密在智慧财产权诉讼中的开示与保护——以秘密保持命令之比较法考察为中心》,载《台北大学法学论丛》2008 年第 12 期。

事人、代理人、辅佐人或其他诉讼关系人"等因诉讼进行而知悉营业秘密的人。根据"司法院智慧财产案件审理细则"第 20 条的规定和学者的见解,受秘密保持命令之人应当为自然人,申请人则不限于自然人,理由是"审理法"第 35 条所规定的"处三年以下有期徒刑、拘役或科或并科新台币十万元以下罚金"仅适用于自然人。① 然而,上述论证却有本末倒置之嫌。此外,公务员因本身负有公法上的保密义务,故"智慧财产案件审理细则"将其排斥在受秘密保持命令之人的范围之外。② 在智慧财产权诉讼进行中,除双方当事人外,双方的律师、律师助理、专利工程师等人也有可能参与其中;再者,法院在审理秘密保持命令申请时,是否应当受到申请人主张的受秘密保持命令之人范围的限制并无明确的规定,为此,有学者建议受秘密保持命令之人范围应当由双方当事人先行协商确定。③ 在司法实务中,一般仅依照"审理法"第 9 条之规定禁止法人及自然人阅览、抄录或摄影相关资料,但秘密保持命令却仅针对自然人的律师或专利师发出,要求其不得为诉讼外目的使用。④

在客体要件方面,申请人向法院申请秘密保持命令需要满足如下实质要件,首先,保护对象必须为营业秘密;其次,该营业秘密具有保护的必要性;最后,争议的信息不属于诉讼外已知的营业秘密。具体而言,作为保护对象的"营业秘密"应当符合前文所述"营业秘密法"第 2 条的规定,具有"非公知性""经济价值性"和"秘密管理性"的特征。⑤ 在司法实务中,台湾地区法院也主要按照"营业秘密法"第 2 条的规定审查是否属于营业秘密。保护的必要性主要是"为避免营业秘密经开示,或供该诉讼进行之外之目的使用,有妨害该当事人或第三人基于该营业秘密之事业活动之虞,致有限制其开示或使用之必要"。秘密保持命令对于有保护必要性的营业秘密的保护限于诉讼程序之内,倘若参与诉讼程序的主体系通过诉讼外途径知悉营业秘密的,则不属于秘密

---

① 蔡瑞森:《营业秘密之保护与智慧财产审理法规范下所可能面临之争议》,载《全国律师杂志》2007 年第 8 期。

② 陈慰星:《台湾智慧财产法院的审判程序》,载《人民法院报》2015 年 5 月 29 日第 8 版。

③ 黄国昌:《民事程序法学的理论与实践》,台湾元照出版有限公司 2012 年版,第 207~208 页。

④ 台湾地区智慧财产法院 2015 年度民秘声字第 3 号民事裁定。

⑤ 谢铭洋等:《营业秘密法解读》,中国政法大学出版社 2003 年版,第 24~25 页。

保持命令的保护范围。知悉秘密者使用秘密所产生的法律效果通过其他法律规范规制。① 此外,亦有学者指出,对于秘密保持命令保护诉讼程序内知悉的营业秘密应当明确为包括本案诉讼程序及附随性程序(如申请假处分等)。②

2.秘密保持命令的申请与审理程序

申请秘密保持命令,按照"审理法"第 12 条的规定,应以书状记载下列事项:"一、应受秘密保持命令之人。二、应受命令保护之营业秘密。三、符合前条第一项各款所列事由之事实。"申请人需要向法院疏明③前述要件的存在,即申请人只需尽力提出一切可供调查的证据,使法院形成大概可信为真的状态便完成疏明义务。按照台湾地区"最高法院"在 2009 年度台抗字第 170 号民事裁定中所持的立场,申请人在申请书中提出的营业秘密内容可以以间接方式说明,能够供法院判断是否符合营业秘密要件即可;法院对营业秘密的判断则在获得薄弱心证、信其事实主张大概为如此则可以满足"疏明"的证明标准。

对于秘密保持命令的申请,法院以裁定的形式作出裁判。如果法院作出准许秘密保持命令的裁定,则应载明受保护的"营业秘密"、保护的理由以及该命令所禁止的内容。在准许秘密保持命令的申请时,法院作出的裁定应送达申请人及受秘密保持命令之人。秘密保持命令自送达受秘密保持命令之人起发生效力。对于准许秘密保持命令的裁定,不得提起抗告;受秘密保持命令之人如不服准许裁定,可以依照申请撤销秘密保持命令的程序寻求救济。对于驳回秘密保持命令申请的裁定,申请人可以提起抗告。

3.秘密保持命令的撤销

在法定情形下,申请人和受秘密保持命令之人均可以申请撤销秘密保持命令。受秘密保持命令之人申请撤销秘密保持命令的理由包括"自始不当"与"嗣后不当"两种,所谓"自始不当"是指申请秘密保持命令的实质要件自始欠缺,因"自始不当"的原因申请撤销秘密保持命令属于受秘密保持命令之人的救济程序。所谓"嗣后不当"是指准许秘密保持命令时所具有的实质性要件因嗣后发生的事由而变更或消失。申请人申请撤销秘密保持命令可以自由地向

① "智慧财产案件审理法草案"第 11 条立法理由,载《"立法院"第 6 届第 3 会期第 12 次会议议案关系文书》。

② 王静怡:《智慧财产法院之运作问题与判决分析》,台湾中原大学财经法律学系 2010 年硕士学位论文,第 81 页。

③ "疏明"的标准低于"证明",一般用于实体权利义务关系以外的程序事项的证明,台湾地区一般使用"释明"表达与"疏明"相同的含义。

法院提出,并无限制。①

对撤销秘密保持命令的申请,法院同样是以裁定的形式作出裁判。不论是准许撤销还是驳回申请,法院的裁定均应送达于申请人及相对人;不服裁定者,也可以提起抗告。与准许秘密保持命令的裁定一经送达即发生效力不同,撤销的裁定需待确定以后才发生效力。按照立法理由的阐释,撤销秘密保持命令的裁定需待确定之后才发生效力主要是为了防止在提起抗告的情形下,受秘密保持命令之人可能会外泄营业秘密。② 此外,在撤销秘密保持命令的裁定确定生效时,法院还应当将撤销裁定通知申请人和相对人以外的其他受秘密保持命令之人,以防止受秘密保持命令之人向已经不受秘密保持命令之人开示秘密造成违法。

正如有学者所指出的,秘密保持命令的制度设计使得台湾地区智慧财产案件的审理由"是否开示"向"有条件开示"转化,而且也使得系争信息属于营业秘密不再属于绝对拒绝提出的事由。③ 台湾地区秘密保持命令的立法与司法实务借鉴了较多美国、日本以及韩国的立法例,并配合了"台湾民诉法"的修改,对今后我国大陆地区知识产权法院细化其审理规则颇具参考意义。

(二)智慧财产权有效性审理

"审理法"第16条第1项规定:"当事人主张或抗辩知识产权有应撤销、废止之原因者,法院应就其主张或抗辩有无理由自为判断,不适用民事诉讼法、行政诉讼法、商标法、专利法、植物品种及种苗法或其他法律有关停止诉讼程序之规定。"在传统的"二元化结构"司法体系框架下,当民事诉讼裁判的作出需要以行政机关裁断或行政诉讼审判的结果作为依据时,民事诉讼应当中止。因此,在智慧财产法院设立和智慧财产专门诉讼程序实施前,经常有被告或第三人利用这一规定拖延智慧财产民事诉讼,被视为智慧财产民事诉讼司法实践的顽疾。正如第16条的"立法理由"所述,"智慧财产权原属私权,其权利有效性之争点,自系私权之争执,由民事法院在民事诉讼程序中予以判断,在理论上即无不当。尤以智慧财产法院之民事法官,已具备判断智慧财产权有效

---

① 台湾地区智慧财产法院2009年度民声字第3号民事裁定。

② "智慧财产案件审理法草案"第16条立法理由,载《"立法院"第6届第3会期第12次会议议案关系文书》。

③ 黄国昌:《民事程序法学的理论与实践》,台湾元照出版有限公司2012年版,第213页。

性之专业能力,则就其终结诉讼所必须认定之权利有效性争点,自无另行等待行政争讼结果之必要"①。

对"审理法"第 16 条的规定可以从以下两个方面展开,其一,允许"当事人主张或抗辩知识产权有应撤销、废止之原因",意味着智慧财产民事诉讼审理范围的扩张,即智慧财产法院的法官需要审理作为请求原因的智慧财产权有效性问题。其二,法官在民事诉讼中对智慧财产权有效性的审理和判断与行政机关审查、行政诉讼裁判的结果可能会发生实质性的冲突。

台湾地区立法机关对前述问题已有预见。传统理论一般认为民事诉讼的诉讼标的系由原告单方决定,但在智慧财产权民事诉讼中,不论是原告主张还是被告抗辩知识产权有应撤销、废止的原因时,该诉讼的审理范围已经被扩张至智慧财产权有效性的判断。因此,"审理法"第 17 条又增设了法院必要时"得以裁定命智慧财产专责机关参加诉讼"的规定,以期在诉讼程序中实现主体、客体范围的同时扩张,充实智慧财产民事诉讼裁判的正当性基础、减少与行政行为或行政诉讼裁判的冲突。如果"智慧财产局"参与到民事诉讼之中,那么按照"台湾民诉法"第 61 条的规定,其诉讼权利相当于参加人②;但其并不承担参加效力。倘若智慧财产法院并未裁定"智慧财产局"参加诉讼,则智慧财产民事诉讼裁判所产生的效力可依解释论予以澄清。

详言之,首先,"审理法"第 16 条所采取的表述"当事人主张或抗辩"可知智慧财产权应撤销或废止的原因既可以由原告以消极确认之诉的形式提出,也可以由被告在抗辩中提出。当然,如果原告系依据智慧财产权诉请损害赔偿,则依照"台湾民诉法"第 253 条的规定被告不能提出消极确认的反诉。然而,台湾地区司法实务中有以"本件原告在被告未对其提起侵权诉讼之前,主张被告系争专利有应撤销或废止之事由,其性质近似于对于专利所为之举发,自应循行政争讼程序处理,非于本件民事诉讼程序中审究,而本件原告据以提起本件诉讼之前提事实,亦即被告向台积电公司宣称原告侵害其系争专利权

---

① "智慧财产案件审理法草案"第 16 条立法理由,载《"立法院"第 6 届第 3 会期第 12 次会议议案关系文书》。

② 台湾地区学界一般认为,"审理法"第 17 条第 2 项所规定的专责机关参加诉讼为"特殊形态之参加",不同于"台湾民诉法"上的诉讼参加;当然,也有学者对第 17 条第 2 项"适用民事诉讼法第六十一条之规定"存在不同的理解。参见范光群等:《智慧财产民事诉讼新貌之问题探讨——着重"智慧财产法院组织法"及"智慧财产案件审理法"施行后将面临的问题》,载《民事诉讼法之研讨》(十六),台湾三民书局有限公司 2009 年版。

一节,既因原告无法提出证据证明而经本院认为其所提本件请求为无理由",驳回原告提起消极确认之诉的案例。① "智慧财产案件审理细则"第29条规定,当事人就智慧财产权撤销或废止独立提起诉讼、在民事诉讼中对他造确认法律关系或提起反诉的,与"智慧财产案件审理法"第16条意旨不符者,法院应驳回其请求。台湾地区学界对上述判决以及审理细则的规定颇有质疑。我们认为,"立法理由"所强调的是智慧财产权有效性的判断仍然专属于行政机关或行政诉讼,如果行政机关或行政诉讼程序已经对有效性问题作出判断,则当事人不得再据此在民事诉讼中予以主张或抗辩,此系第16条之立法意旨。根据"智慧财产案件审理细则"第29条的条文逻辑,当事人独立提起诉讼、提起中间确认之诉或反诉并非核心要件,只有不合第16条立法意旨者才能驳回其请求。

其次,智慧财产法院在民事诉讼中的判决仅具有相对效力。智慧财产法院无权径行对智慧财产权予以撤销或废止,即使法院认为智慧财产权有撤销或废止的事由,也仅可以使智慧财产权人在本案诉讼中不得主张权利;智慧财产权的撤销或废止仍然需要通过行政诉愿或行政诉讼程序予以解决。倘若"智慧财产局"等部门依照"审理法"第17条之规定参加民事诉讼,则其享有参加人的诉讼权利,但考虑到智慧财产民事诉讼仍然贯彻辩论主义原则,智慧财产机关所为的诉讼行为在性质上仍然属于攻击防御方法,故又规定其不适用"台湾民诉法"第63条、第64条的规定,不产生参加效力。在司法实践中,"智慧财产局"参加民事诉讼的案件亦不在少数,在实质参与民事诉讼进行的情形下,即使其不受到参加效力的约束,"智慧财产局"所为的行政行为一般也不会与民事诉讼裁判发生冲突。

再次,行政诉讼与民事诉讼程序并行时应视具体情况决定诉讼期日。"审理法"第16条虽然规定了民事诉讼不得因智慧财产有效性主张或抗辩而停止程序,但是在行政诉讼与民事诉讼并行的情形下,出于诉讼经济及提高诉讼效率的考量,"智慧财产案件审理细则"第30条仍然规定:"智慧财产民事诉讼系属中,当事人或第三人关于同一知识产权之撤销、废止,已提起行政争讼程序时,法院为判断该知识产权有无应予撤销、废止之原因,得斟酌行政争讼之程度,及双方之意见,为诉讼期日之指定。"不论是智慧财产机关作出的行政行为还是经由行政诉讼作出的裁判均具有对世效力,如果行政机关或行政诉讼程

---

① 台湾地区智慧财产法院2008年度民专诉字第15号民事判决。

序能够先对智慧财产权有效性作出判断,那么民事诉讼自然应当以此为基础作出裁判。

最后,当智慧财产法院依照"审理法"第 16 条对智慧财产权有效性作出的判断与行政争讼的结果存在分歧时,当事人能否依"台湾民诉法"第 496 条第 1 项第 11 款申请再审,学界存在较大争议。① 台湾地区"最高法院"2015 年 3 月作出有一例关于侵害专利权申请再审之诉的判决,颇能展现台湾地区"最高法院"与智慧财产法院就这一问题的分歧:在此案中,原告与被告之间以侵害专利权为由的民事诉讼已经判决确定,智慧财产法院认为,专利权有效进而认定被告需给付 500 万新台币并排除侵害;后被告向"经济部智慧财产局"举发成立,该局撤销系争专利并经行政诉讼确定。被告据此以"台湾民诉法"第 496 条第 1 项第 11 款为由申请再审,智慧财产法院认为"……惟其因逾时提出该防御方法而遭驳回,原确定判决自仍基于全辩论意旨及调查证据之结果,自行认定系争专利有效,并非以'智财局'准予专利之行政处分作为判决基础,不因嗣后举发成立之行政争讼确定结果,致使原确定判决基础发生动摇,亦不因专利法规定经举发成立、撤销确定之专利,专利权之效力视为自始不存在而受影响……并无民事诉讼法第四百九十六条第一项第十一款之再审事由"。而"最高法院"则认为:"上诉人于前诉讼程序第二审虽曾抗辩系争专利无效,但经原第二审判决以其逾期提出攻击防御方法为由,予以驳回,是就系争专利之有效性,原确定判决并未自为判断。原审以系争专利之有效性,业经原确定判决依智慧财产案件审理法第十六条规定自为判断为由,认上诉人不得提起再审之诉,尤有可议。上诉论旨,执以指摘原判决关此部分不当,求予废弃,非无理由。"据此,"最高法院"将智慧财产法院驳回再审之诉的判决予以废弃。"最高法院"批评了原确定判决并未对智慧财产权的有效性充分地"自为判断",但对行政处分是否导致原确定判决基础动摇的问题则以"非无推求之余地"含糊带过。② 因此,这一问题仍然有待学界和司法实务界的进一步探讨研究。

---

① 范光群等:《智慧财产民事诉讼新貌之问题探讨——着重"智慧财产法院组织法"及"智慧财产案件审理法"施行后将面临的问题》,载《民事诉讼法之研讨》(十六),台湾三民书局有限公司 2009 年版。

② 台湾地区"最高法院"2015 年度台上字第 407 号民事判决。

(三)证据保全程序

"台湾民诉法"第 368 条至第 376 条之二对"证据保全"进行了专门的规定,"审理法"第 18 条针对智慧财产案件特点所作的规定主要体现在如下方面:

第一,申请诉前证据保全,向应当系属的智慧财产法院提出;申请诉中证据保全,向已系属的智慧财产法院提出。按照立法理由的阐述,智慧财产案件的证据保全常涉及专业知识,而地方法院没有配置技术审查官,所以,诉前证据保全有由智慧财产法院实施的必要。按照"审理法"第 18 条第 7 项的规定,智慧财产法院认为必要时,可以嘱托受讯问人住居所或证物所在地地方法院实施保全。

第二,智慧财产法院实施证据保全的方法与"台湾民诉法"第 368 条第 1 项的规定相同,限于"限定、勘验及保全书证"。考虑到智慧财产权纠纷中侵权产权的来源、数量等事实通过直接询问证人的方式较容易获得全面的了解,有学者建议应考虑通过在特定条件下充实证据保全的方法,增加询问当事人或证人。①

第三,智慧财产法院实施证据保全时,可以命令技术审查官到场执行职务。"审理法"第 18 条第 3 项明定技术审查官可以参与实施证据保全主要是为了补充法官对保全客体及范围的专业知识不足,以期实现证据保全的实效。

第四,相对人无正当理由拒绝证据保全的实施,法院可以以强制力排除,必要时可以命令警察机关协助。在普通民事诉讼程序中,相对人无正当理由拒绝证据保全实施时,法院不能实施强制处分。

第五,根据"审理法"第 18 条的规定,为了防止权利人利用诉前证据保全程序窥探相对人或第三人的营业秘密,法院可以依照申请人、相对人或第三人的请求,限制或禁止实施保全时在场之人,并就保全所得的证据资料命令另为保管以及不予准许或限制阅览。如果法院认为有向申请人或诉讼代理人开示证据资料的必要,可以以申请向受开示证据资料者发布秘密保持命令。

(四)保全程序

智慧财产民事诉讼的保全程序具有如下特点:

---

① 沈冠伶:《智慧财产民事诉讼之新变革》,载《月旦民商法杂志》2008 年第 9 期;沈冠伶:《智慧财产权保护事件之证据保全与秘密保护》,载《台大法学论丛》2007 年第 1 期。

首先,不论是申请假处分、假扣押还是定暂时状态处分,在起诉前,向应系属之法院提出;在起诉后,向已系属之法院提出。因为智慧财产权的保全方法和担保酌定同样需要智慧财产专业知识,故应当由智慧财产法院统一管辖。

其次,申请人申请定暂时状态处分时应当履行释明义务;释明不足者,法院应当驳回其申请。在台湾地区智慧财产民事诉讼实务中,权利人常就禁止侵权嫌疑人继续实施生产、销售等行为申请定暂时状态处分。很多高科技的智慧财产产品一般市场周期短,可能法院尚未作出裁判,商机已经失去,产品已经面临淘汰。因此,法院在作出定暂时状态处分裁定时,对于是否具有"为防止发生重大之损害或避免急迫之危险或有其他相类之情形而有必要之事实",应予以严格的审查。倘若申请人不能就申请定暂时状态处分的请求原因进行充分的释明,也不能通过提供担保来补足释明,法院应当驳回其申请。依照"审理法"第22条第3项的规定,申请的请求原因虽然经过充分的释明,法院仍然可以命令申请人提供担保后,才作出定暂时状态处分。

再次,在法院作出定暂时状态处分裁定之前,需要给予双方当事人陈述的机会,贯彻程序保障的原则。"台湾民诉法"对于一般民事诉讼中定暂时状态假处分的作出也贯彻对席辩论原则,但第538条第4项规定,"法院认为不适当者,不在此限",即赋予了法院对是否应当通知相对人陈述意见的自由裁量权。"审理法"第22条第4项对法官的自由裁量权进行了更加严格的限缩,明确规定只有在"声请人主张有不能于处分前通知相对人陈述之特殊情事,并提出确实之证据"的情形下,法院才能衡量其理由是否为妥当并不通知相对人。

最后,为了避免申请人利用定暂时状态处分拖延诉讼、损害相对人利益,"审理法"第22条第5项、第6项规定了申请人若收到定暂时状态处分裁定后30日内未向法院起诉的,法院可以依申请或职权撤销该裁定;并且该撤销裁定以公告方式送达,自公告之日起生效。

四、智慧财产刑事、行政诉讼程序

"审理法"第3章和第4章规定了智慧财产刑事诉讼和行政诉讼程序。其中,刑事诉讼仅仅涉及智慧财产刑事案件的第二审,而智慧财产行政诉讼中秘密保持命令、保全程序的作出均可参照民事诉讼的相关规定,因此,"审理法"对刑事诉讼和行政诉讼的具体规定相对较为简单,主要涉及管辖和新证据的提出等内容。

(一)刑事诉讼程序

依照"审理法"第 23 条的规定,台湾地区"刑法"第 253 条至第 255 条规定的"伪造、仿造登记商标、商号罪"、"贩卖伪造、仿造商标、商号货物罪"等涉及智慧财产权罪名的追诉均由地方法院管辖,智慧财产法院为上诉法院。除少年刑事案件由少年法院(法庭)管辖外,不服地方法院作出的第一审裁判而提起上诉或抗告,均由智慧财产法院管辖。与应由智慧财产法院管辖的第二审刑事案件有"刑事诉讼法"第 7 条第 1 款所规定牵连关系的其他刑事案件,经地方法院合并裁判并合并上诉或抗告的,也由智慧财产法院管辖。但如果其他刑事案件系重罪且案情复杂的,智慧财产法院可以裁定合并移送有管辖权的"高等法院"审判。对于管辖刑事案件附带民事诉讼提起上诉或者抗告的,也由智慧财产法院管辖。

智慧财产法院如果对有管辖权的第二审刑事案件按照简易程序审理时,应对附带民事诉讼应与刑事诉讼同时裁判。但确有必要时,可以于作出刑事诉讼裁判后 60 日内再作出附带民事诉讼的裁判。智慧财产法院就刑事案件所作出的第二审裁判,仍然可以上诉或者抗告至"最高法院"。

(二)行政诉讼程序

台湾地区行政诉讼案件施行两审终审制,按照"审理法"第 31 条的规定,智慧财产法院管辖"因专利法、商标法、著作权法、光盘管理条例、集成电路电路布局保护法、植物品种及种苗法或公平交易法有关知识产权所生之第一审行政诉讼事件及强制执行事件"以及"其他依法律规定由智慧财产法院管辖之行政诉讼事件"。依照立法理由的阐释,智慧财产法院的管辖权排斥其他行政法院的管辖,原告不得向其他行政法院起诉。这里的"行政诉讼事件"应从广义的角度理解,除狭义的行政诉讼外,还包括公法上的争议、执行以及保全等事件。

就智慧财产法院所为的行政诉讼裁判,除非法律规定不得上诉或抗告的,当事人可以向终审行政法院上诉或抗告。此外,为了避免因商标或专利的有效性问题引起反复的行政诉讼,"审理法"第 33 条还规定:"撤销、废止商标注册或撤销专利权之行政诉讼中,当事人于言词辩论终结前,就同一撤销或废止理由提出之新证据,智慧财产法院仍应审酌之。智慧财产专责机关就前项新证据应提出答辩书状,表明他造关于该证据之主张有无理由。"

五、启示与借鉴

台湾地区智慧财产法院设置和审理程序设计等制度安排能够为我国专门知识产权法院组织与审理程序的设计和完善提供一种重要的知识和经验参考。我国大陆近年来对知识产权诉讼制度和相关审理程序的探索与发展主要体现如下几个方面：

首先，在全面推进司法体制改革的背景下，根据 2014 年 8 月 31 日《全国人民代表大会常务委员会关于在北京、上海、广州设立知识产权法院的决定》（以下简称《决定》），北京知识产权法院、广州知识产权法院和上海知识产权法院先后设立。[①] 专门知识产权法院设立既是实施国家创新驱动发展战略、适应经济发展新常态所作出的战略选择，也是加强知识产权司法保护、保障权利人合法权益的应有之义。我国专门知识产权法院设立时间仅仅一年有余，《决定》《最高人民法院关于北京、上海、广州知识产权法院案件管辖的规定》《知识产权法院法官选任工作指导意见（试行）》主要还是在组织层面解决知识产权法院的组织架构、管辖权限和人员配备等问题，单独建构知识产权诉讼审理程序等议题尚未进入决策层的视野。

其次，适度推进知识产权案件集中管辖。我国大陆地域辽阔，而知识产权案件则相对集中。因此，在相当于中级人民法院的北京、上海、广州知识产权法院分别组建后，多个基层人民法院也在试点知识产权案件的集中管辖，适度推进知识产权审判工作的专业化。台湾地区智慧财产法院和智慧财产审理程序最重要的特点就是实现了智慧财产民事、行政诉讼一审案件的优先集中管辖。按照《最高人民法院关于北京、上海、广州知识产权法院案件管辖的规定》，北京、上海、广州知识产权法院实际上只对"专利、植物新品种、集成电路布图设计、技术秘密、计算机软件民事和行政案件；对国务院部门或者县级以上地方人民政府所作的涉及著作权、商标、不正当竞争等行政行为提起诉讼的行政案件；涉及驰名商标认定的民事案件"实现了集中管辖、有专属管辖权，对于一般性的著作权、商标民事案件仍由基层人民法院管辖。管辖制度的设计

---

① 据报道，截至 2015 年 11 月底，北京、上海、广州三家知识产权法院已受理各类知识产权案件 14319 件，审结 7359 件。参见罗书臻：《司改方向标，创新保护伞——知识产权法院一年来工作述评》，载《人民法院报》2015 年 12 月 11 日第 4 版。

十分复杂,台湾地区施行的智慧财产案件优先管辖制度也引起了颇多的争议,我国大陆施行两审终审制,在管辖制度的设计上仍需主要平衡便于案件审理和裁判规则的统一。

再次,探索知识产权民事、行政、刑事"三审合一"机制。这一机制已经在全国多个省区各级人民法院推行试点多年,最高人民法院也在积极整理相关经验,但因为"三审合一"的核心议题涉及民事、行政以及刑事诉讼程序应当如何协调、裁判效力应当如何认定,是极为复杂的司法技术问题。台湾地区智慧财产法院在民事诉讼中进行智慧财产权有效性审查不失为在"三审合一"背景下提高智慧财产纠纷解决效率的有效措施。但在我国大陆民事诉讼立法和司法实践尚未对既判力、预决效力等基本概念的内涵和外延形成共识的条件下,台湾地区的经验尚不能盲目照搬,仍需结合我国司法实践进行研究。

最后,我国大陆知识产权法院还积极探索司法辅助人员的分类管理,以满足知识产权案件审理工作的需要。以"技术调查官"制度的发展为例,2014年12月31日,最高人民法院发布了《关于知识产权法院技术调查官参与诉讼活动若干问题的暂行规定》;在2015年9月最高人民法院的新闻发布会上,最高人民法院知识产权庭负责人表达了将在知识产权法院推行技术调查官制度的构想;随后,北京知识产权法院制定了《技术调查官管理办法(试行)》和《技术调查官工作规则(试行)》,2015年10月22日北京知识产权法院技术调查室正式成立,首批任命了37名技术调查官和27名技术专家。技术调查官的效用应当如何发挥?与鉴定人、专家辅助人等既有制度应当如何区分?等等。台湾地区智慧财产法院对于"技术调查官"的遴选、使用规范等方面的司法实践经验也能够为解决前述具体问题提供参考和借鉴。

此外,在程序法理层面,台湾地区设立智慧财产法院、建构单独的智慧财产案件审理程序实际上是民事程序立法贯彻程序保障、强调专业化与纠纷一次性解决理念的产物。我国大陆2012年修订《民事诉讼法》引入小额程序以及确认调解协议、实现担保物权等非讼程序,已经开始贯彻程序分化、繁简分流的诉讼理念。专门知识产权法院的设立以及可预见的知识产权案件审理程序的建构将会极大地推动我国民事程序法向贯彻程序保障和纠纷一次性解决等方向前进,从而使当事人权益得到更为周延的保护。在此意义上,台湾地区智慧财产法院和智慧财产案件审理程序在程序分化和专业化审理等方面所提供的启示和经验更为重要。

第十四章　非讼事件程序

 一、概述

在台湾地区，非讼事件程序有狭义和广义之分。狭义的非讼程序，是指1964年制定的"非讼事件法"所规定的民事程序。"非讼事件法"也被称为形式意义上的"非讼事件法"，台湾地区"立法院"先后于1969年、1972年、1979年、1980年、1983年、1986年、1999年、2005年、2009年、2013年、2015年多次对该法进行修正。广义的非讼程序，是指所有根据非讼原理运行的民事程序。据此，民事诉讼法上督促程序、假扣押及假处分程序等部分非典型诉讼程序事项以及特别法所规定的家庭暴力事件处理程序、法院所进行的提存或公证程序等均被纳入非讼程序的范畴。相应地，广义的有关非诉讼事件的规定也被称为实质意义上的"非讼事件法"。考虑到本书已对强制执行程序、家事事件程序、公证程序等实质意义上的非讼程序予以专章介绍，本章仅介绍非讼程序的基本原理以及形式意义上的"非讼事件法"。

（一）非讼事件的概念

与诉讼事件旨在解决民事纷争不同，传统的非讼程序侧重于法律关系之维护及预防，但现行的"非讼事件法"基于合目的性考量而将部分讼争性事件纳入本法的适用范围，使得非讼事件的界限渐趋模糊。[1] 1964年5月28日公布的"非讼事件法"的立法理由称："非讼事件系对于诉讼事件而言，其性质为'国家'干预私权之创设、变更、消减，而为必要之预防，以免日后之危害。"伴随着非讼事件法理的发展，人们对前述定义逐渐进行反思，当前的主流观点倾向

---

① 姜世明：《非讼事件法新论》，台湾新学林出版股份有限公司2013年第2版，第4页。

于根据非讼事件程序类型的增多而扩大其定义范围。[①] 这是因为,基于效率、弹性、裁量权扩大化及保留调整空间的需要,越来越多的具有争讼性的事件被纳入非讼程序法的适用范围。现行"非讼事件法"适用于民事非讼事件、登记事件、家事非讼事件、商事非讼事件等,既有类似于行政性质者(如法人登记、夫妻财产登记),也有要求法院认定事实和适用法律并作出裁决者(如亲权之决定)。

(二)非讼事件的类型

台湾地区学者将非讼事件从学理上区分为古典非讼事件和私法争议事件。

古典非讼事件包括家事事件、遗产、登记及证书事件、宣誓保证之接受、物之调查与保管、质物拍卖等不具有争讼性事项,其功能在于对个人或交易的一般或具体权利的维护。其中,部分古典非讼事件本可以交由行政机关处理,基于司法公信之担保、定分止争、满足公益诉求等不同立法目的或政策考量,这些行政性事项的处理呈现出司法化趋势。诚然,古典非讼事件的处理并不注重双方当事人的地位,与传统民事案件的"两造对抗"诉讼构造有所不同,由此逐渐形成有别于争讼程序的非讼程序原理。

所谓的私法争议事件,是指涉及贯彻私权的事件,存在对立的双方当事人,故本纳入争讼程序的适用范围,但基于法政策考量而被纳入非讼程序。私法争议事件旨在贯彻私权利,与古典非讼事件维护私权利的宗旨有所不同,但私法争议事件因具有争讼性而与诉讼事件的边界较为模糊,而且越来越多的争讼事件被纳入非讼程序的适用范围。

通常认为,争讼事件被纳入非讼程序适用范围的法政策考量因素主要包括:缩小争讼程序的适用范围以促进诉讼经济、是否需要法官运用较大的裁量

---

① 关于诉讼事件与非讼事件的区分标准,我国台湾地区学者主要存在着以下几种观点:(1)私法秩序形成说,认为争讼程序旨在维持和确认民事法律关系,而非讼程序旨在形成民事法律关系。(2)预防说,认为诉讼程序旨在回复或重建私法秩序,而非讼程序则是为了预防可能之私权侵害。(3)客体说,认为争讼程序旨在解决民事纠纷,而非讼程序仅适用于无争议的民事法律关系。(4)手段说,认为争讼程序有强制实现的手段,而非讼程序则无强制效力。(5)现行法规说,认为争讼程序与非讼程序只能根据实定法规范进行划分。(6)民事行政说,认为争讼程序才属于民事司法,而非讼程序则属于民事行政。参见杨智守:《非讼事件法实务问题研析与建议》,载《司法研究年报》(第26辑),2009年11月印行。

权甚或采取职权探知和职权干预主义、是否需要更多弹性或展望性考量、是否存在迅速而简易解决争执之必要、是否存在听审请求权保障之必要。我国台湾地区 1964 年制定"非讼事件法"的宗旨在于"确保私权、疏减讼源及防杜纷争",后续修正"非讼事件法"的宗旨还包括:"简化便民、疏减讼源及减轻人民讼累"(1980 年修法宗旨)、"公权力及时、适当介入以保护人民权利并防止纠纷再起之需求日殷,私权纠纷渐由请求对立性之诉讼类型改由节约努力、时间、费用之非讼程序处理,为契合诉讼非讼化,强化非讼法院职权之必要趋势"(2005 年修法宗旨)。① 诉讼非讼化导致越来越多的争讼案件适用"非讼事件法",② 鉴于我国台湾地区"非讼事件法"向来采取职权主义,有学者担心私法争议事件适用"非讼事件法"会减损程序主体的程序保障,主张非讼程序也应当强化对听审请求权的保障。③

(三)非讼事件的特征

古典非讼事件不存在对立当事人关系,对此类非讼事件的处理注重效率、弹性及裁量权系属合理,但私法争议事件存在"两造对抗"情形,仅因裁决者不具有法官身份(即司法事务官)而适用非讼原则涉嫌侵犯当事人的听审请求权。鉴于此,非讼程序是介于行政与诉讼之间的中间类型程序,适用"非讼事

---

① 诚然,基于法定听审权保障的理念,诉讼事件非讼化必然引起部分学者的批判。例如,台湾地区"家事事件法"将裁判宣告终止收养关系事件全面予以非讼化,不少学者对此提出反对观点。有的学者认为,在立法论上宜将宣告终止收养关系事件列为家事诉讼事件,唯亦认同得采非讼法理审理,以保护未成年养子女之利益。参见林秀雄:《家事事件法中之收养非讼事件——从实体法的观点》,载《月旦法学杂志》2013 年第 8 期。有的学者则认为,终止收养关系与离婚事件类似,不应适用不同程序,且岂有非讼事件适用诉讼程序之理,如为保护未成年子女之利益,应行判决程序行言词辩论,始最能保护未成年养子女之利益。参见吴明轩:《关于收养子女规定之适用》,载《月旦法学杂志》2014 年第 7 期。此外,还有的学者提出,宣告终止收养关系之诉须有实体法上形成权始得提起,列为家事非讼事件而赖法官迅速判断其理由显欠充分,且裁定不生既判力,其安定性有所不足。参见郭振恭:《评析家事事件法甲类及乙类家事诉讼事件》,载《月旦法学杂志》2012 年第 9 期。

② 诚然,部分非讼事件也呈现出诉讼化的发展趋势,主要是指"家事事件法"规定的遗产分割、夫妻财产分割等类事件。参见姜世明:《家事诉讼事件之法理适用及部分疑义》,载《军法专刊》2015 年第 1 期。

③ 沈冠伶:《新世纪民事程序法制之程序正义:以民事诉讼及家事程序为中心》,载《台大法学论丛》2012 年特刊。

件法"的不同事件,对行政或审判原理的借用均有所不同。①　沈冠伶教授将台湾地区非讼事件的特征归纳为以下四点:(1)公益性较浓厚,需求由司法机关介入对于人民之法律生活予以保护及照顾者。如亲权事件、收养事件、监护事件。(2)法官之裁判系为当事人形成未来生活之准则,关于规则之形成,法院具有形成自由,亦具裁量性,而可为权宜性、创设性、展望性之裁判,因此,不必要求声请人非具体特定其声请不可,且非讼裁判原则上亦无所谓胜败,或就当事人生命为全部或一部分之情形。如亲权酌定事件、亲属会议事件、遗产管理人及检查人之报酬事件。此类事件非基于当事人形成权,无须确认形成权之存否,而与形成之诉不同。(3)需求简易、迅速处理之事件。例如本票裁定及准担保物拍卖裁定事件。(4)非讼程序上之关系人未必具有对立性,可能仅有声请人,或多个具有相同利益之关系人。如登记事件、出版事件、证书事件。②

(四)非讼事件的标的

在非讼法理与诉讼法理截然二分的思维模式下,非讼程序不以保障法定听审权为必要,非讼事件不存在诉讼标的与诉讼系属的概念,非讼裁定不具有既判力。在此语境下,声请人可以同时或先后针对相同事件在不同法院启动非讼程序,也可以在非讼程序被驳回后再次以相同内容声请书请求法院再次作出裁定,从而造成司法资源浪费和加重相对人程序负担。在民事诉讼法上,诉讼标的理论的主要价值体现在诉讼系属、诉的客观合并、诉的变更追加及判决实质确定力等领域。非讼事件同样存在禁止重复程序系属、程序之客观合并或变更等问题,而认定程序标的是处理前述问题的先决条件。在非讼裁定是否应当具备既判力方面,即使目前仍存在争议,但针对私法争议事件作出的

---

①　传统观点认为,争讼程序系通过言词辩论,就实体权利义务关系存否予以审理,适用处分权主义、辩论主义,并以判决形式公开宣示判决结果,使既判事项发生既判力。非讼程序通常以简便程序行之,非以实体权利存否为审判对象,适用职权主义、职权探知主义,以裁定不经公开宣示之方式,宣示其结果,法院之决定权具暂定性、未来性,当事人对实体权利义务仍有以诉讼方式再为争议之可能。伴随着非讼程序适用范围的扩张,晚近观点对"争讼·非讼"二元论提出质疑,认为所谓非讼程序不能审理实体事项,须另依诉讼解决之论据,不具有说服力;法院在裁定之形成过程中,如已践行与诉讼程序相同之程序要素时,当无不赋予实质确定力之理。参见魏大喨:《新非讼事件法总则问题解析》,载《月旦法学杂志》2005 年第 8 期。

②　沈冠伶:《家事非讼事件之程序保障——基于纷争类型审理论及程序法理交错适用论之观点》,载《台大法学论丛》2006 年第 4 期。

裁定也应当具有既判力已是我国台湾地区学者的通说。鉴于非讼功能被扩大化,非讼事件类型呈现出多样化,并非传统非讼程序(无当事人地位程序、行政司法化事件)所能概括。鉴于此,非讼事件的程序标的应当进行类型化分析。非讼程序基本上可区分为职权程序和声请程序,其中,声请程序又可以区分为古典声请程序(非讼型非讼事件)以及私法争议事件。职权事件的程序标的系由法院在审查处置中确定,并可以在一审中随时变更,但若已经完全指向程序外的第三人或者完全不同的事件,则应当另行启动非讼程序。声请事件的程序标的依据声请(声明)目的确定,其中,私法争议事件的程序标的,还可以由关系人进行处分。

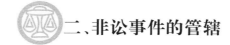

二、非讼事件的管辖

在理论上,非讼事件的管辖,可以区分为审级管辖、土地管辖、选择管辖(优先管辖)、指定管辖、补充管辖等。此外,为贯彻管辖恒定原则,"非讼事件法"第 8 条规定"定管辖之基准时点",鉴于非讼事件管辖通常被理解为专属管辖,不存在应诉管辖的适用空间,故应允许无管辖权的法院将案件移送至有管辖权的法院,形成所谓的"管辖移送"现象。此外,为配合地方法院或分院皆得设置简易庭之规定("法院组织法"第 8 条、第 10 条、第 29 条),非讼事件可以根据其种类和繁简分别由地方法院或分院或其简易庭受理,以充分运行简易庭的司法资源。

(一)审级管辖

审级管辖,主要解决上下审级间之间的关系,是指当事人不服下级法院作出的裁判应当向哪个法院上诉或抗告。在我国台湾地区,非讼事件由地方法院管辖,"非讼事件法"规定非讼事件的抗告法院是地方法院之合议庭(第 44 条),但对再抗告法院则没有作出规定。对此,实务上通常以地方法院的直接上级法院即高等法院或其分院为管辖法院,但在理论上仍然存在讨论的空间。

(二)土地管辖

土地管辖,主要解决相同审级的法院之间的关系,是指同种职务法院,根据特定联系因素,将其划分归属于不同法院管辖的制度。

鉴于非讼事件未必存在相对人的概念,无法适用"台湾民诉法"第 1 条所规定的普通审判籍制度,"非讼事件法"规定了适用于非讼事件的特别审判籍。"非讼事件法"创设的特别审判籍可以划分为以下四类:(1)以关系人住所地为连接因素的特别审判籍,如第 66 条、第 121 条、第 133 条。关于住所地的确定,第 2 条作出详细的解释和补充,在台湾地区无住所或住所不明的,以其在台湾地区的居所为住所;无居所或居所不明的,以其在台湾地区最后之居住视为住所;住所地之法院不能行使职权的,由居所地法院管辖;无最后住所的,以财产所在地或司法院所在地的法院为管辖法院。(2)以法人、团体之事务所在地法院为管辖法院,如第 82 条、第 171 条。(3)以财产所在地的法院为管辖法院,如第 70 条、第 72 条。

(三)优先管辖与移送管辖

"非讼事件法"第 3 条规定,数法院具有管辖权者,由受理在先之法院管辖之。但该法院得依申请或依职权,以裁定将事件移送于认为适当之其他管辖法院。鉴于非讼事件管辖被理解为专属管辖,即使存在对立的双方当事人,在理论上并不存在合意管辖或应诉管辖的适用空间。对于复数法院享有管辖权的非讼事件,关系人向不同法院声请启动非讼程序的,受理在先之法院管辖,学者将其称为"优先管辖""选择管辖"。"优先管辖"旨在解决不同法院"争管辖"问题,但并不禁止享有优先管辖权的法院基于方便非讼事件处理的考量而将案件移送给其他有管辖权的法院,此即所谓的"移送管辖"制度。

(四)管辖移送

在"非讼事件法"中,"管辖移送"与"移送管辖"容易发生混淆。两者的根本区别在于:移送管辖系享有优先管辖权的法院将非讼案件移送给其他享有管辖权的法院处理,管辖移送系法院经调查认为自身对非讼事件不享有管辖权而将案件移送给享有管辖权的其他法院处理。法院经审查对非讼事件不享有管辖权本可以予以驳回,但驳回声请可能因法定期间届满而影响关系人权益。例如,向法院为抛弃继承之事件,如因向无管辖权的法院声请而遭致驳回,若欲再向有管辖权的法院声明抛弃,即可能已逾越知悉其得继承之时起 3个月的法定期间("民法"第 1174 条第 2 项)。

(五)指定管辖

根据"非讼事件法"第 6 条的规定,有下列情形之一者,直接上级法院应依关系人之声请或法院之请求,指定管辖:(1)有管辖权之法院,因法律或事实不能进行职权者;(2)因管辖区域境界不明,致不能辨别有管辖权之法院者;(3)数法院于管辖权有争议者。直接上级法院不能行使职权(指定管辖法院)的,由再上级法院为之。对于指定管辖的裁定,不得声明不服。所谓的"不能行使职权",存在因法律不能行使职权和因事实不能行使职权之分,前者如有管辖权的全体法官均存在法定回避事由,后者如有管辖权的法院因天灾、战乱、交通阻隔等而不能行使职权。

(六)补充管辖

鉴于非讼事件适用特别审判籍制度,特定类型的非讼事件的管辖法院本应当在"非讼事件法"中作出规定,但因实体法不断扩大非讼程序的适用范围,"非讼事件法"未能随时配合修正。为填补部分(新增)非讼事件暂时出现管辖权漏洞,"非讼事件法"第7条规定,非讼事件,除本法或其他法律有规定外,依其处理事项之性质,由关系人住所地、事务所或营业所所在地、财产所在地、履行地或行为地之法院管辖。其立法理由说明指出:"法律如有新增之非讼事件,若本法未能及时配合增订其土地管辖法院,而新增修之法律又未规定时,必须有一土地管辖权之条文可兹适用,以为处理此类案件之准据,爰增设本条,弹性规定依其处理事项之性质……俾能根据各非讼事件之性质,由与其最具密切关联性之法院管辖。"由此可见,补充管辖系以最具密切关系性法院为非讼事件的一般性管辖法院,要求在个案中充分考量各类联系因素,以缓和特别审判籍制度的刚性。

(七)管辖恒定

非讼事件处于动态发展过程中,为贯彻管辖恒定原则,"非讼事件法"第8条规定:"定法院之管辖,以声请或开始处理时为准。"(1)依声请启动的非讼事件的管辖基准时点是"声请时"。"声请时"系指于一般声请事件中,以向法院声请时作为决定时点。具体来说,以书状声请启动非讼程序的,以声请者向法院递交书状为决定时点;以言词声请启动非讼程序者,以其向法院言词陈述时为决定时点。法院根据声请者的情况对非讼案件享有管辖权的,即使随后确定管辖权的情形有所变化,该法院并不因此而丧失管辖权。(2)依职权启动的非讼事件的管辖基准时点是"开始处理时"。所谓"开始处理",是指法院可被辨识地开始该事件裁决之准备工作,但并不要求具备对外行为之外观,如因夫妻一方破产而改采分别财产所有制的,法院应在破产宣告后依职权嘱托登记处进行登记,登记事件管辖权的确定因素确定于法院嘱托登记之时。

(八)事务分配

鉴于非讼事件的处理通常并不需要提供与争讼程序相同程度的正当程序保障,地方法院或分院或其简易庭在理论上均可以受理非讼事件,以充分运用简易庭之司法资源。地方法院或分院与其简易庭对非讼事件处理权限的划分,属于同一地方法院或分院内部事务分配问题,故"非讼事件法"第 4 条授权"司法院"对此订定非讼事件处理权配置办法。诚然,对于非讼事件处理中的何等具体事务可以交司法事务官处理,"司法院"也可以订立相关办法实现"一般性权力委托"的目的,但不应当将审判核心事务交给司法事务官处理。否则,即有可能遭到违反法官保留之违宪性的质疑。法官径行司法事务官职责的,通常认为并不影响其效力,但对于依事务分配应属法官审判之事件加以处理的,除非该等事件属于法官可以授权司法事务官进行的事务范围且获得法官的追认,司法事务官擅自越权进行的裁定系属无效。

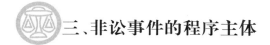

三、非讼事件的程序主体

(一)关系人

1.关系人的概念

非讼事件法与民事诉讼法均存在程序参与主体问题,但与民事诉讼法区分当事人和利害关系人不同,非讼事件的程序主体通常被统称为关系人。非讼事件法上的关系人包括声请人、相对人及其他利害关系人,声请人主要是指请求法院以裁定形式对其私权利义务关系予以监护与安排的主体,但检察官在部分非讼程序中也可以为了保护公共利益请求法院作出裁定。除法院依职权启动的非讼事件外,非讼程序的发动者均为声请人,而其对方则为相对人。诚然,非讼程序可能仅存在声请人,这也意味着非讼程序并非总是存在两造对立的格局。除了声请人和相对人以外,因非讼事件之裁定而权利受有损害的第三人,得依"非讼事件法"第 41 条第 1 项的规定,提起抗告。① 这种潜在的

---

① 我国台湾地区"非讼事件法"作出上述安排的理论依据在于,"对未受有事前的程序保障之利害关系人,赋予事后的程序保障,以充实该第三人之程序权、听审请求权保障。"参见许士宧:《家事非讼之程序保障(摘要)》,载《月旦法学杂志》2012 年第 11 期。

利害关系人也属于非讼程序中的关系人,伴随着其向法院提起抗告,该第三人即成为该事件的显在的关系人。

2.关系人的类型

关系人在理论上可以区分为形式意义关系人和实质意义关系人,前者是指参与非讼事件程序之声请人及相对人,后者是指裁判之有利或不利效力所及的所有主体。在我国台湾地区,早期非讼程序采取职权主义,并未意识到听审请求权保障的必要性,关系人的程序保障较为不足,①形式意义关系人并不受重视。伴随着听审请求权保障在非讼程序中逐渐受到重视,形式意义关系人的重要性逐渐凸显。形式意义关系人属于程序主体,享有要求获得正当程序保障的权利,但其未必与裁定实质内容存在利害关系,如"非讼事件法"第21条、第109条第2项以及"民法"第33条第2项、第36条赋予具有公益代表人身份的主管机关或检察官以非讼程序声请权。通常认为,在依职权启动的非讼程序中,形式意义关系人与实质意义关系人应当重合,除非法院存在误认主体的情形。在依声请启动的非讼程序中,任何声请启动非讼程序的主体均为形式意义关系人,实质意义关系人未声请参与程序,亦不能成为形式意义关系人,公益代表人声请启动非讼程序只能充当形式意义关系人,而不能成为实质意义关系人。在抗告程序中,凡是提出抗告的主体均为形式意义关系人,虽然其并非裁决对象,但是其抗告声请确定程序标的。

3.关系人的适格、关系人能力及非讼能力

非讼程序中主体适格、关系人能力、非讼能力等概念与民事诉讼中的当事人适格、当事人能力、诉讼能力相似。民事诉讼中的当事人适格、当事人能力、诉讼能力等规定大多可以准用于非讼程序。非讼程序中的主体适格,也被称为非讼程序适格,原则上仅主张为维护其自身权利者有参与该程序的适格,对于在非讼程序中主张他人权利者,须基于法定或例外时依意定授权,才能成为参与非讼程序的适格主体。关系人能力,是指可以成为非讼事件关系人的一般性资格,"非讼事件法"第11条规定,民事诉讼法有关当事人能力之规定,于非讼事件关系人准用之。非讼能力,是指非讼事件关系人有得独立或借由代理人为非讼行为之能力,亦即其所为之非讼行为,得发生非讼事件法上效力之资格。非讼能力不仅是法院作出实体裁判的前提条件,而且也是相关程序行

---

① 沈冠伶:《新世纪民事程序法制之程序正义:以民事诉讼及家事程序为中心》,载《台大法学论丛》2012卷特刊。

为的有效要件。根据"非讼事件法"第 11 条的规定，"台湾民诉法"有关诉讼能力的规定准用于非讼能力，即能独立以法律行为负担义务者，具有非讼能力。

4.复数关系人

根据"非讼事件法"第 11 条的规定，"民诉法"有关共同诉讼的规定，准用于非讼事件关系人。参照民事诉讼中的共同诉讼理论，学者将声请人或相对人为复数的非讼程序称为共同非讼，相应地，复数声请人或者复数相对人被称为共同关系人。与共同诉讼被区分为普通共同诉讼与必要共同诉讼相类似，共同非讼被区分为普通共同非讼和必要共同非讼。普通共同非讼，是指复数声请人可以选择单独或者共同声请启动非讼程序，或者声请人可以选择针对将复数相对人之部分或全部声请启动非讼程序。例如，"民法"第 36 条以及"非讼事件法"第 60 条、第 64 条规定，主管机关、检察官、利害关系人均有权对目的或行为违反法律的法人声请宣告解散。必要共同非讼，是指法律规定某种非讼事件必须由复数声请人共同启动或者必须针对复数相对人声请启动非讼程序，法院对共同非讼人所为的裁定必须一致，而不能作出内容相异的裁定。例如，"非讼事件法"第 133 条第 2 项规定，收养事件必须以收养人和被收养人为共同声请人。

5.第三人程序参加

尽管"非讼事件法"并没有明确规定参照适用"台湾民诉法"规定的诉讼第三人制度，但"非讼事件法"第 2 条明确将"其他利害关系人"列为非讼程序主体，并存在诸多第三人参与非讼程序的具体规定。例如，裁定前征询利害关系人意见（"非讼事件法"第 64 条第 2 款、第 183 条）、裁定前讯问利害关系人（"非讼事件法"第 78 条第 1 项、第 172 条）、将裁定或通知送达已知之利害关系人（"非讼事件法"第 38 条第 1 项）、利害关系人得叙明理由（"非讼事件法"第 106 条第 2 款）、得因权利受侵害而对裁定提出抗告（如"非讼事件法"第 41 条第 1 项）、因声请人与相对人所达成和解受法律上不利影响的第三人得提起第三人撤销之诉（"非讼事件法"第 35 条之三第 3 项）等等。鉴于此，我国台湾地区学者将"台湾民诉法"中的第三人诉讼参加制度准用于非讼事件，并认为非讼程序中的第三人同样存在从参加人、独立参加、共同非讼参加等三种类型。此外，鉴于法国第三人撤销之诉的适用范围涵盖非讼事件裁定，"非讼事件法"第 35 条之三规定的第三人撤销之诉的适用范围在理论上可以从诉讼和解向确定裁决拓展。

（二）非讼代理人及辅佐人

"非讼事件法"第 12 条规定，"台湾民诉法"有关诉讼代理人及辅佐人之规定，于非讼事件之非讼代理人及辅佐人准用之。据此，民事诉讼领域内的法定代理与委托代理制度均准用于非讼代理。但是，对于特别代理制度是否适用于非讼事件则存在争议。在抛弃继承事件中，未亡之父或母以法定代理人身份为子女抛弃继承权时，其自身利益与被代理人利益之间发生冲突。对此，有的解决方案认为应当通过指定特别代理人，有的解决方案则认为应当强化法院依职权审查的职责，对损害子女权益的此类申请直接予以驳回。① 台湾地区"高等法院"1998 年度家抗字第 67 号民事裁定曾认为："对于无诉讼能力人为诉讼行为或非讼行为，因其无法定代理人或其法定代理人不能行使代理权，恐致久延而受损害者，固得声请受诉或受声请法院，选任特别代理人。惟如非对无诉讼能力人有为诉讼或非讼行为之情形，而系欲对其为法律行为，即不得类推适用上开规定，声请法院选任特别代理人。"参照诉讼辅佐人的相关规定，非讼辅佐人是指经法院许可偕同关系人和/或其代理人到场辅助陈述的主体，法院对偕同辅佐人到场的许可，可以随时依职权予以撤销，而辅助人所为之陈述，关系人、法定代理人或非讼代理人不即时撤销或更正者，即视为被辅佐者所自为。

（三）法院

法院承办非讼事件的职员包括法官、司法事务官、书记官、通译。基于维护司法公正的需要，确保法院职员行使职务的独立性，"非讼事件法"第 9 条规定，"台湾民诉法"有关法院职员回避的规定准用于非讼事件。因而，前述法院职员存在"台湾民诉法"第 32 条各款所列回避事由的，应当自行回避，存在回避事由的法院职员拒不回避或者存在自行回避以外其他足以影响公正性的事由的，关系人可以向法院声请回避。鉴于书记官与通译并不独立承担非讼事件，法官与司法事务官在非讼事件处理中的职责分工成为亟须解决的问题。我国台湾地区 2007 年增订、2008 年修正的"法院组织法"第 17 条之一和第 17 条之二确立司法事务官制度，其主要立法理由是：法官人手紧缺而法官助理需

---

① 杨智守：《非讼事件法实务问题研析与建议》，载《司法研究年报》第 26 辑第 1 篇，"司法院"2009 年 11 月印行。

要承法官之命才能处理相关事务,为有效运用司法资源和兼顾诉讼权保障,故在地方法院或其分院设置司法事务官,专职办理非审判核心事务或不涉及身份、实体权利义务关系重大变动的事件,使法官得以集中精力办理审判核心事项。因而,司法事务官属于独立的自主机关,在其职权范围内处理事务无须承法官之命。根据"法院组织法"第17条之二的规定,司法事务官办理"非讼事件法及其他法律所定之非讼事件",但司法事务官具体办理的非讼事件的范围及其日期,则留由"司法院"作出决定。

 四、非讼事件的主要程序

(一)程序进行

非讼事件可以分为职权事件和声请事件,前者由法院依职权启动,后者因关系人声请而开始。关系人的声请或陈述,除另有规定外,得以书状或言词为之("非讼事件法"第29条第1项)。所谓的"另有规定",例如公司裁定解散事件,有限责任股东声请法院准其检查公司账目、业务及财产事件,股东声请法院准其退股及选派检查人事件,其声请应采取书面形式("非讼事件法"第172条第1项)。以言词为声请或陈述时,应在法院书记官前为之,由法院书记官作成笔录,关系人应在笔录内签名确认("非讼事件法"第29条第2项、第3项),并由书记官进行分案处理("非讼事件实施细则"第9条)。为配合日后非讼事件处理电脑化的趋势,声请书状或笔录的格式可以由"司法院"确定或调整("非讼事件法"第30条第3项),但必须载明以下事项:(1)声请人之姓名、性别、出生年月日、身份证统一号码、职业及住所、居所;声请人为法人、机关或其他团体者,其名称及公务所、事务所或营业所。(2)有法定代理人、非讼代理人者,其姓名、性别、出生年月日、身份证统一号码、职业及住、居所。(3)声请之意旨及原因、事实。(4)供证明或释明用之证据。(5)附属文件及其件数。(6)法院。(7)年、月、日。书状与声请书均应由声请人或其代理人签名,其不能签名者,得使他人代书姓名,由声请人或代理人盖章或按指印("非讼事件法"第30条第1项、第2项)。关于非讼事件中的送达、期日、期间及证据之规定,准用"台湾民诉法"的相关规定("非讼事件法"第31条)。法院应依职权或依声请调查事实及必要证据的,得命关系人或法定代理人本人到场,关系人应协力于事实及证据之调查,应真实、完全及具体地陈述其所提出的事实,法院得晓谕声明或陈述不明了或不完足的关系人进行叙明或补充("非讼事件法"第 32 条),但法院讯问关系人、证人或鉴定人时,原则上不应当公开进行("非讼事件法"第 34 条)。

(二)程序终结

引起非讼程序终结的原因通常是法院的裁定或处分,但立足于私权利义务的声请事件的程序终结还可能与关系人的意志相关,即存在处分权主义的适用空间。引起非讼程序终结的法院决定主要体现为法官作出的裁定以及司法事务官进行的处分,"非讼事件法"对裁定与处分均规定了详细的作成及救济程序。对于声请事件而言,非讼程序虽通常系因法院裁定而终结,但私法争议事件存在承认关系人处分权不容置疑,传统声请事件也不能排除处分权主义的适用空间。

1. 撤回声请

对于声请事件而言,原则上应当允许关系人撤回声请。在声请事件的程序标的系属可分的情形下,对部分程序标的的撤回声请,也应当被允许。在部分共同声请人声请撤回的情形下,普通共同非讼事件应允许声请人各自撤回,但必要共同非讼事件则应当参照民事诉讼法学上的固有必要共同诉讼和类似必要共同诉讼分别予以处理。通常认为,在系争裁定发生形式确定力之前,声请人无须相对人同意即可撤回,但在裁定送达相对人之后所为之撤回,有观点认为应当征得相对人同意,以保障其对有利裁定之预期与效力维持之期待。

2. 认诺及舍弃

认诺与舍弃仅适用于关系人对程序标的享有处分权的非讼事件。在非讼事件的语境下,认诺是指相对人承认声请人所主张的私法上的权利,舍弃是指声请人放弃其所主张的全部或部分私法上的权利。显而易见,认诺与舍弃仅适用于私益非讼事件,职权事件以及家事非讼事件因涉及公益因素,不能适用认诺与舍弃规则。引起非讼程序终结的认诺及舍弃必须在法院面前进行,相对人私下对声请人进行认诺或者声请人私下对相对人表示舍弃,均发生实体法上的效力,而不当然引起非讼程序的终结。

3. 和解

传统非讼程序以形成力为追求目标,准用诉讼上和解制度的必要性并不明显。然而,我国台湾地区逐渐扩大非讼程序的适用范围,以私权关系作为审理对象的非讼事件,如果涉及给付内容,则存在准用诉讼上和解制度的必要性。我国台湾地区现行"非讼事件法"向来对私法争议事件特殊性的重视程度不够。直至 2013 年才增订"非讼事件法"第 35 条之三,对非讼事件是否准用诉讼上和解制度作出如下安排:"声请人与相对人就得处分之事项成立和解者,于作成和解笔录时,发生与本案确定裁定同一之效力。前项和解有无效或得撤销之原因者,声请人或相对人得请求依原程序继续审理,并准用"台湾民诉法"第 384 条第 4 项规定。因第一项和解受法律上不利益影响之第三人,得请求依原程序撤销或变更和解对其不利部分,并准用"台湾民诉法"第五编之一第三人撤销诉讼程序之规定。

4.裁定及处分

非讼程序中法院的诉讼行为的形式与诉讼程序并不相同。民事诉讼中法院的诉讼行为包括判决、裁定、处分、诉讼指挥等。非讼程序中法院决定主要表现为独任法官作出的裁定("非讼事件法"第 36 条第 1 项),但因越来越多的非讼事件移交司法事务官处理,司法事务官根据"非讼事件法"第 52 条至第 57 条以处分形式终结非讼程序的情形越来越多。

(三)裁定程序

1.简化裁定作出程序

鉴于非讼事件多不具有争讼性,为求简易及迅速,非讼程序原则上并不采取言词辩论主义,故"非讼事件法"第 36 条、第 37 条准用"民诉法"第 232 条、第 233 条、第 236 条至第 238 条的规定,并允许对非讼事件的裁判作出如下简化处理:(1)非讼事件之裁判,除法律另有规定外,由独任法官以裁定行之;(2)命关系人为一定之给付及科处罚锾之裁定,得为执行名义;(3)法官得于声请书或笔录上记录裁定,由法官签名以代原本。

2.裁定的更正与补充

根据"非讼事件法"第 36 条第 1 项、第 2 项的规定,裁定经送达后,法院虽受其羁束,然裁定如有误为误算或其他类此之显然错误者,得随时依声请或依职权以裁定更正之;其正本与原本不符者亦同,得随时依声请或依职权以裁定更正之;其正本与原本不符者亦同。更正之法院乃原法院,唯更正之法官,则非必须为同一之法官。对于更正或驳回更正声请之裁定,得为抗告。与此同时,根据"非讼事件法"第 36 条第 3 项的规定,关系人之声请事项或程序费用,裁定有脱漏而未裁定在内者,应依声请或依职权以裁定补充之,关系人就脱漏未裁定部分声明不服者,以声请补充裁定论。

3.裁定的效力及其救济

(1)裁定的形成力与执行力。传统非讼程序旨在形成某种新的法律关系或身份关系,故非讼裁定以形成裁定居多。伴随着"非讼事件法"适用范围的扩张,给付性裁定的主文含有要求相对人为一定之给付,而含有给付内容的确定非讼裁定具备执行力("非讼事件法"第36条第2项)。

(2)形式确定力与实质确定力。非讼裁定确定于其不能透过抗告程序加以救济之时。非讼裁定的确定,是指该裁判不再具有可撤销性,相关人以及第三人都不能再依据常规的抗告程序谋求撤销该裁定,此即所谓的形式确定力。在理论上,引起非讼裁定确定的原因包括抗告权人舍弃抗告权、撤回抗告、抗告期限届满、法律禁止对某些裁定声明不服。"非讼事件法"第41条第1项规定"因裁定而权利受侵害者,得为抗告"①,第41条第3项规定"因裁定而公益受侵害者,检察官得为抗告",第40条第1项规定"法院认为不得抗告之裁定不当时,得撤销或变更之"。鉴于"因裁定而权利受侵害""因裁定而公益受侵害""法院认为不得抗告之裁定不当"具有显著的不确定性,影响了非讼裁定确定时间的认定。为弥补前述的不确定性,"非讼事件法"第42条对抗告期间作了严格的限制,受裁定送达之人提起抗告,应于裁定送达后10日不变期间内为之,未送裁定送达之人的抗告期间从其知悉裁定时起算,但裁定送达于受裁定人之后已逾6个月或因裁定而生之程序(如执行程序)已终结者,不得抗告。

至于非讼裁定是否具备实质确定(既判力),我国台湾地区学者尚未达成共识,"非讼事件法"也没有对此作出规定。通常认为,非讼程序较为简略,未能向当事人提供足够充分的攻击防御机会,故原则上不宜认为非讼裁定具有既判力。尽管如此,在私法争议事件中,如果提供充分的程序保障,在客观上存在承认其实质确定力的可能。换言之,在非讼事件采取非讼法理与争讼法理交错适用的语境下,学者认为不存在彻底坚持形式审查原则之必要,对于具有讼争性事件应利用诉讼法理审理,以求诉讼经济,进而赋予当事人程序保障以为正当化既判力之根据。我国台湾地区"债务清理条例""家事事件法"对此已经予以确认,其他具有讼争性之非讼事件,似应类推此等规定,以求公允,亦

---

① 家事非讼事件与家事诉讼事件的基础事实存在牵连关系的,家事非讼事件得并入家事诉讼事件(我国台湾地区"家事事件法"第41条第1项)。当事人就家事诉讼事件与家事非讼事件之终局裁判声明不服者,除另有规定外,适用上诉程序。当事人仅就家事诉讼事件之终局判决全部或一部分声明不服者,适用上诉程序。当事人或利害关系人仅就家事非讼事件之第一审终局裁定全部或一部分声明不服者,适用抗告程序。参见姜世明:《家事事件之救济审级建构》,载《军法专刊》2014年第6期。

节省当事人另开一道程序之劳力、时间、费用。① 诚然，即使不承认非讼裁定的实质确定力并不等于纵容当事人一再基于同一事由反复重复声请，而得以欠缺法律保护必要（权利保护要件）为由驳回同一事件的再次声请。

（3）非诉裁定的羁束力。通常认为，民事裁判具有自缚性，法院不能自行撤销或变更生效裁判，以确保该裁判效力的安定性和维护司法公信力。鉴于诉讼事件与非讼事件的程序原理不尽相同，在某些特殊情形下，坚持非讼裁定的羁束力可能无法适应非讼程序法理之需要，反而可能纵容法院将错就错。因而，非讼裁定在理论上应当存在法院自行撤销或变更的空间。"非讼事件法"第40条授权法院撤销或变更其认为不当但关系人不得抗告的裁定，因情势变更使得裁定显得不再正当的，只要其属于关系人不得抗告之裁定，法院亦得依职权予以撤销或变更。无论是职权事件还是声请事件，只要其裁定属于不得抗告者，法院就可以依职权予以撤销或变更。所谓的"不得抗告之裁定"，是指依法不能通过抗告与再抗告谋求救济的裁定，如法院选任或解任受托人或信托监察人的裁定（"非讼事件法"第78条第2项）。诚然，法院在撤销或变更裁定之前，应当听取关系人的陈述意见，而且撤销或变更的效力不溯及既往。

（4）非讼裁定的救济。在台湾地区，传统的非讼裁定救济途径是抗告和再抗告。裁定应送达受裁定之人，并在必要时送达已知的利害关系人，因裁定而权利受侵害者也可以主动声请法院付与裁定书（"非讼事件法"第38条）。受裁定送达之人不服裁定的，得在受送达后10日之不变期间内提出抗告，未受裁定送达之人的抗告期限则从其知悉裁定时起算，但裁定送达于受裁定之人后已逾6个月，或因裁定而生之程序已终结者，不得抗告（"非讼事件法"第42条）。抗告原则上由地方法院在听取陈述意见基础上以合议裁定的方式处理，抗告法院须在裁定中载明理由（"非讼事件法"第44条），该裁定仅得因其适用法律有误为理由被提起再抗告（"非讼事件法"第45条第3项）。虽然非讼裁定存在抗告与再抗告的救济，但是学者通常认为，针对私法争议事件作出的非讼裁定以及无法适用其他救济途径（抗告、异议或职权变更等）的非讼裁定可以适用再审程序。鉴于此，2013年修订后的"非讼事件法"第46条之一规定，"民诉法"第五编再审程序之规定，于非讼事件之确定裁定准用之。除前款规定外，有下列各款情形之一者，不得更以同一事由声请再审：（1）已依抗告、声

----

① 林鋐锰：《论非讼裁定之确定力》，台湾大学法律学院法律学研究所2011年硕士学位论文，第142页。

请再审、声请撤销或变更裁定主张其事由，经以无理由驳回者。（2）知其事由而不为抗告；或抗告而不为主张，经以无理由驳回者。

（四）程序费用

非讼事件的程序费用，包括关系人为启动非讼程序而应预纳的费用以及法院为处理其声请为相应行为所支付的费用，但不包括关系人前往法院出庭应讯而支付的差率费、误工费以及委托非讼代理人所支付的酬金等。考虑到非讼程序存在分流案源的功能，法院征收程序费用应从轻。我国台湾地区征收的费用包括声请费、抗告费、藤本费、缮本费、影本费、节本费、印鉴证明书费、邮务送达费、法院人员的差旅费以及"台湾民诉法"规定的其他费用。非讼事件的程序费用，除非法律另有规定，原则上应由声请人负担，检察官为声请人时，则由国库支付。但存在相对人的非讼事件的程序费用，则准用民事诉讼中的败诉方承担规则（"台湾民诉法"第21条第2项）。应征收之费用，由声请人预纳，法院依职权进行处分的费用，由国库垫付者，于核实计算后，向应负担该费用的关系人征收。此外，"非讼事件法"第22条规定，因可归责于关系人之事由，致生无益之费用时，法院得以裁定命其负担费用之全部或一部分。在解释论上，这里所谓的"关系人"系指一切可归责之人，包括无利害关系但可归责的第三人在内。因而，因可归责于非讼代理或辅助人的原因发生的不必要的程序费用，在解释论上应由这些主体承担。

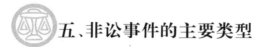

五、非讼事件的主要类型

在我国台湾地区，非讼事件可以分为民事非讼事件、登记非讼事件、商事非讼事件三类。其中，民事非讼事件包括"法人之监督及维护事件""意思表示之公示送达事件""出版、拍卖及证书保存事件""信托事件"以及"台湾民诉法"规定的"督促事件"，登记非讼事件包括"非人登记"与"夫妻财产制契约登记"两种类型，而商事非讼事件包括公司事件、海商事件、票据事件。

（一）民事非讼事件

1.法人之监督及维护事件

法人之监督及维护事件（以下简称为法人事件）包括请求解除董事或监察人职务事件（"民法"第33条第2款）、请求宣告解散法人事件（"民法"第36

条、第 58 条)、法人清算事件("民法"第 38 条、第 39 条、第 42 条)、许可召集总会事件(第 51 条第 3 项)、声请必要处分事件("民法"第 62 条)、声请变更组织事件("民法"第 63 条)。法人事件主要由法人主事务所所在地的法院管辖("非讼事件法"第 59 条)等。所有声请人在声请法人事项时均应附具法定事由的文件,主管机关以及检察官以外的其他主体声请法人事件的,还应当释明其利害关系或附具资格之证明文件("非讼事件法"第 60 条、第 61 条)。法院根据主管机关以外的其他声请人的声请为必要处分("民法"第 62 条)或变更财团组织("民法"第 63 条)前,应当征询主管机关意见("非讼事件法"第 62 条)。法院宣告法人解散("民法"第 36 条、第 58 条)、任选清算人("民法"第 38 条)、指定遗嘱执行人("民法"第 60 条第 3 项)、为必要处分("民法"第 62 条)、变更财团组织("民法"第 63 条)前,得通知检察官陈述意见("非讼事件法"第 63 条)。"非讼事件法"第 64 条在"民法"之外新增一种法人事件,即法人临时董事之选任事件。法人之董事一人、数人或全体不能或怠于行使职权,或对于法人之事务有自身利害关系,致法人有损害之虞时,法院因主管机关、检察官或利害关系人之声请,得在征询主管机关、检察官或利害关系人意见后裁定选任临时董事代行其职权,临时董事不得为不利于法人之行为,法院得命法人向临时董事提供相当报酬,其数额由法院征询主管机关、检察官或利害关系人意见后予以确定。

2. 意思表示之公示送达事件

所谓的意思表示,系表意人欲发生一定私法上效果而将其效果表示于外部的行为,其成立要件包括效果意思(行为人有意成立某种法律行为以谋求实现特定私法效果的意思)、表示意思(行为人有意将内心决定之效果表达于外部的意思)以及表示行为(行为人将心中的效果表达于外部的行为)。[①] 意思表示的生效时间与意思表示的方式密切相关,对话意思表示采了解主义("民法"第 94 条),而非对话意思表示采到达主义("民法"第 95 条第 1 项)。对话人为意思表示,自不存在送达问题,故意思表示之公示送达事件仅适用于非对话而为意思表示的情形。根据"民法"第 97 条的规定,表意人非因自己之过失,不知相对人之姓名、居所者,得依"台湾民诉法"公示送达之规定,以公示送达为意思表示之通知。对于声请前述公示送达事件,不知相对人之姓名时,由

---

① 林洲富:《民法——案例式》,台湾五南图书出版股份有限公司 2009 年第 4 版,第 70 页。

表意人住所地之法院管辖;不知相对人之居所者,由相对人最晚住所地之法院管辖("非讼事件法"第 66 条)。

3. 出版、拍卖及证书保存事件

(1)出版事件。根据"民法"第 518 条第 2 项的规定,出版人依约得出数版或永远出版者,如于前版之出版物卖完后,怠于新版之重制时,出版权授与人得声请法院令出版人于一定期限内,再出新版。逾期不遵行者,丧失其出版权。"非讼事件法"第 67 条规定前述声请再出新版事件,由出版人营业所所在地之法院管辖。著作人于著作完成前死亡、丧失能力,或非因其过失不能完成其著作的,其出版契约关系消减,但如果出版契约关系之全部或一部分之继续,为可能且公平的,出版权授与人或其继承人、法定代理人或出版人得向出版人营业所所在地或住所地的法院声请许可其继续并命为必要之处置("民法"第 527 条、"非讼事件法"第 68 条)。

(2)证书保存事件。鉴于我国台湾地区尚未公布实施"拍卖法","民法"债编所规定的拍卖得照市价变卖,但应经变卖地的公证人、警察机关、商业团体或自治机关之证明("民法债编施行法"第 28 条、"非讼事件法"第 69 条)。共有物分割后,由取得最大部分者保存共有物证书,无取得最大部分者,由分割人协议确定保管人,不能协商决定的,可以向共有物分割地的法院声请指定证书保管人,指定事件的程序费用,由分割人共同负担("民法"第 826 条第 2 项、"非讼事件法"第 70 条),数人共有或共同共有的所有权以外的财产权,其权利证书的保管准用前述规定"非讼事件法"第 71 条。

(3)拍卖事件。担保物权人声请拍卖担保物事件,由拍卖物所在地法院管辖("非讼事件法"第 72 条),关系人就声请所依据之法律关系有争执者,法院应当晓谕其参照本法第 195 条规定的确认本票之诉程序,另行提起诉讼争执之("非讼事件法"第 74 条之一)。对于担保物权所担保债权之发生或其范围有争议的,法院仅得就无争议部分裁定准许拍卖,但经登记的担保物权除外("非讼事件法"第 73 条)。鉴于最高额抵押所担保的债权具有不确定性,法院在裁定准许拍卖之前必须确保债务人有针对抵押权所担保的债权陈述意见的机会("非讼事件法"第 74 条)。在拍卖事件中,法院采取形式审查主义。针对声请准许拍卖事件,不得请求以判决为之。法院是否准许拍卖的裁定,仅从程序上审查应否许可强制执行,并无确定实体关系存否之性质,亦毋庸于公开法庭进行言词辩论。①

4.信托事件

所谓信托,是指委托人将财产权移转或为其他处分,使受托人依信托本质,为收益人之利益或为特定目的,管理或处分信托财产之关系("信托法"第11条),包括契约信托("信托法"第1条)、遗嘱信托("信托法"第46条)、宣言信托("信托法"第71条)、法定信托("信托法"第66条、第79条)等四种类型。"非讼事件法"主要从管辖法院、信托事务之监督、监察、检查等四个方面对信托事件作出规定。

(1)管辖法院。绝大多数信托事件归受托人住所地之法院管辖,具体包括"信托法"第16条所定声请变更信托财产管理方法事件、第28条第2项所定声请信托事务之处理事件、第35条第1项第3款所定声请许可将信托财产转为自由财产或于该信托财产上设定或取得权利事件、第36条第1项但书所定受托人声请许可辞任事件、第2项所定声请解任受托人事件、第52条第1项所定声请选任信托监察人事件、第56条所定信托监察人声请酌给报酬事件、第57条所定声请许可信托监察人辞任事件、第58条所定声请解任信托监察人事件、第59条所定声请选任新任信托监察人事件及第60条第2项所定声请监察信托事务、选任检查人及命为其他必要之处分事件、信托事务之监督等("非讼事件法"第75条第1项以及第60条第1项)。除此以外,"信托法"第36条第3项所定声请选任新受托人或为必要之处分事件,由原受托人住所地之法院管辖("非讼事件法"第75条第2项),"信托法"第46条所定声请选任受托人事件,由遗嘱人死亡时住所地之法院管辖("非讼事件法"第75条第4项)。

(2)信托事务之监督。营业信托及公益信托以外的信托事务由受托人住所地之法院负责监督,法院对于信托事务之监督认为必要时,得命提出财产目录、收支计算表及有关信托事务之账簿、文件,并得就信托事务之处理,讯问受托人或其他关系人。法院在信托监督事务中作出的裁定,关系人不得声请不

---

① 诚然,我国台湾地区学者对于非讼程序采取形式审查论也存在反对观点,认为非讼程序虽采取"形式"审查,但却"实质"地攸关当事人权益,在某种意义上相当于要求相对人额外地开启非讼程序、被动地接受程序劳费、投入时间、金钱、情绪,并承担可能因法律见解不一而招致败诉的风险,故非讼程序实质审查的观点逐渐抬头。参见郭书琴:《非讼程序之形式与实质:以支付命令之事前保障与事后救济为例》,载《台湾法学杂志》2015年总第13期。

服。("信托法"第 60 条第 1 项、"非讼事件法"第 76 条)。

(3)信托事务之监察。法院选任之信托监察人怠于执行其职务或有其他重要事由时,指定或选任之人得解任之;法院亦得因利害关系人或检察官之声请将其解任("信托法"第 58 条),但法院也得依职权解任之,并同时选任新信托监察人("非讼事件法"第 77 条)。法院裁定选任或解任受托人或信托监察人前得讯问利害关系人,但法院据此作出的裁定,不得声请不服("非讼事件法"第 78 条)。

(4)信托事务之检查。法院得因利害关系人或检察官之声请为信托事务之检查,并选任检查人及命为其他必要之处分("信托法"第 60 条第 2 项),法院选任检查人的裁定,不得声请不服。法院得就信托财产酌给检查人相当报酬;其数额由法院征询信托人意见后酌定之,必要时,并得征询收益人、信托监察人之意见("非讼事件法"第 81 条)。

(二)登记非讼事件

1.法人登记事件

法人登记事件,由法人事务所所在地之法院管辖,即由地方法院的登记处登记于其备置的登记簿("非讼事件法"第 82 条、第 83 条)。[①] 在我国台湾地区,法人分为社团和财团,两者均由董事向其主事务所及分事务所所在地之主管机关声请设立,前者应附具章程备案,后者应附具捐助章程或遗嘱备案("民法"第 48 条第 2 项、第 61 条第 2 项)。法人登记之声请违反法律、不合程式或其他欠缺而可以补正者,登记处应酌定期间,命声请人补正后予以登记,逾期不补正者,驳回其声请("非讼事件法"第 92 条)。法人已登记之事项,登记处应于三日内于公告处公告 7 日以上,而且登记处应命将公告之缮本或节本,登载于公报或当地之新闻纸,但公告与登记不符者,仍以登记为准("非讼事件法"第 93 条)。声请人发现登记错误或遗漏时,得声请登记处予以更正,登记处发现因声请人之错误或遗漏致登记错误或遗漏者,应限期命声请人声请更正,逾期不声请更正者,登记处应于登记簿附记其应更正之事由。因登记处人员登记所生之显然错误或遗漏,登记处经法院院长许可,应速为登记之变更。法院在作出前述变更时,应通知声请人及利害关系人("非讼事件法"第 94

---

① 登记处应设置下列簿册:登记事件收件簿、法人登记簿、夫妻财产制契约登记簿、法人签名式或印签簿、夫妻财产制契约登记签名式或印签簿、登记事件档案簿及索引簿以及其他依法令应备置之簿册。参见"非讼事件法施行细则"第 3 条。

条)。登记处在登记后发现事件不属于该登记处之法院管辖、声请登记事项不适于登记、应提出之证明文件不完备、所提出之财产目录的记载与证明文件不相符、声请不具其他法定要件等情形的，经法院院长之许可，应注销其登记，并通知声请人及利害关系人，但其情形可以补正者，应定期间先命其补正("非讼事件法"第 95 条)。关系人认登记处处理登记事务违反法令或不当时，得于知悉后 10 日内提出异议，但于处理事务完毕后已逾 2 个月时，不得提出异议("非讼事件法"第 96 条)。对于关系人提出的异议，登记处认为有理由的，应在 3 日内作出适当的处置，认为无理由的，应附具意见于 3 日内送交所属法院，由法院进行处置("非讼事件法"第 97 条)。

2.夫妻财产制契约登记

在我国台湾地区，夫妻财产制存在法定财产制和约定财产制之分，约定财产制有共同财产制与分别财产制之别。夫妻得于结婚前或结婚后选择适用约定财产制的，应以契约的形式对共同财产制或分别财产制作出抉择。约定采取共同财产制的，除专供夫或妻个人使用之物、夫或妻职业上必须之物、赠与人书面声明仅赠与夫或妻之赠物等三种特有财产外，夫妻之财产及所得合并为共同财产，属于夫妻共同共有("民法"第 1031 条)。约定采取分别财产制的，则意味着夫妻各保有其财产之所有权，各自管理、使用、收益及处分("民法"第 1044 条)。[①] 为保障交易安全，夫妻对其财产作出约定的契约应当进行登记。夫妻财产制契约应由夫妻住所地法院登记处进行登记，不能在住所地进行登记或主要财产在居所地者，得由居所地法院登记处进行登记，无法确定住所地和居所地的，由"司法院"所在地的法院登记处负责登记("非讼事件法"第 101 条)。夫妻财产制契约之登记，除非契约经过公证，必须由夫妻双方附具以下文件共同声请：夫妻财产契约、财产目录及其证明文件(含依法应登记财产的登记缮本)、夫及妻之签名式样或印鉴("非讼事件法"第 104 条第 1 项)。夫妻住所或居所迁移到原法院管辖区域以外的，配偶一方或双方应为迁移之陈报，陈报时应提出原登记簿缮本("非讼事件法"第 102 条)。

(三)商事非讼事件

我国台湾地区"非讼事件法"第五章"商事非讼事件"分为三节，分别对公

---

① 　林洲富：《实用非讼事件法》，台湾五南图书出版股份有限公司 2012 年第 7 版，第 195 页。

司事件、海事事件、票据事件作出规定。"公司事件"部分主要规定了管辖法院、清算事件以及选任临时管理人与检查人等几个方面的内容。"海事事件"部分仅对运送人拍卖货物事件的管辖法院作出规定。"票据事件"也仅规定了本票强制执行事件的管辖法院以及提起确认本票之诉两个方面的内容。

1. 公司事件

(1)管辖法院。"公司法"所定由法院处理之公司事件,由本公司所在地之法院管辖("非讼事件法"第171条)。所谓的"公司所在地",是指本公司所在地("公司法"第3条第1项),而所谓的"本公司",系指为公司依法首先设立,以管辖全部组织之总机构("公司法"第3条第2项前段)。

(2)清算事件。为了结公司与第三人及公司与股东之间的债权债务关系,公司解散后,必须经过清算程序,其法人之人格始归于消减。公司清算人,原则上由无限公司的全体股东以及股份有限公司的董事充当(法定清算人),但"公司法"或公司章程另有规定,或经股东或股东会决议,另选清算人(选任清算人)。无法定清算人和选任清算人时,法院得因利害关系人声请而选派之(选派清算人)。法院选派或解任清算人均应公告,并视清算事务繁简以及所耗费之劳力时间,征询董事及监事人意见后酌定公司应负担的清算人报酬金额("非讼事件法"第174条、第177条)。为确保清算人妥善履行清算职责,"非讼事件法"对选派清算人的资格作了限制,并授权法院解任不适当的清算人。在清算人的资格限制方面,未成年人、受监护或辅助宣告之人、剥夺公权尚未复权之人、受破产宣告尚未复权之人、曾任清算人而被法院解任之人,都不得被选派为清算人("非讼事件法"第176条)。在解任清算人方面,三种类型的清算人均得因法院依利害关系人之声请而将其解任,但股东选任的清算人的解任,必须经股东过半数同意,股东有限公司的法定或选任清算人的解任,必须经过股东会决议。选派或解任清算人的裁定,均为不得声请不服之裁定,声请选派或解任清算人获法院支持的,其程序费用由公司负担,反之,则由声请人负担("非讼事件法"第175条)。为迅速了结公司债权债务关系,清算人原则上应在6个月内完结清算,确因事务繁杂未能按期完结清算的,清算人得声述理由,向法院声请展期,法院认其声请有理由时,应裁定许其延长清算完结之期间。清算完结后,清算人应造具结算表册,移交各股东,请求其承认。经请股东承认后,清算人应以书面形式向法院声报,并附具结算表册经股东承认之证明或清算期内之收支表、损益表经股东会承认之证明,以及经依规定以公告催告申报债权及已通知债权之证明("非讼事件法"第180条)。

(3)选任临时管理人。股份有限公司董事会不为或不能行使职权,致公司有受损害之虞时,法院因利害关系人或检察官之声请,得选任 1 人以上之临时管理人,代行董事长及董事会之职权。声请选任临时管理人,应以书面表明董事会不为或不能行使职权,致公司有受损害之虞之事由,并释明之。法院在作出前述裁定之前,应当征询主管机关、检察官或其他利害关系人的意见。法院选任临时管理人的,应当在裁定中载明理由,并嘱托主管机关办理登记手续。

(4)选派检查人。股份有限公司继续 1 年以上,持有已发行股份总数 3% 以上之股东,得以书面声请法院选派检查人,检查公司业务账目及财务情形。检查人之报告,应采取书面形式。法院对检查事项认为必要时,得讯问检查人。法院对于检查人之报告认为必要时,得命检查人召集股东会。检查人之报酬,由公司负担,具体金额由法院征询董事及监察人意见后酌定("非讼事件法"第 174 条)。法院选派检查人的裁定,不得声请不服。

(5)其他公司事件。指定保存人事件,主要规定关系人不得对法院指定公司簿册及文件保存人之裁定声请不服,并明确指定保存人的程序费用由公司负担("非讼事件法"第 181 条)。公司债权人会议认可事件,主要规定该类事件由公司债权人之受托人或债权人会议指定之人向法院申报("非讼事件法"第 184 条)。公司重整事件,主要规定法院在重整程序中作出相关裁定前应讯问利害关系人,法院应在裁定中附理由,认可重整计划之裁定,抗告中应停止执行("非讼事件法"第 185 条),并对公司财产保全处分之登记等事项作出程序性规定。

2.海事事件

货物运送后,运送人或船长应即通知托运人指定之应受通知人或收货人("海商法"第 50 条)。收货人怠于受领货物时,运送人或船长得以受货人之费用,将货物寄存于港埠管理机关或合法经营之仓库,并通知受货人("海商法"第 51 条第 1 项)。受货人不明或受货人拒绝受领货物时,运送人或船长得依前项之规定办理,并通知运送人及受货人,以代交付,俾于解除责任("海商法"第 51 条第 2 项)。送运人对于前开货物有下列情形之一者,得声请法院裁定准予拍卖,于扣除运费或其他相关之必要费用后提存其价金之余额:不能寄存于仓库、有腐坏之虞、显见其价值不足抵偿运费及其他相关之必要费用("海商法"第 51 条第 3 项)。对于前述货物拍卖事件,由货物应受领地法院管辖("非讼事件法"第 193 条)。所谓的"受领地",是指运送人或船长依据运送契约,应将货物送达之地(约定收货地)。①

3.票据事件

在通常情形下,债权人利用争讼程序获取执行名义费时费力。为确保本票及时获得实现,"票据法"第123条规定,执票人得就本票发票人声请法院裁定强制执行。本票强制执行裁定系属执票人声请通过非讼程序快速获得的一种执行名义。法院对前述声请采取形式审查主义,仅由法院审查强制执行与否,而不对实体法上的权利义务关系进行判断。发票人对票据债务之存在有争执的,可以提起确认之诉以资解决,纵使法院调查之结果,认有发生假债权之情事、发票人对本票签章之真正有所争执或执票人主张已清偿票款,法院均不得为实体审查后,而为驳回裁定,仍应为准许强制执行之裁定。②"非讼事件法"第194条、第195条分别从本票强制执行事件之管辖、提起确认本票之诉两个方面对票据事件作出补充性规定。

(1)本票强制执行事件之管辖。纵观"非讼事件法"第194条以及"票据法"相关条文的规定,本票裁定强制执行事件之管辖,除为专属管辖及先受理之法院管辖具有优先管辖权外,管辖法院的确定顺序是票据付款地、发票地及发票人之营业地、住所或居所地。"非讼事件法"第194条第1项明确规定以票据付款地之法院为管辖法院,系属专属管辖。然而,本票未记载票据付款地的,前述专属管辖规范无从适用,如果本票载明发票地的,应由发票地之法院管辖("票据法"第120条第5项);如果本票均未记载付款地、发票地,则应由发票人之营业所、住所或居所地之法院管辖("票据法"第120条第4项)。③

(2)提起确认本票之诉。发票人主张本票系伪造、变造者,应于接到准许强制执行之本票裁定后20日不变期间之内,对执票人向为裁定法院提起确认之诉("非讼事件法"第195条第1项)。发票人证明已经提起确认本票之诉的,执行法院应停止强制执行。但得依执票人声请,许其提供相当担保,继续强制执行,亦得依发票人声请,许其提供相当担保,停止强制执行("非讼事件法"第195条第2项)。然而,本票发票人以执票人所持以发票人名义签发之本票,均为第三人所伪造,提起确认两造间就该本票债权不存在之诉,虽逾20

---

① 葛义才:《非讼事件法论》,台湾三民书局有限公司2008年第2版,第298页。

② 林洲富:《实用非讼事件法》,台湾五南图书出版股份有限公司2012年第7版,第274页。

③ 林洲富:《本票强制执行——兼论非讼事件法修正草案之相关规定》,载《律师杂志》2004年第7期。

日之不变之期间,唯本票发票人不于该不变期间提起确认之诉,仅无执行法院应停止强制执行之适用,其亦得提起确认之诉。① 鉴于本票发票人通常在经济上处于弱势地位,为兼顾发票人权益并确保本票流通票据之经济效益,"非讼事件法"第195条第3项规定,发票人逾20日之期间起诉或者以伪造、变造以外事由请求确认债权不存在的,法院仍得依发票人之声请,裁量是否许其提供相当并确实之担保以停止强制执行。

---

① "最高法院"1975年度台抗字第242号判例。

第十五章　强制执行制度

　　民事权益的司法保护包括权益判定程序和权益实现程序,权益判定程序又包括基于正当程序保障的权益判定程序以及基于不存在显著争议的权益判定程序。然而,经过判定程序确定的民事权益仍然只是"纸上的权益",其能否获得实现有赖于强制执行程序的有力保障。鉴于此,强制执行逐渐受到重视,我国台湾地区不仅采取"强制执行法"单独立法模式,而且已经形成与民事诉讼法学并列的强制执行法学。本章对台湾地区强制执行制度的基本原理和程序予以介绍。

 一、概述

　　台湾地区的强制执行制度以民国时期颁布的《强制执行法》为基础,1949年之后历经多次修改,至今仍施行于台湾地区。

(一)强制执行的基本定义及其法律关系

　　"强制执行"是指执行机关根据债权人的声请而借助于公权力强制债务人履行执行名义所确定之义务,以实现债权人私权的公力救济程序。[①] 执行机关对于债务人实施强制力的行为,称为强制执行行为,而运用强制力的权限,称为强制执行权。显而易见,强制执行权是公权力机关基于统治关系得根据法律规定和债权人申请强制债务人履行执行名义所确定义务的权力。与此相应地,债权人基于执行名义,对于公权力机关请求为一定执行处分之权利,则被称为强制执行请求权。享有公法上的强制执行请求权的债权人,虽然并非强制执行权之主体,但是得向执行机关请求发动其强制执行权,以实现其对于债务人享有的私法上的给付请求权。鉴于此,我国台湾地区学者的主流观点

　　① 　杨与龄:《强制执行法论》,中国政法大学出版社 2002 年版,第 3 页。

认为,在强制执行程序中,债权人、债务人、执行机关之间存在三面法律关系:(1)声请关系,基于强制执行请求权,债权人依据执行名义声请执行机关强制执行;(2)干预关系(侵害关系),基于强制执行权,执行机关依据执行名义对债务人强制执行;(3)权利实现关系,基于私法上给付请求权,债权人有权实现或者处分其基于债权、人身权、物权、准物权、知识产权等权利享有的请求权。①

(二)强制执行的性质与强制执行法的性质

在台湾地区的强制执行理论中,强制执行的性质不同于强制执行法的性质,前者解决强制执行系属于诉讼事件抑或是非讼事件的问题,后者则指向强制执行法规范的法律属性。

关于强制执行的性质,台湾地区学者存在争议。按照学界的共识,诉讼事件和非讼事件的主要区别在于:诉讼事件由民事法院组织对立的当事人进行言词辩论并对系争权利义务作出具备既判力的判决,而非讼事件则不一定有对立的当事人,不一定由法院处理,由法院处理者不用判决而用裁定,裁定无既判力。强制执行存在对立的双方当事人(债权人与债务人),但私法上的请求权已经权益判定程序确定,原则上无须适用言词辩论原则,其执行处分具有行政属性,故属于非讼事件。然而,执行处分往往伴随着实体权利义务判断事项,强制执行原则上只能执行债务人本人的财产,而实际查封、拍卖、变卖的财产是否为债务人所有则需要执行法院进行判断。因此,我国台湾地区学界的通说认为,强制执行并非单纯的非讼事件,而是兼具诉讼事件性质的非讼事件。② 结合内地近年来推行的审执分离改革试点,强制执行权可以分为执行裁决权和执行实施权,但为兼顾执行效率,行使执行实施权的执行机构无论如何都必须享有一定的(临时性)判断性权利。然而,鉴于执行程序中的审查裁决并不具有实质确定私权的效力,执行程序中的判断性事项若涉及实质性实体争议,仍须回归民事诉讼,故内地学者将执行行为理解为非讼事件也不无道理。

强制执行法的性质可以从不同的角度进行理解。首先,虽然强制执行系以实现私权为目的,但是"强制执行法"主要规定执行机关的组织及其职权、强制执行程序以及执行救济制度,具有公法的鲜明色彩。其次,"强制执行法"适

---

① 张登科:《强制执行法》,台湾三民书局有限公司 2012 年修订版,第 13 页。

② 杨建华:《民事诉讼法问题研析》(三),台湾三民书局有限公司 1998 年版,第19 页。

用于我国台湾地区的全体人民及一般民事执行事项,属于普通法。再次,"强制执行法"规定了执行机关以其公权力实现私权的程序,故属于程序法。最后,"强制执行法"授权执行机关根据债权人的申请强制干预私人生活秩序,为保障个人自由和财产免受不法侵害,"强制执行法"对行使强制执行权的执行机关、行使强制执行的态样、限度、形式等均作出详细的规定,其内容大部分属于效力规定中的强制规定,除法律另有规定外,不允许当事人以合意决定各个执行程序之要求或内容,违背或不遵循强制规定的执行行为,即强制执行法属于强行法。①

(三)"强制执行法"的基本理念

台湾地区学者普遍认为,"强制执行法"贯彻了迅速、确保债权人债权的实现、确保拍定人地位的安定性、基本权的平衡与保障等基本理念。②

1.迅速。债权人声请强制执行通常意味着债务人怠于履行义务,考虑到债权人为取得执行名义已经花费了相当的成本以及执行债权的确定性,强制执行程序应当遵循执行及时原则,重在迅速实现执行债权,以免债权人承受不必要的程序不利益。例如,强制执行程序开始后,除法律另有规定外,不停止执行,即使当事人或第三人对执行行为声请或声明异议,也不停止执行。

2.确保债权人债权的实现。强制执行法贯彻债权人保护优位理念,基于债权人已经取得具有公信力的执行名义,执行债权存在的盖然性已经确定或者被推定。为满足债权人实现债权的宗旨,强制执行法应当保障债权人的债权获得满足,采取所谓的当事人不平等主义。③ 这主要表现为"强制执行法"规定了种类繁多的执行措施,如执行法院命债权人查报债务人之财产状况、向税捐及其他有关机关团体或知悉债务人财产的人调查债务人财产状况,依债权人之声明命债务人报告其财产状况、对拒不(如实)报告财产状况的债务人采取拘提、管收或限制住居措施。

3.确保拍定人地位安定性。拍定人地位的安定性的维系,既是为了提高第三人参加法院拍卖的积极性,也是为了保护作为社会公共利益的交易安全。例如,强化执行法官或书记官调查不动产实际状况、占有使用情况或其他权利

---

① 吴光陆:《强制执行法》,台湾三民书局股份有限公司 2012 年第 2 版,第 25 页。
② 姜世明:《强制执行法之基本原则与理念》,载《月旦法学杂志》2014 年第 2 期。
③ 林洲富:《探讨强制执行之原理原则——以执行事件性质为中心》,载《月旦法学杂志》2014 年第 5 期。

关系的措施,对不动产拍卖采担保物权涂销主义,使得被拍卖不动产所负担的担保物权法定优先权归于消灭,并强化对拍卖不动产之点交,以确保拍定人地位的安定性。

4.基本权的平衡与保障。强制执行法系属公法,执行法院运用强制力干预私人生活,为保障执行当事人与利害关系人之间基本权不受不必要的干涉,法院的行为应受宪法拘束。债权人、债务人、利害关系人的生存权、发展权、人格尊严、住宅自由、财产权等基本权相互之间可能发生冲突,亟须予以合目的性平衡。债务人在强制执行程序中负有忍受强制力的义务,但其基本人权仍应予以保障。例如禁止查封债务人及其家属生活所必需的财产。再如,对债务人采取拘提、管收、限制住居措施应当符合法定的要件和程序,管收还受期限及次数、限制事由、释放事由的限制。

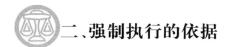

二、强制执行的依据

强制执行在本质上是公权力对私人生活的干预,故确定和证明实体请求权合法存在的执行名义以法律列举规定者为限,不得依当事人之意思合意,创设法律所明定以外的执行名义,亦不许依类推解释,扩张法律所明定执行名义之种类,此即所谓的“执行名义法定原则”。[①] 因而,债权人于请求执行法院开始实施强制执行程序以前,必须已经取得能对债务人强制执行之权利文件,否则执行法院无从据以开始强制执行。此种记载债权人、债务人姓名及债权内容范围之文书,就是所谓的执行名义。[②] 我国台湾地区学者通常认为,执行名义应当同时具备形式要件和实质要件,形式要件要求给付义务载明于表明执行当事人和执行事项的公文书之中,实质要件则意味着该公文书命债务人为适于强制执行的给付且该给付的内容可能、确定、适法。

就执行名义的法定种类而言,根据“强制执行法”第 4 条的规定,执行名义有下列各项:

(1)确定终局判决。经争讼程序确定的权利义务关系不容推翻,即使确定终局给付判决违法,在依法启动再审程序或者第三人撤销程序予以废弃之前,

---

① 　赖来焜:《强制执行法总论》,台湾元照出版公司 2007 年版,第 291 页。
② 　沈建兴:《强制执行法逐条释义》,台湾元照出版有限公司 2014 年版,第 32 页。

也仍具有法律效力。诚然,充当执行名义的确定终局判决必须为私法上的请求权适宜强制执行的给付判决,至于形成判决与确认判决能否充当执行名义则尚且存在争议。

(2)假扣押、假处分、假执行裁判及其他依民事诉讼法得为强制执行的裁判。假扣押是债权人为避免债务人逃避履行金钱请求或者可以转化为金钱请求权的私法请求权的保全程序,假处分是保全非金钱请求或暂定有争执法律关系的临时状态,假处分是先强制执行尚未确定的判决。此外,"台湾民诉法"第 91 条规定的诉讼费用裁定以及第 508 条规定的支付命令等也可以充当执行名义。

(3)依"民事诉讼法"成立的和解或调解笔录。所谓的和解,是指当事人在诉讼程序续行中在法官面前达成解纷合意并由书记官作成笔录,与确定判决具有同一效力。所谓的调解,是指当事人在起诉前,在法院所成立的解纷合意并由书记官作成笔录,与诉讼上和解具有相同的效力。

(4)依"公证法"规定得为强制执行的公证书。"台湾公证法"笫 13 条第 1 项规定,当事人请求公证人就下列法律行为制成之公证书,载明应径受强制执行者,得依该证书执行之:①以给付金钱或其他代替物或有价证券之一定数量为标的者;②以给付特定之动产为标的者;③租用或借用建筑物或其他工作物,定有期限并应于期限届满时交还者;④租用或借用土地,约定非供耕作或非以建筑为目的,而于期限届满时应交还土地者。

(5)拍卖抵押物及质物的裁定。根据"非讼事件法"第 71 条以及"强制执行法"第 4 条第 1 项第 5 款的规定,抵押权人须声请拍卖抵押物裁定,才可以据此以声请法院拍卖抵押物,但质权人则可以自行拍卖或声请法院拍卖,质权人声请法院拍卖质物的,质权人也应当先行向法院声请许可拍卖质物的裁定。

(6)其他法律规定得为强制执行名义者,主要包括:①"票据法"第 123 条规定,执票人向本票发票人行使追索权时,得声请法院裁定后强制执行。②"强制执行法"第 4 条之一规定,经许可执行之诉判决宣示许可执行的外国法院。③"强制执行法"第 27 条第 1 项规定,执行法院在被执行人无财产可供执行或虽有财产经强制执行后所得金额仍不足清偿债务时向债权人签发的债权凭证。④"台湾地区与大陆地区人民关系条例"第 74 条规定,经台湾地区法院裁定认可且具有给付内容的大陆地区民事确定裁判、民事仲裁判断。⑤"仲裁法"第 37 条第 2 项规定,经声请法院作出执行裁定后的仲裁判断,但以给付金钱、其他代替物、有价证券或者特定动产为标的的仲裁判断,允许双方当事人以书面约定仲裁判断无须法院裁定即得为强制执行。

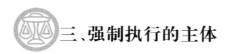

三、强制执行的主体

　　强制执行系债权人依据执行名义,声请执行法院,对债务人实施强制执行,故强制执行的主体包括执行法院、执行债权人、执行债务人,前者称为执行机关,后两者统称为执行当事人。

(一)执行机关

　　台湾地区的民事强制执行事务由地方法院及其分院设立的民事执行处负责办理。与祖国大陆四级法院均设置执行机关不同的是,台湾地区的"最高法院"和"高等法院"不设置民事执行处,其理由是地方法院与执行标的物所在地及债务人住所地较为接近,由其执行较为便捷。地方法院及其分院设立的民事执行处,由执行法官、司法事务官、书记官、执达员构成,具体执行事件由执行法官或司法事务官命令书记官督同执达员强制执行事件,但调查强制执行之法定要件、对声请或声明异议为裁定,许可休息日或日出前日没后之查封、不动产拍卖之开标,以及指定分配期日等须由执行法官亲自办理,不得命书记官办理。根据"强制执行法"第 3 条第 2 项的规定,司法事务官可以办理执行法官办理的所有事项,但拘提、管收除外。执行人员在履行职务中难免遭受债务人或第三人的抗拒,"强制执行法"授权执行人员遇到抗拒时可以使用符合比例原则的强制力,遇到执行人员自身力量无法排除的抗拒时,执行人员可以请求警察或有关机关协助执行,受请求的警察机关或者有关机关有协助之法定义务("强制执行法"第 3 条之一)。

(二)执行当事人

　　债权人与债务人在强制执行程序中处于对立状态,通常是指执行名义所载明的实体权利人和义务人及其继受人。执行当事人必须具备执行当事人能力、执行行为能力,并在特定案件中属于适格当事人。对于执行当事人能力而言,具备诉讼当事人能力者,有执行当事人能力,缺乏执行当事人能力者声请执行或者对缺乏执行当事人能力者采取执行措施,均属无效。至于执行行为能力,因强制执行采取当事人不平等主义,通说认为执行债权人需为积极声请强制执行等行为,自需有执行行为能力,执行债务人仅系消极被执行,多为被动地承受执行,故有无执行行为能力并不重要,只有在需要其为声明异议、声请等行为时才要求执行债务人具备执行行为能力。执行当事人适格,是指在具体强制执行事件中可以充当执行债权人及执行债务人的资格,即执行名义所具备执行力的主观范围。根据"强制执行法"第 4 条之二的规定,确定判决的执行力主观范围包括:当事人、诉讼系属后实体权利义务的继受人、诉讼系属后为当事人或其继受人占有请求标的物者、为他人而为原告或被告的诉讼担当人、诉讼系属后诉讼担当人的继受人、为诉讼担当人或其继受人占有请求标的物者,其他类型的执行名义准用前述规定。执行债务人认为声请强制执行者不适格的,可以在执行程序终结前以债权人为被告向执行法院提起异议之诉;执行债权人声请强制执行被以当事人不适格为由裁定驳回的,可以自受送达裁定之日起 10 日内以债务人为被告向执行法院提起许可执行之诉。

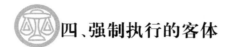

四、强制执行的客体

根据执行内容的不同,强制执行可以分为物之交付请求权的强制执行、行为或者不行为的强制执行、金钱给付请求权(包括可以转化为金钱给付请求权的其他私法请求权,下同)的强制执行,前两者合称为非金钱请求权的强制执行,而后者则称为金钱请求权的强制执行。物之交付请求权的强制执行要求执行法院对特定物采取执行措施,执行法院仅判断执行物与执行名义所载明之物是否具有同一性即可,不存在执行客体的界定问题。行为或者不行为的强制执行系以债务人的行为本身为执行对象,主要通过间接执行的方法(怠金、拘提、管收)强制债务人为或者不为一定行为,其执行客体很明确,无须界定。[①] 但是,确定或推定金钱给付请求权的执行名义,仅命令债务人为金钱给付,至于债务人不履行时应当执行的财产,执行名义则没有予以确定,故逐渐

[①] 在台湾地区,执行名义命债务人交出子女或被诱人的,除了适用怠金、拘提、管收等间接执行方法外,还可以采取直接强制方法,将该子女或被诱人取交债权人。除此以外,不可代替行为请求权的强制执行都只能采取间接执行方法。鉴于管收是实现强制执行目的的最后方法,在管收之前宜先处怠金以促债务人履行,续经定期履行而仍不履行者,始许执行法院于符合管收要件时,予以管收。2011 年 6 月 29 日修正后的"强制执行法"第 128 条第 1 项对此作了明确的规定。

形成责任财产的概念。①

(一)责任财产的范围

在金钱给付请求权的强制执行中,债务人的责任财产是债权人实现其确定或推定债权的总担保。除非立法者为保障基本人权或者依据权利性质不能让与而将某些财产排除在责任财产的范围之外,只要是债务人所有的财产或者财产性权利,都属于债权得声请对之强制执行的责任财产范围。鉴于财产的流动性,责任财产范围的界定还需要考虑时间因素。台湾地区学者提出"定责任财产之时点"的概念,通常认为债务人的责任财产范围的基准时点是强制执行程序的开始。② 因而,债务人在强制执行程序开始前处分的财产,除非债权人或拍定人得以成功除去处分行为的效力,否则不能充当强制执行的标的物。为防止债务人通过处分财产的方式致使执行不能或者加大执行难度,台湾地区的债权人可以依假扣押、假处分、假执行等方式保全责任财产。债务人未来可以预期取得的财产,除非基础法律关系的要件已经具备且已经发生期待权者(如工资),不得纳入责任财产的范围。但是,债务人依其自身意思表示而取得财产时,债权人得依据台湾地区"民法"第242条的规定行使代位权(如法律行为的撤销、契约的解除、买回、退伙等)。

(二)责任财产的调查

法院可以通过以下几种方式调查被执行人的责任财产:(1)命债权人查报;(2)执行法院依职权调查;(3)命债务人报告。责任财产的搜寻结果,关系着执行债权能否获得实现,债权人与责任财产搜寻结果具有直接利害关系,最可能具备调查债务人责任财产的动力,故"强制执行法"将"命债权人查报"作为最为主要的责任财产调查方法。诚然,一方面,债权人为迅速实现债权而难免有查报不实的情形;另一方面,债权人调查责任财产的手段较为有限。执行法院可以依职权进行调查。执行法院依职权调查责任财产的途径包括:执行法官自行或命书记官督同执达员调查、向税捐机关调查债务人的财产状况、向

---

① 在台湾地区,责任财产存在广义和狭义之分。狭义的责任财产,专指金钱请求权的强制执行程序中,执行法院可以查封和变价的财产。广义的责任财产,是指得为强制执行客体适格的总财产,除了狭义的责任财产概念之外,还包括在物之交付的强制执行中,执行法院应取交或解除债务人之占有,使回归债权人占有之特定物。本章所阐述的责任财产,仅指狭义的责任财产。

② 陈计男:《强制执行法释论》,台湾元照出版有限公司2012年版,第62页。

其他有关机关或团体或知悉债务人财产状况之人调查。鉴于债务人对自身有无责任财产最为清楚,在已发现债务人财产不足以清偿执行债权或者不能发现债务人应交付的财产时,执行法院可以依职权或依债权人的声明,命令债务人在指定期限内据实报告该期限届满前一年内应供强制执行的财产状况。

(三)责任财产的认定

在强制执行中,执行法院应当先行判断特定财产是否属于债务人所有,才可以对其采取强制执行措施。鉴于特定财产权属关系的判断属于实体判断问题,倘若适用争讼程序中的实体权属判断标准,债权人需要对每项责任财产的权属关系提供证据并与债务人、第三人展开攻击防御,债权人的权利实现成本将倍增,诱导更多的债务人选择拖延履行。为迅速实现执行债权,在台湾地区强制执行实务中,执行法院对责任财产权属关系的判断均采取外观主义,仅需要根据占有、登记、署名等外观认定其是否属于责任财产,而无须进行实体调查。执行法院根据权利外观认定的权属关系可能与实体调查结果有所出入,执行当事人或第三人对于是否属于责任财产存在实体争执的,只能通过执行异议之诉程序予以解决。①

(四)责任财产的责任限定

在某些特殊情形下,执行名义所载明的执行债权只能针对特定物或一定的财产采取执行措施,而不得执行债务人的其他财产。鉴于债务人仅负以特定物或一定财产为限承担清偿义务,台湾地区学者将其称为"有限责任",并将其区分为特定财产的有限责任和一定范围财产的有限责任。特定财产的有限责任,是指依强制执行债权的限制,债权人仅得就债务人之特定财产强制执行,债务人亦仅以特定财产负清偿之责,如债权人以拍卖抵押物裁定为依据声请拍卖抵押物,抵押人仅在抵押物价值范围内承担债务清偿责任。一定范围财产的有限责任,是指债务人仅就独立债务人固有财产以外之财产负清偿之责,债权人仅得就独立于债务人固有财产以外的财产负清偿之责,债权人仅得就该独立财产为执行,如限定继受之继受人,以继受之财产为限,对被继承人

---

① 我国大陆人民法院在强制执行程序中对责任财产权属的判断也采取外观主义,但对责任财产认定结果存在实体争执的当事人或第三人在谋求通过执行异议之诉予以救济之前,应当先行利用执行异议制度。因而,内地执行异议制度的救济对象并不局限于执行违法行为,还包括执行不当行为。

之债权人负清偿责任（"民法"第1154条）。

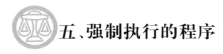

五、强制执行的程序

（一）强制执行程序的启动

1. 债权人声请强制执行。强制执行是债权人声请执行法院利用强制力实现确定或推定债权的制度，为尊重债权人的实体处分权，强制执行程序的启动采取当事人主义。因而，修正后的"强制执行法"要求假扣押、假处分、假执行裁判的强制执行也依声请进行，而不再依职权移送执行。尽管如此，以下情形视同声请：（1）移送：民事法院科处证人罚锾的，得直接移送民事执行处执行。（2）嘱咐：依台湾地区"刑事诉讼法"第471条第2项前项执行，检察官必要时得嘱托地方法院民事执行处为之。（3）自助行为之声请：依"强制执行法"第5条之二第1项的规定，持有执行名义的债权人可以根据台湾地区"民法"第151条的规定，自行拘束债务人的自由或押收其财产，并声请法院进行后续处理。在具体声请强制执行的程序方面，声请执行的债权人应当向法院递交记载以下事项的声请状：债权人声请强制执行，须提出声请状载明债权人、债务人（如有法定代理人，应一并记载）、欲求实现的债权内容（如为金钱债权，应载明具体金额）、欲为执行之标的（如债务人之行为）或执行之标的物（如以财产为执行标的，应同时提出债务人财产目录或其所有的土地、房屋登记簿誊本），并提出执行名义的证明文件（如判决正本及判决确定证明书或各审级法院出具的判决正本）。债权人声请执行原则上应当递交书面声请状，债权人口头声请的，法院书记官应对制作成载明前述事项的笔录，由债权人对笔录进行签字确认，并命其提出前述相关证明文件。

2. 强制执行开始的限制。强制执行的开始要件存在一般要件和特殊要件之分。所有执行名义启动强制执行程序应当具备"提供执行名义、依法定程序声请、缴纳执行费用，[①]且具备执行当事人能力、执行行为能力、执行法院有管辖权"等一般要件。对附有条件、附期限或须债权人提供担保或对待给付的执

---

① 执行法院命债权人代为预纳应由债务人负担的执行费用（"强制执行法"第28条），债权人没有在法院执行期限内预纳必要执行费用的，执行法院可以裁定驳回其强制执行申请。

行名义启动强制执行程序的,必须具备执行名义载明的特殊要件。对于这些特殊要件是否具备的判断,除附确定期限的执行名义以外,只有证明执行名义所附不确定期限已经届满、已经按照执行名义的要求提供担保、执行名义所附条件已经成就、已为对待给付或已提出给付,债权人才能有效启动强制执行程序。

3.强制执行的障碍事由。债权人声请强制执行除了应当具备前述积极条件以外,还应当不存在障碍执行程序开始或进行的消极条件。只要存在法定的强制执行障碍事由,执行法院就不应当启动强制执行程序。对于强制执行的消极要件,执行法院应依职权调查。在台湾地区,通常认为强制执行的障碍事由包括以下几种:(1)债务人破产。债务人宣告破产后,破产债权人非依破产程序不得行使权利("破产法"第99条),这是因为破产程序系以债务人的总财产为对象,为确保破产债权人之间平等获得清偿,禁止作为个别执行的强制执行程序的适用。(2)破产法上的和解。①破产和解。在破产程序中,法院许可和解亦构成执行障碍,和解许可裁定后进行的强制执行亦无效。②商会和解。向商会请求和解,经商会同意处理时,其在商会同意处理前成立的债权,除非存在担保权或优先权,对债务人不得开始或继续强制执行("破产法"第49条)。(3)公司重整。法院为公司重整之裁定前,得因利害关系人之声请或依职权,以裁定为强制执行程序之停止处分("公司法"第287条第1项第4款)。裁定重整后,强制执行程序当然终结("公司法"第294条)。据此,公司重整属于执行障碍事由,违背前述规定的执行行为自始无效。(4)公司特别清算。根据"公司法"第335条第2项关于"第294条关于破产、和解及强制执行程序当然停止之规定,于特别清算准用之"的规定,公司特别清算也构成对该公司开始或继续进行强制执行的障碍事由。

(二)强制执行事件的调查与登记

1.调阅卷宗。关于强制执行事件及范围发生疑义时,执行法院应调阅卷宗。执行法院调阅卷宗不受法院审级的限制,执行法院可以调阅不同级别的其他法院在处理本案过程中形成的卷宗。卷宗如同时为其他法院所需用,执行法院应自作缮本或节本,或嘱托其他法院移送缮本或节本。经调阅卷宗,执行法院仍不能确定执行名义之内容的,自不许强制执行,债权人应另行提起诉讼或者依据其他方法取得执行名义。

2.传讯当事人。开始强制执行前,除因调查关于强制执行之法定要件或执行之标的物认为必要者外,毋庸传讯当事人。所谓"强制执行之法定要件",

是指实施强制执行以实现执行债权所应当具备的条件,包括实体要件和程序要件。实体要件指有效执行名义之存在、执行当事人适格、附条件执行名义的条件成就、附期限执行名义的期限届满、债权人应为对待给付的执行名义债权人已经为对待给付或提出给付、应供担保的执行名义已供担保等。程序要件指执行当事人能力、执行法院之管辖、执行名义之送达、不存在执行障碍事由等。所谓的"执行标的物"是指作为强制执行对象的财产。执行法院应调查执行标的物是否为债务人所有,除债权人提供证明文件外,执行法院也应当依职权予以调查,在必要情形下可以传讯当事人。

3.执行财产的登记通知。"强制执行法"第11条第1项规定,供强制执行之财产权,其取得、设定、丧失或变更,依法应登记者,为强制执行时,执行法院应即通知该主管登记机关登记其事由。在我国台湾地区,不同类型财产的物权变动登记效力不尽相同:(1)有的财产权的物权变动非经登记不发生效力,如不动产、矿业权、渔业权、水权等;(2)有的财产权的物权变动非经登记不能对抗第三人,如动产抵押权、船舶所有权、船舶抵押权、专利权、商标专用权等;(3)有的财产的物权变动进行登记仅出于行政管理的需要,如汽车等。在执行前述三类物权变动需要进行登记的财产时,执行法院原则上应依职权通知主管登记机关办理登记手续,其实务操作是执行法院给主管登记机关发函嘱托登记。鉴于从执行法院查封到主管机关登记通常需要经过相当长的一段时间,常有债务人利用此段期间办理查封物之所有权移转或设定抵押登记,使得执行债权的实现需先涂销移转或设定登记程序,有碍强制执行程序的进行。因而,"强制执行法"第11条第2项规定,债权人可以声请执行法院将通知交其径行送登记机关进行登记。债务人基于继承、强制执行、征收、法院判决等原始取得原因在登记前已经取得不动产物权的,执行法院可以根据债权人的声请,以债务人费用,通知登记机关登记为债务人所有后而为执行。

(三)强制执行程序的延缓

强制执行旨在实现债权人的权利,鉴于债权人对其民事权益享有处分权,强制执行应当采取当事人进行主义。债权人对是否继续实现其权利的决定应受到尊重,故"强制执行法"第10条第1项规定,实施强制执行时,经债权人同意者,执行法院得延缓执行。与此同时,鉴于强制执行程序的延缓导致执行法院效率低下并可能延误执行时机,故"强制执行法"第10条第2项对延缓执行作了必要的限制,即"延缓执行之期限不得逾三个月。债权人声请续行执行而再同意延缓执行者,以一次为限。每次延缓期间届满后,债权人经执行法院通知而不于 10 日内声请续行执行者,视为撤回其强制执行之声请"。

(四)强制执行程序的停止

债权人启动强制执行程序后,执行法院应当依职权推进程序的进行。债务人或第三人认为存在违法执行行为或不当执行行为而谋求救济的,通常仍不足以阻止强制执行程序的进行。但是,债务人或第三人有不得强制执行的事由,如不停止仍予执行,虽提出救济,但强制执行程序终结后即无法救济的,债务人或第三人将受不可回复损害的,根据"强制执行法"第 18 条第 1 项的规定,存在本法第 18 条第 2 项以及其他法律规定的法定事由的,可以停止强制执行。强制执行程序的法定停止事由主要包括以下三种情形:(1)"强制执行法"第 18 条第 2 项规定,有回复原状之声请,或提起再审或异议之诉,或对于和解为继续审判之请求,或提起宣告调解无效之诉、撤销调解之诉,对于许可强制执行之裁定提起抗告时,法院因必要情形或依声请定相当并确实之担保,得为停止强制执行之裁定。(2)根据"非讼事件法"第 101 条第 2 项的规定,发票人主张本票系伪造、变造者,应于接到裁定后 20 日之不变期间内,对执票人向为裁定法院提起确认之诉,即可停止执行,毋庸法院裁定。(3)"仲裁法"第 42 条第 1 项规定,当事人提起撤销仲裁判断之诉者,法院得依当事人之声请,定相当并确实之担保,裁定停止执行。

(五)强制执行程序的续行

强制执行本应迅速实现债权人的权利。为防止债务人或者第三人利用实体或程序事由拖延强制执行,除非出现法定停止强制执行的法定事由,执行法院应当依职权推进程序进行至执行完毕,中途不得停止。执行法院无故停止执行程序的,债权人得声明异议谋求救济。停止强制执行程序的法定原因终了或者债务人在执行程序中死亡的,执行法院应当续行强制执行程序或者对遗产继续进行强制执行。据此,台湾地区学者将强制执行程序的续行分为"执行程序的续行"和"对于遗产的续行执行"两种类型。至于"强制执行法"第 124 条、第 129 条规定的"再为执行"以及第 27 条规定的"请求对债务人再予强制执行",则不属于原有执行程序的继续进行。"对于遗产的续行执行",是指"强制执行法"第 5 条第 3 项关于"强制执行程序开始后,债务人死亡者,得续行强制执行程序"的规定。鉴于 2009 年修正后的台湾地区"民法"继承编废弃概况继受改采限定继受制度,债务人在强制执行程序中死亡的,根据修正后的"民法"第 1157 条的规定,包括执行标的物在内的遗产应由继受人提出遗产清册,由法院依公示催告程序予以公告,命被继承人的债权人在特定期限内申报其债权,继承人按照债权比例以遗产偿还债务。故"强制执行法"第5条关于"债务人死亡者,得续行强制执行"的规定亟须予以修正。

(六)强制执行程序的撤销

与强制执行程序的停止不同,强制执行的撤销不仅停止执行程序,而且要求执行法院除去已为之执行处分、废弃已进行的程序,以回复到执行前的状态。鉴于强制执行的撤销系以已为执行处分为条件,强制执行撤销制度仅适用于强制执行实施后,因为强制执行开始前尚不存在执行处分行为。与此同时,鉴于强制执行程序终结后已不存在撤销执行处分的可能,强制执行撤销之诉仅适用于强制执行程序终结前。尽管执行处分经执行法院撤销原则上应溯及既往,但在撤销前已发生实体法效力不因执行处分的撤销而失效。例如,不动产拍卖虽有撤销事由,但经核发权利移转证书后,不能否定拍定人取得所有权的效力。在我国台湾地区,强制执行撤销的事由主要为以下三大类:

1.因债权人之撤回而撤销。鉴于强制执行法遵循处分权主义,债权人声请执行后以书面或者口头方式向法院表示抛弃执行的意思表示的,执行法院应当撤销全部或者部分执行程序。

2.执行法院依职权撤销。已经开始的强制执行缺乏开始要件的,业已进行的强制执行虽属无效,但为除去形式上存在的执行处分,执行法院得依职权予以撤销。债权人或第三人提起执行异议之诉的,执行法院得指示其另行起诉,或告知债权人,经其同意后,即由执行法院撤销强制执行("强制执行法"第16条)。若发现债权人查报且已被采取执行处分的财产确非债务人所有,执行法院应当撤销其处分("强制执行法"第17条)。[1] 动产经再行拍卖仍未能拍定或者动产拍卖无人应买,且债权人不承受该动产的,执行法院应撤销查封,将拍卖物返还债务人("强制执行法"第70条第5项、第71条前段)。债务人于其责任财产被查封后,提供足以清偿执行债权与执行费用的现款,声请撤销查封的,只要查封物尚未被拍定,执行法院均应当准许。即使查封物已经被拍定,执行法院亦得劝告拍定人,经其同意后予以准许。[2]

---

[1]　诚然,如果执行法院对该财产是否为债务人所有尚有待审判才能予以确定,执行法院应当指示主张有排除强制执行权利的第三人通过执行异议之诉解决,而不能径行撤销执行处分。参见"最高法院"1960年台抗字第83号判例。

[2]　台湾地区"司法院"颁行的"办理强制执行事件应行注意事项"第32项第1款。

3.因当事人或第三人提出以下文书,执行法院得撤销执行处分:(1)债务人在假扣押、假处分执行程序中依裁定提供担保,提出担保证明的;(2)债务人申请回复原状或再审之诉,原确定判决经判决废弃或变更确定,提出再审裁判正本的;(3)对和解请求继续审判或请求宣告调解无效或撤销调解,经判决胜诉确定,提出裁判正本的;(4)废弃宣告假执行的本案判决或废弃假执行宣告的判决已宣示,提出裁判正本;(5)许可拍卖抵押物或质物的裁定,经抗告法院废弃确定,提出裁定正本;(6)假扣押、假处分的裁定,经裁定撤销确定,提出裁定正本;(7)债务人或第三人提出异议之诉,胜诉确定,提出裁判正本;(8)声明异议有理由的裁定,已宣示或送达。①

(七)强制执行程序的终结

台湾地区将强制执行程序的终结区分为全部执行程序的终结和个别执行程序的终结两种情形,前者是指基于一个执行名义的所有强制执行程序完全终了,后者是指对于特定的执行标的物或者特定的执行方法所实施的强制执行程序终了。

个别强制执行程序的终结,应依各该个别强制执行程序所定最后阶段的行为的完成与否为判断标准。例如,对于某执行标的物的强制执行拍卖时,拍卖程序于拍定时终结,但对拍卖物的执行程序则需要等到交付拍卖标的物给拍定人并将价金交给债权人才告终结。

全部执行程序的终结意味着执行案件脱离执行法院终了,引起全部执行程序的终结的主要原因包括:(1)执行名义所载债权已全部获得满足。执行名义所确定或推定债权已全部获得满足的,执行债权因清偿而归于消灭,基于该执行名义的强制执行程序自应终结。倘若执行名义所载债权仅部分受偿,而该受偿部分即为债权人请求强制执行之全部,该债权请求强制执行之部分,亦为全部执行程序终结。债务人的所有财产已经查封拍卖完毕,但执行债权尚未获得完全清偿的,在法院发给执行凭证前,本案的执行程序尚未全部终结。(2)债权人撤回强制执行的声请。债权人以言词或书状向执行法院声请撤回强制执行的,本案的执行程序全部终结,但债权人嗣后仍得持该执行名义再次声请强制执行。诚然,如果有其他债权人声请参与分配,债权人声请撤回强制执行仅对其自身具有撤回的效力,而不能导致全部强制执行程序归于终结。

---

① 张登科:《强制执行法》,台湾三民书局有限公司2012年版,第136页。

(3)实施强制执行而无效果。根据"强制执行法"第 27 条的规定,实施强制执行而无效果时,强制执行程序,因执行法院发给债权凭证而终结。实施强制执行而无效果引起的执行程序终结类似于大陆所谓的"终结本次执行程序",在其具体适用过程中需要注意以下几点:①仅适用于金钱给付请求权的强制执行,非以金钱给付为标的的执行名义不适用于这种终结方式;②债务人无财产可供执行或者其可供执行的财产不足以全部清偿债务;③执行法院应命债权人在一个月内查报债务人财产,只有债务人到期不为报告或查报无财产的,才可以适用这种结案方式;④执行法院在终结本案全部执行程序前应当向债权人发放债权凭证,但倘若债务人具有破产适格且存在破产原因,则应当根据台湾地区"破产法"第 60 条的规定,移送同院民事庭宣告债务人破产,而不得发给债权凭证。① (4)执行名义失效。执行名义因声请回复原状、上诉、抗告、再审、异议之诉,经裁判而确定失效的,一经债务人提出相关裁判证明,执行法院应当撤销执行处分,执行程序归于终结。

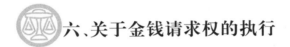

六、关于金钱请求权的执行

强制执行依其所欲实现权利的内容,可分为金钱请求权的执行、物之交付请求权的执行、行为或不行为请求权的执行、假扣押或假处分保全的执行。其中,物之交付请求权的执行与行为或不行为请求权的执行被统称为非金钱请求权的执行。与此同时,鉴于假扣押或假处分保全的执行在本质上仍可以分别纳入金钱请求权的执行或非金钱请求权的执行。限于篇幅,本章仅从金钱请求权的执行和非金钱请求权的执行两个方面进行阐释。所谓的金钱请求权的执行,是指以实现债权人金钱债权为宗旨的强制执行程序。所谓的金钱债权,是指以一定数额的金钱为目的的债权。债务人不履行金钱债务而需要强制执行的,执行法院若能查封到足以清偿金钱债权的现款,执行程序即可宣告终结。但是,鉴于金钱极易移转和隐匿,绝大多数金钱请求权执行案件需要对债务人金钱以外的财产或财产权采取查封(冻结)和变价措施,才能实现金钱债权。实际上,只要属于债务人所有且具有金钱价值的财产,除非法律另有规

---

① 债权凭证属于"强制执行法"第 4 条第 1 项第 6 款规定的执行名义,故债权人嗣后发现债务人有财产可供执行的,得以债权凭证声请强制执行。

定,均可以作为金钱请求权的强制执行标的,包括动产、不动产、债权、无体财产权等财产或财产性权利。对于债务人金钱以外其他财产的强制执行,无论该财产性质如何特殊,通常均需要经过以下三个共通性处理阶段:(1)控制环节,通过查封、冻结等措施防止债务人对其财产进行处分,并据此迫使债务人履行债务;(2)变价环节,通过拍卖、变卖等换价方法将财产或财产权变价为金钱,以备清偿金钱债权与执行费用;(3)满足环节,将变价所得扣除执行成本后用以清偿执行债权,倘若变价所得不足以清偿所有执行债权人的金钱债权,则尚需要经过分配程序才能将金钱交付给债权人。鉴于不同性质的责任财产的强制执行方法不尽相同,我国台湾地区"强制执行法"第二章分别设置了动产、不动产、船舶及航空器、其他财产权的执行规则,并对多数债权人参与分配以及对公法财产的执行作出规定。

(一)参与分配

基于债权平等原则,债务人的财产为所有债权人的总担保。在已经查明的责任财产不足以清偿所有债权的情形下,如果仅由某个或某些债权人强制执行债务人的责任财产,通常会导致其他债权人的债权不能获得满足。因此,"强制执行法"通过 13 个条文规定参与分配制度,即债权人依据载明金钱债权的执行名义声请就债务人的财产强制执行后,其他债权人向执行法院声请就执行所得金额平等受偿。参与分配制度的适用条件包括:债务人存在多数债权人、多数债权人对债务人享有的债权均为金钱债权、被声请参与分配的执行程序须为终局执行、声请参与分配的债权人所享有的债权须指向同一债务人、声请参与分配的债权人所享有的债权的履行期限须届满。为激励债权人查报责任财产和兼顾债权平等主义,我国台湾地区对参与分配制度采取群体优先主义,其他债权人应当在拍卖、变卖终结或依法交债权人承受之日 1 日前,但不经拍卖或变卖的,则应当在当次分配表制作之日 1 日前,以书状形式声明参与分配。逾期声明参与分配的,仅就受偿剩余部分受清偿,如逾期声明参与分配的债权人系属复数且不存在优先权,应按照债权金额平均受偿("强制执行法"第 32 条)。参与分配的债权人,除享有优先受偿权外,应按其债权金额平均分配。债权人或债务人对分配表所载债权或分配金额有异议的,可以在分配期日 1 日前,向执行法院以书状方式声明异议。执行法院认为异议正当且到场的债务人及有利害关系的其他债权人不反对的,应当立即更正分配表,并将更正后的分配表送达未到场的债务人及有利害关系的其他债权人,受送达人有反对意见的,应当为受送达之日 3 日内通知声明异议人。未能通过分配表异议程序获得解决的争议,应当通过分配表异议之诉等争讼程序谋求解决。

(二)对于动产之执行

1. 动产的范围。台湾地区"民法"第 67 条将动产界定为"土地及其定着物以外之物",但因"强制执行法"第 114 条第 1 项、第 114 条之四第 1 项要求对"海商法"所指之船舶、建造中之船舶及"民用航空法"所规定航空器的执行,准用不动产强制执行程序,故这里所谓的动产不包括船舶及航空器。有价证券本属于其他财产权,但"强制执行法"第 59 条第 2 项默认有价证券的执行适用动产执行规则。动产的强制执行通常采取查封、拍卖、变卖的方法进行,变价所得的价金用以清偿执行债权和承担执行费用,无法变价的动产则依法交债权人承受,债权人不愿承受的,则解除查封后交回债务人。

2. 动产的查封。动产的查封,由执行法院命书记官督同执达员进行,并可以请自治团体、商业团体、工业团体或其他团体或对于查封物有专门知识经验的人协助查封。动产查封可以采取单用或并用标封、烙印或漆印以及其他足以公示查封之适当方法。查封物的保管,原则上应当由执行法院负责,但执行法院也可以委托妥适之保管人(包括债权人)保管之,除贵重物品及有价证券外,经债权人同意或认为适当时,执行法院也可以要求债务人保管之。基于"物尽其用"理念,保管人应当出具收据,查封物以债务人为保管人时,得许其于无损查封物之价值范围内,继续使用查封物。基于比例原则,查封动产,以其价格足清偿强制执行之债权额及债务人应负担之费用者为限(过度查封之禁止),应查封动产之价金清偿执行费用及优先债权无剩余可能的,执行法院应当予以禁止或撤销(无益查封之禁止)。查封效力及于查封物及其自然孳息,但自然孳息收取权归属于他人的除外。债务人擅自处分查封物及其自然孳息的行为,相对于执行债权人、参与分配的债权人以及查封物的拍定人无效。

3. 动产的变价。动产的变价方法,应采取拍卖或变卖的形式。法院于拍卖认为必要时,得委托拍卖行或适当之人行之,但应派员监督("强制执行法"第 61 条第 2 项)。于拍卖无人应买或应买人出价过低时,得作价命债权人承受("强制执行法"第 60 条第 2 项、第 70 条第 5 项、第 71 条)。查封物的变价原则上应当采取公开拍卖的方式,但存在以下情形时,执行法院得不经拍卖程序,将查封物直接予以变卖:债权人及债务人申请或对于查封物的价格达成协议者、有易于腐坏之性质者、有减少价值之虞者、为金银物品或有市价值物品者、保管困难或需费过巨者。查封动产,如为依法令管制交易的物品,应依职权洽请政府指定之机构,按照规定价格收购之。查封上市有价证券的,宜委托证券经纪商变卖之。查封其他有价证券,执行法院认为适当时,亦得不经拍卖程序,准用第 115 条至第 117 条之规定处理("强制执行法"第 60 条之一)。对于拍卖的法律性质,我国台湾地区学者尚未达成共识。对此,"强制执行法"第 69 条规定,拍卖物买受人就物之瑕疵无担保请求权,但理论上认为其仍享有权利瑕疵担保请求权。

(三)对于不动产之执行

1.不动产执行的特征。不动产执行程序与动产执行程序的主要区别包括:(1)程序更为详密。传统法学将不动产视为债务人财产的根本,不动产的价值通常也较高,故不动产执行通常被认为是债权实现的重要手段。鉴于不动产的价值及其对债务人的意义往往较大,不动产执行程序的规定更为严谨。(2)得为强制管理。不动产价值可能远远超出执行债权,为贯彻比例原则,对不动产的执行可以采取强制管理方式,即以不动产使用价值为对象,实施强制经营管理,并以管理所得收益清偿债务。(3)利害关系人范围扩大。不动产上可以设立租赁权、担保物权、用益物权等权利,如何协调各种权利以及兼顾多数利害关系人的利益诉求成为不动产执行的重要课题。

2.不动产执行对动产执行规则的参照。鉴于不动产执行与动产执行的宗旨均为清偿金钱债权,两者的执行程序除性质不相容外,具有共通性。"强制执行法"第 113 条规定,不动产之强制执行,除本节有规定外,准用动产之规定,以免重复。在动产执行程序中,关于执行查封人员与协助机关("强制执行法"第 46 条)、查封范围("强制执行法"第 50 条)、过度查封及无益查封之禁止("强制执行法"第 50 条之一)、查封效力("强制执行法"第 51 条)、酌留生物必需物("强制执行法"第 52 条)、查封时间之限制("强制执行法"第 55 条)、重复查封之禁止("强制执行法"第 56 条)、拍卖期间之指定("强制执行法"第 57 条第 1 项)、查封之撤销("强制执行法"第 58 条)、拍卖之通知("强制执行法"第 63 条)、物之瑕疵担保中级排除("强制执行法"第 69 号)、拍卖笔录("强制执行法"第 71 条)、卖得价金处理("强制执行法"第 74 条)等规定,均准用于不动产执行程序。

3.不动产执行的适用对象。在强制执行法中,所谓的不动产,主要是指民法上的不动产,包括土地、房屋以及其他定着物。其中,房屋要求达到足以避风雨的程度,但是否建妥及其用途如何则在所不问。其他定着物是指房屋以外的土地定着物,不管在地上还是地下,凡作为一定工事者,均为不动产,如地下停车场、游泳池、鱼池、桥梁等。土地上的出产物尚未与土地分离且未能在一个月内收获时，除非出产物系他人所有，应当与土地共同为执行标的物。此外，建筑物的附属设施（包括厨房、厕所、车库、铺设于建筑物的电器、煤气、给水、排水、空气调节、电梯、消防、防控避难及污物处理等建筑物设备等），因与建筑物的使用具有不可分离的关系，可以视为其构成部分或从物，而予以一并查封拍卖。依法令禁止流转的土地或者流转须经主管机关批准的不动产，虽在禁止流转期间不得拍卖，但仍得予以查封。除民法上的不动产外，适用不动产执行程序的财产还包括：矿业权、渔业权等视为不动产物权的权利，地上权、农育权、典权等不动产用益物权，建筑物区分所有权、海商法上的船舶及航空器等。

4.不动产的查封。根据"强制执行法"第75条的规定，不动产强制执行的方法包括查封、拍卖、强制管理，查封旨在冻结不动产，拍卖与强制管理旨在变价不动产。不动产的查封，由执行法官命书记官督同执达员单用或并用以下方法予以实施：张贴查封公告（揭示）、关闭门户进出口（封闭）、命债务人提出不动产所有权状（追缴契据），对已登记不动产的强制执行，执行法院还应当通知登记机关为查封登记，查封通知于实施揭示、封闭、追缴契据措施前到达登记机关的，亦发生查封效力。不动产查封除准用动产查封之禁止过度查封及无益查封外，原则上并无限制，即使是债权人因继承所得尚未办理继承登记，也可以予以查封，只不过拍卖该动产前，债权人应依"未继承登记不动产办理强制执行及登记联系办法"第2条代位债务人办理登记。债务人对被查封的不动产丧失处分权，但债务人仍得为从来之管理或使用（"强制执行法"第78条），债务人对被查封的不动产所为移转、设定、负担或其他有碍执行效果的行为，相对于债权人不发生法律效力。

5.不动产的拍卖。在拍卖被查封不动产之前，应先经估价后征询当事人的意见，再由执行法院核定底价，但核定底价并不受估价之拘束，如估价与市价不相当时，执行法官得参考其他数据，并得在必要时赴现场勘验，了解内部装潢设备及周边环境后，再核定底价。定期拍卖后，执行法院至少应提前14日先期公告。"强制执行法"第85条规定："拍卖不动产，执行法院得因债权人或债务人之声请或依职权，以投标方式行之。"鉴于投标更为方便，实务上皆采投标方式拍卖。以投标方式拍卖不动产时，执行法院可以酌定保证金额，命投标人于开标前缴纳，逾期未缴纳保证金者，其投标无效。以出价最高且达到底价者得标，若出最高价者有相同两人以上，以当场增加之金额最高者为得标人，无人增加价额者，以抽签定其得标人。除非未中之投标人仍愿按原定投标条件依法承买,得标人未于公告所定期限内缴足价金者,再行拍卖。第一次拍卖应买或所出最高价未达底价的,债权人在拍卖期日终结前声明愿承受的,执行法院应依该次拍卖所定底价,将不动产交债权人承受。债权人不愿承受或因缺乏法定买受资格依法不得承受的,执行法院定期再行拍卖。执行法院在再行拍卖中得酌减底价,但不得逾上次底价的 20%。经三次拍卖仍未能拍定且债权人不愿或不能承受的不动产,执行法院应于拍卖期日终结后 10 日内公告愿买受该不动产者,得于公告之日起 3 个月内依原定拍卖条件为应买之表示,执行法院得于询问债权人及债务人意见后,许其买受,此即所谓的"特别拍卖程序"。不动产拍定人或承受人自领得执行法院所发给之权利移转证书之日起,取得该不动产所有权,属于登记前已取得不动产物权,非经登记,拍定人或承受人不得处分(台湾地区"民法"第 759 条)。执行法院应解除债务人或第三人对不动产的占有,点交给买受人或承受人,原占有人在点交后复即占有该不动产的,执行法院得依声请再解除其占有后点交之。这里所谓的"复即占有",是指凡依一般社会观念,原占有人于执行法院解除其占有后之"相当时间"内再占有该不动产。这是因为执行法院将不动产点交给买受人或承受人后,原点交之执行名义即因执行完毕而消减,自不能不对再点交之声请设定时限,以促使买受人或承受人善加保管点交之不动产。鉴于再点交程序之实施,系受点交义务人于点交之强制执行后,违反原点交命令的效力而导致启动另一点交程序,其程序费用自应另行征收,并由该受点交义务人负担。

6.不动产的强制管理。强制管理,是指执行法院对于已查封之不动产,选任管理人实施管理,以其所得收益清偿债务之执行方法。其立法目的原在于避免债务人因债务数额不多竟被拍卖致丧失不动产所有权。但在实践中,一方面,采取强制管理必须由管理人占有不动产始可收益,而使管理人占有并非易事。另一方面,管理须支出管理费用及其他必需之支出,扣除后债权人所得不多,且拖延时间,故实务上甚少采用此方法执行。①

7.不动产的点交。债务人应交出之不动产,现为债务人占有或者在查封后被第三人占有的,执行法院应解除其占有,点交于买受人或承受人("强制执行法"第 99 条第 1 项)。由此可见,第三人在查封之后不管基于何种理由而占有不动产,均负担有交出不动产之义务。诚然,第三人在查封之前占有不动产

---

① 吴光陆:《台湾地区强制执行法述评》,载齐树洁主编:《东南司法评论》(2009 年卷),厦门大学出版社 2009 年版。

的,如果概不受点交命令之拘束,则将严重影响应买者之意愿及其所出价格。[1] 鉴于此,即使第三人在查封之前占有不动产,只要其缺乏占有不动产的正当权源,就负有交出不动产之义务。除无权占有外,"缺乏占有不动产的正当权源"主要表现为第三人的占有权源被执行法院在查封后依"强制执行法"第98条第2项但书予以除去。[2] 在不动产点交后,原占有人复即占有该不动产者,执行法院得依申请再解除其占有后点交之("强制执行法"第99条第3项)。但是,如果点交权利人接管不动产多日后,点交义务人侵夺其不动产的,点交权利人只有另行通过民事权益判定程序取得相应的执行名义,才能再行声请强制执行。尽管我国台湾地区"立法者"尚未确定权利人声请再行点交的期限,但"复即"的表述试图对再行点交的期限进行作出必要之限制。

(四)对于其他财产权之执行

其他财产权,是指除前述以外一切有财产价值的权利,主要包括债务人对第三人享有的金钱债权、债务人请求第三人交付或移转动产或不动产之权利、请求第三人交付或移转船舶或航空器之权利等。在执行其他财产权时,法院应先扣押再变价:先发扣押命令以禁止债务人收取和禁止第三人清偿,而后发出换价命令即收取命令,准由债权人向第三人收取或发出移转命令,将该权利移转给债权人或命第三人交付法院,由法院分配给各债权人。受送达扣押命令的第三人不承认债务人之债权或其他财产权之存在,或于数额有争议或有其他得对抗债务人请求之事由时,应于接受法院命令后10日内,提出书状,向执行法院声明异议。执行法院接到异议状后,应即通知债权人,债权人如认其声明不实时,得于收受通知后10日内向管辖法院提起诉讼,并应向执行法院提出起诉之证明及将诉讼告知债务人。

---

① 许士宦:《新学林分科六法:强制执行法、债务清理法》,台湾新学林出版股份有限公司2013年版,第A119页。
② "强制执行法"第98条第2项规定,前项(拍卖之)不动产原有之地上权、永佃权、地役权、典权及租赁关系随同移转。但发生于设定抵押权之后,并对抵押权有影响,经执行法院除去后拍卖者,不在此限。

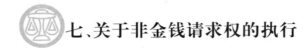

七、关于非金钱请求权的执行

(一)命债务人交付特定物之执行

"强制执行法"依该特定物为动产或不动产而分别规定其执行方法：(1)动产。对于债务人持有的动产,执行法院可以采取强制方法,将该动产取交债权人。其中,债务人应交付之物为书据、印章或其他相类之凭证且无法取交的,执行法院得以宣告无效,并以出具证明书的方法或以拘提、管收、科处怠金的方法执行。债务人对第三人有请求交付特定物权利的,执行法院可以命令将债务人对第三人请求交付之权利移转于债权人。债务人应交出之动产为代替物的,执行法院得以债务人之费用命第三人代为采买交付,即转化为金钱执行。(2)不动产。交付之物为不动产、船舶、航空器或在建造中之船舶的,倘若债务人占有该不动产,执行法院可以直接解除债务人的占有,交债权人占有;倘若该不动产为第三人所占有但债务人对其有请求交付的权利,执行法院应以命令将此请求交付的权利移转于债权人。

(二)命债务人为一定行为、不行为之执行

1.可替代性行为的执行。鉴于该行为可以由他人代为,执行法院可命第三人代为履行,代为履行的费用由债务人支付,并得就该费用针对债务人的责任财产采取强制执行措施。

2.不可替代性行为的执行。不可替代性行为的特点是,此类行为具有技术性或专属性,非债务人亲自履行,不能实现执行效果。执行法院可以命令债务人在指定期限内履行,债务人逾期不履行的,可以通过拘提、管收或处予怠金(新台币3万元以上30万元以下)等间接执行措施迫使债务人履行义务。其中,拘提和怠金不受次数限制,但管收以两次为限且每次不得逾3个月。鉴于不可替代性行为请求权未能获得实现的债权人可能受有损失,"强制执行法"曾授权执行法院确定逾期不履行损害赔偿额,1996年修正时,该制度被以损害赔偿额难以结算、易滋争议且实务未见适用为由予以删除。基于审执分立原理,债务不履行之损害赔偿额的计算应通过争讼程序确定,执行法院无权依职权或依申请对此作出决定。

3.不作为请求权的执行。债务人基于约定或者法定原因而负担有不作为

义务的,债权人得根据执行名义声请法院命债务人容忍他人之行为或禁止债务人为一定行为。① 鉴于不作为请求权本身具有人身专属性,参照适用不可替代性行为的执行规则。

4. 交付子女、被诱人的执行。根据"强制执行法"第128条第3项的规定,执行名义命债务人交出子女或被诱人者,除可管收债务人或科处怠金外,还可以用直接强制方法,将该子女或被诱人取交债权人。鉴于裁定交付子女法院已对未成年子女利益加以考量,单纯仅确定亲权归属的裁判不宜理解为要求交付子女的执行名义。②

5. 分割共有物、遗产的执行。分割共有物或遗产的执行方式主要有以下三种:(1)直接点交:债务人占有共有物或遗产的,可以直接对债务人采取强制措施,将其中的全部或者部分交给债权人;(2)金钱补偿:对补偿义务人的责任财产以前述金钱请求权的执行方法采取执行措施;(3)变卖共有物或遗产:拍卖共有物并分配其价金。

 **八、对瑕疵执行行为的救济**

(一)瑕疵执行行为的类型及其效力

瑕疵执行行为包括违法执行行为和不当执行行为,违法执行行为,是指违背强制执行法规定的要件、程序、方法的强制执行行为,如对禁止查封财产进行查封、变卖不依法定方式、拍卖不依法公告等。不当执行行为,是指执行行为虽合乎强制执行法的规定,但执行的结果与债权人在实体法上的权利关系不符合,即缺乏实体法上依据的执行行为。对于瑕疵执行行为的效力,"强制执行法"尚未作出规定,理论上认为应当由执行机关根据规定该行为要件的法律规范的重要性进行处理。鉴于通说认为执行行为属于公法行为,而每一个执行行为均为执行程序的有机组成部分,必须重视其行为的权威性和稳定性,即使存在瑕疵,原则上也应当认定得以撤销而非无效,不能类推适用民法关于法律行为效力的规定。根据效力状态的不同,瑕疵执行行为可以分为以下三

---

① 刘玉中:《不行为(不作为、制止)请求诉讼与强制执行》,载《月旦法学教室》2014年第9期。

② 姜世明:《谈交付子女请求及执行之部分问题》,载《军法专刊》2015年第4期。

种类型:(1)执行行为不成立。执行行为不具备执行机关执行的形式,在外观上不能认定为执行行为,自不存在无效或撤销问题。(2)执行行为无效。执行行为虽已成立,但因具有重大显著的瑕疵而自始不发生程序法效力,包括欠缺实施基本要件(如依缺乏执行名义要素的执行名义采取的执行行为)、违背禁止规定(如查封法律禁止查封的财产)、欠缺前提行为(如未经查封即行拍卖)、不能实现执行目的(如扣押命令未禁止第三人向债务人清偿)、存在执行障碍事由(如对破产企业采取的执行行为)。(3)执行行为得撤销。执行行为虽有瑕疵,但仍具有程序法上的效力,但受瑕疵执行行为不利益影响的主体得声请法院撤销其效力。

(二)瑕疵执行行为的救济方法

1.对违法执行行为的救济。当事人或有利害关系的第三人,对于执行法院的违法执行行为,可以根据"强制执行法"第 12 条的规定声请或声明异议,以谋求救济。法院针对异议作出的裁定可以被提起抗告。提起抗告之人,包括因执行法院对声请或声明异议所为之裁定,而受不利益之债权人、债务人或第三人,不以原声请或声明异议之人为限。抗告并无停止执行之效力,但原法院以裁定停止原裁定之执行,抗告法院先行裁定停止原裁定之执行或为其他必要之处分。[①] 此外,债务人或第三人因违法之执行行为所受损害,也可以依据侵权法律关系对债权人提起侵权之诉,请求损害赔偿。若违法执行行为是执行人员故意或过失造成的,则可以根据台湾地区"国家赔偿法"的规定,请求"国家赔偿"。

2.对不当执行行为的救济。债务人或者存在利害关系的第三人对不当执行行为,可以在执行程序终结前,根据"强制执行法"第 14 条、第 14 条之一、第15 条的规定提起异议之诉,以谋求救济。执行程序终结后,债务人不能提起执行异议之诉,但仍可以依据民事实体法的相关规则,通过损害赔偿之诉或返还不当得利之诉的方式谋求救济。[②] 利害关系人在无法向拍定人回复其物的

[①] 姜世明:《强制执行程序违法之救济》,载《月旦法学教室》2015 年第 5 期。

[②] "最高法院"曾经指出,执行程序已经终结者,债务人得依民法之规定,请求债权人损害赔偿或返还不当得利。但执行名义为确定判决或与有确定判决同一效力之执行名义,请求返还不当得利者,以执行名义所载请求权于执行名义成立后始消减者为限。参见"最高法院"1964 年度台上字第 2661 号判例。该判例经 1996 年度第 15 次民事庭会议决议不再援引。

情形下,也可以根据民事实体法的规定,向债务人请求返还不当得利,或向债权人请求损害赔偿。

3.债务人异议之诉。债务人异议之诉适用争讼程序,本应当规定于"民事诉讼法"之中,但因其与强制执行存在密切联系而规定于"强制执行法"。根据"强制执行法"第14条第1项、第2项规定,执行名义之执行力,因所表彰之实体权利有欠缺,债务人可以提起异议之诉谋求救济。与执行名义本身存在瑕疵而被废弃不同,债务人异议之诉不涉及执行名义本身的存废问题,仅因执行名义所表彰的实体权利欠缺,影响强制执行请求权的成立。我国台湾地区的债务人异议之诉,可以分为实体权利义务异议之诉和执行力主观范围异议之诉两种类型。(1)实体权利义务异议之诉。实体权利义务异议之诉适用于以下两种情形:①执行名义成立后有消灭或妨碍权利人请求的事由发生;②无既判力执行名义成立前有消灭、妨碍或不成立事由发生。实体权利义务异议之诉主要适用于假执行裁判、保全裁判、罚金等检察官执行命令等文书。(2)执行力主观范围异议之诉。执行力主观范围异议之诉,是指债务人在执行程序续行中请求法院确认其并非执行名义效力所及者的争讼程序,可以适用于所有类型的执行名义,但与实体权利义务异议之诉相似,均采取执行法院专属管辖制度。

4.第三人异议之诉。执行力主观范围通常具有相对性,为防止强制执行损害第三人合法权益,"强制执行法"第15条规定:"第三人就执行标的物有足以排除强制执行之权利者,得于强制执行程序终结前,向执行法院对债权人提起异议之诉。如债务人亦否认其权利时,并得以债务人为被告。"所谓"足以排除强制执行之权利",是指债权人享有足以对抗执行债权人的权利,如第三人在金钱请求权执行程序中主张法院错误查封其所有的财产。与债务人异议之诉相似,第三人异议之诉应当在执行程序终结前向执行法院所属的民事法院提起。所谓"执行程序终结",是指针对系争标的物的个别执行程序是否终结,而不是指全部执行程序的终结。

第十六章　公证制度

　　台湾地区现行公证制度以民国时期的"公证法"为基础,于 1974 年、1980 年、1999 年、2007 年、2009 年先后进行数次修正。其中 1999 年的修正引入了民间公证人制度,采取法院公证人与民间公证人并行的双轨制,并对"公证法"进行了全面检讨和大幅增修;其他历次修正均仅进行局部的技术性调整,未涉及整体制度架构的变更。为适应"公证法"的修正并保障其实施效果,有关部门针对实践中出现的具体问题,数次修正"公证法实施细则",并相继颁布了"民间公证人遴选、培训及任免办法""公证文书簿册保存及销毁规则""民间公证人交接规则""民间公证人监督办法""民间公证人惩戒程序规则""驻外领务人员办理公证事务办法"等相关配套法规、命令与规则。近年来台湾地区公证制度的变化与特点主要体现在两个方面:一是在公证人双轨制中,法院公证人与民间公证人仍处于并驾齐驱的状态;二是除公证案件总件数大幅减少外,公证业务在案件类型上也有所变动。①

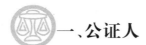

一、公证人

　　台湾地区"公证法"在 1999 年修正前,实行法院公证人制度。这个时期的公证人被定位为纯粹的公务员,即执行公证权力、支领薪俸的公务人员。②"法院组织法""司法人员人事条例"中对此均有明确的规定。修正后的"公证法"进行了重要变革,引进民间公证人制度。在"公证法"修正草案提交"立法院"审议时,对于在法院公证人和民间公证人之间,究竟应采取两者并存的双轨制,还是应全面实行民间公证人的单轨制,曾一度发生争议。最终通过"公证法"确立了双轨制,该法第 1 条第 1 项规定:"公证事务,由法院或民间公证

---

　　①　张滋伟:《浅析我国公证新制之现况与展望》,载《公证法学》2011 年第 3 期。
　　②　张文章主编:《公证制度新论》,厦门大学出版社 2008 年第 3 版,第 401 页。

人办理之。"其主要理由在于：（1）新制建立之初，一般人恐难立即接受，法院公证人制度不宜遽废；（2）使人民于使用公证制度时有自由选择的机会；（3）在实际运作方面，有关偏远地区人民利用公证制度的权益，如全面改采民间公证人制，将因民间公证人考量收益问题而不愿设事务所于该地，且就人民之法意识上，法院公证人实施经年，人民已建立信赖感，如全面开放民营化，反而导致恶性竞争。[①]

此外，为方便旅居海外的当事人办理相关公证，"公证法"还规定驻外领务人员，可依法令授权于驻在地办理公证事务。即除了法院公证人和民间公证人并行这一主流制度外，尚有驻外领务人员可办理公证事务，作为双轨制的补充。驻外领务人员，除不得作成赋予强制执行效力的公证书外，其他均准用"公证法"的规定。

（一）法院公证人

"公证法"第1条第2项规定："地方法院及其分院应设公证处；必要时，并得于管辖区域内适当处所设公证分处。"同时，"法院组织法"第19条规定："地方法院设公证处，置公证人及佐理员；公证人在二人以上者，置主任公证人。公证人，荐任第七职等至第九职等；主任公证人，荐任第九职等或简任第十职等；佐理员，委任第三职等至第五职等。"由此可见，地方法院公证处由公证人及佐理员组成，其中，配置于地方法院或分院、负责处理公证事务的公务员，即为法院公证人；专为辅助法院公证人办理公证事务者，称为佐理员。[②] 二者均为公务员身份，因此，有关其身份保障、俸给、退休金、抚恤金、结社、休假、费用请求等权利，以及忠实、服从、保密、保持品味、执行职务、回避、善良保管、不为一定行为等义务，除法律特别规定外，均应适用相关公务人员的法律规定；有关其行政责任、民事责任、刑事责任等亦适用相关公务人员法律规定。

1.法院公证人的任用资格

根据"公证法"第22条第1项的规定，法院公证人应就具有"司法人员人事条例"第23条第1项所定资格之一者进行遴任，即法院公证人的任用，应具有下列资格之一：（1）经高等考试公证人考试或法制人员考试及格者；（2）具有法官、检察官任用资格者；（3）曾任公证人、提存所主任、登记处主任，经考评合

---

① 有关"公证法"的修法理由，参见台湾地区《"立法院"公报》第87卷第8期。

② 沈律师：《公证法重点整理》，台湾高点文化事业有限公司2012年第2版，第4～6页。

格者;(4)经律师考试及格,并执行律师职务成绩优良,具有荐任职任用资格者;(5)曾在公立或经立案的私立大学,独立学院法律学系或法律研究所毕业,并任司法行政人员、法院书记官办理民、刑事记录或公证佐理员、提存佐理员、登记佐理员3年以上,成绩优良,具有荐任职任用资格者;(6)曾任司法行政人员、法院书记官办理民、刑事记录或公证佐理员、提存佐理员、登记佐理员5年以上,成绩优良,具有荐任职任用资格者。

2.法院公证人之兼充与代理

"公证法"第22条第3项规定:"法院公证人,得由地方法院或其分院法官或具有第一项资格之司法事务官兼充之。"至于兼充的程序,"公证法施行细则"第17条第1项规定:"依本法第二十二条第三项规定兼充公证人者,得由地方法院院长派遣后,层报'司法院'备查。""公证法施行细则"第17条第2项还规定了法院公证人的代理情形,即:"法院公证人临时因故不能执行职务而该院无其他法院公证人代理时,由院长指定法官兼代。"法官在兼充或代理公证人事务时,不得以法官名义独立进行,而应以法院公证人名义为之。

3.法院公证人的权限

法院公证人有公证人和主任公证人之分,不同公证人的职责权限并不完全相同。

根据"公证法"的规定,公证人的权限主要有:(1)因当事人或其他关系人的请求,就法律行为及其他关于私权的事实,有作成公证书或对于私文书予以认证的权限;(2)因当事人或其他关系人之申请,对于持往境外使用的涉及私权事实的公文书原本或正本以及公、私文书的缮本或影本予以认证;(3)以言词请求公证、认证者,应制作笔录;(4)向有关机关、团体或个人查询并请求协助;(5)执行证书的制作;(6)制作拒绝处分书及付与理由书;(7)对申请人之异议,认为有理由时为适当之处置,或认为无理由时附具意见书并送交法院裁定;(8)公证、认证案件之审查权;(9)公证书原本灭失时之处置;(10)请求阅览公证卷内文书之准许;(11)公证书登记簿及其他相关簿册之编制;(12)交付公证书正本;(13)认证私文书之查证权;(14)认证私文书命请求人亲自到场并具结;(15)认证书登记簿之编制;(16)公证费用之核定等。

根据"公证法"的规定,主任公证人处理并监督公证处的行政事务,主要包括处理"公证处受理公证、认证事件的编号、分配、所属职员的配置等行政事务"和监督"公证人或佐理员处理公证事务的程序是否合法,办事态度是否审慎、诚恳、进行是否妥速,有无迟延等情事",当然,主任公证人在履行监督职责中不得干预公证人独立行使公证职权。

4.法院佐理员

根据"公证法"第 23 条的规定,公证处设置佐理员一职,辅助法院公证人办理公证事务,应就具有法院书记官任用资格者进行遴任。与法院公证人一样,佐理员也存在兼充和代理的情形,即佐理员亦得由地方法院或其分院书记官兼充。兼充佐理员的,由地方法院院长派遣后,报请高等法院备查;佐理员临时因故不能执行职务而无其他佐理员代理时,由院长指定书记官兼代。

法院公证处佐理员辅助法院公证人处理公证事务,应受主任公证人或公证人的指挥监督。依照"公证法施行细则"第 15 条的规定,佐理员应以其学识及经验,受公证人指挥监督,辅助办理下列事项:(1)收受编号及登载公证、认证事件;(2)点收、整理及编订卷证目录;(3)审查请求书状程式及通知补正;(4)制作笔录或撰拟通知、查询等文稿;(5)协助公证人查证及体验;(6)协助制作、交付公证、认证书及其附属文件正本、缮本、影本或节本;(7)送达或通知阅览前款文书;(8)编制收件簿、公证、认证书、异议、阅览事件登记簿、其他相关簿册及报表;(9)整理编订保管卷证;(10)已结卷证发还、归档;(11)解答询问及其他相关公证事务。

(二)民间公证人

"公证法"第 24 条规定:"民间公证人为'司法院'依本法遴任,从事第二条所定公证事务之人员。有关公务人员人事法律的规定,于前项公证人不适用之。"由此可见,民间公证人乃是经'司法院'遴任并依法于一定区域内从事公证法所定公证、认证事务的人。民间公证人制度的引进乃"一则因世界潮流所趋,一则因实际需要,并加速司法松绑之脚步"[①]。民间公证人与法院公证人不同,就其法律定位而言,首先,由于民间公证人的薪酬是来自依法收取的公证费用,而不受国家俸给,故不适用公务人员人事法律的规定,如有关公务人员任用、考绩、俸给、抚恤、退休、服务、保险、惩戒等相关法律均不在适用之列,以示民间公证人与一般公务人员有别;其次,由于民间公证人就其执行公证、认证事务而言,亦系依法从事公务的人员,法律地位较为特殊,应属于台湾地区"刑法"第 10 条所规定的最广义公务员之列,故得成立以公务员身份为构成要件的犯罪;再次,双轨制下的民间公证人与法院公证人虽在法律定位上有别,但民间公证人依法执行公证职务作成的文书,视为公文书,效力与法院公

---

①　郑云鹏:《公证法新论》,台湾元照出版公司 2015 年第 4 版,第 81 页。

证人作成公文书并无不同;最后,法院公证人为公务员,其因过错执行职务致他人受损,适用"国家赔偿法"予以处理。而鉴于民间公证人特殊的法律定位,其于执行职务致他人损害时,则承担责任的方式略有不同。民间公证人因故意违反职务上的义务,致他人权利受损害者,负赔偿责任。其赔偿义务机关为该民间公证人所属地方法院或其分院。

1. 民间公证人的遴任资格

与法院公证人主要采取"荐任"方式不同,民间公证人实行"遴任"方式。所谓"遴任"乃是指"司法院"为达成民间公证人定额制,对于符合"公证法"规定的资格条件的人,由"司法院"民间公证人任免委员会遴选任命为民间公证人的程序。

民间公证人的遴任资格,规定于"公证法"第 25 条、第 26 条。根据该规定,民间公证人,应就已成年的台湾公民具有下列资格之一者进行遴选:(1)经民间公证人考试及格者;(2)曾任法官、检察官,经考评合格者;(3)曾任公设辩护人,经考评合格者;(4)曾任法院公证人,经考评合格,或曾任民间公证人者;(5)经高等考试律师考试及格,并执行律师业务 3 年以上者。可见,立法对民间公证人素质要求较高,原因在于"民间公证人办理公证事务,攸关人民的权利义务及公共利益,且民间公证人办理公认证事务,得向当事人收取报酬,并于自设之事务所单独为之,职责甚重,须具有较高素质,方可保障当事人之合法权益"[①]。

正因为民间公证人从事公认证事务,事繁责重,必须身心健全、信誉良好、具备完全行为能力,年事过高、存在信用污点或丧失行为能力者恐难以胜任,故存在下列情形之一者,不得遴任为民间公证人:(1)年满 70 岁者;(2)曾受 1 年有期徒刑以上刑之裁判确定者,但因过失犯罪者,不在此限;(3)剥夺公权,尚未复权者;(4)曾任公务员而受撤职处分,其停止任用期间尚未届满者;(5)曾依法免职或受撤职处分者;(6)曾受律师法所定除名处分者;(7)受破产宣告,尚未复权者;(8)受监护或辅助宣告,尚未撤销者;(9)因身体或精神障碍致不能胜任其职务者。

为顾及交通不便之偏远地区人民利用公证制度的方便,"公证法"特别针对交通不便地区无民间公证人的情形规定了候补公证人制度,候补公证人资格为"曾在公立或经立案之私立大学、独立学院法律学系、法律研究所或经教

---

① 赖来焜:《最新公证法论》,台湾三民书局股份有限公司 2004 年版,第 101 页。

育部承认之国外大学法律学系、法律研究所毕业,并任荐任司法行政人员、荐任书记官办理民刑事纪录或委任第五职等公证佐理员 4 年以上,成绩优良,经审查合格者,遴任为候补公证人"。候补公证人的遴任,可适用有关民间公证人遴任办法规定,候补公证人候补期间为 3 年,期满成绩优良者,得遴任为民间公证人。

值得注意的是,鉴于民间公证人属于依"公证法"遴任从事公证事务的人,性质上属于最广义的公务员身份,在职务地位上应维持中立性与公正性,与律师职业代表对立两造之一方不同,为避免角色冲突,并求公证事务之专业化,使公证人专心致力于公认证职务,以提高公证绩效,确保当事人权益,"公证法"设立了兼业禁止的规定。① "公证法"明文规定,民间公证人具有律师资格者,不得执行律师业务,除非经遴任仅办理文书认证事务者,或因地理环境或特殊需要,经"司法院"许可者。但"公证法"允许律师兼任民间公证人,并规定律师兼任民间公证人的,就其执行文书认证事务相关的事件,不得再受委任执行律师业务,其同一联合律师事务所的其他律师,亦不得受委任办理相同事件。

2.民间公证人之所属及事务所

为避免民间公证人事务所过于集中,导致无法达到便民的目的,并为配合有关公证人职务区域的规定,"公证法"明确规定民间公证人应于所属的地方法院或其分院管辖区域内,"司法院"指定之地设事务所。民间公证人事务所应设负责公证人,一般以申请设立者为负责公证人,对其及事务所人员负督导责任;两人以上民间公证人联合申请设立的,应以其中一人为负责公证人。

民间公证人为职务上签名时,应记载其职称、所属之法院及其事务所所在地。民间公证人设立事务所后,允许在同一所属地方法院或其分院的管辖区域内迁移事务所,经"司法院"许可,亦可将事务所迁移至指定地区以外的区域,但不得于所属法院管辖区域外设立或迁移事务所,如将事务所迁移至所属法院管辖区域之外,应注销登录。

3.民间公证人的代理

民间公证人因疾病、外出或其他情形而暂时不能执行职务时,得由代理人代理,代理分为两种:其一,委请代理。民间公证人可依规定委请所属的地方

---

① "立法院"司法委员会编:《"公证法修正案"法律案专辑第二百七十七辑》(上),"立法院"公报处 2001 年印行,第 81～82 页。

法院或其分院管辖区域内的其他民间公证人或候补公证人代理。民间公证人委请代理时,应即向所属的地方法院或其分院陈报,解除代理时亦同。若委请代理期限逾1个月的,应经所属的地方法院或其分院许可。其二,命令代理。民间公证人未依规定委请代理时,所属的地方法院或其分院得命管辖区域内的其他民间公证人或候补公证人代理,并于原民间公证人得执行职务时解除代理人的代理。地方法院或其分院不能依规定指定代理人时,得命法院公证人至该地执行职务。民间公证人的代理人,执行代理职务时,应以被代理人的事务所为事务所,为职务上签名时,应记载被代理公证人的职称、姓名、所属法院、事务所所在地及其为代理旨。民间公证人的代理人应自行承受其执行代理职务行为的效果;其违反职务上义务致他人受损害时,应自负赔偿责任。

4.民间公证人的助理人

法院公证处设置佐理员,辅助法院公证人办理公证事务,而民间公证人则可雇佣助理人,助理人是指直接辅佐民间公证人办理公证、认证事务的人,不包括民间公证人事务所内未直接辅助办理公证事务的其他人员,其与法院公证人的佐理员大体相同。根据"公证法施行细则",助理人人数不限,由于民间公证人的助理人办理事务的范围与法院公证处佐理员类同,故其学识、经历不宜与佐理员差距太大,应就专科以上学校毕业的成年公民或曾任法院公证佐理员经考评合格者进行聘雇,但存在受破产宣告而尚未复权、受监护或辅助宣告且尚未撤销、因身体或精神障碍致不能胜任其职务等情形之一者不得进行聘雇。民间公证人的助理人离职、遭解聘或不续聘时,民间公证人亦应向所属法院陈报。

5.民间公证人的培训

公证人作为法律专家,所从事的公证业务具有高度专门性与技术性,关系到民生且责任重大,自应注重执业道德和公证品质,故公证人不仅在执行职务前必须经过相当期间的培训,而且在职期间亦应视业务需要令其参加培训。

职前培训,包括基础训练和实务训练两种。前者训练40小时,由"司法院"司法人员培训所自行或委托举办;后者则视不同资格条件而有不同训练时间,由司法人员培训所委托地方法院、地区公证人公会或民间公证人举办。参加职前培训者,称为"学习公证人",在培训期间不得以公证人名义于公证文书上签名。培训期满两项训练成绩均及格者,由司法人员培训所发给合格证书并陈报"司法院","司法院"应于通知缴纳证书费后,发给民间公证人或候补公证人遴任证书。

在职培训,地区公证人公会每年或间年应举办公证人在职培训,每次培训时间至少 3 个小时,至多不超过 1 周;培训计划及成果应陈报"司法院"。在职培训,公证人每 3 年应参加至少两次,无正当理由于 3 年内参加在职培训次数未达两次以上者,属违反职务上义务,其所属法院或地区公证人公会得依法送请惩戒。

6.民间公证人之职前义务

民间公证人于任命后,执行职务前应履行以下义务,否则不得执行职务:(1)向所属地方法院或其分院登录;(2)加入公证人公会;(3)参加责任保险并缴纳保险费;(4)向所属地方法院或其分院提出职章、钢印的印监及签名样式。

7.民间公证人之离职与停职

民间公证人之离职是指民间公证人因法定原因离去现职,依"公证法"规定,离职的原因有死亡、退职、免职、撤职、自请辞职等。民间公证人停职系指民间公证人暂时停止执行职务,并于停职原因消灭后,再行复职,①依"公证法"规定,停职主要有三种情形:(1)作为法定的对民间公证人采取的惩戒处分方式之一,即停职 2 个月以上 2 年以下;(2)民间公证人依刑事诉讼程序被羁押,或依刑事确定判决,受拘役以上刑宣告,在执行中者,其职务当然停止;(3)民间公证人应受惩戒之事由情节重大者,"司法院"得在惩戒程序终结前,先行停止其职务。

二、公证书之作出

在理论上,公证有广义和狭义之分。广义的公证包括实质公证和形式公证,实质公证注重和强调对公证事项真实性、合法性的审查与确认,而形式公证又称为认证,即仅对公证事项进行形式上的审查,不对公证事项内容的真实合法与否进行证明。狭义的公证仅指实质公证。台湾"公证法"采狭义公证概念,对公证(实质公证)和认证(形式公证)作了明确的区分,由于公证需对证明事项的真实性、合法性进行实质审查,公证书具备法定证据效力、法律要件效力、强制执行效力等;而认证仅对当事人提交认证的事项进行形式审查,不对认证事项的实体内容之真实、合法与否进行实质审查和证明,因而,基于认证程序而出具的认证书,其效力显逊于公证书,仅具有形式上的证明力。鉴于公

---

① 赖来焜:《最新公证法论》,台湾三民书局股份有限公司 2004 年版,第 119 页。

证、认证程序有所重叠,"公证法"亦明确认证程序除法律另有规定外,准用有关公证的规定。

(一)公证程序的启动

公证与认证事件的性质虽属非讼事件,但公证行为的开始与公证人公证权发动的根源,应仅能依公证请求人"请求"或"申请"而发动,而不能由公证人依职权而开始,故公证程序的启动实行自愿原则。根据"公证法"的规定,公证人因当事人或其他关系人的请求,就法律行为及其他关于私权的事实,有作成公证书或对于私文书予以认证的权限,可见公证程序的启动采取当事人自愿申请原则,公证人公证权力的行使乃基于公证当事人或其他利害关系人的请求。

当事人或利害关系人提出公证、认证请求,可以采取言词或书面方式为之,并应提交相应的证明文件。以书面方式请求的,所提交的公证或认证请求书应依式逐项填明并由请求人或其代理人签名;以言词方式请求的,由公证人、佐理员或助理人作成笔录,笔录应记载请求书规定的事项,并当场向请求人或其代理人朗读或令其阅览,经确认无误后,由请求人或其代理人签名。不能签名者,得使他人代书姓名,由请求人或其代理人盖章或按指印,并由代书人记明其事由及签名。

(二)公证请求的受理与审查

公证人对于公证、认证请求,究竟应如何审查,"公证法"中并无明确具体的条文,一般认为"公证既是一种证明制度,则如何确保证明力,以提升公信力,至关重要。而为确保证明力及提升公信力,在制度上,应赋予公证人就请求公证事项及提供的证明材料,可从法律及事实两方面进行实质审查"①,具体而言,结合"民事诉讼法"以及"公证法实施细则"的规定,公证人受理公证、认证请求时应审查的内容大体如下:

1. 请求公证的合法要件

第一,审查所请求公证的事项是否属于公证权限范围。所谓公证权的权限,除法律另有规定外,限于涉及私权的法律行为或事实得请求公证,对于不

---

① 李昭彦:《两岸公证制度之比较——以公证人(员)审查权、注意义务及赔偿制度为讨论中心》,载《2015 年两岸公证事务研讨会论文集》。

涉及私权的法律行为或事实请求公证者,公证人得依法拒绝公证,若公证予以受理,解释上应不生公证的效力。①

第二,审查请求事项是否符合管辖规定。公证制度旨在保障私权、防微杜渐,自应力求便民化与普及化,故请求人请求公证时,应不受地域限制,为贯彻这一精神,"公证法"第 6 条规定:"当事人或其他关系人,除法律另有规定外,得向任何地区的公证人请求作成公证书或认证文书。"该条文明确取消了公证地域管辖限制。尽管公证请求不再受管辖限制,但公证人执行职务时,仍应依法以所属的地方法院或其分院的管辖区域为执行职务的区域,办理公证事务亦应于法院公证处或民间公证人事务所为之。

第三,审查请求人是否具备当事人能力。公证人对于具体公证事项,应依职权审查请求人是否具备当事人能力,凡具有权利能力者,得为公证事项的请求人,具有公证当事人能力,反之即不具有公证当事人能力。公证人如未发现公证请求人欠缺当事人能力而为公证者,应不发生公证的效力。需要注意的是,公证请求人本人的身份认定问题乃是公证主体审查的重点,实践中往往存在盗用他人证件、假冒他人身份而请求公证,旨在骗取公证书并实施欺诈交易的情形,公证人应依职权调查公证请求人的同一性,令请求人提交身份证或其他身份证明文件,以证实确系其本人。

第四,审查请求人是否具有公证行为能力。公证程序中,公证请求人亦须具备请求公证的完全行为能力。由于公证的标的可分为法律行为的公证和私权事实的公证,前者因有基础的私法上法律行为,故就此请求时自应具备私法中行为能力,有关民事诉讼法中诉讼能力的规定,在法律行为的公证应可完全准用;而后者,因私权事实系指一定的事实存在,具有法律上的意义,并发生法律效果而言,诸如出生、死亡、占有等事实,此种事实的存在不以请求人具备行为能力为必要,故就此私权事实请求公证者,请求人即不以具备行为能力为必要,其仍须具备意思能力,即关于诉讼能力的规定未必准用于私权事实的公证。因此,在实务中,公证人对于法律行为公证者,应依职权审查请求人行为能力是否欠缺,如有欠缺,应定期命其经法定代理人合法代理予以补正,逾期未补正者,应拒绝其公证请求;而对于私权事实公证者,则应依职权审查请求人是否具备意思能力,如欠缺意思能力,应无补正之可能,公证人则不得受理

---

① 吴宜勋:《公证审查理论与实务之研究》,台湾中正大学法律学研究所 1999 年硕士学位论文,第 132 页。

而予以拒绝公证。

第五，审查代理权是否合法。由代理人代为请求公证的，应提出授权书；事件依法非受特别委任不得为之者，并须有特别的授权。

第六，审查请求是否符合程式或具备其他法定要件。如请求书是否合于程式、公证费用是否缴足、提出的证明文件是否完备等，若不符合程式，将仅得请求认证的事项付诸公证，或未足额缴纳公证费用，或所提交证明文件不完备或不具备其他法定要件，公证人应令请求人改正或补正，否则可拒绝其请求。

第七，同一事项是否重复请求。公证程序中有无"一事不再理"原则的适用，法律并无明文规定，实践中公证人应视不同公证事项予以审查，着重于审查其对请求人或关系人有无保障之实益，以此作为判断准许与否的标准。

2. 当事人适格要件

公证程序中的"当事人适格"是指公证人须审查判断请求人或其他关系人对于具体公证事项是否得以自己的名义请求公证之资格、地位或权限而言。① 按照"公证法"第2条的规定，当事人或其他关系人得请求公证人就法律行为及其他关于私权的事实作成公证书或认证书，换言之，法律行为或私权事实之当事人或其他关系人始得成为适格的公证请求人，非当事人或其他关系人则不适格。

3. 请求保护的必要性

无论是诉讼制度还是非讼制度，均系使用"公"之权力介入民众生活，基于司法资源的有限性，必须限于有保护的必要者始有启动诉讼或非讼程序的正当利益。因此，公证人对于具体公证事项须审查其是否具有公证保障的实益，如无法律保障的正当利益，应拒绝其请求。具体而言，在当事人或其他关系人就法律行为或私权事实请求利用公证与认证程序，自应以有实质利益者为限，始得受理；反之，其若无实质利益则有违司法经济原则，且将影响其他多数人请求公证与认证的司法使用权益，自应拒绝其请求。②

4. 公证标的的实体要件

公证人应就作为公证标的的法律行为或私权事实等实体要件内容进行实质审查，实质审查最主要在于确保法律行为与私权事实的合法性、适格性、有效性与真实性，根据"公证法实施细则"的规定，主要包括：(1)案件适格性的审

---

① 赖来焜：《最新公证法论》，台湾三民书局股份有限公司2004年版，第263页。
② 吴宜勋：《公证审查理论与实务之研究》，台湾中正大学法律学研究所1999年硕士学位论文，第141页。

查,即审查得作成公证书或认证文书的范围;(2)合法性有效性的审查,即审查有无存在"公证法"所定的违反法令事项及无效法律行为的情事;(3)真实性审查,即审查请求认证内容是否与公文书记载事项相反,或无从查考或不明。

(三)公证人的审理权

台湾学者在理论上将公证人受理公认证请求后处理公证事项的职权称为"审理权",并认为公证人的审理权系公证行为的核心,公证人对于公认证事项有审理权的法理依据在于:其一,维护公证文书的公信力。经由公证人专业审理,以确保公证文书的法效性、真实性与完整性,以求公证文书的"可能完全的证明"。其二,维护当事人的权益。公证人是当事人的公正信托,对于一方当事人有利或不利的事项均应加以注意,不得有偏颇一方之虞,致他方依公证程序所形成的权利产生危险或损害,故在公证人对公证程序的"审理程序"应专业、真实与公正,以实现现代公证制度"安全并兼具透明性的双特性"①。

关于公证人审理权的范围,一般认为应区别公证与认证,前者采行实质审理原则,后者采行形式审理原则。在实务中,公证审理权行使的基本方法为"阐明权"。根据"公证法"第71条、第72条的规定,阐明权的主要内涵如下:

1.探求内心真意

公证文书的记载必须反映请求人的真实意思表示,公证人对于当事人之动机及意欲达成的目负有探求的义务。在办证过程中,公证人应努力探求请求人的内心真意,对于各种有利或不利的事项均应向当事人说明,并应向当事人解释法律的概念。

2.探求事实真相

公证人应就法律行为或私权事实当时的相关情况加以考虑,并以询问或探求的方式了解和获取事实真相,而不得基于自己的调查或臆测。

3.说明行为的法律效果

公证人有义务向请求人说明其行为的法律上效果,当事人经由公证人说明后,可就其意愿所欲达成的法律效果进行磋商、更正、补充及调整。

4.向当事人发问或晓谕

公证人对于请求公证的内容认为有不明了、不完足或依当时情形显失公

---

① 谢哲胜:《公证人与不动产买卖——"安全并兼具透明双特征"》,载《公证法学》2014年第6期。

平者,应向请求人发问或晓谕,使其叙明、补充或修正;对于请求公证的内容是否符合法令或对请求人的真意有疑义时,应就其疑虑向请求人说明;如请求人仍坚持该项内容时,公证人应依其请求作成公证书,但应在公证书上记载其说明及请求人就此所为之表示,以明确其责任,若未来发生争议,在诉讼程序中则由法院判断或其他有权机关认定。

(四)公证书的制作

公证人制作公证书,须符合一定的程式要求。

1.公证书应使用的文字

公证文书应以中文作成,但经当事人请求时,得以外国文字作成;公证文书以中文作成的,必要时亦得附记外国文字或附译本。当然,以外国文字作成公证文书或就文书的翻译本为认证的公证人,应以经"司法院"核定通晓各该外国语文者为限。

2.公证书记载的事项

根据"公证法"及"司法院"颁布的公证书范本格式,公证书应记载事项可归纳为十项:(1)表明公证书种类的字样;(2)公证书的字号;(3)请求人基本情况;(4)代理人基本情况;(5)已为允许或同意的第三人、通译或见证人的基本情况;(6)请求公证的法律行为或私权事实;(7)公证人实际体验情形,包括:请求人对公证内容的陈述,公证人所见的状况及其他实际体验的方法与结果,公证人阐明权行使的情形与请求人所为的表示;(8)公证的本旨及法律依据;(9)约定迳受强制执行者,其意旨;(10)作成年月日及处所。

3.公证书的书写规范

为便于公证书的使用,防止不法者伪造或变造,"公证法"对公证书的书写要领进行了统一规范,明确规定了公证书的文句字画、字行排版、空白表示、时间记载以及数字书写的方式,并且禁止挖补公证书文字,如有增加、删除或涂改,应依法定方法行之,否则所为的更正不生效力。

若公证书需引用其他文书或与文书有相同效用的物件为附件者,公证人、请求人或其代理人、见证人应于公证书与该附件的骑缝处盖章或按指印,或以其他方法表示其为连续。所为的附件,视为公证书的组成部分。

4.公证书的朗读、阅览及签章

公证人制作公证书,除应依法明确记载其所听取的陈述与所见的状况及其他实际体验的方法与结果外,为求公证书的公正起见,公证人还应将所制作公证书的内容向在场人朗读,或使其阅览,尽量使当事人了解内容,理解公证的法律后果,以示公信。在朗读或阅览后经请求人或代理人承认无误,并记明其事由。有通译在场时,应使通译将公证书译述,并记明其事由。

(五)公证书的效力

"公证法"第 36 条规定:"民间公证人依本法执行公证职务作成文书,视为公文书。"即民间公证人与法院公证人一样,所出具的公证书均具有法律上的效力。① 在理论上,公证书的法律效力可归纳为如下三种:

1.公证书在实体法上的效力

即法律行为以经公证为其成立要件或以之为特别效力要件,具体而言,某项法律行为或实体法上特别事实,由法律规定或当事人约定或依国际协定或国际惯例,必须经公证才能成为实体法上法律行为成立要件或实体法上特别事实,并发生实体法上应有的法律效力。反之,若未履行公证程序,该项法律行为即欠缺"方式"要件而不能成立或不能成为法定证据而不发生应有的法律效力,有学者称之为法律行为成立要件效力。② 依据法律规定者,最典型的莫过于台湾地区"民法"第 166 条、第 408 条和第 425 条的规定,即契约以负担不动产物权移转、设定或变更的义务为内容的,应由公证人作成公证书;经公证的赠与契约,在赠与物的权利为移转前,赠与人亦不得撤销其赠与;未经公证的不动产租赁契约,其期限逾 5 年或未定期限者,不适用"买卖不破租赁原则"。这些规定旨在将公证制度引入不动产物权变动领域,以杜绝事后的争议,达成保障私权及预防诉讼的目的。依据当事人约定者,根据台湾地区"民法"第 166 条的规定,契约当事人约定其契约须用一定方式的,在该方式未完成前,推定其契约不成立。

2.公证书在证据法上的效力

证据方法不以文书为限,当事人或证人等人证,仍是证据方法的一种,但自然人的表现力、记忆力、陈述力与其他情事,未必能为正确真实的证言,故人证之证据价值常不如文书。而公证书系公证人基于法律授予的权限,本于公的权威和中正中立的立场,就当事人间的法律行为或私权事实,依法所作成的专门的法律文书,故公证书在证据力方面显然较一般文书更强,具有形式上之证据力与实质上之证据力。"台湾民诉法"第 355 条规定:"文书,依其程序及

---

① 赵之敏:《两岸公证书执行力之比较》,载《公证法学》2013 年第 8 期。

② 江伟主编:《公证法学》,法律出版社 1996 年版,第 80~82 页。

意旨得认作公文书者,推定为真正。"可见,公证书的形式证据力,是指公证人职务上作成文书,在诉讼中应推定其为真正成立的文书,当事人可不必举证,此与非公证所作成私证书有别,私证书若当事人不能证明其证书为真正,原则上不具有证据力。公证书的形式证据力既为立法"推定",法院在判断形式证据力时自应受"推定"的约束,推定其为真实而不得自由心证,如相对人或他造争执其非真正,应举出反证证明。公证书的实质证据力,是指公证书的内容因已直接记载待证法律事实,在诉讼法上推定其为真正,可直接发生待证事项的证明效果。与一般文书的实质证据力由法院依内心良知及经验法则以自由心证判断不同,公证人作成的公证书,应记载请求人或其代理人的陈述,至少可证明请求人对于公证书记载事项曾为陈述的事实,则公证书对于所为陈述行为的事实,具有实质证据力,至于请求人所陈述内容本身是否真实则在所不问。

3.公证书在强制执行法上的效力

公证人于职务上作成文书,在符合立法所限定的范围与要件的情况下即与确定判决具有相同的效力,得作为执行名义迳行申请强制执行。根据"公证法"第 13 条的规定,当事人请求公证人就下列各款法律行为作成的公证书,载明应迳受强制执行者,可依该证书执行:(1)以给付金钱或其他代替物或有价证券的一定数量为标的者;(2)以给付特定的动产为标的者;(3)租用或借用建筑物或其他工作物,定有期限并应于期限届满时交还者;(4)租用或借用土地,约定非供耕作或建筑为目的,而于期限届满时应交还土地者。在台湾公证实务中,房屋租赁契约一直是公证业务的重头戏,所占比例非常之大,"原因无非是租约公证除了对于'租金债权'之给付可以经由当事人预先的合意,约定迳受强制执行外,就期限届至的'房屋'返还,亦能够透过公权力介入直接进行强制执行,无须经过冗长的诉讼程序,即得将房屋收回"①。

立法赋予公证强制执行效力主要基于如下考虑:(1)强化公证制度,使得人人乐于采用公证制度;(2)赋予公证书执行力,不必经由裁判程序,简便、迅速、高校,可达成疏减讼源、减轻讼累的目的;(3)公证书得为执行名义,可弥补经由诉讼程序造成的权利实现迟缓之缺憾,还可提供诉讼外之多元化纠纷解决机制供当事人选择,同时,由于赋予强制执行效力的公证债权文书乃是私权

---

① 郑惠佳:《两岸公证之比较——以强制执行为中心》,载《2015 年两岸公证事务研讨会论文集》。

成立之际当事人预先达成将来执行的合意并由中立、公正的第三人以"公权威"和"公信力"加以证明,更有督促自动履行的效果。

此外,有学者主张在现有公证书执行效力的客观范围外,将债务人其他作为或不作为给付义务中,有依公证书取得强制执行力必要性的事项,也纳入公证书强制执行效力的客观范围,以贴合社会之高度需求。①

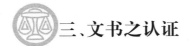三、文书之认证

所谓认证,即形式公证,是指公证人根据当事人或其他关系人的请求,证明其文书作成或形式上真正的一种程序。与公证相比较,认证和公证的共同要素为"实际体验",但二者的实际体验的方式不同:公证是对于当事人的法律行为或私权事实为"公证人所亲自接触",即"公证法"所规定的公证人应记载其亲耳听闻的陈述与亲眼所见之状况以及其他实际体验之方法与结果;而认证是公证人亲见"当事人当面于私文书上签名"或听取"当事人承认为其签名"或公证人"应就其程式及意旨审认该文书是否真正",而对于文书内所记载的法律行为或私权事实并不直接接触。② 简言之,请求公证,不必然由当事人提出文书,而是由公证人直接制作公证书,而请求认证,则应以请求人提出认证之公、私文书为必要。

(一)认证的标的

在公证实践中,除了私文书外,涉及私权事实的公文书原本、正本及公私文书缮本或影本,因与人民权益关系密切,且境内外往来日趋频繁,社会上使用此类文书的需求日益增多,尤其是涉及私权事实的公文书原本或正本,在境内使用时其本身已有公信力,自无请求认证的必要,但该类公文书若请求人表明系持往境外使用,则应经由认证。故修正后的"公证法"适应时势需求,采取概括式的规定扩大了认证的标的范围,根据该法第 2 条的规定,认证的文书范围主要包括:(1)法律行为的私文书;(2)关于私权事实的私文书;(3)涉及私权事实的公文书原本或正本,经表明系持往境外使用者;(4)公、私文书的缮本或

---

　　① 郑云鹏:《论我国公证书强制执行效力客观范围之扩张——以日本关于执行公证书客观范围扩张之论争为中心》,载《公证法学》2008 年第 12 期。

　　② 郑云鹏:《作为法律行为方式之公证文书》,载《公证法学》2012 年第 8 期。

影本。

(二)认证的方式

认证方式可分为目击认证与自认认证:公证人认证私文书,应使当事人当面于私文书签名,并于认证书内记明其事由,称为"目击认证";若当事人并非当面于私文书上签名,而承认私文书为其本人签名或盖章,经公证人于认证书内记明其事由者,称为"自认认证"。

鉴于公私文书经认证后,保有与公证书形式上的效力,其是否真正往往关系社会公益甚或国家形象,自宜谨慎从事,故公私文书有增删、涂改或形式上显有可疑之点,公证人应记载于认证书内,以防止私证书的变造。关于公证人认证文书过程中调查证据的权限能否适用非讼事件法的规定①不无疑问,一般认为依照"公证法"第 21 条的规定,"公证事件,除本法另有规定外,准用非讼事件法的规定,非讼事件法未规定者,准用民事诉讼法的规定"。尽管公证职权与法院处理非讼事件仍有本质的区别,公证人亦非法官,但由于"公证法"并未设有特别规定或排除规定者,故得适用其全部规定,且为加强认证的效力,亦应赋予公证人调查证据的权限,准此民事诉讼法中关于"证据"节的规定,除性质上不相容外,皆于公证事件准用。

(三)具结程序

所谓具结,是指在诉讼程序或公证程序中,证人在陈述前,应作出确保其是据实陈述的意思表示,与外国的宣誓相类似。修正后的"公证法"增设这一程序,其理由如下:其一,内外往来频繁,持往境外使用的文件日渐增多,采取宣誓制度的国家或地区往往规定认证的文书须经宣誓或替代程序,为避免不同法域间的制度冲突,须增设"代宣誓之具结"程序,以便与国际潮流趋同;其二,在实践中,法院或其他行政部门,在履行职务过程中就特定事件认定事实,多有采信经公证、认证文书的情形,文书如经认证并附有具结的绰文,当可加速诉讼程序的终结,对于保证当事人合法权益乃有实质意义;其三,公证人认证私文书,除依法进行签名认证外,尚须依非讼程序审查该文书的内容有无违法或无效的原因,为适应实际需要、缩短审查程序、提高办事效率,自然承认命请求人具结而为认证的必要;其四,将民间公证人纳入最广义公务员之列,增

---

① 台湾地区"非讼事件法"第 16 条规定:"法院应依职权,调查事实及必要之证据。"

设具结制度,公证人据以命请求人具结而为认证,有助于提高认证文书的公信力。

台湾认证程序中的具结制度,采取"相对具结"方式,公证人可斟酌个案具体情形,视相关法规、请求人需求、认证文书内容、性质、持往使用地区、目的等因素,决定是否命请求人到场并具结。若公证人根据实际情况认为无须命具结而为认证者,仍可依一般认证方法处理。结合"公证法"及"公证法实施细则"的规定,在认证程序中公证人得命请求人亲自到场并为具结的情形主要有以下三种:(1)公证人认证请求人陈述私权事实的私文书,以该文书系持往境外使用者为限,得命请求人亲自到场并为具结;(2)请求人陈述私权事实的私文书,依法律或基于法律授权订定的命令,得提出于法院或其他机关为一定的证明者,请求人请求认证时,公证人得命其亲自到场并为具结。如民事诉讼中证人以书状为陈述者,仍应具结,并将结文附于书状,经公证人认证后提出,以便利证人以书面为陈述,适应现代科技发展;(3)英文以外其他外文无或仅有少数公证人通晓时,该外文文书的翻译本,得送请经核定通晓该外文的公证人依认证外文文书的翻译本方式办理。公证人对文书或翻译内容有疑义者,应命请求人到场说明并记明笔录;必要时,得依法命请求人到场具结。请求人未到场说明或拒绝具结者,公证人应拒绝认证。

公证人于请求人具结前,应告以具结的意义及虚伪陈述之处罚,请求人依法进行具结,应于结文内记载当据实陈述决无虚伪等语。若具结之人,就与认证的私文书内容本旨有关之重要事项为虚伪的陈述者,处 1 年以下有期徒刑、拘役或科新台币 3 万元以下的罚金。

(四)认证的效力

一般认为,认证书与公证书比较,仅具有形式上的证据力,而无实质上的证据力,其形式上证据力与公证书并无不同。

由于认证文书通常由两个部分组成,即公证人制作的认证词部分和作为认证对象的文书部分,台湾有学者将前者称为"认证文或认证书",将后者称为"认证之私证书",并进一步对二者的效力予以区别看待:认为"认证文或认证书,实质上效力与公证书相同,有完全证据力;形式上效力,亦与公证书无异。认证之私证书,其性质仍为私证书,与单纯之私证书无异,非因认证而有实质上的效力。惟认证之私证书与单纯之私证书亦有不同,即经公证人认证之私证书,任何人不得主张其证书之作成,系在认证日期以后行为;而单纯私证书则无此依据"①。这是因为"公证人认证的私文书,应使当事人当面于私文书签名,或承认为其签名,并于认证书内记明事由……故公证人所实际接触者仅为文书作成形式真正而已,对于文书记载内容的法律行为或私权事实并未实际接触与所见闻,自不产生证明的效力"②。

需要注意的是,即便同样是认证文书,其形式证据力亦有强弱之分:当事人当面签名于私文书的,公证人自可证明该签名为真正;当事人承认私文书为其签名的,则仅得证明当事人有此承认行为;当事人委托代理人承认文书上的签名为当事人本人所为的,亦仅得证明代理人有此承认行为。实际情形究竟如何,则由法院或其他机关依认证书所载加以判断,即法院或其他机关对于经认证的文书的内容的真伪,仍应调查其他证据资料并作出判断。但这并不意味着抹杀认证的意义和价值。不可否认,经过认证的私文书,不论是签名者在公证人面前签名,还是承认为其签名者,既然有公证人记载的认证文或认证书,该私文书即因此取得公认证书的性质,完全有形式上的效力,而这一效力已然不同于私证书原有的效力,实乃因认证文或认证书的效力对私证书所施加的影响。

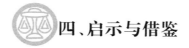

四、启示与借鉴

由于祖国大陆和台湾地区均采拉丁公证制度模式,因此,公证活动的基本原则有颇多互通之处,只是具体制度规范有所不同。

(一)公证人身份定位

祖国大陆《公证法》采行"以处为本",确立了以公证机构作为履行公证职能、办理公证业务主体的运行模式,但长期以来在公证理论上对于"公证职能主体"究竟应采取"以人为本"还是"以处为本"一直争论不休。而在台湾地区,"办理公证业务的主体是公证人,而非公证机构,与公证机构最类似的组织是法院公证处或民间公证人事务所,但不论是公证处或公证人事务所,都不是直

---

① 郭柏成:《公证法之理论与实务》,"司法行政部"1976 年印行,第 106 页。
② 郑云鹏:《公证法新论》,台湾元照出版公司 2015 年第 4 版,第 278 页。

接有权出具公证文书的主体,办理公证业务的主体只有公证人"①。台湾公证"立法"采取拉丁公证制度的规范方式,并未对公证的概念进行界定,而是直接规定"公证事务,由法院或民间公证人办理之",确立了"以人为本"的公证制度运行模式,所有公证活动都以公证人为本位,围绕公证人个体进行规范。

台湾地区公证制度采行法院公证人与民间公证人并行的双轨制,法院公证人属于公务员,有关公务人员人事法律的规定,除法律有特别规定外均得适用,因此,法院公证人在享受的身份权利及履行的职务义务方面,与公务人员并无二致;而民间公证人,由于其不受政府俸给,不适用有关公务人员人事法律的规定,有别于一般公务人员,但究其执行公认证事务而言,也是依法从事公务之人,因此,属于刑法所定义的"最广义之公务员",其依法执行公证职务所作成之文书,被视为"公文书",其在执行职务过程中若触犯刑法中以公务员为构成要件的身份犯罪时,亦当成立该犯罪。

在祖国大陆,肇始于2000年的公证体制改革,同样推动了公证由传统的单一体制向多元体制并存的模式变迁,如今改革已走过整整15年,依然保持行政体制、事业体制、合作(合伙)制三种体制并存的局面。尽管改革是在坚持"三不变"②的前提下进行的,但由于改制后颁布的《公证法》仍旧实行"以处为本",对公证的概念进行了明确的界定,即"公证是公证机构根据自然人、法人或者其他组织的申请,依照法定程序对民事法律行为、有法律意义的事实和文书的真实性、合法性予以证明的活动",并规定公证机构是"依法独立行使公证职能、承担民事责任的证明机构"。由此可见,作为公证职能主体的是公证机构,而公证人则仅是"在公证机构从事公证业务的执业人员",并非独立的公证职能主体,无法对外独立行使公证职能和独立承担公证责任。这样一来,依附于不同公证机构、身处不同体制模式下的公证人的身份、地位、待遇、权利、义务、责任等便显示出了较大的区别,甚至不同公证机构所出具的公证书是否一应属于"公文书"、是否具备同等"公信力"都饱受质疑,不同身份的公证员是否均属于刑法中最广义的"国家工作人员",其在执行职务过程中若触犯刑法中以公务员为构成要件的身份犯罪时能否成立该罪名等,均有争议,导致国家工作人员职务犯罪的规定无法适用于公证机构及公证员可能涉及的罪名,这样

---

① 赵之敏:《海峡两岸公证制度比较研究》,对外经济贸易大学2011年博士学位论文,第43页。

② 即坚持公证机构作为国家法律证明机构、公证人员依法行使国家法律证明权、公证书的法律效力不变。

就会导致我国刑法出现立法空白,产生法律适用上的真空状态。

事实上,祖国大陆《刑法》第93条已对"国家工作人员"作了明确的界定:"本法所称国家工作人员,是指国家机关中从事公务的人员。国有公司、企业、事业单位、人民团体中从事公务的人员和国家机关、国有公司、企业、事业单位委派到非国有公司、企业、事业单位、社会团体从事公务的人员,以及其他依照法律从事公务的人员,以国家工作人员论。"既然判断国家工作人员的关键在于"从事公务",那么,对于"公务"二字的界定就显得至关重要。何为"公务"?公证职务行为是否属于"公务"? 在大陆法系国家的公证立法中,大多明确公证人在身份定位上兼具"公职人员"和"自由职业者"的双重属性,但同时也无一例外地确认公证行为的公务性质。诚如前文所述,台湾地区的民间公证人,尽管其在法律地位上有别于一般的公务员,但其执行公证事务的行为被视为公务行为,执行公证职务作成之文书被视同为公文书,在法律责任方面也适用最广义公务员的规定。可见,公证机构及公证员的身份定位并不影响其职务行为的"公务"性质,法律可以授权非国家机关的其他社会组织行使具有公务性质的行为,只要公证职务行为本身属于"公务"性质,那么从事公证职务这一"公务"的公证机构及其公证员就理应列入"国家工作人员"的范畴了。

(二)区分公证与认证

台湾"公证法"的"立法者"显然已经注意到了实质公证与形式公证、公证与认证的区分,在公证立法上对两者作了明确的界分,并分别以专章予以规范,二者在职能主体、客体范围、办理程序、法律效力、收费标准等方面均有明显的不同:

1.职能主体。如前文所述,在台湾地区,公证事务由法院或民间公证人办理。台湾公证人有法院公证人和民间公证人之分,民间公证人又有专职和兼职之分,此外,"驻外领事人员"亦可依法令授权办理公认证事务。但是,并非任何公证、认证事务,所有的公证人均可办理。根据"公证法"的规定,民间公证人具有律师资格者,若执行律师业务,则仅得办理文书认证事务;律师兼任民间公证人者,亦仅得执行文书认证事务;以外国文字作成公证文书或就文书之翻译本为认证的公证人,仅以经"司法院"核定通晓各该外国语文者为限;"驻外领事人员"不得作成赋予强制执行效力的公证书。

2.客体范围。公证的标的范围主要包括法律行为和其他关于私权的事实;而认证的文书范围则包括:(1)法律行为的私文书;(2)关于私权事实的私文书;(3)涉及私权事实的公文书原本或正本,经表明系持往境外使用者;

（4）公、私文书的缮本或影本。

3.办理程序。公证与认证，在审查核实、办理方式、证明标准、文书格式、应记载事项等方面均有显著的差别，尤其是借鉴国外的宣誓制度而增设的具结程序，乃台湾地区"公证法"关于认证程序中颇具特色的制度安排，前文已有介绍，在此不予赘述。

4.法律效力。广义公证，除了"公证"外，尚有"认证"，二者效力迥然有别。台湾地区关于公认证效力的认知较为深入细致，除了公证立法明确区分公证和认证并分别赋予公证书和认证书不同的法律效力外，台湾学者从理论层面对公证书和认证书效力进行概括、诠释时也显得更加严谨规范：就公证书而言，分别对其在实体法上的效力、在证据法上的效力、在强制执行上的效力进行了梳理；就认证书而言，并不限于依通常理论认为认证书仅具备形式上证据力而无实质上证据力和执行力，而是进一步将认证书细分为认证文与认证私证书，并对二者进行了更加细致的效力分析，即前者指公证人制作的认证书，后者指作为认证对象的私文书，认证文或认证书无论是形式上的效力还是实质上的效力，均与公证书相同，具有完全的证据力；而认证之私证书则仅具有形式上的证据力，非因认证而具有实质上的证据力。

5.收费标准。在台湾，区分公证和认证，分别规定不同的收费标准。就公证收费而言，不同公证事项，分别按照标的价额比例、计件、计时等不同方式收取公证费用；而认证文书者，则依作成公证书所定之费用额，减半收取。此外，关于公证中的外出费用、出差旅费及执行职务所产生的其他费用等通常也作出详细表格供当事人参看。①

既然广义的公证包括公证和认证，二者之间存在诸多不同，那么我国大陆公证立法对二者不加区分，概以广义之"公证"一语笼统地进行规范不免过于粗疏。虽然我国公证立法并未明确区分公证和认证并分别对二者进行规范，但是事实上，在公证实务中基于个案具体情形的千差万别已然有了公证和认证的界分，二者在审查核实、证明标准、公证收费、出证格式、效力表现、过错认定及责任承担等方面均有本质的不同。而正是由于立法规定与实践操作的这一脱节现象尚不为业外人士所知悉，社会上一般公众只能依照现行立法规定不加区分地看待和评价公证书和认证书的效力问题，不可避免将二者混为一谈从而造成对公证制度价值的误读。因此，为了防止不必要的认知偏差，实有

---

① 谢孟儒：《公证人出外执行职务之费用》，载《公证法学》2012 年第 4 期。

必要根据现实需要,在理论上区别公证与认证,并就二者的审查核实、证明标准、公证收费、出证格式、效力表现、过错认定及责任承担等问题进行深入的探讨,尽快促进公证立法之细化、完善并与实务需求对接。

当然,在区分公证与认证的基础上,我们也有必要适应时势,根据现实需要增加一些特殊的程序设置,以弥补现有程序规范之不足。可以考虑借鉴台湾的做法,增设具结程序将其作为应对策略之一,在公认证程序中嵌入具结制度,明确规定公证机构在办理公认证事务过程中,对于穷尽了调查手段仍无法查明的事实,可以视情况通知当事人亲自到场并为具结,公证机构在当事人具结前,应告知具结的法律意义和法律后果,并可根据当事人的具结内容出具公证书,同时将具结之文附于公证书正文之后。若具结之人,就与公认证有关之重要事项为虚假陈述,则直接移送司法机关,由司法机关根据具体情节依法予以处罚。

(三)公证人执业区域

前文已述及,为使公证制度便民化和普及化,台湾地区"公证法"规定"当事人或其他关系人,除法律另有规定外,得向任何地区的公证人请求作成公证书或认证文书",这一规定明确取消了公证地域管辖限制。尽管公证请求不再受管辖之限制,但公证人执行职务时,仍应依法以所属的地方法院或其分院的管辖区域为执行职务的区域,除非有急迫的情形或依事件的性质有至管辖区域外执行职务的必要。当然,违反执行职务区域规定所作成的公证、认证文书,效力不受影响。

在大陆,按照《公证法》第 25 条和《公证机构执业管理办法》第 10 条规定的管辖原则,属于本公证机构执业区域范围内的公证申请方可受理。尽管我国《公证程序规则》专章就公证执业区域问题作了规范,并明确规定"公证机构应当在核定的执业区域内受理公证业务",但对于公证机构违反该规定的法律后果并没有涉及。《公证机构执业管理办法》第 36 条规定:"公证机构违反《公证法》第 25 条规定,跨执业区域受理公证业务的,由所在地或者设区的市司法行政机关予以制止,并责令改正。"由此可见,跨越执业区域受理公证业务的行为除由主管行政机关追究相应责任外,由此作成的公证书的效力究竟如何看待,则并无明确的规定。在司法实践中,多数实务人士倾向于认同公证书的效力,因为"规定公证地域管辖的主要目的在于维持稳定的公证秩序,减少恶性竞争。因此如果过于强调地域管辖可能会牺牲公证的便利性和公正性,而且禁止异地公证对维护当事人的合法权益也极为不利"①。对此,可以借鉴台湾地区的做法,不必拘泥于执业区域的限制,而适当予以变通,明确规定超越执业区域履行公证职务所出具的公证书,效力不受影响,其或可以考虑直接废除执业区域制度,以便于当事人充分利用公证资源、自由选择公证机构。

(四)公证人的调查权限

公证书是建立在调查和分析证据材料基础之上的,是"证据上的证据",因此,公证书的制作有赖于证据调查,证据调查权乃是公证人履行公证职务、制作公证文书的必备手段。就大陆法系各国或地区而言,基本上都直接或间接地规定了公证人的"调查权",如法国公证人事务所并非公权机关,公证人是介于"自由职业者"和"国家公务助理"之间的具有双重身份的法律执业者,立法却赋予了公证人广泛而详尽的调查权,公证人的调查义务几乎无孔不入;而台湾地区"公证法"第12条规定:"公证人办理公证事务,于必要时,得向有关机关、团体或个人查询,并得请其协助。前项情形,亦得商请外国机关、团体或个人为之。"似乎并未直接明确公证人的"调查权",但学界对这一问题显然有着更为深入的研究和思考,在谈及公证人的实质审查权时,有学者提出"关键在于公证人是否拥有调查权,能否确实履行调查义务"②。通说认为,公证人的"调查权"有间接的法律依据,即根据"公证法"第21条的规定,公证事件,除法律另有规定外,准用非讼事件法的规定,非讼事件法未规定者,准用民事诉讼法的规定,因此,公证人认证文书过程中调查证据的权限得适用非讼事件法的规定。

在祖国大陆,根据《公证法》第29条的规定,公证机构仅享有被认为不具有"公权力"性质的"核实权"。"《公证法》规定公证机构行使的是核实权,而不是调查权,主要是考虑到调查权是法律赋予司法机关的一项强制性权利,涉及自然人、法人的人身权、财产权,公证机构并非公权力机关,不宜行使调查权。"③这样的解释不禁让处在体制改革过渡期的公证行业对"调查权"一语望而生畏,却又尴尬不已。实务中,受利益驱使,市场主体诚信失范、当事人弄虚

---

① 浙江省高级人民法院课题组:《关于知识产权民事诉讼中公证证据审查与采信的调研》,载《法律适用》2011年第1期。

② 李昭彦:《两岸公证制度之比较——以公证人(员)审查权、注意义务及赔偿制度为讨论中心》,载《2015年两岸公证事务研讨会论文集》。

③ 司法部、中国公证协会编:《公证程序规则释义》,法律出版社2006年版,第20页。

作假现象日益增多、防不胜防,而仰赖"公信力""公效力"为市场为社会提供信用和法治双重保障的公证,却被卸除了最基本也最重要的武器——"调查权",而仅仅依靠对当事人已提交的证明材料进行被动地"核实",对于公证事项的"真实、合法"的驾驭和把握显然有些心余力绌,倘若公证机构擅自超越"核实权"主动对公证申请事项所涉及的证据进行调查,不仅于法无据,而且也得不到被调查者的配合。而无法对证据进行调查,本身"从证据中来、到证据中去"的公证书作为"证据之王"的效力地位肯定也无法得到有力的保障。

事实上,"调查权"并非为公权力机关所垄断的一个法律语词,只要立法赋予,任何机关、企事业单位、社会团体均可在授权范围内依法行使与其法定职责相应的"调查权",因此,"调查权"之语与公证改革所带来的体制变更并无必然的联系。在我国,与公权力毫无关系的律师都普遍拥有调查取证权,而具有"准司法证明"性质的公证却偏偏将"调查权"神化为独属于公权力机关的"权力"而自动放逐了"调查权"。同为法律职业群体,《律师法》尚且明确了律师的调查取证权①,《公证法》将与公证职责相对应的调查权赋予公证机构又有何不可? 因此,不宜局限于行业性的狭隘思维进行封闭式的自我释法,而应让调查权重新回归公证机构,成为履行公证职能不可或缺的利器,为公证事项的"真实性、合法性"和公证书的法定证据效力提供必要的手段保障。具体而言,可将"调查权"的内容直接植入《公证法》第 29 条,对该条的现有内容进行如下调整和表述:"公证机构对申请公证的事项以及当事人提供的证明材料,按照有关办证规则需要调查、核实或者对其有疑义的,可以通知当事人作必要的补充或者向有关单位、个人调查,索取有关证件和材料,或者委托异地公证机构代为调查、核实。有关单位、个人有义务给予协助。"

(五)公证人之赔偿责任

首先,台湾地区"公证法"区别法院公证人和民间公证人,分别对二者的过错赔偿责任作出规定。其次,对民间公证人的代理人的责任问题作了规定。民间公证人的代理人应自行承受其执行代理职务行为的效果;其违反职务上义务致他人受损害时,应自负赔偿责任,即:代理人因故意违反职务上的义务,

---

① 《律师法》第 35 条规定:"受委托的律师根据案情的需要,可以申请人民检察院、人民法院收集、调取证据或者申请人民法院通知证人出庭作证。律师自行调查取证的,凭律师执业证书和律师事务所证明,可以向有关单位或者个人调查与承办法律事务有关的情况。"

致他人的权利受损害者,负赔偿责任;因过失者,以被害人不能依他项方法受赔偿时为限,负其责任;被害人不能依法令规定或他项方法受赔偿或补偿时,得依"国家赔偿法"所定程序,请求赔偿。最后,明确了民间公证人的助理人或其他使用人的责任承担问题。民间公证人的助理人或其他使用人,于办理有关公证事务之行为有故意或过失时,由民间公证人承担责任,民间公证人应与自己之故意或过失,负同一责任。

如前所述,"以处为本"的我国大陆公证制度,由公证机构依法独立行使公证职能、承担赔偿责任,即依法行使公证职能、承担赔偿责任的主体是公证机构,公证员只是在公证机构中从事公证业务的执业人员,对外统一以公证机构的名义履行公证职务。因此,不存在由公证员独立承担赔偿责任的问题,也不存在类似于台湾民间公证人的代理人的制度,自然就不涉及公证员之代理人承担赔偿责任的问题。相比较而言,大陆公证立法对于公证机构赔偿责任的规定十分笼统,根据《公证法》第43条的规定,公证机构及其公证员因过错给当事人、公证事项的利害关系人造成损失的,由公证机构承担相应的赔偿责任;公证机构赔偿后,可以向有故意或者重大过失的公证员追偿。尽管三种体制公证机构并存,但《公证法》并未体现不同体制公证机构承担的不同性质的赔偿责任,既不涉及完全的国家赔偿责任,也不存在补偿性的国家赔偿责任。同时,仅规定公证机构承担赔偿责任后可以向有故意或者重大过失的公证员追偿,但如果是公证员助理或其他工作人员之过错,公证机构可否向公证员助理人或其他人等追偿则尚付阙如,有待于未来立法中予以明确规范。

第十七章　仲裁制度

 一、概述

　　1955 年,台湾地区"内政部"核准设立"商务仲裁协会"。1961 年 1 月,台湾地区"立法院"通过了"商务仲裁条例"(以下简称"条例")。① 为配合该条例的实施,台湾地区"内政部""经济部"和"司法行政部"于 1973 年公布了"商务仲裁协会组织及仲裁费用规则"。1982 年,台湾地区对"条例"进行修改,增订关于"外国仲裁判断之承认与执行"的规定。伴随着涉外贸易的迅速发展,涉外纠纷案件日益增多,台湾地区于 1986 年再度修订了"条例",为涉外贸易纠纷当事人申请选定仲裁人调解提供法律依据。此外,台湾地区 1992 年"国外期货交易法"和 1993 年"贸易法"中均有涉及仲裁的相关规范。

　　1998 年 6 月 24 日,台湾地区首次颁布"仲裁法",在原"条例"的基础上扩大了提交仲裁的范围,不再限于商务争议,凡是依法可以解决的民事争议均可利用仲裁制度解决。② 新"仲裁法"共 56 条,分为 8 章:第一章仲裁协议;第二章仲裁庭之组织;第三章仲裁程序;第四章仲裁判断之执行;第五章撤销仲裁

---

　　①　基于劳动争议的独特性,台湾地区亦将劳动争议仲裁与民商事仲裁相分离,形成了独立的劳动仲裁体系。在立法体例上,劳动仲裁被纳入劳动争议处理程序特别法,通过特别立法予以专章规定。台湾地区 2009 年第八次修订的"劳动争议处理法"第三章即专章规定了劳动争议仲裁制度。参见黄旭东:《劳动争议仲裁强制性之思考:台湾的经验与启示》,载《云南大学学报(法学版)》2014 年第 5 期。本文所讨论的台湾地区仲裁制度均限于"仲裁法"所规定的商务仲裁制度。

　　②　为积极拓展仲裁案件类型,"仲裁协会"于 2011 年委托台北大学就台湾地区契约实务上适合增设仲裁条款的产业契约类型评估进行研究,经访查发现,适合增订仲裁条款的产业包括:营造及建筑业、证券业、银行业、电信业、电子业、保险业及航空业。参见范光群、吴从周:《我国契约实务上适合增设仲裁条款之产业契约类型评估研究计划报告》,"仲裁协会"2011 年委托台湾大学研究计划。

判断之诉;第六章和解与调解;第七章外国仲裁判断;第八章附则。[①] 台湾地区"仲裁法"(以下简称"仲裁法")广泛借鉴了英、美、德、日等国的仲裁制度,并着重吸收了《联合国国际商事仲裁示范法》(*The Model Law on International Arbitration of the United Nations Commission on International Trade Law*)(以下简称《示范法》)的相关规则,其立法思想和具体规范基本符合仲裁制度的最新发展趋势,尤其是确立了效率优先的基本价值取向,既注重扩大当事人意思自治的范围与程度,又赋予仲裁庭较大的权力;在法院与仲裁庭的关系上,强调"更多之协助"与"更少之干涉",发挥仲裁制度的功能,维护仲裁机制中权力与权利的平衡,保障仲裁程序的快捷进行。[②] 2002 年 7 月 10 日,台湾地区对"仲裁法"第 8 条"仲裁人之训练及讲习"、第 54 条"仲裁机构之设立"、第 56 条"施行日期"作了修正。2009 年 12 月 30 日,台湾地区再次对"仲裁法"进行局部修订,调整了对仲裁人的消极资格的相关要求。[③] 由于仲裁程序具有有效性、专家性、迅速性、经济性及隐秘性等特点与优势,其已成为台湾地区最值得推广的诉讼外纷争解决机制之一。[④]

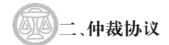

二、仲裁协议

仲裁协议是指当事人双方经过协商,自愿将其可能发生或已经发生的争议提交第三者公断的意思表示,是纠纷当事人合意选择以仲裁的方式解决纷争的法律形式。仲裁协议可以规定在合同中,也可以在合同之外单独约定。即使在合同中约定了仲裁条款,该条款也具有独立性。[⑤]

---

　　① 陈聪富主编:《月旦小六法》,台湾元照出版有限公司 2015 年第 19 版,第 4 编,第217~225 页。

　　② 齐树洁、方建华:《台湾地区"仲裁法"的最新发展及其借鉴意义》,载《福建政法管理干部学院学报》2001 年第 2 期。

　　③ 陈聪富主编:《月旦小六法》,台湾元照出版有限公司 2015 年第 19 版,第 4 编,第217~218 页。

　　④ 李念祖、李家庆主编:《诉讼外纷争解决机制》,台湾三民书局股份有限公司 2012年版,第 33 页。

　　⑤ 王利明:《海峡两岸仲裁立法的比较研究》,载《法学评论》2004 年第 1 期。

(一)仲裁标的的确定

仲裁标的是指仲裁机关可得仲裁的事项,其必须满足"合法即容许性或可仲裁性、可能及确定"的要求。[1] 探究仲裁标的的意义在于,如果当事人约定的仲裁事项超出了法律许可仲裁机构接受仲裁案件的范围,则当事人约定的仲裁协议无效。可见,法律关于仲裁标的的认定在性质上属于强行性规范。

依据原"条例"第1条的规定,仲裁处理的范围仅限于"有关商务上现在或将来之争议"。一般认为,所谓"商务"包括一切合同与非合同的商事性质的事项,如贸易、租赁、承揽、运输、投资、合伙、代理、不正当竞争等纠纷。"仲裁法"第1条第1项将"商务上"三个字删除,修改为"有关现在或将来之争议,当事人得订立仲裁协议,约定由仲裁人一人或单数之数人成立仲裁庭仲裁之"。同时增订第2项规定:"前项争议,以依法得和解者为限。"之所以删去"商务"二字,主要是考虑到商务的概念在各国中都没有统一的解释,即使在一国和地区之内,也没有明确的内涵和外延,在法律适用上很容易产生"是否属于商务争议"的疑问。而且,世界各国先进的仲裁立法,除美国联邦仲裁法外,均未将仲裁标的限于"商务上的争议"。[2] 台湾地区"仲裁法"所规定的仲裁事项范围较为宽泛,唯一的限制为提交仲裁的争议"以依法得和解者为限",即凡属于当事人有权自由处分、不涉及公序良俗或强行法禁止的事项均可以申请仲裁。该规定与日本的立法例十分相似。日本《民事诉讼法》第788条规定,当事人约定仲裁人为仲裁时,以当事人就争议有进行和解的权利为限。

总体而言,"仲裁法"对仲裁事项的设置较为契合仲裁的本质。仲裁成立的基础在于当事人的意思自治,其效力来自当事人对仲裁方式的选择及对仲裁判断的认可,而非源于国家的公权力。由此可以推知,只要发生争议的实体权益纠纷在当事人自由处分的范围内(判断的标志即为当事人可以和解),即应当允许当事人选择仲裁的方式予以解决。[3] 只有当涉及公共利益或第三人利益时(判断的标志即为当事人不能和解),当事人对仲裁的自由选择才应被

---

[1] 薛西全:《两岸仲裁法理论与实务》,台湾弘扬图书有限公司2011年版,第90~126页。

[2] 王晓川、夏兴宇:《海峡两岸商事仲裁制度对比研究》,载《河北法学》2013年第8期。

[3] 刘江琴:《大陆与台湾地区仲裁立法之比较及其借鉴》,载《警官教育论坛》2008年第1期。

禁止。

(二)仲裁协议的形式

出于对争端解决机制的慎重考量,台湾地区在对待仲裁协议形式的问题上,同样要求必须采取书面形式。"仲裁法"第 1 条第 3 项和第 4 项规定,"仲裁协议,应以书面为之";"当事人间之文书、证券、信函、电传、电报或其他类似方式之通讯,足认有仲裁合意者,视为仲裁协议成立"。可见"仲裁法"承认仲裁协议不限于以合同书的形式达成,而可采取现代化的通信方式实现。[①] 由于该条采取的是列举式,但未具体列举电子数据交换和电子邮件可否作为达成仲裁协议的方式,可以认为台湾地区不承认以电子数据交换和电子邮件为形式的仲裁协议。

(三)仲裁协议的效力

1.仲裁协议的生效要件

"仲裁法"没有专门规定仲裁协议的生效要件,但鉴于该法第 1 条第 1 项及第 9 条第 4 项的有关规定[②]确认了临时仲裁制度[③],则可根据临时仲裁的基本特征推断,当事人只要具有将可仲裁事项提交仲裁的意思表示,仲裁协议即属有效。

"仲裁法"亦没有关于仲裁协议中必须包含仲裁机构的规定。"仲裁法"第 2 条规定:"约定应付仲裁之协议,非关于一定之法律关系,及由该法律关系所生之争议而为者,不生效力。"所谓一定的法律关系,是指仲裁客体的可适合性,也就是说仲裁事项必须是基于特定的法律关系及由该法律关系产生的争议。可见,"仲裁法"并不要求仲裁协议中必须约定仲裁委员会,也不以仲裁协议中是否包括仲裁委员会作为仲裁协议生效的条件。在台湾地区,因不以机构仲裁为限,法律亦未明文要求仲裁协议必须明定仲裁机构,即使当事人的仲

---

① 刘显鹏:《海峡两岸仲裁制度之比较研究》,载广州仲裁委员会编:《仲裁研究》(第19 辑),法律出版社 2009 年版。

② "仲裁法"第 1 条第 1 项规定:"有关现在或将来之争议,当事人得订立仲裁协议,约定由仲裁人一人或单数之数人成立仲裁庭仲裁之";第 9 条第 4 项规定:"前二项情形,于当事人约定仲裁事件由仲裁机构办理者,由该仲裁机构选定仲裁人。"

③ 临时仲裁是指无固定仲裁机构介入,而由当事人通过仲裁协议直接组织仲裁庭的仲裁,这种形式的仲裁目前仍为大多数国家与地区所采用。参见赵秀文主编:《国际商事仲裁法》,中国人民大学出版社 2014 年第 2 版,第 26～27 页。

裁协议未明确约定由"仲裁协会"①仲裁,当事人向"仲裁协会"声请仲裁,该协会仍可据此受理该仲裁事项。

2.仲裁条款的独立性

仲裁条款独立性指仲裁条款的效力与合同效力的关系。仲裁协议的独立性又称仲裁协议的"分离性"或"自治性",它是指合同中的仲裁条款与包含仲裁条款的合同是可分的。② 当事人达成仲裁协议的方式,有以契约方式单独约定亦有以契约附加仲裁条款的方式呈现。③ 对于后者,在契约发生不成立、无效等情形时,作为契约一部分的仲裁条款效力如何? 关于此问题目前国际上已形成共识,④故"仲裁法"第 3 条参考"示范法"第 16 条第 1 款的规定,明确宣布"仲裁条款独立性原则",或称为"仲裁条款可分性原则",即仲裁条款虽然附随于当事人所订立的契约,但是其效力应独立认定,不受契约不成立、无效、撤销、解除或终止的影响。⑤ 一方面,该规定对仲裁条款独立性原则的确认,是将仲裁条款与合同其他条款视为两项合意即仲裁合意和实体合意的理论发展结果,是根据意思自治原则对当事人真实意思表示的尊重。⑥ 另一方面,仲裁条款独立性原则得以确立亦是仲裁实践的需要,即为防止当事人一方恶意阻碍仲裁程序的进行。

3.仲裁协议的妨诉效力

仲裁协议生效后,当事人即应受协议约束。因此,如果当事人之间订有仲裁协议,但一方当事人无视该协议,而就仲裁协议下的系争案件向法院提起诉讼;或者仲裁程序开始后,一方当事人对仲裁协议的有效性提出异议,除法院已认定该协议无效、失效或不能实施外,法院应将该争议提交仲裁。此即仲裁

---

① 原名"商务仲裁协会",1999 年 6 月 1 日更名为"仲裁协会"。

② 杨玲:《论"或裁或审"条款中仲裁条款的效力——以海峡两岸司法实践为视角》,载《西北大学学报》2014 年第 4 期。

③ 陈炳富、苏锦江:《论台湾仲裁制度的理论基础》,载《南开管理评论》2002 年第 2 期。

④ 仲裁制度的自治性决定了其从产生之初就具有浓厚的国际性色彩,相对于诉讼制度,各国更易就仲裁制度达成统一规范。参见齐树洁:《论我国〈仲裁法〉的修改与完善》,载《山东警察学院学报》2007 年第 2 期。

⑤ "仲裁法"第 3 条规定:"当事人之间之契约订有仲裁条款者,该条款之效力,应独立认定;其契约纵不成立、无效或经撤销、解除、终止,不影响仲裁条款之效力。"

⑥ W. Michael Reisman, et al, *International Commercial Arbitration*, the Foundation Press, 1997, pp. 666~667.

协议的妨诉效力。① 参考英国仲裁法、美国联邦仲裁法及日本 1989 年仲裁法草案,台湾地区"仲裁法"第 4 条第 1 项规定:"仲裁协议,如一方不遵守,另行提起诉讼时,法院应依他方声请裁定停止诉讼程序,并命原告于一定期间内提付仲裁。但被告已为本案之言词辩论者,不在此限。"据此,虽有仲裁协议存在,原则上法院仍得受理该诉讼,②但若另一方当事人在本案第一次言词辩论前提出抗辩的,法院应命令将争议提付仲裁。可见,台湾地区对于仲裁协议妨诉效力的规定是以停止诉讼为主,并辅以抗辩驳回制,法院并不主动排除司法管辖权,而仅在被告提出申请时,才裁定停止诉讼程序。③ 依照仲裁的基本价值判断,当事人既然可以通过合意赋予仲裁机构以管辖权,自然也可以通过合意排除其管辖权,法院并无介入的必要。德、日民事诉讼法均规定,法院此时不主动排除自身管辖权,即仲裁协议本身并不构成法院驳回起诉的根据。④

(四)仲裁协议的异议

"仲裁法"第 22 条规定:"当事人对仲裁庭管辖权之异议,由仲裁庭决定之。"该法赋予仲裁庭对仲裁协议的异议行使管辖权,以防止当事人一方通过对仲裁协议的异议,拖延仲裁程序,并不断将司法力量引入仲裁程序,从而最终损及仲裁的初衷。⑤ 若当事人已就纠纷的实体问题作出答辩,即不得再行提出仲裁协议的异议。由案件之外的仲裁委员会或法院(尤其是法院)来判断仲裁协议的效力费时、费力,与仲裁速决的特征相悖,且效果并不必然比仲裁庭决定更好,因而台湾地区对仲裁协议的异议的规定较为合适。但"仲裁法"没有规定仲裁庭的决定的效力(即是否为终局决定),若当事人不服仲裁庭所作决定,能否向仲裁委员会或法院请求再判,这一点尚待明确。

---

① 苏南:《论国际商务仲裁的台湾特色》,载广州仲裁委员会编:《仲裁研究》(第 28 辑),法律出版社 2012 年版。

② 当事人双方若就同一事件,一方提起诉讼,另一方提付仲裁时,如何确定管辖权的有无。台湾地区采先行程序优先主义,即如属同一请求标的的,当事人一方先已提起诉讼,另一方即不得提付仲裁,反之亦然。参见王志兴主编:《工程仲裁案例选辑(Ⅲ)》,台湾地区仲裁协会 2009 年版,第 119 页。

③ 吴玲琍:《海峡两岸仲裁制度比较》,载《甘肃政法学院学报》2006 年第 3 期。

④ 陈桂明:《仲裁法论》,中国政法大学出版社 1993 年版,第 46 页。

⑤ 齐树洁、方建华:《台湾地区"仲裁法"的最新发展及其借鉴意义》,载《福建政法管理干部学院学报》2001 年第 2 期。

三、仲裁庭

仲裁庭是由仲裁员组成的组织,英美法例及国际公约均以 Arbitral Tribunal 表示。"仲裁庭"一词,在原"条例"中并未规定,而代之以仲裁人(即仲裁员)。为顺应国际社会的共识,"仲裁法"始将"仲裁庭"的概念予以纳入。"仲裁法"除以第 1 条第 1 项明示"约定由仲裁人一人或单数之数人成立仲裁庭仲裁之",其他相关条文亦配合修正。

(一)仲裁机构

"仲裁法"将有关仲裁机构的规定安排在第 8 章的附则之中。该法第 54 条第 1 项规定:"仲裁机构,得由各级职业团体、社会团体设立或联合设立,负责仲裁人登记、注销登记及办理仲裁事件。"打破了过去"仲裁协会"的垄断局面。① 而且,据此可以认定台湾地区的仲裁机构属于纯粹的民间性质的纠纷解决组织,而台湾地区目前最主要的常设仲裁机构"仲裁协会",确是作为民间独立团体而存在的,没有与行政或司法机关挂钩。② 因此,在仲裁机构的独立性的方面,台湾地区的做法符合仲裁民间性的国际潮流。③ 在仲裁机构的专业服务性方面,"仲裁法"没有进行特别的强调。

(二)仲裁庭

1.仲裁庭的组成

关于仲裁庭的组成,"仲裁法"第 1 条第 1 项规定,必须由单数仲裁员组

---

① 傅崐成:《台湾仲裁制度及其在法院内的实践》,载柳经纬主编:《厦门大学法律评论》(第 1 期),厦门大学出版社 2001 年版。

② 在原"条例"施行时期,台湾地区仅有单一的仲裁机构,即"商务仲裁协会"。目前,台湾地区已有三家仲裁机构,但因"仲裁协会"成立在先,且已有多年经验,因此,其受理的案件较多。至于其他两家仲裁机构,或因成立时间较晚,或因知名度不足,目前受理的案件较少。参见李念祖、李家庆主编:《诉讼外纷争解决机制》,台湾三民书局股份有限公司 2012 年版,第 34 页。

③ 尽管在一些单独的问题上,台湾地区的仲裁制度与司法制度仍然没有脱离关系,如特定情形下仲裁员的回避,交由法院而不是仲裁机构决定。参见王晓川、夏兴宇:《海峡两岸商事仲裁制度对比研究》,载《河北法学》2013 年第 8 期。

成。当事人未约定仲裁员及其选定方法时,依照"仲裁法"第 9 条第 1 项的规定,应由双方当事人各自选择一名仲裁员,再由双方选定的仲裁员共同推选第三仲裁员,并直接由该第三仲裁员担任主任仲裁员,以符合国际社会常以第三仲裁员为主任仲裁员的惯例。① 而依据"仲裁法"第 5 条的规定,当事人所选的仲裁员必须是自然人,当事人若约定仲裁机构以外的法人或团体为仲裁员,视为未约定仲裁员。但若当事人约定仲裁机构为仲裁员时,解释上应认为该仲裁机构有"仲裁法"第 9 条规定的推选仲裁员的权力,即代替双方各选一名仲裁员,再由两位仲裁员共同推选第三仲裁员为主任仲裁员。

2.仲裁庭的权限

仲裁庭权限的来源有两个:一是由当事人在仲裁协议中直接授予,或是由选定的仲裁规则间接授予;二是由国家或地区以法律明文规定。从一国或地区的法律对仲裁庭权限授予的多寡,可以看出该国或地区对仲裁所持的态度。过去由于仲裁制度未受重视,立法者对仲裁庭的权限多有漠视。随着仲裁制度的发展成熟,仲裁庭的权限呈逐渐扩大的趋势。一般说,仲裁庭的权限涉及确定案件管辖权、仲裁程序决定权、仲裁程序性事项决定权、就争议作出裁决权等,但各国或地区的具体规定不一。② 除了在仲裁员回避方面略显保守外,"仲裁法"赋予仲裁庭广泛的权限。该法第 30 条规定,仲裁庭不受其认为无理由之下列主张影响,继续进行仲裁活动:仲裁协议不成立;仲裁程序不合法;违反仲裁协议;仲裁协议与应判断的争议无关;仲裁员欠缺仲裁权限及根据该法第 40 条第 1 项规定的可提出撤销仲裁之诉的 9 种事由,这对于防止当事人阻挠仲裁,提高仲裁效率是必要的。此外,台湾地区仲裁庭还有权采用其认为适当的仲裁程序、有权申请法院命令证人出庭作证及给予调查证据方面的帮助等。而为顺应国际仲裁立法,"仲裁法"第 22 条规定仲裁庭亦可对本身之管辖权及程序异议作出决定。最重要的是,根据"仲裁法"第 31 条的规定,只要经当事人明示合意,仲裁庭可适用衡平原则作出判断。

3.仲裁庭的管辖

所谓仲裁庭的管辖,探讨的是仲裁管辖权的问题,即仲裁庭成立后,基于

---

① "仲裁法"第 9 条第 1 项规定:"仲裁协议,未约定仲裁人及其选定方法者,应由双方当事人各选一仲裁人,再由双方选定之仲裁人共推第三仲裁人为主任仲裁人,并由仲裁庭以书面通知当事人。"

② 齐树洁、蔡从燕:《海峡两岸商事仲裁法律制度比较研究》,载《台湾研究集刊》1999年第 2 期。

仲裁协议所必须管辖的事项与范围。"仲裁法"参考国际规则,建立"仲裁庭管辖权"的观念,对仲裁为"准司法"的观念的建立,及仲裁组织的尊严、仲裁制度的推广、疏减讼源等,均有重大的意义。[①] 有关仲裁庭的管辖,最重要的问题是当作为仲裁庭行使职权的基础的仲裁协议的效力受到质疑时,应如何界定仲裁庭的管辖? 对于该问题的解决,在《国际商会仲裁规则》第8条第3款作出"仲裁庭有权决定其本身之管辖权"的规定后,国际仲裁立法多已承认该项原则。"仲裁法"顺应趋势,于第22条规定,当事人对仲裁庭管辖权的异议,由仲裁庭决定。而依照该法第30条的规定,仲裁庭认为当事人主张为无理由时,仍得进行仲裁程序,并为仲裁判断。此外,基于禁止反言的法理,"仲裁法"第22条还规定:"当事人已就仲裁协议标的之争议为陈述者,不得异议。"可见,不论仲裁庭无管辖权以及仲裁庭超越管辖权之异议,当事人已就仲裁协议标的之争议为陈述者,均不得异议。这与"示范法"所规定的"对仲裁庭无权管辖的异议不得在提出答辩书之后提出"及"仲裁庭超越其权力范围的异议,应在仲裁程序过程中提出越权的事情后立即提出"差异甚大。

(三)仲裁员

1. 仲裁员的资格取得

仲裁员是具体审理仲裁案件并有权作出仲裁判断的自然人。由于这种特殊的身份,决定了仲裁员资格的取得必须有严格的程序和必备的条件。[②] 依据"仲裁法"的规定,在台湾地区要取得仲裁员资格,需满足以下三个方面的要求:

(1)积极与消极的资格条件

根据"仲裁法"第6条的规定,取得仲裁员资格必须满足以下积极条件:曾任实任推事[③]、法官或检察官者[④];曾执行律师、会计师、建筑师、技师或其他与商务有关之专门职业人员业务5年以上者;曾任"国内、外"仲裁机构仲裁事

---

① 杨崇森等:《仲裁法新论》,"仲裁协会"2010年第3版,第63页。

② 贵立义:《海峡两岸仲裁制度之比较》,载《大连大学学报》2013年第4期。

③ 推事是法官的旧称,实任推事并非现任法官,而是法官中的一个级别。报考者通过司法官考试,经过若干年的司法实践并经考核合格后,才能取得实任法官的资格。

④ 该条规定的"实任推事、法官或检察官",依台湾地区"法务部"1999年3月1日法1999律字第006074号函释,特指"实任法官、检察官",而不包括"试署法官、检察官"及军法官在内。参见伍胜民:《论台湾地区仲裁人之选任制度——以营建工程为中心》,载北京仲裁委员会编:《北京仲裁》(第4辑),中国法制出版社2010年版。

件之仲裁人者;曾任"教育部"认可之"国内、外"大专院校助理教授以上职务5年以上者;具有特殊领域之专门知识或技术,并在该特殊领域服务5年以上者。"仲裁法"第7条则规定了限制仲裁员资格的取得的消极要件,即有下列情形之一者,不得成为仲裁员:犯贪污、渎职之罪,经判刑确定者;犯前项以外之罪,经判处有期徒刑一年以上之刑确定者;经褫夺公权宣告尚未复权者;破产宣告尚未复权者;受禁治产宣告尚未撤销者;未成年人。从立法技术来看,"仲裁法"从正、反两个方面规定仲裁员资格,更显严谨、明确;①从规范内容来看,"仲裁法"既规定了仲裁员的法定资格,又允许当事人在此基础上再行约定,这样既避免陷入"商业仲裁最脆弱的地方",即因没有规定仲裁员资格而导致仲裁质量的可能失控,②又避免损害当事人的意志自治。

(2)参加培训并取得合格证书

在台湾地区,仅具备仲裁员资格的积极条件且不违背消极条件的要求还无法获得仲裁员资格,担任仲裁员还必须参加培训(台湾地区称为"训练")并取得合格证书。"仲裁法"第8条规定,仲裁人应经训练或讲习、仲裁员的训练及讲习办法,由"行政院"会同"司法院"确定。作为对专业性和实践经验要求均十分高的职业,无论是法律领域还是专门商事交易领域的专家和学者担任仲裁员,都应当事先经受专门而必要的培训,培训的内容应不仅限于专业知识和仲裁程序方面,同样应当及于仲裁职业道德操守方面的规定。③"仲裁法"的该项规定表明了台湾地区对仲裁员专业知识和经验能力的重视,符合未来从事国际商事仲裁的专业人员的能力需求。当然,并非所有的仲裁员都需要参加培训,"仲裁法"规定,曾任实任推事、法官或检察官者,曾执行律师职务3年以上者,在大专院校法律学系或法律研究所专任教授2年、副教授3年,讲授主要法律科目3年以上者可以不参加培训。④ 经过培训的拟任仲裁员,要经过考核获得合格证书,方可获得仲裁员资格。

---

① 有些学者认为,"仲裁法"对仲裁员积极资格的规定并不必要,依各国通例,一般不规定仲裁员的积极资格,而只规定消极资格。参见陈桂明:《仲裁法论》,中国政法大学出版社1993年版,第70～87页。

② 杨良宜:《国际商务仲裁》,中国政法大学出版社1997年版,第232～233页。

③ 王晓川、夏兴宇:《海峡两岸商事仲裁制度对比研究》,载《河北法学》2013年第8期。

④ 依据"仲裁法"第8条第2项的规定,任教年资的计算及主要法律科目的范围,由"法务部"会商相关机关确定。

（3）向仲裁机构申请登记

台湾地区对仲裁员资格的认定采取登记制。根据"仲裁法"第 8 条的规定，自然人具备了上述法定的仲裁员资格条件，且经过培训并取得合格证书后，就可以向仲裁机构申请登记为仲裁员。已经申请登记为仲裁员者，还应参加仲裁机构每年定期举办的培训（台湾地区称为"讲习"），未定期参加者，仲裁机构得注销其登记。

2. 仲裁员的选任

世界范围内，仲裁员选任的一般做法是，以当事人选择为原则，当事人在特定期限内不选择或不能选择时，由仲裁机构或法院指定，从而保证仲裁程序得以及时、顺利地开展。[①]"仲裁法"第 9～13 条全面规定了仲裁员选任的具体方法，即以当事人约定为原则，辅之以法院选任、仲裁机构选任、以当事人多数意见选任或抽签选任（当事人一方有 2 人以上时），其选任方法虽较严谨但略嫌烦琐，而且法院对仲裁员选任的介入可能会降低仲裁效率，但体现了立法当局为确保仲裁程序的正常运作，因而对运作仲裁程序的主体即仲裁员给予高度重视并施以严格要求。

依"仲裁法"第 9 条第 1 项、第 2 项的规定，"由双方选定之仲裁人共推第三仲裁人为主任仲裁人，并由仲裁庭以书面通知当事人"。如果"仲裁人选定后在三十日内未共推主任仲裁人者，当事人得声请法院为之选定"。在台湾地区，法院介入仲裁员的选定，不仅表现在上述主任仲裁员的选定上，而且在其他仲裁员的选定上如果发生争议时，也将发挥很大的作用。根据"仲裁法"第 9～13 条的规定，其主要表现在：（1）当事人在仲裁协议中约定由一名仲裁员仲裁，双方对该仲裁员的选定发生争议，得声请法院选定。（2）当事人一方选定仲裁员后，得以书面形式催告他方于受催告之日起 14 日内选定仲裁员，如逾期不选定，催告人得声请仲裁机构或法院为之选定。（3）应由仲裁机构选定仲裁员者，当事人得催告仲裁机构于受催告之日起 14 日内选定之，逾期不选定，催告人得声请法院为之选定。（4）当事人在仲裁协议中约定之仲裁员因死亡或者其他原因出缺，或拒绝担任仲裁员或延滞履行仲裁任务者，当事人得再行约定仲裁员，如未达成协议，当事人一方得声请仲裁机构或法院为之选定。（5）当事人选定之仲裁员如有前项事由之一者，他方得催告该当事人自受催告

---

① 刘显鹏：《海峡两岸仲裁制度之比较研究》，载广州仲裁委员会编：《仲裁研究》（第19 辑），法律出版社 2009 年版。

之日起 14 日内另行选定仲裁员,逾期不选定者,催告人得声请仲裁机构或法院为之选定。(6)仲裁机构或法院选定之仲裁员有第(4)项之情形者,仲裁机构或法院各自依声请或职权另行选定。(7)主任仲裁员有第(4)项事由之一者,法院得依声请或职权另行选定。从上述规定可以看出,在仲裁员的选定上,当事人凡产生争议,都可以通过法院选定解决,充分发挥了司法的权威性。①

3.仲裁员的义务

仲裁员的公正性与独立性,是当事人乐于采用仲裁制度的关键因素。因此,仲裁员应履行相应的义务,以使可能遭受偏见的当事人自行决定是否接受该仲裁员。② 实践表明,此类义务一般涉及以下几点:(1)独立、公正地审理案件。(2)披露有损仲裁员独立性的任何信息。(3)保守仲裁秘密,特别是仲裁过程中获得的商业秘密。(4)独立、公正地作出裁决等等。此外,仲裁员还应遵守当事人达成的任何合法的约定,在临时仲裁中更是如此。

为确保仲裁员的客观公正,原"条例"已设有仲裁员请求回避制度,然而,参考各国法例及常设仲裁机构规则,为避免当事人对于仲裁员之公正执行职务存疑,该条例更进一步要求仲裁员有主动披露各种可能影响其公正执行职务的事实的义务。③ 为延续原"条例"的上述精神,"仲裁法"第 15～17 条亦详细规定了仲裁员信息披露义务及回避制度,尤其是第 15 条第 2 项规定,仲裁员有"台湾民诉法"第 32 条所规定的法官应自行回避之同一原因者;仲裁员有与当事人间现有或曾有雇佣或代理关系者;仲裁员与当事人之代理人或重要证人间现有或曾有雇佣或代理关系者;有其他情形足以使当事人认为其有不能独立、公正执行职务之虞者,均负有向当事人披露的义务,由当事人决定其是否回避,仲裁员无权自己确定是否"可能影响公正仲裁"。可见,台湾地区的仲裁员回避制度较为严格,有关仲裁员信息披露义务的立法也较为周延。此外,在临时仲裁中,台湾地区的仲裁庭与仲裁员还须履行任何当事人自由约定且为仲裁法所允许的义务。

---

① 贵立义:《海峡两岸仲裁制度之比较》,载《大连大学学报》2013 年第 4 期。

② 陈焕文:《仲裁人手册(一):仲裁人伦理规范》,台湾岗华传播事业有限公司 2002 年版,第 372～373 页。

③ Rene David, *Arbitration in International Trade*, Kluwer Law and Taxation Publishers, 1985, p. 257.

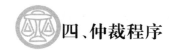

四、仲裁程序

仲裁程序是有关仲裁机构、仲裁庭、仲裁员、申请人、被申请人、代理人和鉴定人以及法院之间在仲裁案件进行过程中的相互关系和活动方式的规定的总称,一般包括仲裁申请和受理、仲裁审理和仲裁判断等程序。[①] 仲裁程序烦琐与便捷的程度,最能够反映仲裁制度的良好与否。

(一)仲裁程序的确定

在台湾地区,依据"仲裁法"第 19 条的规定,仲裁程序首先应由当事人自由约定;当事人未作约定时,则适用"仲裁法"的规定;"仲裁法"未规定者,仲裁庭可准用"台湾民诉法"或采取其认为适当的程序进行。由此,当事人应当首先对所适用的仲裁程序进行约定,如约定未果或无约定,则应当适用"仲裁法"的规定,"仲裁法"无规定的,还可以适用包括民事诉讼程序在内的其他程序。[②] 该规定的自由度很高,充分体现了对当事人意愿的尊重。仲裁程序直接关系到当事人程序权利的保障,从而间接地对当事人的实体权利产生影响,当事人基于自身利益的考虑,完全可能选择其他更加有利于实现其权益的仲裁程序。在仲裁程序的选择上作出强制性要求,实际上是对当事人意思自治的限制与否认。仲裁正当性的基础在于仲裁合意,理应由当事人根据自身的利益需要对仲裁相关事项自主作出安排。当事人的自主性不应受到任何法律或规则的限制,除非当事人的自主决定超越其自治范围或违反公序良俗。[③]

(二)仲裁程序的进行

1.仲裁案件的提起

确定仲裁程序后,该程序何时开始? 这一问题关系到当事人正确、及时地

[①] 吴玲琍:《海峡两岸仲裁制度比较》,载《甘肃政法学院学报》2006 年第 3 期。

[②] 法院关于仲裁事件的程序,除"仲裁法"另有规定外,适用"非讼事件法","非讼事件法"未规定者,准用"台湾民诉法"。参见王志兴主编:《仲裁法判解要旨汇编》,台湾仲裁协会 2006 年版,第 142 页。

[③] 齐树洁、方建华:《台湾地区"仲裁法"的最新发展及其借鉴意义》,载《福建政法管理干部学院学报》2001 年第 2 期。

行使权利、履行义务,对此有关仲裁法及仲裁规则的规定各有不同,但均倾向于当事人自由约定。"仲裁法"第18条第2项规定:"争议事件之仲裁程序,除当事人另有约定外,自相对人收受提付仲裁之通知时开始",这与英、美等国的仲裁法实践是一致的。在台湾地区,当事人在向仲裁机构提交仲裁申请时,应以书面形式通知相对人。如相对人较多而分别收受通知时,以收受之日在前者为准。只要遵守正当程序原则,双方当事人均可自由约定,若未约定,则由仲裁庭决定。

2.审理期限的规定

"仲裁法"第21条第1项规定:"仲裁进行程序,当事人未约定者,仲裁庭应于接获被选为仲裁员之通知日起十日内,决定仲裁处所及询问期日,通知双方当事人,并于六个月内作成判断书;必要时得延长三个月。"该规定实际上就是通知当事人开庭的地点和时间。[①] "仲裁法"第33条规定,一旦仲裁庭认为仲裁达到可作出仲裁判断的程度时,应宣告询问终结,依照当事人声明的事项,于10日内作成判断书。在台湾地区,由于仲裁员是当事人在订立仲裁协议时就已经约定,或通过法定程序在进入仲裁程序之前就已经选定的,仲裁庭已经组成,因而进入仲裁程序后无须在仲裁员名册中选定仲裁员,而是直接进入审理程序。审理期限一般为6个月,特殊情况可延长3个月。[②] 仲裁庭逾期未作出判断者,除强制仲裁事件外,当事人得径行起诉,仲裁程序视为终结。可见,"仲裁法"对仲裁审限的要求较为严格,约束机制也十分明确、具体。[③]

在国际仲裁中,为避免仲裁期限过长,造成当事人经济上的损失,一般都订有仲裁期限之规定。但重大的国际仲裁,因涉及的人、事更为复杂,因此国际仲裁通例均赋予仲裁庭延长仲裁期限的权限。[④] 台湾地区"仲裁法"对于仲裁期限的规定,未考量国际或涉外仲裁事件的困难度及复杂性,考虑到国际仲

---

① 有学者认为,仲裁因其民间性,相较而言,其正义不如诉讼,生存在于效率。法院审理民事案件的一般期限也仅为6个月的时间,规定仲裁的裁决时限为9个月,不足以体现仲裁的及时、高效原则。参见吴萍:《两岸仲裁法之评析及借鉴——以仲裁的目的价值取向为视角》,载《南昌大学学报》2007年第3期。

② 为避免日后双方当事人反悔,任意向法院另行起诉,仲裁庭应嘱咐当事人以书面方式同意延长,并在其书面协议中确定延长期限,减少不必要的争议。参见杨崇森等:《仲裁法新论》,台湾仲裁协会2010年第3版,第212页。

③ 贵立义:《海峡两岸仲裁制度之比较》,载《大连大学学报》2013年第4期。

④ 吴嘉生:《国际商务仲裁理论与实务》,台湾元照出版有限公司2013年版,第153页。

裁所需时间通常在一年以上,台湾地区当有必要参酌国外仲裁协会的通行做法,区分域内仲裁与国际或涉外仲裁,对仲裁判断作成的期限,分别作出不同的弹性规定。

3. 请求法院协助的规定

与法院基于国家强制力行使职权不同,仲裁庭的权限来自于双方当事人的赋予及仲裁法的规定,因此仲裁庭对于当事人以外的其他人并无任何约束力。[①] 为使仲裁程序得以顺利进行,故有请求法院协助的必要。因而,"仲裁法"第28条第1项明确规定:"仲裁庭为进行仲裁,必要时得请求法院或其他机关协助。"该条第2项及第26条第2项更进一步规定,"受请求之法院,关于调查证据,有受诉法院之权","证人无正当理由而不到场者,仲裁庭得声请法院命其到场"。而就当事人而言,若对争议的标的物有保全的必要时,依据"仲裁法"第39条的规定,可向法院申请保全。

4. 对仲裁程序异议的处理

在仲裁程序进行中,若当事人未就程序有所约定,则全权交由仲裁庭决定。但是当事人对仲裁程序违反"仲裁法"的规定或仲裁协议的约定时,可提出仲裁程序异议,该异议的处理由仲裁庭决定,当事人不得声明不服。[②] 当事人提出的仲裁程序异议,无停止仲裁程序的效力。即对当事人提出的仲裁协议不成立、仲裁程序不合法、违反仲裁协议、仲裁协议与应判断之争议无关、仲裁人欠缺仲裁权限等主张,仲裁庭认为其无理由时,继续进行仲裁程序,并作出仲裁判断。但"仲裁法"同时规定,当事人知悉或可得知仲裁程序违反本法或仲裁协议,而仍进行仲裁程序者,不得提出异议。至于仲裁庭对当事人所提异议,何时决定其异议是否成立,"仲裁法"并无明文规定。为避免拖延不决,仲裁庭应当尽速决定。尚未作出决定前,仲裁庭须继续进行仲裁程序,并开展必要的调查,为决定异议是否成立准备必要的心证资料。[③]

5. 特定事项的强制性规定

在台湾地区,由于"仲裁法"第19条授权当事人可约定仲裁程序,约定仲裁进行程序应属当然之义,但"仲裁法"同时对特定事项作出某些强制性的规

---

① 陈炳富、苏锦江:《论台湾仲裁制度的理论基础》,载《南开管理评论》2002年第2期。

② 该规定系参考"示范法"第4条的规定而设。

③ 吴光明、俞鸿玲:《国际商务仲裁理论与发展》,台湾翰庐图书有限公司2013年版,第211页。

定,以使仲裁进行程序不因当事人的约定或一方当事人的消极行为而受阻,该类规定主要包括:(1)仲裁庭应给予当事人充分陈述的机会。① 当事人一方经仲裁庭合法通知,无正当理由而不于询问期日或调查时到场者,仲裁程序仍得进行。否则当事人借此恶意缺席以达到拖延仲裁时限的目的,将侵犯到另一方当事人的合法权益。"仲裁法"未明文规定当事人是否可以合意放弃仲裁询问与陈述,为防止当事人于民事交往过程中迫使弱势当事人接受不公平的协议规定,放弃陈述权利,而使仲裁判断发生不公正的结果,违背程序正义原则,应禁止当事人合意放弃上述程序权利。(2)仲裁庭得通知证人或鉴定人到场应询,并在证人无正当理由不到庭时请求法院令其到庭。(3)仲裁进行程序不受由当事人提出的但仲裁庭认为无理由的主张的约束。实践证明,为践行仲裁正当程序原则,保证仲裁合法、迅捷进行,此类强制性规定是必要的。

6. 和解与调解

在国际仲裁立法中,和解是仲裁程序的一部分,因此在仲裁程序进行中,当事人若合意以和解方式终止纷争者,并无不可。"仲裁法"第六章专章规定了仲裁程序中的和解与调解问题,如该法第 44 条第 1 项规定:"仲裁事件,于仲裁判断前,得为和解。和解成立者,由仲裁人作成和解书",虽然同条第 2 项规定该和解与仲裁判断具有同等效力,②但是参考国际立法,该项规定似乎存在疑问。依据《示范法》第 30 条的规定,仲裁当事人达成和解后,仲裁庭应以仲裁判断书的形式记录和解内容。否则若以和解书的形式解决纠纷,恐无法依据《承认与执行外国仲裁判断公约》(以下简称《纽约公约》)在国外得到承认及执行。③

近年来,台湾地区各大工程发包机关因对少数仲裁员及仲裁判断不信任,在其新版工程契约范本中删除仲裁条款。针对该趋势,台湾地区仲裁界及工程界均认为此举将严重冲击营造业的良性生态,并影响现有仲裁制度的发展。④ 针对该趋势,2007 年 7 月 4 日修正的台湾地区"政府采购法"特别增订

---

① 杨崇森等:《仲裁法新论》,台湾仲裁协会 2010 年第 3 版,第 208～209 页。

② "仲裁法"第 44 条第 2 项规定:"前项和解,与仲裁判断有同一效力。但须声请法院为执行裁定后,才得为强制执行。"

③ 陈炳富、苏锦江:《论台湾仲裁制度的理论基础》,载《南开管理评论》2002 年第 2 期。

④ 李念祖、李家庆主编:《诉讼外纷争解决机制》,台湾三民书局股份有限公司 2012 年版,第 82 页。

第85条之一第2项有关公共工程领域"先调后仲"制度的规定:"机关与厂商因履约争议未能达成协议者,得以下列方式之一处理:一、向采购申诉审议委员会申请调解。二、向仲裁机构提付仲裁。前项调解属厂商申请者,机关不得拒绝;工程采购经采购申诉审议委员会提出调解建议或调解方案,因机关不同意致调解不成立者,厂商提付仲裁,机关不得拒绝。"该项"先调后仲"机制推行以来,对于工程争议的处理,已发挥一定的作用。[①]

(三)仲裁判断的作出

仲裁庭在对提交仲裁的案件的审理过程中或进行审理后,根据已查明的事实和认定的证据,对当事人提出的仲裁请求或反请求及其他事项作出书面决定。

1.判断依据

仲裁法实践表明,仲裁庭作出仲裁判断的基本依据是有关的法律法规,台湾地区也不例外。以此为原则,"仲裁法"广泛借鉴《示范法》及瑞士、法国等国仲裁法的实践,增加了衡平仲裁的规定,[②]允许仲裁庭在特定情势下以衡平原则作出裁判。所谓衡平仲裁,是指仲裁庭不受实体法规定的约束,而有权弹性地就实际状况,依据衡平、善意的自然法则、商业习惯或其他非法律原则以解决争议,并作成有效且可执行的仲裁判断。[③] 由于"仲裁法"允许衡平仲裁,在当事人约定无须记载事实及理由时,仲裁判断书可不记载[④]。

相较于以"诚实信用"原则对仲裁判断进行规范,衡平原则明显要走得更远,其既尊重了契约自由和意思自治,也保障了仲裁的公平、公正,在运用方面也显得更为自如。英、美、法、德等国仲裁法对此都有规定,"示范法"第28条第3款也明确规定:"如果当事人明确授权仲裁庭,仲裁庭可以作为友好仲裁人或依公平与善良原则作出裁决。"而且,根据"仲裁法"第33条第1项的规定,"仲裁庭认仲裁达于可为判断之程度者,应宣告询问终结,依当事人声明之事项,于十日内作成判断书",这种由仲裁庭依据衡平原则主导,中断询问,迅

---

① "行政院公共工程委员会":《100年公共工程年刊》,2011年4月印行,第44~46页。

② "仲裁法"第31条规定:"仲裁庭经当事人明示合意者,得适用衡平原则为判断。"

③ 陈焕文:《仲裁法逐条释义》,台湾岗华传播事业有限公司2002年版,第347页。

④ "仲裁法"第33条第2项第5款规定:"判断书应记载下列各项事项:五、事实与理由。但当事人约定毋庸记载者,不在此限。"

速作出裁决的方式,较好地体现了仲裁的程序优势和效率价值。然而,在实务运作上,适用"仲裁法"第31条的规定有严格的条件限制,即须同时满足"当事人合意"及能够举证证明"严格适用法律会产生不公平的结果",二者缺一不可。[①]

2. 裁决规则

"仲裁法"第32条第2项、第3项规定:"合议仲裁庭之判断,以过半数意见定之。关于数项之评议,仲裁人之意见各不达过半数时,以最多额之意见顺次算入次多额之意见,至达过半数为止。合议仲裁庭之意见不能过半数者,除当事人另有约定外,仲裁程序视为终结,并应将其事由通知当事人。"该条规定的终结仲裁程序,应当视为没有作出任何有效仲裁判断,该规定实际上可能导致效率低下、浪费金钱和时间成本的结果发生。[②] 因为一旦当事人争议的事项得不到仲裁庭作出的有效裁决,又无法或是没有作出其他约定,将会给当事人造成不必要的损失。该规定系借鉴台湾地区"法院组织法"的做法,可能是出于对与裁决结果公平的度量而为,避免因为裁决结果不过半,而使得当事人承担以不能让人信服的理由所作出的裁决。但其实际上显然无益于发挥仲裁应有的制度价值,与仲裁法的普遍实践背道而驰。

由于仲裁事项往往牵涉当事人双方的商业机密,因此除非当事人另有约定,仲裁程序原则上不公开。此外,为减少诉讼案件的数量,发挥仲裁制度快速解决纷争的功能,"仲裁法"第36条规定,"台湾民诉法"规定应适用简易程序的事件或其他经当事人合意的事件,[③]经当事人合意向仲裁机构申请仲裁者,由仲裁机构指定独任仲裁人依该仲裁机构所规定的简易程序仲裁。

3. 部分判断与中间判断

为充分发挥仲裁制度的价值,各国仲裁法一般允许仲裁庭在仲裁过程中作出部分判断。台湾地区"仲裁法"没有涉及部分判断的规定,该法第33条仅规定"仲裁庭认仲裁达于可为判断之程度者,应宣告询问终结,依当事人声明

[①]　吴光明:《仲裁法理论与判决研究》,台湾财产法暨经济法研究协会2004年版,第130页。

[②]　王晓川、夏兴宇:《海峡两岸商事仲裁制度对比研究》,载《河北法学》2013年第8期。

[③]　该条规定的"适用'台湾民诉法'规定应适用简易程序的事件"是指"台湾民诉法"第427条规定的7类适用简易程序审理的情形。参见薛西全:《两岸仲裁法理论与实务》,台湾弘扬图书有限公司2011年版,第370页。

之事项,于十日内作成判断书"。诉讼制度尚且肯定部分判决,作为提高纠纷解决效率的重要实践的仲裁理应包含部分判断的内容。

"仲裁法"对中间判断极为重视,体现了程序优先的立法取向。但仲裁庭对管辖权异议作出中间判断后,当事人如不服中间判断,是否可请求法院裁定,"仲裁法"中并无相应的规定。大多数立法例认为,当事人对仲裁庭作出的中间判断如有不服,可向法院请求裁定,并称此做法为并行监督(concurrent control)。但为防当事人利用该制度延滞仲裁程序的进行,"仲裁法"应当另行规定当事人对法院的裁定不得声明不服。

4. 仲裁裁定书的制作与送达

在台湾地区,合议仲裁庭的判断书(即裁决书)以过半数意见定之。不能过半数者,除当事人另有约定外,仲裁程序视为终结,并应通知当事人。当事人收到通知后可向法院起诉。对于当事人争议的数额的评议,仲裁员的意见均未达到半数时,以最多数的意见顺次算入次多数的意见,至达到半数为止。仲裁庭认为已达到了可作出判断的程度,应宣告询问结束,依当事人声明之事项于 10 日内作成判断书。仲裁庭应以判断书正本送达于当事人,并应另备正本连同送达证书,送请仲裁地法院备查。

五、仲裁判断的执行与撤销

仲裁判断是指仲裁庭在按照仲裁规则审理案件的过程中或审理结束后,对当事人提交仲裁的争议事项作出的书面决定。[①]

(一)仲裁判断的执行

仲裁机构是民间机构,如果裁决后当事人拒绝履行,仲裁庭并无强制该方当事人执行的权力。如果没有法院在执行仲裁裁决方面的有力支持,仲裁的解纷功能将难以最终实现。[②] 虽然依照"仲裁法"第 37 条第 1 项的规定,仲裁判断对于当事人之间有与法院之确定判决同一的效力,但是在仲裁判断强制

---

① 刘显鹏:《海峡两岸仲裁制度之比较研究》,载广州仲裁委员会编:《仲裁研究》(第 19 辑),法律出版社 2009 年版。

② 陈新华:《台湾地区仲裁机构与法院关系的相关规定及启示——以〈民事诉讼法〉和〈仲裁法〉的修改为视角》,载《学术探索》2012 年第 2 期。

执行时法院仍不免对仲裁判断作出审查,因此,该条第 2 项规定:"仲裁判断,须申请法院为执行裁定后,方得为强制执行。"

1.仲裁判断执行力①的赋予

执行力是仲裁判断的效力内容之一,其随着仲裁判断的作出当然地获得。根据"仲裁法"第 47 条的规定,在台湾地区以外作出的仲裁判断或在台湾地区依外国法律作出的仲裁判断,为外国仲裁判断。外国仲裁判断,经声请法院裁定承认,得为执行名义。② 应注意的是,由于不是 1958 年《纽约公约》的缔约方,台湾地区无法援用公约的有关规定,赋予域外裁决以执行力。此外,台湾地区 2015 年 6 月 17 日修正后的"台湾地区与大陆地区人民关系条例"第 74 条规定:"在大陆地区作成之民事确定裁判、民事仲裁判断,不违背台湾地区公共秩序或善良风俗者,得声请法院裁定认可。前项经法院裁定认可之裁判或判断,以给付为内容者,得为执行名义。前二项规定,以在台湾地区作成之民事确定裁判、民事仲裁判断,得声请大陆地区法院裁定认可或为执行名义者,始适用之。"③与此类似,根据 2015 年 7 月 1 日起施行的最高人民法院《关于认可和执行台湾地区仲裁裁决的规定》,台湾地区的仲裁判断须经大陆司法机关认可后才具有执行力。④

2.仲裁判断执行力的扩张性及强制性

依照"仲裁法"第 37 条第 3 项的规定,除当事人外,仲裁判断的执行范围还及于与仲裁判断之法律关系有关的两类人,即"仲裁程序开始后为当事人之继受人及为当事人或其继受人占有请求之标的物者",及"为他人而为当事人者之该他人及仲裁程序开始后为该他人之继受人,及为该他人或其继受人占

---

① 根据"仲裁法"、"台湾地区与大陆地区人民关系条例"及最高人民法院《关于认可和执行台湾地区仲裁裁决的规定》的规定,对于域外仲裁判断的承认,均只明确执行力,而未明确经承认的域外仲裁判断具有与确定判决同一之效力。且承认域外仲裁判断采用的均是裁定认可/承认制,而不同于承认域外民事裁判时采用的自动承认制。参见罗发兴:《大陆仲裁裁决在台湾地区的既判力之困境与应对——评我国台湾地区"最高法院"104 年度台上字第 33 号判决》,载《河南财经政法大学学报》2015 年第 5 期。

② "仲裁法"在判断"国内"、"国外"仲裁上兼采准据法与属地原则,这与大陆仲裁法仅采属地原则不同,后者的实践与 1958 年《纽约公约》的实践是一致的。

③ 张淑钿:《海峡两岸"仲裁裁决参照民事判决认可与执行":立法悖谬与司法困境》,载《台湾研究集刊》2015 年第 4 期。

④ 最高人民法院:《关于认可和执行台湾地区仲裁裁决的规定》,载《人民法院报》2015 年 7 月 1 日第 2 版。

有请求之标的物者"。在执行力的强制性方面,"仲裁法"第37条第2项规定,仲裁判断"须声明法院为执行裁定后,方得为强制执行",即仲裁判断原则上仅具有间接执行力,但具有"以给付金钱或其他代替物或有价证券之一定数量为标的"或"以给付特定之动产为标的"的情形之一者,并经当事人双方以书面约定,则该仲裁判断无须经法院裁定为强制执行,而可径行强制执行。①

3.仲裁判断执行阻却

在特定情况下,仲裁判断发生执行阻却。根据"仲裁法"的规定,仲裁判断的执行阻却可分为三种情况:(1)对于"国内"仲裁判断,凡有"仲裁法"第38条规定的3种情形之一者,法院应驳回执行申请;凡有"仲裁法"第40条规定的9种情形之一者,法院依当事人的申请,裁定撤销仲裁判断。(2)对于"外国"仲裁判断,有"仲裁法"第49条规定的3种情形之一者,法院依职权不予承认;有"仲裁法"第50条规定的6种情形之一者,法院依当事人申请不予承认。(3)对于祖国大陆的仲裁判断,当法院认定大陆的仲裁判断违反台湾地区公共秩序或善良风俗时,驳回执行申请。"仲裁法"对"国内"仲裁判断采实体与程序的双重审查标准,符合仲裁法的普遍实践。"仲裁法"对"外国"仲裁判断与大陆的仲裁判断也采双重审查标准,但实体审查严格限于"公共秩序与善良风俗",并不涉及其他实体问题,这与1958年《纽约公约》的规定是一致的。②

4.仲裁判断的保全

为了保护仲裁当事人的利益,使其将来获得的有利的仲裁判断能够得到执行,"仲裁法"允许当事人通过法院对将来可能的有利仲裁判断作出保全,它相当于民事诉讼中的"假扣押、假处分"制度。依据"仲裁法"第39条有关仲裁协议的一方当事人声请假扣押或假处分未提交仲裁之处置的规定,在仲裁程序中,当事人申请仲裁判断保全,必须依照"台湾民诉法"有关保全程序的规定。如果当事人在提交仲裁之前申请仲裁判断保全,其必须在一定期间内提交仲裁,法院也可以命令当事人提交仲裁。如若不在上述期间内提交仲裁,法院可以依相对人的申请,撤销假扣押或假处分的裁定。事实上,提交仲裁以解决纠纷,与向法院申请保全,二者并不相互排斥,《纽约公约》亦未有相反的规定。从提出保全申请的当事人的利益保护的立场来看,更需法院的协助。即

---

① 王晓川、夏兴宇:《海峡两岸商事仲裁制度对比研究》,载《河北法学》2013年第8期。

② 齐树洁、蔡从燕:《海峡两岸商事仲裁法律制度比较研究》,载《台湾研究集刊》1999年第2期。

使从被申请保全的当事人一方的立场考虑,因其财产被假扣押或假处分,可促使其积极参与及进行仲裁程序。① 因而,容许仲裁当事人请求司法保全十分必要,各国和地区的立法例或仲裁规则均采取肯定的见解。

(二)仲裁判断的撤销

申请撤销仲裁判断是指在仲裁判断作出后,当事人根据法律规定的要件,经法院组成的合议庭审查核实,裁定撤销仲裁判断的活动。申请撤销仲裁判断是仲裁法规定的仲裁监督和救助机制。为促进仲裁制度的合理化、完善化,确保仲裁判断的公正性、合法性,申请撤销仲裁判断成为一项必要的机制。申请撤销仲裁判断是国际上的通行做法,世界上许多国家和地区,如荷兰、瑞士、瑞典、日本、法国、葡萄牙等国的仲裁立法在规定仲裁判断具有强制执行的法律效力的同时,允许当事人根据法律规定的某些理由请求法院撤销仲裁判断。撤销仲裁判断的目的是对因依据有瑕疵的仲裁程序而作出的仲裁判断,给当事人提供一种救济途径,而不是就仲裁的实质争议一般地另辟重新审理的渠道。②

1.申请撤销仲裁判断的事由

"仲裁法"第 40 条规定,有下列各款情形的,当事人得对另一方提起撤销仲裁判断之诉:(1)仲裁判断与仲裁协议标的的争议无关,或逾越仲裁协议的范围者。但除去该部分,其余部分亦可成立的,不在此限。(2)仲裁判断书应附理由而未附者。但经仲裁庭补正后,不在此限。(3)仲裁判断是要求当事人为法律上所不许的行为者。(4)仲裁协议不成立、无效,或于仲裁庭询问终结时尚未生效或已失效者。(5)仲裁庭于询问终结前未使当事人陈述,或当事人于仲裁程序未经合法代理者。(6)仲裁庭的组成或仲裁程序,违反仲裁协议或法律规定者。(7)仲裁员违反"仲裁法"第 15 条第 2 项规定的告知义务而显有偏颇,或被声请回避而仍参与者。但回避申请经法院依"仲裁法"驳回者,不在此限。(8)参与仲裁的仲裁员,关于仲裁违背职务,犯刑事上之罪者。(9)当事人或其代理人关于仲裁有刑事上应处罚的行为者。(10)为仲裁基础的证据、通译内容,系伪造、变造或有其他虚伪情事者。(11)为仲裁基础的民事或刑事判决,及其他裁判或行政处分,依其后的确定裁判或行政处分已变更

① 陈焕文:《仲裁法逐条释义》,台湾岗华传播事业有限公司 2002 年版,第 460~461 页。
② 贵立义:《海峡两岸仲裁制度之比较》,载《大连大学学报》2013 年第 4 期。

者;前项第8～10款的情形,以宣告有罪的判决已确定,或其刑事诉讼不能开始或续行非因证据不足者为限;前项第1～6款违反仲裁协议及第7～11款的情形,以足以影响判断结果为限。① 目前,商事仲裁立法的趋势是,为在程序上没有达到公正要求的仲裁判断给予救济,但不对它进行实质性审查。对于仲裁判断实质上把关的最后一道防线是以仲裁判断违反公序良俗作为撤销仲裁判断的理由。因而,"仲裁法"规定的申请撤销仲裁判断的事由,都属程序上的事由,而无实体内容的事由,坚持了法院监督不涉及仲裁实体内容的原则。总体而言,其可归纳为以下几种情形:

(1)仲裁庭缺乏管辖权

仲裁程序的基础是当事人合意将争议提付司法机关之外的仲裁庭解决,并同意接受其决定的约束,即仲裁庭的权限来自于当事人的授权。缺乏当事人的合意,仲裁庭的管辖权即不复存在。具体而言,当仲裁判断与仲裁协议所指向的争议无关,或逾越仲裁协议的范围;仲裁协议不成立、无效,②或在仲裁庭开庭审理终结时尚未生效或已经失效的,仲裁庭的管辖权都将丧失根据和支持。欲以仲裁协议约束当事人,仲裁协议首先必须具有法律效力,不成立、无效等的仲裁协议都不能约束当事人,当然也不能赋予仲裁庭以案件管辖权。仲裁协议所指向的争议是特定的,当事人之间签订了仲裁协议,并不意味着所有的争议都得提付仲裁,而仅就该特定的争议提付仲裁,相应地,仲裁庭也仅就该争议享有管辖权。

(2)仲裁程序具有瑕疵

仲裁程序与其他替代性纠纷解决机制的重要区别在于仲裁判断能够得到法院的强制执行,原因是仲裁程序符合正当程序原则的基本要求。如果仲裁程序不具备基本的公正性,仲裁判断也将丧失执行力。③ 正当程序要求当事人双方必须具有充分的陈述机会,要求仲裁员应是独立、公正的无利害关系人。因此,如果仲裁庭在审理终结前未向当事人提供充分陈述的机会,或者仲

---

① 薛西全:《两岸仲裁法理论与实务》,台湾弘扬图书有限公司2011年版,第436～442页。

② 仲裁协议不成立是指该协议完全不发生法律效力,而仲裁协议无效则是指法律行为虽已成立,但因有瑕疵,致其效力自始无效。两者在性质上并不相同。参见陈焕文:《仲裁法逐条释义》,台湾岗华传播事业有限公司2002年版,第475页。

③ 陈长文、李家庆主编:《两岸投资保障和促进协议与两岸商务投资纠纷解决机制》,台湾五南图书出版股份有限公司2012年版,第273页。

裁员"违反告知义务而显有偏颇或被申请回避而仍参与仲裁的",仲裁判断将得不到法院的强制执行。

仲裁是当事人合意解决纠纷的程序,仲裁协议是仲裁程序的基础,违反仲裁程序组成仲裁庭、仲裁程序的进行违反仲裁协议等情形的发生,都将使仲裁判断失去法院的支持。[①] 当然,仲裁还应在法律的框架范围内进行,违法的仲裁程序、仲裁庭的组成不合法,也会使仲裁判断失去法律效力。

"仲裁法"第40条第1项第8款还规定,仲裁判断所依据的证据、通译内容是伪造、变造或有其他虚伪情事的,该仲裁判断也可能被撤销。这是针对实质内容的瑕疵,而非程序的瑕疵所作出的规定。

（3）仲裁判断的内容不合法

仲裁判断书应记载案件事实和裁判理由,但当事人约定无须记载的,不在此限。必须注意的是,仲裁判断书所附理由的要求与法院的裁判不同,仲裁判断书不附理由是指完全不附理由。[②] 如果已经附加理由,但理由不完备、正当的,当事人不得申请撤销。仲裁判断如果要求当事人作出法律所不许可的行为,该仲裁判断将被撤销。法律不许可的行为,包括违反法律强制性或禁止性规定以及有悖于公序良俗的行为。

（4）其他事由

参与仲裁的仲裁员违背职务规定,涉嫌刑事犯罪。如果仲裁员已被判刑,或者刑事诉讼虽无法开始或继续,但不是证据不足的缘故,当事人可以申请撤销仲裁判断。

当事人及其代理人因仲裁而涉嫌刑事犯罪,若这些情事已经影响到仲裁判断的结果,则构成撤销仲裁判断的理由,但仍应以法院已经作出判决,或者刑事诉讼虽无法开始或继续,但不是因为证据不足的缘故,作为前提。

作为仲裁判断基础的民事、商事及其他裁判或行政处分,根据之后已经确定的裁判或行政处分作了变更,当事人可以向法院申请撤销仲裁判断。

2.申请撤销仲裁判断之诉

（1）撤销仲裁判断的管辖权

依据国际商事仲裁立法例,对仲裁判断撤销的管辖权,一般都认为应由仲裁判断作出地的法院管辖。原"条例"并未规定撤销仲裁判断的管辖法院,修

---

① 杨崇森等:《仲裁法新论》,台湾地区仲裁协会2010年第3版,第339~343页。

② 林俊益:《仲裁法之实用权益》,台湾永然文化出版股份有限公司2001年版,第323页。

改后的"仲裁法"认为应由"地方法院管辖"①,由此解决了仲裁当事人一方是外国人时申请撤销仲裁判断的困难,方便了法院对于撤销仲裁判断诉讼的证据的收集。

（2）撤销仲裁判断的程序

依据"仲裁法"第 41 条的规定,当事人申请撤销仲裁判断的,应当向仲裁地的地方法院提出。当事人应在判断书交付或送达之日起 30 日不变期间内提出。② 如果非因当事人的过失,不能在规定时间内主张撤销之理由者,自当事人知悉撤销的原因时起算。但自仲裁判断书作出之日起,已逾 5 年者不得提起撤销之诉。另据"仲裁法"第 42 条第 1 项的规定,当事人提起撤销仲裁判断之诉的,法院可根据具体案情要求其提供相应的担保,并可以裁定停止执行仲裁判断。该法第 43 条规定,仲裁判断被法院判决撤销后,除当事人另有仲裁合意外,当事人可就该争议事项另行提起诉讼。据此可知,撤销仲裁判断是以当事人诉讼的方式提出的,经过审查,③法院认为仲裁判断确有应予撤销情形的,便应裁定撤销仲裁判断。法院的撤销裁定不仅具有终局效力,而且从根本上直接否定了原仲裁判断的效力。如果当事人申请不予执行仲裁判断,经审查确认仲裁判断符合不予执行情形的,即应裁定不予执行。对法院的这种裁定虽然当事人不得上诉和申请复议,但是它却并未对仲裁判断本身的效力进行评价,只是表明法院拒绝给予执行配合而已。但在事实上,仲裁判断的效力已被法院不予执行的裁定所否决,从而形成法律上有效,事实上无效的局面。也正是因为仲裁立法对这两种司法监督方式存在的差异,致使立法上的矛盾和缺陷相伴而生。其中表现最为突出的是,当败诉方向法院提出撤销仲裁判断的申请,法院认为其理由不成立而裁定驳回其申请后,该败诉方仍有机会向仲裁判断的执行法院提出不予执行的申请,以对抗胜诉方的执行申请。即使执行法院接到败诉方不予执行裁决的申请后,经审查,确认不具备不予执行的法定情形,裁定驳回败诉方的不予执行申请,维持原仲裁判断的效力,与先前法院驳回败诉方撤销仲裁判断的申请保持一致,但实际上已为败诉方拖

---

① "仲裁法"第 41 条第 1 项规定:"撤销仲裁判断之诉,得由仲裁地之法院管辖。"

② 1985 年修订"示范法"时,曾有人提议增设"得由当事人合意决定提起撤销仲裁判断之诉之时限"的规定,但未被采纳。

③ 在台湾地区,法院受理撤销仲裁判断之诉的案件,首先应审查当事人有无依法缴纳裁判费,如未缴纳者,应先确定日期,命其补缴,逾期未缴纳者,法院可裁定驳回其撤销仲裁判断之诉。参见林俊益:《仲裁法之实用权益》,台湾永然文化出版股份有限公司 2001 年版,第 314 页。

延履行债务提供了合法的借口和手段,阻滞权利人及时实现其权利。[①]

　　总体而言,台湾地区在撤销仲裁判断制度的具体规则布设上相对合理。一方面,其将撤销仲裁判断的开启设置为一种诉的类型,与简单地提出申请相比,显然更有助于制度的落实,进而有利于当事人权益的保护。[②] 另一方面,其提起撤销仲裁判断之诉的期限较短,且为不变期间,使得当事人无法通过合意延长,[③]从而可避免仲裁判断长时间处于效力不确定的状态,有利于发挥仲裁速决的优势,维护当事人的合法利益。

---

　　① 聂华英:《内地、台、港、澳仲裁制度比较研究》,中国政法大学 2003 年博士学位论文,第 132 页。

　　② 刘显鹏:《海峡两岸仲裁制度之比较研究》,载广州仲裁委员会编:《仲裁研究》(第 19 辑),法律出版社 2009 年版。

　　③ 杨崇森等:《仲裁法新论》,台湾地区仲裁协会 2010 年第 3 版,第 318 页。

第十八章 破产制度

 一、概述

1."破产法"之沿革

台湾地区"破产法"(以下简称"台湾破产法")以民国时期制定的《破产法》为基础,历经多次修正,现有 159 条,分为四章:第一章总则,规定和解与破产均可适用的条文。为免挂一漏万,采概括主义立法,以"不能清偿"作为和解及破产的原因,另就和解及破产事件的管辖、对人效力、对地效力及其他相关法律的准用作出规定。第二章和解,规定和解程序,包括法院和解、商会和解、和解及和解让步的撤销等相关规定。第三章破产,包括破产宣告及效力、破产财团构成及管理、破产债权、债权人会议、破产财团的分配及破产终结、复权等相关规定。第四章罚则,规定恶意债务人违反法定义务行为、诈欺破产或和解行为、过怠破产行为及于和解或破产程序中的不当贿赂行为等构成要件及罚则。

"台湾破产法"适应现代破产法的发展趋势,将和解程序与破产程序合并规定[①],尤其兼容商会和解的程序,脱离司法的范畴,可谓"台湾破产法"的特色。 近年来由于社会经济结构的变迁,现行"破产法"已不符合实际需要。 为此,"司法院"于 1994 年 11 月间成立"破产法研究修正委员会",聘请学者专家及实务界人士共同研究,先后开会数百次。2015 年 6 月 2 日,"司法院"通过了"破产法"修正草案。 根据修正草案,"破产法"将更名为"债务清理法",保留运行效果良好的和解程序、破产程序,增设重整程序、公法人债务清理程序及外国债务清理程序的承认等内容。

拟议中的"破产法"修正重点如下:(1)放宽程序开始原因,扩大适用主体,

---

① 有学者指出,将和解法与破产法统一起来的立法体例,是当代破产立法的趋势。参见李永军:《破产法律制度》,中国法制出版社 2001 年版,第 372 页。

充实债务人财产保全制度。(2)对于同一债务人有多数债务清理之声请,应合并由同一法官审理,并择定最合适的程序。(3)依各类债务清理程序的特性,分别设置监督人、管理人、保全管理人及监查人,债务人、准债务人及其使用人就程序有协力义务。(4)健全债权人会议、关系人会议相关程序规范,合理调整会议可决标准。(5)为使债务清理程序迅速进行及避免裁判歧异,采行非讼化审理,赋予该等确定裁定有确定判决同一效力。(6)债权人于法院裁定开始债务清理程序前取得的债权,非依债务清理程序,不得行使权利。(7)债务人于法院裁定开始债务清理程序前 6 个月内积欠之劳工工资,劳工可不依债务清理程序优先受偿。(8)采行程序转换措施,原进行程序于转换后可为后程序援用者,应作为后程序的一部分。(9)增订由监督人监督和解方案的履行,赋予和解方案执行力。债务人若于和解方案认可确定后,因不可归责的事由致履行困难,得声请裁定延长履行期限。(10)除原有商业会和解外,增设工业会和解,并加强法院监督机制。(11)调整自然人的破产财团范围,债务人于破产程序终止或终结前有偿取得之财产,不列入破产财团。法院并得裁定扩张不属于破产财团财产之范围。(12)自然人破产程序终止或终结后,除有法定不免责事由,法院应以裁定免除债务人债务。又债务人如有多数应不免责事由,法院为不免责裁定时均应载明,该裁定并具羁束力。(13)增订法人重整程序,以谋债务人事业继续价值之最大化。(14)增订公法人债务清理的和解程序,以应其债务清理之需,并符合其公共机能之特性。(15)增订对于外国、大陆及香港、澳门特区法院及行政机关所进行债务清理程序之承认。目前草案已送请"立法院"审议,如经通过,将为台湾地区的债务清理制度带来前所未有的重大变革。①

2.立法体例

"台湾破产法"将和解程序与破产程序合并列于同一法典,使和解与破产紧密相连,相互呼应。台湾地区私法采取民商合一的立法模式,不区分商人与非商人,因此,在破产能力上,采一般破产主义。就和解程序与破产程序的适用关系而言,该法虽将和解程序列于破产程序之前,但在适用上采取和解与破产分离主义,债务人在发生破产原因时,可以自由选择声请和解或破产。关于破产程序的开始,该法采取申请主义为原则、职权主义为例外。不仅债权人可

---

① 《"司法院"院会通过破产法修正草案,建构完整债务清理程序》,载《司法周刊》2015 年 6 月 5 日第 1 版。

以申请法院对债务人宣告破产,债务人亦可以申请法院作出破产宣告,如法院于民事诉讼程序或民事执行程序进行中,查悉债务人有破产原因时,也可以依职权宣告债务人破产。关于和解程序的开始,该法采取申请主义,法院不得依职权强制和解。并且只有债务人才可以向法院申请和解,债权人不得申请法院作出和解许可。关于破产程序的进行,该法采取法院公力救济主义,但同时赋予债权人相当大的自治权。关于破产宣告的效力,该法采取不溯及主义。关于破产财产范围,该法采取膨胀主义。就破产宣告对于地域的效力,该法采取属地主义。和解或破产在外国成立或宣告的,对在台湾地区的财产不生效力;同样,在台湾地区法院宣告的破产,其效力亦不及于外国财产。① 对于债务人依破产程序清偿债权人之后,就债权未能清偿的部分债务人是否仍然负清偿责任,该法采当然免责主义。

3.民事诉讼法的准用

法院受理的事件依据性质可以分为诉讼事件与非讼事件,台湾地区的通说认为,破产程序属于非讼事件。但因破产程序仍属于保护私权程序的法律,故仍可准用部分"民事诉讼法"的规定。

"台湾破产法"第 5 条规定:"关于和解或破产的程序,除本法有规定外,准用民事诉讼法之规定。"实践中,在和解及破产程序中,因"破产法"没有具体规定而须准用"民事诉讼法"的事项包括:法院职员回避;当事人能力及诉讼能力;诉讼代理人及辅佐;调查证据;言词辩论;裁定及抗告程序;送达;期日及期间;再审;更正裁定中显然错误;禁止重复起诉;诉讼卷宗等。

破产程序虽然是一般的强制执行,但是关于强制执行法的规定,"破产法"未规定可以准用,因此不得适用。破产管理人因拍卖不动产所发给的权利转移证书,仅有债权让与的效力,不发生物权变动的效力。

---

① 陈荣传:《外国破产宣告在内国的效力》,载《月旦法学教室》2015 年第 8 期。

二、破产的条件与管辖

(一)破产条件

1.破产原因

破产原因指法院宣告债务人破产的标准和条件。破产原因决定着债务人是否已处于破产境地。"台湾破产法"第 1 条规定,债务人不能清偿债务者,依本法所规定和解或破产程序,清理其债务。债务人停止支付者,推定为不能清偿。该法第 59 条规定,遗产不能清偿被继承人债务,而有下列情形之一者,亦得对遗产宣告破产:无人继承时;继承人为限定继承或继承人全体抛弃继承时;未抛弃继承之继承人全体有破产原因时。台湾地区"公司法"第 211 条第 2 项规定,公司资产如有不足抵偿其所负债务时,除得依第 282 条①办理者外,董事会应即申请宣告破产。由此可知,"台湾破产法"采取概括主义的立法例,原则上以债务人不能清偿为破产原因,于特殊情形,以债务超过为破产原因。对债务人停止支付推定为不能清偿,但并未直接规定其为破产原因。

(1)不能清偿。不能清偿系指债务人由于缺乏清偿能力,对于已届清偿期而受请求之债务,完全无法为清偿债务之客观经济状态。不能清偿,是一种客观的经济状态,不能仅以债务人财产多寡为准,而应以其所有的财产、信用、劳力是否均无法提供清偿为准。债务人为自然人时,其财产由财产、信用、劳力三者构成,因此,即使其负债已超过现有财产,但如其仍然可以用信用、劳力融通金钱偿付其债,仍不构成不能清偿。债务人不能清偿必须有持续性,如仅一时不能清偿,不构成破产原因。对于不能清偿债务是否限于金钱债务,学界意见不一。过去学者多主张应限于金钱债务。但现在多数学者认为不能清偿的债务不应局限于金钱债务。②

(2)停止支付。停止支付是债务人对于债权人表示不能清偿债务的行为。停止支付为债务人主观的行为,而非客观的状态。不问客观事实上债务人的财产状况如何,如债务人已表示不能支付的意思,即为停止支付。表示为明示

---

① 台湾地区"公司法"第 282 条规定,公开发行股票或公司债的公司,因财务困难暂停营业或有停业之虞,而有重建更生可能的,法院可依声请,裁定准予公司重整。

② 许士宦:《债务清理法之基本构造》,台湾元照出版公司 2009 年版,第 43 页。

或默示,则在所不问。债务人停止支付,即推定其为不能清偿。由于证明支付不能比较困难,因此,人们一般基于如有支付停止通常会有支付不能的经验法则,以比较容易证明的支付停止来推定支付不能。债务者也可以通过举出反证,来否定支付不能的推定。①

(3)债务超过。债务超过是指债务人的负债超过实有资产,这一评价标准以债务人现有资产与现有债务之间比例关系来确定,不考虑债务人的信用、劳力等因素。例如有限公司、股份有限公司,仅以资本为其基础,其清偿债务的能力,在于公司全部财产,一旦有债务超过,如不即行宣告破产势必增加债权人的损失。因此,"台湾公司法"规定,若公司财产显有不足抵偿其债务者,除股份有限公司重整情形外,公司负责人即应向法院申请破产。

由于和解系为预防破产而设,除遗产无和解能力外,上述破产原因也是和解的原因。

2.破产能力

破产能力是指债务人得以被宣告破产的资格,这种资格来源于法律的特别规定,无破产能力的债务人,法院不得宣告其破产;有破产能力的债务人,不仅自己可以向法院宣告破产,而且债权人也可以向法院申请破产。② "台湾破产法"采一般破产主义,除商人外,一般非商人亦得宣告破产。

自然人不论其是否已成年,身份地位如何,具有何国国籍,均有破产能力。自然人破产能力,因自然人死亡而消灭。如其遗产不足以清偿债务时,遗产亦有破产能力。私法人因其有权利能力,故不分营利法人或公益法人,均有破产能力。私法人因破产而解散,在破产程序终结前,其法人人格在破产目的范围内,仍应视为存续。在清算中的法人,发现其财产不能清偿其债务时,为保护债权人,亦应立即声请宣告破产。公法人原则上均无破产能力。一般理论认为公法人如允许破产,将破坏其公共机能,妨碍其政治目的之实现,且即使有不能清偿债务的情形,亦可以运用国家财政清偿债务,没有宣告破产的必要。至于公共团体中的农会、渔会、工会、工业会、商业会等,其组织性质并非全为公共目的,兼有谋求职业团体利益的目的,如有破产原因发生,应认为有破产能力。非法人团体而设有代表人或管理人的,依"台湾民诉法"第40条第3项之规定,有当事人能力,且"台湾破产法"明文规定的,此时准用"民事诉讼法"

---

① ［日］石川明:《日本破产法》,何勤华、周桂秋译,中国法制出版社2000年版,第26页。

② 常怡主编:《比较民事诉讼法》,中国政法大学出版社2002年版,第692页。

之规定,所以应认为其有破产能力。对于合伙如欲声请破产时,是否须全体合伙人皆有不能履行债务的情形,台湾地区实务采肯定见解。合伙以全体合伙人等不能履行债务为破产原因。若合伙财产不足清偿,合伙人有家产可以充偿的,合伙不许破产。

原则上,和解能力和破产能力具有一致性,即有破产能力的债务人一般也有和解能力。但在个别情况下,债务人虽有破产能力,但无和解能力。如清算中的私法人,具备和解及破产原因时,依其性质而定,自无通过和解程序解决问题的可能。遗产虽有破产能力,但无和解能力。

(二)破产的管辖

"台湾破产法"第 2 条规定:和解及破产事件,专属于债务人或破产人住所地的地方法院管辖。债务人或破产人有营业所的,专属于其营业所所在地的地方法院管辖。主营业所在外国的,专属于其在台湾地区的主营业所所在地的地方法院管辖。不能依据上述规定确定管辖法院的,由债务人或破产人主要财产所在地的地方法院管辖。兹分述如下:

1.事务管辖

事务管辖是指依诉讼事件的种类或诉讼标的的金额或价额的高低而确定的管辖。台湾地区的破产法规定破产案件由民事法院管辖,且专属于第一审法院管辖。

2.土地管辖

土地管辖是指将各级法院,划定一定的土地界限为其管辖辖区,凡与该管辖区有一定关系的事件,均分配给该法院处理。"台湾破产法"所确定的土地管辖有:

(1)主营业所所在地。债务人或破产人有主营业所的,应由其主营业所所在地的地方法院管辖。如果其主营业所所在地在外国的,则以其在台湾地区的主营业所所在地的地方法院管辖。这里的债务人包括本国人、外国人、自然人、法人或设有代表人或管理人的非法人团体在内。所谓营业所,是指债务人或破产人实际从事工商企业或其他营业的处所,与公司登记的公司所在地及商业登记事项所定所在地的意义未必一致。所谓主营业所,则是指数个营业所中,其业务执行中心的营业所,或总揽其业务的处所,以别于处理部分业务的营业所。所谓营业,不以商业为限,包括一切工商企业在内。

(2)住所地。债务人或破产人未从事营业,无营业所的,其管辖法院专属于其住所地法院管辖。按"台湾破产法"所采用的一般破产主义,破产人不限于从事营业的人,故破产人或债务人有时没有营业所,此时则由其生活地,即住所地的地方法院管辖。所谓住所,根据台湾地区"民法"第 20 条第 1 项的规定,凡依据一定事实,足以认为有久住的意思,住于一定的区域,即为设定住所于该地。所称"住所"包括意定住所及法定住所在内。法人则以其主事务所所在地为住所。

(3)主要财产所在地。债务人或破产人无营业所,也没有住所的,由其主要财产所在地的地方法院管辖。所谓无住所,即在台湾地区没有住所或住所不明。所谓财产包括动产、不动产、债权及其他财产权在内,但以可以扣押的财产为限。至于何种财产为主要财产,应依一般交易观念确定。财产如为债权,则应以第三债务人的普通审判籍所在地,或该债权担保的标的所在地,或以物的交付为目的的债权之物的所在地,视为财产所在地。关于遗产的破产事件,"台湾破产法"并未特别规定,一般认为应由遗产中主要财产所在地的地方法院管辖。

3.专属管辖

和解及破产事件的管辖为专属管辖,因此,"台湾民诉法"第 24 条规定的合意管辖及第 25 条规定的应诉管辖均不予适用。是否有管辖权,法院应依职权调查。如管辖有错误的,依"台湾破产法"第 5 条准用"台湾民诉法"第 28 条的规定,依当事人的声请或依职权以裁定移送其管辖法院。受移送的法院如认为非属其专属管辖的,应将该事件移送有管辖权的法院。

确定法院的管辖,以声请和解或破产时为准。声请人确定管辖的原因事实发生变更的(如更换住所或主营业所等),不影响法院的管辖权。受理声请时法院虽然没有管辖权,但事件系属于第一审或抗告审中,因情事变更导致受理法院已有管辖权的,则认为该法院有管辖权。没有管辖权的法院误认其有管辖权,而裁定许可和解的声请或作出破产宣告的,如果其裁定已经确定,应认为该裁定的确定修补了管辖瑕疵。

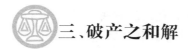

三、破产之和解

和解程序是指债务人于不能清偿债务时,以预防破产为目的,与债权人团体间订立清偿债务的协议,从而中止破产程序。和解程序在解决债务清偿问题方面不仅程序简洁、成本较小,而且债务人还可以继承经营其业务,从而有利于社会经济秩序的稳定。① "台湾破产法"中的和解程序,分为法院和解与商会和解。

(一)法院和解

法院和解是指债务人向法院声请和解,经法院许可而进行的和解程序。根据"台湾破产法"第二章第二节的有关规定,只有在和解原因发生后,在有破产申请之前,由具有和解能力的债务人向有管辖权的法院提出和解声请,且债务人未曾请求商会和解,债务人同时向法院提出了法定的必备书面材料和担保,该和解声请才是有效的。法院接受债务人和解申请后,应审查和解声请是否合法,其和解申请有无理由。法院审查和解申请后,认为其和解声请不合法或无理由时,应以裁定驳回和解声请;如果认为其和解声请合法并有理由,应以裁定许可和解声请。不论驳回裁定还是许可裁定,均应在收到申请之日起7日内作出,并且不得抗告。驳回裁定应送达于声请人,许可裁定不必送达于当事人,但必须公告。

和解程序开始后,债务人的财产处分权受到限制,债务人仍可以继续其业务,但应受监督人及监督辅助人的监督。债务人的业务不得损害债权人的利益。债务人申请和解后,其无偿行为不生效力。配偶间、直系亲属间或同居亲属或家属间所成立的有偿行为,及债务人以低于市价一半的价格而处分其财产的行为,均视为无偿行为。另外,和解程序开始后,债权人的权利行使也受到限制。和解声请许可后,债权人对债务人不得开始或继续民事执行程序,但有担保或有优先权的债权人不在此限。

"台湾破产法"在和解程序中设立了监督人制度。依规定,和解声请经许可后,法院应指定法官1人为监督人,并选任会计师或当地商会所推举的人员或其他适当的人1人或2人作为监督辅助人。设立该制度,旨在监督债务人业务继续进行,检查与债务人业务有关的一切簿册、文件及财产,并就有关业务的事项对债务人进行询问,遇债务人有违法行为时,应向法院报告,以便作出正确的处理。监督人还充当债权人会议主席,对债务人无正当理由而不出席债权人会议的情况,应向法院报告。法院就债权人之间的争议作出裁定后,若有债权人向法院提出异议,法院于异议裁定前,监督人有受命到场陈述意见的义务。

---

① 许士宦:《债务清理法制之新进展(上)》,载《月旦法学杂志》2015年第5期。

(二)商会和解

商会和解是指具有商人身份的债务人,向当地的商会申请和解,由商会许可而进行的和解程序。商会和解是"台湾破产法"的一大特色,各国破产法均无此项规定。其立法理由称:"查社会习惯,各地商人自动请求当地商会进行和解者,原为事所恒有,此种优良习惯允宜保存,立法草案于此特加注意,故在破产申请前,允许债务人向法院为和解的申请外,更设商会和解制度,以资利用。"商会和解的进行程序及法律效果,除有特殊规定者外,多准用法院和解的规定。商会和解声请须在有和解原因发生时,破产声请前、债务人未向法院声请和解的情况下,向当地商会提出。商会接到和解的请求后,应对该项请求进行审查。经审查批准该请求后,商会和解即告成立。此时所有的债务人、债权人及其他利害关系人均将受到约束。

和解协议具有强制契约的性质。法院和解方面,需由法院推事充任监督人指挥监督和解程序的进行,和解经债权人会议接纳后,还须法院在一定条件下裁定认可和解,和解方生效力。但商会和解则没有这样的监督制度。和解协议经债权人会议接纳后,商会会长在其上署名,并盖商会印章即发生效力。因此,有学者指出,商会和解较法院和解甚为草率,加以台湾地区采民商合一体制,既无商法典,则商人的身份亦难予以确定,为保护和解债权人,此种制度的存在,实有再加检讨的必要。如认为此制度仍有保留价值,至少应经法院裁定许可后,始可使其和解效力发生,以使法院可加相当之监督。①

(三)和解及和解让步之撤销

1. 和解的撤销

和解的撤销是指法院认可或商会处理的和解,因法定原因,经债权人声请,由法院撤销全部和解。撤销和解的原因有三种:一是和解偏重其他债权人的利益导致损害某债权人的利益;二是债务人有欺诈的行为及私自允诺的情形;三是债务人不履行和解条件。发生上述三项原因之一时,债权人可以声请法院撤销和解。法院撤销和解时,其效力及于和解债权人全体,而原成立的和解效力全部消灭。法院应依职权宣告债务人破产,之前的和解程序,可以作为破产程序的一部分。

---

① 陈计男:《破产法论》,台湾三民书局 2012 年第 3 版,第 89 页。

2. 和解让步的撤销

和解让步的撤销是指因债务人不依和解条件进行清偿,而未受清偿的债权人,以个别的意思表示撤销其通过和解所确定的让步。和解让步的撤销与和解的撤销有所区别:就原因而言,和解撤销的原因有三项,而和解让步的撤销原因,则仅有债务人不依和解条件进行清偿一种;就撤销权的行使而言,和解撤销如果是因债务人不履行和解条件而为,则须有过半数的债权人而其所代表的债权应占担保总债权额三分之二以上债权人的声请,在和解让步的撤销中,未依和解条件受到清偿的债权人一人作出表示即可;就程序而言,和解的撤销须经债权人的声请由法院作出裁定,和解让步的撤销则仅由债权人对债务人作出意思表示即可,不必经法院裁定;就内容而言,和解撤销的效力及于和解契约的全部,而和解让步的撤销,其效力仅及于债权人通过和解所确定的让步;就效力而言,和解撤销的效力及于全体债权人,和解让步的撤销,则仅及于提出撤销的债权人本人。和解让步经撤销后,所有该债权人因让步而消灭的权利,在撤销范围内恢复。

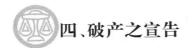

四、破产之宣告

(一)破产的宣告及效果

1. 破产的宣告

破产的宣告由法院进行,其宣告可分为两种:一是由法院依职权宣告债务人破产,称为职权宣告主义;二是法院依声请宣告债务人破产,称为声请宣告主义。"台湾破产法"以声请宣告主义为原则,职权宣告主义为补充。兹分述如下:

(1)依职权宣告破产

法院依职权宣告破产的情形有六种:在法院的和解中,债务人有隐匿簿册、文件或财产,或虚报债务,或拒绝答复监督辅助人的询问,或作出虚假陈述,或不受监督人或监督辅助人的制止,于业务的管理上作出有害债权人利益的行为等情形,经监督人报告法院,法院传唤债务人而债务人无正当理由不到场,或关于其行为不能说明理由时,法院应宣告债务人破产;在法院或商会的和解方面,债务人经通知后,无正当理由而不出席债权人会议时,主席应解散债权人,并向法院报告,由法院宣告债务人破产;在法院的和解中,法院驳回和解的声请,或不认可和解时,应依职权宣告债务人破产;法院撤销和解时,应依职权宣告债务人破产;在民事诉讼程序或民事执行程序进行中,法院经调查获知债务人不能清偿债务时,可以依职权宣告债务人破产①;股份有限公司清算的实行发生显著障碍时,法院依"公司法"第 335 条第 1 项的规定命令开始特别清算后,而协定不可能或协定实行上不可能时,法院应依职权宣告公司破产。

(2)依声请宣告破产

"台湾破产法"第 58 条规定:"破产,除另有规定外,得因债权人或债务人之声请宣告之。"即债权人与债务人均可声请破产。② 事件已经在和解程序中的,债权人或债务人也可以提出破产宣告的声请,但法院认为有和解可能的,可以驳回声请。有无和解可能,应由法院结合具体事件的内容,斟酌一切情况作出决定。

法院对于破产宣告的声请,应自收到声请之日起 7 日内以裁定宣告破产或驳回破产的声请。在裁定前,法院可以依职权进行必要的调查,并可以讯问债务人、债权人及其他关系人,如 7 日期间届满调查未能完成,还可以展期 7日。法院经调查认为破产声请合法的,应审查其声请有无理由,即有无破产原因。审查结果如认为声请有理由,则以裁定宣告债务人破产,如认为无理由,则以裁定驳回声请。

法院进行破产宣告时,应选任破产管理人,决定申报债权的期间,以及第一次债权会议的期日。破产宣告除应进行公告外,对于已知的债权人、债务人及财产持有人应以通知书载明公告事项并予送达。另外,法院还应在破产宣告时,就破产人或破产财团有关的登记,通知该登记所,嘱托其进行破产登记。

2.破产宣告的效果

破产宣告使破产程序开始。破产程序,是以破产债权人为积极的当事人,破产人为消极的当事人,并以属于破产财团的财产为对象而进行的公平分配的程序。换言之,因破产的宣告,成立破产财团,凡属破产财团的财产,破产人丧失其管理及处分权,而由破产管理人行使其权利,但其所有权并未因而丧

---

① 2015 年 6 月的"破产法"修正草案删除了本条规定,草案说明中指出实务上鲜有此类案例,且法院实无必要依职权宣告之。反对意见认为维持原有规定有益无害,有助于维护社会秩序、防止危害扩大。参见吴明轩:《债务清理法修正草案之商榷》,载《月旦法学杂志》2014 年第 6 期。

② 郑有为:《自愿性破产的时代意义》,载《月旦法学教室》2007 年第 1 期。

失。至于破产人不属于破产财团的财产,因破产人并不因破产的宣告丧失权利能力及行为能力,故破产人对之仍保有所有权及处分权,可以通过契约等法律行为处分该自由财产。在债权人方面,其对破产人个别权利的行使受到限制,且为破产清算的顺利完成,对于未了或未决的法律关系及诉讼,也应当作出相当的变更,破产效果不待破产宣告裁定的确定即已发生。另外,为达成破产目的,破产人在某种程度上,除自由受到限制外,身份上也受有若干影响。①

(二)破产程序的特别机关②

1.破产管理人

破产管理人是破产宣告后由法院选任或者由债权人会议选任的,负责破产财团的保管、清理、估价、变卖和分配的职能机关。破产管理人是破产法上的最重要的机构,自破产宣告开始到破产程序的终止,其始终处于中心地位。既为债权人利益而工作但又不代表债权人;代表破产人起诉应诉,但又不代表破产人。

(1)破产管理人的选任

关于破产管理人的选任,"台湾破产法"以法院选任为原则,以债权人会议选任为补充。该法第64条规定:"法院为破产宣告时,应选任破产管理人。"第83条第2项规定:"前项破产管理人,债权人会议得就债权人中另为选任。"第85条规定:"法院因债权人会议之决议,得撤换破产管理人。"这种立法例是考虑到法院在裁定债务人破产后,债权人会议尚未召开,而对债务人财产的接管必须立即进行,故应由法院先行选任破产管理人,以避免破产财团的失控。但为体现债权人的意思自治,应允许在债权人会议上另行选任破产管理人。可见,债权人会议选任破产管理人优于法院的指定。但有学者对于债权人会议选任破产管理人优于法院指定的双轨制提出了批评,建议实行法院选任破产管理人的制度,取消债权人会议选任破产管理人的规定。

关于破产管理人的资格,"台湾破产法"第83条第1项规定:"破产管理人,应就会计师或其他适于管理该破产财团之人中选任之。"依此规定,破产管理人范围甚为广泛。会计师、其他适于管理破产财团之人、破产债权人,均得

---

① 如秘密通讯自由的限制,居住及迁徙自由的限制等。

② 2015年6月的"破产法"修正草案增设关系人会议作为破产公司重整程序的特别机关。参见郑有为:《从破产法学出发论"司法院"债务清理法草案中重整债权、社员权、重整债务与关系人会议未来可有的发展方向》,载《月旦法学杂志》2008年第1期。

被选任为破产管理人。至于律师,法无明文规定。但实务上,法院大多选任会计师或律师担任破产管理人。

(2)破产管理人的职责

破产程序的进行,即破产管理人执行职务的过程。依破产程序进行的先后顺序,其职务可分为对破产财团的占有、管理、变卖、分配、终结等。

破产管理人的占有职务主要包括:请求破产人提出财产状况说明书及其债权人债务人清册;接收破产人移交的其所管理的一切财产及与其财产有关的一切簿册文件;询问破产人关于破产人财产及业务的状况,破产人对于此项询问有答复的义务;法人破产时,破产管理人应不问其社员或股东出资期限,而令其缴纳所认出资。

破产管理人的管理职务主要包括:破产管理人于第一次债权人会议前,经法院许可,得于清理必要范围内,继续破产人的营业;破产管理人于申报债权期满后,应即编造债权表;破产管理人为管理破产财团的必要,得申请法院召开债权人会议。

破产管理人的变卖、分配、终结职务主要包括:破产管理人应依拍卖或以债权人会议决议指示的方式变价破产财团的财产;破产管理人应于第一次债权人会议后破产财团的财产可分配时,将变价款平均分配给债权人;破产宣告后,如发现破产财团的财产不敷清偿财团费用及财团债务时,法院应破产管理人的声请,以裁定宣告破产终止。

(3)破产管理人的监督

"台湾破产法"为破产管理人设定了较高标准的注意义务。该法第86条规定:"破产管理人,应以善良管理人之注意,执行其职务。"如果破产管理人未尽善良管理人的注意义务,致使破产财团有损害,或侵犯有关当事人的权利时,应负损害赔偿责任。对于不动产物权、矿业权、渔业权、著作权、专利权等财产权利的让与,破产管理人应征得监查人同意或法院核定。因为上述财产权利的让与,价值很大,涉及破产财团的利益出入也很大,因此不允许破产管理人独断为之。破产管理人未经监查人同意或法院的核定所为的让与损害破产财团的,应负损害赔偿责任。

2.债权人会议

债权人会议是债权人依法院的通知和公告而组成的一个表达债权人共同意思,对破产程序中的重大事项作出决定及对破产程序进行监督的决议机构。债权人会议是破产程序中债权人自治的重要体现,在破产程序中有非常重要的地位。

(1)债权人会议的召集。债权会议的召集有两种不同的情况。第一次债权人会议必须由法院召集。在宣告破产时,法院除选任破产管理人外,还必须于破产宣告之日起1个月内召集第一次债权人会议。法院应将预定每一次债权人会议期日及其应议事项进行公告。法院还应指派一名推事担任债权人会议主席。破产人必须亲自出席会议,以便答复有关询问。法院对已知破产的债权人应以通知书方式告知。法院之所以必须召开第一次债权人会议,是因为破产管理人为"破产法"第92条各款之重要行为时,必须经监查人同意始可,而其时监查人尚未产生,故有依职权于宣告破产后召开债权人会议的必要,否则破产管理人执行管理破产财团的职务将遭困难。至于以后的债权人会议,法院可依破产管理人或监查人的声请,或依职权决定召集。法院决定召开债权人会议的,应预先确定债权人会议期日及其应议事项并进行公告。公告必须具体表明特定的内容,以便债权人做好准备。关于公告方法,准用和解程序中关于公告的规定。会议期日如因重大事由,可以变更或延展,当场宣示变更的,为使未出席会议的债权人届时仍可出席,仍应另行公告。[1]

(2)债权人会议的权限。债权人会议有权对下列事项作出决定:选任监查人;决议破产财团的管理方法;决议破产人营业的继续或终止;选任及声请撤销破产管理人;决议或否决调协计划;指示拍卖以外的变卖破产财团破产的方法;听取破产管理人关于破产事务进行状况的报告,以及阅览其所提供的债权表和资产表;听取破产人对询问事项的答复。

(3)债权人会议的决议。"台湾破产法"第123条规定:"债权人会议之决议,除本法另有规定外,应有出席破产债权人过半数,而其所代表之债权额超过总债权额之半数者之同意。"可见,在决议规则上,该法采用人数和债权额双重标准。单采人数标准,虽能保障多数债权人的利益,却未必符合少数大额债权人的利益;而单采债权额标准,则又可能损害多数小额债权人的利益。另外,对于破产人提出的调协计划的通过关系到债权的实现程度和实现期限,该法规定了更为严格的条件,即不仅应有出席的债权人过半数同意,而其所代表的债权额应占无担保总债权额的2/3以上,方为通过。债权人会议通过的决议,对全部债权人、破产管理人和监查人均有拘束力。但债权人会议如未经法院召集而是债权人自行召集的,其作出的决议无效。债权人会议的决议,若与破产债权人的利益相违背时,法院可于决议之日起5日内,依破产人、监查人

---

① 郑杰夫:《破产事件之处理程序》,载《月旦法学杂志》2003年第2期。

或不同意决议的破产债权人的申请,禁止决议的执行。

3.监查人

监查人由债权人会议选任,是债权人监督破产程序进行的必要机关。债权人会议由全体债权人组成,人数众多,要充分实行集体共同监督,存在着实际上的困难,同时,债权人会议并非常设机构,不能对破产程序中随时发生的事务进行有效的监督。为此,法律设立监查人制度,规定债权人会议可以通过决议,从除破产人及破产管理人以外一切有行为能力的自然人中选任一人或数人担任监查人,代表债权人依法行使职权,监督破产程序的进行。

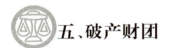

五、破产财团

破产财团,是指破产宣告时至破产程序终结期间,归破产管理人占有、支配并用于破产分配的破产人的全部财产的总和。

(一)破产财团的立法例

"台湾破产法"采膨胀主义的立法例。该法第82条规定:"下列财产为破产财团:(1)破产宣告时,属于破产人之一切财产,及将来行使之财产请求权。(2)破产宣告后,破产终结前,破产人所取得之财产。"这种立法例符合现代破产立法的趋势,对债权人提供了较为周密的保护。在破产免责主义发展为现代立法的一大趋势的前提下,贯彻膨胀主义有助于更好地实现破产免责主义的基本精神,保护破产人但又必须给破产债权人以更多的考量,是立法在破产人和破产债权人的利益保障方面寻求平衡的恰当妥协。

(二)破产财团的范围

"台湾破产法"第82条规定:"下列财产为破产财团:一、破产宣告时,属于破产人之一切财产,及将来行使之财产请求权。二、破产宣告后,破产终结前,破产人所取得之财产。专属于破产人本身之权利及禁止扣押之财产,不属于破产财团。"

首先,破产财团须是专属于破产人的财产。破产财团应由破产人财产构成,故如系第三人的财产,即使由破产管理人占有管理,第三人仍可行使取回权。破产财团仅限于破产人所有的积极财产,消极财产不包括在内。其次,破产财团须为破产宣告时属于破产人的财产,或将来行使的财产请求权,或破产宣告终结前所取得的财产。最后,破产财团须是破产人在国内的财产,或能取回的国外财产。"台湾破产法"采取属地主义原则,对于破产人在国外不能取回的财产不生效力。[①]

(三)不属于破产财团的财产范围

以下财产依法不属于破产财团的财产范围:(1)专属于破产人本身的权利。主要指破产人终身定期金债权、精神上损害赔偿请求权、公务员及劳工保险的医疗给付请求权等权利。这些权利因不可让与,而不能列入破产财团。(2)法律上禁止扣押的财产。依据法律的规定,在民事强制执行时不得查封或扣押的财产,如破产人及其家属所必需的衣服、寝具、餐具及职业上或教育上所必需的器具物品,维持破产人及其家属生活所必需的物资,各种供祭祀礼拜用的物品,以及未发行著作物的原本及著作权,公务员请领退休金的权利等,均不得扣押让与或供担保,不得列为破产财团。法律上之所以为破产人保留上述自由财产的权利,是基于人道或社会秩序的理由,以保障破产人及其家属最起码的生活条件为目的,这也是与设立破产制度的目的相一致的。

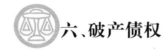

六、破产债权

(一)破产债权的含义及其行使

1. 破产债权的含义及其构成要件

形式意义上的破产债权是指在破产程序中,曾申报债权,而可由破产财团受公平清偿的债权。破产债权人,即指具有此项债权的人。实质意义上的破产债权是指基于破产宣告之前的原因,而对破产人所发生的具有得以强制执行性质的财产上的对人请求权。"台湾破产法"第98条规定:"对于破产人之债权,在破产宣告前成立者,为破产债权,但有别除权者,不在此限。"由此可知,"台湾破产法"规定的破产债权属于实质意义上的破产债权。

破产债权的构成须具备下述要件:破产债权是对破产人财产上的请求权;

---

① 2015年6月通过的"破产法"修正草案对本部分制度进行了调整与修改。参见许士宦:《债务清理法制之新进展(下)》,载《月旦法学杂志》2015年第6期。

破产债权限于对破产人之人的请求权;破产债权限于可以强制执行的请求权;破产债权以基于破产宣告前的原因而成立的部分为限。

如前所述,破产债权原则上固定为在破产宣告前成立的债权。但作为例外,破产宣告后成立的债权,法律规定为破产债权的,例如汇票发票人或背书人受破产宣告,而付款人或预备付款人不知而作出承兑或付款的,因此所生的债权,可以作为破产债权而行使权利。

2.破产债权的行使

破产债权非依破产程序不得行使。若在破产人受破产宣告后,仍然允许破产债权人各自行使权利,势必破坏破产制度公平分配的目的,而使破产程序无从进行。因此,破产债权人于债务人宣告破产后,不能对其提起民事诉讼,也不能个别强制执行。已经提起的民事诉讼,在诉讼系属中债务人受破产宣告时,应停止诉讼。如在强制执行中,债务人受破产宣告时,强制执行程序应即终止,将已进行的强制执行程序移交破产管理人,作为破产程序的一部分,其债权人只能依破产程序行使其权利。需要注意的是,所谓破产债权非依破产程序不得行使,是指对破产人的关系而言,若由保证人或其他共同债务人方面受偿,或由第三人清偿,则不在禁止范围内。① 另外,破产人以其不属于破产财团的自由财产进行任意清偿,也不是法律禁止的对象。

(二)破产债权的范围及顺位

1.破产债权的等质化

破产制度是为使多数破产债权人依其债权数额与顺位,平等获得满足的制度。但破产债权种类繁多,为使其平等获得满足,必须使其等质化。对于未到期的破产债权,应使其"现在化",将其视为已经到期;对于非金钱债权或外国货币的破产债权,将其评价或换算为金钱,使其"金钱化";对于金额或存续期间不确定或附条件的破产债权,应依破产时的评价额,使其债权额"确定化"。需要注意的是,这里的破产债权"等质化",即破产债权的现在化、金钱化,及数额的确定化,是限于破产程序关系的范围内方可适用的,故如同一债权尚有其他共同债务人时,破产债权人对该其他共同债务人行使债权时,仍应受原债权性质的限制。

---

① 陈荣宗:《破产法上和解债务人之保证责任》,载《月旦法学教室》2003 年第 5 期。

2.破产债权的范围

(1)清偿期届至的债权。在破产宣告成立前可以强制执行的财产上的对人请求权,如果附有期限,因其尚未到期而不允许行使权力不免有失公平。因此,法律规定,附期限的破产债权未到期的,在破产宣告时视为已经到期,同受清理。

(2)债权额的确定及评价。金钱债权有券面金额的,依其金额确定债权额。给付的标的不是金钱的,应以破产宣告时的评价额为债权额。虽是金钱债权而无券面额或应以外国货币清偿的,也应以破产宣告时的评价额为债权额。有利息的债权,其债权额除本金外,应计入至破产宣告前一日为止的利息。破产宣告后的利息,则不得列为破产债权。没有利息的债权,破产宣告时虽然期限未到,但是因"破产法"第100条的规定视为到期的,如果其与有利息且已到期的债权同时清偿,则显然受有特殊的利益。故法律规定,破产宣告后到期的债权没有利息约定的,其债权额应扣除自破产时起至到期时止的法定利息。

(3)附条件的债权。附条件的债权有附停止条件与附解除条件两种。附解除条件的债权在条件成就前,其债权有效存在;附停止条件的债权则于条件成就时就发生效力,对于此种附条件债权的处理方法,"台湾破产法"第102条规定:"附条件之债权,得以其全额为破产债权。"即得以该附条件的债权加入破产程序行使其权利。条件是否成就尚未确定的债权,按第140条至第143条的规定进行分配。①

(4)定期金债权。定期金债权,其金额及存续期间均确定的,应依特定计算方式扣除中间利息,计算各期债权额,再将各期债权额合并计算,得出破产债权额的总额。

(5)除斥债权。下述各项不得作为破产债权的债权被称为除斥债权:破产宣告后的利息;参加破产程序所支出的费用;因破产宣告后的不履行所产生的

---

① "台湾破产法"第140条规定:"附解除条件债权受分配时,应提供相当之担保,无担保者,应提存其分配额。"第141条规定:"附停止条件债权之分配额,应提存之。"第142条规定:"附停止条件之债权或将来行使之请求权,如最后分配表公告后十五日内,尚不能行使者,不得加入分配。"第143条规定:"附解除条件债权之条件,在最后分配表公告后十五日内尚未成就时,其已提供担保者,免除担保责任,返还其担保品。"

损害赔偿及违约金;罚金及追征金。①

3.破产债权的顺位

破产程序的目的,在使各破产债权人获得公平的满足,因此在各债权人之间本无顺位可言。但破产债权人的债权,如果是由法律规定对破产财团的财产优先于一般债权的,则应优先于一般破产债权受分配。② 优先权的位次有先后的,也应依其先后,其位次相同或无从分别其先后的,则按其债权额比例受清偿。需要注意的是,所谓有优先权的债权,是就破产财团有优先权,而非就特定财产有优先权。

4.破产债权的申报

(1)申报期间及申报方法

法院作出破产宣告时,应决定债权申报期间,其期间须在破产宣告之日起15日以上3个月以下。其期间的长短由法院斟酌破产事件的大小,破产债权人的数量,所在地交通情形等依自由裁量决定。其债权申报期间应与其他所定事项一并公告,对于已知债权人、债务人及财产持有人,应以通知书送达。

申报破产债权应于规定期间内向破产管理人以书面或言词叙明债权额,债的原因及债的种类等。其以言词申报的,应由破产管理人予以记录。有别除权③的债权人,除上述申报事项外,更应叙明别除权的种类,标的物及可为破产债权而行使权力的余额。申报债权时,债权人可以委任代理人代为申报。由代理人代为申报的,应向破产管理人提交委任书。

(2)申报效力

破产人的债权人未在规定期限内申报债权的,不得就破产财团受到清偿。法院宣告破产时的公告事项即应载明:"破产人之债权人,应于规定期限内向破产管理人申报其债权,其不依限申报者,不得就破产财团受清偿。"

破产程序是就破产人的财产对总债权人进行平均分配,因此规定相当期

---

① 罚金及追征金属于公法上的债权,其性质是财产罚的一种,如将其列入破产债权,无异于将此财产罚转嫁于无辜的破产债权人,对破产人不能达到处罚的目的,因此,法律规定无论破产宣告前或宣告后的罚金及追征金均不得列为破产债权而行使权力。

② 如"劳动基准法"第28条第1项规定的劳动契约所积欠工资未满6个月部分的最优先受偿权,"工会法"第38条规定的工会于债务人破产时对债务人财产的优先受偿权等。

③ 别除权是指对破产财团中的特别财产,优先且个别受偿的权利。依"台湾破产法"的规定,主要有质权、抵押权、留置权三种。这种权利是基于破产宣告前已经存在于破产人特定财产上的担保物权的效力,而非因破产程序而创设的权利。

间使债权人申报债权,有利于尽早地进行公平分配,终结破产程序。如果债权人自行迟误申报期限,则应拒绝其补充申报,以免使已经确定的分配计划受到影响。但法官作出破产宣告后,如果债权人皆未于公告期间内进行债务申报的,法院对于就其所知的债权人及债权额,仍应依破产程序进行,不得终结破产。

此外,已于破产宣告前取得执行名义的债权人,虽然超过申报期间而未申报,但是仍然可以就破产财产受偿。适用上述规定的,限于已经取得执行名义的事件在破产宣告前已系属于法院的情况,如果是已经超过债权申报期间方以起诉要求取得执行名义的,则不予适用。但对未能加入分配的债权,破产并非债权消灭的原因,因此,除非债权人有免除破产人债务的意思表示外,仍得于破产程序终结后向破产人请求清偿。

债权的申报在实体法上发生因债权申报而中断时效的效力。因债权申报而中断的时效,自破产终结或破产宣告废弃的裁定确定时重新计算。若债权人申报后又撤回申报的,时效视为不中断。

5.申报的变更及撤回

债权人申报其债权后,如其申报的事项需要进行变更,如增加债权额,或申报其债权有优先权等情形,应按新的申报程序办理,须于债权申报期限内提出。但关于减缩其申报债权的范围,或放弃优先权的主张,因不影响其他债权人及分配,应认为可于分配前随时提出。至于申报的撤回,则在破产程序终结前可随时提出。如其撤回后仍在债权申报期间内,债权人可以就其已经撤回的债权重新提出申报。

6.破产债权争议的处理

"台湾破产法"规定,破产管理人于申报债权期限届满后,应立即按照申报的资料及破产人所提出的债权人清单编制债权表,存放在处理破产事务的处所,任利害关系人自由阅览,并应于债权人会议时作出提示。破产管理人对于已经申报的破产债权并无审查权,故应将已申报的债权全数列入债权表。由于破产程序是将破产人的总财产平均分配给债权人,故债权的真伪、是否令其加入、债权额数是否准确等对于全体债权人的权利关系十分重要。因此,法律允许利害关系人向法院提出异议,这种异议不仅可以针对破产债权的加入及具体数额而提出,而且也可以针对破产管理人拒不将申报破产债权列入债权表而提出。通说认为,可以提出异议的利害关系人包括破产债权人、破产管理人、监察人及破产人。

关于破产债权的争议,由破产法院以裁定作出裁判。裁定的结果如与原来的债权表记载不同,则破产管理人应立即修改债权表。此后破产程序的进行,均以改编后的债权表为准。需要注意的是,债权表及法院对异议作出的裁定,均无实体上确定债权及其数额的效力。当事人可以另行起诉请求确定债权,但破产程序的进行并不因此停止。分配时诉讼尚未终结的,破产管理人可以就该有争议的债权额,按比例将其相当金额提存,而暂不分配给该债权人,待诉讼终结后另行处理。

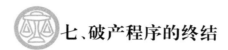

七、破产程序的终结

(一)破产财团的分配

破产财产的分配是终结破产程序最主要且最通常的原因。兹就破产财团的变价、分配及分配效果分别论述。

1.破产财团的变价

破产债权是有金钱价值,且可就破产人财产取偿的对人的请求权。为清偿破产债权而进行分配时,原则上以金钱分配较为便捷。因此,财团财产的变价实为破产财团实施分配的前提。

(1)变价的时期。"台湾破产法"未对变价的时期作出限制性规定,但通说认为,只要有变价的必要,破产管理人就可随时将其变价。但破产人已经提出协调计划,并经破产管理人审查而在债权人会议上提出的,在债权人会议否决协调计划之前,为期协调计划能够顺利通过,此期间暂不变价。

(2)变价的方法。除债权人会议另有决议指示外,破产财团的变价原则上应通过拍卖进行。关于拍卖方法是否应当依"强制执行法"关于拍卖的规定办理,实务上曾采肯定见解,后改采否定说,认为破产财团的财产应依拍卖方法变价时,由破产管理人依通常拍卖方法为之。破产管理人对财产进行变价时,无论依拍卖或其他方法变价,均须获得监查人的同意,否则构成无权处分,变价不生效力。破产管理人对此无权处分行为所造成的损害,应负赔偿责任。

(3)别除权标的物的变价。别除权标的物的价值如果超过其所担保债权的债权额,其超过部分仍应属于破产财产。破产管理人为评估其价值,如别除权标的物在别除权人占有中的,可以请求别除权人提供标的物供其评估,并请求别除权人行使其权利。评估结果如认定别除权标的的价值超过其所担保的债权额,而别除权人尚不能或不愿行使其别除权的,破产管理人可以经监查人的同意,清偿该债务而取回别除权标的物,以供拍卖分配。

2.破产财团的分配

破产财团的分配是指破产管理人将破产财团的财产分配给破产债权人,使破产债权人各按其顺序及债权额的占比而受清偿的程序。其分配的阶段,可将分配分为中间分配、最后分配及追加分配三种。

(1)中间分配。所谓中间分配,是指全部破产财团换价终了前,有可分配的财团时进行的分配。中间分配应于第一次债权人会议后,债权申报期间届满并确定后,有可分配的情形时开始。破产管理人在分配之前应制作分配表,经法院认可并公告,自公告之日起 15 日内,对分配表有异议的可向法院提出。异议期间届满后如无破产债权人提出异议,分配表即为确定,此时破产管理人按分配表进行中间分配。如有异议,破产管理人可在破产法院对异议作出裁定后,不待其确定而随时分配。下述各项破产债权分配的实施,法律有特别规定的,分配时应予注意:附解除条件债权受分配时,应提供相当的担保,无担保的应提存其分配额;附停止条件的债权的分配额应予提存;关于破产债权有异议或诉讼,致分配有延迟之虞时,破产管理人可按照比例提存相当金额,而将所余财产分配给其他债权人。

(2)最后分配。最后分配是指全部破产财团换价终了后,就破产财团现有的财产完全进行分配。破产财团中的财产如果因毫无价值无从换价而有剩余的,不妨碍最后分配的进行。如果破产程序较为单纯,也可以不经过中间分配的阶段,直接进行最后分配。关于破产财团所属财产的诉讼尚在系属中的,应待其诉讼结束方可进行最后分配,这与关于破产债权的异议或涉讼的情形不同,不待其诉讼的结果,就不能认定涉诉中的财产是否确属破产财团,无从进行最后分配。最后分配也应制作分配表,并经法院的认可及公告。对于分配表有异议的,破产债权人可以在公告之日起 15 日内向法院提出,由法院作出裁定。实行最后分配时应当注意以下几点:首先,附停止条件的债权或将来行使的请求权及预定行使别除权后未能受偿的债权,虽应列入最后分配表,但于最后分配表公告后 15 日内条件尚未成就,或权利尚不能行使的,不得加入分配。其次,附解除条件的债权,在最后分配表公告后 15 日内尚未成就时,该付解除条件债权的债权人,不必提供担保即可接受分配。如果将来解除条件在破产程序终结后成就,其在破产程序终结的裁定公告起 3 年内返还的,则由破产管理人另行追加分配,如果是在破产程序终结的裁定公告日起 3 年后返回的,则归破产人。再次,关于破产债权有异议或涉讼的,破产管理人可按照比例分配,将其相当的金额予以提存,待其异议或诉讼的结果,决定由破产债权人领取或追加分配。

（3）追加分配。追加分配是指最后分配后，发现还有可分配的财产而对之进行的分配。按照破产程序虽因最后分配而终结，但如最后分配表公布后，另外发现可以分配的财产，例如因破产债权的异议或涉讼，经裁判确定该债权不存在时，原提存的分配额等，破产管理人经法院许可，应进行追加分配。但其财产于破产终结裁定公告之日起3年后方发现的，不得分配。法院作出许可追加分配的裁定前，应审查该财产是否是在破产终结裁定公告日起3年内所发现的。对此项裁定，如果是驳回裁定，可由破产管理人提起抗告；如果是许可裁定，破产人可以提起抗告。追加分配的财产主要有以下几种：新发现的破产终结前就已存在的属于破产财团的财产；附解除条件的破产债权，在最后分配表公布后条件成就，债权人所返还的抵销额或提存的分配额；因破产管理人的错误偿还给财团债权人或分配于破产债权人，而经返还的金额等。追加分配的程序，是依最后分配的分配表所记载的比例及方法进行分配的。追加分配的，也应当作成分配表并经法院认可和公告。破产债权人对分配表有异议的，应在公告15日内向破产法院提出，由法院作出裁定。

3.分配完结后的破产程序终结

破产管理人最后分配完结时，应立即向法院提出关于分配的报告，法院接到此项报告后，应立即作出破产终结的裁定，对此项裁定不可提出抗告。破产终结的裁定应予公告，一经公告破产程序即告终结。破产程序终结后，发生下述效果：

（1）对破产人的效果。破产程序终结后，破产人恢复其对财产的管理及处分权。故如果破产财团在破产程序终结时尚有剩余财产的，应归还破产人管理、处分，破产人的人身自由限制也因此而解除。但其他公、私法上权利的限制，非经复权程序不得回复。另外，破产管理人起诉、被诉或承受停止的诉讼程序后，诉讼系属中破产程序终结的，除不能由破产人续行的诉讼外，应当由破产人按当时的诉讼程序的程度续行诉讼。破产人如为法人，经清偿债务后仍有剩余的财产时，应当由破产管理人将该剩余财产分配给社员或股东，法人人格在破产终结时归于消灭。

（2）对破产机构的效果。破产程序一经终结，破产管理人、监查人及债权人会议的任务也因而终了。破产管理人有时尚有继续其异议诉讼或进行追加分配的任务，故在其履行任务的范围内，其任务继续存在，破产人在此范围内，仍不能恢复其财产上的管理及处分权。

（3）对破产债权的效果。破产债权人依破产程序已受偿的，其债权未能受清偿的部分,视为其请求权消灭,各债权人不得因破产人嗣后获得财产而提出给付请求。但破产人被判诈欺破产罪的,无论其刑罚是否执行,均不得免责。

需要注意的是,免责所免除的对象是债权的请求权,而非债权本身,因此破产人对于未受偿部分的债权如果进行任意给付,则债权人进行的受领不发生不当得利问题。免责的效力仅及于破产人,破产人的共同债务人或保证人均不受影响,不得援用规定主张免责。对于法人或非法人团体的债务应负无限责任的人,如无限公司的股东、两合公司、无限责任股东、无限责任合作社的社员及合伙人,因是在公司、合作社或合伙财产不足清偿债务时方对公司、合作社或合伙的债务直接负责,因此这类公司、合作社或合伙受破产的宣告,其债权人依破产程序受分配后未能受清偿的债权,仍然可以向该无限责任股东、社员或合伙人请求,这种请求权不受免责效力的影响。[1]

(二)调协

1.调协的含义

调协是指以代替财团分配的其他方式满足破产债权人,并以终结破产程序为目的,在破产财团分配未经认可前,破产人与破产债权人团体间缔结强制契约,经法院的认可发生效力的程序。

破产程序开始之后,原本应当将破产财团变价,并因破产财团最后分配完成而终结破产程序。但破产管理人就破产财团变价、制作分配表并分配给破产债权人,往往需要耗费相当时日并支出较多的费用,且破产财团变价时进行的拍卖也经常出现卖价偏低的现象,对债权人与破产人多有不利,对社会经济也有不良影响,故法律规定了以调协方法终结破产程序。此时不分配破产财团,而是由破产人提出调协计划,在债权人会议中互相让步、达成协议,给予破产债权人特定的满足,终结破产程序,使债权人获得较多的清偿,并使破产人有重新生产经营的机会。

调协虽然是破产宣告后的和解程序,但是以代替分配终结破产程序为目的,故应在破产最后分配未经法院认可之前进行。破产财团分配如果已经由法院认可,那么各破产债权人的受偿情形业已确定,破产人的财产已经处分完毕,破产程序即将终结,纵使提出调协计划,实际上亦毫无裨益,反而延误破产程序的终结,因此调协应在分配未经认可前进行。

---

① 郑杰夫:《破产事件之处理程序》,载《月旦法学杂志》2003年第2期。

调协与和解不同,前者以代替分配而终结破产程序为目的,后者则以预防破产为目的。但两者进行的程序大体相同,故部分关于和解程序的规定也准用于调协程序中。

2.调协的成立及生效

(1)调协计划的提出

调协计划能够诚意履行的关键在于破产人,因此由第三人或债权人代为提出调协计划不易被破产人接受或履行,将造成程序冗余。因此,"台湾破产法"规定调协只能由破产人提出,破产管理人、监查人或法院均不得提出。这里的破产人并非仅限于自然人,还包括法人、遗产继承人等有破产能力者在内。法人破产时如欲提出调协计划,应由依章程的规定可以代表法人的机关如董事、清算人等提出,如法人的代表有数人而有共同代表权的,须由代表人一致提出。在遗产破产的情况中欲提出调协计划的,则应由全体继承人一致提出。破产人未成年的,由其法定代理人代为提出。

调协计划应送交破产管理人审查,由破产管理人提交债权人会议。破产人提出调协计划后,在经债权人会议表决前,可随时撤回。破产人经合法通知后,无正当理由不出席为调协而召开的债权人会议时,视为撤回调协计划的提出而终结调协程序。调协计划撤回后,在最后分配未被认可前,仍可以再行提出同一或不同条件的调协计划。其不撤回调协计划而仅变更条件的,应予准许。但其变更条件的,应于债权人会议期日前提出,以使债权人于会议前有所准备。

调协计划应载明清偿的比例、清偿的期限、有担保时的担保内容等。通常调协多以将债权折成某一比例进行偿还而进行,这种折价偿还称为"折成调协",另外以分期或延期清偿方法作为调协内容的,称为"支付犹豫调协"。关于清偿的方法如何,法律未设有特别的规定,但必须符合公平原则。清偿方法如果实质上不公允,即便债权人会议表决通过,法院仍可不予认可。另外,破产人为实践其调协的条件,可以提供担保以增加信用。此项担保,无论为人的担保或物的担保均可。

有下列情形之一的,不得提出调协计划,以免破产人借此拖延而损害破产债权人的利益:所在不明的,即破产人所在的处所不明的,在此情形无从通知破产人出席债权人会议,命其到场协调,因此不得提出调协计划;诈欺破产尚在诉讼进行中的,即其因有诈欺破产的嫌疑,经依法侦查中或已经起诉尚未审判的;因诈欺和解或诈欺破产被判有罪的。无论该判决是否确定,所处何刑,是否受缓刑宣告均可推定其欠缺诚实信用。

（2）调协计划的审查

调协计划应送交破产管理人审查，破产管理人对于调协计划的审查范围，应限于调协计划的提出是否合法的问题。经审查合法的，破产管理人应声请法院召集债权人会议并提交调协计划。经审查认为不合法的，例如非由破产人提出，或者提出时破产财团的分配已经确认，或有"破产法"第131条所定事由等，除上述不合法的情形可以补正的外，破产管理人应拒绝接受调协计划。破产人对于破产管理的拒绝接受如有异议，可以声请法院核定。

（3）债权人会议的决议

破产管理认为调协计划合法，向法院声请召集债权人会议的，法院应迅速指定债权人会议期日，并将应议事项进行公告。如在破产人提出调协计划前，法院已经指定了债权人会议期日而会议尚未召开的，破产管理人也可以声请法院将决议调协计划的议案列入议程。债权人会议期日经指定并公告后，如有重大事由可以变更，但应另行公告。会议期日如有必要，可以延展。

债权人会议召开时，首先由破产人说明其调协计划及财产与债务的情形，再由破产管理人及监查人分别报告破产人的财产业务状况，并陈述其对破产人所提出的调协计划的意见，之后由破产债权人与破产人就调协计划的内容进行自由磋商，此时主席应斡旋其间，谋求双方互相妥协。

债权人会议对调协计划进行表决时，应有出席债权人过半数的同意，且其所占代表的债权额应占无担保总债权额三分之二以上，方为表决通过。总债权额应当以申报的债权总额为准，有别除权的债权额不应计入，但有优先权的债权应当计入。调协计划经表决通过的，主席应当呈报法院，由法院作出是否认可的裁定。经债权人会议否决的，调协程序即告终结，应继续破产程序。

（4）法院的认可

法院对是否认可调协计划作出裁定时，应当依职权调查调协的成立是否合法，债权人会议的表决是否公允。破产管理人、监查人、债权人等均可就调协是否应当予以认可向法院陈述意见，或就调协的决议提出异议。法院对异议作出裁定前应通知破产管理人、监查人、债权人及破产人进行必要的讯问。债权人会议的主席也应当到场陈述意见。

调协的成立违法，或债权人会议表决通过的调协条件有失公允的，法院应作出不认可调协的裁定；调协的成立合法，且债权人会议通过的调协条件公允的，法院应裁定认可调协；对于调协决议的异议，如认为其异议无理由的，应以裁定驳回，如认为其异议有理由的，在增加破产人负担时，经破产人同意应将所增加的负担列入认可调协的裁定书内，破产人不同意时则应作出不认可调协的裁定。法院所作出的认可或不认可的调协裁定均应公告,但不必送达。对于异议的裁定除应公告外,还应另外送达异议人。调协程序的瑕疵,因认可裁定的确定而视为业已补正。

3. 调协的效力

(1)破产程序的终结

认可调协的裁定确定时,破产程序即告终结,无须另行作出裁定。破产管理人、监查人及债权人会议的任务亦均告终了。破产管理人此时应了结事务、清偿财团债权和别除权的债权,并向法院提出计算报告。关于财团债权或别除权有争议的,应将其金额提存。

(2)实体法上的效力

调协经法院认可后,对于一切破产债权人均有效力,无论其是否曾出席债权人会议,或曾出席却未行使表决权,或对调协计划是否同意。调协条件履行后,破产债权中因让步而未受偿的部分,除破产人因犯诈欺破产罪而判决已宣告的,其请求权视为消灭。破产债权人对于破产人的保证人及其他共同债务人所有的权利不因调协而受影响。

调协认可的裁定确定时,破产程序即告终结,破产管理人对破产财团的权限发生当然消灭,破产人因破产宣告所丧失的财产管理权及处分权因而恢复。但如果调协条件对破产人的财产管理及处分权有加以限制,则从其限制。此项限制通常不得对抗善意第三人,破产人违反该限制的,构成撤销调协或撤销调协让步的原因。

破产人所提供的履行调协的担保如果是人的担保,则该担保人应按照调协条件而负担保证责任;如果是以不动产作为物的担保,则应为全体破产债权人或代表人、指定人办理抵押权设定登记;如果是以动产作为物的担保,则应当转移动产的占有。但没有执行名义的,不得对担保物径行强制执行。

4. 调协的失效及破产程序的恢复

调协的失效可分为调协的撤销与调协让步的撤销两种。前者乃撤销调协契约的全部,使全体债权人恢复因调协所让步的全部权利。且调协一经撤销,即应恢复破产程序。后者是撤销各个破产债权人依调协对破产人所为的让步,效力仅及于该撤销让步的破产债权人。

(1)调协的撤销

调协撤销的原因主要有:自法院认可调协之日起1年内,如破产债权人证明破产人有虚报债务、隐瞒财产,或对破产债权人中1人或数人允许额外利益的;破产人不履行调协条件时,经破产债权人过半数,而其所代表的债权额占总债权额 2/3 以上的声请时。

法院对于撤销调协的声请应以裁定作出裁判,对于声请不合法或无理由的,应以裁定驳回。对此裁定可依抗告程序抗告,其声请为合法而有理由的,应裁定撤销调协。对此裁定不得抗告。此时破产程序开始再实施。

（2）调协让步的撤销

破产人不依调协的条件进行清偿的,其未受清偿的破产债权人可撤销调协所定的让步。所谓未受清偿包括完全未受清偿及一部分未受清偿的情形在内。撤销调协所定的让步可以全部撤销或部分撤销。此项撤销权的行使只需向破产人作出意思表示即可。

（3）破产程序的恢复

调协经法院裁定撤销后,所有破产债权均恢复让步以前的状态,破产人的财产管理及处分权丧失,破产管理人恢复其资格。但其后的程序应当如何进行,"台湾破产法"并未予以规定,实务上通常按照破产程序的再实施进行分配,以终结破产程序。